杜澤遜 撰 程遠芬 編索引

四庫存目標注

壹

顧廷龍題

上海古籍出版社

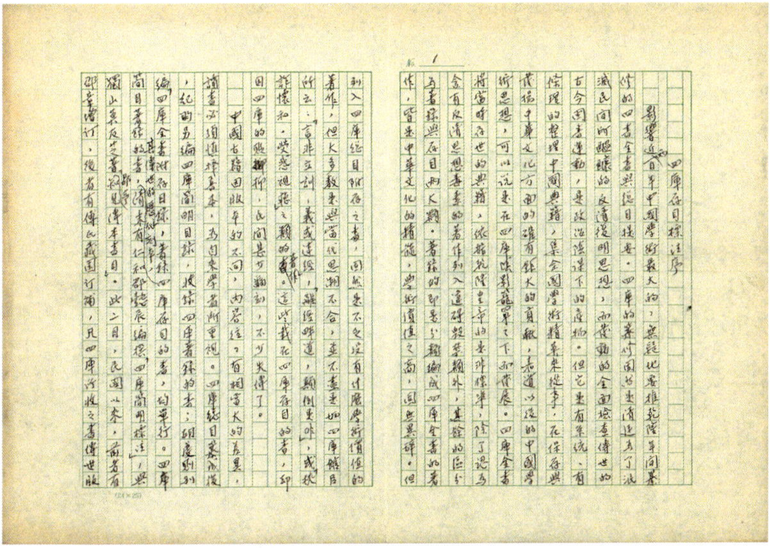

《四庫存目標注》序，昌彼得撰，手稿第一頁

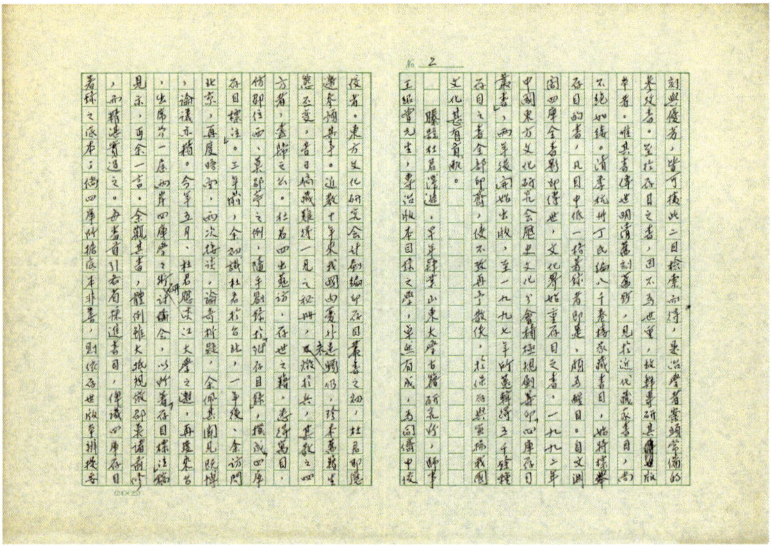

No 2

刻與優劣，皆可據此二目檢索而得，是治學者案頭常備的參考書。至於存目之書，因不為世重，故鮮專研其版本者。唯其書傳世明清舊刻舊抄，見於近代藏家書目，者不絕如縷。清季杭州丁氏編八千卷樓藏書目，始將標舉存目的書，凡目中低一格著錄者即是，頗為醒目。自文淵閣四庫全書影印傳世，文化界始重存目之書。一九九二年中國東方文化研究會歷史文化分會籌劃規劃叢印四庫存目叢書，兩年後開始出版，至一九九七年竣事輯得三千餘種存目之書全部印齊，使不致再予散佚，於保存與宏揚我國文化甚有貢獻。

滕縣杜君澤遜，早年肄業山東大學古籍研究所，師事王紹曾先生，專治版本目錄之學，卓然有成，為同儕中佼佼者。東方文化研究會計劃編印存目叢書之初，杜君即應邀參預其事。近數十年來我國由於外患頻仍，珍本善籍生態丕變，昔日祕藏難得一見之秘冊，或散於外，其散之四方者，盡歸之公。杜君四出尋訪，存世之籍，悉得寓目，依部位西、東部分之例，隨手劄錄於將存目錄，撰成四庫存目標注。三年前，余初識杜君於台北，一年後，余訪問北京，再度晤面，兩次接談，論奇析疑，余佩其聞見既博，論議亦精。今年五月，杜君應浙江大學之邀，再度來台，出席第一屆兩岸四庫學之研討會，以所著存目標注稿見示，乞余一言。余觀其書，體例雖大抵規仿邵莫諸前修，而精選實過之。每書首引各省採進書目，俾識四庫存目著錄之底本；備四庫所據底本非善，則依存世版本排摭善

《四庫存目標注》序，昌彼得撰，手稿第二頁

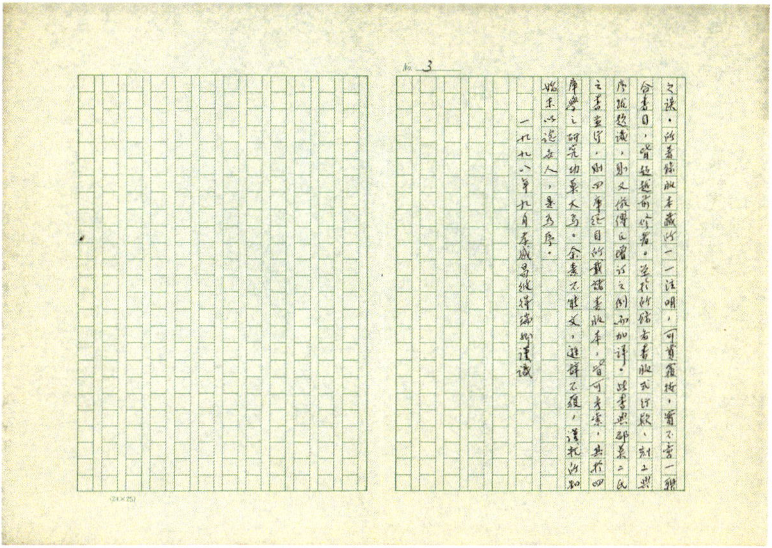

No. 3

之誤。所著錄版本藏所一一注明，可資覆按，尤不啻一聯
合書目，皆超越前作者。並於所錄古書版式行款、刻工與
序跋題識，則又仿傅氏增訂之例而加詳。此書與邵莫二氏
之書並行，則四庫總目所載諸書版本，皆可考案，其於四
庫學之研究功業大焉。余素不能文，遜辭不獲，謹就所知
略示以諗來人，是為序。

一九九八年九月[illegible]昌彼得撰於[illegible]識

(24×25)

《四庫存目標注》序，昌彼得撰，手稿第三頁

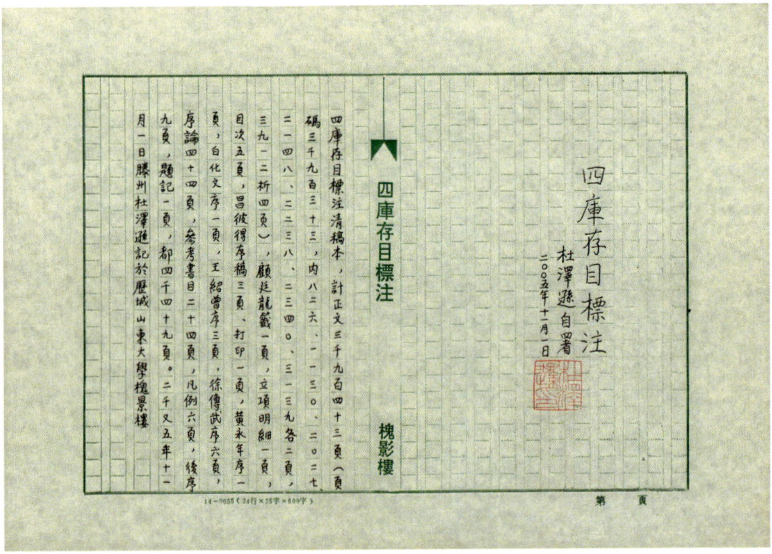
四庫存目標注

杜澤遜自署

二〇〇五年十一月一日

四庫存目標注

槐影樓

四庫存目標注清稿本，計正文三千九百四十三頁（頁碼三千九百三十三，内八二六、一一三〇、二〇二七、二一四八、二二三八、二三四〇、三一三九各二頁，三九一二析四頁），顧廷龍籤一頁，立項明細一頁，目次五頁，昌彼得序稿三頁、打印一頁，黄永年序一頁，白化文序一頁，王紹曾序三頁，徐傳武序六頁，序論四十四頁，參考書目二十四頁，凡例六頁，後序九頁，題記一頁，都四千四十九頁。二千又五年十一月一日滕州杜澤遜記於歷城山東大學槐景樓

14－0655（24行×25字＝600字）　第　頁

《四庫存目標注》手稿扉頁

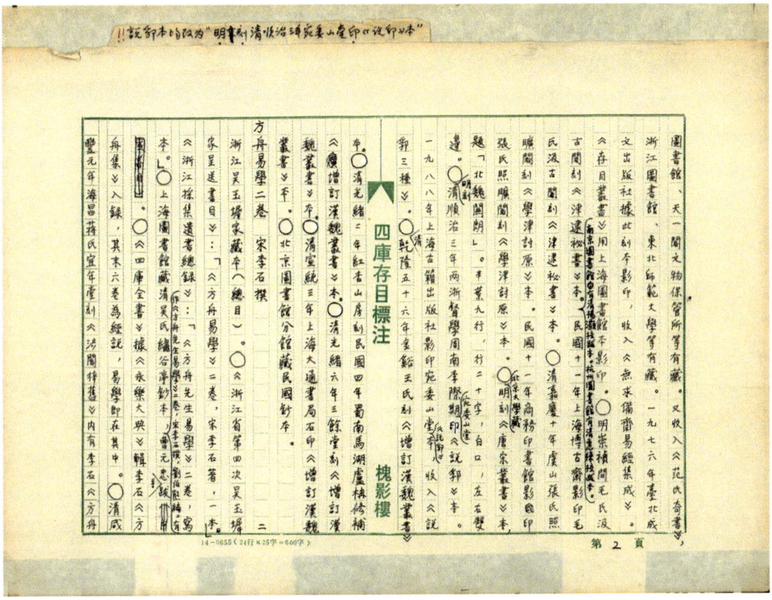
!!說郛本均改为"明刻清順治講究委山堂印《說郛》本"

四庫存目標注　槐影樓

圖書館、天一閣文物保管所等有藏。又收入《范氏奇書》，
浙江圖書館、東北師範大學等有藏。一九七六年臺北成
文出版社據此刻本影印，收入《無求備齋易經集成》。
《存目叢書》用上海圖書館本影印。○明崇禎間毛氏汲
古閣刻《津逮秘書》本。民國十一年上海博古齋影印毛
氏汲古閣刻《津逮秘書》本。○清嘉慶十年虞山張氏照
曠閣刻《學津討原》本。民國十一年商務印書館影印
張氏照曠閣刻《學津討原》本。○明刻《唐宋叢書》本，
題「北魏關朗」。半葉九行，行二十字，白口，左右雙
邊。○清順治三年兩浙督學周南李際期印《說郛》本。
一九八八年上海古籍出版社影印宛委山堂本，收入《說
郛三種》。○乾隆五十六年金谿王氏刻《增訂漢魏叢書》
本。○清光緒二年紅杏山房刻民國四年蜀南馬湖盧樹倚補
《廣增訂漢魏叢書》本。○清光緒六年三餘堂刻《增訂漢
魏叢書》本。○清宣統三年上海大通書局石印《增訂漢魏
叢書》本。○北京圖書館分館藏民國鈔本。

方舟易學二卷　宋李石撰　二

浙江吳玉墀家藏本（總目）。○《浙江省第四次吳玉墀
家呈送書目》：「《方舟易學》二卷，宋李石著，一本。」
《浙江採集遺書總錄》：「《方舟先生易學》二卷，寫
本。」○上海圖書館藏清吳氏繡谷亭鈔本，曹元忠跋。
。○《四庫全書》據《永樂大典》輯李石《方
舟集》入錄，其末六卷為經說，易學即在其中。○清咸
豐元年海昌蔣氏宜年堂刻《涉聞梓舊》內有李石《方舟

14-0655（24行×25字＝600字）　第 2 頁

《四庫存目標注》手稿第二頁

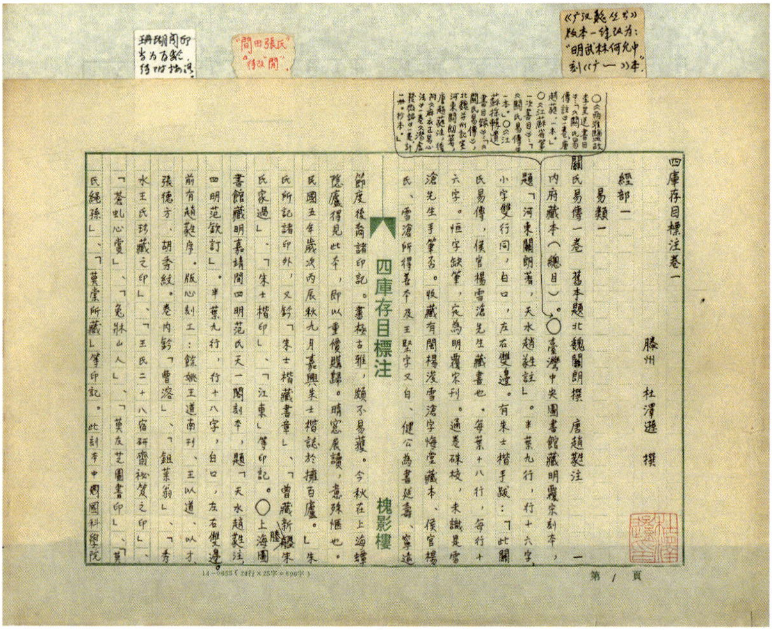
四庫存目標注卷一　　滕州　杜澤遜　撰

經部一

易類一

關氏易傳一卷　舊本題北魏關朗撰　唐趙蕤注

內府藏本（總目）。○臺灣中央圖書館藏明覆宋刻本，題「河東關朗著，天水趙蕤註」。半葉九行，行十六字，小字雙行同，白口，左右雙邊。有朱士楷手跋：「此關氏易傳，係官楊雪滄先生藏書也。每葉十八行，每行十六字。恒字缺筆，定為明覆宋刊。通卷硃校，未識是雪滄先生手筆否。收藏有閩楊浚雪滄字悔堂藏本、侯官楊氏、雪滄所得善本及王堅字又白、健公為書延壽、寧遠節度後裔諸印記。書極古雅，頗不易獲。今秋在上海蟫隱廬得見此本，即以重價購歸。晴窗展讀，意殊愜也。民國五年歲次丙辰秋九月嘉興朱士楷誌於擁百廬。」朱氏所記諸印外，又鈐「朱士楷藏書章」、「曾藏新塍朱氏家過」、「朱士楷印」、「江東」等印記。○上海圖書館藏明嘉靖間四明范氏天一閣刻本，題「天水趙蕤注，四明范欽訂」。半葉九行，行十八字，白口，左右雙邊。前有趙蕤序。版心刻工：餘姚王道南刊、王以道、以才、張德方、胡秀紋。卷內鈐「曹溶」、「鉏菜翁」、「秀水王氏珍藏之印」、「王氏二十八宿研齋秘笈之印」、「蒼虬心賞」、「兔牀山人」、「黃友芝圖書印」、「黃氏絳孫」、「黃裳所藏」等印記。此刻本中國科學院

四庫存目標注　槐影樓

第 / 頁

《四庫存目標注》卷一手稿扉頁

目次

附　索引　程遠芬編

序一

影響近兩百年中國學術最大的，無疑地要推乾隆年間纂修的《四庫全書》與《總目提要》。《四庫》的纂修固然是清廷爲了泯滅民間所醖釀的反清復明思想，而發動的全面檢查傳世的古今圖書運動，是政治陰謀下的產物。但它是有系統、有條理地整理中國典籍，集全國學術精英來從事，在保存與發揚中華文化方面的確有鉅大的貢獻，嘉道以後的中國學術思想，可以説是在《四庫》陰影籠罩之下而發展。《四庫全書》將當時存世的典籍，依據乾隆皇帝的是非標準，除了認爲含有反清思想毒素的著作列入違礙燬禁類外，其餘的區分爲著録與存目兩大類。著録的即是分類編成《四庫全書》的著作，皆是中華文化的精髓，學術價值之高，固無異辭。但列入《四庫總目附存》之書，固然是不乏没有什麽學術價值的著作，但大多數是與當代思潮不合，並不盡是如四庫館臣所云「言非立訓，義或違經」「離經畔道，顛倒是非」，或「挾詐懷私，熒惑視聽」之類的著作。這些載在《四庫存目》的書，卻因《四庫》的貶抑，民間甚少翻刻，不少失傳了。

中國古籍因版本的不同，内容往往有相當大的差異，讀書必須慎擇善本，爲自來學者所重視。

《四庫總目》纂成後，紀昀另編《四庫簡明目録》，收録《四庫》著録的書；胡虔則別編《四庫全書附存目録》，著録《四庫》存目的書，均單行。《四庫簡目》著録的書，其傳世的歷代刻本，清末有仁和邵懿辰編撰《四庫簡明目録標注》與獨山莫友芝著《郘亭知見傳本書目》。此二目，民國以來，前者有邵章增訂，後者有傅氏藏園訂補，凡《四庫》所收之書傳世版刻與優劣，皆可據此二目檢索而得，是治學者案頭常備的參考書。至於《存目》之書，因不爲世重，故鮮專研其版本者。唯其書傳世明清舊刻舊鈔，見於近代藏家書目，尚不絶如縷。清季杭州丁氏編《八千卷樓書目》，始特標舉《存目》的書，凡目中低一格著録者即是，頗爲醒目。自《文淵閣四庫全書》影印傳世，文化界始重《存目》之書。一九九二年中國東方文化研究會歷史文化分會積極規劃籌印《四庫全書存目叢書》，兩年後開始出版，至一九九七年所蒐輯得四千五百餘種存目之書全部印齊，使不致再予散佚，於保存與宣揚我國文化甚有貢獻。

滕縣杜君澤遜，早年肄業山東大學古籍研究所，師事王紹曾先生，專治版本目録之學，卓然有成，爲同儕中佼佼者。東方文化研究會計劃編印《存目叢書》之初，杜君即應邀參預其事。近數十年來我國内憂外患頻仍，珍本舊籍生態丕變，昔日扃藏難得一見之秘册，未燬於兵，其散之四方者，盡歸之公。杜君四出蒐訪，存世之籍，悉得寓目，仿邵位西、莫郘亭之例，隨手劄録於《附存書目》，撰成《四庫存目標注》。三年前，余初識杜君於臺北。一年後，余訪問北京，再度晤面。兩次接談，論奇析疑，余佩其聞見既博，論議亦精。今年五月，杜君應淡江大學之邀，再度來臺，出席第一屆兩岸四庫學學術研討會，以所著《存目標注》稿見示，丐余一言。余觀其書，體例雖大抵規倣邵、莫諸前修，而精湛實過之。每書首引各省採進書目，俾識《四庫存目》著録之底本；倘《四庫》所據底本非善，則依存世版本辨提要之誤。所著録版本藏所一一注明，可資覆按，實不啻一聯合書目，皆超越前修者。至於所録各書版式行款、刻工與序跋題識，則又仿傅氏增訂之例而加詳。此書與邵、莫二氏之書并行，則《四庫總目》所載諸書版本，皆可考索，其於四庫學之研究功莫大焉。余素不能文，遜辭不獲，謹就所知始末以諗世人，是爲序。一九九八年九月孝感昌彼得瑞卿謹識。

序　二

舊時治古籍版本目録之學者，多取《四庫簡明目録》作批注，莫子偲之《郘亭知見傳本書目》、邵位西之《四庫簡明目録標注》先後風行，永年所藏朱修伯之《批本四庫簡明目録》近亦影印傳世。惟《簡明目録》本不録存目之書，各家批注雖有補出存目書者亦簡略不備。然存目書之價值頗有不亞於著録入《四庫》者，實不能聽其流失堙滅。以此近時有蒐集影製《四庫全書存目叢書》之舉，而杜君澤遜之《四庫存目標注》，補諸《批注簡明目録》之闕失，亦版本目録學界之一大盛事。杜君教授山東大學，其學識久已見稱於時，此《存目標注》之刊行，當益爲知者欣賞贊歎已！憶六十年前永年初涉學問，亦嘗有增注《書目答問》之想，乃因循日久，訖今垂老無成。觀杜君此編之版行，始信學術事業之後來居上定非虚言。中心喜悦，因贅數語，庶得此者悉斯道之甘苦，不誤以爲横通末學而漠視也。二〇〇五年十月十四日黄永年序。

序 三

知交杜澤遜教授，少懷雅志，長負儁才。以霞舉之姿，當河清之代。弱歲輔翼國老王紹曾先生，執教東膠，紬書西魯。研精翰墨，屬意典章。足稱庠序棟梁，學科嵩岱。今時更有《四庫存目標注》之纂集。志在綜百代之作，成不朽之功。於是網羅古籍，搜集遺聞。融貫百家，包涵萬有。互爲表裏，同其指歸。纓組簡編，肴覈目録。較天禄而映文昌，面帶青藜之色；入酉山而稽四部，身多芸草之香。隋珠和璧，間世皆屬奇珍；柯竹爨桐，題品要歸具眼。求會通而無掩覆，有光大而不除芟。續前賢之往緒，合學海之川流。佇古學之再昌，信斯文之未墮。儒林胥慶，國子增輝。今當薈萃方成，刊校將畢，蒙示予一帙，命弁首數言。及披鴻構，輒覺氣盡大巫；自愧缶音，每恐譏來傖父。何敢式題大著，勉力聊綴短章。時維昭陽協洽之歲清和之月望日，友誼承澤退士白化文謹敘。

序　四

杜澤遜同志用十三年零九個月的時間,焚膏繼晷,嘔心瀝血,完成了他的一部重要著作《四庫存目標注》,正文約二百四十萬言,《序論》六萬餘言,索引約六十萬言,總計三百餘萬言。綜觀全書,取材宏富,考辨縝詳,論述深刻,行文雅潔。目驗版本逾五千種,尤爲可貴。今從下列四個方面試加論證。

首先,是繼邵氏祖孫(邵懿辰、邵章)的步武,在《增訂四庫簡明目録標注》風行以來,時隔一個多世紀,終於填補了《四庫存目》標注的空白。《四庫總目》爲我國十八世紀以前的著作一〇二五二部撰寫了提要,其中入《四庫全書》者三四六一部,另編爲《四庫簡明目録》;入於《存目》者六七九一部,另編有《四庫存目》,分别單行。《總目》的一大缺點,是基本不注版本,此書有哪幾種版本,底本究係採自何本(《永樂大典》輯本除外),無從究詰。道咸間,邵懿辰每見宋元明舊本,隨手在《簡明目録》上標注,以備校勘之資。積年累月,形成《四庫簡明目録標注》,以鈔本流傳,頗爲學者推重。其後莫友芝、朱學勤、孫詒讓、王懿榮、周星詒等,各就所見,紛紛增益標注。邵懿辰之孫邵章,將諸家批注彙爲

「附録」，附於邵懿辰《標注》各條之下，於宣統三年刊版行世。其後邵章又增《續録》，經邵章之子友誠整理，於一九五九年由中華書局排印爲《增訂四庫簡明目録標注》，成爲與《四庫全書總目》相輔而行的版本目録要籍。繆荃孫於光緒三十四年爲此書作序，自稱「寢饋其中四十年」，足以嘉惠學人。但一個世紀以來，從未有人爲《四庫存目》作標注。版本目録學大師顧廷龍先生有鑒於此，生前曾着手編撰《四庫存目標注》，但爲工作所累，未竟所願。當他獲悉澤遜正在編撰《四庫存目標注》時，一九九三年十月十七日便給澤遜寫信，並將他自己的批注本寄給澤遜，而且黽勉有加。老輩的囑托，無異增加了一道催化劑。澤遜並没有辜負顧老的期望，繼邵氏祖孫之後，終於完成了顧老未竟之大業，同時實現了學術界共同的願望。

第二，匡《四庫存目》提要的舛謬，理卷帙完缺的失誤。《四庫提要》雖然久爲學界重視，但其中也不乏錯誤。辨誤之功，莫大於胡玉縉《四庫全書總目提要補正》、余嘉錫《四庫提要辨證》。胡氏《補正》雖然涉及部分《存目》提要，但往往據他人記載而綜括之，親見之書甚少。余氏《辨證》涉及《存目》者僅僅七十一條，而且所見多普通版本。與胡、余二氏相比，王重民先生《中國善本書提要》，倒是根據所見原北平圖書館、美國國會圖書館以及北京大學所藏善本書，對部分《存目》提要的錯誤進行了訂正。但是，對六七九一種《存目》提要逐一根據傳世版本進行審核考辨者，首推澤遜的《四庫存目標注》。打開《四庫存目標注》，我們可以發現不少按語，對《提要》書名、卷數、朝代、撰人、字號、里籍、科第、進呈者及内容提要的錯誤隨時予以訂正。在《標注》中，澤遜還全面查考了《採進書目》，結合傳世版本，指出《存目》在選擇版本方面有大量失誤，有不少卷數完整的版本未被採用，反而採用了殘本。這項學術工作是前人從來没有系統全面地進行過的。

第三，辨版本之異同精粗，爲治學指示門徑。爲六七九一種存目書逐一標注傳世版本，是一項浩大而艱苦的工作，同時又要有得天獨厚的看書條件。澤遜既勤奮過人，又應邀出任《四庫全書存目叢書》常務編委兼總編室主任，數年之間目驗善本逾五千種。晨鈔夕纂，幾至廢寢忘食。一九九六年、一九九八年兩次赴臺，又觀看存目孤本數十種。此等眼福，洵非常人可比。正因如此，澤遜對存目版本的標注也就大都可以落到實處，諸如行款、版式、序跋、刻工、牌記、諱字、紙張、完缺、題識、印鑒，條舉件繫，從容道來，較之邵懿辰、莫友芝、朱學勤，詳贍有加。至於不同版本之間的源流遞嬗、收藏處所，這些對讀者治學至關重要的信息，更爲前人所難以具備。

第四，填補四庫學的空白，樹立四庫學的楷模。自乾隆修《四庫全書》以來，圍繞《四庫全書》之纂修及内容得失，《四庫提要》及《續四庫提要》之研究探索，《續修四庫全書》及《四庫全書存目叢書》之輯印，四庫採進及四庫禁燬等一系列問題，已形成了一門重要的學問「四庫學」。在四庫學領域，關於《四庫存目》的專門研究一直是個空白，澤遜用十多年精力專門研究《四庫存目》，並且撰寫出大部頭專著《四庫存目標注》，這就填補了四庫學領域一大空白。非但如此，澤遜的治學方法和學術成就，也爲該領域以後的研究樹立了楷模。

總之，杜澤遜同志撰寫的《四庫存目標注》及《序論》是我國目録版本學上難得的一部高水平的優秀專著。澤遜從余遊者近二十載，精勤過人，心無旁騖，宜其出乎其類，拔乎其萃也。余以垂暮之年，幸觀厥成，可稱快慰平生。故樂爲之序。二千又五年十月二十八日江陰王紹曾於山東大學文史哲研究院，時年九十有五。

序　五

上個世紀八十年代中期，山東大學古籍整理研究所曾招了一個碩士研究生班，杜君澤遜即是這個班的研究生，且爲副班長。我任這個班的輔導員，曾爲他們上過「史記天官書研讀」的課。這個班同學的水平還是挺不錯的，澤遜君更是他們中的佼佼者。他們的畢業實習，是到鄭州、登封、開封、鞏縣、洛陽、西安等地參觀訪學，我爲帶隊人之一。好多古蹟實物得以親驗目睹，與僅從書本上看到大大不同，我們都感到收穫頗大。返校後，要求每位同學就這次活動中的所見所聞所感寫一篇論文。澤遜君寫的是《實地考察古書中幾個地理問題的駁正》，拿給我看。文章寫得非常扎實，很有新意，我看後大爲贊賞，並提議可再增加一些内容，使之更爲豐富，我還建議可以投給《文獻》雜誌看看。後來，該文就被《文獻》選中而在一九八七年第四期上發表。在他們畢業前後的一段時間内，我曾任古籍研究所黨支部書記，澤遜君爲委員之一。他工作認真、細緻，善於團結人，我們之間的配合也是很好的。

本世紀初，澤遜君報考了我的博士研究生，他的各門功課均爲優秀，學位論文提前完成，而且寫得很好，被批准提前畢業。他的學位論文結合他的國家項目《四庫存目標注》而作。爲了加重理論色彩，並將在研討撰寫過程中的糾謬、正訛和發現的各種問題揭示出來，我提議把《標注》的《序論》做大。澤遜君把《序論》寫到六萬多言，洋洋灑灑，把和「四庫存目」及「標注」有關的各種問題都交待得非常清楚。如對於六千多種圖書被列入「存目」的原因，他就歸納有九條之多，非常精闢；再如關於「四庫進呈本」的由來、發還、存貯、散佚、殘餘及其特殊價值，也論述得非常細緻、深入；又如關於《四庫》底本和《永樂大典》被焚燬之事，澤遜君則以詳實的考辨，證明了一向認爲這些書燬於八國聯軍之手一説的不可信。與「被焚」一事有關的内容，澤遜君曾以《〈四庫〉底本與〈永樂大典〉遭焚探秘》爲題發表在二〇〇三年二月二十六日的《中華讀書報》上，《文摘報》、美國波士頓的《美洲時報》以及一些學術網都曾先後予以轉載，可以説在海内外都引起了强烈的反響。由這一件事，我們似乎也可以窺見他這一部書稿的彌足珍貴的學術價值和不可輕視的現實意義。

澤遜君博士畢業時，已完成了《四庫存目標注》的經、史、子部的初稿，他把其中的經部經過仔細的修改，作爲自己的博士學位論文。我在寫的關於論文的評語及答辯會上介紹時説：該論文「用力甚巨，創見甚多，糾正《四庫提要》等錯訛甚夥」，「表現了作者深厚的古典文獻學的根基，同時也表現了作者卓越的理論素養；表現了作者扎實、嚴謹的學風，同時也顯示了作者犀利而高遠的眼光」，該論文「在古籍整理上，在目録學上，在版本學上，在出版史上，在藏書史上，在四庫學上，在古籍辨僞上，在保存各種資料（如人物傳記資料、文字學資料、文學史資料）等許多方面都取得了令人稱許的、彌足珍貴的可喜成就」，該書稿「所顯現的版本信息頗全，作者目驗版本頗多，可資鑒定的要素頗爲準確，可以説填補了版本目録學和四庫學的一大空白，甚至可以説把四庫學的研究推進到一個新的高度，對四庫學和版本目録學的研究都有着開闢性的貢獻」。澤遜君在該論文的《序論》中也曾引用我的話説：「該書將是不朽的傳世之作，其重要價值和地位，隨着時間的推移，將會更加顯現出來。」在答辯會上我特别强調，作者曾親自參加了《四庫全書存目叢書》的編纂出版工作，目驗版本超過五千種之多，對於《標注》工作來説，這真是天賜良機，微乎此，水平再高些的人也難以完成此重任。當時山東大學的展濤校長、研究生院的曹憲忠副院長等也參加了澤遜君的答辯會。會前會後，我也向他們表述了我的這些看法，他們也深表贊同。

該論文在評審和答辯中，更得到了衆多專家的高度評價。黄永年先生和王紹曾先生的看法，在本書前面他們各自的序言中已經表述出來，這裏就不再重複。謹將其他有關專家的觀點摘録如下：浙江大學的崔富章教授説該書稿：「資料極爲豐贍，整理得法，研究深入，新見叠出。」對《四庫存目》的六千多種圖書的原本、傳本以及《四庫提要》等展開了綜合考察與研究，「全面清理進呈本，對其存貯和散佚作出全新考論；　追蹤傳本，目驗五千餘部，聞知二千五百餘部，標注版本三萬餘條，藏所清楚；　又以調查研究所得之事實，敘明版本源流，補正《四庫提要》、《中國古籍善本書目》，研究成果，汩汩出焉。上述各項，均屬創造性勞動，原創性成果，精神可嘉，成績喜人」。南京大學的徐有富教授説該書稿「有填補空白的意義」，「就書目的數量與質量以及實用價值而言，杜澤遜此作遠遠超過了前人」。並謂此作：「著録規範，資料翔實，且注意考辨版本源流，標明藏書單位。相信此書正式出版，必爲傳世之作。」山東大學教授吉常宏先生説：「杜澤遜先生功力扎實，博聞强記，蒐羅宏富，探賾索隱，成此巨著，令人欽服。」「《四庫存目標注》涉及面廣，内容豐富，精彩紛呈，創獲多多。」董治安先生謂該書稿：「工程浩大，體例謹嚴，徵引繁富。作者以個人之力，目擊各種古籍版本多達五千餘種，逐一就其收藏、書名、朝代、作者、版式、序跋等直接加以筆録，難度很大，而基本做到了『版本信息盡可能全，目擊版本盡可能多，可資鑒定的要素盡可能準確』，實屬不易。作者的研究成果有一定的原創性，在本學科領域達到了先進的水平，取得了突破性的成就。」張可禮先生則説：「論文扎實，容量大，成果豐碩，在目録版本學史上，在『四庫學』史上，都增加了新的、學術含量大的重要篇章。完成、出版後，有益於中外學界大矣，定會成爲富有生命力的傳世之作。」孟祥才先生認爲作者：「長期從事中國古典文獻學的研究工作，在學識上有較豐厚的積累。他畢十年之功，奔波於海峽兩岸，不斷地訪書、問學，一絲不苟地做了大量在别人看來十分枯燥的工作，終於底成今日之功，其功力和毅力都值得肯定。」該書稿「在很大程度上填補了我國版本目録學和四庫學的空白，具有重大的學術意義和實用價值」。馮浩菲先生則説：「杜君《四庫存目標注》以標注該目諸書版本信息爲要務，正可填補這一學術空白，故意義相當重要。」「《標注》所作的工作，屬於翻舊讞，除遮蔽，還原本真一類，不啻爲學術之諍友，亦爲古人故書之功臣。」劉曉東先生則謂該書稿：「是前人未曾有而後世不可缺的著作，必將填補歷史性的學術空白，其價值自不必言。」「作者在古典文獻學中涵泳多年，基礎豐厚，識見既廣且高。尤於『四庫學』甚爲精熟，於四庫存目諸書判其得失，評其價值，廣攬博搜，比證考辨，十分精詳。尤爲難能可貴的是搜求到相當數量的罕見版本，對前人的許多失誤之處作出了不容辯駁的糾正。新見紛綸，皆成定論。」張長華先生謂該書稿：「搜集了極爲豐富的版本資料，幾乎可以説囊括了當世所能見到的一切有關資料，編製體例十分完善，遠遠超過前此同類著作水平，尤其能將豐富的資料加以科學的排比，細心的考察，發現前人著録中的缺失而糾正之，幾乎每頁都有心得之言。凡此諸端，均爲作者超越前賢並對版本目録學作出的新貢獻。」

山東大學每年迎接新生的横幅標語上常有「今天我以山大爲榮，明天山大以我爲榮」的語句。我常拿這話激勵我們新來的同學，但同時也强調「我以山大爲榮」易，「山大以我爲榮」難。百年名校，如果按高標準要求，真正能讓「山大以我爲榮」者，甚至可以説是屈指可數的。但我認爲，澤遜君是可以爲我們文史哲研究院，爲我們山東大學帶來榮譽者。二〇〇一年十月山東大學校慶，季羡林先生曾來母校出席慶典，特别談到在海内外有影響的中文方面的三位名人，其中兩位關德棟和周來祥是老先生，而另一位就是年輕的杜澤遜君了。《四庫存目標注》一書的撰成和出版，是澤遜君在古代文獻學領域裏的一部代表性成果，可以説是讓「山大以我爲榮」的一個突出的貢獻。他現在又在編撰更加宏偉的國家清史纂修工程項目的《清人著述總目》。澤遜君年富力强，學識廣博，真可以説是前途未可限量也，作爲一日之師的我也感到無限的欣慰，並爲之感到自豪。

澤遜君性情平和沈静，穩重大方，就像他姓名中的「遜」字，遇事不與人爭，謙虚謹慎，不驕不躁，敬老愛幼，孝悌仁義，且能明辨是非。就《四庫存目標注》一書説，他多少年埋頭耕耘，不事張揚，對他凡有所助的人，他都銘記在心，顧廷龍、季羡林等大人物自不必説了，即使在一些小事上，對他有點滴幫助的人，他也牢記不忘，從本書《後記》中他所列的長長的感謝名單中，可以看到他這種不肯掠人些微之美，不肯忘人點滴之恩的美德。泰山不辭寸壤，大海不拒細流，故能成其爲雄偉浩瀚。做大學問者亦如此，澤遜君在撰著本書的過程中也顯示了這種廣納博取的精神。愛因斯坦曾譏諷不肯下苦功夫，不肯花大氣力，只會找薄木板處鑽孔的人。而澤遜君卻與之相反，善於瞄準大目標，喜歡選取大項目，不論多麽艱難、多麽辛苦，不論前進的道路多麽崎嶇，也都能堅韌不拔，勇往直前。十年磨一劍，其鋒不可擋，而終於成其巨業。這都是做學問的人，甚或做其他事業的人，很值得學習的地方。

最後，提幾點希望吧。一，由於《四庫存目》所記之書多達六千七百九十餘種，而要對各書標識、加注，標明各書的各種版本，以及今存何處等，以一人之力承此重任，太艱巨了。《標注》一書出版，難免還會有不盡如人意之處。今後還應留心，有所發現，就可記録下來，以備將來有機會時再予以補訂。二，澤遜君在《序論》中談到關於「進呈本」的判定，除了根據四庫館簽條和館臣校筆判斷外，其餘都是依據第一頁「翰林院印」滿漢文大官印和面頁進書木記判定的。但北京圖書館的冀淑英老師曾告訴澤遜君，「翰林院印」有假的。澤遜君認爲冀老師的話是有根據的，但現在還没有能力和條件進行鑒別，只能留待今後去辨。我引上文，是想説明隨着研究的深入，還可能發現更難解決的問題，「山色不厭遠，我行隨處深」[一]，將來條件成熟時，盡可能地予以解決。三，本書出版發行以後，各有關方面的專家、學者，甚或某一方面的讀者、圖書管理員，都可能發現某些問題，甚或在我們看起來很難解決的問題，正好碰到他們的「槍口」上，可能解決起來會易如反掌。所以我建議澤遜君可以有意識地、自覺地收集這些意見，集衆思搜廣益，使某些問題解決得更好，也使本書將來有機會重版時能有更多的新「斬獲」。四，澤遜君這些年成果繁富，教學量大而且效果好，還擔任着研究生輔導員及不少事務性的工作，我在預祝他取得更大成就的同時，也希望他要注意勞逸結合，不要太勞累了，不要過於超負荷運轉，來日方長嘛。

本書索引的編撰者是澤遜君的夫人程遠芬女士，她和夫君是大學同學。她曾來山大古籍整理研究所所辦的培訓班進修。我們辦了兩屆培訓班，學員主要是高校教師、圖書館和博物館的專業人員，每屆二三十人，整體水平還是挺不錯的，遠芬君更是其中的優異者。我曾任他們的輔導員，給他們上過「古文字學」課。現在她在山東省教育學院中文系任教，且爲該系古代文學教研室主任，甚得大家好評。她除去在古代文學領域裏有不少建樹外，在古典文獻學領域裏也做了不少的工作，如她和澤遜君撰著的《山東著名藏書家》，就是一本反應頗好的書。除了本書的索引之外，她還曾爲《清史稿藝文志拾遺》編撰了上百萬字的索引。前賢謂做學問有「爲我」與「爲人」之别，這類索引製作就是一種「爲人」的學問。如葉聖陶先生所言：「其事至委瑣，大雅所不屑道。」但即便大學問如葉老親自操辦，仍感「殊非便易」[三]。所以水平低者，根本做不了，即便勉强去做，也會錯謬百出。遠芬君因爲有着非常扎實豐厚的古文獻根基，又心細如髮，而又有這種甘做「爲人」學問的精神，才把這部索引編得如此精到，頗爲準確。我們在享受利用這部索引所帶來的便捷時，一定不要忘了遠芬君的辛勞。從這個意義上，我認爲遠芬君也是《四庫存目標注》一書的功臣，她的美名也將伴隨着《標注》一書而流芳千古。

徐傳武

酉年玄月於山東大學不聊齋

[一] 唐·錢起《遊輞川至南山寄谷口王十六》詩。
[二] 葉聖陶《十三經索引·自序》。

序　論

一九九二年一月我開始研究《四庫存目》各書傳本，撰寫《四庫存目標注》。工程浩大，獨立經營，所以歷時十三年有餘，始得完成。計經、史、子、集四部六十卷約二百四十萬言。摩娑既久，不無心得。粗事條理，撰爲《序論》上、中、下三篇。四方師友，垂教是幸。

上篇　論《四庫存目》

一、《四庫存目》之由來

乾隆三十七年正月初四日，有一道要求各省督撫學政採集遺書的上諭：「古今來著作之手無慮數千百家，或逸在名山，未登柱史，正宜及時採集，彙送京師，以彰千古同文之盛。」其採集範圍極廣：「除坊肆所售舉業時文及民間無用之族譜、尺牘、屏幛、壽言等類，又其人本無實學，不過嫁名馳騖，編刻酬倡詩文，瑣碎無當者，均毋庸採取外，其歷代流傳舊書，内有闡明性學治法，關繫世道人心者，自當首先購覓。至若發揮傳注，考覈典章，旁暨九流百家之言，有裨實用者，亦應備爲甄擇。又如歷代名人洎本朝士林宿望，向有詩文專集，及近時沈潛經史，原本風雅，如顧棟高、陳祖范、任啓運、沈德潛輩，亦各著成編，並非勦説巵言可比，均應概行查明。」不久安徽學政朱筠又奏請將《永樂大典》徵引各書搜輯出來。乾隆三十八年二月降旨派員辦理，並命「將來辦理成編時，著名《四庫全書》」。其後數年内，各地督撫學政及私家進呈圖書加上内府藏書、《永樂大典》輯佚書等，據《四庫全書檔案》乾隆五十一年二月十六日劉墉奏摺記載，共一萬三千五百零一種〔一〕。如此浩繁的典籍當然不可能毫無選擇地編成《四庫全書》。事實上早在下詔求書時已將「舉業時文」、「族譜、尺牘、屏幛、壽言」、「酬倡詩文」等排斥在外。在乾隆三十八年二月十一日上諭論及採輯《永樂大典》佚書時又指出：「其中有書無可採而其名未可盡没者，只須注出簡明略節，以佐流傳考訂之用。」乾隆三十八年五月十七日上諭則更明確指出：「其中有俚淺譌謬者，止存書名。」因此，在乾隆三十九年七月四庫全書處進呈的《四庫全書總目》初稿中，即「經史子集内分晰應刻、應鈔及應存書目三項」〔二〕。所謂「應刻、應鈔」者，就組成了後來編定的《四庫全書》，共三千四百六十種(文淵閣本)。所謂「應存書目」者，就是後來人們稱之爲《四庫存目》的圖書，共六千七百九十一種(據浙本《總目》)。「存目」的意義很明確，那就是「止存書名」，不收其書。因此，在乾隆末年頒行的《四庫全書總目》中，雖然記載圖書一萬二百五十一種，並且都有提要，但《四庫全書》收録的僅有三千四百六十種，其餘六千七百九十一種在《四庫全書》中是找不到的。在《總目》中，《四庫全書》收録的書是單獨排列的，稱爲「著録」。每類「著録」之書開列完畢，才依次開列那些「止存書名」的書，稱「附存目」，即「存目」。

在《總目》正式頒行以前，「著録」和「存目」兩大部分已在民間提前刊行其書目，它們是乾隆四十九年鮑氏知不足齋刻的《欽定四庫全書簡明目録》二十卷、乾隆五十八年桐城胡虔編刻的《欽定四庫全書附存目録》十卷。《簡明目録》是趙懷玉從四庫館帶出的。《附存目録》（通稱《四庫存目》）是胡虔在武昌節署看到鈔本《四庫全書總目》時摘鈔出來的，鈔出之後又請當時的學者淩廷堪校過，分爲十卷。這個單行本《四庫存目》每書僅記書名、卷數及朝代、著者。由於胡虔依據的不是最後定本，所以與後來正式頒行的《總目》略有出入。經嘉道時期的學者周中孚核對，發現浙本《總目》有而此目無者九種，《總目》無而此目有者三十二種[三]。這三十二種當中，有周亮工、周在浚等人的著作，屬於禁燬書。它和《簡明目録》鮑刻本一樣，保存了《總目》的某些原始面貌。

對「著録」與「存目」之間的界限，《四庫全書凡例》中有明確規定：

> 其上者，悉登編録，罔致遺珠。其次者，亦長短兼臚，見瑕瑜之不掩。其有言非立訓，義或違經，則附載其名，兼匡厥謬。至於尋常著述，未越群流，雖咎譽之咸無，要流傳之已久，準諸家著録之例，亦併存其目，以備考核[四]。

自「其有言非立訓」以下謂「存目」，以上謂「著録」，區分井然。綜上論及《凡例》之言，所謂《四庫存目》之書，是指那些「書無可採」、「俚淺譌謬」、「言非立訓，義或違經」、「尋常著述，未越群流」的著述。簡言之不外兩類：一是平庸俚淺，二是違背正統觀念。

目》，也可以發現，《存目》各書提要大都只是挑剔之詞，諸如「殊無所取也」、「非説經之道也」、「非通論也」、「不可據爲定論也」之類評語，隨處可見。無怪乎鄧廣銘先生得出《四庫存目》之書「大多數是應當棄而不收」的結論[五]，臺灣清華大學張元教授亦贊成這種説法，認爲「存目的價值不高」、「水平低下」[六]。長期以來，持這種觀點的大有人在，其根據主要就是《四庫全書總目》中各書提要及上諭、《凡例》等。

「著録」和「存目」的標準既如上所述，那麼《存目》之書似乎也就鮮有可取了。打開《四庫全書總

二、《四庫存目》發覆

事物的本質往往掩蓋在表象下面，這種表象又往往只是一個假象，或者真假參半。張元先生針對《讀書》雜誌發表的季羡林先生致沈昌文先生的兩封信，指責季羡林先生未仔細讀過《四庫提要》。但《提要》頂多只是《四庫存目》所載六千七百九十一種書的一個表象，離《存目》書的本質仍然有一段距離。筆者數年來經眼《存目》之書不下五千種，逐一精讀縱未敢必，各書大要諒能明瞭。核以《四庫提要》，不乏浮光掠影，讀未終卷，率爾操觚者。四庫開館在乾隆三十八年春，僅用一年半時間，到乾隆三十九年七月，乾隆帝就看到四庫館所呈《四庫全書總目》初稿，「於經史子集内分晰應刻、應鈔及應存書目三項，各條下俱經撰有提要」，「多至萬餘種，卷帙甚繁」[七]。短短一年半時間，就寫完了一萬多種書的提要初稿，分出了「著録」與「存目」兩大部分，成事何其迅速。檢閲《提要》，不難發現，凡

「著録」之書大都詳密，而《存目》提要每多粗略。《存目》之書約當「著録」之兩倍，而提要篇幅僅當「著録」之半。蓋「著録」各書，提要須弁篇首，辨證不得不精。《存目》提要不附原書，但須説明著者爵里、書之大略及列入《存目》之由，不必如「著録」各書反復考訂也。因此，根據《提要》衡量六千七百九十一種《存目》之書的價值，是很容易出現偏差的。

反復研討，余謂六千七百九十一種圖書所以被列入《存目》，原因不外以下九條：

（一）限制規模

校辦三千四百六十種「著録」書已歷十餘年之久，任事諸臣多達三百六十人[八]。據乾隆五十一年二月十六日劉墉奏摺，謄録人員，乾隆四十三年至五十年春季，先後招募達二千七百十二人[九]。而各省督撫學政下屬採辦人員尚不在内。如此浩大工程若不限制規模，顯然是清政府人力、物力都無法承受的。乾隆四十七年永瑢等《進四庫全書表》有「汪洋無際，慮創始之爲難」[十]之句，應是當時情形的真實寫照。出於限制篇幅的需要，大量圖書未能進入《四庫全書》，而屈居《存目》。例如明代地方志僅「著録」六種，清代地方志僅「著録」各省通志十五種，其餘明清兩代各省府州縣志列入《存目》者多達一百餘種。顯而易見，這一大批列入《存目》的地方志是寶貴的歷史資料，既不能視爲俚淺平庸的無用之書，亦不能扣上「言非立訓，義或違經」的帽子。它們所以被列入《存目》，是由於《四庫全書》容量有限，不得不嚴加删汰。經部之五經總義、小學，史部之雜史、傳記、地理，子部之醫家、雜家、小説家，集部之别集，都有大量優秀著作，因爲《四庫全書》篇幅的限制而不得不退居《存目》。對這些書，提要很難全面予以否定，常常採取挑出一兩條疏誤大加指責的辦法，或者羅列一下章節，而不置可否。

(二) 貴遠賤近

對時代較早的圖書從寬收録，時代較近的著述從嚴遴選。這條原則没寫進《凡例》，但始終是館臣們遵守的重要原則。《四庫全書》總裁官于敏中曾致函總纂官陸錫熊：「舊書去取，寬於元以前，嚴於明以後。」[十二]于敏中的這條指示，被貫徹到纂修活動之中，並形之於提要行文之上。例如：

《鬻子》提要云：「每篇寥寥數言，詞旨膚淺，決非三代舊文。姑以流傳既久，存備一家耳。」

《子夏易傳》提要云：「流傳既久，姑存以備一家。」

《鼎録》提要云：「蓋流傳既久，屢經竄亂，真僞已不可辨，特以其舊帙存之耳。」

《硯譜》提要云：「以其宋人舊帙，流傳既久，尚有一二足資多識者，故附著諸家硯譜之次，以備檢核焉。」

《海棠譜》提要云：「以宋人舊帙，姑並存之，以資參核。」

《禽經》提要云：「流傳已數百年，文士往往引用，姑存備考，固亦無不可也。」

《長短經》提要云：「唐人著述，世遠漸稀，雖佚十分之一，固當全璧視之矣。」

《蘇氏演義》提要云：「古書亡佚，愈遠愈稀，片羽吉光，彌足珍貴。」

這種貴遠賤近的原則，使得元代以前的著作絶大部分被收入《四庫全書》，而明清兩代著述則大量退居《存目》。仍以地方志爲例，宋元地方志十餘種全部著録，無一存目。明清地方志百分之八十以上均列入《存目》。再以集部别集爲例，元以前别集大都收入《四庫全書》，列入《存目》者約占百分之二十五，而且大都是後人評選注釋之本，單就原集計算，恐怕不足百分之十五。而明人别集著録者二百三十八種，存目者八百五十二種，存目之書超過百分之七十八。清人别集僅著録四十一種，而存目者達五百八十三種，存目之書占百分之九十三强。同爲别集，唐代杜荀鶴《唐風集》被提要斥爲「詩多俗調，不稱其名」。明代戚繼光《止止堂集》提要認爲「詩亦伉健，近燕趙之音」。但《唐風集》順利進入《四庫全書》，《止止堂集》則屈居《存目》。就二書的評價來判斷，結果應當相反。但《唐風集》沾了早的光，《止止堂集》吃了晚的虧。如果照《凡例》優選劣汰的原則，是無法解釋這個問題的。可見《凡例》之外另有更强的「凡例」。

（三）揚漢抑宋

清代雖然是漢學昌盛的黄金時代，但官方尊崇的是程朱理學，文廟中升朱熹於十哲之次，即可見尊崇異乎往昔。乾隆帝即曾説過：「朕御製詩文内，如周、程、張、朱，皆稱爲子，而不斥其名。」[十二]所以，在《四庫提要》中論及漢學、宋學誰高誰低時，總要擺出不偏不倚的架子：「漢學具有根柢，講學者以淺陋輕之，不足服漢儒也。宋學具有精微，讀書者以空疏薄之，亦不足服宋儒也。消融門户之見，而各取所長，則私心祛而公理出，公理出而經義明矣。」[十三]此類論調多次出現。

但在實際批評圖書、臧否人物時，就顯示出標榜漢學、排擠宋學的傾向。由於朱熹是宋學的代表人物，必須首先破除對他的迷信，當然朱熹又是清政府尊崇的人物，因而這種攻擊又往往是隱晦的，有時是借題發揮，曲盡其意。例如《提要》在評元史伯璿《四書管窺》時，忽然調轉筆鋒，評論朱熹：

考朱子著述最多，辨説亦最夥。其間有偶然問答，未及審核者。有後來考正，未及追改者。亦有門人各自記録，潤色增減，或失其本真者。故《文集》、《語録》之内，異同矛盾，不一而足。即《四書章句集注》與《或問》亦時有牴牾。原書具在，可一一覆按也。當時門人編次，既不敢有所別擇。後來讀朱子書者，遂一字一句奉爲經典，不復究其傳述之真僞與年月之先後，但執所見一條，即據以詆排衆論，紛紜四出，而朱子之本旨轉爲尊信者所淆矣。夫載寶而朝，論南宫者有故；越境乃免，惜趙盾者原誣。述孔子之言者，尚不免於舛異。況於朱門弟子斷不及七十二賢，又安能據其所傳漫無釐正？

上面一段攻朱子，下面一段攻朱門弟子，洋洋灑灑，真不知是在評《四書管窺》，還是在評朱子學派。這段高論，顯然是在告訴人們：朱子之書尚且「異同矛盾，不一而足」，朱門弟子一味盲從師説，不辨真僞，連朱子的本旨都没弄清，就更不足觀了。另外，在朱熹《伊洛淵源録》和《名臣言行録》等著作的提要中，也有對朱子及其學派的類似攻擊。至於對宋明理學中的陸王學派，攻擊就更頻繁，更直接。

對於這種揚漢抑宋的傾向，當時在四庫館任分纂官的姚鼐與紀昀等多有分歧。「鼐爲學博集漢儒之長，而折衷於宋」，「同時袁枚、紀昀頗詆宋儒，鼐嘗直斥其非」[十四]。由於與紀昀觀點相左，姚鼐僅在四庫館供職一年，即於乾隆三十九年乞養南歸[十五]。姚鼐在四庫館所撰一部分提要稿，在他去世以後刻爲《惜抱軒書録》四卷，共八十六篇。道光十二年弟子毛嶽生爲該書作序，談及姚鼐在四庫館的處境：

> 乾隆間考證之學尤盛，凡自天文、輿地、書數、訓詁之學皆備。先生邃識綜貫，諸儒多服，而終不與附和駁難，唯從容以道自守而已。時紀文達爲四庫全書館總纂官，先生與分纂。文達天資高，記誦博，尤不喜宋儒。始，大興朱學士筠以翰林院貯有《永樂大典》，内多古書，皆世闕佚，表請官校理，且言所以搜輯者。及是遺書畢出，纂修者益事繁雜，詆訕宋元來諸儒講述極庳隘謬戾，可盡廢。先生頗與辯白，世雖異同，亦終無以屈先生。文達特時損益其所上序論，令與他篇體例類焉。

紀昀等四庫館臣對宋儒的貶抑由此可見一斑。姚鼐臨行時，四庫館臣翁方綱作《敘》送之，並乞一言。姚鼐説：「諸君皆欲讀人未見之書，某則願讀人所常見之書耳。」[十六]進一步説明了姚鼐在四庫館較爲孤立，與衆人學術主張格格不入。

基於這種十分明確的揚漢抑宋的傾向，宋明理學的著述就自然而然地被大幅度地汰入《存目》，在經部、子部儒家類、雜家類和集部别集類，隨處可以發現這種現象。早在一九三三年，黄雲眉先生就曾撰文指出這一點：

> 然程朱之書既爲帝王政治上傀儡作用之所保障，姚江之書權威已大，亦非紀氏所能任意取

捨。紀氏所能任意取捨者，多爲此兩大宗之支與流裔，而姚江爲尤甚。《存目》中歷歷可按。[十七]

黄雲眉先生認爲揚漢抑宋是紀曉嵐一人之主張，並引紀氏筆記攻擊講學先生的内容作旁證。其實不然。謂紀氏本人揚漢抑宋則可，謂《四庫全書總目》揚漢抑宋爲紀氏一人私見則不可。我國學術發展到乾隆時期，考據學已形成一代風氣，群起而趨之，蓋有不期然而然者，紀氏不過佔據了有利地形，順應一代潮流，充當了一員猛將而已。

針對揚漢抑宋的問題，業師王紹曾先生在一九九四年也發表了十分精當的論述：

《四庫全書總目》總的傾向是揚漢抑宋，對宋儒動輒微文譏刺，曲肆詆諆，特別對朱熹的著作每多挾持成見。在宋明理學上，則又尊程朱而貶陸王，對於王學傳人的著作，如王艮的《心齋約言》、王畿的《龍溪語録》、《龍溪全集》、鄒守益的《東廓集》都列入《存目》。[十八]

漢學與宋學誰高誰低，《四庫提要》揚漢抑宋是功是過，均非三言兩語所能講清。這裏只須明確一點，那就是宋明理學著作因受到館臣的排斥而較多地退居《存目》。

(四) 壓制民族思想

在清代，民族問題是一個極敏感的政治問題，因爲清朝是少數民族入主中原，所以一切講「夷夏之辨」或誣蔑少數民族的書籍都受到嚴厲查禁。錢謙益、李清、周亮工、屈大均、呂留良等人的著作都因政治原因受到禁燬。這方面的史料很多，過去討論的也最多，這裏不再細説。現在需要明確的是：有一部分違礙書被列入《存目》。

最富代表性的是明代王洙的《宋史質》一百卷。《提要》云：

> 是編因《宋史》而重修之，自以臆見，別創義例。大旨欲以明繼宋，非惟遼、金兩朝皆列於「外國」，即元一代年號亦盡削之。……荒唐悖謬，縷指難窮。自有史籍以來未有病狂喪心如此人者。其書可焚，其版可斧。其目本不宜存，然自明以來印本已多，恐其或存於世，熒無識者之聽，爲世道人心之害，故辭而闢之，俾人人知此書爲狂吠，庶邪説不至於誣民焉。

從提要可以看出，這絶非一般的學術問題，其痛恨切齒，溢於言表。因爲王洙完全不承認少數民族建立的遼、金、元三個王朝，而繼遼、金、元以後，清朝又是一個少數民族建立的王朝，照王洙的成例，自然也只能是不合法的。這是提要指斥王洙爲「狂吠」的根本原因。《宋史質》當然應列爲全燬書。

還有明柯維騏《宋史新編》二百卷，不承認宋、遼、金三史並立的舊法，而把遼、金二朝併入《宋史新編》的「外國」中，與西夏、高麗並列。《提要》的結論是：「大綱之謬如是，則區區補苴之功其亦不足道也已。」

又明丘濬《世史正綱》，起秦始皇二十六年，止明洪武元年。「紀年干支之下，皆規以一圈，中書國號。至元代，則加以黑圈。迨至正十五年明太祖起兵，則爲白圈。其説以爲本之太極圖之陰陽，至是天運轉而陽道復，陰翳消也」（《提要》）。把元朝比作黑暗的陰世，所以《提要》斥之曰：「率臆妄作，爲史家未有之變例，可謂謬誕。」

又明黄光昇《昭代典則》，起元至正十二年朱元璋起兵，終明隆慶二年。該書前四卷爲洪武元年以前事，但不用元朝年號，而用明朝紀年。《提要》認爲：「究非萬世之公論也。」

又明吴樸《龍飛紀略》，紀朱元璋事蹟，自壬辰至壬午，凡五十一年。《提要》云：「自壬辰至丙午，明號未建，順帝儼存，猶是元之天下。乃削去至正年號，惟書甲子。則偏僻太甚，於公議爲不協矣。」

這些著作，本質與《宋史質》無異。無論其議論是否精深，紀事是否謹嚴，都不可能被清代官修的《四庫全書》接受。它們得以存目，已是很幸運的了。

（五）維護封建倫理道德

封建道德主要就是經過歷代不斷改造完善的儒家倫理道德。這種倫理道德特别重視君臣父子及貴賤雅俗之間的等級觀念，當然是爲維護封建統治服務的。《四庫全書》既爲官修，當然要維護封建倫理道德。對那些離經叛道、非聖無法的著作，總是要嚴加排斥。《四庫全書凡例》所説的「言非立訓，義或違經」，即指此類而言。

最有代表性的例子是明李贄《藏書》、《李温陵集》等著作。《藏書》提要云：

前有自序曰：「前三代吾無論矣。後三代漢、唐、宋是也。中間千百餘年而獨無是非者，豈其人無是非哉？咸以孔子之是非爲是非，固未嘗有是非耳。然則予之是非人也又安能已？」又曰：「……覽則一任諸君覽，但無以孔夫子之定本行賞罰也則善矣」云云。贄書皆狂悖乖謬，非聖無法。惟此書排擊孔子，別立褒貶，凡千古相傳之善惡，無不顛倒易位，尤爲罪不容誅。其書可燬，其名亦不足以污簡牘。特以贄大言欺世，同時若焦竑諸人，幾推之以爲聖人。至今鄉曲陋儒，震其虛名，猶有尊信不疑者。如置之不論，恐好異者轉矜創獲，貽害人心。故特存其目，以深暴其罪焉。

《四庫提要》中最受痛恨的兩個人是王洙和李贄，李贄的罪過都在「排擊孔子，別立褒貶」八個字上。所以《李温陵集》提要斥李贄爲「名教之罪人」。李贄的著作全都入《存目》。

焦竑因爲推崇李贄，也受了很大連累，大部分著作僅得存目。其中有較高史料價值的大型傳記《國朝獻徵録》一百二十卷、《熙朝名臣實録》二十七卷，亦屈居《存目》。《熙朝名臣實録》提要云：「所附李贄評語，尤多妄誕，不足據爲定論也。」又《焦弱侯問答》提要云：「師耿定向而友李贄，於贄之習氣沾染尤深，二人相率而爲狂禪。贄至於詆孔子，而竑亦至尊崇楊墨，於孟子爲難。雖天地之大無所不有，然不應妄誕至此也。」即此可見，焦竑的大部分著作入《存目》，主要是因爲推崇李贄。

另外，文學作品中的戲曲小説等被排斥於四庫之外，散曲也没資格進入《四庫全書》，而僅於《存目》中略載一二，以備一格。自《漢書・藝文志》即分諸子爲九流十家，小説家爲十家之一，但卻不入「可觀者」流。原因是小説家出於稗官，所記爲街談巷議，道聽途説，其作者和内容都來自下層。詞曲也是如此。《四庫全書總目・詞曲類序》云：「詞曲二體，在文章技藝之間，厥品頗卑，作者弗貴，特才華之士以綺語相高耳。」又云：「王圻《續文獻通考》以《西廂記》、《琵琶記》俱入經籍類中，全失論撰之體裁,不可訓也。」又論明王九思《碧山樂府》(所收爲雜曲小令)云:「可謂聲音文字兼擅其勝,然以士大夫而殫力於此,與伶官歌妓較短長,雖窮極窈眇,是亦不可以已乎。」字裏行間充溢着鄙視的情緒。散曲之所以屈居《存目》而不能進入《四庫全書》,主要是封建等級觀念在起作用,所謂「厥品頗卑,作者弗貴」八字盡之矣。

(六)避免重複

我國古書内容重複確實不少。單本彙成叢書或大全集,而單種仍自行世。小書彙成大書,大書又裁篇別出。如果一概著録,勢必疊床架屋,連篇累牘。所以有些重複之書,僅存其目。因重複而入《存目》者約有以下三類:

①某些書之「別本」。如《別本干禄字書》、《別本潛邱劄記》、《別本晏子春秋》之類,均爲《存目》之書。所以稱「別本」,以別於收入《四庫全書》之正本也。凡別本存目者,必於内容或體例與正本有一定差別。完全相同者例不兩見。

②初出單行本或裁篇別出本。如清沈彤《釋骨》一卷已編入《果堂集》,宋李剛《李忠定奏議》六十九卷俱已收入《梁溪集》,明鄭若曾《日本圖纂》、《蘇松浮賦議》等十種已彙爲《鄭開陽雜著》,故單種均入《存目》,以免與《四庫全書》所收全本重複。

③叢書。以其子目俱已散入各類,要麽著録,要麽存目。而叢書之總名稱及種數、卷數、輯者名氏,均不宜埋没,故得入於《存目》。《永樂大典》所引各書多已輯出,亦但存其目,與叢書入《存目》

同理。

必須明確：一書的不同注本、評本、選本、類編本或繫年本，均不宜視爲重複。因爲它們通過再加工，已注入了新的學術成果。

（七）尊官書而抑私撰

清代官修之書往往有所憑藉。《康熙字典》實即明梅膺祚《字彙》和明張自烈《正字通》之增訂本，《正字通》入《存目》，《字彙》則并《存目》亦未得入。《全唐詩》實據明胡震亨《唐音統籤》、清初季振宜《唐詩》增訂而成，《統籤》入《存目》，《唐詩》并《存目》亦不得入（此書稿本尚存，有影印本）。《佩文齋廣群芳譜》係明王象晉《二如齋群芳譜》之增訂本，《日下舊聞考》亦朱彝尊《日下舊聞》之增訂本，王書僅得存目，朱書并存目亦未得。

余讀明雷禮《國朝列卿紀》一百六十五卷、焦竑《國朝獻徵録》一百二十卷，未嘗不服其宏富。《列卿紀》詳於行事年月，尤爲史事繫年之所必資。《獻徵録》猶可藉口焦竑沾染李贄習氣而斥入《存目》。《列卿紀》此等百數十卷大型傳記資料退居《存目》，則絶非提要所謂「行實略仿各史列傳，而又不詳具始末，止書其事之大者而已」寥寥數語所能交待。唯提要中有「《明史》頗採之」五字，雖是對卷八至十三《内閣行實》而言，實際是對全書而言。這五個字輕描淡寫，卻道出了真情。《列卿紀》和《獻徵録》都應是由於官修的《明史》已採用了其中的大量資料而被列入《存目》的。至於明黄省曾《西洋朝供典録》已爲《明史》採用，元潘昂霄《河源記》已被《元史》全文録入，二書均入《存目》，亦屬同類。乾隆間所修《續文獻通考》原係就明王圻《續文獻通考》重修者，王書確有駁雜之病，但網羅宏富，至今不廢。四庫列入《存目》，且直斥爲「竟以覆瓿可也」，實屬蠻橫。

(八) 原本殘缺或漫漶過甚，無法校寫

此類數量不多，但又不能併入他類。如宋晏殊《類要》一百卷，提要云：

自明以來，傳本甚罕，惟浙江范氏天一閣所藏尚從宋本鈔存，而中間殘闕至四十三卷。別有兩淮所進本，僅存三十七卷，門類次序尤多顛倒，且傳寫相沿，譌謬脱落，甚至不可句讀。蓋與《太平御覽》同爲宋代類書之善本，而其不可校正則較《御覽》爲更甚。故今惟附存其目焉。

又如明趙時春《平涼府志》十三卷，提要云：「其考證敍述具有史法，在關中諸志内最爲有名。惜其漫漶磨滅，已不可繕寫。故僅存其目於此焉。」

(九) 著作水平庸劣或僞妄之書

這是上諭和《凡例》一再强調的。但考慮過以上各因素以後，我們不難發現，真正能扣上「俚淺譌謬」這頂帽子的圖書爲數並不多。筆者發現，明末刻陳繼儒撰的《福壽全書》，實爲書坊翻刻明鄭瑄《昨非庵日纂》初集二十卷而變亂其篇次、改换其書名、改題其撰者而成，託名陳繼儒，實與繼儒無涉。又底本缺頁者，則改刻頁碼，强爲連綴，無聊之極。這部書確實屬於「俚淺譌謬」者，可惜館臣未發現其僞妄。我們應當承認，《存目》之書就總體來説不如著録書水平高，但真正的平庸之作則爲數有限。諸如明項篤壽輯刻的《全史論贊》八十卷，明袁以明輯刻的《二十一史論贊輯要》三十六卷，均就正史鈔撮論贊而成，正如提要所云：「讀史必先知其事之始末，而後可斷其人之是非。今篤壽惟存其論，使稱善者不知其所以善，稱惡者不知其所以惡，仍於讀史者無益也。」此類書籍確實平庸，但我們又不能無視這樣的現實：它們大都已傳世絶少，各圖書館均列入「善本」予以特别保護，亦如館臣所言：「古書亡佚，愈遠愈稀，片羽吉光，彌足珍貴。」又何可遽廢耶！

通過以上九條關於六千七百九十一種圖書被列入《存目》的原因分析，我們似可認識到，《四庫存目》之書是通過種種渠道進入《存目》的，它們絶不像乾隆上諭所説的那樣「書無可取」、「淺俚譌謬」，而是一大宗寶貴的文化遺産。要最後揭示它們的真面目，只有研讀原書一條路。過分相信《四庫提要》，只能誤入歧途。

三、二百年來文化學術界對《四庫存目》的重視和研究

鑒於《四庫存目》書本身的價值和日見稀少的現實，《四庫存目》之書早已受到關注。當乾隆三十九年趙懷玉從四庫館攜出《四庫全書簡明目録》交鮑氏知不足齋刊行以後，約乾隆五十八年桐城胡虔就輯刻了單行本《四庫全書附存目録》，當時助校者爲著名學者淩廷堪（詳胡虔跋）。如果《四庫存目》之書果如乾隆諭旨所言係「俚淺譌謬」或《凡例》所謂「言非立訓，義或違經」、「尋常著述，未越群流」，那麼還有什麼必要勞兩位學者爲之校刊單行本目録呢？

胡虔的刊本只是記録書名、卷數和朝代、著者，無提要。到嘉慶十五年，《鄭堂讀書記》的作者周

中孚又仿《四庫全書簡明目録》著《四庫全書存目要略》二十六卷，爲存目各書作了簡明提要，以《四庫提要》爲主要依據，並參考他書。其稿本現藏日本靜嘉堂文庫。

道光至同治年間的版本目録學家莫友芝，有《四庫全書附存目録》校本，現藏上海圖書館。清末四大藏書家之一的錢塘丁氏八千卷樓，十分注意收集《四庫存目》之書，歷年所收《存目》書多達一千五百餘種，闢八千卷樓之西廂專室貯之。丁氏還專門刻了「四庫附存」四字朱文長方印鈐蓋在各書首頁書眉上。這些《存目》書隨着八千卷樓的其他珍本秘笈於光緒末售歸江南圖書館。江南圖書館後更名江蘇省立國學圖書館。館長柳詒徵先生主持館務期間曾選擇其中尤爲罕傳之本如明鈔本《議處安南事宜》一卷、明萬曆三十八年趙琦美鈔《百夷傳》一卷等若干種影印行世。丁氏舊藏現大都保存於南京圖書館。

民國年間，著名學者、版本學家顧廷龍先生亦留心《四庫存目》書的傳本，先生在燕京大學圖書館供職期間，凡遇《存目》之書，均注於單行本《四庫全書附存目録》各條之下，其中部分《存目》書購歸燕大，現存北京大學圖書館，余所見者大都印本清朗、首尾完具。「七七事變」以後，先生應葉景葵、張元濟等先生之邀主上海合衆圖書館，合衆圖書館後更名上海歷史文獻圖書館，爲今上海圖書館前身之一。先生數十年來一直任館長。遷滬之後，先生繼續留意《存目》傳本，積稿甚多，惜在「文革」中被燬。

又民國十三年商務印書館提出影印《四庫全書》並進而利用贏利續修《四庫全書》的計劃。其續修計劃有云：「擬請海内通人，選擇四庫存目及未收書，刊爲續編。」一九三三年教育部授權商務印書館影印《文淵閣四庫全書》珍本，黄雲眉先生發表《從主編者意圖上估計四庫全書之價值》一文，表示異議，同時提出：「如編印有清一代考證諸書，以總結考證學之成績，或搜印四庫未收書、存目書及禁書等以彌當時修書因各種原因而産生之缺憾，亦非全無價值之舉。」這是較早提出印行存目書主張的，不過都是與續修《四庫全書》連在一起，並未單獨提出印行存目書的主張。

近二十餘年來，國家重視古籍整理，一九八一年國務院恢復了「文革」前業已存在的「古籍整理出版規劃小組」，一九八三年九月教育部又成立了「全國高等院校古籍整理研究工作委員會」。政府撥出專款扶持古籍整理事業，資助古籍整理專業。一九九二年在北京召開了國務院第三次古籍整理規劃會，會上周紹良、胡道靜兩先生先後提出要重視《四庫存目》書的調查研究，指出《存目》中有許多有價值的書，應予以搶救。周紹良先生首次提出印行《四庫全書存目叢書》的主張。

一九九二年底，中國東方文化研究會歷史文化分會會長北京大學教授劉俊文、中華書局歷史編輯室主任張忱石、北京大學歷史系教授張希清等正式向國務院古籍整理規劃小組提出編纂出版《四庫全書存目叢書》的計劃，得到批准，並正式成立「《四庫全書存目叢書》編纂出版工作委員會」，劉俊文任主任，張忱石、張希清任副主任，聘請著名學者周一良、任繼愈、張岱年、侯仁之、胡道靜、周紹良、王紹曾、冀淑英等爲學術顧問，東方文化研究會會長季羨林先生出任總編纂。到一九九七年底，全部一千二百册出齊，共收存目書四千五百又八種。從一九九二年以來的十年間，報紙、雜誌、電視、廣播等各種媒體都多次出現關於《四庫存目》的消息或評論，鄧廣銘、王紹曾、季羨林、任繼愈、宿白、施蟄存、黄永年、程千帆、周紹良、胡道靜、周一良、顧廷龍、何滿子等一大批學者發表過對《四庫存目》的論述。在一九九三年前後，《四庫存目》成了學術界熱門話題之一。可以説，近十餘年間對《四庫存目》的重視達到了前所未有的高峰。

[一]《纂修四庫全書檔案》，中國第一歷史檔案館編，一九九七年七月上海古籍出版社排印本。以下簡稱《檔案》。
[二]《四庫全書總目》卷首上諭，一九六五年中華書局拼版影印乾隆六十年浙江刻本。以下簡稱《總目》。
[三]詳見《鄭堂讀書記》卷三十二，一九五八年商務印書館排印本。
[四]《總目》卷首。
[五]鄧廣銘：《論〈四庫全書存目叢書〉不宜印行》，《光明日報》一九九四年七月二十九日。
[六]張元：《關於四庫提要》，《讀書》一九九五年十二期。
[七]《總目》卷首上諭。
[八]《總目》卷首。
[九]《檔案》一九二八至一九二九頁。
[十]《總目》卷首。
[十一]《于文襄論四庫全書手札》第十八函，一九三三年國立北平圖書館影印本。
[十二]《總目》卷首乾隆四十二年十月初七日上諭。

［十三］《總目·經部總敘》。

［十四］《清史列傳·姚鼐傳》，一九八七年中華書局排印本。

［十五］《碑傳集》卷一四一姚瑩《姚先生鼐家狀》，一九八七年上海古籍出版社影印《清代碑傳全集》本。

［十六］《碑傳集·姚先生鼐家狀》。

［十七］黄雲眉：《從主編者意圖上估計〈四庫全書〉之價值》，載《史學雜稿訂存》，一九八二年齊魯書社排印本。

［十八］王紹曾：《印行〈四庫全書存目叢書〉之我見》，《光明日報》一九九四年十二月二日。

中篇　論《四庫存目》之書的進呈本

一、問題的提出

《四庫存目》各書之價值不容低估，已如上言。那麽，《四庫存目》各書之傳世情況，亟待查明。要查明《存目》各書傳世情況，首先應弄清乾隆間修《四庫全書》時各地進呈四庫館而被列入《存目》的那些「原本」的來龍去脈。

《四庫全書》的底本，在《四庫全書》編纂、鈔寫完成後，奉旨存放翰林院，並允許外間讀書人就近鈔録[一]，這一史實，向無疑議，其逐步散失並在「庚子事變」中慘遭兵燹的命運，與翰林院中《永樂大典》的命運亦大略相同。唯當時與《四庫全書》底本一同進呈四庫館的《存目》書及重本，數量近萬種，在《四庫全書》纂修當中和完成之後，被如何處置，命運若何，或謂發還本家，或謂存翰林院而燬於庚子八國聯軍侵犯北京，或謂存武英殿而燬於同治八年大火[二]，迄無公認之定説。今即此案予以考索，以弄明真相。

二、四庫進呈本的由來

四庫進呈本，又稱四庫採進本，從字面上看，是指各地方包括京城官員進呈到四庫館的書本。但事實上内府和翰林院藏書亦包括在内，這部分書不宜稱「進呈」。因此，我們説進呈本、採進本，只是籠統的説法，相沿已久，不便更張。但過去經常有稱進呈本爲「四庫底本」的，因爲進呈本中只有三千數百種被確定爲底本，其餘重本及《存目》書就不宜稱底本，所以一概稱進呈本爲「四庫底本」並不妥當。「四庫底本」應專指用來鈔寫《四庫全書》的原本。

進呈辦法，乾隆三十七年正月初四日上諭有明確規定：「在坊肆者，或量爲給價。家藏者，或官爲裝印。其有未經鐫刊，祇係鈔本存留，不妨繕録副本，原書給還。……先將各書敘列目録，注係某朝某人所著，書中要指何在，簡明開載，具摺奏聞。候彙齊後，令廷臣檢覈，有堪備覽者，再開單行知取進。」[三]

根據這道諭旨，採訪書有三種途徑：一是到書坊購買；二是有家藏書板者，官爲印刷裝潢；三是罕傳鈔本，或已無書板之稀見印本，借鈔副本，原本歸還。進呈亦分兩步：先是奏進書目，開明書名、著者、朝代及書中要旨。各地書目彙齊，由廷臣檢查，決定去取，然後再通知各地將書籍彙送京師。這樣可以避免各地重複進呈。應當説，辦法是很好的。

依此辦法，中央和地方都不得不成立專門辦事機構。中央的在翰林院，乾隆三十八年二月成立[四]，稱「辦理四庫全書處」，各地亦稱爲「總理四庫全書處」。又稱「欽定四庫全書館」，簡稱「四庫館」。地方大都成立書局，委派專人辦理。例如浙江在杭州省城設立公局，延請丁憂在籍的翰林院侍講沈初總理選裁，並於教職内揀選學問優者分任校閲[五]。江蘇於蘇州紫陽書院特設書局，分派官吏收掌校録，並請院長在籍侍郎彭啓豐總其事。[六]

除官方成立書局外，還召致書賈，給以銀兩，委其訪購。如浙江的湖州書船[七]、江蘇蘇州的山塘書賈錢金開（鋪名「山塘開鋪」）、城内書賈陶廷學[八]，都爲採辦書籍出力不少。

由於各地多方購求，不僅僅依靠藏書家獻書，因而在進呈本中，各地自行選購的書籍均佔相當比例。例如浙江進書四千六百種，其中私家獻書二千六百九種，地方購進一千九百九十一種[九]。江蘇蘇州書局（江蘇巡撫管）進呈一千七百二十六種，其中書局購進者一千七十一種，私家獻書六百五十五種[十]。江寧書局（兩江總督管）進書一千三百七十四種，其中紳士呈獻九百九十一種，書局購進及借本鈔録者三百八十三種[十一]。

藏書家所獻之書，由於藏書家懂書，因而多罕傳秘本。依據諭旨，應由地方借鈔，原書給還。從後來辦理四庫全書處謄録《四庫全書》情形看，各地借鈔必將是極大負擔，尤其江、浙、兩淮，圖書數量較大，無論從時間方面，還是從財力方面，都很難達到預期目的。

於是兩淮首先自行以原書進呈。乾隆三十八年閏三月二十日兩淮鹽政李質穎奏：「商人馬裕，素有藏書。……查其全目共一千三百八十五種，内督臣高晉選去一百三十三種，又已經選定，尚未取去，知會奴才查辦者六十二種。今奴才悉心採擇，又選出二百十一種，開敘目録，向其家借取鈔繕。超馬裕稟稱：……何敢復煩鈔繕，致需時日，只求將原書呈進，便是十分之幸了。奴才察其言詞誠切，出自實心，似應准其所稟。又據江廣達等購覓得十八種，並督臣高晉選定之六十二種，總共二百九十一種，奴才查明卷帙，各種包封，一併專差恭送。」乾隆皇帝硃批：「俟辦完《四庫全書》，仍將原本發還，留此亦無用也。」[十二]馬裕藏書前後選送共七百七十六種[十三]，均以原書進呈。

不久後的乾隆三十八年四月十三日浙江巡撫三寶亦奏：「茲據鮑士恭、吴玉墀、汪啟淑、孫仰曾、汪汝瑮等呈稱：……竊願以私篋所藏，上充秘府，芹曝之獻，實出至誠。謹將書目開呈，伏祈恭進。等情前來。臣察其情詞，甚爲懇切。隨將書目飭發局員，逐一查閲。除尋常習見及互有重複各書不列外，計鮑士恭家有六百二十六種，吴玉墀家有三百五種，汪啟淑家有五百二十四種，孫仰曾家有二百三十一種，汪汝瑮家有二百十九種，共一千九百零五種。分繕清單，恭呈御覽。」[十四]四月二十八日上諭：「所有進到各書籍，將來辦竣後，仍須給還各本家自行收藏，無藉伊等恭進。將此傳諭三寶，轉諭鮑士恭等知之。」[十五]至九月初六日浙江巡撫三寶即派嘉興知縣王士澣、奉化縣丞裴述文將三千七百七十一種書解送四庫全書處。此次進書，並未接奉四庫全書處徵用書單，所以奏摺中説：「因思各書雖有目録可稽，然非披閲採擇，似難以定去留，自應全行解送，以備查檢。」[十六]

江蘇巡撫進書則在三十八年十月初六日，江蘇巡撫薩載奏稱：「計共存書一千三百八十九種，現准辦理四庫全書處知照，扣除重複二十五種，餘書一併送館校辦。」[十七]

出於這樣的事實,四庫進呈本的質量大大提高。以原本進呈,自然省時省錢,因此在乾隆三十八年底,絶大部分書籍已進呈到翰林院的辦理四庫全書處。乾隆三十九年各地奉旨將揀存複本發還本家,主要事務轉到查鈔違礙書籍方面。

根據上述採進底本情形分析,進呈本主要有以下幾種來源:一、内府及翰林院藏書,包括《永樂大典》。二、各地督撫委員購買之書。三、官價借板刷印之書。四、借鈔之書[十八]。五、私家進呈原書。四庫採進本之由來大抵如是。

三、《四庫存目》書進呈本的發還問題

四庫進呈本集中到翰林院,當時即於書衣鈐寫木記,注明何年何月何處獻來何書若干本,並於首葉加蓋「翰林院印」滿漢文大官印。目的是辦完《四庫全書》後將原書發還。乾隆三十八年五月十八日劉統勳等奏:「伏查鹽政李質穎交館之書已七百七十餘種,現在派令纂修等分别校查。而浙省奏報之書又二千七八百種,江南所採亦不下千百種。日積日多,若不預定章程,誠恐將來歸還時,難於分别。臣等酌議,刊刻木記一小方,印於各書面頁,填注乾隆三十八年某月、某省督撫某、鹽政某、送到某人家所藏某書計若干本。並押以翰林院印。仍分别造檔存記。將來發還之日,即按書面木記查點明白,注明底檔,開列清單,行文各督撫等派員領回,按單給還藏書之家,取具收領存案。如有交發不明,惟該督撫是問。如此則吏胥等既無從私自扣留,而藏書家仍得全其故物,且有官印押記,爲書

林增一佳話，寶藏更爲珍重。」奉旨：「依議。」[十九]

按：木記格式，舉例言之，北京圖書館藏《太易鈎玄》三卷，清鈔本，封面有「乾隆三十八年十一月浙江巡撫三寶送到吴玉墀家藏太易鈎元壹部計書壹本」長方四行木記。翰林院印，左爲滿文，右爲漢文，印文爲「翰林院印」四字，朱文大方印。鈐蓋在首葉上方。當時劉統勳等這樣處理是很周到的。鈐印將爲藏書增色，亦可見劉統勳等對四庫進呈本的文物價值有明確認識。

進呈書經鈐印造册存檔後，即交纂修官逐一審閱，分爲應刊、應鈔、應存，各撰提要。[二十]其應刊、應鈔之書即應收入《四庫全書》者，當時送武英殿謄鈔。應存之書因無須再鈔，至此已不再需要。這項分別等級工作及撰寫提要初稿工作，到乾隆三十九年七月已初步完成。乾隆三十九年七月二十五日上諭：「辦理四庫全書處進呈《總目》，於經、史、子、集内，分晰應刻、應鈔及應存書名三項。各條下俱經撰有提要。」又云：「至現辦《四庫全書總目提要》，多至萬餘種，卷帙甚繁，將其鈔刻成書，翻閲已頗爲不易，自應於《提要》之外，另列《簡明書目》一編。」[二十一]按照計劃，《存目》書進呈本乾隆三十九年即應發還。

當時的情況是：《四庫全書》謄寫、校訂工作已全面鋪開，工程浩大，人力缺乏。朝野上下又增加了一項幾乎是頭等重要的任務：查禁違礙書籍。查禁工作延續十餘年，影響極大。

直到乾隆四十二年四月十二日大學士舒赫德、于敏中才接奉上諭並轉寄各省督撫鹽政，内云：「除辦過應行刊鈔各書及已經發還外，其現在辦竣及祇須彙存書目各種，並應及早發還。……即通行查撿各書,開列清單,行知該督撫等,酌委妥便之員赴翰林院領回,給還藏書之家。」又云:「該督撫等自行購進及借本鈔謄毋用給還本家者,亦著該督撫等於收到書籍後再行查明送繳,留備館閣之儲。」〔二十二〕

這道諭旨實際上把私家進呈本與地方購進本作了區別處理,把真正需要發還的書縮小到私家進呈本範圍内。

這道諭旨内有「已經發還」之語,除指乾隆皇帝御題詩章發還少數外,當是指乾隆四十年發還兩淮三百部。乾隆四十二年六月十五日兩淮鹽政寅著因接奉四月十二日上諭,曾有覆奏云:「乾隆三十八年李質穎先後進呈六次,共鈔、刻本書一千七百八部,内九百三十二部係總商江廣達等訪購,其七百七十六部皆商人馬裕家藏。嗣于四十年奉發還匯存名目書三百部,内江廣達等領回一百四十五部,仍存館七百八十七部。馬裕領回一百五十六部,仍存館六百二十部。」〔二十三〕(按:江廣達、馬裕領回書共三百一部,多一部,數字有誤。)由此可見,乾隆四十年曾有少量進呈本發還,是存目之書。

寅著此奏又謂總商江廣達、商人馬裕均願以進呈之書「留備館閣之儲」,「請將兩淮存館之書共一千四百八部,叩求聖恩,准俟刊鈔辦畢,免其行知領回再繳,即賞留爲館閣之儲」。兩淮的態度,爲後來發還工作不了了之,製造了借口。

在各督撫接到四十二年四月十二日諭旨後,均有覆奏,除少數省分無須發還外,有私家進呈原本的省分大都將私人進呈書另開了清單,咨送四庫全書處查核,等待發還。但乾隆四十二年的發還工作，不知何故，未見下文。

乾隆四十五年四月十三日，乾隆帝又下諭旨：「四庫館書籍……有應行鈔謄者，有僅存名目、不必繕寫全書者。……其僅存名目之書，亦應於查清後將底本發還各省藏書之家。著傳諭英廉，即將此項書籍一併查明發還。」[二十四]

乾隆四十七年二月二十一日英廉覆奏：「查無干礙之《存目》及重本各書，共計九千四百十六部，應遵旨發還各家。俟命下後，臣即交翰林院行文各該督撫等，令其遇便委員赴館領回，轉行發還。」奉旨：「將抽出應燬篇頁存覽。其應發回原省各書，著發出再行查看。」英廉等十餘人又將應發還之書通查一遍，三月二十五日覆奏：「其餘詳細檢核，實在並無違礙字句，……請遵照原奉諭旨行知各省，令其遇便陸續領回。」[二十五]乾隆四十五年到四十七年這次發還《存目》書進呈本的活動又未見下文。

乾隆五十一年二月十六日劉墉等曾奏報奉旨清查結果云：「至各省採進遺書并各家呈進書籍，自應分項清查，以稽全數。臣等行文翰林院詳晰開送數目去後，旋據翰林院查明付覆：收過各省採進及各家進呈各種書籍，共計一萬三千五百零一種。除送武英殿繕寫書籍三千九十八種，又重本二百七十二種，已經發還各家書三百九十種外，現在存庫書九千四百十六種。內應遵旨交武英殿者六千四百八十一種，應發還各家者二千九百十八種，軍機處及內庭三館移取者十七種。」[二十六]

可見到乾隆五十一年二月，進呈本仍然分成三大塊：一、送武英殿繕寫之書，即《四庫全書》底本。二、各地督撫購進或借鈔之本，無須發還，乾隆四十二年八月十九日曾有旨：「各督撫購進諸書,將來仍可彙交武英殿,另行陳設收藏。」[二十七]即指此「應遵旨交武英殿者」。三、應發還各家者,即私家進呈本。

但到乾隆五十一年十月二十六日永瑢等上奏,卻不再提及三大塊中的「應發還各家者」。對《四庫全書》底本,永瑢等建議不再發還,而庋藏翰林院,以充副本。其奏云:「其中有列入《薈要》者,已經繕校各九次。即專入《全書》者,亦已繕校各七次。磨擦污損之處,勢所難免,似未便再行給還。現在館事將竣,若須另立副本,再鈔一分,或雇覓書手,則多糜帑項,或招募謄録,則又滋僥倖。且傳寫易訛,雖篇幅可得整齊,而點畫未免淆混,亦不如存貯原本,足資檢勘。……臣等再四酌度,應請俟續辦江浙三分書全竣之後,即將發寫底本收拾整齊,彙交翰林院造册存貯,作爲副本。」這項建議被批准。底本之外,永瑢等僅含糊其辭地説:「其各督撫購進諸書,謹遵旨令翰林院查點,交與武英殿另行藏貯。」[二十八]那二千九百十八種應行發還的《存目》書不再被作爲善後事宜的一部分單獨提出,事實上被歸入「各督撫購進諸書」當中,不必再單獨清點發還了。

乾隆帝親自倡議並一再堅持的原本發還計劃就這樣一步一步縮小範圍,最終取消了。《四庫存目》書進呈本有明確記載的發還只有兩淮三百種。

四、《四庫存目》書進呈本的存貯和散佚

《四庫存目》書進呈本一直存放在翰林院,各地進呈書都送到翰林院辦理四庫全書處,收辦手續

在翰林院敬一亭進行[二十九]。而院内原心亭、寶善亭、西齋房皆爲校讎之所。[三十]

所選應刊、應鈔各書，均應繕寫、詳校，編爲《四庫全書》。繕校事宜初在翰林院。迨各地書籍送到，工程浩大，則將應鈔書籍發武英殿繕校[三十一]。其間由於頭緒紛繁，管理不善，曾發生底本丟失及抵換事件，乾隆四十五年五月二十七日英廉等曾奏報清查結果：遺失及殘缺之書實止三十八種[三十二]。乾隆五十二年七月三十日永瑢等奏報清查結果：英廉清查後又丟失有印底本一百二十二種[三十三]。這些事都發生於武英殿。所有發武英殿繕校各書，在七分《四庫全書》辦完後，又清點交回翰林院存貯。

《存目》書及重本，因無須繕校，所以一直存在翰林院的辦理四庫全書處。乾隆四十二年決定只發還私人進呈本，「各督撫購進諸書，將來仍可彙交武英殿，另行陳設收藏」[三十四]。所以乾隆五十一年劉墉清查時把發武英殿繕校底本、翰林院存庫書區分開。又把翰林院庫存書分爲應交武英殿者、應發還各家者。

乾隆五十一年十月二十六日永瑢奏將《四庫全書》底本存貯翰林院，將「各省督撫購進諸書，謹遵旨令翰林院查點，交與武英殿另行藏貯」。奉旨：「依議。」[三十五]估計在乾隆五十一年十月二十六日以後，原藏翰林院的各省督撫鹽政購進之書當中的《存目》書和重本，即被遵旨移送到武英殿收藏。

這樣推測除以上永瑢奏章及乾隆批准外，還有一個旁證。故宫博物院圖書館朱賽虹女士在北京圖書館發現一部《武英殿東廡凝道殿貯存書目》十九卷，著録圖書九〇〇一種。朱女士認爲：「其數量與内容正與翰林院欲交之書相符,充分證明『應遵旨移交武英殿』一事已經實施。但是此目未注明鈔録年代,所以從翰林院移交武英殿的時間無法斷定。」[三十六]根據永瑢上奏及乾隆帝批准時間(均在十月二十六日),這批非《四庫》底本移貯武英殿當在乾隆五十一年十月二十六日以後不久,這部書目亦當編成於移貯過程中或移貯後不久。

僅僅隔了九個月,乾隆五十二年七月三十日永瑢等又上奏稱:「其節次扣存本及重本,向存貯武英殿。此種書籍雖非正項底本,亦應飭令該提調全數移交翰林院,一體收貯,以歸劃一。」奉旨:「依議。」[三十七]這裏所説的「節次扣存本及重本」,是否即《存目》等非四庫底本,並不明確,但從「雖非正項底本」一語推測,應即《存目》及重本書。如這一推測成立,那麽《武英殿東廡凝道殿貯存書目》當編於乾隆五十一年十月二十六日至五十二年七月三十日之間。

乾隆以後,《存目》書、重本及禁燬書,即與《四庫全書》底本同存於翰林院,直至清末散亡無存。其證據如下:

(一)嘉慶二十年滿族人福申曾奉命查點翰林院藏書,並從翰林院借鈔《掌録》等四庫採進本。《掌録》二卷,嘉慶二十年福申鈔本,中國科學院圖書館藏。有福申手跋云:「辛未入詞館,聞有《四庫書》藍本,貯署之東西庫。其未入《四庫》而僅存目者,分藏講讀、編檢二廳。心豔羡之,恨不獲一見。乙亥受職後,辦理院事。適曹儷笙、秀楚翹二夫子有查書之命,遂得遍閲奇書,覺滿目琳琅,目不暇給。雖紛紜殘蠹,不及細觀,而無如愛不釋手,欲罷不能。僅借卷帙之少者,賃書傭分寫,如《詩故》、《禹貢圖注》、《春秋地考》、《地名辨異》、《左傳人名辨異》、《純正蒙求》、《姬侍類偶》、《同姓名録》、《經籍異同》、《金鏊退食筆記》、《玉唾壺》皆是。間有友人祥雲章代書者，如《新加九經字樣》、《資暇集》、《禮記稽疑》三種。此書則余之三伏中揮汗而録者也。原本一卷，與《驪珠隨録》相類，毫無次序。余析爲二卷，暗以類從，爲便翻閲耳。書竣，聊記數語，以見余之不怠，非敢誇多識云。嘉慶乙亥年立秋前一日誌於茶半香初之室，長白福申。」下鈐「福申之印」白文方印、「禹門」朱文方印。

按：《日下舊聞考》卷六十四《官署·翰林院》：「堂五楹，堂西偏爲讀講廳（澤遜按：福申跋作講讀廳），東爲編檢廳。」據福申跋，嘉慶二十年他嘗奉命查書，當時《四庫全書》底本存翰林院後堂東西書庫，《存目》諸書則存翰林院講讀、編檢二廳。福申借鈔之書既有《四庫全書》底本，又有《存目》之書。

（二）同治十年孫詒讓從翰林院借鈔《四庫存目》之書《黄文簡公介庵集》。孫詒讓《温州經籍志》卷二十五：「《黄文簡介庵集》世間流傳絶少……同治辛未，余以應試入都，假得翰林院所儲明刻小字本，驗其册面印記，即乾隆三十八年浙江巡撫三寶所進汪啟淑家藏本也。既移録其副，復精勘一過。」

按：民國二十年永嘉黄氏排印《敬鄉樓叢書》第三輯所收《黄文簡公介庵集》十一卷，所據實即孫詒讓從翰林院借鈔之本。這部進呈本後流入民間，轉歸劉承幹嘉業堂。《嘉業堂藏書志》所收董康爲是本所撰提要云：「書經進呈，發交翰林院清閟閣儲待領回。光緒初，錢桂森直清閟時攜出者。」

董康認爲是錢桂森從翰林院偷出來的，因爲書上有「錢桂森辛白甫」等印章。後來劉承幹把明版書售歸中央圖書館，這部進呈本即其一，現藏臺北「中央圖書館」。

（三）同治初年周星譽曾在翰林院目睹四庫進呈書。周星詒《窳櫎日記鈔》卷中光緒十年十二月初四日記：「予兄叔畇言：奏辦院事（原注：俗稱清閟堂翰林）日必至衙門辦事，聚集於敬善亭之左右室，中堆積書籍如山。明朝歷代實録及修史日採進備用各書，洎各省進呈四庫館書原本奉旨發還而未領者，經百餘年抵换盜竊之餘，猶連屋充棟也。中有兩室，垣宇倒塌，書籍檔案遍地皆是，磚瓦所壓，幸北地乾燥，不致霉爛。閲今二十餘年，不知何如矣。」據周星詒「閲今二十餘年」推之，其兄周星譽（叔畇）目睹翰林院圖書慘狀，當在同治初元，上去嘉慶二十年福申查書已四十餘年。

（四）光緒十年王懿榮從翰林院借鈔《四庫存目》書戚繼光《止止堂集》。光緒十四年山東官書局據王氏鈔本刊行，有光緒十五年三月王懿榮序云：「光緒己卯、庚辰間，登州志局方纂藝文志，求戚武毅公此集不得。……後三四年，懿榮乃從翰林院署借得此集明刻五卷本，即乾隆間四庫館收録之底本也。……於是募工對臨一通，悉如原刻。謹以官本還署。」

（五）光緒間李文田從翰林院借鈔《四庫存目》書《哈密事迹》。其書一卷，現藏臺北「中央圖書館」，余嘗寓目，末有李文田手跋云：「在翰林院清秘堂據原本抄出。原本即乾隆中館臣據以序録者也。光緒丁亥臘月除夕前三日五千卷室主人記。」丁亥爲光緒十三年。

（六）光緒間楊晨從翰林院攜出《四庫存目》書《葉海峰文》，係天一閣進呈鈔本。光緒二十七年葉紹蘧刻《葉海峰文集》二卷，其前一卷即據楊晨攜出之本。葉紹蘧序稱：「家小魯茂才秀藻從給諫楊先生晨得遺文一卷，爲四明范氏天一閣原鈔本，即《四庫存目》所列者。」楊晨亦爲葉氏刻本作序，自云：「犀在史館讀中秘書，於院署瀛洲亭得《海峰先生文》一册，蓋乾隆中纂修《四庫全書》，浙江巡撫所採進者，爲四明范氏天一閣舊鈔本。辛卯奉諱里居，江洋葉小魯……録副以歸。」按：《日下舊聞考》卷六十四：「瀛洲亭，在翰林院内堂之右。」可見此書是光緒十七年楊晨返回浙江黄巖老家時帶回的。而其來源是翰林院瀛洲亭。

（七）光緒十八年翰林院嘗編書目，内多《存目》之書。傅增湘《藏園訂補郘亭知見傳本書目》卷六第六十一頁：「《翰林院書目》四册，清陳侃編，鈔本，分四部，但記書名册數，不載撰人，不注明鈔本、刊本，分類亦淆亂。光緒十八年編。内多《四庫存目》之書。」

（八）光緒中翁同龢嘗目睹翰林院藏書情況。上海圖書館藏翁萬戈舊藏兩淮進呈四庫館清鈔本《均藻》，卷末翁同龢手跋云：「四庫開時，四方獻書者，經採録後，以原書發還其家。其發而未領者皆儲於翰林院。院有瀛洲亭五楹，列架比櫛。余於咸豐己未院長命與清秘堂諸公同檢書時，插架尚十得六七。後於廠肆往往見散出之本，蓋管鑰不慎，爲隸人所竊也。迨光緒中再至，則一空如洗，可勝歎哉。松禪記。」翁同龢至翰林院當在光緒十八年之後，因十八年陳侃編目尚多載《存目》之書。所謂「一空如洗」大抵屬誇大之辭。

（九）光緒二十九年桂芬在北京街市購得吴玉墀、范懋柱進呈本數種，謂從翰林院出。清華大學藏清康熙鈔《周易闡理》四卷，係《存目》書，封面有乾隆三十八年吴玉墀進書木記，卷内有「翰林院印」滿漢文大官印。末有光緒二十九年十一月十六日桂芬跋，謂「光緒癸卯歲(二十九年)來京師，偶於街市以錢五百購得是書及《遺忠録》、《禮賢録》、《忠獻别録》、《龍川别志》等書，皆完善無缺，都爲范氏懋柱家藏本，浙江巡撫所進者也。蓋因庚子之歲，拳匪釀禍，聯軍入京，以致神京陸沉，兩宫西狩，内府圖書，率多散失。是書儲翰林院中，翰林院爲德人所據，所貯典籍盡投諸溷，而是書不知何時流落人間，寧非幸哉。」此事去光緒二十六年庚子事變僅三年，當可信從。依桂芬所述，庚子事變時仍有四庫採進本存翰林院，並非如翁同龢所云「一空如洗」。

從以上九條資料看，乾隆以後，至光緒二十六年庚子事變，四庫採進本，包括《四庫全書》底本和《存目》、重本、禁燬書，一直存於翰林院。其間流失現象嚴重，但未見有移交武英殿的記載。《四庫存目》書燬於武英殿説顯然不能成立。

至於庚子事變中翰林院書籍被燬情形，當時英國使館的普特南・威爾《庚子使館被圍記》中有一段記載，可供參考：一九〇〇年六月二十四日：「英使館所以不受直接之攻擊，成爲疲睡之狀者，恃其地位之佳也。昨日有一放火者，伏行如貓，用其靈巧之手術，將火種拋入翰林院，只一點鐘間，衆公使居住之英使館頓陷於危險之域。衆公使大驚。……予前已述過，英使館之東、南二面爲别使館所掩護，不能直接受攻，除非外綫之人失守而退，敵始能至耳。西邊因有上駟院之保護，亦不必十分設防，故敵人之能直接來攻者唯餘二處，一爲窄狹之北方，一爲西南角，其間有中國矮小房子接於使館之牆，彼中國人奇異之攻擊，只能於此二處發展。初自西南角來攻，今則轉其鋒於北面，放火燒翰林院。翰林院者，乃中國十八省之牛津(Oxford)、劍橋(Cambridge)、海德堡(Heidelberg)、巴黎(Sorbonne)也，中國讀書人最崇敬者厥維翰林。院中排積成行，皆前人苦心之文字，均手鈔本，凡數千萬卷，所有著作爲累代之傳貽，不悉其年。又有未上漆之木架，一望無盡，皆堆置刻字之木板。……在槍聲極猛之中，以火具拋入，人尚未知，而此神聖之地已煙焰上騰矣。……無價之文字亦多被焚，龍式之池及井中均書函狼藉，爲人所拋棄。無論如何犧牲，此火必須撲滅。又有數十人從英使館而來，受有嚴令，逼其作事，此輩今亦舍其和平之董事會及軍需局而來此矣。人數既加，二千年之文字遂得救護。有綢面華麗之書，皆手訂者，又有善書人所書之字，皆被人隨意搬移。其在使館中研究中國文學者，見寶貴之書如此之多，皆在平時所決不能見者，心不能忍，皆欲揀選抱歸，自火光中覓一路抱之而奔。但路已爲水手所阻，奉有嚴令，不許劫掠書籍。蓋此等書籍有與黃金等價者。然有數人仍陰竊之。將來中國遺失之文字或在歐洲出現，亦一異事也。撲滅一處之火，又有一處發生，因中國放火人逃走之時藉樹及房屋之掩蔽，一面逃走，一面拋棄澆油之火具。」又六月二十五日夜：「英館之北，今已有人駐守，置有沙袋等防禦之物，阻隔敵人。此處燬壞荒涼之狀，儼如墳院。」[三十八]按：八國聯軍進北京在一九〇〇年八月十四日，遠在翰林院被焚之後，舊説四庫底本與《永樂大典》燬於八國聯軍，與史實不符。從《庚子使館被圍記》看，放火者爲清軍或義和團，旨在對英使館施以火攻。

存。經過庚子事變,翰林院中殘存之四庫採進本與《永樂大典》殘卷等珍貴圖書文獻才最後散亡無存。四庫採進本之傳世者,有少量發還之本,也有不少被官員竊出之本或者借出未還之本,燼餘之物亦當有之,終是一鱗半爪。回顧乾隆間文物之盛,不免今昔滄桑之感。

五、《四庫存目》書進呈本的殘餘

《四庫存目》書進呈本之得以傳至今日者,爲數甚少,這少量殘餘之物大抵通過這樣三種渠道從翰林院出來。一是公開發還,有記載的只有乾隆四十年發還兩淮三百種,其中馬裕呈本一百五十六種,總商江廣達等購進者一百四十五種。二是乾隆中修《四庫全書》當中及完成之後,直到庚子事變,這一百二十多年間,被有機會進入翰林院的人們「抵換盜竊」出來的。三是庚子兵燹燼餘之書,流落市肆,被公私藏書者收購的。

近十年來,我從事《四庫存目標注》工作,又參加《四庫全書存目叢書》輯印工作,有較多的機會接觸《四庫存目》之書的傳本,尤其是《四庫存目》書進呈本,見到一百多種。又通過王重民先生《中國善本書提要》瞭解到原北平圖書館有二十七種《存目》書進呈本,現存臺北「故宫」。大陸的北京圖書館保存了全套膠卷,可以查閱。臺灣「中央圖書館」現已知的《存目》書進呈本有二十九種,有的赴臺時看到了,還有的是友人代查或從書目上知道的。出於客觀上的困難,這些還不全面。總計迄今所見所知《存目》書進呈本二百十一種,分佈在三十二家收藏單位(余另撰有《四庫存目書進呈本知見録》

詳記之）。其中北京圖書館現藏六十一種，原北平圖書館二十七種現存臺北「故宮」，上海圖書館十六種，南京圖書館十二種，臺灣「中央圖書館」三十種，北大七種，日本大倉文化財團五種，浙江省圖、西安市文管會各四種，清華、吉林大學、揚州市圖、美國會圖各三種，中科院圖書館、鎮江博物館、杭州市圖、山東省圖、哈佛燕京各二種，中國社科院歷史所、人民大學、天津市圖、南開、無錫市圖、青島博物館、中山圖書館、江西省圖、天一閣、瑞安玉海樓、甘肅省圖、山西運城圖、臺灣中研院史語所、普林斯頓大學葛斯德東方圖書館各一種。另有七種近人所見而不知今藏何處。

這二百九種《四庫存目》書進呈本，包括影宋鈔本二種、稿本四種、明刻本七十三種、明鈔本四十種、影明鈔本一種、清刻本八種、清鈔本六十種、明活字本一種、康熙活字本一種、舊鈔本十六種、版本不明者五種。

這些進呈本，除北大藏《晏元獻公類要》、原北平圖書館藏《九朝談纂》是據四庫館籤條和館臣校筆判斷外，其餘都是依據第一頁「翰林院印」滿漢文大官印和面頁進書木記判定的。其中面頁有木記的只有九十一種。北京圖書館的冀淑英老師告訴我，「翰林院印」有假的。冀老師的話是有根據的。清華大學友人劉薔教授對「翰林院印」大小尺寸及形制特點作過專門研究，發現真印邊長十點三五釐米，而僞印十點九釐米，從而確認人民大學藏《華夷譯語》清鈔本、清華藏《枝山野記》明鈔本所鈐「翰林院印」爲僞印。今亦不列入統計數據。其餘各家藏本只能今後再進一步辨別了。

只有翰林院印的一百十八種進呈本，當然可以參照《四庫全書總目》和《四庫採進書目》以及原書上的印章來推測它們係哪一家所進呈，但結論不可靠。例如四庫館纂修官周永年，是山東濟南人，家裏藏書豐富，當時曾以個人名義獻書，有三十三種以「編修周永年家藏本」的名義收入《四庫全書總目》[三十九]。但山東巡撫採進的清初鈔本《選校范文白公詩集》(元范梈撰)面頁有「乾隆三十□年□月山東巡撫徐績送到范德機□□計書三□」進書木記，而卷内鈐有「借書園印」、「周永年印」、「林汲山房」等印，都是周永年藏書章，但進呈的名義是山東巡撫徐績。《四庫全書總目》亦注「山東巡撫採進本」，不注「編修周永年家藏本」。如果面頁佚去，我們據印章定爲編修周永年進呈本，就不妥當。

再如四庫館臣勵守謙進呈的書，有不少是黃叔琳舊藏，有「北平黄氏萬卷樓圖書」印記。同時左副都御史黄登賢進呈圖書二百九十九種之多，黄登賢是黄叔琳之子，所獻圖書爲叔琳故物，亦鈐「北平黄氏萬卷樓圖書」印記。如果佚去面頁進呈木記，據藏書章判定進呈者，就會出現偏差。傅增湘曾收得清徐岳《見聞録》，乾隆十七年刻本，作一跋云：「此帙鈐有北平黄氏萬卷樓印記，又有翰林院大官印，是此書亦經黄叔琳進入四庫館。」[四十]按：黄叔琳已於乾隆二十一年去世，不可能在乾隆三十八年獻書。這部書佚去面頁。《四庫總目》據英廉進呈本存目，《四庫採進書目》未記此書。則黄登賢、勵守謙都有可能進呈此書，僅據北平黄氏印定爲黄氏所獻，理由是不充足的。

出於以上原因，我們只據有進呈木記的九十一種書分析一下它們的進呈者。九十一種當中，兩淮鹽政李質穎進呈本二十二種，浙江范懋柱天一閣進呈本十四種，浙江汪啟淑七種，浙江吴玉墀、兩淮馬裕各六種，浙江鮑士恭、浙江巡撫三寶各五種，編修勵守謙、浙江汪汝瑮、衍聖公孔昭焕各三種，江蘇周厚堉、蔣曾瑩及山東巡撫、兩江總督、江蘇巡撫各二種，其餘都保、黃登賢、于敏中、紀昀、鄭仲夔、孫仰曾、周永年、安徽巡撫各一種。

兩淮呈本二十九種（鹽政李質穎二十二、馬裕六、鄭仲夔一），數量較多，應當是由於乾隆四十年曾公開發還三百種。當然有些面頁木記佚去，無法確認進呈人，三百種發還書留存至今的遠不止二十九種。

這二百十一種進呈本，有不少鈐蓋私人藏書章者。其中有進呈時已鈐蓋者，如朱彝尊、汲古閣、吴焯及北平黄氏等印記。但有些印記是乾隆以後收藏者鈐蓋的。例如鈐法式善印者七種，翁同龢印者五種，錢桂森印者八種，盛昱、繆荃孫印者各二種，阮元、秦恩復、袁芳瑛、何元錫、于昌進印者各一種，丁丙印者五種，就其時代而論，大抵都在清朝中後期。他們中的一部分人曾在翰林院供職。

法式善在乾隆後期至嘉慶前期，長期供職翰林院，作庶吉士、檢討、司業、編修、侍講、侍讀、侍講學士、侍讀學士，纂《皇清文穎》、《全唐文》等。他收藏的四庫進呈本鈐有「詩龕書畫印」、「詩裏求人，龕中取友，我褒如何，王孟韋柳」等印記。

翁同龢咸豐六年一甲一名進士，授翰林院修撰。同治五年陞翰林院侍講，六年遷詹事府右春坊右庶子（清制：右庶子兼侍講）。歷充實録館纂修、總纂、國史館纂修、武英殿纂修等。光緒中官至協辦大學士、户部尚書、參機務。所藏四庫進呈本鈐「虞山翁同龢印」、「常熟翁同龢藏本」等印記。

錢桂森，泰州人，字馨伯，號犀盦，道光三十年進士，選翰林院庶吉士。擢詹事府少詹士，光緒九年遷詹事(清制:詹事兼翰林院侍讀學士銜,少詹士兼侍講學士),十年遷内閣學士,歷充廣東、浙江鄉試正考官,署安徽學政。光緒十八年病免。所藏四庫進呈本鈐「犀盦藏本」、「教經堂錢氏章」、「錢桂森辛白甫」等印記。《嘉業堂藏書志》所收《黄文簡公介庵集》,爲四庫進呈本,有錢桂森印。董康爲是書撰解題有云:「光緒初錢桂森直清閟時攜出者。」

盛昱,清宗室,鑲白旗人,字伯希,一作伯羲、伯兮,號意園。光緒二年進士,選翰林院庶吉士,授編修,官至國子監祭酒,光緒二十五年冬去世,即庚子八國聯軍犯京前一年。

還有一位路慎莊(小洲)藏有一批鈐蓋「翰林院印」、「翰林院典簿廳關防」印記的善本,現藏西安市文管會。慎莊,陝西盩厔人,道光十六年丙申進士,官翰林院編修。邵懿辰《四庫簡明目録標注》所謂路小洲藏本,即其人也。

餘不詳考。這些曾在翰林院供職的人家藏有從翰林院流出的書籍,而他們生活於庚子事變以前,可以斷定並非兵燹燼餘流入市肆者,其來路恐大都不正。當然,在庚子以前已偶有輾轉流入市肆者,孫衣言(號琴西)於光緒四年在金陵曾購得《花史》稿本,有翰林院印,爲四庫進呈本,即是一例。所以徑認庚子以前獲得進呈本者全都是從翰林院竊出,亦未免偏激。

至於庚子事變以後,市肆出售進呈本者就屢見不鮮了。購者不必避嫌,而售者亦光明正大。孫壯、秦更年、葉景葵、劉明陽、趙元方、劉承幹、傅增湘、張鈞衡、周叔弢都或多或少收藏有《四庫存目》書進呈本。

一九三四年趙萬里先生在《重整范氏天一閣藏書記略》[四十二]一文中這樣記述四庫進呈本的流出情況：「《四庫全書》完成後，庫本所據之底本，並未發還范氏，仍舊藏在翰林院裏。日久爲翰林學士拿回家去的，爲數不少。前有法梧門，後有錢犀盦，都是不告而取的健者。輾轉流入廠肆，爲公私藏家收得。我見過的此類天一閣書，約有五十餘種。」趙萬里先生久司北京圖書館採訪編目之職，博見洽聞，所述當可信從。

六、《四庫存目》書進呈本的特殊價值

關於《四庫存目》書的價值，前已探討。這裏要談的是：同樣是四庫進呈本，《存目》書進呈本有什麼特殊價值。同樣是《四庫存目》書，進呈本有什麼特殊用途。

在四庫採進本中，《四庫全書》底本和《四庫存目》原本，功用不盡相同。《四庫》底本，由於有《四庫全書》存世，這些書得以保存，已不成問題。但庫本和底本有差距，有的是政治原因，作了字句修改。有的雖非政治原因，館臣亦進行了一些增訂或删併。有些增删，《四庫提要》中有交待。有些修訂，尤其政治原因的修訂，《提要》中没全交待。這樣就需要依賴《四庫》底本，才能正本清源。這個問題過去有人從不同角度討論過，不是本文討論的範圍。

《四庫存目》中記載的書有六千七百九十一種之多，但在我標注《四庫存目》和參加編纂《四庫全書存目叢書》過程中所作的大範圍調查結果表明，大約有一千五百種以上《四庫存目》書已經失傳，其

中珍貴的歷史資料不可勝計。這些書失傳的原因,主要在於《四庫存目》書進呈本慘遭兵燹,大都被燬。失傳的這些《存目》書,當時的進呈本,是所有《存目》書進呈本中最罕傳的部分。所以進呈本失傳了,一部書也就失傳了。從這個意義上講,《存目》書進呈本的被燬,損失比《四庫》底本要大得多。反過來説,《存目》書進呈本的保存,其意義亦較《四庫》底本大。

現在我所知見的二百九種《存目》書進呈本,屬於唯一傳世之本的爲數不少,它們是書種子,其特殊價值是顯而易見的。

《四庫存目》書進呈本,又包括兩部分:一是《四庫存目》所依據的原本,一是重複進呈的本子。《四庫存目》的原本,能幫助我們糾正《四庫提要》的訛誤,補充《提要》的不足。

例如:《筆史》二卷,四庫入《存目》。《提要》云:「國朝楊忍本撰。」又云:「内篇一卷,分原始、定名、屬籍、結撰、効用、膺秩、寵遇、引退、考成九門。」按:北京圖書館藏有是書進呈本,作者作「楊思本」,《提要》誤爲「楊忍本」。進呈本前有萬曆三十三年丘兆麟序,則顯然爲明朝人撰,《提要》誤爲「國朝」。進呈本内篇九門,最後一門爲「告成」,而《提要》誤爲「考成」。北圖的進呈本有四庫館臣鄭際唐所擬提要稿,又鈐「存目」木記,據此可定爲《存目》所據原本。根據這個《存目》原本,至少糾正《四庫提要》上面三條錯誤。而這三條錯誤鄭際唐所撰提要稿均不誤。更可見《四庫提要》定本之粗疏。

又如:《奇遊漫記》,明董傳策撰。《四庫存目》著録爲四卷,北京圖書館藏有兩本,一是《董幼海先生全集》本，作八卷，另一個本子四卷。兩本相校，實出一版。唯四卷本佚去後半，僅存前四卷，卷首目録亦被人割去後四卷，只存前四卷。首葉鈐「翰林院印」，知即《存目》所據原本，館臣爲作僞者所紿，以殘本爲全本，遂有此誤。檢《四庫採進書目》，知當時浙江巡撫、兩江總督、兩淮鹽政均有呈本，可見館臣對此書並未參校異同，擇其足本著録。若不見到進呈原本，則《存目》致誤之由將無法弄明。

重複進呈的本子，同樣是鈐記蓋章，作爲歷史上一次重大文化活動的遺物，其文物價值當時大學士劉統勳早已指出。除此之外，複本對我們評價《四庫全書》及《四庫全書總目》都有幫助。

例如：《王氏存笥稿》二十卷，明王維楨撰，四庫入《存目》。此書二十卷本現傳世者有明嘉靖刻本三個，均不稀見。又有萬曆七年刻本，作《王槐野先生存笥稿》二十卷《續集》九卷。承北京清華大學劉薔女士函告，清華圖書館有四庫進呈本，是萬曆七年所刻。首葉鈐「翰林院印」，面頁有進書木記：「乾隆三十八年十一月浙江巡撫三寶送到汪汝瑮家藏存笥稿集壹部計書拾本。」《四庫存目》所據爲江蘇進呈二十卷本，没有《續集》九卷，遠不如浙江汪汝瑮進呈此本完足。可見館臣没有做到《凡例》所説的「擇其足本録之」。

由此可見，《四庫存目》書進呈本確有特殊的學術價值。

[一]《檔案》一九五三頁乾隆五十一年十月二十六日永瑢等奏：「應請俟續辦江浙三分書全竣之後，即將發寫底本收拾整齊，彙交翰林院，造册存貯，作爲副本。」奉旨：「依議。」又《檔案》二一八九至二一九〇頁乾隆五十五年

五月二十三日上諭：「文淵等閣，禁地森嚴，士人等固不便進内鈔閲。但翰林院現有存貯底本，如有情殷誦習者，亦許其就近檢録，掌院不得勒阻留難。」又見《總目》卷首乾隆五十五年六月初一日上諭。

[二] 清丁丙《善本書室藏書志》卷十二《徑山集》條：「册面有長方木記，朱書『乾隆三十八年四月兩淮鹽政李質穎(按：穎字原脱)送到馬裕家藏釋宗淨徑山集壹部計書壹本』。卷首鈐『翰林院印』。蓋四庫館退還之本也。」又《常熟縣破山興福寺志》條：「卷首鈐『翰林院印』，蓋四庫館給還之書也。」丁氏於四庫進呈本多加此案語，此主發還者也。一九九二年五月二十八日北京第三次全國古籍整理出版規劃會上，胡道靜先生發言：「昨天周紹良先生談到《四庫存目》的問題。《存目》開列的書有六千多種，比《四庫全書》多了一倍，這些書曾放在翰林院，但在八國聯軍時被焚燒了。」(見會議簡報第七期)此主張存翰林院者最近之言論。黃愛平教授《四庫全書纂修研究》：「存目以及未入存目各書，則一併交武英殿，堆置於書庫中。……同治八年又發生一場大火，武英殿書籍慘遭滅頂之灾。」(一九八九年中國人民大學排印本第二八二至二八三頁)此主張存武英殿者。

[三]《檔案》二頁，《總目》卷首。

[四]「辦理四庫全書處」成立，似未見有專門文件。乾隆三十八年二月二十一日劉統勳等奏請將翰林院「迤西房屋一區」作爲校核《永樂大典》專門用房，設提調、收掌。但同時稱「現在並非另行開館，其派出之翰林官等，俱毋庸請支桌飯銀兩」(《檔案》五九頁)。但二月二十八日即諭著福隆安派員經理四庫全書處人員飯食(《檔案》六三頁)，可知二月底已成立常設機構。其後不斷任命專員，日趨龐大，均自此始。

[五]《檔案》一八頁。

[六]《檔案》二八頁。

[七]《檔案》九〇頁、九八頁。

[八]《檔案》七九頁、八四頁。

[九]《檔案》七〇八頁。

[十]《檔案》六七八頁。

[十一]《檔案》六八〇頁。

[十二]《檔案》八七頁。「超馬裕稟稱」之「超」字疑誤。

[十三]《檔案》一〇二至一〇三頁。

[十四]《檔案》九七至九八頁。

[十五]《檔案》一〇七頁。

[十六]《檔案》一五〇頁。

[十七]《檔案》一六三頁。

[十八]浙江、兩淮等以原書進呈，其他各省仍多有按原規定借鈔副本、原書給還者。如乾隆三十八年十月初三日湖北巡撫陳輝祖奏：「臣設立公所，雇覓書手，委員監視録繕，發還原本。」是時浙江、兩淮早已進呈原本千數百種，湖北似未知也。

[十九]《檔案》一一八頁。

[二十]乾隆三十八年閏三月十一日辦理四庫全書處所擬章程，規定《永樂大典》輯出各書分別應刊、應鈔、應删三項。「應删者，亦存其書名，節敘删汰之故，附各部總目後」（《檔案》七四頁）。至三十八年五月初一日諭則云：

「釐其應刊、應鈔、應存者,繫以提要,輯成《總目》。」(《檔案》一〇八頁)其「應存」與「應删」同義,即存目。應刊、應鈔兩項均須繕寫,收入《四庫全書》。唯應刊者又須另行刊印,即《武英殿聚珍版書》。

[二十一]《檔案》二二八、二二九頁。《總目》卷首。

[二十二]《檔案》五八四頁。

[二十三]《檔案》六二三頁。

[二十四]《檔案》一一六〇頁。

[二十五]《清代禁燬書目四種》卷首,民國二十六年商務印書館《萬有文庫》排印本。

[二十六]《檔案》一九三〇頁。

[二十七]《檔案》六八三頁。

[二十八]《檔案》一九五二至一九五三頁。

[二十九]乾隆三十八年閏三月十一日辦理四庫全書處奏:「查署内有敬一亭,其房間頗爲寬敞,向係武英殿將各種書版交到收貯。今擬將此項書板查明,暫行移貯詹事府,交該衙門檢點稽查。即將空出之敬一亭爲收辦各項書籍之用。」(《檔案》七七頁)此項擬議當時獲准。

[三十]《日下舊聞考》卷六十四《官署・翰林院》:「乾隆三十八年於院署置欽定四庫全書館,原心、寶善二亭及西齋房皆爲校讎之所。」一九八三年北京古籍出版社排印本。

[三十一]乾隆五十一年二月十六日劉墉等奏:「送武英殿繕寫書籍三千九十八種。」《日下舊聞考》卷十三《國朝宫室・武英殿》:「武英殿五楹,殿前丹墀東西陛九級。乾隆四十年御題門額曰武英。東配殿曰凝道,西曰

焕章，後曰敬思。東北爲恒壽齋，今爲繕校《四庫全書》諸臣直房。」

[三十二]《檔案》一一六五頁。

[三十三]《檔案》二〇五四頁。

[三十四]《檔案》六八三頁。

[三十五]《檔案》一九五三頁。

[三十六]朱賽虹：《武英殿修書處藏書考略——兼探四庫「存目」等書的存放地點》，載《文獻》二〇〇〇年二期。

[三十七]《檔案》二〇五五頁。

[三十八]《庚子使館被圍記》，[英]普特南·威爾著，冷汰、陳詒先譯，二〇〇〇年一月上海書店出版社據一九一七年中華書局本重新排印。第五九、六〇、六八頁。

[三十九]其中著録四種，存目二十九種。見郭伯恭《四庫全書纂修考》二六二頁。一九三七年國立北平研究院史學研究會出版，商務印書館發行。

[四十]傅增湘：《藏園群書題記》四六一頁，一九八九年上海古籍出版社排印傅熹年整理本。

[四十一]《國立北平圖書館館刊》八卷一期，一九三四年。

下篇　論《四庫存目標注》

一、《四庫存目標注》的緣起和經過

如上所述,《四庫全書總目》二百卷本身包含兩部分:一是《四庫全書》已收的「著録」部分,二是《四庫全書》未收的「存目」部分。在乾隆末年,這兩部分又分别形成了單獨的目録:《四庫全書簡明目録》二十卷、《四庫全書附存目録》十卷。清中葉以來,學者關注的主要是《簡明目録》所記載的《四庫》已收各書的傳本,形成了兩部影響較大的版本目録:《增訂四庫簡明目録標注》(清邵懿辰標注、邵章增訂)、《藏園訂補郘亭知見傳本書目》(清莫友芝撰,傅增湘訂補)。另外,顧廷龍先生曾在《郘亭知見傳本書目》上過録了朱學勤、陸樹聲兩家批註,已捐上海圖書館。黄永年先生收藏有朱學勤《四庫全書簡明目録標注》的過録本,近已交北京圖書館出版社影印。孫詒讓的《四庫簡明目録》批註曾被人整理發表於民國三十六年《浙江學報》一卷一期上,題《四庫全書簡明目録箋逐》。所有這些版本知見録,都是針對《簡明目録》的。從未見有關於《四庫存目》各書版本的標注發表。

一九八八年我撰寫碩士論文時，選定「《四庫全書總目》研究」，用了十個月通讀《四庫總目》二百卷，擬定十個專題，因時間倉卒，只寫了「辨僞」一個專題，取名《四庫全書總目辨僞學發微》，初稿六萬字，删定爲三萬字，通過了答辯。指導老師是王紹曾先生。其後這項研究因奉命參加王紹曾師主編的《清史稿藝文志拾遺》而中止。一九九二年一月十一日我到北京中華書局送一部分《清史稿藝文志拾遺》書稿，順便到琉璃廠中國書店讀者服務部買書，發現一部清刻巾箱本《欽定四庫全書附存目録》，有某氏朱墨二色批註，即以八十五元人民幣買下（當時這個數目超過我的月工資）。回濟南後始查明，朱批均採自《四庫提要》，價值不高。墨批條目較少，但均是批者所知見版本，與邵懿辰、莫友芝等用意相同。這是我第一次知道有人標注《四庫存目》。根據書中夾籤所用民國三十四年一月十四日的日曆一頁和開明書店稿紙半頁，可以斷定是民國人所批。這件事對我有直接啓發，我馬上決定從事《四庫存目標注》，把民國間這位學者無法辦成的事業辦成它。我和内人程遠芬女士把所有《存目》書鈔在十一個硬皮本子上，每種書留出四行空白，準備填寫知見版本。我試作了易類，收穫頗豐。但是當時《清史稿藝文志拾遺》尚未完全結束，而且《標注》工程浩大，不可能短期完成，於是決定長期從事這個項目，不對外宣揚。

一九九二年五月二十五日至三十一日，第三次全國古籍整理出版規劃會議在北京香山飯店隆重舉行。二十六日第三組討論時，周紹良先生發言指出：「現在的問題是急需出些原始資料，如《四庫全書總目·存目類》有很多重要的書，晚明和清初的很多書收在《存目》類中，如果編一部《四庫全書

存目叢書》，補齊《四庫全書》，將是一件非常好的事。」[一]

五月二十八日第三組的討論中胡道靜先生又指出：「昨天[二]周紹良先生談到《四庫存目》的問題。《存目》開列的書有六千多種，比《四庫全書》多了一倍。這些書曾放在翰林院，但在八國聯軍時被焚燒了。《存目》中的不少書，只是由於不合當時封建統治者的正統觀念，而未被收入《四庫全書》，其實《存目》中的書有價值的不少，如李卓吾的哲學著作，還有《天工開物》[三]等等。爲此，今天也要作個清理，既弄清《存目》中的書存與亡，也是爲搞好全國古籍總目作準備。」[四]

周紹良、胡道靜兩先生的發言在會議《簡報》發表後，又於當年七月二十日《古籍整理出版情況簡報》第二六〇期刊出「發言紀要」。我看了這個發言紀要後，認爲我的《存目標注》從學術意義上講已無可置疑，而秘而不宣，只會造成不必要的撞車。我把想法向董治安師彙報了。董師出席過這次盛會，在第二組討論，對第三組周紹良、胡道靜先生的發言想必也有所瞭解。董師建議我起草一個文件，寄給古籍界有關專家，一方面徵求意見，一方面也把我從事《存目標注》的消息通報古籍界。於是我起草了《四庫存目標注序例》，寄給趙守儼、傅璇琮、黄永年、周勛初、章培恒、安平秋等先生。其中趙守儼、傅璇琮先生回信表示支持並給予勉勵。傅先生當時任國務院古籍整理出版規劃小組秘書長、中華書局總編輯，他來信説要向匡亞明組長彙報這個項目，同時把《序例》刊登在當年十一月二十日《古籍整理出版情況簡報》第二六四期。

這年十二月北京大學東方文化研究會歷史文化分會會長劉俊文教授、中華書局歷史編輯室主任張忱石編審等提出編纂《四庫全書存目叢書》方案，報請國務院古籍規劃小組批准，十二月二十三日古籍規劃組組長匡亞明作了批覆，同意北大方案。

一九九三年一月成立了「《四庫全書存目叢書》編纂出版工作委員會」，劉俊文任主任。不久我因傅璇琮先生推薦，應邀加入工委會，任委員。

在這年四月二十日《古籍整理出版情況簡報》第二六九期上，我又發表了《四庫存目標注·易類書後》，根據易類標注情況，對全部《四庫存目》書的存亡情況作了宏觀估計。

顧廷龍先生看了《古籍簡報》上我的兩篇文章，確信我在努力從事《四庫存目標注》，於是年十月十七日把他早年批註的一部《四庫全書附存目録》寄到濟南我的單位山東大學古籍所，並隨書寫了一封信説：「近讀《古籍簡報》，欣悉先生從事《存目》版本甚勤，無任欽佩！鄙人昔嘗從事於此，所見《存目》書即注於目下。當時燕京購書費拮据，有收有未收。收者均在今北大。未注版本者，因已收入叢書，容易找。後來蘆溝之變，百事俱廢。兹將批註本寄奉參考，想河海不捐細流，或顧一顧。」前輩的信任和無私，令我深受感動和鼓舞，我把顧先生的批註過録了，原書奉還（現已捐上圖）。這是我第二次知道民國間有人從事《四庫存目》版本標注。

關於顧先生從事《四庫存目》版本標注，二〇〇二年出版的《顧廷龍文集》[五]胡道靜先生序中也有一段記述：「學長長於目録之學，傳録各家《四庫簡明目録標注》至勤劬，並補苴極豐，余極佩之。學長又有特殊見解，以爲《四庫存目》必須作版本標注。此見當時識者甚少，余亦不能深明就裏。至

解放後撥亂反正年代，京師乃有《四庫全書存目叢書》之輯，即由學長主其事，始知學長所見卓矣，早矣。」[六]

一九九三年《四庫存目標注》被評爲國家教委八五人文社會科學基金項目。

一九九四年五月《四庫全書存目叢書》編纂委員會正式組成，東方文化研究會會長北京大學教授季羡林先生出任總編纂，劉俊文、張忱石先生任副總編纂。十月十九日我正式到北大參加《叢書》編纂工作，一直到一九九七年十一月二日離開北大，我參加了《叢書》編纂出版的全過程。其間我的職務是工作委員會委員、編纂委員會常務編委、總編室主任。主要負責各書複製件的初審工作，檢驗其書是否《存目》之書，以及卷數、著者、版本、完缺等情況。同事中有中國科學院圖書館古籍組組長羅琳先生，羅先生是山東大學中文系畢業，早我三屆，是我的學長。他的職務是工委會委員、常務編委、編目室主任。我們在擬定書目、審定版本方面通力合作，他對我有許多幫助，這是難以忘懷的。張忱石先生、馮寶志先生負責稿件終審，我也參加部分終審工作。我受工委會和齊魯書社委託，負責發稿，在送印刷廠之前再對每一種書檢看一徧。

在北京的三年多，使我有很多機會向顧廷龍、冀淑英、周紹良、黄永年、劉乃和等前輩請教，得到很多指導。尤其是顧先生，當時住在北京北苑航空研究院他的兒子顧誦芬院士家中頤養天年，我常登門求教，有時先生也招我去談，給了我十分具體的指導。包括《存目標注》清稿採用繁體字豎寫，都是顧先生親自定的。

從一九九二年一月到一九九七年十月底《四庫全書存目叢書》完成，我所過目的《存目》書版本超過五千種，我的《標注》工作快速地完成了長編，十一個硬皮本已經完全被密密麻麻的蠅頭細楷充滿了。黃永年先生建議我清稿，先出版，以後再增訂。我接受了黃先生的建議，從一九九八年初開始了《四庫存目標注》的寫定工作。在寫定過程中，補查了大量資料，覆核了《四庫存目叢書》影印各本，也吸收了新出版的有關成果。二〇〇二年九月，經、史、子三部清稿寫定，我用經部，加上一篇六萬七千餘字的《序論》，作爲博士論文，獲得博士學位。導師是王紹曾教授、徐傳武教授。又經三年努力，到今年二〇〇五年十月四日，終於完成正文清稿工作。計得約二百四十萬言。

二、《四庫存目標注》的學術價值

「文章千古事，得失寸心知」。在這裏，我想對《四庫存目標注》的學術價值作個初步介紹，不誇大，也不有意壓低。

（一）古籍整理上的價值

古籍整理的第一步是古籍存亡情況的調查。《四庫存目》之書六千七百九十一種，二百年間散佚嚴重，孰存孰亡，存者今在何處，是何版本，迄無任何參照結論。所以在一九九二年五月全國第三次古籍整理出版規劃會議上胡道靜先生指出：「今天也要作個清理，既弄清《存目》中的書存與亡，也是爲搞好全國古籍總目作準備。」可見，《存目》之書存亡情況調查，是古籍整理事業當中的一件大事，有重要的意義。

我從一九九二年一月以來，對《存目》之書展開調查，檢核國内外各種書目三百餘種，把相關傳本信息注在各書之下，同時借參加國家項目《四庫全書存目叢書》機會，過目《存目》之書傳本五千餘種。一九九六年、一九九八年兩次赴臺灣交流學術，查閱臺灣「中央圖書館」、史語所、臺大等處所藏《存目》書四十九種，多係孤本。

調查結果表明，一部分《存目》之書已無下落，存世的書分散在中國大陸及臺灣、日本、美國等圖書館、博物館、大學以及私人手中。其中有大量孤本、罕傳本。例如孔尚任《節序同風録》，是一部記載一年各節日風俗習慣的專著，在孔尚任生前未有刊佈，乾隆間修《四庫全書》，命各地獻書，衍聖公孔昭焕獻書多種，内有此書，其他各省獻書目録中均未見記載，可見是曲阜孔氏家藏稿本或鈔稿本。這部書進呈後，未被收入《四庫全書》，僅得入於《存目》。在後來的《山東通志·藝文志》及王紹曾師主編的《山東文獻書目》中，均未著録任何傳本，只根據《四庫存目》入録。袁世碩先生《孔尚任年譜》中述及該書，也説未見。可知此書久已不在人們的視綫之内了。一九九〇年，范旭侖學長從大連圖書館寄來該館《善本書目》一本，該目分前後兩部分，前部分爲《中國古籍善本書目》著録的，後一部分則屬於「館善」，即内部善本，是二類善本。從後一部分二類善本中我發現有「《節序同風録》不分卷，清抄本，四册」，不題撰人。我寫信請范旭侖學長鈔示若干，與《四庫提要》核對，知即孔尚任書。該書鈐有「王懿榮印」、「翰林供奉」、「吕海寰」、「鏡宇」、「尚書之章」等印記。王懿榮，山東福山人，光緒六年進士，選翰林院庶吉士，授編修，遷翰林院侍讀，署國子監祭酒，充團練大臣，一九〇〇年八國聯軍進北京，投井殉國。王氏是著名文獻收藏家，金石文字、圖書版本，無不精通，光緒十四年曾從翰林院借鈔山東文獻戚繼光《止止堂集》，交山東官書局刊行，爲今存最完全刻本。此《節序同風録》估計也是王氏在京時從翰林院借鈔。庚子之後，王氏收藏逐步散出。吕海寰，字鏡宇，山東掖縣人，舉人，光緒中供職兵部及總理各國事務衙門，光緒三十三年出任外務部尚書。書中「翰林供奉」自係王氏印，「尚書之章」應是吕氏印，知是書從王氏散出後，歸吕海寰收藏。吕氏亦藏書家，我曾見過他的藏書若干種。吕氏在袁世凱時爲總統府高級顧問，卒於一九二七年。估計在吕氏之後，即歸滿洲鐵路株式會社大連圖書館所有了，在該館塵封六十幾年。從該館書目不題撰人看，他們也没考出該書作者是孔尚任。自我發現此書後，不久即影印收入《四庫全書存目叢書》，研究孔尚任及民俗史者又增添一個新品種。

我認爲，《存目標注》在古籍整理方面的貢獻主要有兩條：

① 查出了幾千種古書的傳本，直接應用於國家重大古籍整理出版項目《四庫全書存目叢書》的纂輯影印。《存目叢書》共影印了四千五百零八種書，這些書中的罕傳本很多，宋元本三十七種，明版書二千一百餘種，明鈔本一百二十餘種，清鈔本三百三十餘種，稿本二十二種，清刻本一千六百餘種。另有《補編》，收書二百一十九種。這些書在影印之前極難尋找，找到了也有借閲難、複製難的問題，我們影印了，方便了無數讀者，方便了無數古籍整理項目和各類傳統文史哲研究項目，這是有目共睹

的。明代別集共影印七百二十五種（正編六百九十五，補編三十），規模之大是空前的，可直接用於《全明詩》、《全明文》等大型國家項目。

②爲古籍整理工作者提供了查找不同版本的工具。有時只看《存目叢書》還不足以完成項目，還要看其他版本的情況，尤其是要對某一部書進行校勘和注釋，一定要全面掌握版本信息，才能把工作做好。例如：清吴瞻泰《陶詩彙注》四卷，最早的刻本是清康熙四十四年程崟刻本，《四庫全書存目叢書》影印的是北大藏本。除此本之外，《存目標注》還提供了康熙四十四年刻本的清鄭午生過録錢陸燦等手批本（上圖）、清陳本禮手校並過録諸家批跋本（上圖）、清胡嗣瑗批校本（遼圖）、狷甫過録清查慎行批校本（上海辭書出版社），同時還提供了另一個版本：民國三年刻《雲南叢書》本，這個《雲南叢書》本是光緒二十二年丙申許印芳的增訂本。很明顯，掌握了《存目叢書》影印的康熙四十四年刻本之後，還需要掌握另外五條信息，才算較全面地掌握了有關《陶詩彙注》的版本信息。如果把各家批校題跋及許印芳增訂重新彙集起來，整理出新本，一定會大大超過吴瞻泰原本。因此，《標注》對古籍整理來説，具有工具性。有了《存目標注》，胡道靜先生提出的調查《存目》書的任務，就初步完成了。

（二）目録學上的價值

我國目録學自西漢劉向、劉歆父子《別録》、《七略》以來，源遠流長，一直是一門重要學問。其中版本方面的內容在劉向父子的書録中已經萌芽，如當時所謂中書、外書、臣向書、臣参書，即屬不同的鈔本。有了雕版印刷後，不同版本就更多了，南宋初年尤袤的《遂初堂書目》就在某些書下標注了版本：成都石經本、秘閣本、舊監本、京本、江西本、吉州本、杭本、舊杭本、嚴州本、越州本、湖北本、川本、川大字本、川小字本、高麗本等等。明清階段，尤其是清代及近現代，書目數量衆多，品類齊全，爲治學查找圖書綫索提供了許多方便。就特種目録來看，大體上可分：舉要目録、叢書目録、知見目録、經眼目録、禁燬目録、版本圖録、辨僞目録等品種。其中的「知見目録」其重要特點是「知」和「見」並舉。知、見並舉有很大優越性，突破了館藏目録限於一館、經眼目録限於所見、善本目録限於善本等等的框框，把直接見到的版本和間接知道的版本信息彙於一編，大大擴大了版本信息量，擴大了學術功用。

知見目録的優秀代表作仍是上文提到的邵懿辰《四庫簡明目録標注》、莫友芝《郘亭知見傳本書目》。這兩部知見書目，在近一百年間，可以説是從事傳統學問，尤其是圖書文獻學者，案頭必備的工具書和學術參考書，因此在中國目録學上有重要地位。

《四庫存目標注》實際上是仿照以上二書撰寫的，但在體例上有較大改良。首先，二書的共同缺點是許多版本不知收藏處，而《存目標注》則基本上都有收藏者。其次是邵、莫二氏在著録版本時往往較爲粗略，不夠精密，《存目標注》則大大精密。例如：邵懿辰《四庫簡明目録標注》詩經類：「《詩志》二十六卷，明范王孫撰，明刊本。」這是邵懿辰順便記録的《存目》書，爲便於對比，舉此條爲例。在《存目標注》中該條著録了上海圖書館藏明末刻本，提供了這樣的信息：「上海圖書館藏明末刻本。題『海陽范王孫輯著』。半頁九行，行二十二字，白口，四周單邊。前有盟社弟金聲序，又社友門人姓氏。版心刻工：程定之刊、黄季迪刊。鈐『慈谿畊餘樓藏』印記。」另外又指出清華、浙圖等亦有是刻。這樣的記録詳細精確多了。有什麽好處呢？《臺灣大學善本書目》記載有「清初黄季迪等刊本」，假如没有《存目標注》的記載，一般會認爲是另一版本。但根據《存目標注》提供的明末刻本的刻工程定之、黄季迪，可以判斷臺大的本子屬於同一刻本，也應是明末刻本。因此，《存目標注》比邵懿辰、莫友芝的書目要精細多了，學術價值也增大了。至少，可與邵、莫二氏的書並駕齊驅，成爲知見目録中不可或缺的一員。所以黄永年先生在一九九七年十月三十日北大召開的《四庫全書存目叢書》慶祝大會上發言時指出：「《存目叢書》是古籍整理上的一大功績，還有一個成果，就是杜澤遜同志所撰《四庫存目標注》，是目録學上一大貢獻。」黄先生的這一評價是中肯的。

(三) 版本學上的價值

《四庫存目標注》，「標注」的就是版本，因此，這部書説到底，是一部版本學專著。因爲它是以書目的形式出現的，所以確切地説是一部「版本目録學」專著。因此，其主要成就在版本學上。具體説約有以下幾個方面：

①提供版本信息。《存目標注》爲六千七百九十一種《存目》之書逐一標注版本，直接見到的版本約五千餘條，間接知道現存某處的當有所見數量的五倍，合計當在三萬條以上。這三萬多條版本信息，對於從事版本研究與調查，是一筆巨大的學術資源。

②提供版本鑒定的依據。《存目標注》對每個版本均盡可能予以版本特徵的客觀描繪，包括版式、行款、刻工、牌記、序跋、字體、避諱、紙墨、裝潢、題記、印鑒等等。例如：

《詩通》四卷，明陸化熙撰。其下有四個版本，第三個版本是：「北京圖書館藏明書林李少泉刻本。題『海虞陸化熙羽明甫雜識，男休徵、明徵編録』。半頁十行，行二十二字，白口，四周單邊。前有戊午夏日自序。陸化熙爲萬曆四十一年癸丑進士，則此戊午爲萬曆四十六年。封面刻『書林李少泉梓行』。」

又如《毛詩鳥獸草木考》二十卷，明吴雨撰。現僅見一本：「北京大學藏明萬曆磊老山房刻本。題『閩中吴雨元化輯，徐㶿興公編』。半頁九行，行十八字，白口，左右雙邊。前有萬曆三十四年曹學佺序。版心有刻工：張祐。卷尾有『磊』字，下有三字殘去，當即『磊老山房』四字。鈐有『木犀軒藏書』、『麐嘉館印』等印記。」

這種對版本特徵的描述，無疑可爲鑒定其他版本提供可資比對的材料。

③辨明一書不同版本的刊鈔源流。《存目標注》對於同一書的不同版本，一般按刊刻先後排列。影印本則附於底本，作同一版本處理。同一叢書的一再重刻本，則緊隨初刻本著録。如《增訂漢魏叢書》、《通志堂經解》等，都有不同版本，排列時不予割裂。有些版本有親緣關係，如宛委山堂《説郛》與明刻本《廣百川學海》、《熙朝樂事》、《緑窗女史》、《八公遊戲叢談》、《水邊林下》、《唐宋叢書》、清印《五朝小説》等等，往往是同一版的不同編印本，排序時盡可能排在一起。又乾隆五十九年馬俊良刻《龍威秘書》，一集《漢魏叢書采珍》十九種、七集《吴氏説鈴攬勝》二十五種，分别據《漢魏叢書》、《説鈴》選

輯重刻，因此，排序時相關子目緊接這兩部叢書本。再如《澤古齋重鈔》、《式古居彙鈔》都是據《借月山房彙鈔》版重編刷印的，《指海》的部分版子也來自《借月山房彙鈔》，因此這些版本都緊排在《借月山房彙鈔》之後。《守山閣叢書》的部分版子來自《墨海金壺》，其版本也前後相隨。這類情況還不少，凡已弄明白的，均作這種分組處理，顯示其親緣關係。凡版本先後，有明確年代者，人人可排順序。唯暗藏因緣者，則須知其内情，方可理清源流。

某些版本之間的源流關係，需要加以考證，方可明瞭。如：明薛應旂《憲章録》有四十六卷本、四十七卷本，區别在卷三十九是否分爲上、下二子卷。兩個本子都有萬曆元年自序、萬曆二年門人平湖陸光宅《刻憲章録跋》，行款版式相同。只有刻工不同。四十六卷本：張本、何序、何貞、何之源、何鯨等十幾位。四十七卷本刻工有唐廷瑞、劉朱、余世等，多單字。《中國古籍善本書目》以四十六卷本爲萬曆二年陸光宅刻本，四十七卷本爲萬曆刻本。臺灣「中央圖書館」則以四十七卷本爲萬曆二年陸光宅刻本。兩本不同，但誰是初刻本就頗費斟酌了。考四十六卷本刻工張本、何序、何貞見於明嘉靖四十五年刻薛應旂《宋元通鑑》，又見萬曆二年刻《鬳齋三子口義》，何之源、何鯨、何序見於萬曆四年刻《大學衍義》，可知刻工主要活動於嘉靖後期、萬曆前期。因此，四十六卷本當係萬曆二年陸光宅刻本。四十七卷本只能根據字體推定爲萬曆刻本，置於四十六卷本之後。

④糾正前人鑒定的失誤。《四庫存目標注》因掌握大量信息，得以相互參證，因而糾正了不少前人鑒定上的失誤。例如：清錢曾《讀書敏求記》的版本，《中國古籍善本書目》著録有清雍正四年趙

孟升松雪齋刻本、雍正六年濮梁延古堂刻本、乾隆十年沈尚傑雙桂草堂刻本。我受清管庭芬、近人章鈺《錢遵王讀書敏求記校證》的啓發，認識到這三個版本是一套版的不同印本，於是函請南京圖書館友人徐憶農研究員代爲查驗，果如所料。這就糾正了《中國古籍善本書目》的錯誤。應當表述爲：清雍正四年趙孟升松雪齋刻本、清雍正四年趙孟升松雪齋刻雍正六年濮梁延古堂印本、清雍正四年趙孟升松雪齋刻乾隆十年沈尚傑雙桂堂印本。

再如：《陸堂易學》十卷，清陸奎勳撰。上海圖書館藏《陸堂經學叢書》本。該《叢書》共收書五種，上圖編《中國叢書綜録》定爲「清康熙五十三年至五十四年刻本」。檢《陸堂易學》卷首題：「平湖後學陸奎勳坡星輯，男載紀、載綸同校。」前有乾隆元年陸奎勳《發凡》，時在康熙五十四年後二十一年。唯不能定其《發凡》非後來補刻。考陸奎勳《陸堂詩集》前有自序云：「乙卯冬月《易學》輯成，與《尚書今文説》、《戴禮緒言》同付剞劂氏。」乙卯爲雍正十三年，知此書付刻即在雍正十三年冬。次年即作《發凡》之乾隆元年，可以推知刊成於乾隆元年。因此可定爲雍正十三年至乾隆元年陸氏自刻本。這就糾正了原定爲康熙五十三年至五十四年刻本之誤，糾正這一錯誤的主要證據爲《陸堂詩集》自序，這一證據來自《陸堂易學》之外，屬於典型的旁證。在《存目標注》中利用旁證糾正前人版本鑒定之誤的不乏其例。

（四）出版史上的價值

有些印刷出版史料在《標注》中被特別標舉出來，可供研究出版史之用。略舉數例：

①活字印刷稱「壽梓」、稱「梓」。《春秋四傳私考》十三卷，明徐浦撰。臺灣「中央圖書館」藏影鈔明萬曆五年丁丑浦城徐氏家刻本。末有萬曆丁丑十月男繼芳跋云：「芳不肖，無能讀父書，謹壽之梓以貽來世。」壽梓一般指雕版，所以該館定此鈔本爲影鈔明萬曆丁丑徐氏家刻本。考是書清嘉慶十六年刻本末有嘉慶十五年秋祖之望跋云：「萬曆丁丑其子繼芳曾以活字版印行，而顛倒舛誤至有不可句讀者，因屬東巖太守以《四傳》原文互相檢校，重付梓人。」可證萬曆丁丑徐繼芳本爲活字本，非刻本，該館所定有誤。此條材料有二用處：一是證明萬曆五年曾有徐繼芳排印活字本《春秋四傳私考》十三卷，今已失傳。二是當時活字本可稱爲「壽梓」，當是借用雕版之稱。又例如《春秋國華》十七卷，明嚴訥撰，中山大學藏明萬曆活字印本。末有男治跋云：「家塾中偶有活字版，乃印裝成帙。」是明言活字版印本。而萬曆三年徐栻序則云：「欲推廣家傳而公之後學，□□諸梓。」所缺二字或係「謹壽」二字，則與前條用語同。

②活字本稱「同版」。中國科學院圖書館藏明萬曆十五年王元貞刻《焦氏類林》(明焦竑撰)，有萬曆十五年丁亥李登《刻焦氏類林引》云：「成帙時，以余同版一印行之，未廣也。茲王孟起氏博雅嗜古，爰壽諸梓，以廣其傳。」「同版」一詞研究印刷史者似未之及。考明萬曆二年周堂活字印《太平御覽》版心下方刻有「宋板校正，閩游氏仝板活字印一百餘部」、「宋板校正，饒氏仝板活字印行壹百餘部」字樣。「仝」與「同」是異體字，所以「同版」即《御覽》之「仝板」。《中國版刻圖録》説：「仝板即銅板。」宋沈括《夢溪筆談》記畢昇活版時説「用膠泥刻字」，「火燒令堅」，「欲印則以一鐵範置鐵板上，乃

密布字印，滿鐵範爲一板」。所以畢昇的活版實際上是「泥活字鐵板」。臺灣中研院史語所黃寬重先生發現南宋周必大《文忠集》卷一百九十八《與程元成給事劄》中説周必大「近用沈存中（括）法，以膠泥銅板，移换摹印，今日偶成《玉堂雜記》二十八事」。周必大的活字仍是膠泥活字，但板用銅板。潘天楨先生發現明邵寶《會通華君傳》中記述著名的活字印刷專家明弘治間無錫華燧的活字印刷事蹟説：「既而爲銅版錫字以繼之。」（見明嘉靖十一年華從智刻隆慶六年華察續刻《華氏傳芳集》卷十五）又明喬宇《會通華處士墓表》記華燧事蹟云：「乃範銅爲板，鏤錫爲字，凡奇書艱得者，皆翻印以行。」（見《華氏傳芳集》卷十五）潘先生據此認爲明弘治間華燧的「會通館活字銅版印行」各書，應是錫活字、銅版，「銅板是指擺活字所用之板」，與畢昇「鐵板」、周必大「銅板」義同。[七]這就糾正了過去把華氏會通館「活字銅版」理解爲銅活字的錯誤。因此，萬曆二年銅活字《太平御覽》上面的「仝板活字」，雖然可理解爲「銅板活字」，但「銅板」也應指擺字的銅板，而不是銅活字。同樣，李登印行的《焦氏類林》所謂「同版一印行之」，「同版」與「仝板」、「銅板」義同，但也僅僅指擺活字的板而言，活字是什麽質地，仍不明確，只能初步認定是活字本，不能認定爲銅活字。這條資料在學術上有兩條用途：一是活字本可稱爲「同版」，義爲「銅版」，這是常見的同音替代。二是焦竑《焦氏類林》最初印本是李登的活字本。這個本子未見流傳，時間應是萬曆十三年至十五年之間，因爲該書有萬曆十三年焦竑自序，而王元貞刻版在萬曆十五年。

附帶説幾句，「銅版活字」在明代活字中常見，如海源閣舊藏明銅活字藍印本《墨子》，卷八末頁中間有「嘉靖三十一年歲次壬子季夏之吉芝城銅版活字」一行，卷十五末頁中間有「嘉靖壬子歲夷則月中元乙未之吉芝城銅板活字」。一般據此定爲銅活字本。但上面説的萬曆二年周堂活字印《太平御覽》版心有「宋板校正，福建游氏梓製活板排印一百餘部」大字二行，所謂「梓製活板」，「梓」是我國雕版的常用詞，指木板，又指刻木板的工匠，即「梓人」，作動詞時指「刻板」，如「梓行」。這裏「梓製活板」的「梓」顯然是動詞，正如前面我們所説，活字本也稱「壽梓」、「梓」，這應是指刻木活字而言。這裏似乎透露出一個信息，所謂「銅板活字」，恐怕有一些是木活字，而用銅板擺印。《太平御覽》萬曆二年周堂印本應是木活字，而非銅活字。所謂銅活字《墨子》，也只能肯定爲活字本，不能肯定爲銅活字。考慮到其印刷地爲「芝城」(建寧府)，是私人坊刻發達之地，爲節約成本，採用木活字的可能性要遠大於銅活字。這確是一個值得研究的大問題。

③版權史料。宋代刻書有牌記，大抵有兩個用途。一是廣告，如南宋臨安陳宅書籍鋪刻《李丞相詩集》卷上末有「臨安府洪橋子南河西岸陳宅書籍鋪印」一行，等於一個購書綫路圖。二是維護版權，如宋眉山程舍人刻《東都事略》目録末有「眉山程舍人宅刊行，已申上司不許覆板」雙行牌記，即是維護版權之用。《存目標注》中記載了大量版權資料，也是很值得重視的。例如：明崇禎十三年石嘯居刻《四書大全辯》三十八卷，明張自烈撰，卷首有以下文件：崇禎十二年九月楊廷樞等《公請刊行四書大全辯第一揭》、周衮咨禮部文、陳名夏《上撫台方仁植先生書》、崇禎十二年十二月二十八日《袁州府行宜春縣原牌》、崇禎十三年正月陳名夏等《公請具題刊行四書大全辯第二揭》、《鈔刻應天府

告示》。《應天府告示》在崇禎十三年六月，内云：「據書坊人何慎、王茂等連名呈前事開稱《四書大全》國朝頒行日久，邇來坊刻，或纂或删，舛訛茲甚。幸各省直名公精加訂正音釋爲《四書大全辯》，益以《蒙引》、《存疑》、《淺説》等書，本坊自備資本刊刻，與後先坊刻不同。崇禎十二年蒙南京國子監周咨部，十三年正月蒙提督江西學政侯、江西按察使徐批准刊佈。」封面刻「石嘯居梓行」。這些文件毫無疑問也是版權資料，而且就此一書來説，其資料之詳細完備，爲他書所無法比擬，因此很值得研究版權史者參考。

④關於福建建陽刻書盛況的一則描寫。明萬曆三十四年周士顯刻《古今韻會舉要小補》三十卷，明方日升撰。《四庫存目》作《韻會小補》。此書係周士顯任建陽縣令時命書坊余彰德、余象斗刊行，有萬曆三十四年周士顯引云：「爲梓於建陽行之。」卷三十末有「書林余彰德、余象斗同刻」小字識語。余象斗爲福建建陽著名刻書坊三台館、雙峰堂主人，曾刻《新刊校正演義全像三國志評林》二十卷、《京本增補校正全像忠義水滸志傳評林》二十五卷、《新刊京本春秋五霸七雄全像列國志傳》八卷等通俗小説多種。此書有萬曆二十四年李維楨序，描述建陽刻書業之盛云：「建陽故書肆，婦人女子咸工剞劂。」我曾見過不少描繪建陽刻書盛況的文字，但未見過説「婦人女子咸工剞劂」的。這也算得上一條珍貴的刻書史料了。

（五）藏書史上的價值

《存目標注》記載了大量的收藏印章和藏書家題記序跋，保存了豐富的藏書史料，其中相當多未曾被發現的史料。例如:清康熙二年餘杭嚴沆古秋堂刻《五經翼》二十卷,清孫承澤撰,有孫承澤自敍,保存了明朱睦㮮萬卷堂及孫承澤研山齋兩家藏書史料,爲葉昌熾《藏書紀事詩》所未及:「曩時海內藏書家,稱汴中西亭王孫。余宦汴時,西亭已殁。與其孫永之善,因得盡窺其遺籍,約十餘萬卷,尤重經學,中多秘本,世所鮮見。余雖困頓簿書,日借其經學一類課兒輩鈔録之,攜歸京師。壬午河決,王孫之書盡沈洪流中,賴余家猶存其十一。至甲申之變,余家玉凫堂積書七萬餘卷,一時星散,無復片紙存者。是歲秋冬,僵臥城東魚藻池上,書賈荷書來售,多余家故本,印識宛然,泫焉欲涕。又中秘故藏,浪藉於市。間質衣物收之。」

又如海源閣藏書《姜氏秘史》一卷二册,舊鈔本,後歸國立北平圖書館,現存臺北「故宫博物院」。王重民《中國善本書提要補編》著録,謂有「楊氏海原閣藏」、「四經四史之齋」、「楊氏彦合」、「宋存書室」等印,並録清周來、楊紹和、楊保彝三跋。又謂有「退思廬」小方印,因判爲胡思敬《豫章叢書》底本。王重民先生這則提要有若干疏誤:首先「退思廬」根本不是胡思敬的印,而是海源閣第一代主人楊以增的印,所以也不可能是胡思敬《豫章叢書》底本。第二,兩處「周來」均係「周耒」之誤。第三,楊紹和跋中「溪南李氏所藏」,「李」乃「尤」之誤。對照臺灣《中央圖書館善本題跋真跡》所提供的書影,可以發現「退思廬」朱文方印在「楊以增印」白文方印之下,顯是對印。「溪南尤氏」誤爲「溪南李氏」乃楊紹和筆誤。王重民先生還遺漏了若干重要印章:「溪南尤氏所藏」白文長方印、「雪霞氏」朱文方印。考丁丙《善本書室藏書志》著録康熙尤氏鈔《紺珠集》十三卷,云「有康熙甲午春仲盥官尤貞起記」，又鈐「尤貞起印」、「雪霞氏」、「溪南尤氏所藏」諸印。則此二印爲海鹽尤貞起所鈐，即楊紹和跋中之「溪南尤氏」，楊紹和誤「尤」爲「李」，王重民照録。如果注意到這兩方印，這個錯誤完全可以糾正。又有「楊以增印」、「紹和筠岩」、「東郡楊二」、「聊城楊氏所藏」四方海源閣楊氏父子印，王重民先生亦未記。另外，楊紹和跋末鈐「楊紹和審定」、「儲端華重」二印。楊保彝跋前鈐「文筆鳴鳳」一印，後鈐「保彝私印」、「枕經胙史」二印，爲楊紹和、保彝父子私印，不常見，王重民先生亦均未記。《存目標注》一一予以補記。這對我們認識海源閣藏書面貌，有很大幫助。

再如：明毛紀《密勿稿》三卷，北圖藏明嘉靖六年刻本，鈐「毛貢之印」、「九來」二印。毛貢，字九來，號蓉洲，清掖縣人。可補《山東藏書家史略》一條。

山東省圖書館藏明萬曆刻于慎行《穀山筆麈》（九行十八字本），鈐「於陵張氏爾梅鼎臣父珍藏」印，又有壬辰年張爾梅手跋。於陵爲山東鄒平縣，據此印可補《山東藏書家史略》一條。此類材料尚多，不屢述。

（六）四庫學上的價值

①四庫學史上的一個突破

「四庫學」是研究《四庫全書》及相關問題的學問，比較受重視的，除《四庫全書》本身的研究之外，首推《四庫全書總目》，另有《四庫全書》纂修研究、四庫禁燬書研究、四庫進呈本研究、四庫輯本研究、《四庫全書薈要》研究、《四庫全書考證》研究、《四庫簡明目録》研究、《揅經室外集》（即《四庫未收書提要》)研究、續修四庫全書研究等等，也都有專門探討。但是，對於《四庫存目》的專門研究，卻極少有人從事。

乾隆五十六年桐城胡虔在武昌節署見到《四庫全書總目》鈔本，於是把其中的《存目》部分鈔出來，編爲《欽定四庫全書附存目録》，並於次年在江寧請淩廷堪與之詳校，分爲十卷。他在乾隆五十八年寫的跋中肯定《四庫總目》「於二千年學術之流別是非，疏通辨證，實爲講學談藝之津梁，非自昔著録家所能幾及」。當然這個評論也包含《存目》部分。胡虔是最早給《存目》以獨立地位的人，雖然他没有單獨對《存目》發表見解，但這種行爲本身已表明了他的立場：《存目》是有其不容忽視的價值的。

嘉慶間，著名目録學家周中孚仿《四庫全書簡明目録》撰寫了《四庫全書存目要略》二十六卷，其簡明提要主要參考《總目》，同時也參考他書，有嘉慶十五年自序。稿本現存日本静嘉堂文庫。[八]可以説這是一次明確的《存目》研究。這一成果没有發表，没産生什麽影響。

清中葉以來，對《四庫全書簡明目録》的研究，尤其是版本標注，有多家傳世。而對於《存目》的研究卻少之又少，我所知道的僅有顧廷龍先生和另一位不知名的學者曾對《存目》作過批註，均未成書。

我的《四庫存目標注》，不僅是標注《四庫存目》各書傳本，同時還包括：對《存目》進呈本的全面清理，對《存目》提要的補充辨正。因此，《存目標注》是對《存目》各書原本、傳本、提要進行的一次綜合考察與研究，全書分六十卷，計二百四十多萬言，内容豐富，考辨切實。這一成果的出現，將大大提升《存目》的學術地位，在四庫學史上是一次突破。

②《四庫存目》各書進呈本原始檔案的第一次清理

乾隆時期修《四庫全書》，各地獻書加上内府所貯，有一萬數千種之多。這些進呈本，當時曾分别登記造册，後來逐步形成各省進呈書目鈔本。民國十年無錫孫毓修見到美國圖書館員在廣州買的涵秋閣鈔本《進呈書目》四册，因借本排印，收入商務印書館《涵芬樓秘笈》第十集[九]，這是四庫進呈書目的第一次出版。

一九五九年商務印書館約請吴慰祖先生對《進呈書目》進行了大規模校訂增補，主要工作有：以北圖藏鈔本校訂《涵芬樓秘笈》本，以《四庫總目》校進呈目，補入原來未收的《武英殿書目》，補入《江蘇採輯遺書目録》、《浙江採集遺書總録》。加編人名索引、書名索引。改名《四庫採進書目》，於一九六〇年重新出版。

以上進呈書目的兩個版本，加上《四庫全書總目》每書之下所注的進呈者，對我們清理四庫原本都是至關重要的第一手系統資料。但是，過去從事《四庫簡明目録標注》的學者，都没有全面清理過《四庫全書》的底本。余嘉錫先生《四庫提要辨證》影響很大，但一九五九年商務印書館《四庫採進書目·出版説明》就指出：「余先生的《辨證》，僅僅單從《總目提要》本身來整理研究，還没有把當時所記載採進各書的底本書目——『各省進呈書目』可作爲對勘《提要》根據的第一手資料，來進行比較，徹底發覆，所以仍是很不够的。」商務的這個意見十分中肯，如不是拿《進呈書目》與《四庫總目》核對過,是得不出這樣的結論的。不過,這項工作在四十多年以後的今天,仍還没有人徹底做過。《存目標注》所清理的只是《存目》各書的進呈本,從某種意義上説,這項工作走在了《簡明目録》所載《四庫》著録各書底本清理工作的前頭了。

我把《存目》的每一部書與《四庫採進書目》對照,再參照《四庫總目》各書下所注進呈者,把所得進呈本綫索逐一標注在各書之下。這樣,每一部《存目》書的進呈本資料就大體齊備了。約略估計,所得《存目》書進呈本資料近萬條。

通過這項大規模的清理工作,有許多有益的收穫。首先可借助進呈本資料,補《提要》所未及。例如:《春秋麟寶》六十三卷,明余敷中撰。《四庫提要》云:「敷中,不知何許人。」北大藏明萬曆刻本,只題「余敷中輯」,估計這正是四庫館臣弄不明白余敷中里籍的原因。檢《浙江採集遺書總録》,有是書,云「明姑蔑余敷中撰」。考《左傳》哀公十三年:「六月丙子,越子伐吴,……彌庸見姑蔑之旗。」杜注:「姑蔑,越地,今東陽太末縣。」其地在明代屬浙江衢州府。循此綫索,檢宋慈抱《兩浙著述考》,果得此書,云:「明衢縣余敷中撰。敷中,字定陽,以鄉薦秉鐸淳安,《鄭志》有傳。」《鄭志》指民國鄭永禧修《衢縣志》。按:明代無衢縣,衢縣即漢太末縣地,明代爲西安縣,衢州府駐地,民國改西安縣爲衢縣。所以,余敷中當爲明衢州府西安縣人,曾在淳安縣任教官。這就大體弄清了作者里籍行事。

有些書今無傳本,但根據進呈目仍可訂正《四庫總目》之誤。如:《詩傳叶音考》三卷,清吴起元撰。《總目》注:「江蘇巡撫採進本。」檢《江蘇省第一次書目》:「《詩傳叶韻考》一本。」又《江蘇採輯遺書目録》：「《詩傳協韻考》三卷，清震澤吴起元著。」「音」字均作「韻」，當是《總目》誤。

有些疑難問題，非借助進呈本綫索無可解釋。例如：《四庫總目》：「《内閣行實》二卷，不著撰人名氏。兩淮馬裕家藏本。」《提要》指出其内容與雷禮《列卿紀》中《内閣行實》相同。我們查《國朝列卿紀》，其《凡例》云：「是書八卷至十三卷，司空存日已刻爲《内閣行實》行於世，今仍其卷次梓之。」可知《内閣行實》先有單行本，再刻入《列卿紀》。王重民先生曾見北平圖書館藏明刻《内閣行實》八卷，鈐「翰林院印」，書衣又鈐「乾隆三十八年四月兩淮鹽政李質穎送到馬裕家藏《内閣行實》壹部計書三本」長方木記。即馬裕進呈本無疑。王重民先生《中國善本書提要補編》有這個本子的提要，稱該本「題豐城雷禮輯」。這與《四庫總目》有兩點不合。一是卷數，《總目》作二卷，而北平本作八卷。二是作者，《總目》謂不題撰人，而北平本題豐城雷禮輯。可《總目》又明明説是兩淮馬裕家呈本。這個疑難不好解決。王重民説北平圖書館藏明刻八卷本乃《存目》所據無疑。我們難以相信《總目》會犯如此低級的錯誤。查《四庫採進書目》，《兩淮商人馬裕家呈送書目》有「《内閣行實》八卷，明雷禮，三本」。又《浙江省第五次范懋柱家呈送書目》有「《内閣行實》二卷，明雷禮著，二本」。又《浙江採集遺書總録》有「《内閣行實》二册，寫本，明少傅豐城雷禮撰」。我們完全有理由推測：四庫館臣據以寫提要的是范氏天一閣進呈的二卷鈔本，而注進呈者時則誤爲馬裕呈本。這樣的現象在《四庫總目》中不一而足。王重民先生的結論是難以成立的。同時，從這個例子也可以發現，在有不同版本進呈時，館臣選擇的並不一定是最好的本子。《内閣行實》的八卷本爲雷禮生前刊行的定本，顯然優於天一閣進呈的二卷鈔本。

對進呈本檔案的清理，還取得了大量進呈本版本的信息，其中不乏名家鈔本。這些信息主要來自《浙江採集遺書總録》、《江蘇採輯遺書目録》、《兩江第一次書目》、《兩江第二次書目》等。例如：《易序叢書》十卷，題宋趙汝楳撰，浙江吴玉墀家進呈本，查《浙江採集遺書總録》，云是「華亭董其昌家寫本」。《易圖識漏》無卷數，明黄芹撰，天一閣進呈本，《浙江採集遺書總録》云：「天一閣寫本。」《易象解》四卷，明劉濂撰，鄭大節家進呈本，《浙江採集遺書總録》云：「澹生堂藏刊本。」等等。都淵源有自。有些書今天已找不到傳本了。如《易辨》一卷，明豐坊撰，鄭大節家進呈本，《浙江採集遺書總録》云「二老閣寫本」，即鄭大節家二老閣鈔本。《詩經比興全義》一卷，清王鍾毅撰，江蘇巡撫採進本，《江蘇採輯遺書目録》云「抄本」。《詩經彙詁》二十四卷，清范芳撰，兩江總督採進本，《兩江第一次書目》云「鈔本，十二本」。以上三書均未見任何傳本，藉此尚可想見當時面目。因此，進呈本資料是研究古籍流傳問題的珍貴史料。

③ 對吴慰祖校訂《四庫採進書目》得失的新認識

吴慰祖校訂《四庫採進書目》比《涵芬樓秘笈》本《進呈書目》内容大大豐富，而且進行了校勘，增編了人名、書名索引，是對進呈書目的唯一的一次系統清理，總的看來，是一大貢獻。但這部校訂本工作不夠細，存在着許多不足。

首先，該目據《四庫總目》及《江蘇採輯遺書目録》、《浙江採集遺書總録》補充了大量進呈本的卷數、著者。所補内容用[]號標出，應該説爲例甚善。但不知何故，[]號加得不細，把原文和後加的内容弄混了不少。例如：《兩江第一次書目》：「《古今輿地徵信編》，明錢邦寅編，六本。」吴慰祖校訂本作：「《歷代[原作古今]輿地徵信編》[殘存六卷，清(原作明)錢邦寅編，按此係稿本，詳提要]六本。」如此，則屬於原進呈目的「明錢邦寅編」五字，就變成了吴慰祖的補充了。再如：《浙江省第十一次呈送書目》：「《中和集》六卷，元李道純著，四本。」吴慰祖校訂本作：「《中和集》[三卷，後集三卷，元李道純著，蔡志頤編]四本。」這樣擅改卷數，對於古籍整理是不妥的。同時把進呈目原有的「元李道純著」五字變成了吴慰祖的增補。這類例子頗爲不少，還要借助《涵芬樓秘笈》本予以還原。

其次，吴慰祖對《四庫總目》過於信任，有時據《總目》改《進呈書目》，不知《總目》是錯誤的，結果把正確的《進呈書目》改錯了。我曾發表《吴慰祖校訂〈四庫採進書目〉舉正》[十]，列舉四十六條，基本上屬於這種情況。近年又發現不少，擬撰爲《續正》。這僅僅是《存目》部分，不包括《四庫全書》已收的部分。這裏舉兩個例子：《江西巡撫海第一次呈送書目》：「《四易通義》[六卷，明程觀生著]六本。」這是吴慰祖校訂本的面貌。考《四庫總目》確有《四易通義》六卷，明程觀生撰。但《總目》注爲「内府藏本」，不是江西進呈的。再核《涵芬樓秘笈》本《進呈書目》，此條作《四書通義》。更檢《四庫總目》，有《四書通義》二十卷，明劉剡撰，江西巡撫採進本。顯即此書。吴慰祖誤爲程觀生書，又改「書」爲「易」，以遷就《四庫總目》，是以不誤爲誤，而且改了也不作説明，這種方法是錯誤的。

又如：《浙江省第四次汪啟淑家呈送書目》：「《西樵山志》六卷，國朝馬符録[原作羅國器輯]，二本。」吳慰祖的這個改動有説明，較前例爲佳。吳氏校改的依據没有交待。實際是《四庫總目》。究竟是馬符録，還是羅國器，不見原書是不便臆斷的。好在該書中山大學有殘本，存卷一至卷四。卷一題：「太史傅聞林先生鑒定，西湖陳張翼楚望氏參補，羅浮羅國器躍劍氏重輯，西樵馬符録受之氏編梓。」看來是集體成果，而主要撰人爲羅國器，《進呈書目》不誤，倒是《四庫總目》改爲馬符録，就有些不妥了。吳氏據《總目》改進呈目，是不正確的。在有分歧時，吳氏不相信原始的《進呈書目》，而相信《四庫總目》，顯然有盲從《總目》傾向。

再一點是吳慰祖校訂本的《索引》疏漏較多，不少條目查不到。例如：《群書拾唾》在《四庫採進書目》中凡三見，而《索引》僅引出一三四頁、二六九頁兩處，一二三頁一處未引出。又如：「筆麈（穀山筆麈）」三九、一二二、一五〇、一七九」，共四個出處。其中三九頁實爲王肯堂《鬱岡齋筆麈》，不是于慎行《穀山筆麈》，混二書爲一書，而且在「王肯堂」人名下没有三九頁這個出處。其結果是這一條從書名、人名都查不到。再如：「《可齋雜記》一二三」、「《可齋筆記》二四九」。兩本書實爲一本，「筆」乃「雜」字之誤，應合併。又如：「陸次雲」名下有《事文標異》，下注「未收」，意思是《四庫總目》未收，事實上已入《存目》，在《四庫總目》中華書局影印本一一〇九頁下欄。這類問題較多，帶來許多不應有的漏查結果。我曾想重新校訂《四庫採進書目》，重編索引，希望將來能實現。

④ 補充《四庫提要》之缺憾

《四庫提要》按例要介紹作者里籍、履歷，然後再介紹評論内容。但是有些作者里貫、履歷不明，只好闕如。我在《存目標注》中發現並補充了一些作者的里貫事蹟，這就使《四庫總目》得到補充完善，對我們知人論世很有幫助。如：《律吕新書分注圖纂》十三卷，明許珍撰。《四庫總目》據葉良佩序「掌教吾庠」語，推知許珍「乃太平學官」。此書中國藝術研究院音樂研究所有鈔本十三卷六册。卷一題「天長許珍時聘父編輯」，前有嘉靖二十年辛丑孟冬台州府太平縣學教諭鳳陽天長許珍序。則許珍官太平縣學教諭無疑，這就落實了《四庫總目》的推測。又如：《神僧傳》九卷，不著撰人名氏。《總目》據其内容「始於漢明帝時摩騰法蘭，終於元世祖時國師帕克巴」，推測「蓋元人所撰」。此書今傳有明永樂十五年内府刻本九卷，有永樂十五年正月初六日御製序云：「神僧者，神化萬變而超乎其類者也。然皆有傳，散見經典。觀者猝欲考求，三藏之文宏博浩汗，未能周遍，是以世多不能盡知，而亦莫窮其所以爲神也。故間繙閱採輯其傳，總爲九卷。」顯然這部書是永樂皇帝御撰的。再如：《農田餘話》二卷，《四庫總目》云：「舊本題明長谷真逸撰，不著名氏。」考《千頃堂書目》卷十二小説類：「張翼《農田餘話》二卷。」原注：「吴人，一稱長谷真逸。」據此再檢《江蘇藝文志·蘇州卷》，知張翼字南伯，號雲翁，一稱長谷真逸，明吴縣人，始客泯湘，歸即教授不出。類似這些《四庫總目》不詳的内容，由於《標注》撰寫中接觸材料較多，有時會遇到答案，於是附按語加以補充。

⑤ 訂正《四庫提要》的訛誤

《四庫提要》一向受到學術界高度重視，被張之洞稱爲研究國學的「良師」。正因爲這樣，它的一些錯誤才值得一流大家花費大力氣去訂正。其中馳名中外的有余嘉錫《四庫提要辨證》、胡玉縉《四庫全書總目提要補正》二種。王重民《中國善本書提要》中也有不少訂正《四庫提要》的地方。近年又有四本書專門訂正《四庫提要》：劉兆祐《四庫著録元人別集提要補正》[十一]、李裕民《四庫提要訂誤》[十二]、崔富章《四庫提要補正》[十三]、楊武泉《四庫全書總目辨誤》[十四]。步武前修，均見功力。我在從事《四庫存目標注》時也發現不少《四庫提要》的錯誤，大都爲前人所未及，曾在刊物上發表若干則，但絕大部分只在《標注》中加了按語，没有時間另寫文章發表。這些錯誤現分類舉例説明：

甲、書名之誤。《四庫總目》：「《延壽寺紀略》一卷，兩淮馬裕家藏本，明釋圓復撰。圓復，字休遠，鄞縣人。與屠隆同時。延壽寺在鄞縣南三里，舊號保恩院，宋祥符間改爲延壽寺。是書詳述知禮禪師本末及宋相曾公亮置買莊田舊事。」按：知禮禪師所住係明州延慶寺。考《兩淮商人馬裕家呈送書目》有「《延慶寺紀略》一卷，明釋圓復，一本」。錢謙益《列朝詩集小傳》：「圓復，字休遠，四明延慶寺僧。」則延壽乃延慶之誤，書名當作《延慶寺紀略》。壽、慶形近而誤也。

又有館臣擅改書名者。如：《四庫總目》：「《商文毅公行實》一卷，浙江范懋柱家天一閣藏本，明商汝頤編。……凡王獻所作《行實》一篇，尹直所作《墓誌銘》一篇，楊子器所作《神道碑》一篇。末有正德十年汝頤自跋。正德十六年刊版，王子言又爲之跋。」按：此既爲天一閣本，檢《浙江省第五次范懋柱家呈送書目》有「《商文毅公遺行集》一卷，明商汝頤輯，一本」。又檢《浙江採集遺書總録》有「《商文毅公遺行集》一册，寫本，明淳安商汝頤撰。」無所謂《商文毅公行實》一卷。嘗見浙江寧波天一閣文管所藏明正德十年刻《商文毅公遺行集》一册，首王獻所作《行實》，次尹直所作《墓誌銘》，次楊子器所作《神道碑》，末有正德十年商汝頤跋，十六年廣東右布政使王子言跋。内容與《總目》所載天一閣進呈鈔本全同，是鈔本所從出無疑，而書名作《商文毅公遺行集》，與進呈目正同。則《四庫總目》作《商文毅公行實》一卷，是誤該書首篇爲全書總名，當予訂正。

乙、卷數之誤。《四庫總目》：「《韓魏公家傳》二卷，江蘇巡撫採進本，不著撰人名氏。」按：是書傳本有明正德九年張士隆刻《安陽集》附本，明刻《安陽集》附本，明萬曆十五年郭樸刻《安陽集》附本，明萬曆三十六年康丕揚刻《宋兩名相集》本，均作《忠獻韓魏王家傳》十卷，不作二卷。考《江蘇省第一次書目》有「《韓忠獻家傳》二本」，《江蘇採輯遺書目録》有「《韓忠獻家傳》十卷，缺名著」。即《四庫總目》所謂「江蘇巡撫採進本」。又《四庫總目·安陽集》提要云：「此集之後舊附《家傳》十卷、《别録》、《遺事》各一卷……别著録於史部。」亦指此書。可知原書作十卷無疑。《總目》誤作二卷，蓋以江蘇呈本之「二本」爲二卷也，當予糾正。

又如：《楊園全書》三十四卷，浙江巡撫採進本，清張履祥撰。《提要》詳細列舉了《全書》子目十二種：《願學記》一卷、《問目》一卷、《初學備忘》二卷、《經正録》一卷、《近古録》四卷、《見聞録》二卷、《喪記雜説》一卷、《學規》一卷、《荅問》一卷、《門人所記》一卷、《訓子語》二卷、《農書》二卷，合計十九卷。更檢《浙江省第一次書目》，有「《楊園全書》十二種，共十九卷，國朝張履祥著，五本。」《浙江採集遺書總録》亦云「《楊園全書》十九卷，刊本，國朝桐鄉張履祥撰」。知原書十九卷無疑，《四庫總目》作三十四卷是錯誤的，原因不明。

丙、進呈者之誤。《四庫總目》於每書之下例注進呈者或者内府藏本。只有小部分注「通行本」,又有注「桂林府同知李文藻刊本」者數種[十五],當是特殊原因。有人曾批評《總目》注進呈者,而不注版本。我過去也這樣認爲,現在看來有些簡單化了。版本固然是重要的,但進呈者也絶不是可有可無的。當時館臣用心,應當得到理解。由於進呈者頭緒繁多,《四庫全書》及《總目》成書亦較倉卒,所以進呈者也存在誤注問題。例如:《書經疏略》六卷,清張沐撰,通行浙本《總目》云「江南巡撫採進本」。查各地進呈者無所謂「江南巡撫」,更查《四庫採進書目》,該書僅見於《河南省呈送書目》,作「《書經疏略》,本朝張沐著,三本。」又張沐著作多種,亦均係河南巡撫進呈者。知此「江南巡撫」爲「河南巡撫」之誤無疑。武英殿本《四庫總目》不誤。又如:《仙都志》二卷,元道士陳性定撰,《總目》云「兩淮馬裕家藏本」。檢《兩淮鹽政李續呈送書目》有「《仙都志》二卷附《天台志》一卷,元陳性定,一本」。又檢《四庫總目》,緊接《仙都志》,有「《天台山志》一卷,不著撰人名氏」,注云「兩淮鹽政採進本」。兩書合訂一册,同時進呈,見於《兩淮鹽政書目》,則《仙都志》條之「兩淮馬裕家藏本」當係「兩淮鹽政採進本」之誤。更檢《兩淮商人馬裕家呈送書目》,無陳性定《仙都志》,而有明戴葵《仙都山志》,戴書已另著録,自是别一種書,蓋以書名相似而誤以戴書爲陳書也。

丁、朝代之誤。例如:《四庫總目》:「《大藏一覽》十卷,明陳實原編。」按:此撰人、朝代均誤。撰人乃「陳實」,原字衍。胡玉縉、陳垣諸家已糾正。兹不贅。該書朝代之誤由來已久,清初黄虞稷《千頃堂書目》載此書云:「明初寧德縣人。」《明史·藝文志》子部釋家類著録「陳實《大藏一覽》十卷」，所據當即《千頃目》。其後各家書目相沿不改。近人陳垣《中國佛教史籍概論》以及近年《中國古籍善本書目》、《北京圖書館古籍善本書目》、《北京大學圖書館藏古籍善本書目》、臺灣「中央圖書館」《善本書志初稿》等亦均作明人。該書傳世版本有明洪武二十二年陳道堅等刻永樂、正統遞修本，題「寧德優婆塞陳實謹編」[十六]。又有明宣德刻本、明吳覺隆等刻本、明萬曆姚舜漁刻本（臺灣「中央圖書館」藏《嘉興藏》本與此同版）等，卷端均未明標朝代。唯四川大學劉琳、沈治宏合撰《現存宋人著述總録》、哈佛大學沈津《美國哈佛大學哈佛燕京圖書館中文善本書志》作宋人，與衆不同，而未及原因，且不知宋何時人。我查考諸本，發現兩個日本刻本提供了綫索。一是日本寬永十九年（明崇禎十五年）西田勝兵衛刻本，卷首有宋紹興二十七年丁丑安定郡王令衿超然居士序，云「謹爲陳實居士下箇之繞」。二是日本寶永六年（清康熙四十八年）大阪刻本（山東大學藏），卷前亦有紹興超然居士序，末署「在紹興丁丑書于衆香園水光軒」，序中亦有「陳實居士」云云。另有陳實自序，無年月，唯署「大隱居士陳實」。據此似可推測陳實爲南宋初高宗紹興年間人。又如：《周易訂疑》，董養性撰，《四庫總目》認爲元朝人。實爲清初山東樂陵人，施閏章曾爲作墓誌銘[十七]。

戊、作者之誤。如《四庫總目》：「《六書準》四卷，内府藏本，國朝馮調鼎撰。」按：北京師大藏清康熙家刻本，題「華亭馮鼎調雪鷗父述，男昶世東臨氏敬校」。知作者「馮調鼎」乃「馮鼎調」之誤。

又如：《四庫總目》：「《事物考》八卷，浙江朱彝尊家曝書亭藏本，明傅巖撰，巖字野清，義烏人。」按：題傅巖撰的《事物考》八卷，未見著録，南北各館亦未查到。但有一部明王三聘的《事物考》

八卷,傳本不稀,計有: 明嘉靖四十二年何起鳴刻本、明隆慶三年王嘉賓刻本、明隆慶四年金陵書林周氏刻本、明萬曆間錢塘胡文焕刻《格致叢書》本(作《古今事物考》,下同)、清渤海高氏刻《續知不足齋叢書》本、民國二十五年陝西通志館排印《關中叢書》本、民國二十五年商務印書館排印《叢書集成初編》本、民國二十六年商務印書館排印《國學基本叢書》本等。根據《四庫提要》中所舉例子,與王三聘書核對,一一吻合,可以肯定是同一部書。之所以誤爲傳巖撰,估計與隆慶三年王嘉賓《刻事物考跋》兩篇有直接關係。第一跋云:「頃得傳君名巖所遺是集,見其分門珠列,巨纖咸具,一展卷而事物之原委畢呈,無蒐探之勞而有囊括之功,其亦博物之捷徑也已。……僉謂宜再刻之,以廣同好。余唯唯,遂付之梓。」第二跋云:「傳君名巖,自陝中來,攜是書見惠,得而讀之,見其門分珠列,……遂刻之。」文意略與第一跋同。王嘉賓跋雖未直説傳巖撰,只説傳巖從陝中帶來,不過除傳巖外,更無本書作者之交待,所以容易誤會爲傳巖撰。但是,本書還有嘉靖四十二年趙忻序,明説爲「兩曲王氏」作。兩曲,即陝西盩厔縣。《廣韻》: 「盩厔縣在京兆府。水曲曰盩,山曲曰厔。」爲「兩曲」來歷。又有王三聘序明確説: 「余生僻壤,困舉業,無他書讀。嘉靖戊戌寓南棘,得《事物紀原》一編,……而日有聞見,乃續録之,貯書篋中,備徵事者,未敢云輯也。邑侯何公,仕優好雅,兼而收之,遂名曰《事物考》,凡八卷。」民國《盩厔縣志》卷六載王三聘事蹟頗詳,又可查出所謂邑侯何公爲何起鳴,四川内江人,嘉靖三十九年上任,在任三年。世傳嘉靖四十二年何起鳴刻本即刻於盩厔縣者。可見,《四庫總目》及浙江進呈目作傳巖撰,均誤。又明代進士有三位王三聘: 一盩厔人,嘉靖十四年進士; 一山東黄縣人，嘉靖二十年進士；一山西代州人，嘉靖三十五年進士。王重民《中國善本書提要》著録王三聘《事物考》八卷，誤爲黄縣王三聘撰，亦應糾正[十八]。

己、字號之誤。例如：《續茶經》三卷《附録》一卷，清陸廷燦撰。《四庫總目》云：「廷燦字秩昭，嘉定人。」按：此係《四庫》著録書。考《四庫存目》另有《藝菊志》、《南村隨筆》二種，皆陸廷燦撰，原書均題「嘉定陸廷燦扶照」，知廷燦字扶照，此作「秩昭」，形似而誤。又如：《三才考略》十二卷，明莊元臣撰，《四庫總目》云「元臣字忠原」。按：忠原乃忠甫之誤。《諸經纂注》三十四卷，明楊聯芳編，《四庫總目》云「聯芳字懋賞」。按：懋賞乃懋實之誤。《史説萱蘇》一卷，明黄以陞撰，《四庫總目》云「以陞字孝義」。按：孝義乃孝翼之誤。辨見《存目標注》，此不詳述。

庚、里籍之誤。如：《嘉靖安慶府志》三十卷，明胡纘宗撰，《四庫總目》云：「纘宗字世甫，自號鳥鼠山人，泰安人。」按：「泰安」乃「秦安」之形誤。又如：《十七史論》九卷，清夏敦仁撰，《四庫總目》云：「敦仁字調元，武進人。」按：此書未見傳本，考《江蘇採輯遺書目録》云「《十七史論》九卷《年表》一卷，清江陰夏敦仁著，抄本」，因檢《江蘇藝文志》，確知爲江陰人，其子夏宗瀾有著作數種見於《四庫總目》，亦著録爲「江陰人」，知「武進」爲誤。再如：《迪吉録》九卷，明顔茂猷撰，《四庫總目》云：「茂猷字壯其，又字仰子，平湖人。」按：是書人民大學藏明末刻本，題：「閩漳顔茂猷光衷甫編輯。」又所著《經史彙纂》署名同。知係福建漳州府人。考《明清進士題名碑録索引》，顔茂猷，崇禎七年進士，福建平和縣人。平和屬漳州府，即其人無疑。然則「平湖」乃「平和」音近之誤。此條若不見原書，殊不易察覺。凡圖書文獻，致誤易，而訂正難，此類是也。

辛、科第之誤。如《河防疏略》二十卷，清朱之錫撰，《四庫總目》謂之錫「康熙壬辰進士」，壬辰爲康熙五十一年，考《碑傳集》卷七十六陸耀《治河名臣小傳·朱之錫傳》，之錫以康熙四年卒於官，則康熙壬辰之錫已卒四十七年，何以成進士？考《明清進士題名碑録索引》，朱之錫爲順治三年丙戌科二甲八名進士，《碑傳集》同。知《四庫總目》有誤，當予訂正。

壬、提要考證之誤。《四庫總目》在介紹書名、卷數、進呈者、撰人及朝代、撰人字號、里籍、科第等之後，一般對人物經歷、著述之内容得失，以及學術淵源流變等進行介紹與考辨。這裏不再細分項目，統謂之「提要」，其間錯誤頗多，情形各異，亦不再區分類型，只舉幾條例子：

《左傳注解辨誤》二卷，明傅遜撰。《四庫總目》云：「前有《古字奇字音釋》一卷，乃《左傳屬事》之附録，裝輯者誤置此書中，頗淺陋無可取。」按：傳世明萬曆日殖齋刻本多係《春秋左傳屬事》二十卷《古字奇字音釋》一卷《春秋左傳注解辨誤》二卷《辨誤補遺》一卷《古器圖》一卷合印本，《中國古籍善本書目》著録爲「明萬曆十三年日殖齋刻本」。唯《屬事》與其餘各種非同時刊刻。臺灣「中央圖書館」《善本書志》著録《春秋左傳注解辨誤》二卷《補遺》一卷《古字奇字音釋》一卷《古器圖》一卷，無《屬事》。封面大字刻「春秋左傳注解辨誤」，其下小字雙行刻「附《補遺》、《古器圖》、《古字奇字音釋》」。又有牌記：「萬曆癸未年春傅氏日殖齋梓。」可見《春秋左傳注解辨誤》刻於萬曆十一年春，當時以《補遺》、《古器圖》、《古字奇字音釋》爲附録。而《春秋左傳屬事》二十卷則成於萬曆十三年，丁丙《善本書室藏書志》著録云「前後有萬曆十三年傅遜自序兩篇」可證。然則《屬事》成書刊印之前兩年，《古字奇字音釋》已作爲附録隨《春秋左傳注解辨誤》刊行，館臣謂《音釋》爲《屬事》附録，裝訂者誤與《辨誤》合訂，純屬臆度之辭，與史實不合。

《遜志齋外紀》二卷《續集》二卷，明姚履旋撰。《四庫總目》云：「其書成於崇禎中。後有《續集》二卷則國朝康熙中婁縣訓導徽州項亮臣所補輯也。」按：《遜志齋外紀》明萬曆四十年已有刊本，有萬曆四十年姚履旋小引，知成書於萬曆四十年。《四庫總目》稱「書成於崇禎中」，誤也。

《丹霞洞天志》十七卷，清蕭韻撰。《四庫總目》云：「明萬曆中建昌知府鄔齊雲嘗屬郡人左宗郢爲《麻姑山志》，久而版燬。康熙中，湖東道羅森復令韻增補成之。」按：上海圖書館藏是書，前有羅森序，署「江西湖東觀察使今陞陝西督糧道左參政約齋羅森」。考雍正《陝西通志》卷二十三《職官》四《督理糧儲道》：「羅森，順天大興人，順治十六年以參政任。」又：「沈文奎，鑲白旗滿人，順治十七年以參政任。」知羅森於順治十六年由江西湖東觀察使陞任陝西督糧道，其作序之年當在順治十六年。又考上圖本前有版畫，麻姑仙像署「己亥仲春月王弁薰沐寫」，己亥即順治十六年。可見此志修成在順治十六年無疑。《四庫總目》謂「康熙中」，顯誤。《中國古籍善本書目》著録爲「康熙刻本」，當是沿《四庫總目》之誤。當作「順治十六年刻本」。

⑥ 發現《四庫提要》分纂稿

《四庫提要》分纂稿，世所知者有姚鼐《惜抱軒書録》八十八篇、邵晉涵《四庫全書提要分纂稿》

(《紹興先正遺書》本)三十七篇、余集《秋室學古録》七篇、翁方綱《四庫全書總目提要稿》九百九十六篇[十九]。我在從事《四庫存目標注》時,又發現四庫館臣《四庫提要》分纂稿六篇:

佚名:《春秋年考》提要,見遼寧圖書館藏明崇禎四年鈔本《春秋年考》卷首。

姚鼐:《經籍異同》提要,見上海圖書館藏明萬曆刻《經籍異同》卷端[二十]。

佚名:《金石遺文》提要,見湖南省圖書館藏清鈔本《金石遺文》卷端。係過録件,非原稿。

程晉芳:《南夷書》提要,見北京圖書館藏明鈔本《南夷書》卷尾[二十一]。

鄭際唐:《筆史》提要,見北京圖書館藏清鈔本《筆史》卷尾[二十二]。

鄒奕孝:《儀禮釋宮》提要,見北京圖書館藏清鈔本《儀禮釋宮》卷首。

以上六篇提要稿的發現,使現存《四庫提要》分纂稿的數量有所增加,爲我們研究認識《四庫提要》原稿面貌以及《提要》形成的過程有重要意義,同時可訂正《四庫全書總目》許多錯誤。

首先,現在姚鼐、邵晉涵、余集、翁方綱的《四庫提要》分纂稿都是單獨存在的,並不附於原書之中,因此並不是最原始的狀態,而我發現的六篇提要稿均在當年四庫館採用的原書中,可以幫助我們認識最原始的面貌。

例如撰寫提要格式,開頭爲「謹按」,然後敍述某書幾卷,某朝某人撰,然後爲内容大要。提要之末署有撰寫提要者「纂修某某」,然後鈐「存目」小木印(估計收入《四庫全書》者應鈐「著録」小木印)。這裏鈔録程晉芳提要稿一篇:

「謹按：《南夷書》一卷，明張洪撰。考明永樂四年，緬甸宣慰使那羅塔劫殺孟養宣慰使刀木旦及思欒發而據其地。洪時爲行人，奉詔齎敕宣諭，因撰是書。所載皆洪武初至永樂四年平雲南各土司事，略而不詳。其於雲南郡建置始末，如南詔爲蒙氏改鄯闡府，歷鄭、趙、楊三姓，始至大理段氏，而書中遺之。孟養、麓川各有土司，而敘次未詳。唯載梁王拒守及楊苴乘隙諸事，史所未載。瀾滄之作蘭滄，思欒發之作思鸞發，與史互異。亦是資考證之一二也。洪字宗海，常熟人，洪熙初召入翰林，官修撰。纂修官程晉芳。」（下鈐「存目」小木印。）

如果與《四庫全書總目》中《南夷書》的提要對照，可以發現，開頭的「謹按」二字和結尾處「纂修官程晉芳」的落款，均被删去，因此，我們也就無從考知這些提要的原稿出自誰手了。

再一個格式上的不同，是《南夷書》作者「張洪」的事迹，原提要稿在末尾，而《四庫全書總目》則移到提要開頭。而鄭際唐《筆史》提要稿作者事迹在提要開頭，而不在結尾。説明作者事迹在内容提要之前，還是之後，起初尚無嚴格規定。

從鄭際唐撰《筆史》提要稿，還可以發現，鄭際唐的原稿曾經過另一館臣修改，並簽「已辦」二字意見。而《四庫全書總目》所收《筆史》提要與原稿、修改稿均有不小出入。可見，提要是經過一再修改才成爲定稿的。

姚鼐的《經籍異同》提要稿是一篇未被採用的「廢稿」。因爲明代陳禹謨的這部著作和他的另一部著作《引經釋》合訂，姚鼐擬的提要稿也就針對二書，合寫一條。但後來有館臣在該稿右側用行書批云：「分二部，另作提要。」稿後又有「張閱」、「李閱」兩個簽條。這兩個簽條根據校勘官名單推測，可能是「總目協勘官張羲年、李潢」。對比《四庫全書總目》，《經籍異同》已重寫提要，内容迥然不同。《引經釋》因爲是《經言枝指》五種之一，《經言枝指》已作爲一條處理，所以《引經釋》没再單寫提要。從這條例子可以想見當時撰寫提要還是審慎的，一再覆審，改寫，有個程式。對照姚鼐保存並且後被門生刻印出來的提要分纂稿《惜抱軒書録》，可以發現，《書録》所收均詳贍，而這條《經籍異同》提要稿則較簡陋，這也給我們一個啓示：姚鼐自留底稿的屬於經心之作，另有一般性提要稿則未予保存，並非姚氏所撰提要稿都如《惜抱軒書録》那樣精詳。

從各篇提要稿看，擬稿時尚未注明進呈者，而後來定稿均已注明進呈者。由此推測，館臣擬稿時不注進呈者，後來定稿時才統一加注進呈者「兩淮馬裕家藏本」、「浙江巡撫採進本」等等。這就爲我們解釋另一個疑問提供了綫索：爲什麼《四庫全書總目》中有些提要與進呈者不符？因爲寫提要與加注進呈者不是同時所辦，這就難免出現不合現象。一部書有不同的進呈者，所進呈的版本不盡一致，如加注錯了，直接會導致版本不合。這種現象曾被前人屢次指出。但没有弄明出錯的原因。

從六篇提要稿，我們還可以發現一個很重要的現象：雖然《四庫全書總目》中的提要詞采豐贍，内容詳博，考辨精審，超過原稿。但原稿更多地保存了原始面貌，可以訂正《總目》的許多錯誤。例如前面舉的《南夷書》提要稿，可以訂正《總目》三條錯誤：甲、程晉芳原稿説：「孟養、麓川各有土司，而敘次未詳。」《總目》則改「敘次未詳」爲「書中皆遺之」。檢《南夷書》，孟養有土司，已作記載，所遺漏的僅僅是麓川土司。所以「敘次未詳」基本符合事實，《總目》改爲「皆遺之」就錯了。乙、程晉芳原稿説：「瀾滄之作蘭滄。」《總目》改爲「瀾滄江之作蘭滄江」。考《南夷書》，「瀾滄」指「瀾滄衛」，不是江名，《總目》加上「江」字，實爲妄改。丙、孟養宣慰使「刀木旦」，《總目》作「刁查」，是誤「刀」爲「刁」，又誤「木旦」二字爲一「查」字。[二十三]

鄭際唐的《筆史》提要稿也可訂正《四庫總目》三條錯誤：甲、著者楊思本，《總目》誤爲楊忍本。乙、著者朝代，鄭際唐原稿經某氏修訂後，加入「前有萬曆乙卯丘兆麟題辭」一句，作者顯是明人，原稿不誤。而《總目》改爲「國朝」，顯然錯誤。丙、書中第九門「告成」，提要原稿不誤。而《總目》作「考成」，則誤。

由此可見，定稿誤改之處甚多。究其原因，應是紀昀等定稿時，只依據其他館臣的分纂稿，而未一一核實原書，反不如館臣分纂稿來得原始。所以原稿對訂正《四庫總目》定本有着特別重要的意義。我發現的僅僅是六篇提要稿，想仍有不少，這方面還有發掘的餘地。

從以上六個方面，可以説明《四庫存目標注》在四庫學上有重要價值，是近五十年間四庫學領域較重要的成果之一。

（七）古籍辨僞上的價值

《四庫全書總目》對古代的僞書進行了大量考辨，取得了豐碩成果。我曾撰寫並發表了《四庫提要辨僞方法探微》[二十四]等論文，系統論述了《四庫提要》在辨僞學上的貢獻。但是，《四庫全書總目》

在辨僞上也還有不足之處。有些僞書没有發現,有些並非僞書而誤判爲僞書。我在從事《四庫存目標注》時發現了一些這方面的條目,下面舉例予以説明。

① 發現《四庫總目》未指出的僞書

甲、《福壽全書》六卷,題「雲間陳眉公輯」,明刻本,半葉八行,行十八字,白口,四周單邊。中國科學院圖書館藏。復旦、南圖、浙圖等亦有是刻。《四庫全書總目》、《中國古籍善本書目》等著録,均作明陳繼儒撰。

陳繼儒,字仲醇,號眉公,明華亭(今松江,别稱「雲間」)人,諸生,年甫二十,隱居崑山,杜門著述,工詩文、書畫,喜藏書刻書,當時刊行書籍求陳繼儒作序者很多。繼儒生於明嘉靖三十七年,卒於崇禎十二年,年八十餘。

中科院所藏《福壽全書》前有顧錫疇《福壽全書序》稱「陳子所輯《福壽全書》成,亟示余」,陳子顯然即陳繼儒。序中云「陳子視事南庾,蘿扒概量,日不暇給」,陳繼儒一生未嘗爲官,何來「視事南庾」? 序又云「余以甲子之役得陳子,已知其有安治天下之材。今其夙夜秉塞又若此,然則陳子之壯猷伊始」云云,陳繼儒爲諸生,何嘗中舉? 「甲子」,一爲嘉靖四十三年,陳繼儒方七歲,一爲天啓四年,則已六十七歲。七歲自無中舉可能。六十七歲老翁又怎能説「壯猷伊始」? 凡此種種皆與陳繼儒生平完全不合。

該書又有一篇行草書上版的《福壽全書序》,作者爲「年社弟許豸」。序中更是漏洞百出。例如其中說：「同年鄭漢奉氏腹笥行秘，文譽夙脛四方。辛未夏初，余兩人寓於燕之莆寺。」鄭漢奉何許人？爲什麽序中言及鄭漢奉？至於寓燕京莆寺，陳繼儒更無入京經歷。真是摸不着頭腦。況且辛未，一爲隆慶五年，陳繼儒十三歲，一爲崇禎四年，陳繼儒七十三歲，均不大可能。序中又稱：「（鄭漢奉）寄余《昨非庵日纂》二十卷，遠函徵序。」我因此懷疑這篇序是《昨非庵日纂》的序言，移置於此。不能不取《昨非庵日纂》一閲。

《昨非庵日纂》二十卷《二集》二十卷《三集》二十卷，明鄭瑄撰。瑄字漢奉，閩縣人，崇禎四年進士，官應天巡撫。許序中的「鄭漢奉」即其人。此書《四庫全書總目》入於《存目》，與《福壽全書》同在子部雜家類，相隔僅五種書。許序所説的「《昨非庵日纂》二十卷」指的是初集二十卷。

二書比對，發現内容相同。許豸序實爲《昨非庵日纂》作，移作《福壽全書》序時把標題改爲《福壽全書序》，因是行草書上版，容易蒙混過關，所以内容没改。顧錫疇的序就其内容看也是爲鄭瑄《昨非庵日纂》寫的，移作《福壽全書》序時改題《福壽全書序》，同時序中「鄭子」改爲「陳子」，《昨非庵日纂》改爲《福壽全書》。其他文字則未改，與鄭瑄生平正相吻合。

至於内容，各卷標題《昨非庵日纂》均改爲《福壽全書》。全書二十篇，内容打亂重排。各篇前有小序，摹仿《太史公自序》，所以小序末均有「纂《宦澤》第一」之類結語。《福壽全書》因已打亂重排，順序全變了，所以删去末句。不過删之未淨，遺留了「《内省》第十三」、「纂《敦本》第四」、「纂《靜觀》第八」三處，而這三篇的新順序則《内省》已改爲第二，《敦本》已改爲第五，完全自相矛盾。

更有甚者,《福壽全書》缺少《頤真》、《坦遊》、《方便》三篇的小序。細核《昨非庵日纂》,才知道這三篇開頭均缺第一、第二兩頁,於是《福壽全書》直截拿第三頁充當第一頁,文字没頭没腦,也就不足爲怪了。

至於書中原署「昨非庵居士鄭瑄」處,已改爲「陳繼儒」。種種迹象表明,《福壽全書》是一部僞書,是拿鄭瑄《昨非庵日纂》前集二十卷,經改纂翻刻而成的。陳繼儒在當時文壇上名氣很大,書估這麽幹,當是爲牟利,與陳繼儒本人毫無關係[二十五]。

乙、《宋濂溪周元公先生集》十卷《周元公世系遺芳集》五卷,明刻本,題「裔孫周沈珂同男之翰重輯」,或題「裔孫周沈珂同男之翰、之屏、之楨重輯」。北京師大藏。

《四庫全書總目》史部傳記類《存目》:「《周元公集》十卷,編修朱筠家藏本,明周沈珂編。沈珂,吴縣人,周子裔也。是集卷一爲圖像,卷二爲世系年譜,卷三爲遺書,卷四爲雜著,卷五爲諸儒議論,卷六爲事狀,卷七爲褒崇優卹,卷八爲祠墓諸記,卷九、卷十皆附録後人詩文。雖以集爲名,實則周子手著僅五之一。今入之傳記類中,從其實也。」

又:「《周氏遺芳集》五卷,編修朱筠家藏本,明周沈珂及其子之翰編。先是,周子十七世孫與爵輯其先世著述事蹟,自周子四世孫興裔以下,爲《遺芳集》。凡歷代褒崇詔諭,及傳誌記序諸作,以次附焉。沈珂父子重爲編次,而與爵以下則仍無所增焉。」

《四庫存目》所記以上兩書,屬於編纂性質的著作,尤其《周元公集》十卷,只有卷三、卷四出於周濂溪，其餘均出於後人，所以不作爲別集對待，自有道理。其作者當然也主要指編者。這兩部書從卷數和編者來看，與北師大藏本應是同書，只是書名《四庫總目》有所簡化而已。根據《四庫總目》和北師大藏本，該書的編者是周沈珂、周之翰父子。他們之前有周與爵編本，周沈珂是據周與爵本重編的。

在《四庫全書總目》集部別集類還著録有「《周元公集》九卷，編修朱筠家藏本，宋周子撰」。其提要稱：「明嘉靖間，漳浦王會曾爲刊行。國朝康熙初，其裔孫沈珂又校正重鐫。」可知所據仍是朱筠進呈的周沈珂重編本。這是《四庫全書》別集類收録之書與傳記類《存目》之書的重複出現，當然是館臣的一個疏忽。提要又稱：「原本後附《遺芳集》五卷，乃沈珂輯其先世文章事蹟，自爲一編，與本集不相比附，今別入之總集類，不使相淆。」事實上，《遺芳集》收入傳記類，並没收入總集類，這也是《四庫總目》失於照應之處。

總之，《四庫總目》重複著録的《周元公集》均是周沈珂編本，並未發現真僞問題。

我審核了北師大本的序文，發現《遺芳集》有徐行可序，謂周君邦禄（周與爵）搜輯是集。又萬曆四十四年禮部祠祭清吏司主事周京序，亦稱周與爵「彙而輯之」，「且付梓人」。卷末又有十七代孫與爵同男希臯、希夔跋。正如《四庫總目》傳紀類提要所指示的，該書與周與爵有重要關係。

我從《北京圖書館古籍善本書目》檢得《宋濂溪周元公集》十卷《世系遺芳集》五卷，明周與爵輯，明萬曆四十二年周與爵刻本。我推測那是周沈珂編本的前身。我拿北師大本複製件到北圖核對，結果發現周沈珂本與周與爵本非但内容相同，而且版刻無異。原來周沈珂所謂重編，是欺人之語。北圖本題「吳郡守祠奉禮孫與爵編輯」或「吳郡十七世孫與爵重輯」，北師大本則剜改爲「裔孫周沈珂同男之翰重輯」。北圖本卷末有「萬曆甲寅春月吳郡十七代孫與爵同男希皐、希夔謹跋」識語，北師大本則鏟去「萬曆甲寅春月」六個字。北師大本在書末增刻了《刻宋濂溪周元公先生集跋》，僅存前半頁，其餘佚去。我推測是周沈珂加的跋。《四庫總目》别集類提要説：「國朝康熙初，其裔孫沈珂又校正重鐫。」那麼這篇失去尾頁的跋文可能是康熙中周沈珂寫的。二〇〇三年初，清華大學劉薔教授以《清華大學圖書館藏善本書目》相贈，其中著録「《宋濂溪周元公集》十卷，宋周敦頤撰，《周元公世系遺芳集》五卷，明周與爵輯，周沈珂重輯，明萬曆四十二年刻，周沈珂補刻本。」余函請劉薔教授以該本與《存目叢書》影印北師大本核對。結果同版。其卷三題「裔孫周沈珂聲昭甫重輯，男周之翰協一氏訂」。封面刻「吳郡周聲昭輯」、「濂溪周元公大成集」、「内附周氏遺芳集」。《遺芳集》卷十一後有《重輯先世遺芳集敘》，署「康熙辛未夏五月吳郡裔孫之翰謹識」，版心葉碼爲「又一」，係康熙間補入者。得此新證，則非但可以確認周沈珂「重輯」云云，實爲萬曆周與爵原書原版，改署己名，而且可以確定周沈珂、之翰父子爲康熙間人。《四庫存目》傳記類非但未察其僞，而且誤周沈珂、周之翰爲明人。

周與爵、周沈珂、周之翰都是吳郡（蘇州）人，但周沈珂、周之翰因見於《四庫總目》而爲人所知，一九九六年江蘇人民出版社出版的迄今最完備的《江蘇藝文志·蘇州卷》[二十六]就著録有周沈珂、周之翰二人，來源即《四庫總目》。而同爲吳郡人，真正的編者周與爵的名字卻不見記載。假如不是萬曆四十二年刻本幸存於北圖，這樁僞案恐怕不易澄清。

② 糾正《四庫總目》誤判的僞書

甲、《四庫總目》史部地理類：「《南中志》一卷，浙江范懋柱家天一閣藏本。舊本題曰晉常璩撰。前有顧祥序云：『此書附在《華陽國志》，近世無傳。升菴楊太史謫居於滇，以其舊所藏本，手録見示』云云。考隋以來經籍、藝文諸志，皆無此書。宋李至校正《華陽國志》原序具存，亦不云附有此卷。且漢王恢攻南越在建元六年，張騫使大夏在元狩元年。此云騫以白帝東越攻南越，大行王恢救之。年月之先後既殊，事蹟亦不知何據。又晉泰始七年分益州置寧州，而此云六年。牂柯郡下元鼎六年亦誤作元鼎二年。牴牾不一。楊慎好撰僞書，此書當亦《漢雜事秘辛》之類也。」

這篇考證二百餘字，乍看起來很有根據，但爲什麽指爲楊慎僞造，則並無直接證據，只不過是楊慎傳出的而已。楊慎是學者，所藏書多矣，難道都是他自己僞造的嗎？不免誣賴好人。

這件事本來不難解決，拿《華陽國志》看看即可。可是，四庫館臣並未去做，即根據李至序中没説附有《南中志》，就施展其考據之才能，查閲歷代經籍、藝文志，考核史實之牴牾，然後輕而易舉地下了結論。事實上，《南中志》是《華陽國志》的一部分，在該書卷四，館臣列舉的例子，全在其中。《四庫總目》洋洋灑灑的考證，不攻自破。清代考據學家對明朝人太瞧不起了，這種傲慢過火，也會使他們頭腦發熱，産生輕敵情緒。這個例子充分表現了清人對明人有很深的成見，對楊慎成見尤深。假如紀昀活着，在這個例子面前，恐怕會很難堪。

乙、《四庫總目》子部小説家:「《前定録》二卷,明蔡善繼編。善繼,字伯達,烏程人,萬曆辛丑進士,官至福建左布政使。其書皆載古來前定之事。上卷凡七十八事,下卷凡九十三事。前有善繼自序,後有泉州府訓導張啓睿跋。細核所録,乃全剽《太平廣記》第一百四十六卷至第一百六十卷《定數》一門之文,名姓次序,一字無異。惟上卷之末增延陵包隰一人,下卷之首增竇易直至劉逸二十人,爲原書所無,然亦自《廣記》他門移掇竄入者。《廣記》爲習見之書,乃取其中十五卷別立書名,攘爲己有,作僞之拙,於是極矣。」

看了這段考證,你會覺得這是鐵案了,蔡善繼鈔襲《太平廣記》,巧立新名,據爲己有,是作僞行爲。

所幸該書有一部傳世,在臺灣「中央圖書館」,當即明代泉州刻本,二卷四册。正文首行題「前定録上卷」,次行題「吴興蔡善繼伯達父校」。前有吴興夏休生蔡善繼於温陵官舍之濯水軒敘云:「宦遊之苦,無如炎暑,而閩南尤甚。間從解帶麈箑,時閲案頭《前定録》數則,不覺熱惱頓銷。」我們可以發現,蔡善繼只在書上署蔡善繼校,並没署蔡善繼編,而且序中也從未説是自己編的。《四庫全書總目》説是蔡善繼編,《浙江省第四次鮑士恭呈送書目》著録爲「蔡善繼著」,《浙江採集遺書總録》著録爲「明蔡善繼撰」,都是不合事實的。蔡善繼不應承擔剽竊的罪名。至於這部書爲何人所編,目的是不是欺世盜名,還需要進一步查證,未可厚誣古人。

以上兩方面四個例子告訴我們:辨僞絶非易事,前人認爲僞的不一定僞,前人認爲真的也未必真。真書中有假史料，假書中也有真史料。未可輕信前人，亦未可盲目自信。

（八）其他價值

除以上七個方面的價值外，《存目標注》還有不少別的價值。略舉幾個方面。

① 保存傳記資料。《菜根堂劄記》十二卷，清夏力恕撰。末有受業諸門人識語云：「先生生於康熙庚午正月十七日亥刻，卒於乾隆甲戌十一月十四日戌刻。」《存目標注》將此史料摘存，由此可知夏力恕生於康熙二十九年正月十七日，卒於乾隆十九年十一月十四日，年六十五。可補姜亮夫《歷代人物年里碑傳綜表》之遺。

② 保存文字學資料。《存目標注》中有大量刻工材料，而刻工多用俗字，《標注》一一照録，這就保存了不少宋元明清俗字材料。例如清康熙徐乾學刻《通志堂經解》中有些書入於《存目》，被《存目叢書》選爲底本，《存目標注》中記下了刻工，其中有不少姓鄧的刻工，大都作「鄧」，但也有作「卭」的，如《書古文訓》刻工卭士、卭芃，《孝經句解》刻工卭闇、卭德、卭臣、卭漢。這個「卭」字《漢語大字典》未收。卭德與《書古文訓》中的「鄧德」當是一人，「卭」應當就是「鄧」的俗字。這類材料對研究俗字很有意義。

③ 揭示文學史料。在標注別集版本時，我發現這樣的現象，有些作者的詞、曲作品很少，不足成卷，於是附於詩末，從表面上看這個別集只有文若干卷、詩若干卷，没有詞、曲，實際上附於詩後。例如《大明宣宗皇帝御製集》原北平圖書館藏明内府寫本，其卷四十四「樂府詞」包括《應教賦北京八景

詞》十首一套、《慈壽萬年曲》十四首一套,謝伯陽《全明散曲》失收,《標注》中就特别指出這兩個散套,爲研究明代散曲者提供了綫索。

再如北大藏明刻本《堇山文集》十五卷,明李堂撰。《標注》指出: 卷一至六爲詩賦,卷六末附詩餘二十四首,卷七以下文。也是供網羅明代詞作而特别作的提示。我認爲這是文獻學工作者應當留心做的工作,對學術研究會有很多幫助,這些幫助正可體現《標注》自身的學術價值。

總之,《四庫存目標注》是摹仿邵懿辰《四庫簡明目録標注》、莫友芝《郘亭知見傳本書目》、傅增湘《藏園訂補郘亭知見傳本書目》而撰寫的一部版本目録學專著,該書的完成,填補了《四庫存目》版本標注這一學術空白,基本實現了前賢的宿願。雖然用了十數年之力,盡可能網羅資料,探幽抉隱,但限於客觀條件和個人學識,錯誤疏漏之處在所難免,希望讀者不吝賜教。

二〇〇二年十一月初稿
二〇〇五年十月修訂

[一]《第三次全國古籍整理出版規劃會議簡報》第四期。
[二]「昨天」當作「前天」。
[三]《天工開物》不見於《四庫總目》,當然也不是《存目》之書。此係胡先生誤記。

[四]《會議簡報》第七期。

[五]《顧廷龍文集》，二〇〇二年北京圖書館出版社、上海科學技術文獻出版社排印本，《芸香閣叢書》之一。

[六]《四庫全書存目叢書》總編纂是季羡林先生。顧廷龍先生曾被聘爲總顧問，後因出任《續修四庫全書》主編而退出。胡先生此説未確。

[七]潘天禎：《明代無錫會通館印書是錫活字本》，《圖書館學通訊》一九八〇年一期。又《潘天禎文集》，二〇〇二年北京圖書館出版社、上海科學技術文獻出版社排印本。

[八]日本長澤規矩也：《中國版本目録學書籍解題》第五十頁，一九九〇年書目文獻出版社排印梅憲華、郭寶林譯本。

[九]《涵芬樓秘笈》第十集《進呈書目》孫毓修跋，民國十五年商務印書館排印本。

[十]載天津《圖書館工作與研究》二〇〇二年二期、三期。

[十一]一九七八年二月臺灣東吴大學中國學術著作奬助委員會出版。

[十二]一九九〇年北京書目文獻出版社出版。

[十三]一九九〇年杭州大學出版社出版。

[十四]二〇〇一年上海古籍出版社出版。

[十五]詳杜澤遜《〈四庫全書總目·凡例〉探補》，《古籍整理研究學刊》一九九三年三期。

[十六]佛家稱在家奉佛弟子男子爲『優婆塞』，女子爲『優婆夷』，皆梵語音譯。

[十七]詳杜澤遜《跋清正誼堂刻本〈周易訂疑〉》，《山東大學學報》一九九八年三期。

[十八] 參杜澤遜《四庫總目事物考提要辨正》,《圖書館雜志》二〇〇二年三期。
[十九] 參沈津《翁方綱題跋手札集録·序》,二〇〇二年四月廣西師大出版社排印本。
[二十] 參杜澤遜《讀新見姚鼐一篇四庫提要擬稿》,《中國典籍與文化》一九九九年三期。
[二十一] 參杜澤遜《讀新見程晉芳一篇四庫提要分撰稿》,《圖書館建設》一九九九年五期。
[二十二] 參杜澤遜《讀新見鄭際唐一篇四庫提要分撰稿》,《中國典籍與文化》一九九八年三期。
[二十三] 刀木旦被緬甸宣慰那羅塔劫殺事見《明史》卷三百十五。
[二十四] 見《歷史文獻研究》北京新六輯,一九九五年十月北京師大出版社出版。
[二十五] 參杜澤遜《明刊〈福壽全書〉辨僞》,《文獻》一九九六年三期。
[二十六] 南京師大古文獻整理所編著,許培基、葉瑞寶主編。

參考書目

四庫全書總目二百卷　清紀昀等撰，一九六五年中華書局影印清乾隆六十年浙江杭州刻本。又臺灣商務印書館影印清乾隆六十年武英殿刻本（在《景印文淵閣四庫全書》卷首）。

進呈書目不分卷　民國十年商務印書館據涵秋閣鈔本排印本，四册，《涵芬樓秘笈》第十集之一。

四庫採進書目不分卷　吴慰祖校訂，一九六〇年商務印書館排印本。

增訂四庫簡明目録標注二十卷　清邵懿辰撰，邵章續録，邵友誠整理，一九七九年上海古籍出版社排印本。

郘亭知見傳本書目十六卷　清莫友芝撰，民國傅增湘排印本。

藏園訂補郘亭知見傳本書目十六卷　清莫友芝撰，傅增湘訂補，傅熹年整理，一九九三年中華書局寫印本。

郘亭知見傳本書目批注　張元濟批注，顧廷龍迻録，二〇〇三年商務印書館排印《張元濟古籍書目序跋彙編》本。

四庫全書附存目録十卷　清胡虔輯，清刻本，民國佚名硃墨批注。余藏。
四庫全書附存目録十卷　清胡虔輯，清刻本，顧廷龍先生批注。上海圖書館藏。
清代禁燬書目四種　清姚覲元輯，民國二十六年商務印書館排印《萬有文庫》本。
四庫全書總目提要補正六十卷　胡玉縉撰，王欣夫整理，一九六四年中華書局排印本。
四庫提要辨證二十四卷　余嘉錫撰，一九五八年科學出版社排印本。
四庫提要補正　崔富章撰，一九九〇年杭州大學出版社排印本。
中國善本書提要　王重民撰，一九八三年上海古籍出版社排印本。
中國善本書提要補編　王重民撰，一九九一年書目文獻出版社排印本。
中國古籍善本書目徵求意見稿　顧廷龍主編，冀淑英、潘天禎副主編，油印本。二〇〇三年齊魯書社影印本（增編書名索引，更名《稿本中國古籍善本書目書名索引》）。
中國古籍善本書目　顧廷龍主編，冀淑英、潘天禎副主編，一九八五年至一九九八年上海古籍出版社排印本。
中國地方志聯合目録　中國科學院北京天文臺主編，一九八五年中華書局排印本。
稀見地方志提要　陳光貽撰，一九八七年齊魯書社排印本。
中醫圖書聯合目録　中醫研究院、北京圖書館編，一九六一年北京圖書館排印本。
民國時期總書目　北京圖書館編，一九九五年書目文獻出版社排印本。

彙刻書目二十册　清顧修輯，清朱學勤增訂，福瀛書局重編，清光緒十五年上海福瀛書局刻本。

叢書百部提要　民國商務印書館撰，一九八三年中華書局排印《叢書集成初編目録》本。

中國叢書綜録　上海圖書館編，一九五九年中華書局排印本。

中國叢書綜録補編　上海圖書館編，一九八三年上海圖書館寫印本。

中國叢書綜録補正　陽海清撰，一九八四年江蘇廣陵古籍刻印社排印本。

中國叢書目録及子目索引彙編　施廷鏞主編，一九八二年南京大學排印本。

中國叢書廣録　陽海清編，一九九八年湖北人民出版社排印本。

中國近代現代叢書目録　上海圖書館編，一九七九年至一九八二年上海圖書館寫印本。

故宫善本書目三卷　張允亮編，民國二十三年故宫博物院排印本。

故宫普通書目四卷　江翰編，民國二十三年故宫博物院排印本。

故宫善本書影初編一卷　張允亮輯，民國十八年六月故宫博物院影印本。

故宫藏禁燬書録　朱家溍撰，載《故宫博物院院刊》一九九七年三期。

國立北平圖書館善本書目四卷　趙萬里撰，民國二十二年十月刻本。

北平圖書館善本書志(明别集類)　趙萬里撰，載《北平圖書館月刊》四卷第一第四第五號，一九三〇年二月至十月。

北京圖書館善本書目八卷　趙萬里、冀淑英主編，一九五九年中華書局排印本。

北京圖書館古籍善本書目　北京圖書館編，一九八七年書目文獻出版社排印本。

北京圖書館普通古籍總目　北京圖書館普通古籍組編，一九九〇年始由書目文獻出版社排印出版。

北京人文科學研究所藏書簡目八册續目二册　北京人文科學研究所編，一九三八年至一九三九年北京人文科學研究所排印本。

中國科學院圖書館藏中文古籍善本書目　崔建英主編，一九九四年科學出版社排印本。

中國歷史博物館古籍善本書目　邱關鑫、黄燕生編，一九九〇年中國書店排印本。

中國歷史博物館藏普通古籍目録　林巖、邱關鑫等編，二〇〇二年北京圖書館出版社排印本。

中國社會科學院文學研究所藏古籍善本書目　文學所編，一九九三年文學所排印本。

明清稀見史籍叙録　武新立著，一九八三年金陵書畫社排印本。

軍事科學院圖書館館藏古代兵書目録　軍科院圖書館編，一九八〇年打印本。

北京大學圖書館善本書目　北大圖書館編，一九五八年北大圖書館排印本。

北京大學圖書館藏李氏書目　北大圖書館編，一九五□年北大圖書館排印本。

北京大學圖書館藏古籍善本書目　北大圖書館編，一九九九年北京大學出版社排印本。

北京大學圖書館館藏善本書録　張玉範、沈乃文主編，一九九八年北京大學出版社印本。

木犀軒藏書題記及書録　李盛鐸撰，張玉範整理，一九八五年北京大學出版社排印本。

清華大學圖書館藏中文善本書目　清華圖書館編，二〇〇三年清華大學出版社排印本。

北京師範大學圖書館中文古籍書目　北師大圖書館編，一九八三年北師大圖書館排印本。
北京師範大學圖書館中文古籍善本書目　北師大圖書館編，一九八二年打印本，二〇〇二年北京圖書館出版社排印本。
中國人民大學圖書館綫裝書目録　人大圖書館編，一九六〇年人民大學排印本。
中國人民大學圖書館古籍善本書目　人大圖書館編，一九九一年人民大學出版社排印本。
中共中央黨校圖書館館藏古籍善本書目　中央黨校圖書館編，一九八八年中央黨校排印本。
合衆圖書館藏書目録二編五卷　合衆圖書館編，一九五四年油印本。
合衆圖書館藏書目録三編五卷　合衆圖書館編，油印本。
合衆圖書館藏書目録四編五卷　合衆圖書館編，油印本。
上海市歷史文獻圖書館藏書目録五編　上海歷史文獻圖書館編，油印本。
上海市歷史文獻圖書館藏書目録(王培孫舊藏)五卷　一九五七年油印本。
上海市歷史文獻圖書館藏書目録(分編之九)五卷　油印本。
上海圖書館善本書目　上海圖書館編，一九五七年排印本。
徐家匯藏書樓所藏古籍目録稿初編、續編　一九五七年油印本。
常熟翁氏藏書圖録　中國嘉德國際拍賣有限公司編，二〇〇〇年上海科學技術文獻出版社印本。
復旦大學圖書館善本目録　復旦圖書館編，一九五九年復旦圖書館打印本。

復旦大學圖書館古籍簡目初編　復旦圖書館編，一九五六年油印本。
復旦大學圖書館一九五四年收購劉氏嘉業堂圖書目録　復旦圖書館編，油印本。
華東師範大學善本書目　華東師大圖書館編，一九六四年打印本。
華東師範大學古籍書目　華東師大圖書館編，一九五七年油印本。
天津市人民圖書館善本書目　天津圖書館編，一九六一年排印本。
天津市人民圖書館藏活字本書目　天津圖書館編，一九八一年油印本。
南開大學圖書館館藏綫裝書目録　南開圖書館編，一九八六年始南開圖書館排印本。
南開大學圖書館館藏古籍善本書目　南開圖書館編，一九八六年南開圖書館排印本。
天津師範大學圖書館館藏古籍目録　天津師大圖書館編，一九八四年天津師大圖書館打印本。
山西省古籍善本書目　一九八一年排印本。
山西省圖書館普通綫裝書目録　山西省圖書館編，一九九八年北岳文藝出版社排印本。
山西大學圖書館綫裝古籍書目　山西大學圖書館編，一九九二年九月打印本，二〇〇二年山西古籍出版社排印本。
山西師範大學圖書館古籍善本書目　山西師大圖書館編，一九九四年印本。
山西師範學院圖書館館藏古籍善本目録附地方志　山西師院圖書館編，一九八〇年油印本。
祁縣圖書館善本書目　祁縣圖書館編，一九九〇年打印本。

東北地區古籍綫裝書聯合目録　遼寧、吉林、黑龍江三省圖書館編，二〇〇三年遼海出版社排印本。
吉林省古籍善本書目　盧光綿等編，一九八九年學苑出版社排印本。
延邊大學圖書館藏古籍書目　延邊大學圖書館編，一九六五年排印本。
遼寧省圖書館館藏古籍分類目録(第一輯文學)　遼寧省圖書館編，一九五七年排印本。
東北師範大學圖書館藏古籍分類目録　東北師大圖書館編，一九八六年東北師大圖書館排印本。
東北師範大學圖書館藏古籍善本書目解題　東北師大圖書館編，一九八四年排印本。
大連圖書館古籍善本書目　王多聞主編，一九八六年大連圖書館排印本。
陝西省立西京圖書館圖書目録　西京圖書館編，民國二十六年排印本。
陝西師範大學圖書館善本書目　黄永年編，一九七九年陝西師大圖書館排印本。
西安市文物管理委員會善本書籍目録甲編　一九八〇年油印本。
西安市文物管理委員會善本書籍目録乙編　一九八二年油印本。
新疆大學圖書館藏古籍書目(第一輯)　新疆大學圖書館編，一九八三年排印本。
山東省圖書館館藏古籍書目(文學藝術門)　山東省圖書館編，一九五八年山東省圖書館排印本。
山東省圖書館館藏海源閣書目　山東省圖書館編，一九九九年齊魯書社排印本。
易廬易學書目　盧松安藏並編，山東省圖書館整理，一九九九年齊魯書社排印本。
易學書目　山東省圖書館編，一九九三年齊魯書社排印本。

山東文獻書目　王紹曾主編，一九九三年齊魯書社排印本。
山東省地方志聯合目録　一九八一年山東省圖書館排印本。
山東省圖書館藏山東省地方史志資料目録　山東省圖書館編，一九八二年元月排印本。
泰山歷代專著叙録　周郢撰，一九九七年山東文藝出版社排印《周郢文史論文集》本。
山東師範大學圖書館藏古籍書目　山東師大圖書館編，一九八六年油印本，二〇〇三年齊魯書社排印本。
曲阜師範大學圖書館館藏古籍目録　鍾叔娥編，一九九三年曲阜師大圖書館油印本。
青島市圖書館藏綫裝書目録　青島市圖書館編，一九五六年至一九五七年打印本。
江蘇第一圖書館覆校善本書目四卷　胡宗武、梁公約編，民國七年排印本。
江蘇省立國學圖書館圖書總目四十卷補編十二卷　國學圖書館編，民國二十二年至二十五年排印本。
江蘇省立國學圖書館現存書目二十卷新收書目一卷　國學圖書館編，一九四八年排印本。
國學圖書館館藏善本書題跋輯録　王菉等輯，載《中央大學國學圖書館第一年刊》至《第三年刊》，《江蘇省立國學圖書館第四年刊》，一九二八年至一九三一年。
南京大學圖書館中文舊籍分類目録初編　南大圖書館編，一九五八年排印本。
江蘇師範學院圖書館藏古籍簡目初稿　江蘇師院(今蘇州大學)圖書館編，一九五八年油印本。

蘇州大學善本書目稿　瞿冠群編，一九八五年油印本。
無錫市圖書館善本書目　無錫市圖書館編，一九七九年油印本。
江蘇藝文志十一分卷十五分册　趙國璋主編，一九九四年至一九九六年江蘇人民出版社排印本。
浙江公立圖書館通常類圖書目録　浙江圖書館編，民國十四年排印本。
浙江圖書館特藏書目甲編四卷附録一卷補遺一卷　毛春翔編，一九五六年油印本。
浙江圖書館特藏書目乙編四卷補遺一卷　毛春翔編，一九五六年油印本。
浙江圖書館特藏書目續編（即甲編二輯、乙編二輯）　浙江圖書館編，一九六三年油印本。
浙江圖書館古籍善本書目　浙江圖書館古籍部編，二〇〇二年浙江教育出版社排印本。
國立浙江大學新收劉氏嘉業堂舊藏書目録　載《浙江學報》民國三十六年第一卷第二期。
杭州大學圖書館綫裝書總目　杭大圖書館編，一九六四年排印本。
杭州大學圖書館善本書目　杭大圖書館編，一九六五年排印本。
新編天一閣書目　駱兆平撰，一九九六年中華書局排印本。
温州經籍志三十二卷外編二卷辨誤一卷　清孫詒讓撰，民國十年刻本。
兩浙著述考　宋慈抱撰，項士元校訂，一九八五年浙江人民出版社排印本。
浙江省文獻展覽會專號　張崟、夏定域、毛春翔等編，載《文瀾學報》民國二十六年第二卷第三第四期合刊。

皖人書録　蔣元卿撰，一九八九年黄山書社排印本。
安徽大學圖書館古籍善本書目　安大圖書館編，一九八八年打印本。
江西省圖書館館藏綫裝古籍書目　江西省圖書館編，一九五九年排印本。
江西省圖書館古籍善本書目　江西省圖書館編，一九八二年油印本。
福建省圖書館善本書目五卷　福建省圖書館編，一九六五年油印本。
福建師範大學圖書館藏福建地方文獻及閩人著述書目　福建師大圖書館編，一九六二年油印本。
河南省圖書館中國古籍書目(綫裝普通古籍部分)　河南省圖書館編，一九六四年油印本(史部)。
中州歷史人物著作簡目　楊松如編著，一九九一年中州古籍出版社排印本。
中南西南地區省市圖書館館藏古籍稿本提要(附鈔本聯合目録)　陽海清主編，一九九八年華中理工大學出版社排印本。
武漢大學圖書館善本書目　武大圖書館編，一九六三年排印本。
四川省圖書館古籍目録　四川省圖書館編，一九五八年油印本。
四川省高校圖書館古籍善本聯合目録　胡昭曦、陳力主編，一九九四年四川大學出版社排印本。
中山大學圖書館古籍善本書目　中山大學圖書館編，一九八二年排印本。
暨南大學圖書館古籍善本書目録　暨大圖書館編，一九七九年打印本。
華南師範大學圖書館館藏古籍善本書目録　華南師大圖書館編，一九七七年打印本。

廣西善本書目　一九八〇年排印本。
廣西省述作目録　一九三四年廣西統計局編印本。
雲南書目　李小緣撰，一九八八年雲南人民出版社排印本。
香港所藏古籍書目　賈晉華主編，二〇〇三年上海古籍出版社排印本。
何東圖書館館藏中國古籍展覽目録　澳門中央圖書館編，二〇〇〇年澳門特别行政區政府文化局出版。
故宫博物院善本舊籍總目　臺灣「故宫博物院」編，一九八二年臺灣「故宫博物院」排印本。
宋版書特展目録　臺灣「故宫博物院」編，一九八六年臺灣「故宫博物院」印本。
沈氏研易樓善本圖録　臺灣「故宫博物院」編，一九八六年臺灣「故宫博物院」印本。
中央圖書館善本書目初稿五卷　屈萬里編，一九八五年臺灣聯經出版事業公司排印《屈萬里全集》本。
中央圖書館善本書目（增訂二版）　臺灣「中央圖書館」編，一九八六年臺灣「中央圖書館」排印本。
中央圖書館善本題跋真跡　臺灣「中央圖書館」編，一九八二年臺灣「中央圖書館」印本。
中央圖書館善本序跋集録　臺灣「中央圖書館」編，一九九二年至一九九四年臺灣「中央圖書館」排印本。
國家圖書館善本書志初稿　臺北「國家圖書館」編，一九九六年至二〇〇〇年臺北「國家圖書館」排印本。

滿目琳瑯：「國立中央圖書館」善本特藏　臺灣「中央圖書館」編，一九九三年臺灣「中央圖書館」印本。

「中央研究院」歷史語言研究所善本書目　史語所編，一九六八年臺灣「中央研究院」史語所排印本。

臺灣大學善本書目　臺大圖書館編，一九六八年臺灣大學圖書館排印本。

臺灣公藏善本書目書名索引　臺灣「中央圖書館」編，一九七一年臺灣「中央圖書館」排印本。

臺灣公藏普通本綫裝書目書名索引　臺灣「中央圖書館」編，一九八二年臺灣「中央圖書館」排印本。

經籍訪古志六卷補遺一卷　日本澁江全善、森立之撰，清光緒十一年徐承祖使日時聚珍排印本。

靜嘉堂秘籍志五十卷　日本河田羆撰，日本大正六年靜嘉堂排印本。二〇〇三年北京圖書館出版社影印大正六年本。

靜嘉堂文庫漢籍分類目録　日本靜嘉堂文庫編，靜嘉堂文庫排印本。

内閣文庫漢籍分類目録　日本内閣文庫編，日本昭和三十一年三月内閣文庫排印本。

東洋文庫所藏漢籍分類目録　日本東洋文庫編，昭和六十一年出版史部，昭和四十二年出版集部。

京都大學人文科學研究所漢籍目録　日本京大人文所編，日本同朋會排印本。

東京大學東洋文化研究所漢籍分類目録　日本東大東洋所編，昭和四十八年東京大學東洋所排印本。

日本九州大學文學部書庫明版圖録　周彦文撰，一九九六年臺北文史哲出版社印本。
日本國大木干一所藏中國法學古籍書目　田濤編譯，一九九一年法律出版社排印本。
美國哈佛大學哈佛燕京圖書館中文善本書志　沈津撰，一九九九年上海辭書出版社排印本。
書城挹翠録　沈津撰，一九九六年上海社會科學院出版社排印本。
雲煙過眼新録　沈津撰，臺灣《書目季刊》二〇〇一年六月第三十五卷一期始連載。
普林斯頓大學葛思德東方圖書館中文舊籍書目　美國葛思德東方圖書館編，一九九〇年臺灣商務印書館排印本。
文淵閣書目二十卷　明楊士奇等編，清嘉慶間桐川顧氏刻《讀畫齋叢書》本。
内閣藏書目録八卷　明孫能傳等編，民國初年張鈞衡刻《適園叢書》本。
國史經籍志五卷附糾謬一卷　明焦竑撰，清道光三十一年南海伍崇曜刻《粤雅堂叢書》本。
南雍志經籍考二卷　明梅鷟編，清光緒二十八年長沙葉德輝刻本。
千頃堂書目三十二卷　清黄虞稷編，瞿鳳起、潘景鄭整理，一九九〇年上海古籍出版社排印本。
錢遵王讀書敏求記校證十一卷佚文一卷各本序跋題記一卷附録一卷補遺一卷　清錢曾撰，清管庭芬、章鈺校證，民國十五年長洲章氏北京刻本。
經義考二百九十八卷　清朱彝尊撰，一九九八年中華書局影印《四部備要》本。
漁洋讀書記　清王士禛撰，王紹曾、杜澤遜輯，一九九一年青島出版社排印本。

繡谷亭薰習録存經部一卷集部二卷　清吴焯撰，民國七年仁和吴氏雙照樓刻《松鄰叢書》本。
天禄琳琅書目十卷後編二十卷　清于敏中、彭元瑞等撰，清光緒十年長沙王先謙刻本。
鄭堂讀書記七十一卷補逸三十卷　清周中孚撰，一九五八年商務印書館排印本。
蕘圃藏書題識十卷補遺一卷刻書題識一卷補遺一卷　清黄丕烈撰，繆荃孫、章鈺、吴昌綬輯，民國八年繆荃孫刻本。
蕘圃藏書題識續録四卷再續録三卷　清黄丕烈撰，王大隆輯，民國二十二年秀水王氏刻二十九年續刻本。
愛日精廬藏書志四十卷　清張金吾撰，清道光七年張氏自刻本。
鐵琴銅劍樓藏書目録二十四卷　清瞿鏞撰，清光緒二十四年常熟瞿氏刻本。
鐵琴銅劍樓藏書題跋集録四卷　瞿良士輯，一九八五年上海古籍出版社排印本。
楹書隅録五卷續編四卷　清楊紹和撰，清光緒十二年聊城楊氏海源閣刻民國元年董康修補本。
海源閣宋元秘本書目四卷　清楊保彝編，民國二十年山東省立圖書館排印本。
海源閣遺書經眼録　趙萬里撰，載《國立北平圖書館館刊》民國二十年第五卷五號。
善本書室藏書志四十卷附録一卷　清丁丙撰，清光緒二十七年錢塘丁氏自刻本。
八千卷樓書目二十卷　清丁立中編，民國十二年錢塘丁氏倣宋聚珍本。
皕宋樓藏書志一百二十卷續志四卷　清陸心源撰，清光緒八年陸氏十萬卷樓刻本。

儀顧堂題跋十六卷續跋十六卷　清陸心源撰，清光緒歸安陸氏刻本。
滂喜齋藏書記三卷　清潘祖蔭藏，清葉昌熾撰，民國十三年海寧陳乃乾排印本。
持靜齋書目四卷續增一卷　清丁日昌編，清同治豐順丁氏刻本。
持靜齋藏書紀要二卷　清丁日昌藏，清莫友芝撰，清同治豐順丁氏刻本。
古書經眼録一卷　清王頌蔚撰，民國四年鮮溪王氏寫禮廎刻《寫禮廎遺箸》本。
藝風堂藏書記八卷續記八卷　繆荃孫撰，清光緒二十七年江陰繆氏刻民國二年續刻本。
藝風堂藏書再續記七卷　繆荃孫撰，民國二十九年燕京大學排印本。
適園藏書志十六卷　張鈞衡撰，民國五年南林張氏刻本。
書舶庸談九卷　董康撰，民國二十八年己卯武進董氏誦芬室刻本。
嘉業堂藏書志　繆荃孫、吴昌綬、董康撰，吴格整理，一九九七年復旦大學出版社排印本。
嘉業堂鈔校本目録　周子美編，一九八六年華東師範大學出版社排印本。
五十萬卷樓藏書目録初編二十二卷　莫伯驥撰，民國二十五年莫氏排印本。
藏園群書經眼録十九卷　傅增湘撰，傅熹年整理，一九八三年中華書局排印本。
藏園群書題記二十卷附録二卷　傅增湘撰，傅熹年整理，一九八九年上海古籍出版社排印本。
涵芬樓燼餘書録　張元濟撰，一九五一年商務印書館排印本。
涉園序跋集録　張元濟撰，顧廷龍輯，一九五七年上海古典文學出版社排印本。

販書偶記二十卷　孫殿起撰,雷夢水校補,一九八二年上海古籍出版社排印本。
販書偶記續編二十卷附録一卷　孫殿起撰,雷夢水整理,一九八〇年上海古籍出版社排印本。
古書經眼録　雷夢水撰,一九八四年齊魯書社排印本。
善本書所見録四卷　羅振常撰,周子美編訂,一九五八年商務印書館排印本。
古刻名抄經眼録　江澄波撰,一九九七年江蘇人民出版社排印本。
販書經眼録　嚴寶善撰,一九九四年浙江古籍出版社排印本。
雙行精舍書跋輯存　王獻唐撰,山東省博物館輯,一九八三年齊魯書社排印本。
雙行精舍書跋輯存續編　王獻唐撰,駱偉等輯,一九八六年齊魯書社排印本。
書書書　周越然撰,一九四四年中華日報社排印本,一九九六年遼寧教育出版社排印《書與回憶》本。
西諦書目　北京圖書館編,一九六三年文物出版社排印本。
西諦書跋　鄭振鐸撰,吴曉鈴輯,一九九八年文物出版社排印本。
自莊嚴堪善本書目　冀淑英編,一九八五年天津古籍出版社排印本。
增訂晚明史籍考二十四卷補遺一卷附録一卷　謝國楨撰,一九八一年上海古籍出版社排印本。
江浙訪書記　謝國楨撰,一九八五年北京三聯書店排印本。
瓜蒂菴小品　謝國楨撰,姜緯堂選編,一九九八年北京出版社排印本。
增訂蟫菴群書題識　昌彼得撰,一九九七年臺灣商務印書館排印本。

前塵夢影新録　黄裳撰，一九八九年齊魯書社排印本。
來燕榭書跋　黄裳撰，一九九九年上海古籍出版社排印本。
來燕榭讀書記　黄裳撰，二〇〇一年遼寧教育出版社排印本。
方以智茅元儀著述知見録　任道斌撰，一九八五年書目文獻出版社排印本。
未亥齋讀書記　辛德勇撰，二〇〇一年華東師範大學出版社排印本。
中國法制史參考書目簡介　國務院法制局編，一九五七年法律出版社排印本。
中國歷代人物年譜考録　謝巍撰，一九九二年中華書局排印本。
金石書目十卷　黄立猷輯，民國十五年沔陽黄氏萬碑館排印本。
金石書録目十卷　容媛撰，民國二十五年商務印書館排印本。
敦煌遺書總目索引新編　施萍婷編，二〇〇〇年中華書局排印本。
中國歷代書目總録　梁子涵撰，一九五五年臺北中華文化出版事業委員會排印本。
中國版本目録學書籍解題　日本長澤規矩也著，梅憲華、郭寶林譯，一九九〇年書目文獻出版社排印本。
古籍版本題記索引　羅偉國、胡平編，一九九一年上海書店排印本。
古佚書輯本目録附考證　孫啓治、陳建華撰，一九九七年中華書局排印本。
周秦漢魏諸子知見書目　嚴靈峯撰，一九九三年中華書局排印本。

中國兵書總目　劉申寧撰，一九九〇年國防大學出版社排印本。
中國農學書録　王毓瑚撰，一九六四年農業出版社排印本。
中國古代音樂書目　中央音樂學院中國音樂研究所編，一九六一年音樂出版社排印本。
二十二種大藏經通檢　童瑋編，一九九七年中華書局排印本。
明洪武刊南藏目録一册　何幼澄編，覆寫本。
道藏提要(修訂本)　任繼愈主編，鍾兆鵬副主編，一九九五年八月中國社會科學出版社排印本。
中國道教　卿希泰主編，一九九六年上海東方出版中心排印本。
楚辭書目五種　姜亮夫撰，一九九三年上海古籍出版社排印本。
楚辭書目五種續編　崔富章撰，一九九三年上海古籍出版社排印本。
楚辭要籍解題　洪湛侯等著，一九八四年湖北人民出版社排印本。
離騷纂義　游國恩撰，一九八〇年中華書局排印本。
杜集書録　周采泉撰，一九八六年上海古籍出版社排印本。
杜集書目提要　鄭慶篤、焦裕銀、張忠綱、馮建國撰，一九八六年齊魯書社排印本。
現存宋人著述總録　劉琳、沈治宏撰，一九九五年巴蜀書社排印本。
宋人别集叙録三十卷　祝尚書撰，一九九九年中華書局排印本。
日本藏宋人文集善本鈎沉　嚴紹璗撰，一九九六年杭州大學出版社排印本。

明詩紀事一百八十七卷　陳田輯，一九九三年上海古籍出版社排印本。
清人別集總目　李靈年、楊忠主編，二〇〇〇年安徽教育出版社排印本。
清人詩文集總目提要　柯愈春撰，二〇〇二年北京古籍出版社排印本。
清人詩集叙録八十卷　袁行雲撰，一九九四年文化藝術出版社排印本。
清詞別集知見目録彙編　吴熊和、嚴迪昌、林玫儀編，一九九七年臺灣中研院中國文哲所排印本。
全唐五代詩格彙考　張伯偉撰，二〇〇二年江蘇古籍出版社排印本。
新訂清人詩學書目　張寅彭撰，二〇〇三年上海古籍出版社排印本。
清詩話考　蔣寅撰，二〇〇五年中華書局排印本。
中國文言小説總目提要　寧稼雨撰，一九九六年齊魯書社排印本。
中國通俗小説總目提要　歐陽健、蕭相愷等撰，一九九〇年中國文聯出版公司排印本。
中國版刻圖録　趙萬里、冀淑英編著，一九六〇年文物出版社印本。
明代版本圖録初編十二卷　顧廷龍、潘景鄭編著，一九四一年開明書店印本。
明代版刻綜録八卷　杜信孚編，一九八三年廣陵古籍刻印社排印本。
清代版刻一隅　黄裳編著，一九九二年齊魯書社印本。
清代版本圖録五卷　黄永年、賈二强撰集，一九九七年浙江人民出版社印本。
古籍稿鈔校本圖録　陳先行等編著，二〇〇〇年九月上海書店出版社印本。

影印善本書目録　北京圖書館善本室編，一九九二年中華書局排印本。
古籍目録　國家出版局版本圖書館編，一九八〇年中華書局排印本。
古籍整理圖書目録　國務院古籍整理出版規劃小組辦公室編，一九九二年中華書局排印本。
中國館藏和刻本漢籍書目　王寶平主編，一九九五年杭州大學出版社排印本。
中國所藏高麗古籍綜録　黄建國、金初昇主編，一九九八年漢語大詞典出版社排印本。
明毛氏汲古閣刻書目録一卷　陶湘撰，民國排印《武進陶氏書目叢刊》本。
古籍宋元刊工姓名索引　王肇文編著，一九九〇年上海古籍出版社排印本。
明代刊工姓名索引　李國慶編著，一九九八年上海古籍出版社排印本。
古籍刻工名録　張振鐸編著，一九九六年上海書店出版社排印本。
金陵生小言　蔣寅著，二〇〇四年廣西師範大學出版社排印本。
文獻學辭典　趙國璋、潘樹廣主編，一九九一年江西教育出版社排印本。
世界百科名著大辭典　陳遠、于首奎、梅良模、孟慶仁主編，一九九二年山東教育出版社排印本。
明人傳記資料索引　臺灣「中央圖書館」編著，一九八七年中華書局影印臺灣「中央圖書館」排印本。

以上共二百八十五種。

凡例

一、是編爲《四庫存目》所載各書標注版本，書名倣邵懿辰《四庫簡明目録標注》，顔曰《四庫存目標注》。略依類目，斟酌篇葉，析爲六十卷。

二、《四庫存目》原附《四庫全書總目》各類之後，係《四庫全書》未收，而僅存其目者。《總目》有乾隆六十年武英殿刻本、乾隆六十年浙江杭州刻本、同治七年廣東書局刻本等版本。一九六五年北京中華書局以浙本爲底本拼版縮小影印，後又多次重印，較他本通行。今即以中華書局影印浙本《總目》所附之《存目》爲底本，作版本標注。遇有歧異，則參校臺灣商務印書館《影印文淵閣四庫全書》卷首《四庫全書總目》殿本之影印本。

三、乾隆五十六年辛亥，胡虔在武昌節署見《四庫全書總目》，因正目已有知不足齋刻《欽定四庫全書簡明目録》二十卷，乃專録存目，成《欽定四庫全書附存目録》，次年在江寧與淩廷堪詳校之，釐爲十卷，五十八年四月作跋附後，當於是年付梓，即世行《四庫存目》之單刻本。胡氏所據乃《總目》初出寫本，故與後來刊行之《總目》略有出入。周中孚嘗以浙本《總目》校胡本《存目》，發現《總目》有而《存目》無者九種，《存目》有而《總目》無者三十二種。載其所著《鄭堂讀書記》中。余更發現《總目》有《礵菴槧》一種爲《存目》所無，《存目》有《春秋貫玉》一種爲《總目》所無。浙本《總目》所附《存目》載書六千七百九十一種，胡本《存目》多出三十三種，今依次添入，計得六千八百二十四種。

四、各書僅從《四庫總目》録其書名、卷數、朝代、撰人、進呈者，並於進呈者後括注「總目」以爲標識。凡提要中涉及版本或援爲考訂之資者，以「《提要》云」之式節引之。《總目》之訛誤、諱改文字，用〔〕注其正字，或附案訂正。

五、各書標注，首明進呈底本。所據爲吳慰祖校訂《四庫採進書目》。吳本頗有訛舛，尤好依《總目》改進呈目，則以《涵芬樓秘笈》本《進呈書目》、乾隆四十年刻《浙江採集遺書總録》參訂之。一書每有數家進呈，其書名、卷數、册數、著者、里籍、官銜、版本等，可與《總目》及傳世之本參證。《總目》之誤，往往賴以糾正。故不避繁複，並録存之。《江蘇採輯遺書目録》僅有鈔本傳世，吳慰祖據北京圖書館藏清姚氏咫進齋鈔本改編爲《江蘇採輯遺書目録簡目》，附於《四庫採進書目》。今即據以入録。唯吳氏於書名、卷數、撰人及其科甲、官銜、里籍等，多據《四庫總目》補訂，訛誤往往不免。今據鈔本删除其所增補，恢復其所改訂，補入其所遺漏。其有吳氏增訂尚須保留者，加〔〕號以别之。庶使《江蘇採輯遺書目録》雖體例稍變，而内容依舊。

六、傳世之本，略依刊鈔先後排列。一版之不同印本，視爲一條版本，而予以説明。如萬曆胡震亨刻《秘册彙函》，部分書版後歸毛晉汲古閣，毛氏於崇禎中刻《津逮秘書》，其中黑口本，版心無「汲古閣」字者，實即胡氏舊版。今遇此類版本，即於《秘册彙函》本下，注云毛氏汲古閣據以重印，收入《津逮秘書》。《五朝小説》之於《説郛》，《指海》、《式古居彙鈔》之於《借月山房彙鈔》，《守山閣叢書》之於《墨海金壺》等等，亦如之。

七、有親緣關係之版本，如《百川學海》、《增訂漢魏叢書》，一再重刻，則重刻之本排於祖本之後。至於一人之作，版本各異，内容懸殊，如劉克莊詞，有五卷本，出於《後村先生大全集》，有二卷本，出於宋刻《後村居士集》五十卷，有一卷本《後村别調》，出於毛晉《宋名家詞》，則先列五卷各本，次列二卷各本，再次《後村别調》一卷各本。所冀略示源流，藉便校讎。唯比對之功未到，難免顧此失彼之譏。

八、影印之本，附注底本之下，不以獨立版本視之。

九、各本記其刊鈔年代、刊鈔人或齋室名，并注藏所。諸家書目，如《中國古籍善本書目》徵求意見稿、《北京圖書館古籍善本書目》、《浙江圖書館古籍善本書目》、臺灣「中央圖書館」《善本書志初稿》等，記有行款版式，亦照録之。

十、凡經見版本，詳記其卷端署名、行款版式、序跋、刻工、避諱、牌記、印鑒、題識、紙張、完缺等版本特徵。字體之特異者，刷印之精良者，偶記之。管見所及，亦隨文陳述。

十一、古書書名，正文首葉首行、書衣籤題、封面（指内封面或曰書名葉）、序文、目録、卷尾、版心等處，往往不同。《四庫存目》所用書名，無一定之規範。今採用通行著録規則，取正文首葉首行之書名爲正書名，其餘爲别名。凡《存目》所用非正名，則於各版本下注其正名，並附記别名，藉知《存目》所用書名之由來。凡《存目》所用爲正書名,則不復注。至於一書之内,各卷書名不一者,亦附注之。

十二、《存目》所記卷數,有與傳本異者。或出於計卷方式不同,如卷首、卷末、附録,有分别計者,有合計者。或出於流傳刊鈔,卷有分合。或出於初本未完,後經增補。或出於館臣校録偶疏。或出於底本選擇未善。種種原因,導致卷數多歧。今於傳本卷數異於《存目》者,逐條注明。至於傳本之間,有卷數同而内容異,或卷數異而内容同者,凡有所見,隨文注出。

十三、著者署名,多在卷端,亦有在目録、封面、序文、凡例乃至卷尾者。往往冠以里籍,贅以字號。撰人之外,更有鑒定、評注、校閱、刊鈔諸名氏。於審定版本,探循交游,考察生平,多爲重要綫索。今皆照録之。

十四、古書行款版式,爲鑒别之所必資。歷代刻書,固有時尚。如明前期刻本,多大黑口,雙黑魚尾,四周雙邊。中葉以降,則多白口,單魚尾,左右雙邊。即一書前後刊版,亦往往變易行式,以示區别。唯覆刻舊本,時有照翻,非兩本並觀,無以知其異。至於鈔本,有依樣葫蘆,稱爲影寫者;亦有照式過録,不拘字體者。觀其行款版式,可知其所自。版本鑒别,要在同中求其異,異中求其同,循流以溯源,窮本而知變。故今於行款版式,倣諸家成例,皆詳記之。

十五、一書序跋,爲認識該書之門户。舉凡作者行事,著述旨趣,撰寫過程,授受源流,刊鈔年月,多賴以考見。至於遺文逸篇,亦往往而有,鈎沉輯佚,胥取資焉。今於原書序跋,均記其年月姓名,并擷取與刊鈔有關者,以爲鑒别佐證。

十六、自唐以來，刻書工匠每於版心、卷尾、序末等處留其姓名，寫工乃至印工亦偶一見之，蓋淵源碑刻，於鑒别多有裨補。其中不乏格式嚴整，如明無錫顧氏奇字齋刻《王右丞集》，目録後有「開局里氏」，臚舉寫勘、雕梓、裝潢者姓名、里籍。唯姓名不全、同音替代、俗字減筆、行草上板者，仍屬常見。今於寓目各本，均照録之。非但利於比對，其探究俗字者亦或可取資焉。

十七、避諱改字，秦漢已有之。琅邪臺刻石「正平」、「正直」改爲「端平」、「端直」，是避秦嬴政諱。長沙馬王堆西漢墓出土《老子》甲本之「大邦」、「小邦」，乙本均改爲「大國」、「小國」，是避漢高帝劉邦諱。後世相沿，或改字，或缺筆，皆可爲斷代之資。今於刻本鈔本之諱字，凡有所見，即予著録。

十八、古書常有牌記，載刊刻年月，刻書堂號，以及刻書旨趣，申明版權等，雖不無後加或僞造，仍爲向來治版本者所重。今一一照録之。

十九、藏書印鑒，爲考查授受源流，鈎稽藏書故實，辨别版本真僞之依據，自《天禄琳琅書目》以來，著録家愈加重視。今逐一録其印文。灼知爲一家之印者，組合之。各家依時代先後排列。不知時代者殿後。

二十、藏書家之題跋識語，多存鑒藏遺事、版本優劣、文字校讎等資料，實考據不可或缺。至於先賢手澤，賴以流傳，摩挲賞鑒，彌增景仰，猶其餘事也。今於罕見者，迻録之；業經他人輯録者，注明之。

二十一、古書有初印後印之别，同一版刻，風韻懸殊。至於寫本工緻，刊鏤精絶，尤爲藏家寶愛。

今於白紙初印、刊鏤精工者,特識之。印本漫漶,蠹蝕殘損者,附注之。

二十二、諸家考訂鑒別成果或特殊資料,隨文注其出處。採自通行書目之行款版式,只注藏家,而總列參考書目於卷首,讀者可由藏家而知其書目。非敢掠美,冀省篇幅而已。

二十三、《四庫全書附存目録》顧廷龍先生批注本(今歸上海圖書館)、寒齋所藏民國佚名批注本,凡有所採,逐一注明。

二十四、《四庫提要》及諸家著録之誤,附案訂正。

二十五、四方師友,答疑解惑,均隨文注其名氏,用申謝忱,亦免專美。

二十六、書末附索引四種:(一)《撰校評閱序跋者索引》,包括撰人、編者、校閱者、序跋者之姓名、字號等。(二)《書名索引》,包括同書異名、附見書名、叢書子目、文集内可獨立之書名等。(三)《刻工寫工及刻鈔者名號索引》。(四)《藏書家及藏書印鑒索引》,包括藏書印文、藏書家姓名、字號、齋室名等。均倩内人程遠芬女史編製,例得署名。

四庫存目標注卷一

滕州　杜澤遜　撰

經部一

易類一

關氏易傳一卷　舊本題北魏關朗撰　唐趙蕤注

内府藏本(總目)。○《兩淮鹽政李呈送書目》:「《關氏易傳註》一卷,唐趙蕤,一本。」○《江蘇省第一次書目》:「《關氏易傳》一本。」○《江蘇採輯遺書目録》:「《關氏易傳》,北魏并州記室河東關朗著,唐趙蕤注,後附《麻衣正易心法》一卷《潛虚發微論》一卷,計一册。抄本。」○臺灣「中央圖書館」藏明覆宋刻本,題「河東關朗著,天水趙蕤註」。半葉九行,行十六字,小字雙行同,白口,左右雙邊。有朱士楷手跋:「此《關氏易傳》,侯官楊雪滄先生藏書也。每葉十八行,每行十六字。恒字缺筆，定爲明覆宋刊。通卷硃校，未識是雪滄先生手筆否。收藏有閩楊浚雪滄字悔堂藏本、侯官楊氏、雪滄所得善本及王堅字又白、健公爲書延壽、寧遠節度後裔諸印記。書極古雅，頗不易獲。今秋在上海蟫隱廬得見此本，即以重價購歸。晴窓展讀，意殊愜也。民國五年歲次丙辰秋九月嘉興朱士楷誌於擁百廬。」朱氏所記諸印外，又鈐「朱士楷藏書章」、「曾藏新塍朱氏家過」、「朱士楷印」、「江東」等印記。○上海圖書館藏明嘉靖間四明范氏天一閣刻本，題「天水趙蕤注，四明范欽訂」。半葉九行，行十八字，白口，左右雙邊。前有趙蕤序。版心刻工：餘姚王道南刊、王以道、以才、張德方、胡秀紋。卷内鈐「曹溶」、「鉏菜翁」、「秀水王氏珍藏之印」、「王氏二十八宿研齋祕笈之印」、「蒼虬心賞」、「兔牀山人」、「莫友芝圖書印」、「莫氏繩孫」、「莫棠所藏」等印記。此刻本中國科學院圖書館、天一閣文物保管所等有藏。又收入《范氏奇書》，浙江圖書館、東北師範大學等有藏。一九七六年臺北成文出版社據此刻本影印，收入《無求備齋易經集成》。《存目叢書》用上海圖書館藏本影印。○明崇禎間毛氏汲古閣刻《津逮祕書》本。南京圖書館有清楊灝校跋本。杭州圖書館有清惠棟校跋本。民國十一年上海博古齋影印毛氏汲古閣刻《津逮祕書》本。○清嘉慶十年虞山張氏照曠閣刻《學津討原》本。民國十一年商務印書館影印張氏照曠閣刻《學津討原》本。○北京大學藏明刻《唐宋叢書》本，題「北魏關朗」。半葉九行，行二十字，白口，左右雙邊。○明刻清順治三年兩浙督學周南李際期宛委山堂印《説郛》本。一九八八年上海古籍出版社影印宛委山堂《説郛》本，收入《説郛三種》。○清乾隆五十六年金谿王氏刻《增訂漢魏叢書》本。○清光緒二年紅杏山房刻民國四年蜀南馬湖盧柟修補《增訂漢魏叢書》本。○清光緒六年三餘堂刻《增訂漢魏叢書》本。○清宣統三年上海大通書局石印《增訂漢魏叢書》本。○北京圖書館分館藏民國鈔本。

二　方舟易學二卷　宋李石撰

浙江吳玉墀家藏本(總目)。○《浙江省第四次吳玉墀家呈送書目》:「《方舟易學》二卷,宋李石著,一本。」《浙江採集遺書總録》:「《方舟先生易學》二卷,寫本。」○上海圖書館藏清吳氏繡谷亭鈔本,作《方舟先生易學》二卷,宋李石撰,劉伯熊編。有曹元忠手跋。○《四庫全書》據《永樂大典》輯李石《方舟集》入録,其末六卷爲經説,易學即在其中。○清咸豐元年海昌蔣氏宜年堂刻《涉聞梓舊》内有李石《方舟經説》六卷,首二卷説易,當即此書。

三　周易繫辭精義二卷　舊本題宋吕祖謙撰

兩淮馬裕家藏本(總目)。○《兩淮商人馬裕家呈送書目》:「《周易繫辭精義》二卷,宋吕祖謙,二本。」○《浙江採集遺書總録》:「《繫辭精義》二卷,寫本。」○清光緒九年遵義黎氏日本東京使署影刻元至正九年己丑積德書堂刻本,收入《古逸叢書》,作《晦庵先生校正周易繫辭精義》二卷,附程頤傳《周易》六卷後。題「東萊吕祖謙編」,半葉十一行,行二十一字,黑口,左右雙邊。末有光緒九年楊守敬跋,謂「中缺宋諱,當爲重翻宋本」。民國二十五年商務印書館《叢書集成初編》影印黎氏刻本。○清光緒九年四川涪州小學堂刻本,川圖藏。○日本靜嘉堂文庫藏寫本。○北京大學藏清鈔本,殘存卷下。李盛鐸舊藏。○民國三十三年刻本,收入《復性書院叢刊》。

東萊易説二卷　舊本題宋吕祖謙撰　**四**

江西巡撫採進本（總目）。○《江西巡撫海第二次呈送書目》：「《東萊易説》一本。」○《浙江省第四次鮑士恭呈送書目》：「《易説》二卷二本。」○《浙江採集遺書總録》：「《東萊易説》二卷，寫本。」○明崇禎茅氏浣花居刻《芝園祕録》本，題「宋東萊吕祖謙著」，半葉八行，行十八字，白口，左右雙邊，版心下刻「浣花居」，正文首行題「易説」。臺灣「中央圖書館」有此刻單行本，書衣有「乾隆三十八年十一月浙江巡撫三寶送到鮑士恭家藏易説壹部計書貳本」木記，首葉鈐「翰林院印」滿漢文大官印。○道光十一年六安晁氏木活字《學海類編》本。民國九年涵芬樓影印木活字《學海類編》本。○按《提要》云：「實吕喬年所編《麗澤論説集録》之前二卷，書賈鈔出以售僞。」

周易輯説明解四卷　舊本題宋馮椅撰　**五**

江西巡撫採進本（總目）。○《江西巡撫海第二次呈送書目》：「《周易輯説明解》三本。」○《提要》云：「椅有《厚齋易學》已著録，此其別行之僞本也。」

水村易鏡一卷　宋林光世撰　**六**

兩江總督採進本（總目）。○《兩江第一次書目》：「《水村易鏡》，宋林光世著，一本。」○清康熙十九年通志堂刻《通志堂經解》本，半葉十一行，行二十字，白口，左右雙邊，版心下刻「通志堂」三字。版心刻工：鄧尔仁、鄧宣、王倫、張達、天渠、卬士、顧明、鄧國、望之、祁生、君正。《存目叢書》據以影印。○清同治十二年粵東書局刻《通志堂經解》本。

易序叢書十卷　舊本題宋趙汝楳撰　**七**

浙江吳玉墀家藏本（總目）。○《浙江省第四次吳玉墀家呈送書目》：「《易序叢書》十卷，宋宗室趙汝楳著，二本。」○《浙江採集遺書總録》：「《易序叢書》十卷，華亭董其昌家寫本。」○上海圖書館藏清初鈔本，殘存卷一易雅、卷二筮宗、卷六八陳通記、卷七如意城略、卷八六日七分論、卷九辨方圖、卷十納甲辯。題「開封趙汝楳」，半葉九行，行二十字。前有宋寶祐五年丁巳福葛中序，自序。卷内鈐「南昌彭氏」、「知聖道齋藏書」、「遇者善讀」、「朱學勤印」、「修伯」、「徐乃昌讀」等印記。前有乾隆四十八年癸卯大暑前二日彭元瑞手跋八行，内云：「此得之馬氏，原闕深衣考、律本義、周尺記三種。浙江經進董思翁家寫本亦同，而以八陳通記分爲通記衍義、通記拾遺，如意城圖略分爲如意城畫地，以足十種之數。然則此書久無全文矣。」《存目叢書》據以影印。○按《提要》云：「汝楳有周易輯聞六卷易雅一卷筮宗三卷，總謂之《易序叢書》，已著於録。此本疑好事者偶得其殘本，雜鈔他書以足十卷之數也。卷首有董其昌名印，則其來已久，殆明人所雜編歟。」則館臣所據董其昌家鈔本與上海圖書館藏本内容相同。

周易上下經解殘本四卷　宋丁易東撰　**八**

兩淮鹽政採進本（總目）。○《兩淮商人馬裕家呈送書目》：「《周易上下經解》二卷，宋丁易東，一本。」○《提要》云：「易東有《易象義》已著録，此即《易象義》殘本，傳鈔者改其名也。」又云：「下經晉、大壯、睽、蹇、中孚五卦，爲《永樂大典》所佚者，此本獨完，今已採掇補録，而別存其目於此。」

○按：《四庫全書》據《永樂大典》輯本《周易象義》入録，又據兩淮採進殘鈔本補下經五卦，析爲十六卷，仍非足本也。北京圖書館藏元刻本《周易象義》十二卷，清季錫疇校，卷數與明朱睦㮮《授經圖》所載合，當是足本。

九　大易衍説無卷數　舊本題元李簡撰

安徽巡撫採進本（總目）。○《安徽省呈送書目》：「《大易衍説》三本。」○《提要》云：「簡有《學易記》已著録，是編即以《學易記序》冠於卷首，而書則絶不相同。核其文義，與今村塾講章相類，蓋書肆僞託之本也。」

一〇　大易法象通贊七卷　元鄭滁孫撰

浙江吴玉墀家藏本（總目）。○《浙江省第四次吴玉墀家呈送書目》：「《大易法象通贊》七卷，元鄭滁孫著，二本。」○《浙江採集遺書總録》：「《大易法象通贊》七卷，元學士處州鄭滁孫撰，寫本。」

一一　周易訂疑十五卷序例一卷易學啓蒙訂疑四卷周易本義原本十二卷　舊本題董養性撰

山東巡撫採進本（總目）。○《山東巡撫呈送第一次書目》：「《周易訂疑》二十三本。」○南京圖書館藏清康熙正誼堂刻本，僅《周易訂疑》十五卷，題「樂陵董養性邁公輯著，旌德門人杜名齊朋李較正」。半葉九行，行二十五字，白口，四周單邊。版心下刻「正誼堂」三字。封面刻「正誼堂授梓」。卷内鈐「真州吴氏有福讀書堂藏書」印。○山東省圖書館藏清康熙正誼堂刻本，僅《易學啓蒙訂疑》四卷，版式行款字體一如南京圖書館《周易訂疑》。前有清康熙八年己酉陽月下浣樂陵董養性自序，凡例。《存目叢書》用南圖、山東圖兩本配合影印。刻本傳世頗罕。余嘗於濟南英雄山市肆得卷十三《下繫》一册，版式同前。末有識語：「此書由董家董光庭先生藏，此子董士學獻。一九八三年十二月訂。」知係董氏傳家之物，後捐公。未知何以流入市肆也。書衣題「董邁公遺作卷十三殘本」，則原非完書也。○《提要》云：「元末有董養性，字邁公，樂陵人，至正中嘗官昭化令，攝劍州事，入明不仕，終於家。所著有《高閒雲集》，或即其人歟？」○按：館臣疑董養性爲元人，誤也。考《周易訂疑》引及明來知德、季本説，顯非元人。又夬卦云：「明思宗之去魏璫，得之。」則係清人無疑。《易學啓蒙訂疑》有康熙八年董養性自序，益爲董氏爲清人之顯證。養性生平行事，乾隆《樂陵縣志》卷八張璥《毓初董先生傳》、施閏章《寧國府通判董公墓誌銘》、卷六《儒林・董養性傳》均詳記之。養性字邁公，號毓初，山東樂陵人，拔貢生，除寧國府通判，攝南陵、太平兩縣。康熙十一年九月七日卒於官，年五十有八。勤於著述，以正誼明道自期。著《四書訂疑》二十二卷、《周易訂疑》十五卷、《易學啓蒙訂疑》四卷，手訂《周易本義原本》十二卷，皆已鏤板行世。其餘詩、書、禮、春秋皆有訂疑，未及刊板而殁。助校者旌德杜名齊、太平胡泉、胡師旦，皆當時門人，知刊於寧國任上。「正誼堂」當即董氏室名。余另有《跋清正誼堂刻本周易訂疑》一文詳述之。

學易舉隅三卷　元鮑恂撰　　　　一二

浙江吴玉墀家藏本（總目）。○《浙江省第四次吴玉墀家呈送書目》：「《大易鈎元》一本。」○《浙江採集遺書總録》：「《大易鈎元》三卷，寫本，明文華殿大學士崇德鮑恂撰。」○《提要》云：「是書本名《學易舉隅》，權爲刊板，始更名《大易鈎元》。」○北京圖書館藏清鈔本，作《太易鈎玄》，題「崇德鮑恂仲孚撰，黄州程蕃伯昌校正」，半葉十行，行二十字，無格。前有宣德十年朱權序，據此序知原名《學易舉隅》，朱權刊刻時更名《太易鈎玄》。書衣鈐「乾隆三十八年十一月浙江巡撫三寶送到吳玉墀家藏《太易鈎元》壹部計書壹本」長方木記，卷内鈐「翰林院印」滿漢文大官印。又鈐「彝尊私印」、「吳」、「焯」、「吳城」、「敦復」、「璜川吳氏收藏圖書」、「寶田堂書畫記」、「孫壯藏書印」等印記。即《存目》所據之本也。《存目叢書》據以影印。

周易旁注圖説二卷　明朱升撰　一三

山東巡撫採進本（總目）。○《山東巡撫呈送第一次書目》：「《周易旁注》四本。」○《兩淮鹽政李續呈送書目》：「《周易旁注前圖》二卷，明朱升，二本。」○《浙江省第四次吳玉墀家呈送書目》：「《周易旁注》十卷，明朱升著，十本。」○《浙江採集遺書總録》：「《周易旁注》十卷《前圖》一卷，刊本，明侍講學士休寧朱升撰。」○首都圖書館藏明刻本，作《周易旁注》二卷《前圖》二卷《卦傳》十卷，半葉十行，行二十字，黑口，四周雙邊。《前圖》前有朱升序。書末有嘉靖元年十月汪玄錫《書刻易旁注後》云「其族友率東程君世綱、廷敬、廷畿、世大、世現、世興、世岳、世治乃相與捐貲刻《易旁注》」。蓋嘉靖元年刻本也。《存目叢書》據以影印。東北師大、復旦大學、安徽博物館亦有此本。○明刻本，作《周易旁注》七卷《前圖》二卷。半葉八行，行十八字，後三册半葉九行，行十四字，白口，左右雙邊。安徽省圖書館、重慶圖書館、中山大學藏。○北京圖書館藏明刻本，作《周易旁注前圖》二卷。半葉十行，行二十字，黑口，四周雙邊。有清吴騫跋。○北京大學藏明末刻本，作《易本圖説》二卷。半葉十行，行二十字，白口，左右雙邊。○上海圖書館藏清雍正三年居仁堂刻本，作《周易旁注》不分卷，四册。○上海圖書館藏清刻本，作《周易旁注》十卷《圖》二卷。○清刻本，作《周易旁注》二卷（簡目標注）。○按：館臣據山東呈本存目，非足本。另有浙江吴玉墀呈本，較山東呈本爲善，館臣未用。

一四　八卦餘生十八卷　明鄧夢文撰

江西巡撫採進本（總目）。○中國科學院圖書館藏清乾隆四十二年文會堂刻本，半葉九行，行二十二字，白口，左右雙邊。卷一首葉題：「安成鄧夢文濳溪手著，裔孫擎天、珠耀、景福、家訓、家謨、珠光、可行、元燈、桂芳重梓。」版心刻「文會堂」三字。封面刻「乾隆四十二年新鐫」、「文會堂藏板」。前有天順元年劉鉞序、永樂十一年自序，又路璧撰傳。《存目叢書》據以影印。

一五　石潭易傳撮要一卷　明劉髦撰

江西巡撫採進本（總目）。○乾隆二十八年刻本，半葉九行，行二十字，白口，四周單邊，無直格。正文首葉題「禾川理學劉石潭先生艮齋甫著，桂山堂重梓」。封面刻「乾隆癸未年重鐫」、「崇恩閣藏板」。崇恩閣爲劉氏堂號，乾隆至咸豐間永新劉氏刻《劉文安公全集》所收《易傳撮要》一卷，當即此本。○劉髦《石潭存稿》三卷入集部别集類存目，其中卷爲《易傳撮要》。

易經圖釋十二卷　明劉定之撰　一六

江西巡撫採進本(總目)。○《江西巡撫海第一次呈送書目》：「《易經圖釋》三本。」○《浙江省第五次范懋柱家呈送書目》：「《呆齋周易圖釋》三卷，明劉定之著，一本。」○《浙江採集遺書總録》：「《呆齋周易圖釋》三卷，天一閣寫本。」○上海圖書館藏明刻《呆齋前稿》卷十四至十六爲《周易圖釋》三卷。○上海圖書館藏清乾隆二十八年劉能永崇恩閣刻本，《劉文安公全集》之一。半葉九行，行二十字，白口，四周單邊，無直格。正文首葉題：「禾川劉文安公定之著，瀏陽學正元孫而鉉輯編，八世孫世選、世遠、世進、世達手録，九世孫能永、能齊、能衮、能高、能亭、能亢、能立、能育、能鏡、能亮，偕姪紹鶚、紹武重梓。」前有宣德十年自序，乾隆二十八年九世孫能永刻書跋。《存目叢書》據以影印。○上海圖書館藏清咸豐三年重刻本。○陝西歷史博物館藏清鈔本，清張澍補釋。

玩易意見二卷　明王恕撰　一七

浙江汪啟淑家藏本(總目)。○《浙江省第四次汪啟淑家呈送書目》：「《玩易意見》二卷，明王恕著，一本。」○《浙江採集遺書總録》：「《玩易意見》二卷，寫本。」○吉林省圖書館藏明正德刻本，半葉九行，行二十字，黑口，四周雙邊。前有正德元年正月望日三原王恕自序，時年九十有一。版有漫漶殘損。上海、山東、湖南社科院、甘肅天水、湖南邵陽諸圖書館藏有此本，或與《石渠意見》合函。○大連圖書館藏明鈔本二卷一册。○清道光二十六年宏道書院刻《惜陰軒叢書》本。○光緒二十二年長沙刻《惜陰軒叢書》本。○民國二十六年商務印書館《叢書集成初編》據《惜陰軒叢書》

本排印本。〇清彭氏知聖道齋藏鈔本，半葉九行，行二十二字。前有正德元年自序。鈐「南昌彭氏」、「知聖道齋藏書」、「遇者善讀」諸印記。會古堂書鋪嘗送傅沅叔過目。後歸李盛鐸。《藏園群書經眼録》、《木犀軒藏書題記及書録》著録。〇王恕《王端毅文集》九卷入集部別集類《存目》，其卷七即《玩易意見》。《文集》有明嘉靖三十一年喬世寧刻本，北京圖書館、中國科學院圖書館、天津圖書館藏。四川圖書館有嘉慶補刻明嘉靖本。一九七〇年臺北文海出版社用明嘉靖喬氏刻清嘉慶補刻本影印，收入《明人文集叢刊》。

學易象數舉隅二卷　明汪敬撰　**一八**

安徽巡撫採進本（總目）。〇《安徽省呈送書目》：「《易學象數舉隅》二本。」〇安徽省圖書館藏明嘉靖十八年汪奎等刻本，作《易學象數舉隅》二卷，半葉十行，行二十一字，白口，四周單邊。前有天順六年汪敬序。後有「嘉靖己亥歲秋七月一日曾孫汪奎應鳳應瑞應經校刻」識語二行。《存目叢書》據以影印。〇按：《存目》書名「易學」誤爲「學易」。

周易傳義約説十二卷　明方獻夫撰　**一九**

兩江總督採進本（總目）。〇《兩江第一次書目》：「《周易傳義約説》，明方獻夫編，六本。」〇臺灣「中央圖書館」藏明嘉靖二十年原刻本，作《古文周易傳義約説》十二卷，四册。半葉六行，行十六字，小字雙行同，黑口，四周雙邊。白紙。前有嘉靖十九年方獻夫序，後有嘉靖二十年門人闞直方跋。鈐「泰峯」朱文方印。眉上有朱墨批評。

二〇　圖書紀愚一卷　明阮琳撰

福建巡撫採進本（總目）。○《福建省呈送第一次書目》：「《圖書紀愚》二卷一本。」

二一　易圖識漏無卷數　明黃芹撰

浙江范懋柱家天一閣藏本（總目）。○《浙江省第五次范懋柱家呈送書目》：「《易圖識漏》不分卷，明黃芹著，一本。」○《浙江採集遺書總録》：「《易圖識漏》一卷，天一閣寫本。」○上海圖書館藏明正德刻本，半葉十一行，行二十字，黑口，四周雙邊。前有山西提督學校按察副使門人龍溪林魁序，缺首半葉。又正德二年五月自序。《存目叢書》據以影印。

二二　周易説翼三卷　明呂柟撰

江西巡撫採進本（總目）。○《兩淮鹽政李續呈送書目》：「《周易説翼》三卷，明呂柟，四本。」○《浙江第四次汪啟淑家呈送書目》：「《周易説翼》三卷，明呂柟著，一本。」○《浙江省第五次鄭大節呈送書目》：「《周易説翼》三卷，明呂柟著，二本。」○《浙江採集遺書總録》：「《周易説翼》三卷，刊本。」○北京圖書館藏明嘉靖三十二年謝少南刻《涇野先生五經説》本，半葉十行，行二十字，白口，四周雙邊。正文首行：「涇野先生周易説翼卷之一。」前有嘉靖三十二年十月門人江左謝少南《刻涇野先生五經説序》。鈐有「陽湖陶氏涉園所有書籍之記」、「四明張氏約園藏書之印」、「張壽鏞印」等印記。《存目叢書》據以影印。天一閣文物保管所亦有此本。西安文管會藏《涇野先生五經説》明刻本，存《周易説翼》三卷、《禮問》二卷、《尚書説要》五卷、《春秋説志》五卷。鈐「崑圃黃氏收藏圖書印」白文印、「翰林院印」滿漢文大官印（西安文管會善本目録乙編）。○上海圖書館藏明鈔《涇野先生五經説》本。○清咸豐八年刻《惜陰軒叢書·續編》本。光緒二十二年長沙刻《惜陰軒叢書》本。○一九七六年臺北成文出版社影印咸豐刻《惜陰軒叢書·續編》本，收入《無求備齋易經集成》。○民國二十五年商務印書館《叢書集成初編》據《惜陰軒叢書》本排印本。○臺灣「中央圖書館」藏舊鈔本三卷一册。半葉十行，行二十字。書衣有「乾隆三十八年十一月浙江巡撫三寶送到汪啟淑家藏周易説翼壹部計書壹本」長方木記，卷内鈐「翰林院印」滿漢文大官印。無序跋，多缺葉。原北平圖書館藏，王重民《善本提要》著録。

易經大旨四卷　明唐龍撰　二三

浙江吴玉墀家藏本（總目）。○《浙江省第四次吴玉墀家呈送書目》：「《易經大旨》四卷，明唐龍著，四本。」○《浙江採集遺書總録》：「《易經大旨》四卷，刊本。」○按吴焯《繡谷亭薰習録》著録《易經大旨》四卷，云「西安守趙伸梓以行世，有自序，楊秦、吕柟序，趙伸後序」。玉墀乃吴焯次子，知即其書也。

周易議卦一卷　明王崇慶撰　二四

編修程晉芳家藏本（總目）。○北京圖書館藏清鈔本二卷一册，半葉十行，行二十字，無格。清吴騫跋。○清道光十一年六安晁氏木活字印《學海類編》本。民國九年上海涵芬樓影印晁氏木活字《學海類編》本。○民國二十八年商務印書館據《學海類編》本排印，收入《叢書集成初編》。○《提要》

云：「本載所著《五經心義》中，曹溶摘入《學海類編》。」按：《五經心義》另入五經總義類《存目》。

二五　讀易索隱六卷　明洪鼐撰

浙江巡撫採進本(總目)。○《浙江省第二次書目》：「《讀易索隱》六卷，明洪鼐著，三本。」○《浙江採集遺書總録》：「《讀易索隱》六卷，刊本。」○遼寧省圖書館藏明嘉靖二十六年順裕堂刻本，作《蓮谷先生讀易索隱》，半葉十行，行二十二字，白口，左右雙邊。卷一首葉題「門生徐啟、吴御、姪洪一鵬校刻」。前有嘉靖二十三年自序，二十四年吴御序。序後有寫工刻工：「餘姚夏仁書，金陵劉序、餘姚黄治刊。」又有牌記：「嘉靖丁未季春吉旦順裕堂刊。」《存目叢書》據以影印。○《提要》云：「朱彝尊《經義考》載有是書，注曰未見。此本紙墨尚新，蓋刻於彝尊後也。」

二六　古易考原三卷　明梅鷟撰

兩淮鹽政採進本(總目)。○《浙江省第四次吴玉墀家呈送書目》：「《古易考原》三卷，明梅鷟著，一本。」○《浙江採集遺書總録》：「《古易考原》三卷，寫本。」○明萬曆三十五年内府刻《續道藏》本，北京圖書館等藏。此本卷尾有「大明萬曆三十五年歲次丁未上元吉旦正一嗣教凝誠志道闡玄弘教大真人掌天下道教事張國祥奉旨校梓」識語。民國十二年至十五年商務印書館影印明萬曆刻《續道藏》本。一九七六年臺北成文出版社據萬曆刻《續道藏》本影印，收入《無求備齋易經集成》。

二七　周易贊義七卷　明馬理撰

浙江范懋柱家天一閣藏本(總目)。○《浙江省第五次范懋柱家呈送書目》：「《周易贊義》六卷又

《繫辭》一卷，明馬理著，六本。」○《浙江採集遺書總録》：「《周易贊義》六卷《繫辭》上傳一卷，刊本。」○《兩淮馬裕家呈送書目》：「《周易贊義》七卷，三本。」○北京圖書館藏明嘉靖三十五年鄭絅刻本，存卷一至卷六，又《繫辭》上，共七卷。半葉十一行，行二十二字，白口，左右雙邊。前有嘉靖三十四年馬理序。又嘉靖三十五年七月鄭絅《刻周易贊義序》云：「歲在丙辰，南泉公來按中州，政暇以斯編出示。……余因校而刻置省署。」又嘉靖三十五年朱睦㮮序。鈐有「潛江甘鵬雲藥樵收藏書籍章」、「潛廬藏過」、「文淵閣大學士章」等印記。《存目叢書》據以影印。南京圖書館亦藏此本，存卷相同，鈐「竹垞藏本」印記，有丁申、丁丙手跋。○《提要》云：「原書十有七卷，其門人涇陽龐俊繕録藏於家。河南左參政莆田鄭絅爲付梓。今本僅存七卷，《繫辭》上傳以下皆佚。案朱彝尊《經義考》已注曰闕，則其來久矣。」

二八　易問箋一卷　明舒芬撰

兩江總督採進本（總目）。○北京圖書館藏明萬曆四十八年刻《梓溪文鈔》内集本，書名《易箋問》，半葉九行，行十八字，白口，四周雙邊。《存目叢書》據以影印。上海圖書館、南京圖書館等亦有此本。○按：館臣所據即《梓溪文鈔》，則書名「易問箋」當作「易箋問」。

二九　易學四同八卷別録四卷　明季本撰

浙江巡撫採進本（總目）。○《浙江省第三次書目》：「《易學四同》，明季本著，二本。」○《浙江省第十一次呈送書目》：「《易學四同》八卷，明季本著，六本。《易學四同別録》四卷，明季本著，四本。」

○《浙江採集遺書總録》:「《易學四同》八卷,刊本。」又:「《易學四同别録》四卷,刊本。」○《兩江第一次書目》:「《易學四同》,明季本輯,十本。」○北京大學藏明嘉靖四十年刻本,僅《易學四同》八卷,題:「浙東後學季本輯録,門人山陰郁文校正。」半葉十行,行二十一字,白口,四周單邊。前有嘉靖四十年正月胡松序,三十八年自序。鈐「勤有樓圖書」、「八千卷樓藏書之記」、「四庫坿存」等印。北京師範大學藏同一刻本,《易學四同》僅存卷一至六。天津圖書館藏同一刻本,《易學四同》缺卷三卷四,《别録》缺卷一卷二,《别録》末有男丑嘉靖三十九年跋。《存目叢書》用北京大學藏本影印。其《别録》卷三卷四用天津本配補,卷一卷二缺如。

圖書質疑無卷數　明薛侃撰　**三〇**

河南巡撫採進本(總目)。○《河南省呈送書目》:「《圖書質疑》,明薛侃著,一本。」○上海圖書館藏明萬曆四十五年薛茂杞刻本,一卷,半葉九行,行二十字,白口,四周單邊。前有嘉靖二十三年自序。卷尾有「惠陽諸生録梓」、「萬曆丁巳歲午日曾孫茂杞重刊」識語二條。鈐「王培孫紀念物」等印記。《存目叢書》據以影印。廣東中山圖書館亦有是刻。

易經淺説八卷　明陳琛撰　**三一**

内府藏本(總目)。○《提要》云:「是書一名《易經通典》,原刻作六卷。此本乃其後人擬欲重刻之稿本,分爲八卷,中多塗乙。」○湖北省圖書館藏清乾隆五十四年刻本,半葉十行,行二十一字,白口,四周雙邊。全五卷。各卷書名作《陳紫峯先生周易淺説》,下注:「亦名《通典》,乾隆戊申年刻。」次題:

「温陵後學莊文進悔庭、施世瑚器也、張先生安仲、黄人龍希荀、施標芳希承仝較訂。宗後學聯捷方齋、名標孫榜、源遥坤立仝編次。」封面刻「乾隆己酉春鐫，本衙藏板」一行。前有乾隆五十三年張慎和序，雍正十年蔡世遠序，康熙十年仇兆鰲《徵書引》。蔡序末有「乾隆五十三年戊申十二月同人公梓」識語。《目録》末有「九世孫祀生禮馨藏版」一行。蓋開雕於乾隆五十三年戊申，竣工於五十四年己酉。《存目叢書》據以影印。○上海圖書館藏清乾隆五十四年刻光緒十九年印本，五卷又首一卷，五册。

易象解四卷　明劉濂撰　**三二**

浙江鄭大節家藏本（總目）。○《浙江省第五次鄭大節呈送書目》：「《易象解》四卷，明劉濂著，二本。」○《浙江採集遺書總録》：「《易象解》四卷，澹生堂藏刊本。」○北京圖書館藏清道光十六年愛蓮齋鈔本，半葉十行，行二十一字，紅格，紅口，四周雙邊。前有明嘉靖三十七年南宫微山劉濂序，後有嘉靖三十七年河南提學副使亢思濂《校刻易象解序》。正文後有「旹道光丙申瓜月之吉中執氏抄」識語。鈐「邢之襄印」、「南宫邢氏珍藏善本」等印記。《存目叢書》據以影印。

補齋口授易説無卷數　題曰門人永豐周佐編次　**三三**

浙江巡撫採進本（總目）。○《浙江省第八次呈送書目》：「《補齋口授易説》三卷，一本。」○《浙江採集遺書總録》：「《補齋口授易説》三卷，寫本。」

周易古經無卷數　明雷樂編　**三四**

浙江吴玉墀家藏本（總目）。○《浙江省第四次吴玉墀家呈送書目》：「《周易古經》，明雷樂編著，一本。」○《浙江採集遺書總録》：「《周易古經》一册，寫本，明建安雷樂撰。」○按吴焯《繡谷亭薰習録》著録此書，當即其子吴玉墀進呈寫本。

周易不我解二卷　明徐體乾撰　三五

浙江鄭大節家藏本(總目)。○《浙江省第五次鄭大節呈送書目》：「《周易不我解》六卷，明徐體乾著，一本。」○《浙江採集遺書總録》：「《周易不我解》原六卷，今存一卷，二老閣藏刊本。」○南京圖書館藏明萬曆刻本，半葉十行，行二十二字，白口，左右雙邊。正文卷端題「明居鄞徐體乾行健父著，古歙鄭乾禮汝嘉父、鄭公先岸登父、延陵張明弼公輔父、環峯蔣學統以誠父、李祺國壽父仝校。」前有萬曆三十八年徐體乾自序，云「爲書六卷」。此本存卷一，自《古易辯》至《剛柔辯》凡六篇。又一卷爲乾坤二卦解，亦標卷之一，而自爲起訖，則實存二卷。首鈐「翰林院印」滿漢文大官印。《存目叢書》據以影印。○《提要》云：「序稱爲書六卷。朱彝尊《經義考》引黄百家之言曰：是編流傳者寡，余家止存乾坤一卷，後五卷訪之不得。此本乾坤二卦一卷，與百家所言合，又有《古易辯》諸條别爲一卷，則百家之所未言。蓋殘闕之餘，所存者互有詳略，故其本不同。」○按：二老閣爲鄭性藏書室名，鄭大節爲鄭性長子。二老閣藏書實以鄭性整理黄宗羲藏書之殘餘三萬卷爲基礎，全祖望《二老閣藏書記》述之甚詳。則鄭大節進呈本當即黄百家所云家藏本，非别有一本也。惟所存二卷均標卷一，故黄氏不另舉出，《浙江採集遺書總録》亦云「一卷」。館臣不知黄、鄭兩家授受關係，故誤以兩家藏本互不相同。設非南京圖書館存有當時進呈原本，則難得其溯。

周易義叢十六卷　明葉良佩撰　三六

浙江巡撫採進本（總目）。○《浙江採集遺書總録》：「《周易義叢》十六卷，刊本。」○北京圖書館藏明嘉靖譚綸刻本，半葉十行，行二十二字，白口，左右雙邊。前有明嘉靖二十六年自引。又應大猷序云：「同志友葉敬之考古注疏等書彙爲《周易義叢》，憲使譚二華公篤嗜古學，爲之鋟梓。」版心下記刻工：談詔寫、夏文祥刻，柯仁義、金仲明、王才、夏焕、夏恕、夏邦祥、王木寫、王木刻、沈子華、余子木、夏廷聰、蔣潮、黄惟信、子休、子良、吴邦、王梁、馮積慶、王朮。《存目叢書》據以影印。上海圖書館、臺灣「中央圖書館」均藏是刻。程遠芬曰：譚綸以抗倭守台州，陞按察副使，即應序所謂「憲使譚二華公」。事詳《獻徵録》卷三十九《大司馬二華譚公綸傳》。良佩，台州人。譚綸刻書當在此時。諸家著録不言刻書人，蓋不知譚二華即譚綸也。

古易世學十七卷　明豐坊撰　三七

兩淮鹽政採進本（總目）。○《兩淮鹽政李呈送書目》：「《易世學》十七卷，明豐坊，十二本。」○浙江圖書館藏明范氏天一閣鈔本，存卷三至十七，共十一册。○上海圖書館藏明藍格抄本，十七卷，二十册。半葉九行，篆書每行十字，楷書每行正文二十字，小注雙行同，白口，四周單邊。鈐「四明盧氏抱經樓藏書印」、「四明山人」、「子睿」等印記。有某氏迻録何焯跋。《存目叢書》據以影印。○臺灣「故宫博物院」藏藍格舊鈔本六卷八册。○清吴焯《繡谷亭薰習録》著録此書，云：「是本篆書爲禮部真蹟，體勢詰曲，終卷若一。其著述未免欺人，其翰墨洵可傳世也。今藏趙氏小山堂。」

○《八千卷樓書目》著録殘鈔本。

易辨一卷　明豐坊撰　**三八**

浙江鄭大節家藏本(總目)。○《浙江省第五次鄭大節呈送書目》:「《易辨》一卷,明豐坊撰,二本。」○《浙江採集遺書總録》:「《易辨》一卷,二老閣寫本。」

易脩墨守一卷　明唐樞撰　**三九**

浙江汪啟淑家藏本(總目)。○《浙江省第四次汪啟淑家呈送書目》:「《易修墨守》一卷,明唐樞著,三本。」○《浙江採集遺書總録》:「《易修墨守》一卷,刊本。」○山西大學藏明嘉靖萬曆間刻《木鐘臺集》再集本,半葉九行,行十八字,白口,四周單邊。版心下有刻工:朱。前有萬曆二年甲戌孟夏門人烏程王思宗跋。中國科學院圖書館、北京大學等有同一版本。《江蘇省立國學圖書館圖書總目》著録此書明萬曆甲戌刻本,八千卷樓舊藏。當即《木鐘臺集》單本。○清咸豐六年唐氏書院刻《木鐘臺全集》本。○按:《木鐘臺集》另入子部雜家類《存目》,《存目叢書》據嘉靖萬曆間刻本影印。

易象大旨八卷　明薛甲撰　**四〇**

浙江巡撫採進本(總目)。○《浙江省第八次呈送書目》:「《易象大旨》八卷,明薛甲著,四本。」○《浙江採集遺書總録》:「《易象大旨》八卷,刊本。」○《兩淮商人馬裕家呈送書目》:「《易象大旨》八卷,明薛畏齋,四本。」○上海圖書館藏明嘉靖刻本,半葉十行,行二十字,白口,四周單邊。前有嘉靖四十年十二月張袞序，三十二年自序，三十三年向遷序，三十四年仲春門生任有齡後序。向序云：「蜀中人任君棠山得薛君書，刻之太平，而以序問予。」任有齡，字夢錫，號棠山，四川嘉定州人，嘉靖二十六年進士，嘗知太平府，事詳《掖垣人鑑》卷十四。此本任有齡後序云「遂刻之」，自署「西蜀漢嘉門生」，即其人也。則是本乃嘉靖三十三年至三十四年任有齡太平府署刻本。張袞序當是補加。刻工：鄒相。鈐「楊昌國印」、「楊肅之印」。揚州市圖書館有此刻白棉紙印本。人民大學亦有此本。《存目叢書》據上海圖書館藏本影印。

四一　胡子易演十八卷　明胡經撰

浙江汪啟淑家藏本（總目）。○《浙江省第四次汪啟淑家呈送書目》：「《胡子易演》、《繫辭》，明胡經著，四本。」○《浙江採集遺書總録》：「《胡子易演》十八卷，寫本。」○天一閣文物保管所藏明鈔本，殘存卷九至卷十六，半葉十行，行二十字，藍格。卷十一卷十三卷十五均題「廬陵胡經著」。《存目叢書》據以影印。

四二　周易卦變圖傳三卷　明呂懷撰

安徽巡撫採進本（總目）。○《安徽省呈送書目》：「《周易卦變圖傳》四本。」

四三　易經中説四十四卷　明盧翰撰

浙江巡撫採進本（總目）。○《浙江省第六次呈送書目》：「《易經中説》四十四卷，明盧翰著，二十二本。」○《浙江採集遺書總録》：「《周易中説》四十四卷，刊本。」○衡陽湖南省第三師範學校藏明刻本,存卷一至卷二十七、卷三十至卷三十一、卷三十六至卷四十四,共三十八卷十七册。白棉紙。第十七册中第四十三卷霉爛,第一至二十葉已難揭開。其餘各册書品尚好。半葉十一行,行二十三字,白口,四周雙邊。前有里人張鶴鳴序,嘉靖二十四年乙巳中菴盧翰自序。正文題:「潁川盧翰子羽著,同郡王道增益甫閲,元嗣盧晉伯進訂。」版心刻工:夏立、陶夛、王仁、王文、王橋、王賢、魯信、王喬、尚忠等。鈐「古潭州袁臥雪廬收藏」白文方印,袁芳瑛家故物也。《存目叢書》據以影印。○《中菴籤易》一卷,明盧翰撰,明萬曆刻本,安徽省圖書館、北京大學兩家有藏。《浙江採集遺書總録》有「《籤易》一册,刊本,明兖州府推官潁川盧翰撰」。《四庫全書總目》不載。

看易凡例圖説一卷　明龍子昂撰　**四四**

江西巡撫採進本(總目)。○《江西巡撫海第三次呈送書目》:「《看易凡例圖説》一本。」

周易私録無卷數　明王樵撰　**四五**

江蘇巡撫採進本(總目)。○《江蘇省第一次書目》:「《周易私録》三本。」○《江蘇採輯遺書目録》:「《周易私録》不分卷,明右都御史金壇王樵著,刊本。」○《提要》略云:是書凡三册,前二册卷端有題記數條,並標示繕寫體例,蓋僅脱初稾,猶未全定之本也。後一册題曰《方麓先生周易程傳私録原稾》,糾紛無緒,是又鈔録備用之稾。《方麓集》卷二有《周易私録序》。

九正易因無卷數　明李贄撰　**四六**

江蘇周厚堉家藏本(總目)。○《江蘇省第一次書目》:「《九正易因》二本。」○《江蘇採輯遺書目録》：「《九正易因》不分卷，明温陵李贄著。」○蘇州市圖書館藏明刻本，半葉九行，行十九字，白口，四周單邊，無直格。前有自序。《存目叢書》據以影印。○明金陵書林陳邦泰刻本，作《易因》二卷，半葉九行，行二十字，白口，四周單邊。封面刻「鍥李卓吾先生易因」。中國歷史博物館、北京大學、北京、天津、湖北等圖書館藏。○明萬曆三十五年内府刻《續道藏》本，作《易因》六卷，北京圖書館等藏。民國十二年至十五年商務印書館影印明萬曆刻《續道藏》本。一九七六年臺灣成文出版社據萬曆刻《續道藏》本影印，收入《無求備齋易經集成》。○明末毛氏汲古閣刻本，半葉八行，行十八字，白口，左右雙邊。遼寧省圖書館藏。

四七 今文周易演義十二卷 明徐師曾撰

江蘇巡撫採進本（總目）。○《江蘇省第一次書目》：「《今文周易演義》六本。」○《江蘇採輯遺書目録》：「《今文周易演義》十二卷，刊本。」○北京圖書館藏明隆慶二年董漢策刻本，半葉十一行，行二十二字，白口，左右雙邊。題「大明從侍郎刑科左給事中前翰林院庶吉士吴江徐師曾伯魯學」。前有隆慶二年徐師曾《刻今文周易演義序》，次目録，目録末有「吴郡後學陳南書，吴江同川董漢策梓」二行。正文前有《讀易通例》一卷。鈐「吴興周氏亦足齋藏」印。上海、無錫、北京師大諸圖書館亦藏此刻。上海圖書館藏本卷四鈔配。《存目叢書》用北京圖書館藏本影印。○日本靜嘉堂文庫藏寫本二卷四册。

四八 周易傳義補疑十二卷 明姜寶撰

編修勵守謙家藏本（總目）。○《編修勵第一次至六次交出書目》：「《周易傳義補疑》十一本。」

〇《江蘇省第一次書目》：「《周易傳義補疑》六本。」〇《江蘇採輯遺書目録》：「《周易傳義補疑》十二卷，刊本。」〇《浙江省第六次呈送書目》：「《周易傳義補疑》十二卷六本。」〇《浙江採集遺書總録》：「《周易傳義補疑》十二卷，刊本。」〇北京圖書館藏明萬曆十四年古之賢新安郡齋刻本，半葉十行，行二十二字，白口，四周雙邊。正文題：「後學丹陽姜寶纂註，門人晉江潘維岳、梁山古之賢同校。」前有萬曆十四年十二月自序云：「侍御潘君維岳、郡守古君之賢並亦有志學《易》者，謂可以傳，相與校正而刻之新安郡齋。」又潘維岳序云：「因謀諸徽守古君之賢鋟梓以公諸四方。」是本眉批甚多。鈐「曹溶之印」等印記。上海、黑龍江兩圖書館亦藏此本。《存目叢書》據北京圖書館藏本影印。〇《提要》云：「卷端有孫承澤題識印記，卷中亦多塗乙標注之處。蓋承澤説《易》以是書爲稿本云。」然則館臣所據勵守謙進呈本爲孫承澤手批之本。

顧氏易解無卷數　明顧曾唯撰　四九

浙江吴玉墀家藏本（總目）。〇《浙江省第四次吴玉墀家呈送書目》：「《顧氏易解》，明顧曾唯著，二本。」〇《浙江採集遺書總録》：「《易解》不分卷十册，崐山徐氏傳是樓寫本，明御史吴江顧曾唯撰。」〇清吴焯《繡谷亭薰習録》：「《顧氏易解》，明松陵顧曾唯魯齋注，傳是樓鈔本。楷法皆摹板様，疑徐氏初欲付梓之本。前有魯齋自序，不分卷帙。」按：此當即吴焯次子玉墀進呈者。

淮海易譚四卷　明孫應鼇撰　五〇

兩淮鹽政採進本（總目）。〇《兩淮鹽政李呈送書目》：「《淮海易譚》四卷，明孫應鼇，二本。」〇《浙江採集遺書總録》：「《淮海易談》四卷，刊本。」○南京圖書館藏明隆慶刻本，半葉十行，行二十字，白口，四周雙邊。前有隆慶二年孫應鼇題辭。刻工：張忠良、邢世科、張天順、李隆、申大倫、路東羊、張登、陳黄、張大益、吕應中、路東陽、李龙、申四。廣西桂林、全州、山東青島諸圖書館皆有此本。《存目叢書》據南京圖書館藏本影印。○清鈔《孫文恭公遺書》本，清莫祥芝校。北京師範大學藏。○清光緒六年獨山莫氏刻《孫文恭公遺書》本。○清宣統二年國學扶輪社排印《孫文恭公遺書》本。○民國十一年貴陽文通書局排印《黔南叢書》第一集本。

五一　易經淵旨一卷　舊本題吴郡歸有光撰

山西巡撫採進本（總目）。○《山西省呈送書目》：「《易經淵旨》。」○雲南大學圖書館藏清乾隆歸朝煦玉鑰堂刻本三卷，半葉十行，行二十字，黑口，左右雙邊。正文卷端題：「明歸有光學，七世族孫朝煦校刊。」封面刻「玉鑰堂梓行」。無序跋。共一册，印本清晰。南京圖書館亦有此本。《存目叢書》據雲南圖書館藏本影印。

五二　周易古今文全書二十一卷　明楊時喬撰

内府藏本（總目）。○《武英殿第一次書目》：「《周易古今文全書》六十四本。」○《浙江省第四次吴玉墀家呈送書目》：「《周易古今文全書》，明楊時喬著，二十一本。」○《浙江採集遺書總録》：「《周易古今文全書》二十一卷，刊本。」○明萬曆二十七年門人王其玉等刻本，凡《論例》二卷《古文》二卷《今文》九卷《易學啓蒙》五卷《傳易考》二卷附《龜卜考》一卷。前有萬曆十八年八月楊時喬《總序》，又總目録、全書論例、目録論例總語。《論例》、《今文》、《易學啟蒙》均半葉七行，行二十一字，小字雙行同。《古文》半葉七行，行十一字，小字雙行，行二十二字。《傳易考》、《龜卜考》半葉九行，行二十四字，小字雙行同。全書版心白口，左右雙邊。眉上刻有評語。《古文》前有萬曆二十年楊時喬序，正文題：「廣信楊時喬編輯，應天門人王其玉閲，廣信門人周伯遜校，王之度、楊可中、楊任中、楊位中、楊我中、楊聞中同彙。」《今文》前有萬曆二十四年楊時喬序，題名同《古文》。《易學啓蒙》前有萬曆二十年楊時喬序。《傳易考》前有萬曆二十三年楊時喬序，又《傳易考論例》、《目録》、《歷代傳易圖》，圖後有「蘇徐師曾考，信州楊時喬、楊可中、楊任中閲，應天王其玉梓」一行。《龜卜考》前有萬曆二十七年重九楊時喬序，正文題：「廣信楊任中輯，楊我中、楊聞中校，應天王其玉同子之度閲梓。」據各部分題名及卷首楊時喬《論例》「應天王生其玉雅志敦行，嘗究心於此，刻之」之語，知是本爲應天王其玉所刻，刻成當在萬曆二十七年。中國科學院圖書館此本缺《論例》、《古文》，北京圖書館本則僅存《古文》，均鈐「研理樓劉氏藏」印記，劉明陽故物，未知何時分離。北京圖書館本另有「南塘程保兹珍藏圖書」白文方印。《存目叢書》用科圖、北圖、北大三家藏本配補影印。南京圖書館、河南省圖書館有足本。〇明萬曆三十五年松江知府蔡增譽刻本，行款同王其玉本，字體不同，版心有刻工：孫訥、陸本、孫文、沈实、朱卿、朱山、何憲等。南京圖書館、山西祁縣圖書館、臺灣「中央圖書館」有足本。北京大學、湖北省圖書館有殘本。

六爻原意一卷　明金瑶撰　　**五三**

編修鄭際唐家藏本（總目）。○《編修鄭交出書目》：「《六爻原意》一本。」《經義考》卷五十六有金瑶自序。

易疑三卷　明陳言撰　　**五四**

江蘇周厚堉家藏本（總目）。○《江蘇省第一次書目》：「《易疑》三本。」○《江蘇採輯遺書目録》：「《易疑》三卷，清海鹽陳言著。」○《提要》云：「《經義考》作四卷，此本三卷，江西採進之本亦三卷，疑或尚有所佚脱，抑或《經義考》誤三爲四歟？」○上海圖書館藏明萬曆四十六年刻本，計《圖説》、《易疑上》、《易疑下》、《繫辭下傳》、《説卦傳》、《序卦傳》、《雜卦傳》各一卷。《繫辭》以下葉碼連貫，《經義考》以四卷計之，蓋以《繫辭》以下統爲一卷。《四庫存目》作三卷，蓋又不以《圖説》單爲一卷計入也。半葉九行，行十九字，白口，四周單邊。題：「海鹽陳言獻可父著，晚學曹樹聲茂孺父閱，男所學行父、所見明父校，孫男昌懋、昌圖、昌明、昌應重訂。」前有萬曆四十六年曹樹聲序。《存目叢書》據以影印。

易學十二卷　明沈一貫撰　　**五五**

江西巡撫採進本（總目）。○《浙江省第二次書目》：「《易學》十二卷，明沈一貫著，六本。」○《浙江採集遺書總録》：「《易學》十二卷，明大學士鄞縣沈一貫撰，刊本。」○首都圖書館藏明萬曆刻本，半葉十行，行十九字，白口，左右雙邊。無序跋。卷一首行墨筆書「明鄞縣較門沈一貫著」，下有沈一貫印記，蓋係沈一貫自署。又鈐「孫氏萬卷樓印」、「宋氏蘭揮藏書善本」、「筠」、「緜松菴」等印記。《存目叢書》據以影印。

五六　圖卦億言四卷　明賀沚撰

江西巡撫採進本(總目)。〇《江西巡撫第二次呈送書目》：「《圖卦億言》三本。」

五七　大象觀二卷　明劉元卿撰

浙江吴玉墀家藏本(總目)。〇《浙江省第四次吴玉墀家呈送書目》：「《大象觀》二卷，明劉元卿著，一本。」〇《浙江省第五次鄭大節呈送書目》：「《大象觀》二卷，明劉元卿著，二本。」〇《浙江採集遺書總録》：「《大象觀》二卷，明禮部主事安福劉元卿撰，澹生堂寫本。」〇原北平圖書館藏明萬曆間安福楊時祥校刻本，半葉九行，行十八字，白口，四周單邊。題「安福劉元卿撰，同邑楊時祥校梓」。前有自序。後有萬曆二十七年己亥鄒匡明跋。版心有刻工：宋允刊。全書一册，書衣有「乾隆三十八年十一月浙江巡撫三寶送到鄭大節家藏大象觀壹部計書壹本」長方木記。卷内鈐「翰林院印」滿漢文大官印，又鈐「澹生堂經籍記」、「山陰祁氏藏書之章」印記。即浙江省第五次鄭大節家呈本。現存臺北「故宫博物院」。《存目叢書》據以影印。按：《浙江省第五次鄭大節家呈送書目》作「二本」，乃「一本」之誤。《浙江採集遺書總録》作「澹生堂寫本」，王重民《中國善本書提要》云「寫」爲「刻」字之誤，是也。《四庫存目》所據爲吴玉墀呈本，此則别一呈本。

周易象義四卷　明唐鶴徵撰　**五八**

河南巡撫採進本（總目）。○《河南省呈送書目》：「《周易象義》，明唐鶴徵著，四本。」○《江蘇省第一次書目》：「《周易象義》四本。」○《江蘇採輯遺書目録》：「《周易象義》四卷，明太常寺卿毘陵唐鶴徵著，刊本。」○天津圖書館藏明萬曆三十五年純白齋刻本，半葉十行，行二十一字，白口，四周單邊，版心鐫「純白齋」三字。前有萬曆三十五年章潢序，萬曆三十五年劉曰寧序。書眉有某氏迻録倪元璐批，甚精。《存目叢書》據以影印。浙江圖書館亦有此刻，萱蔭樓舊藏。○浙江圖書館藏舊鈔本，有「毛氏家鈔」、「焦氏藏書」二印（浙圖甲目）。○民國二十四年唐鼎元排印本，《武進唐氏所著書》之一，上圖、浙圖、杭大藏。

易象會旨一卷　舊本題曰延伯生述　**五九**

浙江巡撫採進本（總目）。○《浙江省第七次呈送書目》：「《易象會旨》一卷，明吴文臺著，一本。」○《浙江採集遺書總録》：「《易象會旨》二卷，明陝西布政司理問臨川吴㧑謙撰。」

易象管窺十五卷　明黄正憲撰　**六〇**

浙江巡撫採進本（總目）。○《浙江省第三次書目》：「《易象管窺》十五卷，明黄正憲著，六本。」○《浙江採集遺書總録》：「《易象管窺》十五卷，明諸生嘉興黄正憲撰，刊本。」○北京大學藏明刻本，半葉十行，行十九字，白口，左右雙邊。題：「明嘉禾後學廣寓居士黄正憲著，男承鼎編次。」前有賀燦然伯闇甫叙，伯兄正色序。又《管窺膚見》，末云「是編始於乙未，成於壬寅」，知成書在萬曆三十年，其付梓當在萬曆間。版心刻工：楊元、陳正。鈐「璜川吴氏收藏圖書」、「佐伯文庫」、「大學堂藏書樓之章」等印。《存目叢書》據以影印。北圖、復旦亦藏此刻。〇山西省文物局藏清乾隆二十六年馬爾楷鈔本，不分卷。

蠙衣生易解十四卷　明郭子章撰　六一

江西巡撫採進本(總目)。

學易舉隅六卷　明戴廷槐撰　六二

浙江汪啟淑家藏本(總目)。〇《浙江省第四次汪啟淑家呈送書目》：「《學易舉隅》六卷，明戴庭槐著，二本。」〇《浙江採集遺書總録》：「《學易舉隅》六卷，明貢士長泰戴庭槐撰，刊本。」

易傳闡庸一百卷　明姜震陽撰　六三

江蘇巡撫採進本(總目)。〇《江蘇省第一次書目》：「《易傳闡庸》十四本。」〇《江蘇採輯遺書目録》：「《易傳闡庸》一百卷，明東楚姜震陽著，刊本。」〇山東省圖書館藏明末刻本，作《新鐫十名家批評易傳闡庸》，凡一百卷三十六册。半葉九行，行二十五字，白口，四周單邊，無直格。題：「宋新安晦庵朱熹、明東楚復亨姜震陽輯闡，武林太復朱長春、古吴因之吴默、宣城霍林湯賓尹、景陵伯敬鍾惺、古臨毛伯丘兆麟、關中太清文翔鳳、廣陵觀濤王納諫、閩中玄子何楷、昭陽少文李嗣京、新安星源汪元兆仝校評。」鈐「易廬」等印，盧松安舊藏。《存目叢書》據以影印。重慶圖書館有殘本，闕卷首、卷八十二至八十七、卷九十一至一百，存十九册，未知是否同版。

今易詮二十四卷　明鄧伯羔撰　六四

浙江吴玉墀家藏本（總目）。○《浙江省第四次吴玉墀家呈送書目》：「《今易詮》二十四卷，明鄧伯羔著，四本。」○《浙江採集遺書總録》：「《今易詮》二十四卷，明常州布衣鄧伯羔撰，寫本。」○《提要》云：「朱彝尊《經義考》載其《古易詮》二十九卷、《今易詮》二十四卷，……此本但有《今易詮》，非完帙矣。」○按：《今易詮》未見。《古易詮》二十九卷，明萬曆二十六年刻本，南京圖書館藏。

羲經十一翼二卷　明傅文兆撰　六五

浙江巡撫採進本（總目）。○《浙江省第十次呈送書目》：「《羲經十一翼》二卷，明傅文兆著，二本。」○《浙江採集遺書總録》：「《羲經十一翼》五卷，今書有闕，明金谿傅文兆撰，寫本。」○南京圖書館藏明書林李潮刻本，五卷。半葉九行，行二十字，白口，四周單邊。卷一首葉題：「雲林傅文兆編著，如水王民順發刊，九我李廷機批評，石簣陶望齡批評，霍林湯賓尹批評，無障吴默批評，芝南邵景堯批評，書林李潮繡梓。」前有《羲經十一翼序》，卷一上古易，卷二觀象篇，卷三玩辭篇，卷四觀變篇，卷五玩占篇。《存目叢書》據以影印。按：原北平圖書館藏萬曆四十五年刻《新刊王氏青箱餘》十卷，封面題「丁巳孟冬書林聚奎樓李少泉梓」，卷内題「聚奎樓李潮時行甫刊行」。又美國會圖書館藏明刊《李卓吾彙撰注釋萬形實考》六卷，題「書林少泉李潮梓」。此李潮當即其人，則刊刻在萬曆間。又按：《四庫存目》所據係殘本，僅存前二卷，此則足本也。

周易象通八卷　明朱謀㙔撰　**六六**

浙江吳玉墀家藏本（總目）。〇《浙江省第四次吳玉墀家呈送書目》：「《周易象通》八卷，明宗室朱謀㙔著，一本。」〇《浙江採集遺書總録》：「《周易象通》八卷，明宗室朱謀㙔撰，刊本。」〇北京圖書館藏明萬曆刻本，半葉十行，行二十二字，白口，左右雙邊。前有吳用先序，萬曆三十年李維楨序，萬曆三十一年湯顯祖序，萬曆三十二年曹學佺序，俞琳序。末有某氏跋，佚去尾，云：「庚戌暮春同社修禊事于龍沙，……明年吳體中先生命予梓《易象通》以行于武林。」則是本萬曆三十九年刻于武林。書衣有「乾隆三十八年十一月浙江巡撫三寶送到吳玉墀家藏周易象通壹部計書壹本」長方木記。卷内鈐「翰林院印」滿漢文大官印。又鈐「汝玠長壽印信」、「志青」、「孫壯藏書印」等印記。卷前有馮汝玠手跋。《存目叢書》據以影印。中山大學藏有此刻，定爲萬曆三十二年刻本，蓋以佚去卷尾刻書跋所致。

易學識遺一卷　明朱睦㮮撰　**六七**

内府藏本（總目）。《提要》云：「核校其文，即睦㮮《五經稽疑》中説《易》之一卷。」〇按：《五經稽疑》六卷已録入《四庫全書》經部五經總義類。

易經疑問十二卷　明姚舜牧撰　**六八**

浙江巡撫採進本（總目）。〇《浙江省第三次書目》：「《易經疑問》十二卷，明姚舜牧著，六本。」〇《浙江採集遺書總録》：「《易經疑問》十二卷，明新興知縣烏程姚舜牧撰，刊本。」〇南京圖書館藏明萬曆六經堂刻清順治十三年重修《五經疑問》本，作《重訂易經疑問》，半葉十行，行二十字，白口，四周單邊。前有萬曆三十八年自序。封面刻「六經堂藏板」。卷内鈐「錢唐丁氏藏書」、「八千卷樓」、「嘉惠堂丁氏藏書」、「善本書室」等印記。《存目叢書》據以影印。復旦等館亦有同刻。《東京大學東洋文化研究所漢籍分類目録》著録爲程姚氏乙藜閣刊本，當是據自序末署「萬曆庚戌閏月爲程後學姚舜牧書於乙藜閣」而定，非別有一版也。

六九　易測十卷　明曾朝節撰

江蘇巡撫採進本（總目）。○《江蘇省第一次書目》：「《易測》八本。」○《兩淮鹽政李呈送書目》：「《易測》十卷，明曾朝節，二本。」○《江蘇採輯遺書目録》：「《易測》十卷，明禮部尚書臨武曾朝節著，滕縣張彩編。」○南京圖書館藏明萬曆刻本，作《新刻易測》，半葉九行，行十八字，白口，四周雙邊。卷一題：「衡陽曾朝節著，後學車大任、門人王羲民、謝應祥、楊日森仝校。」前有馮琦序，萬曆二十九年馮夢禎序，萬曆二十五年自序。版心有寫工、刻工：秀水張暉寫，楊華刻，朱鼎臣書，陳嘉訓刻，錢應兆、張承芳、高應蟾、沈望、茅晚成、沈應龙。寫刻工緻。《存目叢書》據以影印。○上海圖書館藏萬曆刻本，作《新刻易測》，半葉九行，行十九字，白口，四周單邊，無魚尾。殘存卷一至九，無刻工。○《藏園群書經眼録》：「舊寫本，九行十九字。署銜爲『翰林院掌院事禮部侍郎兼侍讀學士曾朝節著』。同訂者列李廷機、全天敘、湯賓尹三人。同校者列門人顧起元等五人。前有湯賓尹序及自序（萬曆戊戌）。前有翰林院大官印，即四庫館所見之本也。」《藏園訂補郘亭知見傳本書目》：「舊寫本，九行十九字，有萬曆二十六年戊戌自序，從萬曆本出。文德堂見。」

周易冥冥篇四卷　明蘇濬撰　七〇

兩淮鹽政採進本(總目)。○《兩淮鹽政李續呈送書目》：「《周易冥冥篇》八卷，明蘇濬，二本。」○浙江圖書館藏明萬曆刻本，作《生生篇》七卷，十册，半葉九行，行二十字，白口，左右雙邊。鈐「淡生堂經籍記」、「山陰祁氏藏書之章」、「曠翁手識」、「禦兒吕氏講習堂經籍圖書」等印。寫工刻工：長洲劉廷獻寫，楊文奎刻。無錫市圖書館有此刻。上圖、廣西師大有此刻殘本。一名《易經生生篇》。○臺灣「中央圖書館」藏舊鈔本，二册，不分卷。正文首行題《冥冥篇》，次題「晉江蘇濬著，男廷槦校」。半葉九行，行十九字。有萬曆二十一年癸巳黄文炳序，蘇廷槦序，李光縉序，自序。首葉鈐「翰林院印」滿漢文大官印。○清華大學藏清乾隆七年蘇祉鈔本，作《生生篇》七卷。按：《中國古籍善本書目》著録爲「榮洲祉鈔本」。考道光刻本題「宗裔祉榮洲甫抄」，知姓蘇，名祉，字榮洲。《善本書目》有誤。○中共中央黨校藏清道光二十二年重刻本，作《生生篇》。分上經、下經、繫辭、説卦四部。上下經又各分一二，繫辭分上下。故或作四卷，或作七卷。各卷題「温陵蘇濬君禹甫著，同郡蔡獻臣體國甫閲，匡廬吴道長瘦生甫訂，宗裔祉榮洲甫抄，同安宗裔廷玉鼇石甫重刻」。前有萬曆三十四年蔡獻臣序云：「至再三削牘，名《冥冥》，更名《生生》。」又道光二十二年宗裔廷玉《重栞蘇紫溪先生生生篇序》云：「故紫溪先生易《冥冥篇》曰《生生篇》。」然則是書初名《冥冥篇》，更名《生生篇》。《存目叢書》據以影印。

易經兒説四卷　明蘇濬撰　**七一**

浙江吴玉墀家藏本(總目)。○《浙江省第四次吴玉墀家呈送書目》:「《易經兒説》四卷,明蘇濬著,六本。」○《浙江採集遺書總録》:「《易經兒説》四卷,刊本。」○《提要》云:「萬曆中嘗刊行,板後散佚,康熙丁卯其裔孫堯松等重刊之。」○清康熙刻本(靜嘉堂目)。○湖南圖書館藏清乾隆八年刻本,作《重鐫紫溪先生易經兒説》八卷。○天津圖書館藏清乾隆五十五年師儉堂活字印本,作《重鐫蘇紫溪先生易經兒説》八卷。半葉九行,行二十字,白口,四周雙邊。封面刻「重鐫易經兒説」、「乾隆庚戌年刊」、「禹航師儉堂版」。卷末有乾隆五十六年夏禹航陳紹翔跋,謂據閩坊刻本校訂重鐫。《存目叢書》據以影印。南圖、浙圖、中央黨校等均有此本。○清咸豐元年刻本,作《重刻解元會魁紫溪蘇先生心傳周易兒説》四卷,湖北省圖、華東師大藏。○臺灣「中央圖書館」藏舊鈔本,作《抄丁丑會魁紫溪蘇先生心傳周易講意兒説》八卷,八册,題:「温陵紫溪蘇濬著,泰和青螺郭子章正訛,温陵瞻明王道顯校閲。」半葉十行,行二十六字,白口,四周單邊。前有萬曆二十六年戊戌門人王道顯序。後有民國二十年文素松手跋。鈐有「曾在鮑子年處」、「觀古閣印」、「文素松印」、「文府之記」、「澤存書庫」等印記。按:鮑子年,名康,室名觀古閣,歙縣人,道光己亥舉人,喜藏金石圖書。○臺灣「中央圖書館」又藏鈔本,作《重刻解元會魁紫溪蘇先生心傳周易兒説》,殘存繫辭、説卦、序卦共一卷二册。半葉九行,行二十字,小字十八行。

續韋齋易義虚裁八卷　明涂宗濬撰　**七二**

浙江巡撫採進本(總目)。○《浙江省第七次呈送書目》:「《續韋齋易義虚裁》八卷,明涂宗濬著,八本。」〇《浙江採集遺書總録》:「《續韋齋易義虚裁》八卷,刊本。」〇臺灣「中央圖書館」藏明萬曆四十二年潘藩重刻本,八卷二十四册。題:「明豫章涂宗濬及甫甫著。」半葉九行,行十八字,白口,白魚尾,左右雙邊。前有萬曆四十二年甲寅人日山西按察使司副使南居益序,缺首葉,云「潘王雅耽經傳,心契茲編,重梓於邸」。卷八末有「明萬曆己酉秋八月門人張若良、蔡繼、男文舉仝校」識語。竹紙,黄脆。版心刻工:裴皮、柷壽刊、裴沙、李、巳、汀、艾等。

易會八卷　明鄒德溥撰　七三

浙江鄭大節家藏本(總目)。〇《浙江省第五次鄭大節呈送書目》:「《易會》八卷,明鄒德溥著,四本。」〇《浙江採集遺書總録》:「《易會》八卷,刊本。」〇湖北襄陽圖書館藏明萬曆四十一年刻本,半葉八行,行二十字,白口,四周單邊。〇南京圖書館藏明周文明刻本,殘存卷三至卷八,半葉十行,行二十一字,白口,四周單邊。〇北京大學藏清同治九年木活字本,題:「安城鄒德溥述後學甘丙、朱大夏、門人趙世美、賀中男、壻甘允蚪、劉錡、男匡明、承明同校。」半葉九行,行二十二字,白口,四周雙邊。前有萬曆癸丑焦竑序,郭一鶚序,朱大夏序,萬曆癸丑自序。自序後有「道光丙申年冬月十世孫祥英敬録」一行。卷首有郭儀識語云:「詢知向無刻本,既釐正其訛謬字,急募聚珍板刷印百部,以應學者之求,將必有嗜好如儀而具大力者鋟板以行世,是則所厚望也。」封面有「同治九年仲春月」、「袁州府學副齋聚珍板印」二行。《存目叢書》據以影印。中共中央黨校有此本。

按:郭儀識語,以活字刷印爲臨時應急辦法,其長久之計仍係鋟板。夫活板價廉而成速,其不能取雕板而代之者，實以學者輕活板而重雕板之故，蓋雕板可以久存，活板則隨印隨撤也。

七四 **像鈔六卷　明錢一本撰**

內府藏本（總目）。○《武英殿第一次書目》：「《像鈔》四本。」○《兩江第一次書目》：「《像鈔》，明錢一本著，四本。」○《浙江省第四次鮑士恭呈送書目》：「《易像鈔》六卷，明錢一本著，四本。」○《浙江採集遺書總録》：「《易象鈔》上下經二卷，卦圖繫辭附録共四卷，刊本。」○中國科學院圖書館藏明萬曆四十一年刻本，半葉十行，行二十一字，白口，四周單邊。前有萬曆四十一年春孟之吉毘陵錢一本自序云「因友人鞭勉，隨覯隨讀，隨讀隨鈔，積與前等，復不忍棄去，思續爲木災以自備考鏡，名曰《像鈔》」。《存目叢書》據以影印。北大、上圖、遼圖等亦有此刻。○天津圖書館藏清初鈔本，作《周易像鈔》六卷。○錢一本又有《像續鈔》二卷，清錢濟世刻本，福建省圖藏。

七五 **四聖一心録六卷　明錢一本撰**

兩淮馬裕家藏本（總目）。○北京故宫博物院藏清錢濟世刻本，題「毘陵錢一本國端甫著，玄孫濟世校梓」。封面刻「蘭雪堂藏板」五字。《存目叢書》據以影印。上圖、福建省圖有此刻。

七六 **易筌六卷附論一卷　明焦竑撰**

江蘇巡撫採進本（總目）。○《江蘇省第一次書目》：「《易筌》六本。」○《江蘇採輯遺書目録》：「《易筌》六卷，明修撰上元焦竑著，刊本。」○《浙江省第四次汪啟淑家呈送書目》：「《易筌》六卷，明焦竑著，四本。」○《浙江採集遺書總録》：「《易筌》六卷，刊本。」○中國科學院圖書館藏明萬曆四十年刻本，半葉九行，行十九字，白口，四周單邊，前有萬曆四十年焦竑序。《存目叢書》據以影印。重慶市圖書館、青島博物館、山東圖書館均有此刻。此本有刻工：戴惟孝。

周易正解二十卷　明郝敬撰　七七

浙江吴玉墀家藏本（總目）。○《浙江省第四次吴玉墀家呈送書目》：「《周易正解》二十卷，明郝敬撰，十二本。」○《浙江省第四次汪啟淑家呈送書目》：「《周易正解》二十卷，明郝敬著，七本。」○《浙江採集遺書總録》：「《周易正解》二十卷，刊本。」○浙江圖書館藏明萬曆四十三年郝千秋、郝千石刻本，《郝氏九經解》之一，題：「京山郝敬著，男千秋千石校刻。」半葉十行，行二十字，白口，四周單邊。卷二十末有「時萬曆乙卯季夏京山郝氏家刻」一行。此本鈐「墨瀞廔珍藏書畫鈐記」、「孫元塏」等印。《存目叢書》據以影印。南圖、復旦、湖北圖有此刻。

易領四卷　明郝敬撰　七八

浙江鄭大節家刻本（總目）。○《浙江省第五次鄭大節呈送書目》：「《易領》四卷，明郝敬著，二本。」○《浙江採集遺書總録》：「《易領》四卷，刊本。」○中國科學院圖書館藏明萬曆崇禎間郝洪範刻《山草堂集》本，正文首行上題「山草堂集第二」，下題「内編」，次行題「易領卷之一」，三行題「京山郝敬學，男洪範輯」，四行題「門人田必成、彭大翮校」。半葉九行，行十八字，白口，四周單邊。版心下記卦名。前有天啓五年郝敬題辭。《存目叢書》用此本影印。北圖、清華、吉林省圖等有此本。○清光緒十七年三餘草堂刻《湖北叢書》本。○民國二十五年商務印書館《叢書集成初編》據《湖北叢書》本排印本。

易學飲河八卷　明張納陛撰　七九

兩淮馬裕家藏本(總目)。《續文獻通考》卷一百四十五有錢一本序。

周易旁注會通十四卷　明姚文蔚撰　八〇

浙江吴玉墀家藏本(總目)。〇《浙江省第四次吴玉墀家呈送書目》:「《周易旁注會通》九卷,明姚文蔚著,五本。」〇《浙江採集遺書總録》:「《周易旁注會通》十四卷,刊本,明太僕寺少卿錢塘姚文蔚撰。」〇無錫市圖書館藏明萬曆原刻本,半葉九行,行十八字,白口,左右雙邊。前有總目,分十四帙。首帙上經下經,二帙三帙爲十翼,四帙五帙爲《周易旁注前圖》卷一卷二,六帙至十四帙爲《周易旁注會通》卷一至九。前有萬曆四十五年長夏日姚文蔚序云:「攜存篋司,來游舊京。年友宗伯沈公……曰是不可以無傳也,題之《會通》,亟付剞劂。」知即於萬曆四十五年付梓於南京。《會通》正文題「明新安朱升旁注,錢塘姚文蔚會通」。卷内鈐「翰林院印」滿漢文大官印,又鈐「彭棣高氏印」、「彭氏珍藏叔華收集」、「鵝龍生」、「元和王同愈」、「栩緣所藏」等印。又題「吴縣彭叔華家藏」一行。《存目叢書》據以影印。臺灣「中央圖書館」藏有此刻,卷首無姚文蔚序,而有萬曆四十六年戊午孟夏烏程沈潅序,因而定爲萬曆四十六年原刊本。又藏一部,僅《會通》正文九卷,版同。

古易彙編十七卷　明李本固撰　八一

浙江汪啟淑家藏本(總目)。〇《浙江省第四次汪啟淑家呈送書目》:「《古易彙編》十二卷,明李本固著，八本。」〇《浙江採集遺書總録》：「《古易彙編》十七卷，刊本。」〇北京大學藏明萬曆刻本，作《周易古本全書彙編》十七卷。各卷題「清源後學李本固維寧甫述輯，句曲門人湯泰時方來甫校梓」。或題「句曲門人湯謙亨六吉甫校梓」。知爲湯泰時、湯謙亨同刊。半葉十一行，行二十三字，白口，四周雙邊。前有李維楨序，萬曆四十年高出序，目録，萬曆四十年李本固《古易考》一篇。《存目叢書》據以影印。按：高出序云：「書且就，其門人湯方來遵命傳之。」知即刻於萬曆四十年。臺灣「中央圖書館」有此本。

玩易微言摘鈔六卷　明楊廷筠撰　八二

浙江巡撫採進本（總目）。〇《浙江省第十一次呈送書目》：「《玩易微言摘鈔》六卷，明楊廷筠輯，三本。」〇《浙江採集遺書總録》閏集：「《玩易微言摘鈔》六卷，刊本。」

易引九卷　明方時化撰　八三

江蘇周厚堉家藏本（總目）。〇《江蘇省第一次書目》：「《易引》二本。」〇《江蘇採輯遺書目録》：「《易引》九卷附《易頌》諸書不分卷，明叙州同知新安方時化著，刊本。」〇《提要》云：「時化傳其高祖社昌之易學，著書六種，其子龐彙輯合刊，此其第一種也。」

周易頌二卷　明方時化撰　八四

江蘇周厚堉家藏本（總目）。〇《江蘇採輯遺書目録》：「《易引》九卷附《易頌》諸書不分卷，明叙州同知新安方時化著，刊本。」〇《提要》云：「其易學之第二種也。」

學易述談四卷　明方時化撰 八五

江蘇周厚堉家藏本（總目）。○《提要》云：「其子龐筆而誌之，故以《述談》爲名。其易學之第三種也。」

易指要繹三卷　明方時化撰 八六

江蘇周厚堉家藏本（總目）。○《提要》云：「其易學之第四種也。」

易疑四卷　明方時化撰 八七

江蘇周厚堉家藏本（總目）。○《提要》云：「其易學之第五種也。」

易通一卷　明方時化撰 八八

江蘇周厚堉家藏本（總目）。○《提要》云：「其易學之第六種也。」

周易鐵笛子一卷　明耿橘撰 八九

兩江總督採進本（總目）。○《兩江第二次書目》：「《易學鐵笛》，明耿橘輯，一本。」○臺北「中央研究院」歷史語言研究所藏舊鈔本一册，題「明瀛海耿橘庭懷甫述，秣陵陳嵩子中甫校」。半葉十行，行二十一字，無格。前有己亥冬十月耿橘自序。鈐有「東方文化事業總委員會所藏圖書印」印。

易經通論十二卷　明曹學佺撰 九〇

浙江巡撫採進本（總目）。○《浙江省第六次呈送書目》：「《易經通論》十二卷，明曹學佺著，二本。」○《浙江採集遺書總録》：「《易經通論》十二卷，後附河洛各説，刊本。」○甘肅省圖書館藏明末刻本，題「閩中曹學佺能始譔」，半葉九行，行十八字，白口，左右雙邊。前後無序跋。版心刻工：郑西刊、熊、文、及、仝、利、允、宠、余、仁、玉、人、刘、合。《存目叢書》據以影印。

周易可説七卷　明曹學佺撰　**九一**

浙江巡撫採進本（總目）。○《浙江省第七次呈送書目》：「《易經可説》七卷，明曹學佺著，六本。」○《浙江採集遺書總録》：「《易經可説》七卷，刊本。」○甘肅省圖書館藏明崇禎刻本，作《周易可説》七卷《總論》一卷，題「閩中曹學佺能始撰」，正文前《總論》八篇題「閩中曹學佺能始著，門生張蔚然維成閲」。半葉十一行，行二十四字，白口，四周單邊。前有崇禎十三年閏月之望曹學佺《五經困學序》。封面刻「本衙藏板」。序題下有「信古齋藏」四字。序末有「門人林蔚書」五字。版心刻工：王礼、危洪、江、吴、章、心、少、羽、周、廷、継、共、工、宇、華、封。《存目叢書》據以影印。

易經澹窩因指八卷　明張汝霖撰　**九二**

安徽巡撫採進本（總目）。○《安徽省呈送書目》：「《澹窩因指》二本。」○《浙江省第四次汪啟淑家呈送書目》：「《澹窩因指》八卷，明張汝霖著，八本。」○《浙江採集遺書總録》：「《澹窩因指》八卷，刊本。」○安徽省圖書館藏明萬曆三十年史繼辰刻本，作《易經澹窩因指》八卷，題「山陰張汝霖著，平陵史繼辰校刊」。半葉九行，行二十字，白口，四周雙邊。前有萬曆三十年新安范涞《史左伯刊澹窩因指序》，萬曆十八年自序。末有朱敬循後序。刻工：陳繼高寫、魯元刊、陶坤刊、尚尚言刊、夏大賔刊、夏尚官刊、趙應麒刊、陶應霖刊、沈良刊、任政刊、王三元刊、陶允成刊、趙應其刊、陶應林刊、馬廷聘刊、屠臯刊、江良、郭繼成、錢晉刊、鄒國祥刊、吕承孝刊、郭成刊、錢宗道刊、周于德刊。寫刻甚工。《存目叢書》據以影印。北京圖書館亦有是刻。○安徽省博物館藏明刻本，殘存卷一至卷六，半葉十行，行二十字，白口，四周單邊。○中共中央黨校藏清石鏡山房刻本，作《增訂周易澹窩因指集注》四卷。

九三　周易古文鈔二卷　明劉宗周撰

浙江巡撫採進本（總目）。○《浙江省第九次呈送書目》：「《周易古文鈔》，明劉宗周輯，三本。」○《浙江採集遺書總録》：「《周易古文鈔》三册，刊本，明左都御史山陰劉宗周撰，門人黃宗炎、姜垚校刊。」○《庶吉士王交出書目》：「《易鈔》，明劉宗周著，二本。」○上海圖書館藏清初姜希轍刻本，四卷。正文題《周易古文鈔》，首崇禎十六年癸未劉宗周《易經古文鈔義小引》，次《易鈔圖說》一卷、《易贊》三葉，次上經、下經、繫辭各一卷。鈐「杭州王氏九峰舊廬藏書之章」、「望山樓」等印。《存目叢書》據以影印。中央黨校、上海師大藏有此本。清華大學藏清康熙姜希轍雨水亭刻《子劉子遺書三種》本，當是同版。○乾隆十二年朱坤鈔本，又名《易經古文鈔義》，原編次作四卷（販書偶記續編）。○道光十五年吳杰刻《劉子全書》本，作《古易鈔義》三卷。

九四　周易宗義十二卷　明程汝繼撰

浙江吳玉墀家藏本（總目）。○《浙江省第四次吳玉墀家呈送書目》：「《周易宗義》十二卷，明程汝繼著，十二本。」○《浙江採集遺書總録》：「《周易宗義》十二卷，刊本。」○北京圖書館藏明萬曆三十七年自刻本，題：「星源後學程汝繼敬承甫輯。」半葉十行，行二十二字，白口，左右雙邊。前有某氏序，缺前半葉。又萬曆三十七年門生姚星吴序，萬曆三十七年友弟汪懷德序，凡例。汪序云：「友人王于蕃私請命剞劂。」姚序云：「今年夏比來謁，則兹《宗義》梓人已告竣矣。」即此可知是本萬曆三十七年刻於金陵。正文前有張壽鏞手跋二行：「黄虞稷曰：汝繼字志初，婺源人，萬曆辛丑進士，官袁州府知府。朱竹垞《經義考》録之，有朱之蕃序，此本未見，可補書。」卷内鈐「吴城」、「敦復」、「真州吴氏有福讀書堂藏書」、「壽鏞」、「咏霓」等印記。《存目叢書》據以影印。北京大學藏有此本，清朱軍批校。上圖、南圖、浙圖等亦有是刻。○臺灣大學藏日本影寫本。○山東省圖書館藏明崇禎元年葛寅亮刻本，作《周易宗義删》十二卷，明程汝繼輯，朱氏、葉氏删，附明吴士熙輯《易學紀異》一卷，共六册，盧松安易盧舊藏（易學書目）。

周易象義十卷　明章潢撰　九五

江蘇巡撫採進本（總目）。○《兩淮商人馬裕家呈送書目》：「《周易象義》未分卷，明章潢，四本。」

按：《江蘇省第一次書目》有「《周易象義》四本」。據《江蘇採輯遺書目録》，知係唐鶴徵撰。則章潢撰者爲馬裕進呈。《四庫總目》作江蘇巡撫採進本，誤。吴慰祖亦沿《總目》之誤。○北京圖書館藏明鈔本，作《周易象義》不分卷《讀易雜記》四卷，共十二册。半葉十行，行二十字，藍格，白口，四周單邊。《存目叢書》據以影印。○北京大學藏鈔本，《周易象義》至訟卦止，殘存一卷。又圖一卷，《易大象義》一卷，《讀易雜記》一卷，共三册。半葉九行，行二十一字。有自序。李盛鐸舊藏。王重民《善本提要》著録。

易經會通十二卷　明汪邦柱、江柟同撰　**九六**

浙江巡撫採進本（總目）。〇《浙江省第九次呈送書目》：「《易經會通》十二卷，明汪邦柱、江柟同輯，十本。」〇《浙江採集遺書總録》：「《周易會通》十二卷，刊本。」〇北京大學藏明萬曆四十五年江氏生生館刻本，正文卷端題：「繆昌期當時甫閲，熊秉鑑元明甫、程策獻可甫訂，汪邦柱砥之甫、江柟楚餘甫仝輯。」半葉十行，行二十五字，白口，四周單邊。前有萬曆四十五年繆昌期序云：「佘嘉美是集，因書以授梓人。」又萬曆四十五年王啟泰序，又凡例，又《取象諸體》、《作易考原》，又採取諸家姓氏。姓氏末有「休寧梅田江氏生生館梓行」一行。版心刻工：旌邑趙國良鐫、旌邑劉慶之鐫。《存目叢書》據以影印。華東師大、臺灣「中央圖書館」等亦有此本。按：汪邦柱，《浙江省第九次呈送書目》誤爲「江邦柱」，《提要》誤爲「王邦柱」，均據原書訂正。

易芥八卷　明陸振奇撰　**九七**

浙江吴玉墀家藏本（總目）。〇《浙江省第四次吴玉墀家呈送書目》：「《易芥》八卷，明陸振奇著，四本。」〇《浙江採集遺書總録》：「《易芥》八卷，刊本。」〇北京圖書館分館藏清乾隆十六年重刻本，題：「仁和陸振奇庸成著，後學柯海朝宗、曾姪孫廷機、甸源校，元姪孫肇鼎、湄璜閲。」半葉十行，行二十一字，白口，左右雙邊。前有乾隆十六年金鼎錫《重刻易芥序》，鄭之惠序，柴紹煌序，姪孫鴻業序，乾隆十六年錢塘陸肇鼎跋。陸跋云：「爰取家藏印本，偕再從弟謙校正付梓。」封面刻

「乾隆十六年重鐫」、「本衙藏板」。《存目叢書》據以影印。○臺灣師大藏清咸豐八年刻本。

易林疑説無卷數　明楊瞿崍撰　九八

浙江汪啟淑家藏本（總目）。○《浙江省第四次汪啟淑家呈送書目》：「《易林疑説》，明楊瞿崍著，三本。」○《浙江採集遺書總録》：「《易林疑説》三册不分卷，刊本。」○《繡谷亭薰習録》著録《鍥易林疑説》，云「爲説三十六條，河洛、先後天、八卦圖六，末附《易經蒙泉小引》」。又云「是編上下二卷，《經義考》作十卷誤」。

易經勺解三卷　明林欲楫撰　九九

浙江汪啟淑家藏本（總目）。○《浙江省第四次汪啟淑家呈送書目》：「《周易句解》，國朝林欲楫著，三本。」○《浙江採集遺書總録》：「《周易勺解》三卷，刊本，明禮部尚書晉江林欲楫撰。」○《繡谷亭薰習録》：「卒於康熙壬寅，卷首有自序云時年八十有七謨，殁後歙汪薇督學閩中，爲序而刻之。」○北京圖書館分館藏清同治六年叢蘭館刻本，題：「晉江林欲楫平庵甫註解，男華昌、孫聞芬、繼登手録，壻張濬夫確庵甫、洪士銘畏軒甫較，姪印昌素庵甫、期昌存崖甫仝訂。」半葉十行，行二十字，白口，四周單邊。前有康熙三十八年汪薇序。序前有牌記：「旹同治六年丁卯冬十月開雕。」封面刻「馥蘭館藏板」。《存目叢書》據以影印。按：《汪啟淑家呈送書目》「勺解」誤爲「句解」。

松蔭堂學易六卷　明賈必選撰　一〇〇

内府藏本（總目）。○《武英殿第一次書目》：「《松蔭堂學易》三本。」

易略三卷　明陸夢龍撰 一〇一

兩江總督採進本（總目）。○《兩江第一次書目》：「《易略》，明湯顯祖著，二本。」按：湯顯祖爲陸夢龍之誤，吴慰祖校訂《四庫採進書目》已改正。○陝西師大圖書館藏明萬曆爰宣館原刻本，作《陸君啟先生易略》三卷，四册，半葉九行，行二十二字，白口，四周單邊。○蘇州市圖書館藏明崇禎元年顧懋樊刻本，題「會稽陸夢龍君啟著，武林顧懋樊霖調訂」。半葉九行，行二十字，白口，四周單邊。前有崇禎元年陸鳴勳夢鶴序，崇禎元年徐如珩序，崇禎元年顧懋樊《刻陸先生易略序》。全書分《總論》、《上經》、《下經》、《繫辭》四卷，各自起訖，不標卷次。卷内鈐「鵝湖華開榮修復古籍印」朱文長方印。《存目叢書》據以影印。上海圖書館、大連圖書館亦有此刻。

易臆三卷　明鄭圭撰 一〇二

浙江鮑士恭家藏本（總目）。○《浙江省第四次鮑士恭家呈送書目》：「《易臆》三卷，明鄭復著，一本。」○《浙江採集遺書總録》：「《易臆》三卷，刊本，明錢塘鄭圭撰。」按：《鮑士恭家呈送書目》鄭圭誤爲鄭復，吴慰祖校訂《四庫採進書目》已改正。

重訂易學説海八卷　明郭宗磐撰 一〇三

福建巡撫採進本（總目）。

周易易簡編無卷數　明陸起龍撰 一〇四

江蘇巡撫採進本（總目）。○《江蘇省第二次書目》：「《易簡編》一本。」○《江蘇採輯遺書目録》：

「《易簡編》不分卷，明永寧令上海陸起龍著，刊本。」

易學殘本十二卷　明卓爾康撰　一〇五

浙江巡撫採進本(總目)。〇《浙江省第三次書目》：「《易學殘本》，明卓爾康著，五本。」〇《浙江採集遺書總録》：「《易學》五册，刊本，明兩淮運判仁和卓爾康撰。」〇《提要》云：「據《明史・藝文志》載爾康《易學》五十卷，此本僅存圖一卷、圖説六卷及説卦傳二卷、序卦傳二卷、雜卦傳一卷，每卷首但有『卷之』二字，而空其數，蓋刻刊未竟之本也。」〇臺灣「中央圖書館」藏《易學全書》五十卷三十册，明刻本配補舊鈔本。其中説卦傳、序卦傳、雜卦傳、易圖爲刻本，館臣所見者當即此數卷。此數卷刻本中多補鈔之葉。餘卷皆鈔本，爲館臣所未見。全書分卷，但未標卷數，各卷題「易學卷之」，次題「武林卓爾康去病父輯著」。全書半葉九行，行二十字。刻印者白口，四周單邊。鈔寫者均無欄格。前有吴騫録趙世鋋《仁和縣志》本傳。鈐有「拜經樓吴氏藏書印」、「莚圃收藏」等印記。吴氏《拜經樓藏書題跋記》、莫友芝《宋元舊本書經眼録》、張氏《適園藏書志》所著録者均即此本。

易窺無卷數　明程玉潤撰　一〇六

浙江汪啟淑家藏本(總目)。〇《浙江省第四次汪啟淑家呈送書目》：「《易窺》十卷，明程玉潤著，十本。」〇《浙江採集遺書總録》：「《易窺》十册，寫本，明常熟程玉潤撰。」〇天一閣文物保管所藏明鈔本，不分卷，半葉八行，行二十字。版心上印「易窺」，無序跋。鈐「蕭山朱鼎煦收藏書籍」、「朱別宥收藏記」等印。《存目叢書》據以影印。

易學管見無卷數　明洪啟初撰　一〇七

浙江吴玉墀家藏本（總目）。○《浙江省第四次吴玉墀家呈送書目》：「《易學管見》，明洪啟初著，六本。」○《浙江採集遺書總録》：「《易學管見》六册，刊本。」○北京大學藏明萬曆刻本，分上經、下經、上繫、下繫四卷。題：「温陵洪啟初爾還父著，男承楝、承榜、承楷校。」半葉九行，行二十一字二十二字不等，白口，左右雙邊。前有萬曆四十五年家侍生吴默序云：「余受而卒業……亟令鍥而懸之國門。」當即刊於是年。鈐「橘蔭主人收藏」、「元和王同愈」、「栩緣所藏」等印記。《存目叢書》據以影印。東北師大亦有此刻。

易學五卷　明吴極撰　一〇八

浙江巡撫採進本（總目）。○《浙江採集遺書總録》閏集：「《易學》五卷，刊本，明進士漢陽吴極撰。」

周易揆十二卷　明錢士升撰　一〇九

浙江巡撫採進本（總目）。○《浙江省第三次書目》：「《周易揆》十二卷，明錢士升著，六本。」○《浙江採集遺書總録》：「《周易揆》十二卷，刊本。」○天津圖書館藏清初賜餘堂刻本，題「嘉善塞菴錢士升著」，半葉九行，行十九字，白口，左右雙邊，版心刻「賜餘堂」。前有曹勳序，如覺序，正止序，癸巳天中日男棻小引。小引云：「爰請衍公細加校讐，公諸海内，名曰《易揆》。」《存目叢書》據以影印。山東省圖書館有此刻三部。按：《天津市人民圖書館善本書目》、《中國古籍善本書目》、《山東省圖書館易學書目》均著録爲「明末賜餘堂刻本」。白莉蓉女士曰：「錢士升卒於清順治八年，是本前有癸巳天中日不孝男棻小引，癸巳當爲順治十年，此係清初刻本。自説甚是，兹據訂正。

一一〇　周易時論合編二十二卷　明方孔炤撰

安徽巡撫採進本(總目)。○《安徽省呈送書目》：「《周易時論》十二本。」○《江蘇省第一次書目》：「《周易時論》八本。」○《江蘇採輯遺書目録》：「《周易詩論》二十三卷，明湖廣巡撫桐城方孔炤著。」○一九八三年臺灣文鏡文化事業公司影印清順治十七年刻本，《周易時論合編圖象幾表》八卷《周易時論合編》十五卷，共二十三卷。《圖象幾表》題「皖桐方孔炤潛夫授編，孫中悳、中履、中通、中泰編録，潭陽後學游藝再較」。《合編》題「皖桐方孔炤潛夫論述，孫中悳、中履、中通、中泰編録，廣昌後學揭暄再較」。半葉九行，行二十五字，白口，四周單邊。前有順治十七年李世洽序云：「先生從子繩其祖德，互相發明，手出祕稿示予，謀授之梓。」封面題《周易時論》，有白華堂刻書識語百五十七字，末云：「本坊特懇季蘆先生手授祕本，公諸海内，誠古今之奇書，識者珍之。白華堂藏板。」《存目叢書》據以影印。○按：《提要》云「凡圖象幾表八卷、上下經繫辭説卦序卦雜卦十五卷」，共二十三卷，與順治本合。則《總目》作二十二卷誤。

一一一　易就六卷　明徐世淳撰

兩淮鹽政採進本(總目)。○《兩淮鹽政李呈送書目》：「《易就》六卷，明徐世淳，三本。」

一一二　伏羲圖贊二卷　明陳第撰

浙江巡撫採進本(總目)。○《浙江省第三次書目》：「《伏羲圖贊》二卷，明陳第著，二本。」○《浙江採集遺書總録》：「《伏羲圖贊》二卷，刊本。」〇《福建省呈送第二次書目》：「《伏羲圖贊》一本。」〇上海圖書館藏明萬曆三十七年會山樓刻本，《一齋集》之一，附《雜卦傳古音考》一卷。題「閩中陳第季立著，金陵焦竑弱侯訂」。半葉十行，行二十一字，白口，左右雙邊。前有焦竑序，又自序，殘存前二葉。後有萬曆三十七年陳第跋稱：「今春凍解，録是編以請。驩然顧笑，奚翅莫逆，遂序而付之剞劂。」謂焦竑也。封面刻「一齋集」、「會山樓藏板」。卷内鈐「涵養性中天」、「付怙」印記。《存目叢書》據以影印。天津、浙江、福建等圖書館亦有此本。

風姫易遡五卷　明王宣撰 一一三

江西巡撫採進本（總目）。〇《江西巡撫海續購書目》：「《風姫易遡》三本。」

周易古本一卷　明華兆登編 一一四

浙江鮑士恭家藏本（總目）。〇《浙江省第四次鮑士恭呈送書目》：「《周易古本》十篇，明華兆登著，一本。」〇《浙江採集遺書總録》：「《周易古本》一册，刊本，明無錫華兆登編。」〇北京圖書館分館藏明求是齋刻本，半葉八行，行二十字，白口，左右雙邊。前有萬曆四十八年孟夏晉陵史氏孫慎行序。封面刻「錫山華氏原本」、「求是齋重開」。附有《周易古本辨》、《周易古本記疑》。卷内有眉批、行批多條，篇目行批一處署「理齋」，未知名氏。《存目叢書》據以影印。

易經增注十卷　明張鏡心撰 一一五

直隸總督採進本（總目）。〇中國科學院圖書館藏清張璥、張玉輔重刻本。卷一題：「磁州張鏡心晦臣甫學,子湣、沖編校,同里陳聖俞授梓,六世孫璥、玉輔重刊,七世孫金管校字,金奏、金樹仝校。」半葉十行,行二十二字,白口,四周單邊。版心刻「雲隱堂」,封面刻「奉思堂藏書」。前有康熙四年孫奇逢序,湯斌《張公墓志銘》,又《易考》一卷。末有康熙六年子湣跋。《存目叢書》據以影印。按:此本《北京人文科學研究所藏書目録》著録爲「康熙四年刊本」,中國科學院圖書館相沿未改。是本既爲六世孫重刊,七世孫參校,計其年月,當刊於清代道咸之際。北京圖書館分館所藏清刻本,奉思堂藏板者,亦即此刻。○光緒五年定州王氏謙德堂刻《畿輔叢書》本。一九七六年臺北成文出版社據以影印,收入《無求備齋易經集成》。○民國二十五年商務印書館《叢書集成初編》據《畿輔叢書》本排印本。

繫辭十篇書十卷　明陳仁錫撰　一一六

江蘇巡撫採進本(總目)。○《江蘇省第一次書目》:「《繫辭十篇書》二本。」○《江蘇採輯遺書目録》:「《繫辭十篇書》十卷,明國子監祭酒長洲陳仁錫著,刊本。」○北京大學藏明神默齋刻本,題「吴人陳仁錫明卿甫輯」。半葉十行,行二十四字,白口,四周單邊。版心刻「神默齋」三字。無序跋。鈐「巴陵方氏藏書印」。《存目叢書》據以影印。仁錫又有《羲經易簡録》八卷,北京大學藏明神默齋刻本;《易經疏義統宗》三卷,明末奇賞齋刻本,天一閣藏。《四庫總目》不載。

易經頌十二卷　明陳仁錫撰　一一七

副都御史黄登賢家藏本(總目)。○《都察院副都御史黄交出書目》:「《易經頌》,陳仁錫著,十二本。」

易思圖解無卷數　明劉日曦撰　一一八

江西巡撫採進本（總目）。○《江西巡撫海第三次呈送書目》：「《易思圖解》一本。」

易傭十四卷　明文安之撰　一一九

兩江總督採進本（總目）。○《兩江第一次書目》：「《易傭》，明文安之著，十本。」○上海圖書館藏明崇禎十二年刻本，題「鐵菴文安之輯，越門人陳肇英止宜父較」。半葉八行，行十八字，白口，四周單邊。前有崇禎十二年周鳳翔序。卷内鈐「餘姚謝氏永耀樓藏書」印。《存目叢書》據以影印。

易史象解二卷　明林允昌撰　一二〇

江蘇巡撫採進本（總目）。○《江蘇省第一次書目》：「《易史象解》二本。」○《江蘇採輯遺書目録》：「《易史象解》二册，明吏部郎中林爲磐著，刊本。」

周易纂六卷　明朱之俊撰　一二一

浙江巡撫採進本（總目）。○《浙江省第十二次呈送書目》：「《周易纂》六卷，國朝朱之俊著，六本。」○《浙江採集遺書總録》閏集：「《易經纂》六卷，刊本，國朝臨汾朱之俊撰。」○中國科學院圖書館藏清順治硯廬刻本，六卷六册，題「汾陽朱之俊輯，門人鄭之璞參」。半葉八行，行二十一字，白口，四周單邊。版心刻「硯廬」。前有某氏序，存前七葉。又門人胡世安序，順治十三年朱之俊序。此本「玄」字不避諱，蓋猶順治刻本。卷内鈐「東方文化事業總委員會所藏圖書印」、「國立中央研究院歷史語言研究所收藏圖書拓本」印記。《存目叢書》據以影印。

易學統此集二十卷　明孫維明撰　**一二二**

兩江總督採進本(總目)。〇《兩江第一次書目》：「《易學統此集》，明孫維明著，抄本，十一本。」

易經小傳二十卷　明鄭友元撰　**一二三**

浙江吴玉墀家藏本(總目)。〇《浙江省第四次吴玉墀家呈送書目》：「《易經小傳》二十卷，明鄭友元著，五本。」〇《浙江採集遺書總録》：「《易經小傳》二十卷，刊本。」〇《湖北巡撫呈送第三次書目》：「《易經小傳》十本。」

周易爻物當名二卷　明黎遂球撰　**一二四**

兩淮馬裕家藏本(總目)。〇《兩淮商人馬裕家呈送書目》：「《周易爻物當名》上下經，明黎遂球，二本。」〇北京大學藏明崇禎刻本，題「番禺黎遂球美周著」，半葉九行，行十七字，白口，四周單邊。前有社盟弟張溥序，崇禎十年古吴社弟章美序，徐世溥序，曾文饒序，崇禎八年自序。鈐「德化李氏凡將閣珍藏」、「李盛鐸印」、「麐嘉館印」、「李滂」等印記。《存目叢書》據以影印。〇清道光三十年南海伍氏粤雅堂文字歡娱室刻《嶺南遺書》第三集本。一九七六年臺北成文出版社據以影印，收入《無求備齋易經集成》。〇民國二十五年商務印書館據《嶺南遺書》本排印，收入《叢書集成初編》。

廣易筌四卷　明沈瑞鍾撰　**一二五**

浙江巡撫採進本(總目)。〇《浙江省第八次呈送書目》：「《廣易筌》，明沈瑞鐘著，五本。」〇《浙江採集遺書總録》：「《廣易筌》二卷，刊本，明平湖沈瑞鍾撰。」

一二六

周易獨坐談五卷　明洪化昭撰

兩淮馬裕家藏本（總目）。○《兩淮商人馬裕家呈送書目》：「《周易獨坐談》四卷，明洪化昭，二本。」

一二七

雪園易義四卷圖説一卷　明李奇玉撰

浙江巡撫採進本（總目）。○《浙江省第九次呈送書目》：「《雪園易義》四卷，明李奇玉著，五本。」○《浙江採集遺書總録》：「《雪園易義》四卷，刊本。」○上海圖書館藏清順治刻本，題「嘉善李奇玉荆陽甫著，後學王宣、門人趙玄祉、男公柱、公槐參訂」。半葉十行，行二十字，白口，四周單邊。前有曹勳序，缺首葉。又王宣序，趙玄祉序，錢士升撰傳。後附李文柱撰《雪園易義補》三卷，末有鈔配。卷内鈐「四明張氏古懽室藏書記」、「古鄞張之銘藏書」、「古懽室祕匧」、「穀臣一字研農别號海岍」等印記。《存目叢書》據以影印。中山大學藏此刻，有光緒間胡肇基朱墨圈點批注及題識，共八册。

一二八

易疏五卷　明黄端伯撰

浙江吴玉墀家藏本（總目）。○《浙江省第四次吴玉墀家呈送書目》：「《易疏》五卷，明黄端伯著，四本。」○《浙江採集遺書總録》：「《易疏》五卷，刊本。」○上海圖書館藏明崇禎刻本，半葉九行，行二十字，白口，四周單邊，無魚尾。前有自序，門生文德翼序。正文五卷，前另有圖説一卷。鈐「王培孫紀念物」印記。《存目叢書》據以影印。浙江圖書館亦有此刻。

苑洛易學疏四卷　明周一敬撰　一二九

浙江巡撫採進本（總目）。○《浙江省第六次呈送書目》：「《易學疏》四卷，明周一敬輯，三本。」○《浙江採集遺書總録》：「《易學疏》四卷，刊本，一名《苑洛先生易學疏》。」○《江蘇省第一次書目》：「《易學疏》三本。」○《江蘇採輯遺書目録》：「《易學疏》四卷。」

易鼎三然無卷數　明朱天麟撰　一三〇

江蘇周厚堉家藏本（總目）。○《江蘇省第一次書目》：「《易鼎三然》五本。」○《江蘇採輯遺書目録》：「《易鼎三然》三十六篇，明翰林院編修婁東朱天麟著。」○臺灣「中央圖書館」藏明崇禎三年刻本，題「淞野人震青子著」，半葉八行，行十八字，白口，四周單邊，無直格，無魚尾，眉上鐫評。前有鄭以偉序，崇禎三年庚午姜一洪序，錢啟忠序，朱天麟序，崇禎三年庚午冬月楊以培小引，評閱姓氏。小引云「諸士遂相與請梓以公諸世」。版心刻工：祝大勝、吴茂、萬文、汝太、萬棋、萬焕、陳太、吴盛、曾松、汝焕、梅真、曾巽、熊黄等。卷内鈐「翰林院印」滿漢文大官印，又鈐「雲間第八峯周氏藏書」、「思簡樓」、「苹鄉文氏舟虚鑑藏」、「文素松印」等印記。前有文素松手跋八行，述朱天麟生平，末云「此書罕見，曾爲翰林院藏過，信爲祕笈也」。

周易廣義四卷　明鄭敷教撰　一三一

浙江鄭大節家藏本（總目）。○《浙江省第五次鄭大節呈送書目》：「《周易廣義》四卷，國朝鄭敷教輯，二本。」○《浙江採集遺書總録》：「《周易廣義》四卷，刊本，明舉人吴中鄭敷教輯。」○清末王頌蔚《古書經眼録》：「《易經廣義》一册，稿本，戊寅秋得是書於趙茂才靜涵處。此册存咸至未濟，上經及繫辭以下並佚。卷中有焚易、敷教之印、士敬諸朱記。」○湖北省圖書館藏清康熙二十三年刻本，題：「程頤著傳，朱熹本義，後學鄭敷教廣義。」半葉九行，行二十字，白口，四周單邊。前有康熙二十三年宋德宜序，康熙二十三年門人繆彤序。宋序云「先以《廣義》行世」。繆序云：「適先生令嗣仙弢貽書于余，曰先君子一生苦心在《易經廣義》一書，今某老矣，恐手澤之不常，已傅之剞劂。」《存目叢書》據以影印。齊齊哈爾市圖書館藏有此刻。中共中央黨校藏此刻有清鄭杲批。科學院圖書館、山東省圖書館藏此刻乾隆五十四年松月樓印本。

尺木堂學易誌三卷　明馬權奇撰　**一三二**

山西巡撫採進本（總目）。○浙江圖書館藏明崇禎尺木堂刻本，題「會稽馬權奇巽倩父著，男如金訂」。半葉八行，行二十字，白口，四周單邊。版心下刻「尺木堂」。前有同里友人王思任序，崇禎十四年會稽友弟孟稱舜序，崇禎十四年社弟王亹序。《存目叢書》據以影印。

十願齋易説一卷霞舟易箋一卷　明吴鍾巒撰　**一三三**

浙江鄭大節家藏本（總目）。○《浙江省第五次鄭大節呈送書目》：「《願齋易説、易箋》，明吴鍾巒著，二本。」○《浙江採集遺書總録》：「《十願齋易説》一卷《易箋》一卷，刊本，明桂林推官武進吴鍾巒撰。」○南京圖書館藏清康熙刻《十願齋全集》本，半葉九行，行二十字，白口，左右雙邊。《易説》

一卷，卷端題「十願齋全集易説卷之一」。《易箋》二卷，卷端題「十願齋全集易箋卷之二」、「卷之三」。各卷題「毘陵吴鍾巒巒稺著，男祜之、禧之、裔之輯」。前有《十願齋全集易箋小引》、《十願齋易説》卦歌。《存目叢書》據以影印。

易經説意七卷　明陳際泰撰 **一三四**

浙江吴玉墀家藏本(總目)。○《浙江省第四次吴玉墀家呈送書目》：「《易經説意》七卷，明陳際泰著，三本。」○《浙江採集遺書總録》：「《易經説意》七卷，刊本。」○南京圖書館藏明末刻本，題：「古臨陳際泰大士父著，同社沈國元飛仲父閲，松陵沈宗煜曙公父較。」半葉十行，行二十四字，白口，四周單邊。前有沈國元序，年社弟余日登序。鈐有「潘士岩」、「師濬古齋藏書」、「曾在張祝三處」、「昆山趙詒琛号學南印」、「趙學南劫後藏書」、「忘憂艸堂藏書印」等印記。《存目叢書》據以影印。山東省圖書館、無錫市圖書館均有此本。

周易翼簡捷解十六卷附群經輔易説一卷　明陳際泰撰 **一三五**

浙江巡撫採進本(總目)。○《浙江省第七次呈送書目》：「《易經捷解》十六卷，明陳際泰著，十本。」○《浙江採集遺書總録》：「《周易翼簡捷解》十六卷，前有《群經輔易説》并圖説義例共一卷，末附拾遺一卷，刊本。」○臺灣「中央圖書館」藏明崇禎四年刻本，題「古臨大士陳際泰纂著，昭武文止羅□□、楚黄翼虚閔廷甲仝閲，後學省貞周光德編輯，男周健翀、健行較」。半葉十行，行二十四字，白口，四周單邊。前有崇禎四年羅萬藻序，閔廷甲引。次《群經輔易説》一卷。次自序，目録，圖說，契要，義例等。後有拾遺，圖說，陳氏自跋。鈐「魏」「謙」連珠印、「心吾氏」朱文方印（參該館《善本書志初稿》）。日本東京大學東洋所藏有此刻。江西樂平圖書館藏此刻缺正文卷七至九。

易辰九卷　明賀登選撰 一三六

江西巡撫採進本（總目）。○山東省圖書館藏清康熙六年賀氏家刻本，半葉八行，行二十六字，白口，四周單邊。前有順治十四年翟鳳翥序，宋之繩序，葉應震序，章國佐序，康熙六年翟世琪序，康熙六年知鄱陽縣事陞任滁州知州晚學生鄭邦相序，康熙六年史彪古序，康熙六年蕭莊跋，方繩祖書後。次《姓氏》：「古番賀登選澹餘葺述，三餘葉應震寶持、潛川章國佐翊茲、古番史彪古聚菴、西昌陳良貞一之、古番王虬雲士、王開道俟聖、昌江方繩祖其武仝閲評。」鄭序云：「授之梓人，公之天下後世。」蕭序云：「壽名梨棗，惠我友朋。」卷尾有「男昜鼎、恭生校梓」識語。鈐「怡隱軒盧氏藏」、「易藏」、「白濱過目」等印。盧松安舊藏。《存目叢書》據以影印。

易序圖說二卷　明秦鏞撰 一三七

浙江巡撫採進本（總目）。○《浙江省第六次呈送書目》：「《易序圖說》二卷，明秦鏞著，一本。」○《浙江採集遺書總録》：「《易序圖說》二卷，刊本。」○遼寧省圖書館藏清江南製造總局刻本，題「錫山後學秦鏞大音氏著」。半葉八行，行二十字，白口，四周單邊。前有年弟高世泰序，丙申七月社弟周夢華序，後學嚴福孫序，自序。封面刻「寶仁堂藏版」五字，又有牌記：「江南製造總局鋟板。」白紙初印，四册。《存目叢書》據以影印。

一三八　讀易略記無卷數　明朱朝瑛撰

浙江鄭大節家藏本（總目）。○《浙江省第五次鄭大節呈送書目》：「《讀易略記》不分卷，明朱朝瑛著，二本。」○《浙江採集遺書總録》：「《讀易略記》二册，二老閣寫本，明旌德縣知縣海寧朱朝瑛撰。」○北京圖書館藏清鈔《七經略記》本，半葉九行，行二十四字，無格。題：「朱朝瑛字康流略記。」前有戊戌七月下辛日自序。《存目叢書》據以影印。○浙江圖書館藏清鈔《七經略記》本。

一三九　讀易隅通二卷　明來集之撰

浙江巡撫採進本（總目）。○《浙江省第三次書目》：「《讀易隅通》二卷，明來集之著，二本。」○《浙江採集遺書總録》：「《讀易隅通》二卷，刊本，明兵部主事蕭山來集之撰。」○清華大學藏明崇禎十七年黄正色刻本。上卷題「蕭山來集之元成著，門生陶履卓岸生、弟來榮元啟、男來豹雯、來龍雯較訂」。下卷題「蕭山來集之元成著，門生陶履卓岸生、弟來榮元啟、楚浠黄正色較訂」。半葉九行，行十八字，白口，四周單邊。前有甲申夏日西陵來集之自序，又崇禎甲申黄正色刻書序。封面刻「蕪湖縣發刻」。此係黄正色蕪湖縣署刻本。《存目叢書》據以影印。天一閣文物保管所亦有此刻。○清順治來氏倘湖小築刻《來子談經》本，南京圖書館、清華大學藏。

一四〇　卦義一得無卷數　明來集之撰

浙江巡撫採進本（總目）。○《浙江省第十一次呈送書目》：「《卦義一得》，明來集之著，一本。」○《浙江採集遺書總録》閏集：「《卦義一得》二卷，刊本，明推官蕭山來集之撰。」○清華大學藏清順治來氏倘湖小築刻《來子談經》本，二卷，題「蕭山來集之元成著，同門周士章吴昉訂，門人顧之俊仲容、王澧楚先較」。半葉九行，行十八字，白口，四周單邊。版心刻「倘湖小築」，封面刻「倘湖藏板」。前有甲申八月皖上門人齊維藩序。《存目叢書》據以影印。南京圖書館亦有是刻。

一四一　易圖親見一卷　明來集之撰

浙江巡撫採進本（總目）。○《浙江省第七次呈送書目》：「《易圖親見》，明來集之著，一本。」○《浙江採集遺書總録》：「《易圖親見》一卷，刊本。」○清華大學藏清順治來氏倘湖小築刻《來子談經》本，行款版式同前書。前有甲申重九自序。《存目叢書》據以影印。南京圖書館亦有是刻。

一四二　讀易緒言二卷　明錢棻撰

浙江巡撫採進本（總目）。《浙江省第二次書目》：「《讀易緒言》二卷，國朝錢棻著，二本。」○《浙江採集遺書總録》：「《讀易緒言》二卷，刊本。」○清道光十三年吴江沈氏世楷堂刻《昭代叢書》辛集本，一卷，《存目叢書》據以影印。按：《提要》云：「首以八宫各統八卦爲説八篇。次於六十四卦，卦爲一説。次爲繫傳箋略。附以《圖書説》、《先後天説》、《上下篇説》、《觀象説》、《觀變説》、《錯綜互代説》、《反對説》、《大小彖象爻辭説》、《六爻主輔説》、《順逆説》。」今驗《昭代叢書》本，僅存《圖書説》以下，蓋所據底本已殘闕不完也。

一四三　易憲四卷　明沈泓撰

編修勵守謙家藏本（總目）。○《編修勵第一次至六次交出書目》：「《易憲》四本。」○《浙江省第六次呈送書目》：「《易憲》四卷，明沈泓著，三本。」〇《浙江採集遺書總録》：「《易憲》四卷，刊本。」〇《兩江第一次書目》：「《易憲》，明沈泓著，二本。」〇中國科學院圖書館藏清乾隆九年補堂刻本，半葉十一行，行二十三字，白口，左右雙邊。版心下刻「補堂藏板」。此本題：「華亭沈泓臨秋氏疏，男權之、汝雄、孫益謙、業、燦、二裴增訂，門下後學嘉善許王猷、華亭張仕遇校正。」前有崇禎十六年同門黄淳耀序，又《圖説》、《卦歌》、《目録》。卷尾有「武林朱景三鐫」小字一行。封面刻「埽葉山房藏板」六字。《存目叢書》據以影印。按：科學院此本蓋板歸埽葉山房後刷印者。補堂本各館多有收藏，其中復旦本清吕璜批校，社科院歷史所本清何紹基批點，上海圖書館四部均佚名批注。〇清道光十四年寧陵苻永培寧遠堂刻本，臺灣「中央研究院」史語所、美國普林斯頓大學葛斯德東方圖書館藏。〇清光緒十四年錢唐卓德徵刻本，北圖分館、南圖、山東大學等藏。〇清活字本，上海圖書館藏。〇《持靜齋書目》著録清鈔本。

説易十二卷　明喬中和撰　　**一四四**

直隸總督採進本（總目）。〇《直隸省呈送書目》：「《説易》六本。」〇《江蘇採輯遺書目録》：「《躋新堂集・説易》十二卷《訂補大易通變》六卷，刊本。」〇中國科學院圖書館藏明崇禎刻《躋新堂集》本，半葉九行，行二十字，白口，四周單邊。版心上刻「躋新堂集」，正文首行題「説易」，次行題「内丘喬中和擬」。前有崇禎十一年李模序，崇禎十一年喬若雯《弁言》，王鐸序，崇禎十年自序，崇禎十年九月男鉢《小紀》，次同刊姓氏，目録。目録前有署名：「内丘喬中和著，弟中方訂，族孫已百閲，男鉢刊。」次凡例、圖説。正文末有「剞劂氏邯鄲裴來京」小字一行。據喬若雯《弁言》，是本刊成於崇禎十一年。《存目叢書》據以影印。上海圖書館藏有此刻。〇清光緒五年刻《西郭草堂合刊》本，科學院圖書館、北京大學、首都圖書館藏。

一四五　桂林點易丹十六卷　明顧懋樊撰

兩江總督採進本（總目）。〇《兩江第一次書目》：「《點易丹》，明顧懋樊著，抄本，四本。」〇北京故宮博物院藏明崇禎二年施從謙等刻本，二截版，下截爲《桂林點易丹》，上截爲《諸儒易解鈎玄》。下截半葉九行，行十六字，小字雙行同。上截半葉十五行，行十七字。白口，四周單邊。前有崇禎二年鄭以偉序，崇禎二年錢受益序，崇禎二年張玄序，嚴調御序，嚴武順序，崇禎二年汪明際序，朱日炯序，孟稱舜序，萬曰佳序，陸夢龍序，柴世基序，陸時雍序，崇禎二年陸位時序，陸有繩序，崇禎二年甘梅序，崇禎二年顧廷槱序，崇禎二年徐行忠序，黄樞序，朱振序，祝華封序，崇禎二年聞啟祥序，崇禎二年自叙。自叙後有「同里門人施從謙晉卿甫、張國維又張甫、壻施泮聖水甫校梓」識語三行。又凡例、姓氏、目録、圖説、易解諸儒姓氏考。《存目叢書》據以影印。〇北京大學藏明崇禎武林顧氏刻《桂林經説》本，半葉九行，行十七字，小字雙行同，白口，四周單邊。

一四六　周易説統十二卷　明張振淵撰

浙江巡撫採進本（總目）。〇《浙江省第十次呈送書目》：「《周易説統》十二卷，明張振淵輯，十本。」〇《浙江採集遺書總録》：「《周易説統》十二卷，刊本。」〇浙江圖書館藏明萬曆四十三年石鏡山房刻本，作《石鏡山房周易説統》，題「仁和後學張振淵彦陵甫輯，男懋忠、師栻校正」。半葉十行，行二十五字，白口，四周單邊。版心刻「石鏡山房」。前有萬曆四十三年張蔚然序，萬曆四十三年孟冬張元徵序，萬曆四十三年春男師栻《刻周易説統跋》。《存目叢書》據以影印。北京大學、中央黨校、安徽博物館皆有此本。○臺灣「中央圖書館」藏明萬曆四十五年丁巳刻本，題「仁和張振淵彦陵甫編輯，古吴吴默因之甫批閲，吴江顧洪先汝平甫參校」。半葉十行，行二十五字，白口，四周單邊。前有萬曆四十五年丁巳顧聖堅序。版心刻工：王汝、甫、山、馬、文等。鈐「許隱之印」、「自修氏」等印記。（參該館《善本書志初稿》）○明天啟六年張師栻石鏡山房重刻本，作《石鏡山房增訂周易説統》二十五卷。北京大學此本題「仁和後學張振淵彦陵父輯，男懋忠增補，師栻參訂，孫重光、競光、餘光共校」。半葉九行，行二十二字，白口，單邊，版心下刻「石鏡山房」。卷末有「天啟六年中秋日錢塘錢泓録刊」識語。張蔚然、張元徵、張師栻三舊序，周延光、張師栻二新序。上圖、蘇州圖、人大有此本。○明末刻本，與明方應祥《新鎸方孟旋先生羲經鴻寶》合刻，作《周易説統》不分卷，明張振淵輯，李克愛補。半葉九行，行十六字十七字不等，小字雙行字數同。上下兩欄，上欄小字半葉十六行，行十六字。白口，四周單邊。多簡體字。首都圖書館、湖北圖書館、河南圖書館、華東師大藏。

周易去疑十一卷　明舒宏（弘）諤撰　一四七

兩江總督採進本（總目）。○《兩江第一次書目》：「《周易去疑》，明舒宏諤著，十二本。」○北京故宮博物院藏清初蔣時機刻本，作《石渠閣重訂周易去疑》，題「宛旌舒弘諤士一原著，絳巖蔣先庚震青增補」。正文前有卷首一卷，題「石渠閣三訂重刻周易去疑」。前有舒弘諤序，蔣時機《重梓去疑副言》。蔣氏云：「《周易去疑》一書，舒士一於崇禎辛未歲授梓於昆仰池氏。越庚寅，池氏板災……本坊不惜重費，搆原本於池氏，重加訂梓。」末署「石渠閣較書儂蔣時機無謀氏謹識」。半葉十二行，行三十字，白口，四周單邊。《存目叢書》據以影印。按：辛未爲崇禎四年，庚寅則順治七年，蔣氏訂梓又在順治七年以後，然則故宫及《中國古籍善本書目》定此本爲明末刻，誤也。〇清光緒八年江右養雲書屋刻本，作《增訂周易去疑》十一卷首一卷末一卷，明舒弘諤撰，清李龍吟增訂。北京圖書館、上海圖書館、江西省圖書館等藏。

一四八　四易通義六卷　明程觀生撰

内府藏本（總目）。

一四九　易發八卷　明董説撰

編修王汝嘉家藏本（總目）。〇《庶吉士王交出書目》：「《易發》，明董説著，四本。」〇東北師大藏清初刻本，題：「吴興董説若雨著。」半葉八行，行十九字，白口，左右雙邊。前有自序云「頃猶子帷孺甚嗜余狂言也，則爲余刻《易發》」，知係董帷孺刻本。卷内不避清諱。《存目叢書》據以影印。浙圖亦有此刻，書品極佳。〇按：董説字若雨，《提要》誤作雨若，當乙正。

一五〇　周易時義注無卷數　明章佐聖撰

浙江巡撫採進本（總目）。〇《浙江省第八次呈送書目》：「《周易時義註》，明章佐聖著，四本。」

○《浙江採集遺書總録》：「《周易時義注》四册，刊本。」

易參五卷　明錢彭曾撰　**一五一**

浙江巡撫採進本(總目)。○《浙江省第十一次呈送書目》：「《易參》五卷，國朝錢彭曾著，五本。」

○《浙江採集遺書總録》：「《易參》五卷，寫本，國朝錢塘錢彭曾撰。」

易旨一覽四卷　明蔣時雍撰　**一五二**

江蘇周厚堉家藏本(總目)。○《江蘇省第一次書目》：「《易旨一覽》三本。」○《江蘇採輯遺書目録》：「《易旨一覽》六卷，明寧波周應賓著。」○浙江圖書館藏明末刻本，作《新刻易旨一覽》四卷，題「四明寅所周應賓授意，同安鍾斗許獬、浮梁性宇姚善仝訂，廣陵觀濤王納諫參閱，繩武蔣時雍編次」。半葉十一行，行二十六字，白口，四周單邊。前有《易旨凡例》。鈐有「臣許乃普」、「滇生」等印。《存目叢書》據以影印。

周易辨正一卷　明喻國人撰　**一五三**

浙江巡撫採進本(總目)。○《浙江省第十一次呈送書目》：「《周易辨正》，明喻國人著，一本。」

○《浙江採集遺書總録》：「《卦義辨正》一册，刊本，明舉人郴州喻國人撰。」

河洛定議贊一卷　明喻國人撰　**一五四**

浙江巡撫採進本(總目)。

一五五 **全易十有八變成卦定議一卷　明喻國人撰**

浙江巡撫採進本(總目)。

一五六 **周易對卦數變合參一卷　明喻國人撰**

浙江巡撫採進本(總目)。

一五七 **河洛真傳一卷　明喻國人撰**

浙江巡撫採進本(總目)。

一五八 **周易生生真傳一卷　明喻國人撰**

浙江巡撫採進本(總目)。

一五九 **三易大傳七十二卷　明李陳玉撰**

江西巡撫採進本(總目)。〇《江西巡撫海第四次呈送書目》：「《三易大傳》二套二十一本。」《江西通志》卷九十七、《浙江通志》卷一百五十有李陳玉傳。

一六〇 **易經補義四卷　明方芬撰**

浙江巡撫採進本(總目)。〇《浙江省第十二次呈送書目》：「《易經補義》四卷，國朝方芬著，三本。」〇《浙江採集遺書總録》：「《易經補義》三册，刊本，國朝新安方芬、舒林同輯。」〇中國科學院圖書館藏清康熙新安時術堂刻本，題：「新安後學方芬舒林輯補，子玥斗煌、佩湘紉校字。」半葉十一行，行二十五字，白口，四周單邊。前有康熙十五年方芬自序，康熙十五年方芬《凡例》。封面刻

「新安同學諸子梓行」。《存目叢書》據以影印。安徽省圖書館、上海圖書館亦有此本。○按：方芬字舒林，《浙江採集遺書總録》誤方芬、舒林爲二人。

一六一　讀易鏡六卷　明沈爾嘉撰

兩江總督採進本(總目)。○《兩江總督高第三次進到書目》：「《讀易鏡》五本。」

一六二　易學古經正義十二卷　明鄒元芝撰

湖北巡撫採進本(總目)。○《湖北巡撫呈送第一次書目》：「《易學古經正義》八本。」

一六三　射易淡詠二卷　不著撰人名氏

江蘇周厚堉家藏本(總目)。○《江蘇省第一次書目》：「《射易淡詠》二本。」○《江蘇採輯遺書目録》：「《射易淡詠》二卷，不著撰人名氏。」○《提要》云：「卷端惟題西農二字，前有陳愫《索射易書》一篇，稱其字曰孝若。」○湖北省圖書館藏清刻本，題「西農」。半葉十行，行二十二字，白口，四周單邊。前有陳愫《索射易書》一篇，缺首葉。又《射易引》、《射易一則》、《義例》各一篇。鈐「徐恕讀過」印。《存目叢書》據以影印。○崔富章《四庫提要補正》：光緒《杭州府志》卷一百六載「《射易淡詠》四卷，國朝錢塘張遂辰卿子撰，一名《淡窩射易》」。考卿子一字西農，孝若未詳」。○宋慈抱《兩浙著述考》：「《射易淡詠》四卷，明錢塘張遂辰撰。遂辰字西農，號卿子，崇禎季年隱居里巷，以醫自給。」

一六四　大易衍說無卷數　不著撰人名氏

安徽巡撫採進本(總目)。○《安徽省呈送書目》：「《大易衍說》三本。」○《兩淮商人馬裕家呈送書目》：「《大易衍説》未分卷，明人，二本。」〇《提要》云：「乃明人舊録藏本也。」

一六五　原易二卷　不著撰人名氏

兩江總督採進本（總目）。〇《兩江第一次書目》：「《原易》，宋人，缺名，抄本，一本。」

一六六　易傳義十二卷　不著編輯者名氏

内府藏本（總目）。〇《武英殿第一次書目》：「《易傳義》九本。」〇《提要》云：「版式字畫頗爲工楷，曹寅《楝亭書目》亦載有此書一函，蓋明代經廠本也。」

一六七　易象與知編一卷圖書合解一卷　題曰天山道人撰

兩淮馬裕家藏本（總目）。〇《兩淮商人馬裕家呈送書目》：「《易象與知編》一卷《圖書合解》一卷，明天山道人，一本。」

四庫存目標注卷二

滕州　杜澤遜　撰

經部二

易類二

讀易蒐十二卷　國朝鄭賡唐撰　一六八

浙江吴玉墀家藏本(總目)。○《浙江省第四次吴玉墀家呈送書目》:「《讀易蒐》十二卷,明鄭賡唐著,六本。」○《浙江採集遺書總録》:「《讀易蒐》十二卷,刊本。」○《山東巡撫第二次呈送書目》:「鄭賡唐《讀易蒐》六本。」○中國科學院圖書館藏清康熙刻本,題「越東學者鄭賡唐著,男惟颺、載颺校」。半葉八行,行十九字,白口,左右雙邊。前有康熙二十年辛酉仲夏張玉書序,順治四年自序。《存目叢書》據以影印。上海圖書館、華東師大有此刻。○清光緒四年五雲松溪刻本,山東省圖書館、上海圖書館、南開大學、華東師大等藏。

大易則通十五卷閏一卷　國朝胡世安撰　**一六九**

湖北巡撫採進本(總目)。○《湖北巡撫呈送第二次書目》:「《大易則通》八本。」○《山西省呈送書目》:「《大易則通》十六卷。」○中國科學院圖書館藏清順治胡蔚先刻本,題「仙井胡世安處靜述」,半葉十行,行二十一字,白口,左右雙邊。前有順治十五年朱之俊序,十七年李蔚序,十八年七月孫承澤序,十八年季冬馬晉允序,穆貞胤序,自序,凡例,總目。卷尾有「孫蔚先敬刊」一行。《存目叢書》據以影印。齊齊哈爾圖書館有此刻。按: 世安又有《易史》八卷首一卷,順治十八年刻本,北京大學藏,《四庫總目》未載。

周易感義無卷數　**一七〇**

兩江總督採進本(總目)。○《兩江第一次書目》:「《周易感義》八本。」○《提要》云:「此書爲未刻稿本,中多朱墨塗乙。其撰人姓名,墨筆題東海衲民岳嵐墨山氏述,蓋所自書。朱筆題江西兵憲岳虞巒衡山氏述,爲其同里魯釗所書。」又云:「書中又云丙申五月著稿,則成於國朝順治十三年。疑其明亡以後,變服爲僧,改名岳嵐,故自號東海衲民也。是書惟解六十四卦,分作八巨册。而朱筆又閒有標二編第幾卷者。」

易學筮貞四卷　國朝趙世對撰　**一七一**

浙江吳玉墀家藏本(總目)。○《浙江省第四次吳玉墀家呈送書目》:「《易學著貞》四卷,明趙世對著，一本。」○《浙江採集遺書總録》：「《易學蓍貞》四卷，刊本。」○北京圖書館藏清順治刻本，作《易學蓍貞》四卷，題「瀫水後學趙世對襄臣父輯」。半葉十一行，行二十三字，白口，四周單邊。前有甲午秋八月朔章有成引言。《存目叢書》據以影印。按：《總目》書名「筮」乃「蓍」之誤。

一七二　周易明善録二卷　國朝徐繼發撰

江西巡撫採進本（總目）。○《江西巡撫六次續採書目》：「《周易明善録》、《抗言在昔集》共二本。」

一七三　麗奇軒易經講義無卷數　國朝紀克揚撰

編修勵守謙家藏本（總目）。○《編修勵交出書目》：「《麗奇軒易經講義》二本。」按：同時進呈《麗奇軒文集》二本、《麗奇軒遺草》一本，《四庫總目》不載。臺灣「中央研究院」史語所有清乾隆重刻《麗奇軒文集》四卷。

一七四　羲畫憤參二十五卷　國朝陸位時撰

浙江巡撫採進本（總目）。○《浙江省第六次呈送書目》：「《羲畫憤參》二十五卷，明陸位時著，十二本。」○《浙江採集遺書總録》：「《羲畫憤參》十五卷，刊本。」按：十五卷當是二十五卷之脱誤。

一七五　周易辨疑無卷數　國朝李開先撰

山東巡撫採進本（總目）。○《山東巡撫第二次呈送書目》：「《周易辨疑》四本。」○《江蘇省第一次書目》：「《讀易辨疑》四本。」○《江蘇採輯遺書目録》：「《讀易辨疑》不分卷，明蜀中舉人李開先著，刊本。」○《浙江省第四次吴玉墀家呈送書目》：「《周易辨疑》，國朝李開先著，四本。」○《浙江採集遺書總録》:「《讀易辨疑》四册,刊本,明舉人蜀中李開先撰。」〇中國科學院圖書館藏清乾隆二十四年李希賢刻本,分上經、下經二卷。半葉十行,行二十字,白口,左右雙邊。版心及封面書名作《讀易辨疑》,正文卷端書名作《周易六十四卦辨疑》。題「蜀東望九天台老人李開先傳一甫著」。前有乾隆二十三年戊寅九月金壇于敏中序,深澤王植序,康熙三十一年蜀東長壽李開先序。後有戊寅丁愷曾跋,康熙三十一年男徵儁跋,康熙三十九年孫世奇跋,乾隆二十四年孫希賢刻書跋。封面刻「静遠堂藏板」。《存目叢書》據以影印。臺灣大學、湖南圖書館藏有此刻。

易存無卷數　國朝蕭雲從撰　**一七六**

大理寺卿王昶家藏本(總目)。〇《安徽省呈送書目》:「《易存》一本。」〇浙江圖書館藏清鈔本,一卷,半葉八行,行十八字,白口,四周雙邊,無直格,版心下有「樞原藏本」四字。前有新安後學方兆曾序,自序。卷内鈐「歸求艸堂訂本」、「墨海樓」、「嚴長明用晦甫圖書記」等印記。《存目叢書》據以影印。按:嚴長明卒於乾隆五十二年,此本猶清初所寫。

周易説略四卷　國朝張爾岐撰　**一七七**

山東巡撫採進本(總目)。〇《山東巡撫呈送第一次書目》:「《周易説略》四本。」〇北京圖書館藏清康熙五十八年泰山徐志定真合齋磁版印本,半葉九行,行二十字,白口,左右雙邊。封面刻「泰山磁版」。前有康熙六年自序。又有康熙五十八年四月徐志定序云:「戊戌冬偶創磁刊,堅緻勝木,因亟爲次第校正,逾己亥春而《易》先成。既喜其書之不終於藏而人與俱傳,且并樂此刻之堪以歷遠久也，遂爲一言以識之。」卷内鈐「乃乾毓英共讀」、「慎初堂」等印記。《存目叢書》據以影印。四川省圖書館、無錫市圖書館亦藏此本。按：即徐氏「此刻之堪以歷遠久」一語觀之，此係磁版，非磁活字也。○清乾隆二十七年歷城吳元祥等刻本。此本有吳元祥刻書序，略謂前有泰安徐氏藏版，刷印未幾損壞，壬午二三同志遂捐資復刊，群委余董其事，三十餘工齊集鄙舍云云。序後有「後學田培彬雅菴、吳維禮敬齋校字」識語。上海圖書館、山東圖書館等藏。按：此謂泰山徐氏藏版，刷印未幾損壞。設爲活字版，則不當如是説，益知徐氏磁版係整版也。○清嘉慶二年文源堂刻本，山東圖書館、科學院圖書館等藏。○清嘉慶十年文錦堂刻本，山東圖書館藏。上海圖書館有嘉慶十年敬文堂刻本，未知是否同版。○嘉慶二十年文錦堂重刻本，濟南市圖書館藏。○宣統元年善成堂刻本，山東圖書館藏。一九七六年臺北成文出版社影印宣統元年善成堂刻本，收入《無求備齋易經集成》。

一七八 周易纂解正宗六卷　國朝謝復莞撰

江西巡撫採進本（總目）。○《江西巡撫海第三次呈送書目》：「《周易纂解正宗》七本。」

一七九 周易塵談無卷數　不著撰人名氏

兩淮馬裕家藏本（總目）。○《兩淮商人馬裕家呈送書目》：「《周易塵談》未分卷，明人，十本。」○《提要》云：「朱彝尊《經義考》載孫應龍有《周易塵談》十二卷，疑此本是也。」

一八〇 周易纂註無卷數　國朝朱奇穎撰

江蘇巡撫採進本（總目）。○《江蘇省第二次書目》：「《周易纂註》三本。」○《江蘇採輯遺書目録》：「《周易纂注》三卷，清平遥縣知縣嘉定朱奇穎著，刊本。」○清刻本，作《天翼堂周易纂注》二卷。内蒙圖。

易史參録二卷　國朝葉矯然撰　一八一

江西巡撫採進本（總目）。○《江西巡撫海第二次呈送書目》：「《易史參録》二本。」○《福建省呈送第四次書目》：「《易史參録》二卷二本。」○福建師大藏清乾隆十三年戊辰閩縣葉氏刻本。○中國科學院圖書館藏清乾隆三十三年龍性堂刻本，作《龍性堂易史參録》四卷，題「閩縣葉矯然思菴著，六世孫夢曾修林校」。半葉九行，行二十一字，下黑口，四周雙邊。封面刻「戊辰進呈御覽，庚申重修」、「龍性堂藏板」。前有乾隆三十三年何逢僖序，乾隆十三年戊辰李敬序，康熙十七年自序。據何序、李序，知此書乾隆十三年初刻於蜀，乾隆三十三年再刻於閩。此即乾隆三十三年本也。庚申重修，殆指嘉慶五年修版重印。《存目叢書》據以影印。山東圖書館亦有此刻。

大易疏義五卷　國朝王芝藻撰　一八二

江蘇巡撫採進本（總目）。○《江蘇省第二次書目》：「《周易疏義》四本。」○《江蘇採輯遺書目録》：「《周易疏義》五卷，清溧水王芝藻著。」

周易滴露集無卷數　國朝張完臣撰　一八三

直隸總督採進本（總目）。○《直隸省呈送書目》：「《周易滴露》四本。」○《山東巡撫呈送第一次書目》：「《周易滴露》四本。」○《都察院副都御史黃交出書目》：「《周易滴露集》，本朝張完臣輯，四本。」〇中國科學院圖書館藏清康熙二十八年張拭刻本，分元、亨、利、貞四集，不標卷次。元集題「平原張完臣良哉甫輯述」。半葉九行，行二十二字，白口，四周雙邊。前有許之漸序，凡例。凡例末署「安遠堂主人識」。卷尾有康熙二十八年張拭跋云：「勉力剞劂，公諸同好。」封面刻「本衙藏板」。《存目叢書》據以影印。山東圖書館、臺灣大學等亦藏此刻。

周易疏略四卷　國朝張沐撰　**一八四**

河南巡撫採進本（總目）。〇《河南省呈送書目》：「《周易疏略》，本朝張沐著，四本。」〇清華大學藏清康熙十四年至四十年著蔡張氏敦臨堂刻《五經四書疏略》本，半葉九行，行十七字，白口，四周雙邊。封面刻「康熙十九年鐫」、「敦臨堂藏板」。前有陳如升序，康熙十九年庚申仲冬望後二日趙御衆序，王渭序，康熙十一年自序等。據趙、陳二序，知爲康熙十九年陳如升刻。《存目叢書》據以影印。山東圖書館有此刻本。中國科學院圖書館藏《張仲誠遺書》本，與此同版。

加年堂講易十二卷　國朝周漁撰　**一八五**

編修戈岱家藏本（總目）。

讀易近解二卷　國朝湯秀琦撰　**一八六**

江西巡撫採進本（總目）。〇《江西巡撫海第四次呈送書目》：「《讀易近解》一套二本。」〇中國科學院圖書館藏清鈔本，題「臨川進士湯秀琦著」，半葉十行，行二十八字，白口，四周單邊，無直格。前有碧澗主人湯秀琦弓菴《略例》、《目次》。卷内鈐「宋犖之印」、「牧仲」、「雪宛宋氏蘭揮藏書記」等印記，猶清初寫本也。書分上上、上下、中、下共四卷。《存目叢書》據以影印。

一八七　周易郁溪記十四卷　國朝郁文初撰

江西巡撫採進本(總目)。○《江蘇省第二次書目》：「《周易郁溪紀》十二本。」○《江蘇採輯遺書目録》：「《周易郁溪記》十卷附《繫辭》上下四卷，清高淳府知府蘄水郁文初著，刊本。」○《提要》云：「此書爲河間賈棠所刊。」○山西省文物局藏清鈔本，十六卷十六册。書名不一，序作《郁溪易紀》，正文題《周易郁溪紀》，書簽作《鈔本郁溪易紀》。卷一《圖數圖象之義》，不題撰人。卷二題「大明蘄水郁文初註號郁溪」。半葉九行，行二十二字，白口，左右雙邊。前有丁酉季春郁文初序。鈐「渾源田氏所藏」印記。《存目叢書》據以影印。

一八八　周易起元十八卷　國朝陳圖撰

江西巡撫採進本(總目)。○《江西巡撫海續購書目》：「《周易起元》六本。」

一八九　易贅二卷　國朝王艮撰

安徽巡撫採進本(總目)。○《湖北巡撫呈送第三次書目》：「《易贅》二本。」○上海圖書館藏清順治刻本，作《不菴易贅》，殘存卷一。題「古歙王艮述，始安吳懷、鄱陽史白訂」。半葉八行，行二十字，白口，四周單邊。前有吳懷序，史白堅序，自序。鈐「景鄭藏本」白文方印。《存目叢書》據以影印。按：卷端作史白，序作史白堅，未知何故。○浙江圖書館藏康熙刻《鴻逸堂稿》卷一卷二爲《易贅》，題「太原王煒撰」，半葉九行，行二十字，白口，左右雙邊。前有吳懷序，史白堅序。按：王艮，原名王煒，字無悶，號不菴。所撰《鴻逸堂稿》五卷，康熙刻本，北圖、湖北省圖、南京博物院亦有藏。

一九〇 **易大象説録二卷　國朝吳舒鳧撰**

浙江吳玉墀家藏本（總目）。〇《浙江省第四次吳玉墀家呈送書目》：「《易大象説録》二卷，國朝舒鳧著，一本。」〇《浙江採集遺書總録》：「《易大象説録》二卷，首有雜録一卷，刊本，國朝吳人舒鳧撰。」〇北京圖書館分館藏清刻本二卷，又首一卷。題「吳人舒鳧撰」，下注「一名逸，字吳山」。半葉十行，行二十字，白口，四周單邊。前有鐵嶺高其佩序，謂「壬戌秋余獲定交」，又謂「余聞吳山教二十六年矣」。按其佩爲高天爵第五子，其長兄高其位康熙間從征吳三桂，官至文淵閣大學士、禮部尚書。則壬戌當爲康熙二十一年，作序則在康熙四十七年，此本之刻當在康熙四十七年前後。《存目叢書》據以影印。又按：著者吳舒鳧，《總目》云「吳縣人」。據劉輝考證，吳舒鳧爲錢塘人。所署「吳人舒鳧」之「吳人」爲其別名。

一九一 **周易惜陰録四十六卷　國朝徐世沐撰**

兩江總督採進本（總目）。〇《兩江第一次書目》：「《周易惜陰録》，江陰徐世沐著，抄本，十本。」

一九二 **周易存義録十二卷　國朝徐世沐撰**

兩江總督採進本（總目）。〇《兩江第一次書目》：「《周易存義録》，江陰徐世沐著，抄本，六本。」

一九三 **周易惜陰詩集三卷　國朝徐世沐撰**

兩江總督採進本（總目）。〇《兩江第一次書目》：「《周易存義詩》，江陰徐世沐著，抄本，三本。」

一九四　圖易定本一卷　國朝邵嗣堯撰

江蘇周厚堉家藏本（總目）。○《江蘇省第一次書目》：「《易圖定本》一本。」○《江蘇採輯遺書目録》：「《圖易定本》一册，清郇陽邵嗣堯著。」○《提要》云：「自序謂一刻於都門，再刻於上谷，三刻於襄陽，屢有改易。此本刻於康熙甲戌，凡四易稿始爲定本云。」○清道光十年長洲顧氏刻《賜硯堂叢書新編》甲集本，作《易圖定本》一卷。《存目叢書》據以影印。

一九五　易經述無卷數　國朝陳詵撰

浙江巡撫採進本（總目）。○《浙江省第四次吴玉墀家呈送書目》：「《易經述》，國朝陳詵著，一本。」○《浙江採集遺書總録》：「《易經述》一册，刊本，國朝禮部尚書海寧陳詵撰。」○中國科學院圖書館藏清康熙信學齋刻本，目録題「浙汜後學陳詵」。半葉十行，行二十字，白口，左右雙邊。版心刻「信學齋」。無序跋。《存目叢書》據以影印。

一九六　周易廣義六卷　國朝潘元懋撰

江蘇周厚堉家藏本（總目）。○《江蘇省第一次書目》：「《周易廣義》六本。」○《江蘇採輯遺書目録》：「《周易廣義》四卷，明甬江潘元懋著。」○北京大學藏清康熙刻本，六卷，又卷首《周易五贊》、《周易圖説》、《筮儀》各一卷。封面有武林南陔堂主人刻書識語四行，又刻「南陔堂藏板，詠素堂發行」兩行。識語謂「劉大宗伯細加點定」，「捐俸授梓」。前有康熙十一年兩浙督學使者劉元琬序云：「爰授之梓，以廣其傳。」又康熙十二年癸丑史大成序云：「余友潘子友碩，以所著《周易廣義》一書受知於督學劉公，爲出官俸而授之梓，余聞其剞劂將成，心焉喜之，走筆而爲之序。」末有陸平跋。據劉、史二序，知是書爲劉元琬出資付武林南陔堂刻板，康熙十一年付梓，十二年刊成。是書正文兩截版。下爲《周易本義》。上爲《勉齋纂序周易廣義》，題：「汝陽劉元琬石芝父鑒定，甬江後學潘元懋（初名陸）友碩輯，同懷潘元復文來、同學張尚乘爾超、丁天植仲眉、范光炎疇一、楊復吉長公、袁時中來菴、范煒赤霞、左峴襄南、韓如玉素威、仇兆鰲滄柱參，受經陸平、袁弘烈、張延亮、張師聖、丁恒、姪潘朝燦、孫潘人憲較。」下欄半葉八行，行十四字，上欄半葉二十行，行二十四字，白口，四周單邊。《存目叢書》據以影印。上海圖書館、大連圖書館、西安文管會藏有此刻。〇山東省圖書館藏清乾隆四十七年一灣齋刻本六卷六册。

大易蓄疑七卷　國朝劉蔭樞撰　一九七

陝西巡撫採進本（總目）。〇《陝西省呈送書目》：「《大易蓄疑》。」〇清鈔本一册。武漢圖。

易論無卷數　國朝徐善撰　一九八

浙江范懋柱家天一閣藏本（總目）。〇《浙江省第五次范懋柱家呈送書目》：「《易論》不分卷，國朝徐善著，二本。」〇《浙江採集遺書總録》：「《易論》二册，寫本，國朝諸生秀水徐善撰。」

周易應氏集解十三卷　國朝應撝謙撰　一九九

浙江吴玉墀家藏本（總目）。〇《浙江省第四次吴玉墀家呈送書目》：「《應氏易解》十三卷，國朝應撝謙著，三本。」〇《浙江採集遺書總録》：「《應氏易解》十七卷，刊本，國朝徵士仁和應撝謙撰。」

易原無卷數　國朝趙振芳撰　**二〇〇**

江蘇巡撫採進本(總目)。〇《江蘇省第一次書目》:「《易原》、《易或》共十二本。」〇《江蘇採輯遺書目録》:「《易原》二卷,清趙振芳述,徐在漢參。」〇《浙江省第四次吴玉墀家呈送書目》:「《易原》,國朝趙振芳著,二本。」〇《浙江採集遺書總録》:「《易原》二卷,刊本,國朝杭州趙振芳述,歙縣徐在漢參。」〇上海圖書館藏清順治刻《易原易或合集》本,二卷又首一卷,半葉十行,行二十字,白口,四周雙邊。封面刻「趙胥山、徐寒泉二子同述」、「易原易或合集」、「蕉白居藏板,翻刻必究」。《易原》書名葉刻「胥山趙子述」、「蕉白居藏板」。前有順治十七年七月黄景昉《易原易或題辭》,順治十六年孔自洙《易原易或敘》,黄元萃《易原易或合集序》,馬文燦序,順治十五年小春月黄儀廣《紀略》。又《易原》、《易或》分卷次第,孫錫蕃《易原序》,《易原分目》。《易原》末有甲申秋趙振芳識後。《紀略》云:「趙子因付廣以董其成,殆將竣矣,命僕携稿入書林,復爲猛虎所攫,稿失數日,復得之草間。」則是書由趙振芳付梓,黄儀廣董其事,時在順治十五年。最後刊成當在順治十七年。鈐有「沈氏鳴野山房圖籍印」白文方印。《存目叢書》據以影印。湖北圖書館、科學院圖書館、福建師大、浙江上虞圖書館均藏此本。

易或十卷　國朝徐在漢撰　**二〇一**

江蘇巡撫採進本(總目)。〇《江蘇省第一次書目》:「《易原》、《易或》共十二本。」〇《江蘇採輯遺書目録》:「《易或》十卷,清歙縣徐在漢述,杭州趙振芳參。」〇《浙江省第四次吴玉墀家呈送書目》：「《易或》十卷，國朝徐在漢著，十本。」○《浙江採集遺書總録》：「《易或》十卷，刊本，徐在漢述，趙振芳參。」○中國科學院圖書館藏清順治刻本，題「天都徐在漢述，胥山趙振芳參，潭陽黃儀廣校」。半葉十行，行二十字，白口，四周雙邊。前有順治元年九月自序，十一年正月自序，末有順治十二年正月自跋。《存目叢書》據以影印。此即《易原易或合集》本，上海圖書館等有藏，參上《易原》條。

易經辨疑七卷　國朝張問達撰　**二〇二**

浙江巡撫採進本（總目）。○《浙江省第六次呈送書目》：「《易經辨疑》七卷，國朝張問達著，六本。」○《浙江採集遺書總録》：「《易經辨疑》六卷，刊本，國朝江都張問達撰。」○中國科學院圖書館藏清康熙十九年金閶陳君美刻本，七卷，題「江都張問達天民編輯，男張宜年惟馨較，江寧沈士芳曲江、黃陂葉良儀令侯、休寧孫郎詒仲參訂」。半葉九行，行二十三字，白口，四周單邊。前有康熙十八年冀如錫序，十九年李之粹序，十八年張問達序，又參訂受業姓氏。封面刻「康熙十九年鐫」、「金閶陳君美梓行」。卷内鈐「明善堂覽書畫印記」、「安樂堂藏書記」等印。《存目叢書》據以影印。

上海圖書館有康熙十八年刻本，疑係同版。

周易通十卷　國朝浦龍淵撰　**二〇三**

浙江巡撫採進本（總目）。○《浙江省第六次呈送書目》：「《周易通》十卷，國朝浦龍淵著，三本。」○《浙江採集遺書總録》：「《周易通》十卷，刊本，國朝知縣吳門浦龍淵撰。」○《江蘇採輯遺書目録》：「《周易通》十卷，清吴郡浦龍淵著，刊本。」○湖北省圖書館藏清康熙十年敬日堂刻本，卷一題「吴郡浦龍淵潛夫著，餘杭嚴沆顥亭、嘉興許東甫草参」，卷二以下参訂者有：秀水曹溶秋岳、祥符周亮工櫟園、崑山李可汧元仗、吴郡李模峇菴、吴郡鄭敷教士敬、長洲宋實穎既庭、崑山顧升畯旦兮、餘杭嚴曾榘柱峯、吴縣繆彤念齋、吴郡李楷蓉山、吴江吴之紀天章、吴江吴之翰有良、吴郡汪琬鈍菴、吴郡金秉樸醇還、無錫曹鼎臣掄生。前有康熙十年吴偉業《周易通辨合序》，康熙十年嚴沆《周易通辨合序》。嚴序云「遂首倡捐助，召募梓人」。目録末有「繫辭諸傳解分爲四卷，入《易辨》内，嗣出」一行，知康熙十年僅刻《周易通》十卷。各卷末有寫工刻工：吴門張翰如書，旌邑劉子美刻。《存目叢書》據以影印。

周易辨二十四卷　國朝浦龍淵撰　二〇四

浙江吴玉墀家藏本(總目)。○《浙江省第四次吴玉墀家呈送書目》：「《周易辨》二十四卷，國朝浦龍淵著，八本。」○《浙江採集遺書總録》：「《周易辨》二十四卷，前有易考易論一卷，刊本。」○上海圖書館藏清康熙刻本，作《周易辯》二十四卷卷首二卷。題「吴郡浦龍淵潛夫著」，半葉十行，行二十二字，白口，左右雙邊。前有康熙十七年二月李天馥序，康熙十五年八月望日魏裔介《勸梓易辯小引》，魏環溪(象樞)書札一通，徐乾學、顧汧、顧藻、繆彤、徐元文、繆錦宣、徐秉義、馬鳴鑾、李枏《致方伯丁泰巖公祖請刻易辨公啟》，康熙十七年二月自序，目録，康熙十七年重午日浦龍淵《凡例》。卷首二卷爲《易考十篇》。目録列卷首另有《易論八篇》，注云「另爲一帙」，今未見。《存目叢書》據以影印。《中國古籍善本書目》著録華中師院藏康熙十七年刻本，《中國人民大學圖書館古籍善本書目》著録康熙十七年刻本，當是同版，唯卷首均作四卷，蓋《易論八篇》不缺也。又臺灣大學、日本東京大學東洋所亦有此刻。

周易義參六卷　國朝于琳撰　**二〇五**

浙江巡撫採進本（總目）。〇《浙江省第一次書目》：「《周易義參》六卷，國朝于琳著，六本。」〇《浙江採集遺書總録》：「《周易義參》六卷，寫本，國朝貢生平湖于琳撰，又名《周易參同》。」

身易實義五卷　國朝沈廷勷撰　**二〇六**

浙江巡撫採進本（總目）。〇《浙江省第六次呈送書目》：「《身易實義》五卷，國朝沈廷勷著，五本。」〇《浙江採集遺書總録》：「《身易實義》五卷，刊本。」〇《江蘇省第一次書目》：「《身易實義》五本。」〇《江蘇採輯遺書目録》：「《身易實義》五卷，清嘉興沈廷勷著。」〇《安徽省呈送書目》：「《身易實義》五本。」〇中國科學院圖書館藏清康熙沈氏洗心樓刻本，半葉十二行，行二十四字，白口，左右雙邊。前有康熙二十三年門人張榕端序，二十四年杜臻序，二十二年徐善序，二十四年徐弘炯序，二十三年勞之辨序，二十二年自序，王庭序，二十一年孫鍾瑞序。勞序云「敬附寒俸，稍佐剞劂」。徐序云「命余序而行之」。則康熙二十三年至二十四年所刊也。封面刻「洗心樓藏板」。《存目叢書》據以影印。丁氏八千卷樓有此刻，歸國學圖書館，當在南京圖書館。《中國古籍善本書目》著録安徽圖書館藏康熙刻本，當亦此刻。

河圖洛書原舛編一卷　國朝毛奇齡撰　**二〇七**

浙江巡撫採進本(總目)。○《浙江省第三次書目》：「《西河合集》四百九十一卷，國朝毛奇齡著，八十四本。」○《浙江採集遺書總録》：「《西河合集》四百九十一卷，刊本。」○清康熙書留草堂刻《西河合集》本，北大、清華、山東省圖書館、湖北省圖書館等藏。《存目叢書》用清華此本影印。○清康熙書留草堂刻乾隆三十五年陸體元修補重印《西河合集》本。

易宗集注十二卷　國朝孫宗彝撰　**二〇八**

兩江總督採進本(總目)。○《兩江第一次書目》：「《易宗集注》，高郵孫宗彝著，六本。」○中國科學院圖書館藏清康熙刻本十二卷，又卷首一卷。半葉九行，行十八字，白口，四周雙邊。各卷卷端題「易宗卷之幾」，卷尾及版心則題「易宗集註」。前有康熙二十九年庚午王澤弘《天心閣集序》，謂「弓安將謀刻先生之集」，其集「詩凡四卷，文凡十二卷，三才易宗凡二十卷，禪喜外集一卷」。則是本爲康熙二十九年宗彝子弓安刻《天心閣集》之一種。《存目叢書》據以影印。上海圖書館、山東圖書館、南開大學、臺灣大學均有此刻。

周易清解無卷數　國朝江見龍撰　**二〇九**

浙江巡撫採進本(總目)。○《浙江省第八次呈送書目》：「《周易清解》，國朝江見龍著，四本。」○《浙江採集遺書總録》：「《周易清解》四册，寫本。」

二一〇　周易本義述藴四卷　國朝姜兆錫撰

江蘇巡撫採進本(總目)。○《江蘇省第一次書目》:「《周易本義述藴》二本。」○《江蘇採輯遺書目録》:「《周易本義述藴》四卷,清丹陽姜兆錫著,刊本。」○浙江圖書館藏清乾隆寅清樓刻《九經補注》本,題「朱子本義,姜兆錫述」。半葉十行,行二十五字,白口,四周單邊。版心下刻「寅清樓」。前有乾隆四年八月既望張廷璐《九經補注序》,任啟運《姜先生九經補注序》,乾隆三年冬姜兆錫《九經補注自序》,乾隆九年《周易述藴》自序,乾隆十四年孟夏其子姜允重《刻周易述藴始末録》。卷前又有《至聖十翼考義》一篇,目録,又圖説一卷。正文書名《周易述藴》。封面刻「乾隆十四年鐫」、「本衙藏板」。《存目叢書》據以影印。按:《中國叢書綜録》著録雍正乾隆間寅清樓刻《九經補注》,其子目未列此種,即此本首載《九經補注》總序三篇觀之,此係《九經補注》第一種。

二一一　周易藴義圖考二卷　國朝姜兆錫撰

江蘇巡撫採進本(總目)。○《江蘇省第一次書目》:「《周易藴義圖考》一本。」○《江蘇採輯遺書目録》:「《周易藴義圖考》二卷,清丹陽姜兆錫著,抄本。」

二一二　硯北易鈔十二卷　國朝黄叔琳撰

編修勵守謙家藏本(總目)。○《編修勵第一次至六次交出書目》:「《硯北易鈔》十本。」○《提要》云:「中多朱墨校正商搉之處,蓋猶未定之稿也。」○浙江圖書館藏清鈔本,首葉鈐「翰林院印」滿漢文大官印,封皮有「乾隆三十八年六月翰林院編修勵守謙交出硯北易鈔壹部計書拾本」長方木記，即《存目》所據原本也。卷内又鈐「信天廬」、「埽塵齋積書記」、「禮培私印」、「文素松印」、「寅齋」等印記。書中有翁方綱籤注。又王禮培手跋：「黄崑圃《硯北易鈔》不分卷，翰林院勵守謙交出進呈，四庫館臣翁覃溪等校正，書中籤條有俟臨刻時更正云云，信爲未刊之秘笈也。甲子初春湘鄉王禮培記。」又文素松手跋：「按黄叔琳，大興人，康熙進士，累官詹事，嘗以文學政事受知康熙雍正乾隆三朝，當代推爲巨儒，世稱北平黄先生。著有《硯北易鈔》、《詩經統説》、《夏小正傳註》、《史通訓故補註》、《文心雕龍輯註》、《顔氏家訓節録》、《硯北雜録》等書。此書爲呈進本，經翰林院編修勵守謙交出，復經翁覃溪簽註，其珍重可知。十七年冬在滬寓以重值收之。萍鄉文素松。」《存目叢書》據是本影印。

宋元周易解提要附易解别録無卷數　不著撰人名氏　**二一三**

副都御史黄登賢家藏本（總目）。○《都察院副都御史黄交出書目》：「《宋元周易解提要》六本。《易解别録》一本。」○《提要》云：「前署養素堂纂本，又有黄叔琳名字二私印，蓋即叔琳所録也。」

周易淺解四卷　國朝張步瀛撰　**二一四**

江蘇巡撫採進本（總目）。○《江蘇省第一次書目》：「《周易淺解》三本。」○《江蘇採輯遺書目録》：「《周易淺解》，清伊洛張步瀛著。」○山東圖書館藏清康熙三十年張氏滋德堂刻本四卷六册，盧松安易廬舊藏。卷一首行題「滋德堂彙纂周易淺解」，次行至四行題「伊洛張含性理齋甫命意，男步瀛翰仙甫筆受輯著，孫勗勒五甫、曠昭文甫、暭升初甫習業」。半葉十行，行二十四字，白口，左右雙邊。封面刻「滋德堂藏板」五字。前有康熙三十年辛未仇兆鰲序，康熙二十九年耿介序，康熙三十年張步瀛序。張序云「會同人慫慂梓以問世」。又康熙三十年自撰例言，同人校閲姓氏。《存目叢書》據以影印。

易經詳説無卷數　國朝冉覲祖撰　**二一五**

山東巡撫採進本（總目）。〇《河南省呈送書目》：「《五經詳説》五部，本朝冉覲祖著，共一百七十九本。」〇中國科學院圖書館藏清同治九年冉氏寄願堂重刻本，五十卷二十五册。半葉十一行，行二十六字，白口，四周雙邊。版心下刻「寄願堂」。前有自序，自序後有「同治八年歲次己巳七世孫統高、仰高、務惺、務乾、八世孫本崇、貴貞、本岫、海亭、南薰、本杲、九世孫臨朔、循規敬刊」一行。封面刻「同治庚午新鐫」、「寄願堂藏板」。卷四末記刻工寫工：董田、王榜、□州朱聚、劉海雕刻；牟陽耿濂謄録。卷十末有「李惠商謄録」，卷十七末有「純如馬金錫對正」，卷二十末有「王折桂謄録」，卷二十四末有「八世孫本岫對正」，卷二十六末有「李景明謄録」，卷二十七末有「平波蒿海恬對正」，卷二十八末有「劉錫齡謄録」等題名。《存目叢書》據以影印。山東圖書館有此刻，盧松安易廬舊藏。〇清光緒七年大梁書局刻《五經詳説》本，五十卷。上海、山東、河南等圖書館藏。

易學參説二卷　國朝馮昌臨撰　**二一六**

浙江巡撫採進本（總目）。〇《浙江省第八次呈送書目》：「《易學參説》，國朝馮昌臨著，二本。」〇《浙江採集遺書總録》：「《易學參説》一册，刊本，國朝海鹽馮昌臨撰。」〇上海圖書館藏清刻本，内編一卷、外編一卷。題「浙江武原梅里馮昌臨與肩著」，半葉九行，行二十四字，白口，左右雙邊。前有自序。鈐「曾在黄厚齋處」、「黄握瑩印」等印記。《存目叢書》據以影印。

易象二卷　國朝王明弼撰　**二一七**

陝西巡撫採進本（總目）。

易宫三十八卷　國朝吴隆元撰　**二一八**

浙江巡撫採進本（總目）。○《浙江省第四次吴玉墀家呈送書目》：「《易宫》三十八卷，國朝吴隆元著，八本。」○《浙江採集遺書總録》：「《易宫》三十八卷，寫本，國朝布政使參議歸安吴隆元撰。」○《提要》云：「其書前後無序跋，末闕雜卦傳，其中亦多闕文闕卷，又頗有塗乙，或注未定本字，或注非先生手授本字，則隆元草創未竟之書，其門人追録之也。」

讀易管窺五卷　國朝吴隆元撰　**二一九**

浙江巡撫採進本（總目）。○《浙江省第六次呈送書目》：「《讀易管窺》五卷，國朝吴隆元輯，三本。」○《浙江採集遺書總録》：「《讀易管窺》五卷，刊本。」○上海圖書館藏清乾隆刻本，題「歸安後學吴隆元」，半葉十行，行二十二字，白口，雙黑魚尾，左右雙邊。無序跋。鈐「王培孫紀念物」朱文方印。《存目叢書》據以影印。《販書偶記續編》著録此書，約雍正間歸安吴易齋刊本。未知是否一刻。

讀易約編四卷　國朝朱江撰　**二二〇**

内府藏本（總目）。○《武英殿第一次書目》：「《讀易約編》六本。」○南京圖書館藏清康熙三十六年直齋刻本，殘存卷一卷三卷四。各卷題「江都朱江東柱纂輯，興化李秉鍨蜀嘉、胞弟潢崑源仝訂，男文蔚、文炳校字」。半葉九行，行二十字，白口，四周雙邊。版心下刻「直齋」。封面刻「康熙丁丑歲新鐫」、「直齋藏板」。前有史夔序，康熙三十六年丁丑七月吴門宋時穎序。《存目叢書》據以影印。

孔門易緒十六卷　國朝張德純撰　二二一

山西巡撫採進本（總目）。○江西省圖書館藏稿本十六卷，又首一卷。半葉九行，行二十七字，白口，四周雙邊。版心有「麗農山房」四字。前有雍正十三年仲春楊名時《松南先生小傳》。卷八末有識語一行云「雍正戊申二月送兒項之任黔東，命麟孫於舟中録稿，至印江署畢」。戊申爲雍正六年。卷内鈐「德純」、「學窩」、「海棠仙館」、「小萬卷樓」、「柏香」、「麐孫印」、「少游」、「致之讀過」、「毛慶善印」、「尚友齋印」、「臣慶善印」、「叔美心賞」、「蓮塘方冀道所藏經籍記」等印記。《存目叢書》據以影印。○《販書偶記續編》著録乾隆五十六年張松孫刻本十六卷首一卷，附張鳳孫撰《松南年譜》一卷。

易韋二卷　國朝朱襄撰　二二二

兩淮鹽政採進本（總目）。○《兩淮鹽政李續呈送書目》：「《易韋》一卷，國朝朱襄，二本。」

周易闡理四卷　國朝戴虞皋撰　二二三

浙江吴玉墀家藏本（總目）。○《浙江省第四次吴玉墀家呈送書目》：「《周易闡理》四卷，明戴虞皋著，三本。」○《浙江採集遺書總録》：「《周易闡理》四卷，寫本。」○清華大學藏清刻藻堂鈔本，題

「玉峯遯軒戴虞臯愷選甫集，男孫貽燕謀氏參訂，表姪顧吴杲鑑如氏校閲」。半葉十行，行二十五字，黑格，白口，四周雙邊。版心下刻「剡藻堂」。前有康熙四十一年仲夏其孫戴貽《引言》，謂甲戌秋痛先君見背，於篋中得原稿，録其顯著者以成此書，至壬午之夏告竣。末有康熙四十二年十二月之望練水從子鑑冰揆氏後序。卷内鈐「彝尊私印」、「吴」「焯」連珠印、「吴城」、「繡谷亭續藏書」、「璜川吴氏收藏圖書」、「睘(願)流傳勿損污」等私印。又鈐「翰林院印」滿漢文大官印，書衣有「乾隆三十八年十一月浙江巡撫三寶送到吴玉墀家藏周易闡理壹部計書叁本」長方朱記，即《存目》所據原本也。彝尊卒於康熙四十八年十一月十三日，則是本鈔於康熙四十三年至四十八年間。卷尾有光緒二十九年十一月十六日桂芬手跋，密行細字凡十八行，其中有關進呈本亡佚之史料摘録如次：「余以光緒癸卯歲來京師，偶於街市以錢五百購得是書及《遺忠録》、《禮賢録》、《忠獻别録》、《龍川别志》等書，皆完善無缺，爲范氏懋柱家藏本，浙江巡撫所進者也。蓋因庚子之歲拳匪釀亂，聯軍入京，以致神京陸沉，兩宫西狩。内府圖書，率多散失。是書儲翰林院中，翰林院爲德人所據，所貯典籍盡没諸溷，而是書不知何時流落人間，寧非幸哉。」《存目叢書》即據此本影印。

易鑑二卷　國朝方鯤撰　**二二四**

安徽巡撫採進本(總目)。○《安徽省呈送書目》：「《易鑑》四本。」○中國科學院圖書館藏清康熙五年姚文然、姚文燮刻本。序、目録、版心均名「易鑑」。卷上首行題「乾鑑八卦解義註卷之上」，次行至四行題「桐山方鯤羽南父著，同里姚文然若侯、文燮經三仝較。」半葉九行，行二十字，白口，四周雙邊。前有康熙五年陳襄序，康熙五年陸可求序，順治二年乙酉方孔炤序，崇禎十五年壬午姚孫棐序，康熙五年姚文然序，康熙五年姚文燮序，崇禎十六年癸未自序。陳序云：「會經三司理建寧，掌垣公屬其梓行。」姚文然序云：「先生書成三十年，家貧不能梓，會予弟經三官建寧，予屬其梓以行世。」則是本爲姚文燮官建寧時所刊。《存目叢書》據以影印。上海師大等館亦藏此刻。

易説要旨二卷　國朝李寅撰　**二二五**

江蘇巡撫採進本（總目）。○《江蘇省第一次書目》：「《易説要旨》二本。」○《江蘇採輯遺書目録》：「《易説要旨》二卷，清吴江李寅著。」○北京圖書館分館藏清康熙刻本，題「吴江李寅東崖著」。半葉十行，行二十一字，白口，左右雙邊。前有康熙四十三年甲申重九自叙。封面刻「萬葉堂藏版」。寫刻工緻，印本清朗。《存目叢書》據以影印。復旦大學有此刻本。

易象數鉤深圖三卷　國朝張文炳撰　**二二六**

山西巡撫採進本（總目）。○《江西省六次續採書目》：「《讀易隅通》、《象數鉤深圖》、《公餘筆記》以上三種共六本。」

周易象義合參十二卷　國朝吴德信撰　**二二七**

江西巡撫採進本（總目）。○《江西巡撫海第二次呈送書目》：「《周易象義合參》六本。」○北京大學藏清康熙五十三年俞卿刻本十二卷，又首一卷。題「江州吴德信誠友輯解，高安朱軾可亭、古滇俞卿恕庵裁定，竟陵王遠帶存、同里郭光文豹章參訂，男遠猷校字」。半葉九行，行二十三字，白口，左右雙邊。封面刻「字遵監本」、「餘慶堂藏板」。前有康熙十一年朱軾序，俞卿序，康熙五十三年王遠引，康熙四十五年郭光文引，康熙四十五年吴德信序。王遠引云：「頃復相值，則已脱稿。滇南俞恕庵先生，精於易者也，見而嘆賞，捐貲授梓。」俞卿序云：「癸巳秋遇余於蘭序之沼，得與談心，共晨夕焉，出其《象義合參》一卷示余，……因樂取而付諸梓。」末署「古滇俞卿書於越州公署之學古堂」。癸巳爲康熙五十二年，則是本爲康熙五十二年至五十三年俞卿越州公署刻本。《存目叢書》據以影印。《中國古籍善本書目》著録齊齊哈爾圖書館藏康熙四十五年俞卿刻本，當即此刻，唯刻書年月有誤，蓋佚去王遠序所致。北圖分館有刻本，未知異同。

二二八 **周易通義十四卷　國朝方葇如撰**

浙江巡撫採進本（總目）。〇《浙江省第八次呈送書目》：「《周易通義》十四卷，國朝方葇如著，三本。」〇《浙江採集遺書總録》：「《周易通義》十四卷，寫本。」

二二九 **周易本義晰無卷數　國朝胡良顯撰**

湖北巡撫採進本（總目）。〇《湖北巡撫呈送第二次書目》：「《易本義晰》三本。」

二三〇 **易説十卷　國朝田嘉穀撰**

山西巡撫採進本（總目）。

二三一 **先天易貫五卷　國朝劉元龍撰**

直隸總督採進本（總目）。〇《直隸省呈送書目》：「《先天易貫》五本。」〇《提要》云：「前有康熙壬辰自序，又有雍正癸卯補序。蓋其書先成三卷，刊於江南，後又續增二卷，故兩序也。」〇南京圖書館藏清康熙浣易齋刻本，凡上中下三卷，又首一卷。題「恒山後學劉元龍凝焉氏著」，半葉九行，行十七字，白口，左右雙邊，版心下刻「浣易齋」，封面刻「晉陵門人公梓」。前有康熙五十三年十一月岳宏譽序，惲鶴生跋，康熙五十二年含真跋，惲德柄跋，康熙五十一年自序。又凡例，先天易集説，參訂姓氏，目録。後有鄭雄跋，張恒易跋，黄其龍跋，康熙五十四年乙未葉楨跋，鞠復跋。鈐「真州吴氏有福讀書堂藏書」印。按：是本刊刻年月，考是書雍正居易齋重刻增訂五卷本卷前雍正元年正月劉元龍補序稱「江南及門諸子分上中下三卷刊刻問世，歷今十載」云云，則付梓在康熙五十二年。《提要》所謂「先成三卷，刊於江南」者，即此本也。日本東京大學東洋文化所亦藏是刻。〇中國科學院圖書館藏清雍正居易齋刻本，五卷五册，白紙初印。題「饒陽後學劉元龍凝焉氏著，太倉王顓菴、海寧陳乾齋兩先生鑒定」。半葉十行，行十七字，白口，四周雙邊。版心下刻「居易齋」，封面刻「門人公校」。前有雍正二年王掞序，康熙五十九年張大受跋，王承烈跋，康熙六十年張雲章序，康熙六十年林佶跋，沈宗敬跋，谷音跋，自序，雍正元年正月元旦後五日劉元龍補序，雍正二年二月二日《總論》，凡例。後有鄭熊跋，康熙五十四年葉楨跋，鞠復跋，鄧治跋。蓋刊成於雍正二年。《存目叢書》據以影印。按：此即《提要》所謂「後又續增二卷」者。其前三卷亦經重訂。遼寧省圖書館、上海圖書館均有乾隆四年居易齋刻本，行款同前，版心亦刻「居易齋」，封面亦鐫「門人公校」，唯增乾隆四年德沛序。經函請王清原女士核對，實係一刻。〇清居易齋刻道光二十年常鳳翔等增修本，山東省圖書館、中央黨校、首都圖書館等藏。

易經纂言無卷數　國朝王士陵撰　一二三二

兵部侍郎紀昀家藏本（總目）。○《江西巡撫海第二次呈送書目》：「《易經纂言》六本。」

周易本義拾遺六卷　國朝李文炤撰　一二三三

湖南巡撫採進本（總目）。○《湖南省呈送書目》：「《周易本義拾遺》四本。」○北京師大藏清四爲堂刻《李氏成書》本，半葉九行，行十七字，下黑口，四周單邊。封面刻「四爲堂藏板」。正文六卷。前有參定姓氏，校對諸子，張鳴珂、羅爌弁言兩篇，程子易傳序，康熙五十年仲春月李文炤識語。次《周易序例拾遺目次》、《周易本義拾遺目次》，次《周易序例》一卷、《周易拾遺》一卷，次正文六卷。卷内弘、曆、琰均不缺筆，玄、鉉缺末筆，蓋康熙末年所刊。《存目叢書》據以影印。山東省圖書館、四川大學均藏此刻。

易經釋義四卷　國朝沈昌基撰　一二三四

浙江巡撫採進本（總目）。○《浙江省第六次呈送書目》：「《易經釋義》四卷，國朝沈昌基著，三本。」○《浙江採集遺書總録》：「《易經釋義》四卷，刊本。」○湖北省圖書館藏清雍正八年鶴琴書屋刻本，題：「吴門沈昌基儒珍氏、盛曾希哲氏仝參述，儒珍弟徹汝陽氏、壬覸屺懷氏、婿王森槐、希哲子克昌啟元氏、克明懷季氏同較閲。」半葉十行，行二十字，白口，左右雙邊。版心下刻「鶴琴書屋」。封面刻「雍正庚戌年鐫」、「吴門沈儒珍、盛希哲同參述」、「鶴琴書屋藏板，翻刻必究」。有程頤序，雍正八年庚戌沈昌基序。《存目叢書》據以影印。〇山東省圖書館藏清乾隆九年鶴琴書屋刻本四卷四册，與雍正八年刻本實爲一版。唯封面改刻，中刻「易經釋義」，上横刻「乾隆甲子年鐫」，右刻「明學使沈文巖先生鑒定」，左欄上刻「吴門沈安九照正韻校刊公世」，下刻「鶴琴書屋藏板」。又各卷卷端改刻爲「明學使沈紹慶文巖氏參述，元孫琭翰飛氏校正韻」。據沈昌基自序，此書係沈昌基、盛曾合撰。沈紹慶爲沈昌基七世祖。如此改刻已全失其真，似爲沈琭所爲。盧松安易廬舊藏。日本靜嘉堂亦有此本。

易鏡無卷數　國朝戴天章撰　二三五

浙江吴玉墀家藏本(總目)。〇《浙江省第四次吴玉墀家呈送書目》：「《易鏡》二卷，國朝戴天章著，二本。」〇《浙江採集遺書總録》：「《易鏡》二册，寫本，國朝湖州戴天章撰。」〇清末湖州沈德壽抱經樓藏舊鈔本二卷，清盧文弨手校，鈐「抱經堂」朱文方印、「召弓手校」白文方印、「陸飛」二字朱文小印。《抱經樓藏書志》著録。

心易一卷　國朝戴天恩撰　二三六

浙江汪啟淑家藏本(總目)。〇《浙江省第四次汪啟淑家呈送書目》：「《心易》一卷，國朝戴天恩著，三本。」〇《浙江採集遺書總録》：「《心易》一册，刊本。」

易經粹言三卷　國朝應麟撰　二三七

江西巡撫採進本(總目)。〇《江西巡撫海續購書目》：「《易經碎言》、《詩經旁參》、《春秋剩義》以上三種共四本。」○乾隆十六年宜黃應氏刻《屏山草堂稿》本，分上下二卷，又首一卷，半葉九行，行二十字，下黑口，左右雙邊。《存目叢書》用北京大學藏本影印。北京師大、武漢大學、武漢市圖書館亦有此本。按：書名《易經碎言》，《四庫總目》誤作《易經粹言》，江西書目不誤。

易互六卷　國朝楊陸榮撰　**二三八**

江蘇巡撫採進本(總目)。○《江蘇省第二次書目》：「《易互》一本。」○《江蘇採輯遺書目録》：「《易互》六卷，清青浦楊陸榮著，刊本。」○北京圖書館藏清乾隆十三年刻本，《楊潭西先生遺書》之一，半葉九行，行二十一字，白口，左右雙邊，前有乾隆十三年四月楊陸榮序。《存目叢書》據以影印。

成均課講周易無卷數　國朝崔紀撰　**二三九**

山西巡撫採進本(總目)。○《山西省呈送書目》：「《課講周易》。」○《江蘇省第一次書目》：「《成均課講周易》二本。」○《江蘇採輯遺書目録》：「《成均課講周易》十二卷，清國子祭酒崔紀著，刊本。」○中國科學院圖書館藏清乾隆木活字本，十二卷六册，半葉九行，行十九字，白口，四周雙邊。前有乾隆九年七月崔紀序。《存目叢書》據以影印。上海圖書館亦藏此本。○清乾隆二十年安邑宋氏刻本十卷四册(山西大學綫裝書目)。

索易臆説二卷　國朝吴啟昆撰　**二四〇**

兩江總督採進本(總目)。○《兩江第一次書目》：「《索易臆説》，江寧吴啟昆著，一本。」○《浙江省第四次吴玉墀家呈送書目》：「《索易臆説》二卷，國朝吴啟昆著，一本。」〇《浙江採集遺書總録》：「《索易臆説》二卷，刊本。」〇南京圖書館藏清康熙懷新閣刻本，題「江左後學吴啟昆宥函著」，半葉九行，行二十四字，白口，左右雙邊，版心下刻「懷新閣」。前有康熙五十二年癸巳自序云：「草創未定，門人輩亟欲余就正於四方有道，力講開雕。不得已，聽之。」則付梓於康熙五十二年。《存目叢書》據以影印。

陸堂易學十卷　國朝陸奎勳撰　　**二四一**

浙江巡撫採進本（總目）。〇《浙江省第一次書目》：「《陸堂易學》十卷，國朝陸奎勳著，四本。」〇《浙江採集遺書總録》：「《陸堂易學》十卷，前有發凡十八條、圖説一卷，刊本。」〇《江西巡撫六次續採書目》：「《陸堂易學》、《戴禮緒言》、《今文尚書説》以上三種共六本。」〇上海圖書館藏《陸堂經學叢書》本，正文十卷，又卷首一卷。卷首題：「平湖後學陸奎勳坡星輯，男載紀、載綸同校。」卷一題：「平湖陸奎勳坡星輯，玉峰徐德秩南洲校。」半葉十一行，行二十四字，白口，四周雙邊。前有自序，目録，《易學發凡》。《發凡》末署：「乾隆元年五月五日平湖陸奎勳再書。」卷内鈐「孫振麟」、「當湖孫振麟字秉之雪映廬珍藏金石書畫之印記」、「雪映廬」、「鄉邦文獻」、「丁丑劫餘」、「當湖陸氏求是齋藏印」、「陸惟鋆印」、「真州吴氏有福讀書堂藏書」等印記。《存目叢書》據以影印。按：乾隆刻《陸堂詩集》前有陸奎勳自序云：「乙卯冬月《易學》輯成，與《尚書今文説》、《戴禮緒言》同付剞劂氏。」則是書付梓在雍正十三年冬。又卷前《易學發凡》作於乾隆元年五月，則刊成當在乾隆元年。《中國叢書綜録》著録《陸堂經學叢書》五種，定爲康熙五十三年至五十四年刊本，不確。山東省圖書館亦藏是刻，海源閣故物。又藏單本，盧松安易廬故物。

周易録疑無卷數　國朝陳綽撰　二四二

福建巡撫採進本(總目)。

易義隨記八卷　國朝夏宗瀾撰　二四三

江蘇巡撫採進本(總目)。〇《江蘇省第一次書目》：「《易義隨説》二本。」吴慰祖校訂本「説」改「記」。〇《江蘇採輯遺書目録》：「《易義隨記》八卷，清禮部尚書江陰楊名時著。」〇《兩江第一次書目》：「《易義隨記》四本。」〇《提要》云：「凡問者皆宗瀾語，荅者皆名時語也。兩江總督採進本内末有附刻一卷，皆從名時文集中摘録。」〇上海圖書館藏清乾隆蓮池書院刻本，題：「楊文定先生講授，門人夏宗瀾記，門人田爾易、王文震、龍爲霖、潘永季校編，後學李含芳、郝天相、周鳳池、王學烈、徐蒙求校字。」半葉十行，行二十二字，白口，左右雙邊。前有雍正十年仲春楊名時序。《存目叢書》據以影印。山東圖書館、中共中央黨校、吉林大學、中國科學院圖書館均藏此刻。按：此本諸家多誤爲雍正十年刊。考北京大學藏清乾隆閻茂溶刻《詩意記講》四卷，卷端題：「楊文定先生講授，門人夏宗瀾記，門人田爾易、王文震、龍爲霖、潘永季校編，後學閻茂溶、王鵬、李允常、談訥校字。」行款版式字體均與是本同，顯係同時同地所刻。《詩意記講》前有乾隆八年尹會一序云：「庚申之秋，予陳情旋里，過保陽，館於蓮池書院，因得識山長夏君。……夏君舊遊於楊文定公之門，……得《詩》、《易》講授，共若干卷。其文集，則文定公親筆以授夏君者，尤與經書要義相貫。因并付梓，以志不忘。」卷尾又有門下晚學閻茂溶跋云：「庚申春，吾夏夫子自成均歸，宮保孫公延主講席。……手披出《詩意記講》一編相示。……校刊畢役，謹述數語。」庚申爲乾隆五年，夏宗瀾即以是年春始任保定蓮池書院山長。《詩意記講》、《易義隨記》均來蓮池書院後所刻，時在乾隆五年至乾隆八年之間。卷端所列編校門人田爾易等蓋爲蓮池書院學生。又卷端稱楊名時爲「楊文定」，名時卒於乾隆元年，謚文定，即此一端，亦決非乾隆以前刊板也。

易卦劄記四卷　國朝夏宗瀾撰　　**二四四**

江蘇巡撫採進本（總目）。○《江蘇省第一次書目》：「《易卦劄記》四本。」○《江蘇採輯遺書目録》：「《易卦劄記》四册，清國子監助教江陰夏宗瀾著，抄本。」○北京圖書館分館藏清鈔本，四册，不分卷，又附《六十四卦詩》一册。正文首葉題：「江陰夏宗瀾震軒氏記，及門同校，同學宜興潘永季方陵氏評點，贛榆董霑雨若氏參閲。」半葉七行，行二十字，無格。前有乾隆八年八月同學弟尹會一序，乾隆九年秋日同學弟秦蕙田序。《六十四卦詩》前有尹會一手書題辭：「易奇詩正兼而有之，陶冶苞符，咀含精緼，得心應手，必傳無疑。博陵同學會一題。」《劄記》内有硃墨圈點，正文首葉眉上有識語云：「以下黑筆悉潘同學所定，其硃筆圈點則尹少宰所加。」按：此條識語當是夏宗瀾手加。潘同學即卷首列名之潘永季，尹少宰即尹會一。此乃夏宗瀾乾隆初主蓮池書院時手定稿本，潘永季、尹會一批點。《存目叢書》據以影印。

二四五　程氏易通十四卷　國朝程廷祚撰

江蘇巡撫採進本(總目)。○《兩江第一次書目》：「《易通》，上元程廷祚輯，八本。」○《提要》云：「是書凡《易學要論》二卷、《周易正解》十卷、《易學精義》一卷，又附録《占法訂誤》一卷，《易通》其總名也。」○上海圖書館藏手稿本，作《易通》三種六卷，子目：《周易正解》四卷、《易學精義》一卷、《占法訂誤》一卷。○中國科學院圖書館藏清乾隆十二年道寧堂刻本，作《易通》十四卷，十册。題「上元程廷祚著，姪孫晉芳訂」。半葉九行，行二十字，白口，左右雙邊。版心下刻「道寧堂」，封面刻「道寧堂藏板」。前有晏斯盛序，李紱序，方苞序，乾隆五年立春日程廷祚序，乾隆十二年姪孫晉芳魚門氏序。程晉芳序云：「爰亟謀梓，以告當世。」《存目叢書》據以影印。

二四六　易説辨正四卷　國朝程廷祚撰

江蘇巡撫採進本(總目)。○《江蘇省第二次書目》：「《易説辨正》二本。」○《江蘇採輯遺書目録》：「《易説辨正》四卷，清上元程廷祚著，抄本。」

二四七　學易闡微四卷　國朝羅登標撰

福建巡撫採進本(總目)。○《福建省呈送第五次書目》：「《學易闡微》四本。」○浙江圖書館藏清乾隆八年刻本，半葉十行，行二十六字，白口，四周雙邊。版心上刻「學易闡微」，下刻「正誼堂」。封面刻「乾隆八年鐫」、「各憲鑒定，寧化羅登標子建甫輯著」、「松學清署梓行」。前有乾隆七年正月十五日王恕序，乾隆七年四月浴佛日于辰序，乾隆七年九月既望姜順龍序，乾隆八年建寧知府莊年序，乾隆三年雷鋐序，乾隆七年松溪知縣吴興潘汝龍序，乾隆五年童能靈序，錢王臣序，乾隆七年陳用序，乾隆七年《凡例》。《凡例》末署「正誼堂後學羅登標自識於松溪學署」。此乾隆八年福建松溪縣學刻本也。《存目叢書》據以影印。

二四八　讀易質疑二十卷　國朝汪璲撰

浙江巡撫採進本（總目）。○《浙江省第六次呈送書目》：「《讀易質疑》二十卷，國朝汪璲著，六本。」○《浙江採集遺書總録》：「《讀易質疑》二十卷，刊本。」○北京師大藏稿本，二十卷八册。半葉九行，行二十一字，藍格，白口，四周雙邊，版心下刻「儀典堂」。鈐「汪璲之印」、「文儀」、「研易樓」、「研易樓藏書印」、「沈仲濤讀書記」等印（見該館《善本書目》）。○遼寧省圖書館藏清康熙四十二年汪氏儀典堂刻本，題「新安默菴汪璲文儀甫著」。半葉九行，行二十一字，白口，左右雙邊。版心下刻「儀典堂」。前有康熙四十三年甲申陳鵬年序，金廷對序，康熙二十七年戊辰姚淳燾序，三十一年壬申張夏序，四十年辛巳葉良儀序，四十年江皐序，四十二年癸未張兆鉉序，四十二年施璜序，十四年乙卯汪之楨序。葉序云：「諸同人欲謀壽之梓以傳後也。」末有康熙四十二年中秋日男鈞跋云：「辛巳之秋，家君壽晉七十，諸同志謀所以爲家君壽者，……不一載而全編告竣。」蓋開雕於康熙四十年秋，刊成於四十一年，諸家序跋則延至四十三年始刻全。《存目叢書》據以影印。安徽博物館亦藏此刻。

二四九　周易會緝無卷數　國朝吴映撰

山東巡撫採進本（總目）。○《山東巡撫呈送第一次書目》：「《周易會輯》三本。」

二五〇　大易闡微録十二卷　國朝劉瑄撰

直隸總督採進本(總目)。○《直隸省呈送書目》:「《大易闡微録》四本。」○清華大學圖書館藏清乾隆二十三年活字印本(中國古籍善本書目)。按:此本半葉十行,行二十二字,白口,四周單邊。封面印「乾隆二十三年」,前有乾隆二十三年四月自序,末有乾隆二十三年四月自跋。正文十二卷,前又有圖説一卷。《存目叢書》據以影印。中國科學院圖書館藏有此本,彼館《善本書目》著録爲「乾隆刻本」。活字抑或雕板,疑未能定。

二五一　周易詳説十九卷　國朝劉紹攽撰

陝西巡撫採進本(總目)。○《陝西省呈送書目》:「《周易詳説》。」○中國科學院圖書館藏清乾隆刻本,十八卷八册,題「三原劉紹攽著」,半葉十行,行二十字,白口,四周雙邊。前有會稽周長發序,淮陰項樟序,乾隆十三年十一月自序。《存目叢書》據以影印。山西省圖書館亦有是刻。○清同治傳經堂刻本,十八卷,《西京清麓叢書外編》之一,北京大學、北京師大、上海圖書館、甘肅圖書館藏。

二五二　周易原始六卷　國朝范咸撰

浙江巡撫採進本(總目)。○《浙江省第二次書目》:「《周易原始》六卷,國朝范咸著,四本。」○《浙江採集遺書總録》:「《周易原始》六卷,刊本。」○《兩江第一次書目》:「《周易元始》,錢塘范咸著,四本。」○南京圖書館藏乾隆刻本,題「錢唐范咸貞吉甫學」,半葉十一行,行二十一字,白口,左右雙邊。前有乾隆十九年陽月范咸序，引用姓氏，目録。寫刻工緻，印本清朗。卷内鈐「嘉惠堂丁氏藏書記」、「八千卷樓藏書之記」、「四庫坿存」、「光緒辛卯嘉惠堂丁氏所得書」等印記。《存目叢書》據以影印。北京圖書館分館藏刻本當是同板。

二五三　易經理解一卷　國朝郜煜撰

浙江巡撫採進本（總目）。○《浙江省第十次呈送書目》：「《易經理解》一卷，國朝郜煜著，一本。」○《浙江採集遺書總録》：「《易經理輯》一册，刊本，國朝中書登封郜煜著。」○《販書偶記續編》：「《易經理解》無卷數，清嵩陽郜煜纂輯，雍正十三年乙卯志謙堂刊。」

二五四　周易撥易堂解二十卷　國朝劉斯組撰

江蘇巡撫採進本（總目）。○《江蘇採輯遺書目録》：「《撥易堂解》二十四卷，清黟陽教諭南昌劉斯組著，刊本。」○《江西巡撫海第三次呈送書目》：「《撥易堂解》二十四本。」○中國科學院圖書館藏清乾隆九年家刻本，正文二十卷，又卷首二卷卷末二卷，共二十四卷二十四册。南京圖書館亦藏此本，十二册，丁氏舊藏。○中國科學院圖書館藏乾隆九年家刻裘磐修版印本，十二册。題「西昌劉斯組斗田氏著，男元侑敬三、元佶記州、姪元俶載南、壻賈仁緒媲庭仝較字」。前有《撥易堂解紀略》云：「甲子，男佶復請，……乃授梓。」知初刻於乾隆九年。裘磐修版重印本封面刻「後學裘磐石宗重鐫」。《存目叢書》據以影印。中國人民大學有此本。按：修補舊版重印者，或號稱重刻，未可盡信，此其例也。

周易摘鈔五卷　國朝顧昺撰　**二五五**

江蘇巡撫採進本（總目）。〇《江蘇採輯遺書目録》：「《三經解》八册，清南滙顧昺著，子目列下：《周易摘鈔》五卷、《書經劄記》不分卷、《詩經序傳合參》不分卷。」

學易大象要參四卷　國朝林贊龍撰　**二五六**

編修林澍蕃家藏本（總目）。

經義管見一卷　國朝饒一辛撰　**二五七**

浙江巡撫採進本（總目）。〇《浙江省第七次呈送書目》：「《經義管見》，國朝饒一辛著，一本。」〇《浙江採集遺書總録》：「《經義管見》一册，刊本。」〇《陝西通志》卷七十四有上官汝恢跋。

周易解翼十卷　國朝上官章撰　**二五八**

陝西巡撫採進本（總目）。〇《陝西省呈送書目》：「《周易解翼》。」〇《提要》云：「書成於雍正丁未。」

東易問八卷　國朝魏樞撰　**二五九**

奉天府尹採進本（總目）。〇《奉天送到書目》：「《東易問》，魏樞著，八本。」

易貫十四卷　國朝張叙撰　**二六〇**

江蘇巡撫採進本（總目）。〇《江蘇省第二次書目》：「《易貫》二本。」〇《江蘇採輯遺書目録》：「《易貫》十四卷，清太倉舉人張叙著，刊本。」〇《浙江省第四次吴玉墀家呈送書目》：「《易貫》十四卷，國朝張叙著，六本。」〇《浙江採集遺書總録》：「《易貫》十四卷，前有演易圖及易論二卷，刊本。」〇遼寧省圖書館藏清乾隆二十一年宋宗元刻本，十四卷，又卷首二卷。題「婁江張叙著」。半葉九行，行二十五字，白口，左右雙邊。前有乾隆二十一年仲夏方觀承序云：「清河宋愨庭觀察乃爲刊本以公於世，刻既成，而鳳岡請序。」又乾隆二十一年丙子宋宗元序，乾隆十六年辛未自序。自序末署「題於蓮池書院」。《存目叢書》據以影印。江西省圖書館亦藏此刻。中共中央黨校《善本書目》有乾隆蓮花書院刻本，《販書偶記續編》著録乾隆二十七年蓮花書院刊本，疑是同版。

周易緯史無卷數　國朝錢偲撰　**二六一**

浙江巡撫採進本（總目）。〇《浙江省第七次呈送書目》：「《周易緯史》，國朝錢偲著，二本。」〇《浙江採集遺書總録》：「《周易緯史》二册，寫本。」

空山易解四卷　國朝牛運震撰　**二六二**

直隸總督採進本（總目）。〇清嘉慶二十三年空山堂刻《空山堂全集》本，作《周易解》九卷。題「滋陽牛運震學」，半葉九行，行二十二字，版心刻「空山堂」，卷九末有「濟水後學李泳、李瑩、李澍仝校刊」一行。《存目叢書》用復旦大學此本影印。北京、上海、南京諸圖書館多藏此刻。

周易剩義二卷　國朝童能靈撰　**二六三**

福建巡撫採進本（總目）。〇《福建省呈送第一次書目》有「《冠豸山堂集》十五卷八本」，此二卷蓋即其一。〇中國科學院圖書館藏清乾隆冠豸山刻本，二卷二册。半葉十行，行二十二字，白口，四周單邊。封面刻「清耑新書」、「冠豸山藏板」。前有乾隆四年己未五月望日童能靈序。鈐「黟山李氏藏書」、「芸樓」等印。《存目叢書》據以影印。〇福建省圖書館藏清光緒二十三年連城童氏木活字印《冠豸山堂全集》本。

易學圖説會通八卷　國朝楊方達撰　**二六四**

江蘇巡撫採進本（總目）。〇《江蘇省第一次書目》：「《易學圖説》六本。」〇《江蘇採輯遺書目録》：「《易學圖説會通》八卷《易學圖説續聞》一卷。」〇《浙江省第四次吴玉墀家呈送書目》：「《易學圖説會通》八卷，國朝楊方達著，三本。」〇《浙江採集遺書總録》：「《易學圖説會通》八卷，刊本。」〇中國科學院圖書館藏清乾隆三年復初堂刻本，題「後學武進楊方達述」，半葉十一行，行二十二字，黑口，左右雙邊。封面刻「復初堂藏板」。各卷末或題「男友潞、友涑挍字」。前有乾隆二年九月下澣儲大文序，乾隆二年二月望後荆溪同學弟任啟運序，乾隆二年三月既望海陽同學弟金德瑛序，乾隆三年七月望日自序。末有乾隆三年夬月陽湖晚學是鏡跋。按《凡例》末條云「校訂之助是子仲明居多」，當即是鏡也，則刊成於乾隆三年無疑。跋後有「太倉張又良書」小字一行，是本寫刻工緻，又良之功居多。《存目叢書》即用是本影印。北京師大亦有是刻。上海圖書館藏雍正乾隆間武進楊氏復初堂刻《楊符蒼七種》本，當是同版。

易學圖説續聞一卷　國朝楊方達撰　**二六五**

江蘇巡撫採進本（總目）。〇《江蘇採輯遺書目録》：「《易學圖説續聞》一卷。」〇上海圖書館藏清雍正乾隆間武進楊氏復初堂刻《楊符蒼七種》本（叢書綜録）。

周易輯説存正十二卷附易説通旨略一卷　國朝楊方達撰 二六六

江蘇巡撫採進本（總目）。〇《江蘇省第一次書目》：「《周易輯説存正》四本。」〇《江蘇採輯遺書目録》：「《周易輯説存正》。」〇上海圖書館藏清雍正乾隆間武進楊氏復初堂刻《楊符蒼七種》本（叢書綜録）。

周易蛾術七十四卷　國朝倪濤撰 二六七

户部尚書王際華家藏本（總目）。〇《提要》云：「又名《周易四尚》。」〇《禮部侍郎金交出書目》：「《周易四尚》二十本。」〇《浙江省第四次吴玉墀家呈送書目》：「《周易蛾術》七十二卷，國朝倪濤著，七本。」〇《浙江採集遺書總録》：「《周易蛾術》七十四卷，寫本。」

易説一卷　國朝吴汝惺撰 二六八

山東巡撫採進本（總目）。〇《山東巡撫呈送第一次書目》：「《易説》一本。」

易經一説無卷數　國朝王俶撰 二六九

浙江巡撫採進本（總目）。〇《浙江省第十次呈送書目》：「《易經一説》，國朝王淑著，四本。」〇《浙江採集遺書總録》：「《易經一説》四册，刊本，國朝王俶著。」〇山東省圖書館藏清乾隆十六年繫籍軒刻本，四册不分卷。半葉十行，行二十四字，白口，四周單邊。眉上鐫評，半葉十四行，行八字。封面刻「乾隆十六年鐫」、「繫籍軒藏板」。前有乾隆十八年癸酉十月之晦許道基序，乾隆十四年自序。自序末署「鼓山王淑夢生甫書於繫籍軒」。末有乾隆十八年癸酉七月李達跋云：「同人輩强爲鋟之，以廣其傳。」又乾隆十八年中秋日族孫時薰跋云：「癸酉秋我叔祖善思夫子《易一説》刊板告竣。」又乾隆十八年瓜月王淑跋，附《募刻易經一説引》。蓋開雕於乾隆十六年，刊成於十八年秋。按：古書刻印年月，或據開雕之日，或依刊成之時，同一版本，記載每有出入，此其例也。又著者王淑，《四庫總目》誤作王俶，籍貫鼓山，《四庫總目》誤作彭山，當依原書改正。《存目叢書》用此本影印。

周易彙解衷翼十五卷　國朝許體元撰　二七〇

陝西巡撫採進本(總目)。○《陝西省呈送書目》：「《周易彙解衷翼》。」○《浙江省第四次吴玉墀家呈送書目》：「《周易彙解衷翼》十五卷，國朝許體元著，十六本。」○《浙江採集遺書總録》：「《周易彙解衷翼》十五卷，寫本。」

易象援古無卷數　國朝申爾宣撰　二七一

浙江巡撫採進本(總目)。○《浙江省第十次呈送書目》：「《易象援古》，國朝申爾宣輯，一本。」○《浙江採集遺書總録》：「《易象援古》一册，刊本。」○《江蘇省第二次書目》：「《易象援古》一本。」○《江蘇採輯遺書目録》：「《易象援古》不分卷，清河南申舒坦著，子爾宣輯，刊本。」

大易合參講義十卷　國朝朱用行撰　二七二

江西巡撫採進本(總目)。○《江西巡撫海第四次呈送書目》：「《大易合參講義》一套八本。」○江西省圖書館藏乾隆二十七年澹寧居刻本，半葉十行，行二十一字，白口，左右雙邊。卷二首行書名

《大易參訂折中講義補象》，次行題「新建朱用行翼承甫輯」，次列校訂者二十三人。封面刻「乾隆壬午年年鐫」、「澹寧居藏板」等。前有裘曰修序，乾隆二十七年葉一棟序，乾隆二十七年五月自序，受業門人周易跋。自序末署「朱用行翼承氏題於澹寧居」。據周易跋知爲諸弟子同刻。《存目叢書》據以影印。上海圖書館亦藏此刻。

周易粹義五卷　國朝薛雪撰　**二七三**

江蘇巡撫採進本（總目）。○《江蘇省第一次書目》：「《周易粹義》三本。」○《江蘇採輯遺書目録》：「《周易粹義》□卷，清吴縣薛雪著，抄本。」○臺灣「中央圖書館」藏乾隆間著者手定底稿本，四卷三册。半葉十行，行二十字，白口，左右雙邊，單魚尾。版心上題「易經約注」，下題「家塾讀本」。正文首行題「周義粹義卷一」，次行題「河東薛雪生白集」，次題「長洲沈歸愚鑑定」、「弟觀光上賓訂」。前有乾隆十一年薛觀光序，十二年沈德潛序，十一年自序。卷内有著者朱筆訂正圈點。正文首行書名原作「易經粹義」，後塗改爲「周易粹義」。卷一首葉右下方鈐「雪瓢老人」白文方印，上欄上鈐「碧潤主人」朱文圓印，眉批：「字形必依監本考正，然後上板。凡无字誤無，於誤于者，第一要改正。圈點不可錯誤遺失。」第二册末有周廷珪手跋云：「古平江學博士弟子員石補學人懷陶周廷珪嘗手録一過。」又王德森手跋：「丙子孟春獲見此書於蔭嘉宗兄二十八宿硯齋，書以識幸。玉峯歲寒老人王德森時年八十有一。」下鈐「王德森印」。卷内又鈐「蔭嘉」印，即二十八宿硯齋主人王蔭嘉也。○山西師大藏清江日濬精鈔本，四卷八册，半葉十一行，行二十八字，白口，左右雙邊。○蘇州市圖書館藏清鈔本,五卷。半葉十一行,行二十三字,白口,左右雙邊。版心上印「周易粹義」,下印「家塾讀本」。前有乾隆十一年自序二則,十二年沈德潛序,易圖,卦歌。卷内不避清諱。鈐「友于」、「德生收藏」等印。《存目叢書》據以影印。○《持靜齋書目·續增》著録舊鈔本五卷。

易蓍圖説十卷　國朝潘咸撰　**二七四**

河南巡撫採進本(總目)。○《河南省呈送書目》:「《易蓍圖説》,本朝潘咸著,十本。」○《提要》云:「凡《周易大衍蓍》六卷、《連山易蓍》三卷、《歸藏易蓍》一卷。」

讀易自識無卷數　國朝金綎撰　**二七五**

江蘇巡撫採進本(總目)。○《江蘇省第二次書目》:「《讀易自識》二本。」○《江蘇採輯遺書目録》:「《讀易自識》二册,清太平府訓導崐山金綎著,抄本。」○《提要》云:「是書隨筆記録,未分卷帙。……蓋未成之稿,後人以意鈔合,遂倒亂無緒也。」

易觀十二卷　國朝凌去盈撰　**二七六**

江西巡撫採進本(總目)。

周易小疏十四卷　國朝虞楷撰　**二七七**

兩江總督採進本(總目)。○《兩江第一次書目》:「《周易小疏》,虞楷著,抄本,十本。」

易經貫一二十二卷　國朝金誠撰　**二七八**

兩江總督採進本(總目)。○《兩江第一次書目》:「《易經貫一》,江陰金誠著,二十二本。」○中國科學院圖書館藏清乾隆和序堂刻本，題「後學金誠述」。半葉九行，行二十字，白口，四周雙邊。版心下刻「和序堂」，封面刻「愛古堂藏板」。前有乾隆十六年十月之望海寧陳世倌序，乾隆十六年陽春月望後十日孫嘉淦序，乾隆十七年四月望沈德潛序，乾隆十六年五月既望張泰開序，乾隆十六年中秋秦蕙田序，乾隆十六年五月吴鼎序，乾隆十七年楊兼鼎序。目録題「和序堂易經貫一總目録」。全書分元亨利貞四部，共二十二卷二十二册。《存目叢書》據以影印。清華大學、山東大學、臺灣大學等處亦藏此刻。

易觀四卷　國朝胡淳撰　二七九

大理寺卿陸錫熊家藏本（總目）。

易象約言無卷數　國朝吴鼐撰　二八〇

兩江總督採進本（總目）。○《兩江第一次書目》：「《周易納言》，無錫吴鼒著，抄本，四本。」按：納字吴慰祖改爲約字。

易經提要録六卷　國朝徐鐸撰　二八一

兩江總督採進本（總目）。○《兩江第二次書目》：「《易經提要録》，鹽城徐鐸輯，抄本，二本。」

易讀無卷數　國朝宋邦綏撰　二八二

江蘇巡撫採進本（總目）。○《江蘇省第一次書目》：「《易讀》四本。」○《江蘇採輯遺書目録》：「《易讀》四册，清户部侍郎長洲宋邦綏著，抄本。」○江西省圖書館藏清嘉慶九年傳經堂刻本，四卷四册。題:「長洲宋邦綏況梅著,男思仁校。」半葉九行,行二十六字,白口,左右雙邊。版心刻「傳經堂課本」。前有乾隆十六年沈德潛序,乾隆三十七年彭啟豐序,乾隆十五年自序,凡例,目録。目録末有嘉慶九年元旦男思仁刻書識語云:「乾隆癸巳詔開四庫館,搜羅載籍。思仁恭繕正本,經江蘇巡撫薩公載進。……原編尚弆舊篋,思仁敬加校録,分爲四卷,爰畀剞劂,以廣流傳。」《存目叢書》據以影印。山東省圖書館亦有是刻。按:據宋思仁跋,江蘇巡撫進呈鈔本,係宋思仁據原稿謄録本。

大易理數觀察二卷　國朝朱如日撰　**二八三**

江西巡撫採進本(總目)。

來易增删八卷　國朝張祖武撰　**二八四**

陝西巡撫採進本(總目)。〇《陝西省呈送書目》:「《來易增删》。」〇中國人民大學圖書館藏清乾隆刻本,正文八卷,又卷首一卷,共六册。正文首行題「易經增删來注」,次題「明瞿塘來矣鮮原本,關中後學張祖武增删,桂林陳榕門先生鑒定,華陰楊象九大鼎校正」。半葉九行,行二十字,白口,四周雙邊。前有乾隆三十二年張祖武序。版心書名作《來易增删》。《存目叢書》據以影印。

周易輯要五卷　國朝朱瓚撰　**二八五**

安徽巡撫採進本(總目)。〇《安徽省呈送書目》:「《周易輯要》五本。」

周易讀翼揆方十卷　國朝孫夢逵撰　**二八六**

浙江巡撫採進本(總目)。〇《江蘇省第一次書目》:「《周易讀翼揆方》五本。」〇《江蘇採輯遺書目録》：「《周易讀翼揆方》十卷。」○《浙江省第十次呈送書目》：「《周易讀翼揆方》十卷，國朝孫夢逵著，四本。」○《浙江採集遺書總録》：「《周易讀翼揆方》十卷，刊本。」○《販書偶記》：「《周易讀翼揆方》十卷《舉要》一卷，常熟孫夢逵撰，無刻書年月，約嘉慶間宗古堂刊。」

易深八卷　國朝許伯政撰　**二八七**

湖南巡撫採進本（總目）。○《湖南續到書目》：「《易深》八本。」○上海圖書館藏謄清稿本，半葉九行，行二十六字，無格。正文十一卷，卷首三卷，共十四卷。前有自序云：「凡十有四卷，以付梓人。」末署「皇清乾隆三十九年歲次甲午中春上浣之吉巴陵石雲許伯政謹序」。《存目叢書》據以影印。

易經講義八卷　國朝萇仕周撰　**二八八**

河南巡撫採進本（總目）。○《河南省呈送書目》：「《易經講義》，本朝萇仕周著，八本。」○《販書偶記續編》：「《易經講義》八卷，清汜水萇仕周撰，乾隆五十四年刊。」

周易析義十五卷　國朝張蘭臯撰　**二八九**

江蘇巡撫採進本（總目）。○《江蘇省第一次書目》：「《周易析疑》八本。」○《江蘇採輯遺書目録》：「《周易析疑》十五卷，清常州張蘭臯撰，刊本。」○《提要》云：「初刻於乾隆甲子，至已巳又改訂八十頁而重刻之，是爲今本。」○南京圖書館藏清乾隆九年梅花書屋刻本，十五卷，又前圖一卷。正文卷端題「昆陵張蘭臯一是學」，首行書名作《周易析疑》，版心書名作《補訂讀易隨鈔》。半葉九行，行二十三字，白口，左右雙邊。版心下刻「梅花書屋」。前有乾隆九年初秋自序，凡例。此蓋甲子初刻之本，己巳改訂重刻本未見。《存目叢書》據此影印。按：是書書名《欽定四庫全書附存目録》作《周易析疑》，與江蘇進呈目及原書合，《總目》誤作「義」，當改正。

易説存悔二卷　國朝汪憲撰　**二九〇**

編修邵晉涵家藏本(總目)。○南京圖書館藏清鈔本，題「錢塘汪憲撰」。半葉十行，行二十字，無格。前有汪憲撰《周易擬義引》。卷内鈐「邵氏二雲」、「正定經文」、「鳴野山房」、「曾經八千卷樓所得」、「善本書室」、「四庫坿存」等印記。首葉眉上有浮簽云：「易説存悔二卷，國朝汪憲撰，錢唐人，此本爲餘姚邵二雲太史家藏，其提要載《南江文鈔》中。甲申五月十三日得。」是丁丙筆。前又有丁丙跋，爲《藏書志》原稿，不録。《存目叢書》據以影印。

易義便覽三卷　國朝向德星撰　**二九一**

侍講劉亨地家藏本(總目)。

周易集解增釋八十卷　國朝張仁浹撰　**二九二**

浙江巡撫採進本(總目)。○《浙江省第三次書目》：「《周易集解增釋》八十卷，國朝張仁浹著，三十二本。」○《浙江採集遺書總録》：「《周易集解增釋》八十卷，寫本，國朝舉人秀水張仁浹輯。」○復旦大學圖書館藏清張仁浹惕齋清稿本。半葉八行，行二十二字，白口，單邊，版心下印「惕齋板」。前有乾隆十三年自序，末署「時乾隆十三年歲次戊辰春仲檇李張仁浹序於惕齋之南牖」。可知惕齋爲張仁浹室名。卷内塗乙，當出著者手。鈐有「吴興劉氏嘉業堂藏書記」印。《存目叢書》據以影印。

周易曉義九卷　國朝唐一麟撰　**二九三**

江蘇巡撫採進本（總目）。○《江蘇省第二次書目》：「《周易曉義》八本。」○《江蘇採輯遺書目録》：「《周易曉義》八册，抄本。」○中共中央黨校藏著者手訂清稿本，十册，不分卷，完整無闕。扉葉有逸民題簽：「此書係一麟之稿本。」下鈐「槐蔭公館」朱文印記。卷端題「陽羨唐一麟纂，桐城張約齋夫子、同邑任釣臺先生鑒定」。晉卦末署「門人鄭志昌校録」，損卦末署「溧邑門人曹簡在校録」，夬卦末署「門人尹思道校録」，姤卦末署「門人宋安尹席珍儒宗氏校録」，序卦傳末署「蔣惠迪字越藍校録」，雜卦傳前署「蔣惠迪越藍氏校録」。謄寫整齊，當出諸門人手。卷内鈐「唐一麟印」、「中峯氏」、「清玩草堂」、「章氏珍藏書畫」等印記。間有塗乙，當出一麟手筆。《存目叢書》據以影印。

易例舉要二卷　國朝吴鼎撰　**二九四**

浙江巡撫採進本（總目）。○《浙江省第七次呈送書目》：「《易例舉要》二卷，國朝吴鼎著，一本。」○《浙江採集遺書總録》：「《易例舉要》二卷，寫本。」

十家易象集説九十卷　國朝吴鼎撰　**二九五**

大學士于敏中家藏本（總目）。○《總裁于交出書目》：「《易象集説》二十四本。」

周易井觀十二卷　國朝周大樞撰　**二九六**

編修吴壽昌家藏本（總目）。○南京圖書館藏清鈔本，二册，不分卷。半葉九行，行二十四字，無格。

題「山陰周大樞元木甫著」。前有四庫提要一篇，年眷姪顧悳懋撰《傳略》一篇，《山陰縣志》本傳一篇。鈐「八千卷樓丁氏藏書印」、「四庫坿存」等印。《傳略》云大樞「生於康熙三十八年十二月癸酉，卒於乾隆三十六年九月癸亥，壽七十有三。著有《周易井觀》十卷、《存吾春軒詩集》十卷，鏤板行世。《文集》十二卷、《鬻香詞》一卷、《列女表》一百卷，藏于家。」《存目叢書》用南京圖書館藏鈔本影印。〇上海圖書館藏鈔本十卷。

大易近取録無卷數　國朝邵晉之撰　**二九七**

浙江巡撫採進本(總目)。〇《浙江省第十一次呈送書目》：「《大易近取録》，國朝邵晉之著，三本。」〇《浙江採集遺書總録》：「《大易近取録》三册，寫本。」

周易觀瀾無卷數　國朝喬大凱撰　**二九八**

山東巡撫採進本(總目)。〇《山東巡撫第二次呈進書目》：「《周易觀瀾》七本。」〇山東博物館藏清鈔本，半葉十行，行二十四字，無格。前有濟南逢源主人手跋十一行，末云「丙子秋初，得自任城孫氏，因節録州志於首，以備參考云」。又乾隆二十七年二月春分日任城喬大凱頤菴氏自序。鈐「任城孫毓漢雲皋氏章」朱文方印。《存目叢書》據以影印。

易經觀玩篇無卷數　國朝朱宗洛撰　**二九九**

山西巡撫採進本(總目)。〇《山西省呈送書目》：「《易經觀玩篇》。」〇《江蘇省第一次書目》：「《周易觀玩篇》十二本。」〇《江蘇採輯遺書目録》：「《周易觀玩篇》十二卷，清山西天鎮令無錫朱宗洛著。」○上海圖書館藏清鈔本，作《周易觀玩篇》十二卷，又卷首一卷。其中卷十一卷十二爲乾隆刻本，係《序卦傳圖説》、《雜卦傳圖説》。題「錫山朱宗洛稿」，半葉八行，行二十四字，白口，四周雙邊。前有目録、凡例、總論。卷十一前有乾隆三十年乙酉朱宗洛自序云：「序雜卦本旨粗有所定，於《易》不無小補，敢以質世之深於《易》者。」蓋當時僅刻此兩卷。鈐「餘姚謝氏永耀樓藏書」印記。《存目叢書》據以影印。○北京圖書館藏清鈔本，作《周易觀玩篇》十二卷首一卷，十二册。其中卷十一卷十二爲乾隆刻本。半葉八行，行廿四字，白口，四周雙邊。各卷題「錫山朱宗洛稿」。首册書衣有「〔乾隆三十八年〕十一月〔江蘇巡撫薩載送到〕周易觀玩篇壹部計書拾貳本」長方木記（〔〕内文字不可辨，今臆補）。首葉鈐「翰林院印」滿漢文大官印。各册後書衣鈐「江蘇巡撫採購備選書籍」長方木記。卷内又鈐「勤業堂藏書印」朱文方印。○日本静嘉堂文庫藏寫本不分卷。

易解拾遺七卷附周易句讀讀本二卷　國朝周世金撰　三〇〇

湖南巡撫採進本（總目）。○《湖南續到書》：「《易解拾遺》九本。」○北京師大藏清嘉慶二十四年和義堂刻本，《易解拾遺》七卷，其中卷五分上下。《周易讀本》四卷。《拾遺》題：「衡山周世金仲蘭氏著，男安邑、安郡、安郢、安都、孫智邦、仁邦、盛邦、義邦、忠邦、和邦、友邦校刊，弟世玉思度氏、姪安邵、姪孫濂邦、治邦、溶邦、瀛邦同校字。」前有乾隆二十六年辛巳自序。封面刻「嘉慶二十四年刊」、「和義堂藏板」。《存目叢書》據以影印。中國科學院圖書館亦有是刻。○道光元年刻本（上海圖書館目）。○同治七年湖南和義堂周氏家刻本七卷附《周易讀本》四卷。山西大學、四川省圖藏。

〇同治十年和義堂重刻本七卷七册(山東圖書館目、上海圖書館目)。〇光緒十年長碧和義堂重刊本七卷附《周易讀本》四卷(販書偶記續編)。

周易集註十一卷圖説一卷　國朝王琬(琰)撰　**三〇一**

陝西巡撫採進本(總目)。〇《陝西省呈送書目》:「《周易集註》。」〇按:王琰,《四庫總目》刻本作王琬,避嘉慶帝諱。此據《欽定四庫全書附存目録》。

易準四卷　國朝曹庭棟撰　**三〇二**

浙江巡撫採進本(總目)。〇《浙江省第三次書目》:「《易準》四卷,國朝曹庭棟著,二本。」〇《浙江採集遺書總録》:「《易準》四卷,刊本。」〇《江蘇省第一次書目》:「《易準》二本。」〇《江蘇採輯遺書目録》:「《易準》四卷,清嘉善貢生曹庭棟著。」〇中國科學院圖書館藏清乾隆刻本,題「曹庭棟著」,半葉十行,行二十字,白口,左右雙邊。前有乾隆二十四年曹庭棟《例説》。《存目叢書》據以影印。南京圖書館、上海圖書館亦藏此刻。

易圖疏義四卷　國朝劉鳴珂撰　**三〇三**

江蘇巡撫採進本(總目)。〇《江蘇省第一次書目》:「《易圖疏義》二本。」〇《江蘇採輯遺書目録》:「《易圖疏義》四卷,清蒲城劉鳴豫著。」

易見九卷　國朝貢渭濱撰　**三〇四**

江蘇巡撫採進本(總目)。〇《江蘇省第一次書目》:「《易見》十本。」〇《江蘇採輯遺書目録》:

「《易見》十一卷，清丹陽貢渭濱輯，刊本。」○北京大學藏清乾隆二十四年脈望書樓刻本，正文九卷，前有卷首一卷，後有《易見啟蒙》二卷。題「丹陽貢渭濱羨溪輯，丁振華漢飛、丁元佐漢青參，貢楷孟參，金壇李萬開對育校」。半葉九行，行二十六字，白口，左右雙邊。版心刻「脈望書樓」。前有乾隆二十四年冬月沈德潛序，二十二年自序。自序末署「脈望書樓」。卷内鈐「倪模」、「預掄」、「大雷經鋤堂藏書」等印記。《存目叢書》據以影印。中國科學院圖書館、上海圖書館、哈爾濱圖書館亦有是刻。○山東圖書館藏乾隆六十年金陵龔體仁刻本，九卷首一卷易見啟蒙二卷，共十册，盧松安易廬舊藏。○嘉慶元年郁文堂刻本，分卷同前二本。山西大學、天津師大、南開大學藏。

易象圖説二卷　國朝吴脈鬯撰　三〇五

山東巡撫採進本（總目）。○《山東巡撫第二次呈進書目》：「《易象圖説》二本。」○山東省圖書館藏清初法若真刻本，作《增輯易象圖説》二卷二册。半葉八行，行二十字，白口，四周單邊。封面刻「張天石先生批閲」、「法黄石先生校梓」。前有膠西張若麒序，東海膠西逸史黄石法若真序，順治十六年己亥蓬萊吴脈鬯自序。末有年家眷社弟沈時升跋。卷内玄字不缺筆。是本法序第四葉係補刻，知係修版印本。此盧松安易廬故物。《存目叢書》據以影印。○民國十二年排印《蓬萊吴灌先著述三種》本，作《增輯易象圖説》二卷，北京、天津、浙江等圖書館藏。○北京師大藏清鈔本，作《增輯易象圖説》，不分卷，二册。半葉九行，行十七字，無格。

三〇六 **周易後天歸圖四卷　國朝黎由高撰**

江西巡撫採進本（總目）。○《湖北巡撫呈送第三次書目》：「《周易後天歸圖》二本。」

三〇七 **易經輯疏四卷　國朝黄家杰撰**

江西巡撫採進本（總目）。○《江西巡撫海續購書目》：「《易經輯疏》六本。」

三〇八 **易經會意解無卷數　國朝王芝蘭撰**

河南巡撫採進本（總目）。○《河南省呈送書目》：「《易經會義解》，本朝王芝蘭著，二本。」

三〇九 **河洛先天圖説二卷　國朝劉天真撰**

江西巡撫採進本（總目）。○《江西巡撫海第一次呈送書目》：「《河洛先天圖説》三本。」

三一〇 **周易象訓十二卷　國朝姚球撰**

兩江總督採進本（總目）。○《兩江第一次書目》：「《周易象訓》，無錫姚球著，抄本，三本。」

三一一 **易經辨疑四卷　國朝鄭國器撰**

湖南巡撫採進本（總目）。○《湖南續到書》：「《易經辨疑》二本。」

三一二 **周易剩義四卷　國朝黄燐撰**

湖南巡撫採進本（總目）。○《湖南續到書》：「《周易剩義》四本。」

三一三 **易經告蒙四卷圖註三卷　國朝趙世迥撰**

侍講劉亨地家藏本（總目）。○《湖南續到書》：「《易經告蒙》八本。」○山東省圖書館藏清乾隆刻本，半葉大字約九行，小字十八行，行二十一字，白口，四周單邊。版心刻「四德堂」或「四瑞堂」，封面刻「三讓堂藏板」。正文首行題「周易告蒙圖註上經卷之一」，次題「湘潭縣趙世迥鐸峰著」。正文前有圖注三卷，卷端題「易經告蒙圖註上卷」。版心均題「易經告蒙」。封面題「圖註易經告蒙大全」。有乾隆三十八年仲秋月陳安兆序。《存目叢書》據以影印。齊齊哈爾圖書館亦有是刻。按：趙世迥，《四庫總目》浙本誤作趙世迴，殿本不誤。

三一四　周易懸象八卷　國朝黄元御撰

編修周永年家藏本（總目）。

三一五　易經本義翼十二卷　不標撰人名氏

編修勵守謙家藏本（總目）。〇《編修勵第一次至六次交出書目》：「《易經本義翼》十九本。」〇《提要》云：「唯卷首題籤云：『蘇州府學附生曹澐手輯吴敬菴《羲經本義》二十本，上大宗師鑒定。今呈到十九本，其一本係圖説，因繪畫不及，俟於原本録出補送呈』云云。蓋江南諸生録送提學之本，不知吴敬菴者爲何人也。」〇李士彪曰：《續修四庫提要稿本》第三十五册柯紹忞撰《周易本義爻徵提要》云：《周易本義爻徵》二卷，惜陰軒本，清吴曰慎撰。曰慎字徽仲，號敬齋，新安人。是書路德序云：「先生著有《易義集釋》及《周易本義翼》，又輯爲《爻徵》二卷，取上下數千年事，合之三百八十四爻。」然覈其全書，往往不能確當。惟《周易折中》引曰慎説十餘事，皆發揮精切，爲先儒所未及。當爲曰慎《本義翼》之説。《四庫存目》有《周易本義翼》，題籤「吴敬菴《羲經本義》二十本」,不知即曰慎之書否。士彪謂《周易折中》列吴曰慎於明人而較後,殆明末清初人,吴敬菴當即吴敬齋,亦即吴曰慎。澤遜按:《皖人書録》吴曰慎名下有《周易本義翼》十二卷,云康熙諸生。

讀易隨鈔無卷數　不著撰人名氏　三一六

兩江總督採進本(總目)。○《兩江第一次書目》:「《讀易隨抄》,書不載名,三本。」

卦爻遺稿演一卷　不著撰人名氏　三一七

左副都御史黄登賢家藏本(總目)。○《都察院副都御史黄交出書目》:「《卦爻遺稿演》一本。」

周易觀象疑問二卷大傳章旨二卷　不著撰人名氏　三一八

原任工部右侍郎李友棠家藏本(總目)。

附録

古三墳一卷　三一九

内府藏本(總目)。○《江蘇省第一次書目》:「《古三墳》一本。」○《江蘇採輯遺書目録》:「《古三墳》一卷。」○《編修勵第一次至六次交出書目》:「《古三墳書》,無名氏,一本。」○宋紹興十七年婺州州學刻本,作《古三墳書》三卷,一册。半葉十行,行十八字,白口,左右雙邊。版心記刻工:張玘、林升、宋杲、沈原、陳林等。前有宋毛漸正仲序,後有紹興十七年三衢沈斐識語云:「余家藏此《古三墳書》,而時人罕有識者,恐遂湮没不傳于世,乃命刻于婺州州學中,以與天下共之。」又有元進學齋葉氏、元陸元通、陸悳悉、清陶日發、寶康諸人題識。鈐「葉氏進學齋藏書記」、「元通」、「處梅」、「用和陸悳悉」、「陸氏文房」、「悳悉」、「顧汝修印」、「武陵世家」、「宜子孫」、「九峯三泖之間」、「雲間僧善學海闍圖書」、「雁湖陶勝叔珍藏印」、「陶日發印」、「江左陶生」、「陶祝胤印」、「祝胤私印」、「長公」、「景行維賢」、「學齋居士」、「山陽朱氏珍賞圖書」、「朱氏珍藏」、「景錫氏」、「孝劼」、「孝劼收藏宋元舊槧」、「寒雲鑒賞之鉢」、「佞宋」等印記。南海潘氏寶禮堂舊藏，捐獻國家，現藏北京圖書館。《寶禮堂宋本書録》、《中國版刻圖録》均有記載。○北京圖書館藏清鈔本，作《古三墳書》三卷，半葉十行，行十八字，無格。當從宋本出。○明嘉靖間四明范氏天一閣刻《范氏奇書》本，作《三墳》一卷，半葉九行，行十八字，白口，左右雙邊。前有毛漸正仲序。北圖、浙圖、東北師大等藏。○明萬曆二十年程榮刻《漢魏叢書》本，作《古三墳》一卷，半葉九行，行二十字，白口，左右雙邊。北京、上海、南京等多藏。北京圖書館有單本，傅增湘用宋本校並跋。○明萬曆四十六年曾熙丙刻《漢魏叢書鈔》本，半葉九行，行二十字，白口，四周單邊。北圖藏。○明武林何允中刻《廣漢魏叢書》本，九行二十字，白口，左右雙邊。復旦、杭大、津圖等藏。○清嘉慶刻《廣漢魏叢書》本，上海、山東、浙江等圖書館藏。○乾隆五十六年金谿王氏刻《增訂漢魏叢書》本，北京、上海等圖書館藏。○光緒二年紅杏山房刻民國四年蜀南馬湖盧樹枏修補印《增訂漢魏叢書》本，北京、上海等圖書館藏。○光緒六年三餘堂刻《增訂漢魏叢書》本，北京、南京等圖書館藏。○明吴琯刻《古今逸史》本，作《三墳》一卷，半葉十行，行二十字，白口，左右雙邊。北圖、上圖、南圖、吉林省圖藏。○清康熙七年新安汪氏據《古今逸史》版重編印《祕書二十一種》本,北圖、上圖、南圖等藏。○臺灣「中央圖書館」藏明天啟五年三山韓錫手寫本,作《古三墳》一卷。半葉八行,行二十二字。末附《郡齋讀書志》本條,又天啟五年韓錫題記。鈐「韓錫私印」、「玄冰室珍藏記」、「剛伐邑齋藏書」、「晉之」、「湘潭袁氏滄州藏書」等印記(參該館《善本書志初稿》)。○明天啟唐氏快閣刻《快閣藏書》本,作《古三墳》一卷,題「古新都唐琳訂」。半葉九行,行二十字,白口,四周單邊。封面刻「伏羲神農軒轅氏書」、「三墳」、「快閣藏板」。前有天啟六年丙寅唐琳序,又某氏敘,某氏書後。版心刻工:黄君瑞刻。北京大學藏,《存目叢書》據以影印。上圖、吉林省圖等亦有是刻。○明天啟七年刻《蘉古介書》本,作《古三墳》一卷,半葉九行,行二十字,白口,左右雙邊。北大、上圖、南圖等藏。○明崇禎十五年王氏采隱山居刻《增定漢魏六朝别解》本,作《古三墳》一卷,中國科學院圖書館藏。○道光十三年王氏棠蔭館刻《廿二子全書》本,作《古三墳》一卷,清華大學、上圖、遼圖等藏。○光緒三十三年古香女子北京排印《鮑紅葉叢書》本,作《古三墳》一卷,北圖、南圖、浙圖等藏。○民國十六年商務印書館排印張宗祥校明鈔百卷《説郛》本,作《三墳書》。昌彼得《説郛考》云「凡録三則」。○明刻清順治三年宛委山堂印《説郛》本,作《三墳書》。昌彼得《説郛考》云「僅録爻卦大象」,與前《説郛》本不同,亦非全帙。

四庫存目標注卷三

滕州 杜澤遜 撰

經部三

書類

三二〇　書古文訓十六卷　宋薛季宣撰

内府藏本（總目）。○《兩江第一次書目》：「《書古文訓》，宋薛季宣著，四本。」○清康熙刻《通志堂經解》本，半葉十行，行二十字，白口，左右雙邊。前有自序。版心刻工：甘典、鄧德、蔣太、張達、張錫、周用、子秀、王盛、王尔吉、鄧國、沈芳欣、祁生、鄧宣、張昇、王倫、受廷、望之、穆旺、尔生、栢生、公裔、徐世、天渠、王枚、王玉、周仲、卬芃、刘和。首都圖書館藏，《存目叢書》據以影印。北圖、上圖等多處藏有此刻。北圖另有單本，王國維校並跋。○同治十二年粵東書局刻《通志堂經解》

本。○臺灣「中研院」史語所藏藍格朱墨鈔本不分卷八册。

書疑九卷　宋王柏撰　三二一

內府藏本(總目)。○《武英殿第二次書目》:「《書疑》一本。」○《兩江第一次書目》:「《書疑》,宋王柏著,一本。」○清康熙刻《通志堂經解》本,半葉十行,行二十字,白口,左右雙邊。版心刻工:高元、包習先、玉成、金子重、周開、君生、鄧格、鄧順、陳尔工、范茂、高珩、甘信、甘生、鄧珍、王粲、子文、鄧甫卿、甘玉、刘圣公、高祥、鄧茂、陶善、刘良公、格生、安公、至公、王君任、丁山。《存目叢書》用首都圖書館本影印。北圖、上圖等多藏此刻。○同治十二年粵東書局刻《通志堂經解》本。○日本明治三年翻刻《通志堂經解》本,浙圖藏。○清同治八年永康胡氏退補齋刻本,《金華叢書》之一。○民國間瑞安孫氏玉海樓藏明山陰祁氏澹生堂鈔本,殘存卷一至卷四,一册。首鈐「澹生堂經籍記」、「山陰祁氏藏書之章」印記。册中又有烏程蔣維基藏印凡四(浙江文獻展覽會專號)。○清張作楠輯鈔《翠微山房叢書》本,金華圖書館藏。○臺北故宮博物院藏舊鈔本,另附《讀書管見》一卷,共五册。

古洪範一卷　宋賀成大撰　三二二

永樂大典本(總目)。

定正洪範二卷　元胡一中撰　三二三

內府藏本(總目)。○《兩江第一次書目》:「《定正洪範》,元胡一中著,一本。」○天一閣文物保管所藏明鈔本，作《定正洪範集説》一卷，題「會稽胡一中纂述」。半葉九行，行十八字，白口，四周單邊。前有至正二十年閏五月二十六日宣城貢師泰序，胡一中《河圖洛書作範宗旨》，至正十四年甲午春胡一中序。末有至正二十四年陳顯曾跋云：「公之令子温字尊道，龍藏惟久，不敢失墜，今刻之三山郡庠，是亦善繼人之志，爲可嘉也。」知是書至正二十四年由其子胡温刻於三山郡庠，此鈔本即源於三山郡庠刻本。鈐「蕭山朱鼎煦收藏書籍」等印記。《存目叢書》據以影印。〇清康熙刻《通志堂經解》本，作《定正洪範集説》一卷首一卷，半葉十行，行二十字，白口，左右雙邊。北圖、上圖等藏。〇同治十二年粵東書局刻《通志堂經解》本。

尚書旁注六卷　明朱升撰　**三二四**

兩江總督採進本（總目）。〇《兩江第一次書目》：「《尚書旁注》，明朱升輯，四本。」〇《提要》云：「梅文鼎序謂升有四書五經旁注，明嘉靖間程聞禮爲重鋟，止存《易》、《詩》、《書》三種，餘皆散佚。國朝康熙五十年，石城蔡壑再爲鋟版以行。」〇臺灣「故宮博物院」藏明刻梵夾裝《五經旁注》本。按：此本五經俱全，計《易經旁注》四卷、《書經旁注》六卷、《詩經旁注》四卷、《禮記旁注》三卷、《春秋旁注》二卷，蓋明初刊本也。〇臺灣「中央圖書館」藏明嘉靖五年休寧程聞禮刻本，六卷五册。正文首行題「書卷之一」，次題「侍講學士新安風林朱升旁註，鄉後學確齋程曾校正，石厓程聞禮壽梓」。半葉正文大字四行，行十四字。正文大字右側各有兩行旁注，每行旁注又容一行至三行小字，故小字行數不等。黑口，四周雙邊。正文前有孔安國序。後有嘉靖五年丙戌長至日休寧臨溪後學石厓程聞禮《書刻書經旁註後》云：「右《書經》六卷乃鄉先達翰林侍講學士朱風林先生所旁註者，……歷年久遠，幾至亡失。予宗率溪程確齋嘗搜訪得之，近過其獨善園亭，偶獲借閱，因請刻之，俾與《易》、《詩》二經共公于天下云。刻工告完，因僭述其由於末簡如此。」鈐「南海康氏萬木草堂藏」朱文方印。

〇按：《中國古籍善本書目》著録「《尚書旁注》二卷，明朱升撰，明刻本」，北圖、復旦藏，又南圖本丁丙跋。《北京圖書館古籍善本書目》同。王重民《中國善本書提要》著録原北平圖書館本亦同，《中央圖書館善本書目》（一九八六年版）著録北平本亦同。此二卷本正文首行題「尚書」，不題撰人，半葉大字小字相間各六行，大字行十六七字，小字四十七字，大黑口，四周雙邊。字體版式似明經廠本。余以程聞禮刻本校之，旁注文字不同，顯非一書，知諸家以二卷本爲朱升撰者，皆懸揣致誤也。

書義卓躍六卷　舊本題廬陵陳雅言撰 **三二五**

浙江范懋柱家天一閣藏本（總目）。〇《浙江省第五次范懋柱家呈送書目》：「《書義卓躍》六卷，明陳雅言著，四本。」〇《浙江採集遺書總録》：「《書義卓躍》六卷，天一閣寫本。」〇臺灣「中央研究院」史語所藏明藍格鈔本，三卷一册。正文首行題「新編書義卓躍」，次題「廬陵陳雅言撰，莆田林瑱校正，汝州王本刊行」。半葉九行，行二十二字，白口，四周雙邊。前有正統五年庚申長至日吉豐彭最《新刊書義卓躍叙》。鈐「東方文化事業總委員會所藏圖書印」印記。

書傳通釋六卷　明彭勗撰 **三二六**

浙江吴玉墀家藏本（總目）。〇《浙江省第四次吴玉墀家呈送書目》：「《書傳通釋》、《書序》，明彭勗著，四本。」〇《浙江採集遺書總録》：「《書傳通釋》六卷，前有纂圖及讀書經法，刊本。」〇原北平圖書館藏明宣德十年守中書堂刻本，十卷首一卷共十册。題「蔡沈集傳，進士吉豐彭勗通釋，進士錢塘董鏞音點」。半葉十一行，行二十一字。目録後有牌記：「宣德乙卯歲仲秋日守中書堂鼎新刊行。」卷三卷端題「書林三峯劉氏日新書堂重刊」。有蔡沈序，永樂二十二年自記（參王重民《中國善本書提要》）。按：此本現存臺北故宫博物院，《中央圖書館善本書目》著録。

尚書直指六卷　不著撰人名氏　　三二七

浙江范懋柱家天一閣藏本（總目）。〇《浙江省第五次范懋柱家呈送書目》：「《書經直指》六卷，元徐善述輯，六本。」〇《浙江採集遺書總録》：「《尚書直指》六卷，天一閣寫本，明贈太子少保天台徐善述撰。」〇《提要》云：「朱彝尊《經義考》曰：『是書徐文肅爲東宫講官時所進，未曾刊行，亦未署名。其後中璫錢能從宫中攜出，遂鏤版。於時錢溥、劉宣序之，童軒跋之，皆不知爲文肅所著。予從曹侍郎溶家見之，因爲標出』云云，則此書乃徐善述撰也。」〇陝西省圖書館藏明成化刻本，不題撰人，半葉十行，行二十字，大黑口，四周雙邊。前有成化二十年仲春南京太常寺卿掌國子監祭酒事劉宣《新刊書經直指序》，成化二十年二月既望南京吏部尚書錢溥序，末有成化二十年三月朔童軒《題新刊書經直指後》，均稱不著撰者名氏。劉序云：「南京守備太監錢公偶得之，披閲既久，愛之弗能釋手，乃捐貲命善書者謄寫鋟梓，以惠來學，既成，俾予序其後。」錢溥序云：「南京守備太監錢公能，初昆玉四人少入内禁，既長，俱忠貞勤敏，……乃命工繡梓。」童跋云：「内官監太監素軒錢公守備南京，……爰命鋟梓。」則是本爲成化二十年南京守備太監錢能刻本。版式字體，頗似經廠本。鈐「東山藏書」、「松陵陸氏有美堂圖書記」等印。《存目叢書》據以影印。

書經提要無卷數　明章陬撰　**三二八**

浙江吴玉墀家藏本(總目)。〇《浙江省第四次吴玉墀家呈送書目》：「《書經提要》一卷，明章陬著，一本。」〇《浙江採集遺書總録》：「《書經提要》四卷，錢塘吴氏瓶花齋寫本，明兵部主事黄岩章陬撰。」〇蔣寅《金陵生小言》卷五云日本東京大倉文化財團藏《書經提要》四庫進呈本，鈐「翰林院印」。

書傳洪範考疑一卷　明吴世忠撰　**三二九**

浙江巡撫採進本(總目)。〇《浙江省第七次呈送書目》：「《書傳洪範考疑》，明吴世忠著，一本。」〇《浙江採集遺書總録》：「《洪範考疑》一卷，寫本，明僉都御史金谿吴世忠撰。」

禹貢詳略無卷數　明韓邦奇撰　**三三〇**

浙江范懋柱家天一閣藏本(總目)。〇《浙江省第五次范懋柱家呈送書目》：「《禹貢詳略》不分卷，明韓邦奇著，二本。」〇《浙江採集遺書總録》：「《禹貢詳略》二卷，後附各圖，天一閣寫本，明韓邦奇撰。」〇臺灣「故宫博物院」藏明藍格鈔本，不分卷二册。〇陝西省圖書館藏明末刻本，不分卷，半葉十二行，行二十四字，白口，四周單邊。

尚書説要五卷　明吕柟撰　**三三一**

浙江汪啟淑家藏本(總目)。〇《浙江省第四次汪啟淑家呈送書目》：「《尚書説要》五卷，明吕柟著，一本。」○《浙江採集遺書總録》：「《尚書説要》五卷，刊本。」○北京圖書館藏明嘉靖三十二年謝少南刻《涇野先生五經説》本，作《涇野先生尚書説要》五卷，半葉十行，行二十字，白口，四周雙邊。《存目叢書》據以影印。天一閣文管所亦有是刻。○上海圖書館藏明藍格鈔《涇野先生五經説》本。○清咸豐八年刻《惜陰軒叢書》續編本。○清光緒二十二年長沙刻《惜陰軒叢書》續編本。

書經旨略一卷　明王大用撰　三三二

浙江吴玉墀家藏本（總目）。○《浙江省第四次吴玉墀家呈送書目》：「《書經旨略》一卷，明王大用著，一本。」○《浙江採集遺書總録》：「《書經旨略》一卷，瓶花齋寫本，明刑部侍郎上海王大用撰。」

尚書譜五卷　明梅鷟撰　三三三

編修汪如藻家藏本（總目）。○《浙江省第四次汪啟淑家呈送書目》：「《尚書譜》五卷，明梅鷟著，一本。」○《浙江採集遺書總録》：「《尚書譜》五卷，錢塘汪氏開萬樓寫本，明梅鷟撰。」○南京圖書館藏明藍格鈔本，不分卷，半葉九行，行二十四字，白口，四周單邊。白棉紙。清顧廣圻手校並跋，跋已見王大隆輯《思適齋書跋》卷一，兹不録。前有丁丙跋，即《藏書志》本條底稿。卷内鈐「白堤錢聽默經眼」、「八千卷樓所藏」、「四庫坿存」等印記。《存目叢書》據以影印。○北京圖書館藏清孔氏藤梧館鈔本，半葉十二行，行二十三字，黑格，白口，四周單邊。○北京圖書館藏清鈔本，半葉九行，行二十字，無格。○濟南市圖書館藏清鈔本。

三三四 **書疇彝訓一卷　明蔡悉撰**

監察御史蕭際韶家藏本(總目)。

三三五 **禹貢圖説一卷　明鄭曉撰**

浙江巡撫採進本(總目)。○《浙江省第三次書目》:「《禹貢圖説》一卷,明鄭曉著,一本。」○《浙江採集遺書總録》:「《禹貢圖説》一卷,刊本,明尚書海鹽鄭曉撰。」○上海圖書館藏明嘉靖四十三年刻本,《禹貢圖》一卷《尚書禹貢説》一卷。《説》題「海鹽澹泉鄭曉著,孫心材輯,曾孫端允、端濟校」,半葉十行,行十九字,白口,左右雙邊。版心刻工:張承祖、張五刊、朱明、孫相、王可成、翟繼良。卷首有嘉靖四十三年鄭履淳《尚書禹貢圖説序》云:「表兄熙臺劉君,學於家翁,雅志文教,遂梓舅氏之書。」《存目叢書》據以影印。按:《提要》云「是書自總圖以下分圖者凡三十,旁綴以説,仍載《禹貢》經文於後」,上海此本圖僅二十五幅,旁無解説,似與館臣所見者不同。○明萬曆二十四年項皋謨刻本,《禹貢説》一卷《圖》一卷,上海圖書館藏。陳秉仁先生云:圖與前本同。○道光元年海昌馬錦古芸齋重刻本,係嘉靖四十三年本之重刻,題:明鄭曉撰,鄭端允、端濟校,馬錦重校。蘇州市圖書館、東北師大藏。

三三六 **禹貢説一卷　明鄭曉撰**

兩江總督採進本(總目)。○《兩江第一次書目》:「《禹貢説》,明鄭曉著,一本。」○《江蘇採輯遺書目録》:「《禹貢圖説》一卷《禹貢説》一卷二本,明鄭曉著。」○《提要》云:「其門人徐允錫……尊其師説，遂從而刊行。」○臺灣「中央圖書館」藏明隆慶二年吴郡徐胤錫刻本，作《姑蘇新刊禹貢説》一卷，題「太子太保刑部尚書鄭曉著，仲子履準、吴門人徐胤錫校」。半葉十二行，行二十四字，白口，四周單邊。末有隆慶二年中秋日舊吴玄適子兑泉徐胤錫跋。卷内鈐「東吴世家」、「梁叟」、「吴興劉氏嘉業堂藏書印」、「劉承幹字貞一號翰怡」等印記。○北京圖書館藏明鈔本，作《禹貢説長箋》一卷，題「太子太保刑部尚書鄭曉著，仲子履準、吴門人徐胤錫校」。半葉十二行，行二十四字，無格。末有隆慶二年徐胤錫刻書跋。即從徐胤錫刻本出也。鈐有「淡泉居士」、「嵩峯」、「古婁韓氏應陛載陽父子珍藏善本書籍印記」、「甲子丙寅韓德均錢潤文夫婦兩度攜書避難記」、「雲間韓氏所藏」、「韓繩大一名熙字价藩讀書印」、「价藩」、「价藩所藏」、「曾爲雲間韓熙鑑藏」等印記。《存目叢書》據以影印。

古書世學六卷　明豐坊撰　　**三三七**

兩淮鹽政採進本（總目）。○《兩淮鹽政李呈送書目》：「《書世學》六卷，明豐坊，六本。」○湖北省圖書館藏明鈔本，題：豐稷正音、豐慶續音、豐熙集説、豐道生纂補。半葉九行，藍格，白口，四周雙邊。卷内鈐有「董氏玄宰」、「衺(表)章經史之寶」、「黄岡劉氏紹炎過眼」、「黄岡劉氏校書堂藏書記」等印記。《存目叢書》據以影印。○北京圖書館藏清雲在樓鈔本，半葉十行，行九字，小字雙行二十一字，白口，左右雙邊。清馮登府手跋。○北京圖書館分館藏精鈔本四册。

書經直解十三卷　明張居正撰　**三三八**

内府藏本(總目)。○《武英殿第一次書目》:「《書經直解》十三本。」○故宫博物院藏明萬曆元年内府刻本,題「少師兼太子太師吏部尚書中極殿大學士臣張居正等謹輯」,半葉九行,行十八字,大黑口,四周雙邊。寫刻工緻。無序跋。《存目叢書》據以影印。天一閣文管所藏此刻,清全祖望批並校。○明萬曆刻本,行款版式同前刻,北京大學、中國科學院圖書館、上海圖書館藏。○吉林大學圖書館藏明萬曆十八年錢世周等刻本,殘存卷一至卷八。半葉十一行,行二十二字,白口,四周單邊,有刻工。○甘肅省圖書館藏明萬卷樓刻大業堂印本,半葉十一行,行二十八字,白口,四周單邊。○明崇禎九年馬士奇澹寧居刻本,半葉九行,行十八字,白口,四周單邊,無行格。故宫博物院、南京圖書館藏。

書經說意十卷　明沈偉撰　**三三九**

江西巡撫採進本(總目)。

書經講義會編十二卷　明申時行撰　**三四〇**

江西巡撫採進本(總目)。○中國科學院圖書館藏明萬曆二十五年徐銓刻本,半葉十行,行二十二字,白口,四周單邊。版心記刻工:顧文耀刻、顧希賢刻,又單字不録。前有萬曆二十五年丁酉錯月朔日申時行序云:「徐文學衡卿氏家世受書,謂是編不可無傳,欲付剞劂,公諸同志者,命之曰《書經講義會編》,而余爲之引其首。」序後有署名:「子用懋、用嘉編輯,孫繼揆、紹芳、傳芳、騰芳、繽慶、廷芳、濟芳、緒隆、繹受、紀常、繩武較刊。」《存目叢書》據以影印。按：臺灣中央圖書館藏有此刻，申時行序後署名爲：「甥李鴻編輯，子用懋、用嘉校訂，後學徐銓校刊。」當是初印面貌。中國科學院本當是後印挖改者。吉林社科院、無錫圖書館等亦藏是刻。○明刻本，作《新鍥書經講義會編》，半葉十行，行二十六字，白口，四周雙邊。上圖、浙圖、重慶圖藏。○明萬曆書林王應俊刻本，作《鐫彙附百名公帷中綮論書經講義會編》，半葉十二行，行二十四字，白口，四周單邊。復旦大學、湖南圖書館、温州圖書館藏。○明萬曆王振華刻本，書名及行款同上。北大、東北師大藏。○明王振華五桂堂刻本，作《重訂申文定公書經講義會編》，行款同上。山東師大藏。○明崇禎書林王應俊刻本，書名及行款同上。題「男用懋、用嘉、孫紹芳較訂」。前有萬曆二十六年戊戌申時行序，文與二十五年序同。又崇禎三年庚午春正月姑蘇後學掌書記張嘉和贅言，又凡例。凡例後有題名：「雲間後學蔣芳馨原輯，長洲後學張嘉和重輯，三衢書林王應俊梓行。」中共中央黨校、臺灣「中央圖書館」藏。○明末刻本，作《申文定公書經講義會編》六卷。上欄爲《書經講義會編》，題「男用懋、用嘉、孫紹芳較訂」，半葉二十四行，行二十字。下欄爲蔡沈集傳，半葉九行，行十七字，小字雙行同。白口，四周單邊。鈐「歙鮑氏知不足齋藏書」、「澤存書庫」等印。臺灣「中央圖書館」藏。○日本延寶二年刻本，作《新鐫書經講義會編》，北大、華東師大、南圖、遼圖等藏。

禹貢山川郡邑考四卷　明王鑑撰 **三四一**

浙江汪啟淑家藏本（總目）。○《浙江省第四次汪啟淑家呈送書目》：「《禹貢山川郡邑考》四卷，明王鑑著，一本。」〇《浙江採集遺書總録》：「《禹貢山川郡邑考》四卷，刊本。」〇北京圖書館藏清鈔本，卷一卷四題「錫山王鑑識」，卷二卷三題「錫山王鑑著」。無序跋，不標卷次。半葉九行，行二十字，無格。書衣有「兩淮鹽政李質穎送到某家藏禹貢山川郡邑考壹部計書壹本」長方木記，模糊難辨。又鈐「翰林院印」滿漢文大官印、「吴興劉氏嘉業堂藏書記」、「張叔平」等印記。〇南京圖書館藏清鈔本，正文首葉題「錫山王鑑識」，半葉九行，行二十一字。有萬曆十八年庚寅上元日陸祥旭《繼山王先生禹貢注釋序》，又丁丙手跋。鈐「八千卷樓」、「善本書室」、「四庫坿存」等印記。《存目叢書》據以影印。

禹貢元珠一卷　明俞鯤撰　三四二

兩江總督採進本(總目)。〇《兩江第一次書目》：「《禹貢元珠》，元俞鯤著，一本。」

書經疑問十二卷　明姚舜牧撰　三四三

浙江巡撫採進本(總目)。〇《浙江省第三次書目》：「《書經疑問》十二卷，明姚舜牧著，六本。」〇《浙江採集遺書總録》：「《書經疑問》十二卷，刊本。」〇南京圖書館藏明萬曆六經堂刻《五經疑問》本，作《重訂書經疑問》，題「烏程後學承菴姚舜牧著」。半葉十行，行二十字，白口，四周單邊。前有萬曆三十二年自序。封面刻「六經堂藏板」。卷十二末有「丙申仲冬曾孫男淳起校補」一行，則係萬曆刻順治十三年姚淳起修補重印本。鈐有「曾經八千卷樓所得」、「嘉惠堂丁氏藏書之印」等印記。《存目叢書》據以影印。復旦大學亦藏此刻。

書帷別記四卷　明王樵撰 **三四四**

浙江汪啟淑家藏本（總目）。○《浙江省第四次汪啟淑家呈送書目》：「《書帷別記》四卷，明王樵著，四本。」○《浙江採集遺書總録》：「《書帷別記》四卷，刊本。」○天津圖書館藏明萬曆王啟疆、王肯堂等刻本，題：「前進士金壇王樵著，男啟疆、肯堂、干城、岳陞，姪孫秉鉞、秉銓校刊。」半葉十一行，行二十二字，白口，四周單邊。前有萬曆十二年六月自序。版心記寫工刻工：無錫侯臣寫，黄安朝刻，金淵、陳千瑞、陳千培、陳千祥、陳千城、陳祥、陳伯道、耿采。《存目叢書》據以影印。北京圖書館、臺灣「中央研究院」史語所均藏此刻。

尚書要旨三十卷　明王肎堂撰 **三四五**

兩江總督採進本（總目）。○《兩江第一次書目》：「《尚書要旨》，明王肯堂輯，五本。」○浙江圖書館藏明刻本，題「賜進士第翰林院國史檢討延陵王肯堂宇泰甫著」。半葉十行，行二十四字，白口，四周單邊，無直格。前有天津兵使章丘張汝蘊序云：「適太史從兄爾祝來守滄，就索元本。既得，而闔屬守若令爭欲鋟諸梓。梓竣，問序不佞。」考乾隆八年刻《滄州志》，王堯封萬曆二十七年至二十九年守滄州，是本之刻即在其間。《存目叢書》據以影印。北大、南通市圖書館亦藏是刻。

尚書辨解十卷　明郝敬撰 **三四六**

浙江汪啟淑家藏本（總目）。○《浙江省第四次汪啟淑家呈送書目》：「《尚書辨解》十卷，明郝敬著，二本。」○《浙江採集遺書總録》：「《尚書辨解》十卷，刊本。」○湖北省圖書館藏明萬曆四十三年乙卯京山郝氏刻本,《郝氏九經解》之一。題「京山郝敬著,男千秋、千石、洪範較」。半葉十行,行二十一字,白口,四周單邊。卷尾有「時萬曆乙卯孟冬京山郝氏刊刻」一行。《存目叢書》據以影印。復旦大學、南京圖書館亦有此刻。○光緒十七年三餘堂刻《湖北叢書》本。○民國間刻紅印本六册,上海圖書館藏。○寫本,日本靜嘉堂藏。○日本文化間刊本,三浦源藏版,作《郝京山尚書解》八卷,靜嘉堂藏。按:此係前八卷解伏書者。

三四七　禹貢備遺增注二卷　明胡瓚撰　胡宗緒增注

兩江總督採進本(總目)。○《兩江第一次書目》:「《禹貢備遺》,桐城胡瓚著,一本。」○北京圖書館分館藏清乾隆四年萬卷樓刻本。封面刻「乾隆四年重刊」、「桐城胡伯玉先生著」、「禹貢備遺」、「附增註」、「本衙藏板」。版心刻「萬卷樓」。凡《禹貢書法》一卷、《禹貢備遺》二卷、《禹貢增註或問》一卷,共一册。前三卷胡瓚撰,胡宗緒增注,末一卷胡宗緒撰。前有乾隆二年胡宗緒跋。《存目叢書》據以影印。○臺灣「中央研究院」史語所藏鈔本一册,作《禹貢備遺》一卷《禹貢書法》一卷,明胡瓚撰,清胡宗緒增注。○北京圖書館藏清初刻本,作《禹貢備遺》一卷《書法》一卷,明胡瓚撰。半葉九行,行二十二字,白口,左右雙邊。

三四八　書傳會衷十卷　明曹學佺撰

江蘇周厚堉家藏本(總目)。○《江蘇省第一次書目》:「《書傳會衷》四本。」○《江蘇採輯遺書目録》:「《書傳會衷》十卷,明廣西副使侯官曹學佺著。」○遼寧省圖書館藏明末刻本,題「閩中後學曹學佺謹輯」，半葉十行，行十九字，白口，左右雙邊。無序跋。鈐「家在水道街澤村氏」、「貴得樓藏弆印」、「日熊本書鋪，上通二丁目，川口屋又次郎」等印記。《存目叢書》據以影印。

虞書箋二卷　明茅瑞徵撰　**三四九**

浙江巡撫採進本（總目）。○《浙江省第六次呈送書目》：「《虞書箋》二卷，明茅瑞徵著，一本。」○《浙江採集遺書總録》：「《虞書箋》二卷，刊本。」○中國人民大學藏明崇禎五年刻本，題「歸安茅瑞徵伯符著，男胤京、胤武仝訂」。半葉九行，行二十字，白口，四周單邊。前有崇禎五年壬申自序云：「南局多暇，日取唐虞論治之書再四讀之，意有所會，輒次數語簡端，久便成帙。兒子偶發廢簏，請付副墨，因漫題曰《虞書箋》。」末有黄承昊跋。《存目叢書》據以影印。北京圖書館、中國科學院圖書館、日本京都大學人文所均藏此刻。

禹貢匯疏十五卷　明茅瑞徵撰　**三五〇**

兩淮鹽政採進本（總目）。○《兩淮鹽政李呈送書目》：「《禹貢匯疏》十五卷，明茅瑞徵，十二本。」○《江蘇省第一次書目》：「《禹貢匯疏》四本。」○《江蘇採輯遺書目録》：「《禹貢匯疏》十二卷《別録》一卷，明吴興茅瑞徵著，刊本。」○《浙江省第三次書目》：「《禹貢匯疏》十二卷，明茅瑞徵著，六本。」○《浙江採集遺書總録》：「《禹貢匯疏》十二卷，刊本。」○《編修勵第一次至六次交出書目》：「《禹貢匯説》，明茅瑞徵輯，六本。」○北京大學藏明崇禎刻本，正文十二卷，前有《圖經》二卷，後有《神禹別録》一卷，共十五卷。題「吴興茅瑞徵纂并箋，男胤京、胤武仝訂」。半葉九行，行二十字，白口,四周單邊。有崇禎五年壬申自序,末署「吴興滄樸居士茅瑞徵題於浣花居」。又崇禎五年申紹芳序,黄承昊跋。卷内鈐「巴陵方氏珍藏」、「方功惠藏」等印記。《存目叢書》據以影印。臺灣「中央圖書館」藏此本封面有刻書識語及「浣花居藏板」五字。北圖、上圖、南圖等亦藏此刻。

尚書傳翼十卷　明陸鍵撰　三五一

浙江巡撫採進本(總目)。○《浙江省第六次呈送書目》:「《尚書傳翼》十卷,明陸鍵著,四本。」○《浙江採集遺書總録》:「《尚書傳翼》四册,刊本。」○《江蘇省第一次書目》:「《尚書傳翼》二本。」○《江蘇採輯遺書目録》:「《尚書傳翼》八卷,明建昌府推官長水陸鍵著。」○清華大學藏明刻本十卷,題:「明長水後學陸鍵實府父著,門人建武姚伯燮元卿父訂,羊城管天衢勗登父閲。」半葉十一行,行二十三字,白口,四周單邊。上欄上有耳題。版心記刻工:高欽、高化、單和、高立、高仕、高炤、刘仁等。前有陳懿典叙云「亟公諸梓」。鈐「豐華堂書庫寶藏印」等印記。《存目叢書》據以影印。按:陳懿典萬曆二十年進士,又刻工高欽、單和萬曆三十三年與南昌胡志遠、豫章熊徵等同刻《劉氏類山》,則此本亦當刻於萬曆年間,時陸鍵爲建昌府推官,蓋即刻於江西。

尚書晚訂十二卷　明史維堡撰　三五二

編修勵守謙家藏本(總目)。○《編修勵第一次至六次交出書目》:「《尚書晚訂》六本。」○《兩江第一次書目》:「《尚書晚訂》,明史維堡著,四本。」○《浙江省第十一次呈送書目》:「《尚書晚訂》十二卷,明史維堡著,四本。」○《浙江採集遺書總録》:「《尚書晚訂》十二卷,刊本。」○温州市圖書館藏明崇禎八年刻本，題「明金壇史維堡心南甫著，男史元調鼎如甫輯」。半葉十行，行二十二字，白口，四周單邊。卷一首葉版心記刻工及寫工：「刻費綱，寫陳元。」前有崇禎八年姜逢元序，崇禎八年徐時泰序，崇禎八年史維堡序。史序云「遂付剞劂氏」，知刻於崇禎八年。《存目叢書》據以影印。

尚書揆一六卷　明鄒期楨撰　**三五三**

浙江汪啟淑家藏本（總目）。〇《浙江省第四次汪啟淑家呈送書目》：「《尚書揆一》六卷，明鄒期楨著，三本。」〇《浙江採集遺書總録》：「《尚書揆一》六卷，刊本。」〇美國芝加哥大學遠東圖書館藏明萬曆四十四年刻本，六卷六册，題「錫山鄒期楨公寧父著，弟鄒期相公寅父編」。半葉九行，行二十字，白口，左右雙邊。前有萬曆四十四年安希范序，周繼昌題辭，自序。（參沈津《書城挹翠録》）〇北京大學藏清鈔本，六卷六册，題「錫山鄒期楨公寧著，孫男陞編，門人顧宸修遠重訂」。半葉九行，行二十字，無格。前有康熙九年庚戌顧宸序，謂是書刻於萬曆丙辰，鼎革以來，舊板半散佚於兵火，因與先生之孫重訂而梓之。又萬曆丙辰高攀龍序，孫男陞附述。則此本即從康熙九年顧宸刻本出。卷内絃字缺末筆，胤、弘、曆、寧等字均不避諱，蓋猶康熙間鈔本。鈐「巴陵方氏碧琳瑯館珍藏祕笈」、「巴陵方氏功惠柳橋甫印」、「方家書庫」、「泰峯借讀」、「田耕堂藏」、「雲間趙氏藏書」、「八詠樓」、「卓犖觀群書」等印記。《存目叢書》據以影印。按：康熙九年顧宸刻本，汪啟淑嘗進呈四庫館，現不知存佚。

尚書葦籥二十一卷　明潘士遴撰 三五四

兩江總督採進本(總目)。○《兩江第一次書目》:「《尚書葦籥》,明潘士遴輯,二十八本。」○浙江圖書館藏明崇禎刻本,共五十八卷,題「後學東海潘士遴輯著,古瀫張孫振鑒定」。半葉十行,行二十二字,白口,左右雙邊。前有己卯高世泰序,陳以誠序,崇禎七年甲戌張孫振序,莫儼序,崇禎六年癸酉潘士遴序,凡例。封面有門人丁默識語。《存目叢書》據以影印。北京圖書館、大連圖書館、南京博物院、日本京都大學人文所均藏此刻。

書經集意六卷　明萬嗣達撰 三五五

江西巡撫採進本(總目)。

禹貢圖注無卷數　明艾南英撰 三五六

江西巡撫採進本(總目)。○《江西巡撫海第四次呈送書目》:「《讀史書後》、《禹貢圖註》一套,以上二種共二本。」○《浙江省第四次吴玉墀家呈送書目》:「《禹貢圖註》一卷,明艾南英著,一本。」○《浙江採集遺書總録》:「《禹貢圖注》一卷,刊本,明舉人東鄉艾南英撰。」○臺灣「中央研究院」史語所藏明刻本二册,某氏朱墨批註。北京圖書館分館亦藏明刻本一册,疑是一刻。○上海圖書館藏清康熙二十七年費廣重刻本一册。○道光十一年六安晁氏木活字印《學海類編》本一卷,題「明古臨艾南英千子輯」,前有自序。《存目叢書》用北圖藏本影印。上圖、南圖等亦有此本。民國九年商務印書館影印晁氏木活字《學海類編》本。《叢書集成》亦據以影印。

禹貢合注五卷　明夏允彝撰　**三五七**

江蘇巡撫採進本（總目）。○《江蘇省第一次書目》：「《禹貢古今合註》五本。」○《江蘇採輯遺書目録》：「《禹貢古今合注》五卷，明吏部考功郎中松江夏允彝著。」○《兩淮鹽政李呈送書目》：「《禹貢合注》五卷，明夏允彝，六本。」○《浙江省第四次吴玉墀家呈送書目》：「《禹貢合註》五卷，明夏允彝著，四本。」○《浙江採集遺書總録》：「《禹貢古今合注》五卷，刊本。」○《山東巡撫呈送第一次書目》：「《禹貢合註》二本。」○清華大學藏明末刻本，作《禹貢古今合註》五卷，前有圖一卷。題：「雲間夏允彝譔，鹿城門人李開鄴較。」半葉九行，行十九字，白口，左右雙邊。有陳子龍序，自序。鈐「豐華堂書庫寶藏印」印記。《存目叢書》據以影印。北圖、上圖、南圖等亦藏此刻。○臺灣「中央圖書館」藏乾隆三十八年高見龍鈔本，分上中下三卷，前有圖一卷，共二册。題「雲間夏允彝譔，鹿城門人李開鄴較」。半葉十行，行二十四字。末有「乾隆三十八年歲在癸巳夏日鈔」一行，旁鈐「高見龍印」白文方印，「贊」「思」朱文連珠印。（參該館《善本書志初稿》）○上海圖書館藏清嘉慶二十一年夏汝珍刻本一卷一册。○臺灣「中央研究院」史語所藏鈔本，作《禹貢古今注》五卷二册，民國間北京人文所舊藏。

讀尚書略記無卷數　明朱朝瑛撰　**三五八**

浙江巡撫採進本（總目）。○《浙江省第八次呈送書目》：「《讀尚書略記》，明朱朝瑛著，五本。」○《浙江採集遺書總録》：「《讀書略記》二册，寫本，明朱朝瑛撰。」○浙江圖書館藏清鈔《七經略記》本,題「淛水朱朝瑛康流氏著」,半葉十二行,行二十四字,無格。全書不標卷數,《堯典》至《微子之命》共九十三葉,葉碼自爲起訖。《康誥》以下共六十四葉,葉碼自爲起訖。前有《尚書今古文考》五葉,葉碼自爲起訖。故《中國古籍善本書目》著録爲三卷。卷内玄、胤、弘均缺末筆,旻、寧則不避諱,猶是乾嘉間鈔本。《存目叢書》據以影印。○北京圖書館藏清鈔《七經略記》本,作《讀尚書略記》三卷,半葉九行,行二十四字,無格。○《八千卷樓書目》著録鈔本,作《讀書略記》。

三五九

書繹六卷　明楊文彩撰

江西巡撫採進本(總目)。○江西省圖書館藏清光緒二年仁和韓懿章寧都官署刻本,作《楊子書繹》,題「寧都楊文彩治文著,門人魏禧叔子參訂,男龍泉御李、晉進也編校」。每卷首行下有「仁和韓懿章重刊」七字。前有光緒二年五月韓懿章《重刊楊子書繹序》,謂當時魏禧作序,已版行,後燬於兵火,其書罕傳,同治十二年購得一本,亟付梓以廣其傳。時懿章官寧都。封面刻「光緒二年重刊」、「文起堂藏板」。《存目叢書》據以影印。中國科學院圖書館、人民大學、華東師大、杭州大學均有此刻。

三六〇

禹貢廣覽三卷　明許胥臣撰

浙江吴玉墀家藏本(總目)。○《浙江省第四次吴玉墀家呈送書目》:「《禹貢廣覽》三卷,明許胥臣著,三本。」○《浙江採集遺書總録》:「《禹貢廣覽》三卷,刊本。」○北京大學藏明崇禎刻本,作《夏書禹貢廣覽》三卷,題「錢塘許胥臣編次」,半葉九行,行二十字,白口,四周單邊。前有崇禎六年自序。鈐「良輔」印。《存目叢書》據以影印。上海圖書館、天一閣文管所亦藏此刻。

三六一 **尚書講義無卷數　明蔡璋撰**

兩江總督採進本（總目）。○《兩江第一次書目》：「《尚書講義》，無錫蔡璋著，抄本，二本。」○《提要》云：「書凡兩册，爲明季寫本。當時朱墨標識猶存，疑即璋之原稿云。」

三六二 **尚書解意六卷　明李楨扆撰**

直隸總督採進本（總目）。○《直隸省呈送書目》：「《尚書解意》六本。」○中國科學院圖書館藏清順治九年郭之培刻書種樓印本，題「古虞李楨扆華麓甫纂著，郭之培仲因甫參閲」。半葉十行，行二十字，白口，四周單邊。前有順治九年壬辰秋八月既望郭元亮序云：「吾宗生洲治原多暇，取其所藏李華麓先生《尚書解意》手訂付梓。」卷内鈐「任邱邊氏」白文方印，邊汝元藏書。《存目叢書》據以影印。

三六三 **禹貢通解一卷　舊本題檇李邵璜撰**

江蘇巡撫採進本（總目）。○《江蘇省第二次書目》：「《禹貢通解》一本。」○《江蘇採輯遺書目録》：「《禹貢標旨》不分卷，即《禹貢通解》，明嘉興邵璜著，刊本。」○上海圖書館藏清初鈔本，作《禹貢通解》一卷，一册，題「檇李邵璜輯」。半葉十行，行二十五字，無格。鈐「賜書堂藏閲書」朱文方印。《存目叢書》據以影印。○按：邵璜生活年代《提要》未考出。宋慈抱《兩浙著述考》云：「璜字魯重，本姓薛，崇禎五年舉人，官雲南大姚知縣。」

尚書集解二十卷　國朝孫承澤撰　三六四

直隸總督採進本(總目)。○《直隸省呈送書目》:「《尚書集解》五本。」○北京圖書館分館藏清康熙十一年孫氏家塾刻本,題「北平孫承澤學」。半葉九行,行十九字,白口,四周單邊。前有康熙十一年孫承澤序云:「余舊著《集解》一編,今年屆八旬,恐其散逸,重加裒益,刊之家塾。」卷末署「男道標、道林、孫熺同較」。《存目叢書》據以影印。

九州山水考三卷　國朝孫承澤撰　三六五

安徽巡撫採進本(總目)。○《安徽省呈送書目》:「《九州山水考》一本。」○北京圖書館藏清康熙刻本,分上中下三卷,三册。卷上首行:「格致録第□卷」,卷數作墨丁。次行:「北平孫承澤撰」,三行:「九州山水考上」。蓋其《格致録》之一種也。半葉九行,行二十字,白口,四周單邊。末有孫承澤跋云:「《山水考》,考《禹貢》也。」末署:「七十五叟孫承澤識於南城書舍之桐下。」以虚齡計,時康熙五年。《存目叢書》據以影印。

尚書近指六卷　國朝孫奇逢撰　三六六

江西巡撫採進本(總目)。○《江西巡撫海第四次呈送書目》:「《尚書近指》一套二本。」○上海圖書館藏清康熙十五年刻本,作《書經近指》,題「歲寒老人孫奇逢纂,孤竹後學趙纘訂梓」。半葉九行,行二十字,白口,四周單邊。前有康熙十五年丙辰仲秋之望濟南霍炳序,十五年六月趙纘序,十五年仲冬相州張溍序,順治十八年辛丑自序,康熙十五年趙御衆序,凡例。末有趙庚跋。趙御衆序云：「歲丙辰，御衆持徵君先生《尚書近指》稿過滏陽，欲就筆墨録以自課。家憲清伯兄于治邑之暇，讀而起敬，以爲不可不廣其傳，因謀梓。既竣，命御衆叙之。」《存目叢書》據以影印。世行《孫夏峰全集》内所收《書經近指》六卷，當即用此板彙印。

尚書引義六卷　國朝王夫之撰　**三六七**

湖南巡撫採進本（總目）。○《湖南省呈送書目》：「《尚書引義》五本。」○清道光二十二年新化鄧顯鶴長沙刻《船山遺書》本。○同治四年曾國荃金陵刻《船山遺書》本，有「同治四年湘鄉曾氏栞于金陵節署」牌記，同治三年劉毓崧跋。《存目叢書》據清華大學藏本影印。○湖南省博物館藏清王嘉愷鈔本，存卷一卷二卷四至卷六共五卷。○山西運城市圖書館藏清鈔本，係進呈四庫館原本。

尚書體要六卷　國朝錢肅潤撰　**三六八**

江蘇巡撫採進本（總目）。○《江蘇省第一次書目》：「《尚書體要》六本。」○《江蘇採輯遺書目録》：「《尚書體要》六卷，明無錫錢肅潤著。」○上海圖書館藏清康熙趙崙刻本，題「東海趙閬仙先生鑒定，無錫錢肅潤纂輯，同學諸人穫訂，受業邵璿參」。半葉九行，行二十字，白口，左右雙邊。前有康熙二十二年癸亥江南督學使者趙崙序，二十二年知無錫縣事徐永言序，二十四年周弘序，二十五年自序。徐序云：「學憲趙公重其書之不朽，謀付剞劂，捐俸倡始而董其成。」自序云：「戍亥間肅潤赴牛雙溪郡丞、荆默庵學博之招，講學江上，東海趙閬仙宗師按臨茲土，……廼命梓人發刊行世。」末署「無錫錢肅潤謹書於東林書院之麗澤堂」。則是本爲康熙二十二年江南督學使者趙崙付梓於東林書院者，蓋二十五年始刊成。卷内鈐「孫祖基印」。《存目叢書》據以影印。

書經疏略六卷　國朝張沐撰　三六九

江南巡撫採進本(總目)。○《河南省呈送書目》：「《書經疏略》，本朝張沐著，三本。」按：張沐著作均河南巡撫進呈，此書亦僅見《河南省呈送書目》，殿本《總目》「江南巡撫」作「河南巡撫」，是。○清華大學藏清康熙敦臨堂刻《五經四書疏略》本，半葉九行，行十七字，白口，四周雙邊。封面刻「康熙十六年鐫」、「敦臨堂藏板」。前有康熙三十三年管竭忠序云：「余讀之，犂然有當于心也，遂授之剞劂，公諸海内學者。」《存目叢書》據以影印。按：是本刊刻之年，封面與序相去十七載，蓋封面爲彙印《五經四書疏略》時所加，仍當從管序定爲康熙三十三年管竭忠刻本。中國科學院圖書館藏清刻《張仲誠遺書》内所收《書經疏略》六卷亦即此刻。

古文尚書考一卷　國朝陸隴其撰　三七〇

編修程晉芳家藏本(總目)。○《提要》云：「是書原載隴其《三魚堂集》中，曹溶《學海類編》始摘録别行。」○《三魚堂文集》十二卷《外集》六卷《附録》一卷，有康熙四十年刻琴川書屋印本，半葉九行，行二十字，白口，左右雙邊。中國科學院圖書館、山西省圖書館等藏。又康熙四十年刻嘉會堂印本，中國社會科學院近代史所、山西師大等藏。又《四庫全書》集部别集類收録。○道光十一年六安晁氏木活字印《學海類編》本。民國九年商務印書館影印晁氏木活字印《學海類編》本。○道光十年長洲顧氏刻《賜硯堂叢書新編》本。○道光十三年吴江沈氏世楷堂刻《昭代叢書》庚集埤編本。

○道光二十八年宜黄黄氏排印本，《遜敏堂叢書》之一。○光緒間山陰宋氏刻《懺花盦叢書》本。○光緒十六年宗培等刻《陸子全書》本。○民國二十六年商務印書館《叢書集成初編》據《學海類編》本排印本。

尚書惜陰録六卷　國朝徐世沐撰 三七一

兩江總督採進本（總目）。○《兩江第一次書目》：「《尚書惜陰録》，江陰徐世沐著，抄本，三本。」

尚書口義六卷　國朝劉懷志撰 三七二

浙江巡撫採進本（總目）。○《浙江省第十二次呈送書目》：「《尚書口義》六卷，國朝劉懷志著，四本。」○《浙江採集遺書總録》：「《尚書口義》六卷，刊本。」○上海圖書館藏乾隆八年大梁書院刻本，題「武强劉懷志貞儒纂，後學通海趙城亘輿校訂，新安吕瀍曾宗則參校」。前有乾隆八年趙城序，乾隆八年党士伸跋，劉澤《凡例》，校閲及門姓氏，乾隆八年劉澤識語。党士伸跋云：「值方伯通海趙公亘輿夫子提調書院事，憫伸等問學之誠，輒付梨棗。」及門姓氏列大梁書院諸生一百八十八人，皆劉澤任大梁書院山長時學生。《存目叢書》據以影印。天津圖書館、中國科學院圖書館亦藏此刻。

禹貢正義三卷　國朝曹爾成撰 三七三

江蘇巡撫採進本（總目）。○《江蘇省第一次書目》：「《禹貢正義》三本。」○《江蘇採輯遺書目録》：「《禹貢正義》，清無錫曹爾成著。」○上海圖書館藏乾隆十一年曹峻刻本，題「錫山後學曹爾成述，孤孫峻校刊」。半葉九行，行二十字，黑口，四周單邊。前有乾隆十一年丙寅浦起龍《校刊禹貢正義序》云：「梅里泰伯祠奉祠事曹君峻授余其祖所著《禹貢正義》三卷，曰：峻無似，……獨所守有是書，將梓而傳之。」又云：「攷是書之成在康熙甲寅。」又有壬午夏同邑陸楣序，内云「君没後二十年其子體忍始出以示予」，則壬午爲康熙四十一年。《存目叢書》據以影印。按：《販書偶記續編》著録「乾隆二十七年壬午曹峻校刊」，恐是誤康熙壬午爲乾隆壬午所致。北京圖書館分館藏乾隆刻本三册，當是同版。

舜典補亡一卷　國朝毛奇齡撰 **三七四**

浙江巡撫採進本（總目）。○《浙江省第三次書目》：「《西河合集》四百九十一卷，國朝毛奇齡著，八十四本。」○《浙江採集遺書總録》：「《西河合集》四百九十一卷，刊本。」○清康熙書留草堂刻《西河合集》本，《存目叢書》用清華大學藏本影印。○清嘉慶中南匯吴氏聽彝堂刻《藝海珠塵》丙集本。○民國二十六年商務印書館《叢書集成初編》據《藝海珠塵》本排印。

尚書義疏無卷數　國朝蔣家駒撰 **三七五**

檢討蕭芝家藏本（總目）。○《翰林院檢討蕭交出書目》：「《尚書義疏》二本。」○《提要》云：「鈔本綴以圈點，其體段皆類時文。」

書經詳説無卷數　國朝冉覲祖撰 **三七六**

河南巡撫採進本（總目）。○《河南省呈送書目》：「《五經詳説》五部，本朝冉覲祖著，共一百七十九本。」○光緒七年大梁書局刻《五經詳説》本，七十六卷。半葉十行，行二十二字，白口，四周雙邊。前有牌記：「光緒辛巳大梁書局校栞。」《存目叢書》用山東省圖書館藏本影印。復旦大學、湖北省圖書館等亦有此本。

三七七

禹貢臆參無卷數　國朝楊陸榮撰

江蘇巡撫採進本（總目）。○《江蘇省第二次書目》：「《禹貢臆參》一本。」○《江蘇採輯遺書目録》：「《尚書臆參》二卷，清青蒲楊（陸）榮輯。」○北京圖書館藏清乾隆七年刻本二卷，《楊潭西先生遺書》之一。半葉九行，行二十一字，白口，左右雙邊。前有乾隆七年自序。《存目叢書》據以影印。

三七八

禹貢譜二卷　國朝王澍撰

浙江巡撫採進本（總目）。○《浙江省第六次呈送書目》：「《禹貢譜》二卷，國朝王澍著，一本。」○《浙江採集遺書總録》：「《禹貢譜》一册，刊本，國朝翰林院編修金壇王澍撰。」○《安徽省呈送書目》：「《禹貢譜》一本。」○清康熙四十六年積書巖刻本，題「金壇王澍篛林、錢塘金詢于蕘考定。校訂門人：錢塘汪掄柱中立、休寧金碩評衡士、仁和金德鉉韻文」。半葉九行，行二十字，大黑口，四周單邊。封面刻「積書巖藏板」。有康熙四十六年丁亥毛乾乾序，四十六年六月王澍序。《存目叢書》用湖北省圖書館藏本影印。北京大學、人民大學、復旦大學等亦藏此本。

三七九

禹貢解八卷　國朝晏斯盛撰

浙江巡撫採進本（總目）。○《江西巡撫海第三次呈送書目》：「《禹貢解》四本。」○南京圖書館藏清乾隆刻《楚蒙山房集》本,卷一首行題「楚蒙山房」,次行題「新喻晏斯盛」,三行題「經解」,四行題「禹貢一」。半葉九行,行十九字,下黑口,四周雙邊。版心上刻「楚蒙山房集」,中刻「禹貢」。前有乾隆十年仲春月幾望長白鄂彌達《禹貢解叙》。《存目叢書》據以影印。

今文尚書説三卷　國朝陸奎勳撰　三八〇

浙江巡撫採進本(總目)。○《浙江省第一次書目》:「《今文尚書説》三卷,國朝陸奎勳著,一本。」○《浙江採集遺書總録》:「《今文尚書説》三卷,後有《古文尚書辨》二篇,刊本,國朝陸奎勳撰。」○《江西巡撫六次續採書目》:「《陸堂易學》、《戴禮緒言》、《今文尚書説》,以上三種共六本。」○南京圖書館藏清乾隆二年刻本,題:「平湖後學陸奎勳坡星輯,崑山門人徐傳毓子山校。」半葉十一行,行二十四字,白口,左右雙邊。前有康熙五十七年戊戌自序,乾隆二年三月徐傳毓序。徐序云「校讐一月畢工」。《存目叢書》據以影印。按:《陸堂詩集》陸奎勳自序云:「乙卯冬月《易學》輯成,與《尚書今文説》、《戴禮緒言》同付剞劂氏。」蓋自雍正十三年乙卯冬《易》、《書》、《禮》諸種次第刊板,至乾隆二年春始刻成《今文尚書説》。上海圖書館藏《陸堂經學叢書》本當即此刻。

尚書通義十四卷　國朝方葇如撰　三八一

浙江巡撫採進本(總目)。○《浙江省第八次呈送書目》:「《尚書通義》十四卷,國朝方葇如著,三本。」○《浙江採集遺書總録》:「《尚書通義》十四卷,寫本,國朝方葇如撰。」

尚書舉隅六卷　國朝徐志遴撰　三八二

江南巡撫採進本（總目）。○《江西巡撫海第三次呈送書目》：「《尚書舉隅》三本。」按：殿本《總目》「江南巡撫」作「江西巡撫」，是。○山東省圖藏乾隆二十三年觀堂刻本，作《書經舉隅》六卷，涂志遴撰。

書經劄記無卷數　國朝顧昺撰　三八三

江蘇巡撫採進本（總目）。○《江蘇採輯遺書目録》：「《三經解》八册，清南滙顧昺著，子目列下：《周易摘鈔》五卷、《書經劄記》不分卷、《詩經序傳合參》不分卷。」

禹貢方域考一卷　國朝湯奕瑞撰　三八四

江西巡撫採進本（總目）。○《江西巡撫六次續採書目》：「《禹貢方域考》一本。」○湖北省圖書館藏雍正十二年刻本，題「南豐湯奕瑞玉峯氏纂輯，同學趙孟錦見書氏參，同學曾橋東之氏訂」。半葉九行，行二十字，白口，左右雙邊。寫刻極精。封面刻「雍正甲寅年鐫」、「本宅藏板」。鈐「豐城歐陽氏藏書」等印。卷尾附《北行一百四十韻》。《存目叢書》據以影印。○北京圖書館分館藏清鈔本一册，有缺葉。

尚書約旨六卷　國朝楊方達撰　三八五

江蘇巡撫採進本（總目）。○《江蘇省第一次書目》：「《尚書約旨》四本。」○《江蘇採輯遺書目録》：「《尚書約旨》六卷，清武進舉人楊方達著。」○中國科學院圖書館藏清乾隆復初堂刻本，《存目叢書》據以影印。此與《尚書通典略》同時刻，版式字體及刻工均同，參下條。北圖分館、人民大學、華東師大、四川圖書館等亦藏此本。

尚書通典略二卷　國朝楊方達撰　**三八六**

江西巡撫採進本（總目）。〇《山東巡撫第二次呈進書目》：「《尚書通典略》四本。」〇《江蘇採輯遺書目録》：「《尚書約注通典略》二卷，清楊方達著。」〇中國科學院圖書館藏乾隆復初堂刻本，題「後學武進楊方達述」，半葉十行，行二十字，黑口，左右雙邊。前有乾隆十八年癸酉八月顧棟高序並附來書，乾隆十八年三月自序，例言。卷下末有「男廷琮挍字，吴門王九成寫稿」二行。版心刻工：徐遵王、周維新、徐玉符、友松、惟新、云升、万傳、吴宏仁、玉符、陳士芳、趙子芳、萬傳、劉萬傳、尊王、曾可久、黎云升、可久、声遠、永加。封面刻「復初堂藏板」。是本寫刻極精。《存目叢書》據以影印。北圖分館、人民大學、華東師大、四川圖書館等亦有此本。

禹貢約義無卷數　國朝華玉淳撰　**三八七**

兩江總督採進本（總目）。〇《兩江第一次書目》：「《禹貢約義》，無錫華玉純著，一本。」〇《提要》云：「蓋隨事紀載，未及成書之稿本也。」

尚書質疑八卷　國朝王心敬撰　**三八八**

安徽巡撫採進本（總目）。〇《安徽省呈送書目》：「《尚書質疑》四本。」〇《陝西省呈送書目》：「《尚書質疑》。」〇四川省圖書館藏清乾隆三年戊午廣西潯州刻本，作《豐川今古文尚書質疑》八卷，七册。題「豐川王心敬爾緝手編，男功、勷、勍謹録，後學平遠潘淳元亮、平湖陸綸懷雅同校」。正文八卷，前又有《通論》一卷。半葉十行，行二十一字，白口，四周雙邊。前有乾隆三年正月陳倓序，自序，目録，凡例。封面刻「乾隆戊午歲梓，潯衙藏板」。《存目叢書》據以影印。山西大學亦有是刻。

三八九　書經參義六卷　國朝姜兆錫撰

浙江巡撫採進本（總目）。○《浙江省第十次呈送書目》：「《書經參義》六卷，國朝姜兆錫著，二本。」○《江蘇採輯遺書目録》：「《九經補註》八十七卷，清丹陽舉人姜兆錫註，刊本。」所列子目有《書經蔡傳參義》六卷。○中國科學院圖書館藏清雍正十二年寅清樓刻本，作《書經蔡傳參義》，題「蔡沈原註，姜兆錫參義」。半葉十行，行二十五字，白口，四周單邊。版心刻「寅清樓」。封面刻「雍正十二年鐫」、「本衙藏板」。前有原序，正譌，目録。目録末有雍正十二年甲寅三月姜兆錫序。此姜氏《九經補注》之一，《存目叢書》據以影印。北圖、上圖、南圖等亦有此本。

三九〇　尚書質疑二卷　國朝顧棟高撰

江西巡撫採進本（總目）。○《江蘇省第一次書目》：「《尚書質疑》二本。」○《江蘇採輯遺書目録》：「《尚書質疑》二卷，清國子監祭酒無錫顧棟高著。」○清道光六年眉壽堂刻本三卷，半葉八行，行二十字，白口，四周雙邊。前有乾隆十八年癸酉自序，道光六年丹徒蔣廷瓚序。蔣序云：「予曩得其《尚書質疑》鈔本三卷，……坊間未有刻本，因亟爲校對，付之剞劂。」封面刻「道光丙戌年鐫，眉壽堂藏板」。是本寫刻極精。臺灣有影印本，《存目叢書》復據以影印。北京圖書館分館、南京圖書館及余友辛德勇先生均藏此刻。○上海圖書館藏民國二十八年傳鈔本一册。○上海圖書館藏另一鈔本一册。

書經提要十卷　國朝徐鐸撰　**三九一**

兩江總督採進本(總目)。○《兩江第二次書目》:「《書經提要録》,鹽城徐鐸輯,抄本,四本。」

尚書小疏一卷　國朝沈彤撰　**三九二**

江蘇巡撫採進本(總目)。○《江蘇省第一次書目》:「《經小疏》二本。」○《江蘇採輯遺書目録》:「《書經小疏》二本。」又:「《經小疏》,國朝吴江沈彤著,按此書就彤所見核經疏解成《虞書》一卷《左傳》二卷《儀禮》二卷,各附監本刊誤。刊本。」○《浙江省第十次呈送書目》:「《三經小疏》三卷,國朝沈彤著,二本。」○《浙江採集遺書總録》:「《三經小疏》三卷二册,刊本,國朝吴江沈彤撰。」按:《尚書小疏》即《三經小疏》之一也。○清乾隆中吴江沈氏刻《果堂全集》本,北圖、上圖、浙圖等藏,臺灣有影印本,《存目叢書》復據影印。○清道光九年廣東學海堂刻《皇清經解》本。

心園書經知新八卷　國朝郭兆奎撰　**三九三**

浙江巡撫採進本(總目)。○《浙江省第十次呈送書目》:「《心園書經知新》八卷,國朝郭兆奎著,四本。」○《浙江採集遺書總録》:「《心園書經知新》八卷,刊本。」○天津圖書館藏乾隆刻本,題「平湖郭兆奎著」。半葉十行,行二十二字,白口,左右雙邊。前有目録,目録末有乾隆二十年孟春月朔旦郭兆奎識語,末署「時年七十有三」。《存目叢書》據以影印。兆奎另有《心園四書知新》十二卷,乾隆十八年刻本,上圖藏。

尚書讀記一卷　國朝閻循觀撰 **三九四**

編修周永年家藏本（總目）。〇北京大學藏乾隆三十八年樹滋堂刻《西澗草堂全集》本，題「昌樂閻循觀懷庭」。半葉十行，行二十二字，白口，左右雙邊。前有韓夢周序云：「余既訂懷庭《西澗草堂集》、《困勉齋私記》，付諸梓，復爲訂《尚書讀記》、《春秋一得》二書。」即《提要》所謂「濰縣韓夢周所刊」之本。寫刻頗工緻。《存目叢書》據以影印。清華、津圖、南圖、山東圖書館等亦有此刻。

尚書私學四卷　國朝江昱撰 **三九五**

編修程晉芳家藏本（總目）。〇北京圖書館分館藏清乾隆刻本，題「楊州江昱賓谷簒」。半葉九行，行十九字，白口，左右雙邊。前有程廷祚序，乾隆二十一年立冬日王又樸序，秦淮寓客吳敬梓序，乾隆七年自序，二十年正月又自序。卷四末署「男德封、德堅、德陞、德坊，姪德在、德量、德謹仝校」。封面鈐木記「書呈欽定四庫全書館採入提要」。《存目叢書》據以影印。浙江圖書館有此本。湖北圖書館藏此本，僅卷三卷四。〇河南圖書館藏清鈔本。〇上海圖書館藏民國三十一年合衆圖書館鈔本。

尚書注解纂要六卷　國朝吳蓮撰 **三九六**

湖北巡撫採進本（總目）。〇《湖北巡撫呈送第一次書目》：「《尚書註解纂要》五本。」〇湖北圖書館藏乾隆十九年愛日堂刻本，正文首行題「愛日堂尚書註解纂要卷之一」，次行題「平陵史貽直鐵崖先生鑒定，豐溪吳蓮余嘉甫纂輯」。半葉九行，行十七字，白口，左右雙邊。版心下刻「愛日堂」。前有乾隆二年史貽直序，唐□序，張璨序。乾隆十九年正月既望愛日堂主人《凡例》云：「用付剞劂，以公同志。」卷内「胤征」之「胤」不避雍正帝諱，是當時避諱已有不嚴。《存目叢書》據以影印。中國科學院圖書館亦藏此刻。

三九七

尚書剩義四卷　國朝黄璘撰

湖南巡撫採進本（總目）。〇《湖南續到書》：「《尚書剩義》二本。」〇按：黄璘，殿本《總目》作黄燐，與《周易剩義》條合。璘字恐誤。

附録

三九八

别本尚書大傳三卷補疑一卷　國朝孫之騄編

兩江總督採進本（總目）。〇《浙江省第六次呈送書目》：「《尚書大傳》三卷《補遺》一卷，國朝孫之騄編，一本。」〇《浙江採集遺書總録》：「《尚書大傳》三卷，刊本，漢伏生口授，國朝仁和孫之騄編。」〇《江蘇採輯遺書目録》：「《尚書大傳》三卷，漢濟南伏勝著，仁和孫之騄輯。」〇清刻《晴川八識》本，浙江圖書館、上海辭書出版社藏。〇按：《文淵閣四庫全書》所收實即孫本。

四庫存目標注卷四

滕州　杜澤遜　撰

經部四

詩類

詩説一卷　宋張耒撰　三九九

内府藏本(總目)。○《兩江第一次書目》:「《詩説》,宋張耒著,《詩疑》,宋王柏著,以上二種合一本。」○《提要》云:「是書載《柯山集》中。納喇性德以其集不甚傳,因刻之《通志堂經解》中,凡十二條。」○張耒《柯山集》五十卷,有《四庫全書》本、《武英殿聚珍版書》本、《叢書集成初編》據聚珍版排印本等,其卷三十九有《詩雜説十四首》,即此書。○張耒《宛丘先生文集》七十六卷,有北京圖書館藏清康熙吕無隱鈔本,内有《詩雜説十三首》。○張耒《張右史文集》六十卷,有《四部叢刊初編》影印清鈔本,其卷五十二有《詩雜説十三首》。○一九九八年中華書局排印李逸安、孫通海校點《張耒集》第四十六卷有《詩雜説十四首》。○明萬曆胡文焕文會堂刻《格致叢書》本，作《新刻宛丘詩説》，首都圖書館、上海辭書出版社等藏。○明刻清順治三年宛委山堂印《説郛》本。一九八八年上海古籍出版社影印宛委山堂《説郛》本，收入《説郛三種》。○清康熙十九年通志堂刻《通志堂經解》本。○清同治十二年粤東書局刻《通志堂經解》本。○清嘉慶南匯吴氏聽彝堂刻《藝海珠塵》庚集本。○民國二十八年商務印書館《叢書集成初編》據《藝海珠塵》本排印本。○南京圖書館藏清鈔《養素軒叢録》本。○按：是書凡十四條，通志堂本以「老子曰」條、「武奏《大武》」條誤與前條連爲一條，故《提要》云「凡十二條」。《藝海珠塵》本從通志堂本出，《叢書集成初編》本又從《藝海珠塵》本出，故均沿其誤。又《宛丘先生文集》本、《張右史文集》本均十三條，則以第十四條别爲《答閔周》一篇，獨立於《詩説》之外也。又《四庫總目》别集類著録張耒《宛邱集》七十六卷，而《文淵閣四庫全書》所録實爲《柯山集》五十卷，書前提要亦爲《柯山集》，提要文字微異。《四庫總目》與《四庫全書》有不合者，此其例也。

詩論一卷　宋程大昌撰　四〇〇

編修程晋芳家藏本（總目）。○《提要》云：「是書本載大昌《考古編》中，故《宋志》不列其名。朱彝尊《經義考》始别立標題，謂之《詩議》。曹溶《學海類編》則作《詩論》。《江南通志》則作《毛詩辨正》。考原本實作《詩論》，則曹溶本是也。」○程大昌《考古編》已録入《四庫全書》雜家類，《詩論》十七篇即在其中。○湖北圖書館藏明崇禎茅氏浣花居刻《芝園祕録初刻》本，題「宋新安程大昌著」，半葉八行，行十八字，白口，左右雙邊，版心刻「浣花居」。《存目叢書》據以影印。北圖亦有此刻。○清道光十一年六安晁氏木活字印《學海類編》本。民國九年商務印書館影印晁氏木活字《學海類編》本。○清嘉慶中南匯吳氏聽彝堂刻《藝海珠塵》甲集本。○民國二十八年商務印書館據《學海類編》本排印，收入《叢書集成初編》。

詩疑二卷　宋王柏撰　**四〇一**

内府藏本（總目）。○《兩江第一次書目》：「《詩説》，宋張耒著，《詩疑》，宋王柏著，以上二種合一本。」○湖南圖書館藏清初鈔本。○清康熙十九年通志堂刻《通志堂經解》本，半葉十一行，行二十字，白口，左右雙邊。版心刻「通志堂」，封面刻「通志堂藏板」。前有康熙十六年丁巳納蘭成德序。版心刻工：豞善、金子重、公善、高元、王至公、鄧吉、玉林、鄧文、君生、王公、尔玉、梁生、高珩、范子茂。《存目叢書》用首都圖書館藏本影印。○清同治十二年粵東書局刻《通志堂經解》本。○清嘉慶南匯吳氏聽彝堂刻《藝海珠塵》庚集本。○清同治八年永康胡氏退補齋刻本，《金華叢書》之一。○清張作楠輯鈔《翠微山房叢書》本，金華圖書館藏。○一九三〇年北平朴社排印顧頡剛校點本，《辨僞叢刊》之一。○民國二十五年商務印書館據《藝海珠塵》本排印，收入《叢書集成初編》。

毛詩正變指南圖六卷　不著撰人　**四〇二**

兩淮鹽政採進本（總目）。○《兩淮鹽政李續呈送書目》：「《詩經指南圖》六卷，明陳重光。」○《提要》云：「是書爲明末陳重光所刻。前有李雯序，謂其書爲宋人未竟之本。」又云：「其義例淺陋，不似古人著作，且亦別無佐證。疑即重光自輯，而託之舊本也。」

詩義斷法五卷　不著撰人名氏　四〇三

浙江范懋柱家天一閣藏本(總目)。○《浙江省第五次范懋柱家呈送書目》：「《詩義斷法》五卷，缺名著，一本。」○《浙江採集遺書總録》：「《詩義斷法》五卷，天一閣寫本，不箸撰人，題曰建安日新書堂新刊謝氏詩斷。」○《提要》云：「卷首有建安日新書堂刊行字，又有至正丙戌字，蓋元時所刻。朱彝尊《經義考》載宋謝叔孫《詩義斷法》，不列卷數，注引《江西通志》曰：叔孫，南城人，舉進士，官翰林編修。又載《詩義斷法》一卷，不著名氏，注曰見《菉竹堂書目》。並云已佚。」○按：《浙江採集遺書總録》既稱原書題「建安日新書堂新刊謝氏詩斷」，則當係宋謝叔孫書。又後一《詩義斷法》一卷已載明初《文淵閣書目》，作「《詩經斷法》一部一册，闕」。

國風尊經一卷　舊本題明陶宗儀撰　四〇四

編修朱筠家藏本(總目)。○《編修朱交出書目》：「《國風尊經》，元陶宗儀，一本。」○《提要》云：「孫作《滄螺集》有《陶九成小傳》，備列其生平著述，無此書名。《明史·藝文志》及朱彝尊《經義考》皆不著録。其穿鑿不通，不可枚舉。宗儀亦何至於此。核其詞氣，是明萬曆以後人，蓋贋託也。原目自《周南》至《曹風》，惟無《豳風》。此本僅至《衛風》而止，蓋佚其半。

毛詩説序六卷　明呂柟撰　四〇五

浙江朱彝尊家曝書亭藏本(總目)。○《浙江省第五次鄭大節呈送書目》：「《毛詩説序》六卷，明呂柟著，二本。」〇《浙江採集遺書總録》：「《毛詩説序》六卷，刊本，明吕柟撰。」〇《兩淮鹽政李呈送書目》：「《毛詩説序》六卷《春秋説志》五卷，明吕柟，二本。」〇復旦大學藏明嘉靖二十年何叔防刻藍印本，作《涇野先生毛詩説序》六卷，半葉十行，行二十字，白口，左右雙邊。〇北京圖書館藏明嘉靖三十二年謝少南刻《涇野先生五經説》本，作《涇野先生毛詩説序》，半葉十行，行二十字，白口，四周雙邊。鈐「張惟之印」。《存目叢書》據以影印。天一閣文管所亦藏此刻。〇上海圖書館藏明鈔《涇野先生五經説》本，書名同上。〇清咸豐八年刻《吕涇野經説》本，《惜陰軒叢書》續編之一。〇清光緒二十二年長沙刻《惜陰軒叢書》本。〇民國二十五年商務印書館據咸豐刻《惜陰軒叢書》續編本排印，收入《叢書集成初編》。

毛詩或問一卷　明袁仁撰　　**四〇六**

通行本（總目）。〇清道光十一年六安晁氏木活字印《學海類編》本二卷，題「明吴人袁仁良貴著」，前有自序。《存目叢書》用北京圖書館本影印。〇民國九年商務印書館據晁氏活字本影印《學海類編》本。〇民國二十五年商務印書館據《學海類編》本排印，收入《叢書集成初編》。〇静嘉堂文庫藏寫本二卷，《袁氏叢書》之零本。

魯詩世學三十二卷　明豐坊撰　　**四〇七**

兩淮馬裕家藏本（總目）。〇上海圖書館藏稿本三十二卷，又卷首四卷。題：「宋禮部尚書縉雲郡開國侯謚清敏豐稷相之正音，明通奉大夫河南右布政豐慶文慶續音，奉直大夫右春坊右□□豐耘用勤補音，翰林院學士進階朝列大夫豐熙原學正說，吏部考功司前翰林院豐道生人季考補續考。」卷内鈐「四明盧氏抱經樓藏書印」、「虞山周大輔左季藏書」、「曾經鴿峰艸堂周氏所得」、「綬珊六十以後所得書畫」、「杭州王氏九峰舊廬藏書之章」等印記。有沈曾植手跋：「豐人翁經學博辨，不減毛西河，西河《仲氏易》實襲人翁故智也。世人尊西河而絀人翁，甚可怪也。書則弇州、月峯以來久經定論，世無異詞，而真蹟乃至罕見。此《魯詩世學》四册，數十萬言，十之八爲翁手寫，懸腕雙鈎，愈草愈見腕力之妙。去月見楓林黄氏所藏文衡山所書一年詩草，功力相等，而神骨不及此也。左季新得此，持以見示，借題數語，爲翁稍抒鬱抑。丙辰秋季寐叟。」○天一閣文管所藏明鈔本，存卷一至卷十五。○原北平圖書館藏明鈔本三十二卷，又詩傳四卷，共二十四册。題：「宋禮部尚書縉雲郡開國侯謚清敏豐稷相之正音，明賜進士出身通奉大夫河南右布政豐慶文慶續音，奉直大夫右春坊右諭德豐耘用勤補音，賜進士及第翰林院學士進階朝列大夫豐熙原學正說，賜進士出身吏部考功司前翰林院男道生人季考補，門生邵培續考。」續考門生不止一人。半葉九行，行二十字。目録後有華亭王萼跋。前有黄佐序。（參王重民《善本提要》）。按：此本現存臺北「故宫博物院」，《中央圖書館善本書目》著録明越勤軒藍格鈔本是也。○天津圖書館藏清鈔本三十二卷，又首二卷。題：「宋豐稷相之正音，明豐慶文慶續音，豐耘用勤補音，豐熙原學正說，豐道生人季考補，門人何昆汝僉續考。」半葉九行，行十八字，小字雙行同，無格。首葉鈐「翰林院印」滿漢文大官印。《存目叢書》據以影印。按：此本題名及内容與《提要》合，當即存目所據原本。○南京大學藏清鈔本三十二卷，續考者作邵城。○復旦大學藏清鈔本三十二卷，續考者作邵城。○上海圖書館藏清鈔本四卷，續考者作邵培。

詩傳一卷　舊本題曰子貢撰　**四〇八**

内府藏本（總目）。○《浙江省第四次吴玉墀家呈送書目》：「《詩傳》，明郭子章刊。《詩序》，明郭子章著。共八本。」○《浙江採集遺書總録》：「《詩傳》四册，刊本，舊題周端木賜子貢撰，豐坊僞撰。《詩序》四册，刊本，周卜商子夏撰。二書並明泰和郭子章校刊本。」○杭州市圖書館藏明萬曆四十五年張鶴鳴刻本，半葉八行，行十六字，白口，四周單邊。○復旦大學藏明刻本，作《詩傳孔氏傳》，半葉八行，行十六字，白口，四周單邊。○哈爾濱圖書館藏明刻本，作《詩傳孔氏傳》，與申培《詩説》、明姚應仁《詩述述》合刊，半葉九行，行十九字，白口，四周單邊。○明萬曆刻《百陵學山》本，作《詩傳孔氏傳》，上圖、北圖等藏。民國二十七年商務印書館影印明萬曆刻《百陵學山》本。民國二十八年商務印書館《叢書集成初編》據《百陵學山》本影印本。○明萬曆胡文焕文會堂刻《格致叢書》本，作《新刻詩傳》，北圖藏。○明武林何允中刻《廣漢魏叢書》本，作《詩傳孔氏傳》，津圖、復旦、杭大等藏。○清乾隆五十六年金谿王氏刻《增訂漢魏叢書》本。○光緒二年紅杏山房刻民國四年盧樹枏修補《增訂漢魏叢書》本。○光緒六年三餘堂刻《增訂漢魏叢書》本。○明崇禎毛氏汲古閣刻《津逮祕書》本，作《詩傳孔氏傳》。民國十一年上海博古齋影印汲古閣刻《津逮祕書》本。○安徽博物館藏明天啟四年刻《二賢言詩》本，作《子貢言詩》，篆書附音。○明擁萬堂刻《古名儒毛詩解》本，作《新刻詩傳》，半葉十行，行二十字，白口，左右雙邊。北大、復旦、湖南圖書館等藏。〇明刻清順治三年宛委山堂印《説郛》本。一九八八年上海古籍出版社影印宛委山堂《説郛》本，收入《説郛三種》。

詩説一卷　舊本題曰申培撰　**四〇九**

江蘇巡撫採進本（總目）。〇《兩江第一次書目》：「《詩説》，舊題漢申培著，抄本，一本。」〇哈爾濱圖書館藏明刻本，與《詩傳孔氏傳》合刊，半葉九行，行十九字，白口，四周單邊。〇明萬曆二十年程榮刻《漢魏叢書》本，北圖、上圖、南圖等藏。民國十四年商務印書館影印程榮刻《漢魏叢書》本。〇明萬曆刻《百陵學山》本，上圖、北圖等藏。民國二十七年商務印書館影印明萬曆刻《百陵學山》本。民國間商務印書館《叢書集成初編》據《百陵學山》本影印本。〇明萬曆胡文煥文會堂刻《格致叢書》本，作《新刻詩説》，北圖藏。〇明刻《廣漢魏叢書》本，津圖、復旦、杭大等藏。〇清乾隆五十六年金谿王氏刻《增訂漢魏叢書》本。〇光緒二年紅杏山房刻民國四年盧樹柟修補《增訂漢魏叢書》本。〇光緒六年三餘堂刻《增訂漢魏叢書》本。〇明崇禎毛氏汲古閣刻《津逮祕書》本。民國十一年上海博古齋影印汲古閣刻《津逮祕書》本。〇明擁萬堂刻《古名儒毛詩解》本，作《新刻詩説》，半葉十行，行二十字，白口，左右雙邊。北大、復旦、湖南圖書館等藏。〇明崇禎刻本，與《聖門傳詩嫡冢》十六卷合刊，作《申公詩説》，半葉十行，行二十字，白口，四周單邊。北大、復旦、浙圖等藏。〇明刻《唐宋叢書》本，北大、上圖、浙圖等藏。〇明刻清順治三年宛委山堂印《説郛》本。

詩傳纂義無卷數　明倪復撰　四一〇

浙江巡撫採進本（總目）。○《浙江省第四次吴玉墀家呈送書目》：「《詩傳纂義》，明倪復著，一本。」○《浙江採集遺書總録》：「《詩傳纂義》一册，瓶花齋寫本，明鄞縣倪復撰。」○福建省圖書館藏清鈔本一卷一册，題：「倪復著。」半葉十一行，行二十一字，白口，左右雙邊。鈐「曾在李鹿山處」、「鄭氏注韓居珍藏記」、「龔少文收藏書畫印」、「大通樓藏書印」等印記。《存目叢書》據以影印。

張氏説詩一卷　明張廷臣撰　四一一

江蘇周厚堉家藏本（總目）。○《江蘇省第一次書目》：「《張氏説詩》一本。」○《江蘇採輯遺書目録》：「《張氏説詩》一册，明舉人婁上張廷臣著。」○山西省文物局藏明萬曆二十九年刻本，作《婁上張氏説詩》，半葉九行，行十八字，白口，左右雙邊。是本商借不成，故《存目叢書》未收。○《提要》云：「是編題《婁上編》甲之己，蓋其全集之一種也。」按：北京圖書館有明萬曆二十八年張氏木鴈軒刻《婁上編》，存七種二十卷，皆張氏一家别集，内有張廷臣《玉山草堂集》二卷《附録》一卷，收有《張氏説詩引》一篇。未見有《張氏説詩》。

讀風臆評無卷數　明戴君恩撰　四一二

江蘇巡撫採進本（總目）。○《江蘇省第一次書目》：「《讀風臆評》一本。」○《江蘇採輯遺書目録》：「《讀風臆評》一册，明巴邑知縣荆南戴君恩著，刊本。」○首都圖書館藏明萬曆四十八年閔齊伋刻朱墨套印本,一卷,半葉九行,行十九字,白口,四周單邊。前有萬曆四十六年自序。正文末有「皇明萬曆庚申烏程閔齊伋遇五父校」篆文一行。後有閔齊伋書後。《存目叢書》據以影印。北大、上圖、浙圖等多處藏有此刻。南圖本有清丁丙跋。

詩經正義二十七卷　明許天贈撰　四一三

安徽巡撫採進本(總目)。○《安徽省呈送書目》:「《詩經正義》十二本。」○中國科學院圖書館藏明萬曆二十五年刻本,題「乙丑進士南台許天贈著,弟庠生天賜、天賦校,男庠生昌年、孫廪生紹武重校」。半葉十行,行二十字,白口,四周雙邊。前有自序云「遂勉從諸生之請而付諸梓」。又查志隆序,又萬曆三年乙亥孟冬屬下門下崇安縣知縣朱璉《謹識詩經正義後》云「刻成,僭申一言」。又萬曆二十五年孟夏王弘誨《序重訂詩經正義》云「因序之簡端併付剞劂氏」。又同訂姓氏。蓋萬曆三年嘗刻之,二十五年重訂付梓,即是本也。版心刻工:熊威、黄一調、丁洪、黄明、陳富、朱一、朱二、余二、曾七、朱金、成富、洪只、莆洪只、李山、郑生、葉八、乃隆、張只、陳八、郑七、如昭、周六、吴友、江宝、李十。卷内鈐「夢林所藏書籍」印記。《存目叢書》據以影印。復旦大學、東北師大、安徽博物館亦藏是刻。

詩經存固八卷　明葉朝榮撰　四一四

福建巡撫採進本(總目)。○《福建省呈送第三次書目》:「《詩經存固》八本。」○《提要》云:「萬曆四十四年向高致仕歸,復整齊而重刻之。」知是書有萬曆四十四年其子葉向高刻本。未見。

詩序解頤一卷　明邵弁撰　**四一五**

浙江巡撫採進本(總目)。○《浙江省第七次呈送書目》：「《詩序解頤》，明邵弁著，一本。」○《浙江採集遺書總録》：「《詩序解頤》一册，寫本，明邵弁撰。」○臺灣「中央研究院」史語所藏舊鈔《明婁江邵氏經學二書》本。《經學二書》即《詩經解頤》、《春秋通議略》二種。半葉十二行，行二十四字，無格。前有丙寅冬日吴騫手跋，已收入《愚谷文存》。又《拜經樓藏書題跋記》卷一著録。卷内鈐「拜經樓吴氏藏書」、「石蓮闇所藏書」、「鷦安校勘書」、「鐵笛」、「紅藥山房收藏私印」等印記。

毛詩多識編七卷　明林兆珂撰　**四一六**

浙閩總督採進本(總目)。○《浙江省第六次呈送書目》：「《毛詩多識編》七卷，明林兆珂著，二本。」○《浙江採集遺書總録》：「《多識編》七卷，刊本，明安慶知府莆田林兆珂撰。」○清華大學藏明刻本，作《多識編》，題「莆林兆珂孟鳴父篹述」。半葉八行，行二十字，白口，四周單邊。前有柯壽愷、方承章、郭喬泰、藍文炳題辭，凡例，目録。刻工：王子蟾。《存目叢書》據以影印。北圖、北大、福建省圖書館等亦藏此刻。按：上海圖書館藏林兆珂《考工記述註》萬曆刻本，行款相同，刻工「子蟾」，當即王子蟾，有萬曆三十一年文豪序，則此本亦當刊於萬曆間。

毛詩原解三十六卷　明郝敬撰　**四一七**

浙江巡撫採進本(總目)。○《浙江省第五次鄭大節呈送書目》：「《毛詩原解》三十六卷，明郝敬著，六本。」○《浙江採集遺書總録》：「《毛詩原解》三十六卷，刊本，明郝敬撰。」○湖北圖書館藏明萬曆四十四年京山郝氏家刻本，《郝氏九經解》之一。題「京山郝敬著，男千秋、千石校刻」。正文三十六卷，前有《讀詩》一卷。半葉十行，行二十一字，白口，四周單邊。卷尾有「時萬曆丙辰季春京山郝氏家刻」一行。《存目叢書》據以影印。南圖、復旦亦藏此刻。臺灣「中央圖書館」有此刻單本，卷六末有嘉慶四年周元鼎題記，卷内有周元鼎墨批。○清光緒十七年三餘草堂刻《湖北叢書》本。○中華書局重印《叢書集成初編》據《湖北叢書》本排印本。

詩經類考三十卷　明沈萬鈳撰　四一八

浙江巡撫採進本(總目)。○《浙江省第五次曝書亭呈送書目》：「《詩經類考》三十卷，明沈萬鈳著，十六本。」○《浙江採集遺書總録》：「《詩經類考》三十卷，刊本。」○《江蘇省第一次書目》：「《詩經類考》三十二本。」○《江蘇採輯遺書目録》：「《詩經類考》三十卷，明錢塘沈萬鈳輯。」○《兩江第一次書目》：「《詩經類考》，明沈萬鈳輯，十六本。」○中國科學院圖書館藏明萬曆刻本，題「明武塘沈萬鈳仲容采輯」。半葉十行，行二十字，白口，四周單邊。前有萬曆三十七年己酉沈思孝序，沈師昌序，凡例，校閲姓氏。校閲姓氏列弟、從子、友人、門人共數十人，内有沈師昌、沈士龍、胡震亨等。正文首葉版心記寫工：「檇李錢士明書」。《存目叢書》據以影印。北圖、復旦、南大等亦藏是刻。○臺灣「中央圖書館」藏明崇禎間華亭陳增遠刻本，正文首行題「詩經類考卷之一」，次行低一格題「明武塘沈萬鈳仲容輯、雲間陳子龍卧子較」，三行小題「古今論詩考」下題「陳增遠鶴朋」。半葉十行，行二十字，白口，四周單邊。有陳子龍序，崇禎十一年戊寅陳增遠序。版心下方偶記寫工「檇李錢士明書」（參該館《善本書志初稿》）。按：《中國古籍善本書目》著録明崇禎刻本，南圖、上圖等館藏，亦即此本。此本行款版式同萬曆刻本，且版心均有寫工「檇李錢士明書」，當是崇禎十一年陳增遠等用萬曆舊版修改重印本，卷端題名當係改刻，崇禎諸序則係增刻。陳子龍序云：「沈君仕既不達，又早世，故其書不甚顯。吾友陳子復表揚之，其書乃廣。」陳增遠序云：「是書也，成於神皇帝丙午、丁未之年，會沈先生宦游，未及廣其傳而殁。當庚申、辛酉間，廓園魏先生爲輶軒之使，嘗以其書上之天子，爲石渠天禄之藏久矣。予獨悲其未甚顯于人間，特爲表而出之。」揆其文義，亦非重刻。《中國科學院圖書館藏中文古籍善本書目》著録爲「明萬曆刻後印本」，近實。

毛詩微言二十卷　明張以誠撰　四一九

内府藏本（總目）。○《武英殿第一次書目》：「《毛詩微言》八本。」○北京大學藏明刻本，作《張君一先生毛詩微言》二十卷，題「三韓楊芳興涬然父參訂，鼓國盧愼言滹水父校閲」。半葉十行，行二十四字，白口，四周單邊。前有張以誠《毛詩微言例》。版心刻工：雲間張美刻。鈐「佐伯文庫」、「璜川吴氏收藏圖書」等印記。《存目叢書》據以影印。○保定圖書館藏明刻本，作《毛詩微言》二十卷，半葉十行，行二十字，白口，四周單邊。第一葉版心下鐫「雲間張美刻」。○復旦藏明書林俞秀山刻本，題「雲間唐汝諤士雅父輯，男唐孟康伯安父參，門人潘焕文文子父、後學徐百朋元重父仝校」。眭駿先生函告：此與北大本凡例、卷次及内容無一不同，唯前多雲間楊萬里《毛詩微言序》，稱唐士雅撰此書，又《凡例》署「雲間唐汝諤識」。○臺灣「中央圖書館」藏日本寛文十二年刻《毛詩蒙引》二十卷，題「雲間陳子龍卧子父重訂，後學唐孟康伯安父參訂，徐百朋元重父仝校」。序例、内容同復旦本。〇楊晉龍先生考定此係唐汝諤作，非張以誠書（詳《毛詩蒙引考辨》一文，載《張以仁先生七秩壽慶論文集》）。

詩經説通十三卷　明沈守正撰　**四二〇**

兩淮鹽政採進本（總目）。〇《兩淮鹽政李呈送書目》：「《詩經説通》十三卷，明沈守正，四本。」〇《浙江省第二次書目》：「《詩經説通》十三卷，明沈守正著，四本。」〇《浙江採集遺書總録》：「《詩經説通》十三卷，刊本。」〇北京師大藏明萬曆四十三年刻本，題「虎林沈守正無回甫纂」，半葉十行，行二十字，白口，四周單邊。前有萬曆四十三年乙卯沈守正《刻詩經説通自叙》，叙後有刻工：黄应中鐫。又凡例、引用書目。《存目叢書》據以影印。北大、復旦等亦藏是刻。南圖此本有丁丙跋。

詩經六帖重訂十四卷　明徐光啟撰　國朝范方重訂　**四二一**

兩浙總督採進本（總目）。按：兩浙當作兩江。殿本《總目》不誤。〇《兩江第一次書目》：「《詩經六帖》，明徐光啟著，清范方重訂，抄本，六本。」〇《好古堂目》有《詩經六帖》六册，明徐光啟撰，鈔本（邵懿辰《簡明目録標注》）。〇上海圖書館藏明萬曆四十五年金陵書林廣慶堂唐振吾刻本，作《新刻徐玄扈先生纂輯毛詩六帖講意》四卷，卷一題「吴淞徐光啟子先父輯，東吴鄒之麟臣乕父校，金陵書林廣慶堂唐振吾督刊」，卷二至卷四題「吴淞徐光啟子先父輯，金陵唐國達廣慶堂梓」。半葉十一行，行二十八字，白口，四周單邊。前有萬曆四十五年海上唐國士一鄉父《毛詩六帖序》云「又十餘年書賈始購善本，議剞劂，命余序之」。此本卷一國風，卷二小雅，卷三大雅，卷四三頌。前述六帖之意：「翼傳，依附紫陽研尋經旨。存古，毛傳鄭箋存其雅正。廣義，傳箋以外創立新意。擘藻，詩賦雜文憲章六義。博物，鳥獸草木搜緝異聞。正叶，攷求音韻審詳訛舛。」此本仍依《詩經》原序排列，非「每帖爲一卷」。每詩下略依六帖順序逐項講述。《存目叢書》據以影印。

毛詩説四卷　明陳以藴撰　**四二二**

浙江巡撫採進本（總目）。○《浙江續購書》：「《毛詩説》二本。」○《浙江採集遺書總録》閏集：「《毛詩説》四卷，刊本，明豫章陳以藴著。」

詩經圖史合考二十卷　明鍾惺撰　**四二三**

浙江巡撫採進本（總目）。○《浙江省第六次呈送書目》：「《詩經圖史合考》二十卷，明鍾惺著，八本。」○《浙江採集遺書總録》：「《詩經圖史合考》二十卷，刊本。」○《江蘇省第一次書目》：「《詩經圖史合攷》八本。」○《江蘇採輯遺書目録》：「《詩經圖史合考》二十卷。」○吉林省圖書館藏明末刻本，題「竟陵鍾惺伯敬纂輯」。半葉九行，行二十二字，白口，四周單邊。前有總目，各卷前有分目。各卷卷端署名多被挖去，未知何故。《存目叢書》據以影印。河南省圖書館亦藏此刻。

毛詩解無卷數　明鍾惺撰　**四二四**

江蘇周厚堉家藏本（總目）。○《江蘇採輯遺書目録》：「《古毛詩解》十六卷，明禮部郎中竟陵鍾惺著，刊本。」〇《浙江省第四次鮑士恭呈送書目》：「《毛詩解》，明鍾惺輯，八本。」〇《浙江採集遺書總録》：「《毛詩解》八册，刊本。」〇湖南省圖書館藏明擁萬樓刻本，作《古名儒毛詩解》，凡十六種二十四卷。半葉十行，行二十字，白口，左右雙邊。前有鍾惺《毛詩解叙》，次目録，目録題《古名儒毛詩解》。次正文，卷端各題子目，不題總名。子目：《小序》一卷，題周卜商撰；《新刻詩傳》一卷，題周端木賜撰；《新刻詩説》一卷，題漢申培撰；《新刻詩譜》一卷，題漢鄭玄撰；《新刻詩傳綱領》一卷，無撰人；《新刻讀詩一得》一卷，宋黄震撰；《新刻印古詩語》一卷，明朱得之撰；《新刻玉海紀詩》一卷，宋王應麟撰；《新刻困學紀詩》一卷，宋王應麟撰；《新刻詩考》一卷，宋王應麟撰；《新刻詩地理考》六卷，宋王應麟撰；《新刻山堂詩考》一卷，宋章如愚撰；《新刻文獻詩考》二卷，元馬端臨撰；《新刻胡氏詩識》三卷，明胡纘宗撰；《新刻讀詩録》一卷，明薛瑄撰；《新刻逸詩》一卷，明鍾惺輯。卷内鈐「拾經樓丁卯以後所得」、「葉氏啟勛讀過」、「定侯流覽所及」、「拾經樓」、「葉啟發藏書記」、「葉啟發讀書記」、「葉啟發家藏書」等印記。《存目叢書》據以影印。北大、復旦、陝西師大、重慶市圖書館亦藏此刻。

詩通四卷　明陸化熙撰　四二五

浙江巡撫採進本(總目)。〇《浙江續購書》：「《詩通》二本。」〇《浙江採集遺書總録》閏集：「《詩通》四卷，刊本，明常熟陸化熙撰。」〇明刻本，中國社會科學院文學所、華東師大藏。〇明書林童憶泉刻本，半葉十行，行二十二字，白口，四周單邊。復旦大學藏。經李士彪先生持復旦本與《存目叢書》影印北圖本相校，知係一版，唯此本封面刻「書林童憶泉梓行」，并鈐「本衙藏板，翻印必究」朱文方印，卷内鈐「食古書庫」印。首尾完全，刷印較李少泉印本。○北京圖書館藏明書林李少泉印本，題「海虞陸化熙羽明甫雜識，男休徵、明徵編録」。半葉十行，行二十二字，白口，四周單邊。前有戊午夏日自序。陸化熙萬曆四十一年癸丑進士，則此戊午爲萬曆四十六年。封面刻「書林李少泉梓行」。即童憶泉刻本。此本卷四末葉第五十一葉缺後半葉。《存目叢書》據以影印。○上海圖書館藏清順治十五年刻《詩經通解》本。

詩傳闡二十三卷闡餘二卷　明鄒忠允（胤）撰　四二六

浙江吴玉墀家藏本（總目）。○《浙江省第四次吴玉墀家呈送書目》：「《詩傳闡》二十五卷，明鄒忠允著，八本。」○《浙江採集遺書總録》：「《詩傳闡》二十四卷，刊本，明副使武進鄒忠允撰。」○《江蘇採輯遺書目録》：「《詩傳闡》二十四卷附《闡餘》内外二篇，明副使武進鄒忠允著。」○北京圖書館藏明崇禎刻本，半葉九行，行二十字，白口，四周單邊。前有崇禎八年乙亥鄒忠胤自序，附《晉虞喜考》，崇禎三年鄒忠胤《詩傳序》、《詩傳後序》，目録。目録末題：「毘陵鄒忠胤闡，弟忠溢、男自規、門人錢塘潘之淇、新安吴懷古、錢塘湯之章、錢塘潘之淙、錢塘吴望中仝訂。」正文二十三卷，《闡餘内篇》、《闡餘外篇》分别爲卷二十四、卷二十五。後有鄒宗溢跋、吴懷古跋。卷内鈐「長樂鄭振鐸西諦藏書」、「長樂鄭氏藏書之印」等印記。《存目叢書》據以影印。

四二七

詩經脈八卷　明魏浣初撰

江蘇周厚堉家藏本(總目)。○《江蘇省第一次書目》:「《詩脈》三本。」○《江蘇採輯遺書目録》:「《詩脈》八卷,清常熟魏浣初著。」○復旦大學藏明末刻本,作《鼎鐫鄒臣虎增補魏仲雪先生詩經脈講意》八卷首一卷,題「座師吴興宇咸駱從宇校定,常熟魏浣初仲雪甫輯著」。二截版,下欄半葉九行,行二十四字。上欄題「古吴鄒之麟臣虎甫增,後學余應虬猶龍甫補」,半葉十六行,行十一字。白口,四周單邊。前有古閩余應虬序,謂前刻海内已尸而視之,兹再參補,復梓之。《存目叢書》據以影印。按:王重民《善本提要》著録美國會圖書館藏《酉陽摎古奇編》十八卷,題「閩書林陟瞻余應虬梓行」,卷末有牌記「萬曆己酉秋月南京原板刊行」,己酉爲萬曆三十七年。又著録北平圖書館藏《雪菴清史》五卷,題「古閩天湖樂純思白父著,陟瞻余應虬猶龍父訂」,有萬曆四十二年余應虬序。則余應虬乃萬曆後期福建坊賈,此本蓋亦萬曆後期余應虬刻於閩者。

四二八

毛詩發微三十卷　明宋景雲撰

副都御史黄登賢家藏本(總目)。○《山東巡撫第二次呈進書目》:「《毛詩發微》十四本。」○《都察院副都御史黄交出書目》:「《毛詩發微》三十二本。」

四二九

聖門傳詩嫡冢十六卷附録一卷　明淩濛初撰

浙江巡撫採進本(總目)。○《浙江省第三次書目》:「《傳詩嫡冢》十六卷,明淩濛初著,六本。」○《浙江採集遺書總録》:「《傳詩嫡冢》十六卷,刊本。」○中國科學院圖書館藏明崇禎刻本,作《聖門傳詩嫡冢》十六卷附《申公詩説》一卷。題「吴興淩濛初輯」，半葉十行，行二十字，白口，四周單邊。前有淩濛初自序，附詹思謙《二賢詩傳小序跋》，李維楨《二賢言詩序》，子夏《詩大序》，凡例。凡例末署：「吴興淩濛初初成父識，表弟潘湛朗士父、子淩琛獻之父仝訂。」又附郭子章《二賢詩傳小序》，萬尚烈《詩測合傳序》。《存目叢書》據以影印。北大、復旦、浙圖等亦藏此刻。臺灣「中央圖書館」藏此本爲劉承幹嘉業堂故物，前有崇禎四年辛未閩督學使者雲間何萬化序，彼館據以定爲崇禎四年吴興淩氏原刊本。

言詩翼六卷　明淩濛初撰　**四三〇**

兩浙總督採進本（總目）。○《兩江第一次書目》：「《言詩翼》，明淩濛初輯，四本。」○《浙江採集遺書總録》：「《言詩翼》六卷，刊本。」○上海圖書館藏明崇禎刻本，作《孔門兩弟子言詩翼》七卷。前爲《子貢詩傳》一卷，小篆上版。次正文六卷，題「吴興淩濛初輯」，半葉九行，行二十字，白口，四周單邊。卷一卷二葉碼連編，各卷不標卷數，故或總計爲六卷。《子貢詩傳》後有「吴興淩璪戴之父重篆」一行。前有郭子章《合刻二賢詩傳小引》，李維楨《二賢言詩序》，詹思謙《合刻二賢詩傳小序跋》，淩濛初《凡例》《採取諸家姓氏》。《存目叢書》據以影印。北大、復旦等亦藏此刻。○臺灣「中央研究院」史語所藏烏絲欄鈔本五册。○按：「兩浙」當從殿本《總目》作「兩江」。

詩逆四卷　明淩濛初撰　**四三一**

浙江吴玉墀家藏本（總目）。○《浙江省第四次吴玉墀家呈送書目》：「《詩逆》六卷，明淩濛初著，二本。」○《浙江採集遺書總録》：「《詩逆》六卷，刊本。」按：殿本《總目》作六卷，與進呈目合。○復旦大學藏明天啟二年刻本，題「吴興淩濛初輯著，侄瑞森、男琛參訂」。半葉九行，行二十二字，白口，四周單邊。前有天啓二年壬戌淩濛初序，凡例，《七月表》。正文依國風、小雅、大雅、頌分爲四卷，但不標卷數。前有《詩考》一卷。共五卷。進呈目及殿本《總目》作六卷者，蓋以《七月表》、《詩考》各爲一卷計入也。卷内鈐「高氏吹萬樓所得善本書」白文方印。《存目叢書》據以影印。厦門大學、重慶市圖書館亦藏此刻。

毛詩鳥獸草木考二十卷　明吴雨撰　**四三二**

兩淮馬裕家藏本（總目）。○《兩淮商人馬裕家呈送書目》：「《毛詩鳥獸草木考》二十卷，元吴雨，三本。」○北京大學藏明萬曆磊老山房刻本，題「閩中吴雨元化輯，徐𤊹興公編」。半葉九行，行十八字，白口，左右雙邊。前有萬曆三十四年曹學佺序。版心刻工：張祐。卷尾有「磊」字，下有三字殘去，當即「磊老山房」四字。卷内鈐「木犀軒藏書」、「麐嘉館印」等印記。《存目叢書》據以影印。

詩經備考二十四卷　明章調鼎撰　**四三三**

兩江總督採進本（總目）。○《兩江第一次書目》：「《詩經備考》，明韋調鼎輯，十二本。」○故宫博物院藏明崇禎十四年刻本，題「竟陵鍾惺伯敬、金川韋調鼎玉鉉」。半葉十行，行二十字，白口，四周單邊。前有崇禎十四年湯來賀序云：「客有購得其蠅頭藏帙示不佞賀於淮南李署，……客之家固王仲任紬書之肆，室有梨棗，坐有剞劂，不佞急屬其鍥行。」又崇禎十三年韋調鼎序，韋調鼎《詩經備考答語》，又《總論》一卷，又《凡例》、《詩經傳授源流》、《考訂姓氏》、目録。版心刻工：徐茂、吴昭、胡進、林之、吴之、乜共荣、鄧升、鄧兆、徐長、田里。《存目叢書》據以影印。中國社會科學院文學所、廣西師大、臺灣大學亦藏此刻。按：著者韋調鼎，《總目》誤爲章調鼎，當據原書及《兩江第一次書目》改正。○臺灣大學藏日本文政十二年鈔本。○韋調鼎又著《韋氏詩經考定》二十四卷《詩經傳授源流》一卷《總論》一卷，臺灣「中央圖書館」藏崇禎十三年刻本，題「蜀金川韋調鼎玉鉉考定，門人新安潘璁校刊」，行款版式及刻工均同，未知内容同異。

詩牖十五卷　明錢天錫撰　**四三四**

浙江巡撫採進本（總目）。○《浙江省第十一次呈送書目》：「《詩牖》十五卷，明錢天錫著，四本。」○《浙江採集遺書總録》：「《詩牖》十五卷，刊本。」○上海圖書館藏明天啟刻本，題「竟陵公永錢天錫纂著，男伯夏錢璜編，慈水爾賡馮元颺、文張錢青選、爾弢馮元飈仝校」。半葉十行，行二十一字，白口，四周單邊。前有馮元颺叙，天啟五年穀雨錢天錫序。天錫序云：「越數年所，璜兒頗能言詩，因取其大指不謬於聖人者而授之，并與同好者商焉。」蓋即刻於天啟五年。卷内鈐「陳稻孫印」、「餘姚謝氏永耀樓藏書」等印記。《存目叢書》據以影印。

詩經考十八卷　明黄文焕撰　**四三五**

江西巡撫採進本（總目）。○《江西巡撫海續購書目》：「《詩經考》十本。」○中國科學院圖書館藏明末刻本，題「古閩黄文焕維章甫輯著，温陵黄景昉可遠甫校閲」。半葉十一行，行二十六字，白口，四周單邊。前有《凡例》、《鐫黄維章先生彙輯詩經考文目》。《存目叢書》據以影印。北圖、復旦等亦藏此刻。

詩經微言合參八卷　明唐汝諤撰　四三六

江蘇巡撫採進本(總目)。○《江蘇省第二次書目》:「《詩經微言合參》三本。」○《提要》云:「汝諤初著《毛詩微言》二十卷,繼復删汰贅詞,標以今名。」○唐汝諤《毛詩微言》二十卷首一卷,復旦大學有明書林俞秀山刻本。題「雲間唐汝諤士雅父輯,男唐孟康伯安父參,門人潘焕文文子父、後學徐百朋元重父仝校」。半葉十行,行廿四字,白口,單邊。前有楊萬里序。封面有刻書識語,署「蘭馨館主人識。書林俞秀山原板」。鈐「高氏吹萬樓所得善本書」、「葩廬藏本」等印記。

惢泉手學二卷　不著撰人名氏　四三七

浙江巡撫採進本(總目)。○《浙江採集遺書總録》:「《惢泉手學》二卷,寫本,題曰環流堂石經魯詩正,不著姓名。」○《提要》云:「卷首自序有二私印,一曰聞性道字大直,一曰明山鑑西薛蘿香弄隱人,知爲聞性道所作。」

桂林詩正八卷　明顧懋樊撰　四三八

兩江總督採進本(總目)。○《兩江第一次書目》:「《桂林詩正》,明顧懋樊著,六本。」○北京大學藏明崇禎刻《桂林經説》本,題「武林後學顧懋樊霖調甫編著」。二截版。下欄《桂林詩正》,半葉九行,行十七字。上欄《諸儒詩解鈎玄》,半葉約十五行,行十七字。白口,四周單邊。前有張天機序,崇禎十三年庚辰金玉鉉序，十三年邵之驊序，王錫袞序，十三年自序。自序末有「男景祚授梓」一行，蓋即崇禎十三年顧景祚刻本。《存目叢書》據以影印。人民大學藏有此刻單本，缺第八卷。

詩經注疏大全合纂三十四卷　明張溥撰　四三九

江蘇巡撫採進本（總目）。〇《江蘇省第一次書目》：「《詩經注疏大全合纂》二十二本。」〇《江蘇採輯遺書目録》：「《詩經注疏合纂》三十四卷，漢毛萇、鄭康成、孔穎達合著，刊本。」〇北京大學藏明崇禎刻本，題「明後學張溥纂」。半葉八行，行十八字，白口，左右雙邊。前有張溥序。次孔穎達、鄭玄、朱熹序。次先儒姓氏，次諸國世次圖、作詩時世圖、詩經大全圖、詩經大全綱領。《存目叢書》據以影印。上圖、浙圖等亦藏此刻。

詩經偶箋十三卷　明萬時華撰　四四〇

江西巡撫採進本（總目）。〇《兩江第一次書目》：「《詩經偶箋》，明萬時華輯，四本。」〇《江西巡撫海第一次呈送書目》：「《詩經偶箋》四本。」〇清華大學藏明崇禎六年李泰刻本，題「南昌萬時華茂先著」，半葉九行，行二十字，白口，四周單邊。前有崇禎六年癸酉自序，徐世溥序。鈐有「豐城歐陽氏藏書」、「番禺梁氏葵霜閣捐藏廣東圖書館」等印記。《存目叢書》據以影印。復旦大學藏有此本，陝西省圖書館有是刻殘帙。

詩經副墨八卷　明陳組綬纂　四四一

江蘇周厚堉家藏本（總目）。〇《江蘇省第一次書目》：「《詩經副墨》四本。」〇《江蘇採輯遺書目録》：「《詩經副墨》八卷。」○復旦大學藏明末光啟堂刻本，題「古吳陳組綬伯玉父箋，男震生校」。半葉九行，行二十四字，白口，四周單邊。前有陳組綬自序。封面刻「伊廬手授」，又光啟堂識語。小雅首葉及大雅、三頌版心均刻「伊廬」二字。正文國風、小雅均不分卷。大雅分二卷，分標卷六、卷七。三頌卷端不標卷數，卷尾標卷八。正文前有《讀詩二十四觀》一卷、《詩經副墨通考》一卷。《存目叢書》據以影印。臺灣「中央圖書館」藏明末東吳陳氏伊廬刻本亦即此刻。

詩志二十六卷　明范王孫撰 **四四二**

兩江總督採進本（總目）。○《兩淮鹽政李呈送書目》：「《詩志》二十六卷，明范王孫，二十本。」○《安徽省呈送書目》：「《詩志》十本。」○《浙江省第六次呈送書目》：「《詩志》二十六卷，明范王孫著，十本。」○《浙江採集遺書總録》：「《詩志》二十六卷，刊本。」○《提要》云：「是書乃館於金聲家時所著，聲爲序而梓之。」○中國科學院圖書館藏明末刻本，題「海陽范王孫輯著」。半葉九行，行二十二字，白口，四周單邊。前有盟社弟金聲序，又社友門人名氏。版心刻工：程定之刊、黄季迪刊。卷内鈐「慈谿畊餘樓藏」印。《存目叢書》據以影印。上圖、浙圖、清華、復旦均藏是刻。臺灣大學藏「清初黄季迪等刊本」亦即此刻。

詩問略一卷　明陳子龍撰 **四四三**

編修程晉芳家藏本（總目）。○清道光十一年六安晁氏木活字印《學海類編》本，題「雲間陳子龍人中説」，前有自序。《存目叢書》據北京圖書館藏本影印。民國九年商務印書館影印晁氏木活字《學海類編》本。〇民國二十八年商務印書館據《學海類編》本排印，收入《叢書集成初編》。〇楊晉龍先生謂此即清吴肅公《詩問》而《學海類編》誤題陳子龍（詳《論〈詩問略〉之作者與内容》未刊初稿）。

按：楊説至確。

四四四　詩觸四卷　明賀貽孫撰

江西巡撫採進本（總目）。〇《江西巡撫海第二次呈送書目》：「《詩觸》三本。」〇北京師大藏清咸豐二年敕書樓刻本六卷，《水田居全集》之一。題「禾川水田居士賀貽孫子翼父著」，半葉八行，行二十一字，小字雙行同，白口，四周單邊。正文前有論一卷，故全書共七卷。封面刻「咸豐二年新鐫」、「敕書樓藏板」。《存目叢書》據以影印。北圖、上圖等亦藏此本。

四四五　鑑湖詩説四卷　明陳元亮撰

江蘇周厚堉家藏本（總目）。〇《江蘇省第一次書目》：「《鑑湖詩説》四本。」〇《江蘇採輯遺書目録》：「《鏡湖詩説》四卷，清浙江陳元亮著。」

四四六　詩經精意無卷數　明詹雲程撰

江西巡撫採進本（總目）。〇《江西巡撫海第三次呈送書目》：「《詩經精意》四本。」

四四七　詩意無卷數　明劉敬純撰

兩淮馬裕家藏本（總目）。〇《兩淮商人馬裕家呈送書目》：「《詩意》未分卷，明劉敬純，四本。」〇原北平圖書館藏明藍格鈔本，殘存十五國風一冊。半葉十二行，行二十一至二十四字不等，白口，左右雙邊。首葉鈐「翰林院印」滿漢文大官印，封面有「乾隆三十八年四月兩淮鹽政李質穎送到馬裕家藏劉敬純《詩意》壹部計書四本」長方木記。卷端有簽，題「詩意」，上印「總辦處閲定，擬存目」，下鈐「臣昀臣錫熊恭閲」印記。卷内又鈐「孫壯藏書印」印記。現存臺北「故宫博物院」，北京圖書館有膠卷，《存目叢書》據以影印。

詩經朱傳翼三十卷　國朝孫承澤撰 **四四八**

浙江吴玉墀家藏本（總目）。○《浙江省第四次吴玉墀家呈送書目》：「《詩經朱傳翼》三十卷，國朝孫承澤述，八本。」○《浙江採集遺書總録》：「《詩經朱傳翼》三十卷，刊本。」○《直隸省呈送書目》：「《詩經朱翼》八本。」○復旦大學藏清康熙孫氏刻本，作《詩經朱翼》三十卷首一卷。題「北平孫承澤學」，半葉九行，行二十一字，白口，四周單邊。前有康熙十一年六月朔都門八十老人孫承澤自序，自序後有「孫熺書」三字。卷尾署「孫道檽、道林、熺、焕較」。卷内鈐「江東俞氏怡古堂印章」、「袖海堂印」、「訥衍（道）人」等印記。《存目叢書》據以影印。故宫博物院、北圖分館亦藏此刻。

詩説簡正録十卷　國朝提橋撰 **四四九**

直隸總督採進本（總目）。○《直隸省呈送書目》：「《詩説簡正録》九本。」

詩問一卷　國朝吴肅公撰 **四五〇**

浙江朱彝尊家曝書亭藏本（總目）。○《浙江省第五次曝書亭呈送書目》：「《詩問》一卷，明吴肅公輯，一本。」○《浙江採集遺書總録》：「《詩問》一卷，寫本，國朝宣城吴肅公撰。」○北京圖書館藏清鈔本，題「宣城吴肅公著」，半葉八行，行十六字，無格。鈐「延古堂李氏珍藏」長印。《存目叢書》據以影印。○清道光十一年木活字印《學海類編》本，作《詩問略》一卷，誤題陳子龍撰（參《詩問略》條）。

詩經傳説取裁十二卷　國朝張能鱗撰　四五一

兩淮馬裕家藏本（總目）。○《兩淮商人馬裕家呈送書目》：「《詩經傳説取裁》十二卷，國朝張能鱗，六本。」○中國科學院圖書館藏清初刻本，題「古燕後學張能鱗輯，邗上後學李長科訂，古棠後學孫汧如校」。前有自序、凡例、篇目、讀詩諸説。卷内玄字不缺筆。版心刻工：陳德、謝仁、徐化、徐振、張定、張明、張成、周熙、穆桂、周橋、林賔、謝礼、王予、張生、振之、王明、克仁、徐成、朱君、徐中、褚明、卜元、周希、栾明、王克、木桂、褚子明、化之、木仁、癸之。《存目叢書》據以影印。

毛詩日箋六卷　國朝秦松齡撰　四五二

兩江總督採進本（總目）。○《兩江第一次書目》：「《毛詩日箋》，無錫秦松齡著，一本。」○《江蘇省第一次書目》：「《毛詩日箋》二本。」○《江蘇採輯遺書目録》：「《毛詩日箋》六卷，清左春坊左諭德無錫秦松齡著。」○《安徽省呈送書目》：「《毛詩日箋》二本。」○中國科學院圖書館藏清康熙三十九年尊賢堂刻本，半葉十行，行二十一字，黑口，左右雙邊。寫刻甚精。前有康熙三十九年庚辰宋犖序云「今梓是箋，以啟來學」。又王士禛手柬。封面刻「尊賢堂藏板」。卷内鈐「潘氏桐西書屋之印」、「潘茮坡圖書印」、「伯剛」等印。《存目叢書》據以影印。北圖、上圖、浙圖等均藏此刻。或著録爲清康熙挺秀堂刻本,蓋藏板者有更易,仍是一刻。○清道光二十四年吴江沈氏世楷堂刻《昭代叢書》癸集萃編本,作一卷。○清末武進盛氏刻《常州先哲遺書》後編本。○北京圖書館藏清鈔本二册,半葉十一行,行二十三字,無格。○《北京人文科學研究所藏書簡目》著録舊鈔本五册。

詩經疏略八卷　國朝張沐撰　**四五三**

河南巡撫採進本(總目)。○《河南省呈送書目》:「《詩經疏略》,本朝張沐著,四本。」○清華大學藏清康熙十四年敦臨堂刻本,《五經四書疏略》之一。半葉九行,行十七字,白口,四周雙邊。前有康熙十四年七月十一日張沐序。封面刻「康熙十四年鐫」、「敦臨堂藏板」。《存目叢書》據以影印。復旦大學、山西大學藏有此刻。中國科學院圖書館藏《張仲誠遺書》本亦係同版。

詩經比興全義一卷　國朝王鍾毅撰　**四五四**

江蘇巡撫採進本(總目)。○《江蘇採輯遺書目録》:「《比興全義》不分卷,清華亭王鍾毅著,抄本。」

詩經惜陰録二十卷　國朝徐世沐撰　**四五五**

兩江總督採進本(總目)。○《兩江第一次書目》:「《詩經惜陰録》,江陰徐世沐著,抄本,四本。」

白鷺洲主客説詩一卷　國朝毛奇齡撰　**四五六**

浙江巡撫採進本(總目)。○清康熙書留草堂刻《西河合集》本。《存目叢書》用首都圖書館藏本影印。○清乾隆五十九年石門馬氏大酉山房刻《龍威祕書》第八集《西河經義存醇》本。○清光緒十四年南菁書院刻《皇清經解續編》本。○光緒十五年上海蜚英館石印《皇清經解續編》本。○民國二十八年商務印書館《叢書集成初編》據《龍威祕書》本排印本。

國風省篇一卷　國朝毛奇齡撰　**四五七**

浙江巡撫採進本(總目)。○清康熙書留草堂刻《西河合集》本。《存目叢書》據清華藏本影印。

詩蘊四卷　國朝姜兆錫撰　**四五八**

浙江巡撫採進本(總目)。○《浙江省第六次呈送書目》：「《詩蘊》四卷，國朝姜兆錫撰，二本。」○《浙江採集遺書總録》：「《詩蘊》四册，刊本，國朝舉人姜兆錫撰，一名《詩經集傳述蘊》。」○《江蘇省第一次書目》：「《詩經集傳述蘊》二本。」○《江蘇採輯遺書目録》：「《詩經集傳述蘊》四卷。」○北京圖書館分館藏清刻本二册，題「朱熹集傳，姜兆錫述」。半葉十行，行二十五字，白口，四周單邊。前有乾隆九年甲子秋九月姜兆錫《詩經集傳述蘊序》，凡例。正文分國風、小雅、大雅、頌四卷，葉碼各自起訖，不標卷數。前二卷卷端題「詩傳述蘊」，後二卷卷端題「詩經述蘊」，版心題「詩蘊」。蓋即乾隆九年所刊。《存目叢書》據以影印。上圖藏此刻二册，上册國風，下册頌、大雅、小雅，書根題「詩傳述蘊」，又小字題「九經補注別行二種」。南圖亦藏此刻。

詩經集成三十卷　國朝趙燦英撰　**四五九**

江蘇周厚堉家藏本(總目)。○《江蘇省第一次書目》：「《詩經集成》十本。」○《江蘇採輯遺書目録》：「《詩經集成》三十一卷，清毘陵趙燦英著。」○中國科學院圖書館藏清康熙二十九年金陵陳君美刻本，題「朱熹集傳，毘陵趙燦英殿颺彙輯，及門諸子訂正」。半葉十三行，行三十一字，白口，四周單邊。前有康熙二十九年八月趙燦英序，例言。各卷末記寫工：金陵陳元明書、上元陳元明書、金陵于珂臣書。正文前有圖考一卷，末有「毘陵奇賞齋繪、整肅堂書」識語。封面刻「康熙二十九年新鐫」「金陵陳君美梓行」。《存目叢書》據以影印。復旦、湖北省圖書館亦藏此刻。

詩經詳説無卷數　國朝冉覲祖撰　四六〇

河南巡撫採進本（總目）。○《河南省呈送書目》：「《五經詳説》五部，本朝冉覲祖著，共一百七十九本。」○光緒七年大梁書局刻《五經詳説》本，九十四卷，前有牌子：「光緒辛巳大梁書局校栞。」《存目叢書》用上圖藏本影印。復旦、山東、河南、江西諸圖書館亦藏此刻。

詩統説三十二卷　國朝黃叔琳撰　四六一

左都御史黃登賢家藏本（總目）。○《提要》云「朱墨縱横，塗乙未定，蓋猶草創之本也。前後無序跋，亦無目録。」是館臣所見爲稿本。

毛詩通義十四卷　國朝方葇如撰　四六二

浙江巡撫採進本（總目）。○《浙江省第九次呈送書目》：「《毛詩通義》十四卷，國朝方葇如著，三本。」○《浙江採集遺書總録》：「《毛詩通義》十四卷，寫本，國朝方葇如撰。」

詩經測義四卷　國朝李鍾僑撰　四六三

浙江巡撫採進本（總目）。○《浙江省第十次呈送書目》：「《詩經測義》四卷，國朝李鍾僑著，四本。」〇《浙江採集遺書總録》：「《詩經測義》四卷，一作十卷，刊本，國朝國子監丞安溪李鍾僑撰。」

詩經旁參二卷　國朝應麟撰　**四六四**

江西巡撫採進本(總目)。《江西巡撫海續購書目》：「《易經碎言》、《詩經旁參》、《春秋剩義》以上三種共四本。」〇北京大學藏清乾隆十六年宜黄應氏刻《屏山草堂稿》本，正文首行題「屏山草堂稿」，三行題「宜黄應麟囿呈著，男文芴、孫肇魁、自程編輯」，五行題「詩經旁參卷上」。半葉九行，行二十字，下黑口，左右雙邊。前有目録，無序跋。《存目叢書》據以影印。北京師大、江西省圖書館、武漢市圖書館亦藏此刻。

陸堂詩學十二卷　國朝陸奎勳撰　**四六五**

浙江巡撫採進本(總目)。〇《浙江省第一次書目》：「《陸堂詩學》十二卷，國朝陸奎勳著，四本。」〇《浙江採集遺書總録》：「《陸堂詩學》十二卷，刊本。」〇《江蘇省第一次書目》：「《陸堂詩學》二本。」〇《江蘇採輯遺書目録》：「《陸堂詩學》十二卷，清陸奎勳著，刊本。」〇《山東巡撫第二次呈送書目》：「《陸堂詩學》四本。」〇《江西六次續採書目》：「《陸堂詩學》四本。」〇北京圖書館藏清康熙五十三年小瀛山閣刻本，題「平湖陸奎勳聚緱著，受業周朱耒象益、李宗仁麟客仝校」。半葉十一行，行二十三字，白口，左右雙邊。封面刻「小瀛山閣藏板」，另有小牌子：「本坊精選新舊足册好板書籍，倘有殘篇短缺，認明興賢堂書鋪唐少村無悮。唐少村。」蓋唐少村興賢堂書鋪借陸氏家藏板印售者。前有張尚瑗序，康熙五十三年孟春朔三日陸奎勳序，又《讀詩總論》一卷四十五則。《存目叢書》據以影印。南圖、復旦等亦藏此刻。上海圖書館藏《陸堂經學叢書》本亦即此刻。

詩經廣大全二十卷　國朝黄夢白、陳曾同撰　**四六六**

浙江吴玉墀家藏本(總目)。○《浙江省第四次吴玉墀家呈送書目》:「《詩經大全》二十卷,國朝王夢白、陳張陳同輯,八本。」○《浙江採集遺書總録》:「《詩經廣大全》二十卷,刊本,國朝無錫王夢白、陳張曾同輯。」○中國科學院圖書館藏清康熙刻本,題「梁溪後學王夢白金孺氏編,陳張曾衣聖氏輯,男允朠、允朏校字」。半葉十行,行二十二字,白口,四周單邊。前有康熙二十一年壬戌午月既望王夢白序,康熙二十一年壬戌年月既望陳曾衣聖序,凡例。封面刻「王金孺、陳衣聖兩先生鑒定」、「本衙藏板,書林何柱臣行」,又鈐「本衙訂定新鐫,翻刻千里必究」、「授政堂藏板」二印。《存目叢書》據以影印。華東師大亦藏此刻。按:著有王夢白,《四庫總目》均誤爲黄夢白。陳張曾,《四庫總目》誤爲陳曾。吴玉墀進呈目誤爲陳張陳,吴慰祖又誤改爲黄夢白、陳曾。均當依原書訂正。

復菴詩說六卷　國朝王承烈撰　**四六七**

陝西巡撫採進本(總目)。

毛朱詩說一卷　國朝閻若璩撰　**四六八**

通行本(總目)。○清康熙三十九年刻《昭代叢書》乙集第一帙本,題「太原閻若璩百詩著,天都洪嘉植去蕪校」,半葉九行,行二十字,白口,四周單邊。前有張潮題辭,後有張潮跋。《存目叢書》用清華藏本影印。○道光十三年吴江沈氏世楷堂刻《昭代叢書》乙集第一帙本。○民國十年如臯冒氏刻《楚州叢書》第一集本。

詩經序傳合參無卷數　國朝顧昺撰　四六九

江蘇巡撫採進本(總目)。○《江蘇採輯遺書目録》：「《三經解》八册，清南匯顧昺著。」内有《詩經序傳合參》不分卷。○《提要》云：「是編爲其《三經解》之三。」

毛詩説二卷　國朝諸錦撰　四七〇

浙江巡撫採進本(總目)。○《浙江省第一次書目》：「《毛詩説》三卷，國朝諸錦著，二本。」○《浙江採集遺書總録》：「《毛詩説》二卷《通論》一卷，刊本，國朝詹事府贊善秀水諸錦撰。」○《江西巡撫海續購書目》：「《毛詩説》、《饗禮補》、《夏小正詁》以上三種共四本。」○山東大學藏清乾隆二十一年諸氏刻本，題「秀水諸錦學」。半葉十行，行二十一字，白口，四周雙邊。前有乾隆二十一年丙子自序云：「未忍捐棄，有問業者，謂其説有補於聖世，不能悉數，請以付之梓。」正文二卷，前有卷首《通論》九則一卷。目録末署「受業嘉興徐士鳳編寫」。《通論》末題「受業和州孟思誼校，子壻秀水范成覆校」。上卷末題「受業雲都管樂校，子壻秀水范成覆校」。下卷末題「受業介休馬綬校，子壻秀水范成覆校」，又「嘉興楊士尊鐫」小字一行。寫刻甚精。《存目叢書》據以影印。北圖分館藏乾隆二十一年秀水諸氏刻本，封面刻「絳跗閣藏板」。北圖藏乾隆諸氏絳跗閣刻《諸草廬經説》本。均當是同版。○上海圖書館藏清乾隆春暉堂刻《經説》本，正文二卷首一卷。

學詩闕疑二卷　國朝劉青芝撰　**四七一**

河南巡撫採進本(總目)。○《河南省呈送書目》:「《學詩闕疑》,本朝劉青芝著,一本。」○清華大學藏清乾隆二十年序刻《劉氏傳家集》本,題「同懷兄青蓮華嶽鑒,襄城劉青芝芳草纂」。半葉十行,行二十一字,黑口,左右雙邊。前有目録,目録首有雍正九年辛亥八月劉青芝識語,尾有題名:「男伯敬、伯魯,姪伯仁、從姪伯陽、伯誠、伯順、伯朋、伯梁、伯吉,曾孫兆繩仝校字。」蓋刊板於雍正九年,至乾隆二十年彙印入《傳家集》。《存目叢書》據以影印。北圖、上圖、河南省圖均有此刻。○清光緒六年仁和葛氏刻本,《嘯園叢書》之一。

詩貫十八卷　國朝張叙撰　**四七二**

浙江吴玉墀家藏本(總目)。○《浙江省第四次吴玉墀家呈送書目》:「《詩貫》十四卷,國朝張叙著,六本。」○《浙江採集遺書總録》:「《詩貫》十四卷,刊本。」○《江蘇採輯遺書目録》:「《詩貫》十四卷,清太倉舉人張叙著,刊本。」○南開大學藏清乾隆二十年續艸堂刻本,題「婁江張叙著」,半葉九行,行二十五字,白口,左右雙邊。正文十四卷,卷首上中下三卷。卷首上《詩説》,卷首中《詩本旨》,卷首下《詩音表》,《詩音表》又分一二兩子卷,故卷首或作三卷或作四卷。前有乾隆二十一年丙子孟冬朔王延年序,二十年乙亥仲秋朔杜甲序,十八年癸酉於蓮池書院自叙。杜序云:「瀛州本毛公傳詩地,余既剏立書院,諸生多欣然索抄《詩貫》者,爰命工鐫木,用廣厥傳。」知是本爲乾隆二十年杜甲所刊。封面刻「續艸堂藏板」。《存目叢書》據以影印。清華大學、北圖分館、石家莊圖書館亦藏此刻。○復旦大學藏清姑蘇善成堂刻本。○復旦大學藏清鈔本，二十六卷。

毛詩訂韻五卷　國朝謝起龍撰　**四七三**

浙江巡撫採進本（總目）。○《浙江省第二次書目》：「《毛詩訂韻》五卷，國朝謝起龍著，一本。」○《浙江採集遺書總録》：「《毛詩訂韻》五卷，刊本。」

詩義記講四卷　國朝夏宗瀾撰　**四七四**

江蘇巡撫採進本（總目）。○《江蘇省第一次書目》：「《詩義記講》二本。」○《江蘇採輯遺書目録》：「《詩義記講》四卷，清禮部尚書江陰楊名時著。」○北京大學藏清乾隆閻茂溶刻本，正文卷端題：「楊文定先生講授，門人夏宗瀾記，門人田爾易、王文震、龍爲霖、潘永季校編，後學閻茂溶、王鵬、王雲鷺、李允常、談訥校字。」半葉十行，行二十二字，白口，左右雙邊。前有乾隆八年癸亥四月尹會一序云：「庚申之秋，予陳情旋里，過保陽，館於蓮池書院，因得識山長夏君。……夏君舊遊於楊文定公之門。……得《詩》、《易》講授共若干卷。其文集則文定公親筆以授夏君者，尤與經書要義相貫。因并付梓，以志不忘。」又秦蕙田序，雍正十年壬子楊名時序。卷末門下晚學閆茂溶跋云：「庚申春吾夏夫子自成均歸，宫保孫公延主講席。……手披出《詩意記講》一編相示。……校刊畢役，謹述數語。」庚申爲乾隆五年，則是爲乾隆五年至八年間保定蓮池書院刻本。《存目叢書》據以影印。

詩經提要録三十一卷　國朝徐鐸撰　**四七五**

兩江總督採進本（總目）。○《兩江第二次書目》：「《詩經提要録》，鹽城徐鐸撰，抄本，十六本。」○北京圖書館分館藏清鈔本，題「鹽城徐鐸令民纂述，同懷弟樾咸民參訂，男嘉穀大田、嘉禾書田校，姪嘉穎新田校」。半葉十行，行二十二字，黑口，四周單邊。前有提督山東學政湖南正主考徐鐸序，又受業門人參校名氏凡九十九人。《存目叢書》據以影印。

豐川詩説二十卷　國朝王心敬撰　**四七六**

陝西巡撫採進本（總目）。○山東省圖書館藏清刻本，題「豐川王心敬爾緝甫著，男功、勳、劼謹録，黄岡門人靖道謨誠合、咸寧門人羅宗彦素臣同校」。半葉十行，行二十一字，白口，四周雙邊。前有自序，無年月。當是雍正乾隆間原刻本。《存目叢書》據以影印。復旦大學有清刻本，經眭駿先生比對，亦即此刻。山西大學有清刻本二十卷十册。

詩經拾遺十三卷　國朝葉酉撰　**四七七**

安徽巡撫採進本（總目）。○《安徽省呈送書目》：「《詩經拾遺》二本。」○《兩江第一次書目》：「《詩經拾遺》，桐城葉酉著，二本。」○上海圖書館藏清乾隆耕餘堂刻本，題「桐城葉酉著」，半葉十行，行二十一字，白口，四周雙邊。前有自序、凡例、目録。正文十六卷，前又有《詩經總説》一卷。其《凡例》末條云：「凡書分卷，不過計紙數之多寡，欲其厚薄之勻稱而已。兹獨不計紙數之多寡者，蓋倣《學》、《庸》分章之法以分卷，不徒欲其厚薄之勻稱也。」頗可見當時分卷之法。《存目叢書》

據以影印。中國科學院圖書館亦藏此刻。

風雅遺音四卷　國朝史榮撰　**四七八**

兩江總督採進本(總目)。○《兩江第一次書目》：「《風雅遺音》，甯波史榮輯，二本。」○《浙江省第一次書目》：「《風雅遺音》二卷，國朝史榮著，二本。」○《浙江採集遺書總録》：「《風雅遺音》二卷，刊本，國朝諸生鄞縣史榮撰。」○上海圖書館藏清乾隆十四年一灣齋刻本，二卷，題「甬上史榮輯，受業毛政、毛昇、毛標、金鰲仝校」。半葉八行，行二十字，白口，四周單邊。版心下刻「一灣齋」。前有乾隆八年自序，姜炳璋序，乾隆八年陶夔序。《存目叢書》據以影印。人民大學藏此刻，封面刊「乾隆己巳歲鐫」、「一灣齋藏板」。津圖、北圖分館亦有是刻。○清乾隆嵩山書院刻本二卷，紀昀審訂。北圖分館、北大、南大等藏。○清光緒五年定州王氏謙德堂刻《畿輔叢書》本，作《審定風雅遺音》二卷，紀昀審定。○民國二十五年四明張氏約園刻《四明叢書》第四集本，同上。○民國二十五年商務印書館《叢書集成初編》據《畿輔叢書》本影印本。

詩深二十六卷　國朝許伯政撰　**四七九**

浙江吴玉墀家藏本(總目)。○《浙江省第四次吴玉墀家呈送書目》：「《詩深》二十八卷，國朝許伯政著，八本。」○《浙江採集遺書總録》：「《詩深》二十八卷，刊本。」○《江西巡撫海第二次呈送書目》：「《詩深》六本。」○《湖南續到書》：「《詩深》八本。」○中國科學院圖書館藏清乾隆刻本，二十六卷首二卷。題「巴陵許伯政著」。半葉十行，行二十五字，白口，四周雙邊。前有乾隆十九年季秋朔自序，首卷卷上末有乾隆十九年仲春望日許伯政識語。卷内鈐「吴城」、「敦復」、「繡谷亭續藏書」等印記，首葉鈐「翰林院印」滿漢文大官印，知即吴玉墀家進呈四庫館原本。《存目叢書》據以影印。北圖分館、復旦、哈爾濱市圖書館亦藏此刻。○清光緒間巴陵方氏廣東刻《碧琳琅館叢書》本。○民國二十四年南海黄氏據舊版彙印《芋園叢書》本。

毛詩廣義無卷數　國朝紀昭撰　四八〇

編修曹錫齡家藏本（總目）。

詩經彙詁二十四卷　國朝范芳撰　四八一

兩江總督採進本（總目）。○《兩江第一次書目》：「《詩經彙詁》，如皋范芳輯，抄本，十二本。」

詩經正解三十卷　國朝姜文燦撰　四八二

江蘇周厚堉家藏本（總目）。○《江蘇省第一次書目》：「《詩經正解》十六本。」○《江蘇採輯遺書目録》：「《詩經正解》三十卷，清丹陽姜文燦著。」○復旦大學藏清康熙二十三年深柳堂刻本，題「丹陽姜文燦我英、吴荃蓀右彙輯，門人潘宗垣紫臨、談象蕙孝洊仝校，男姜朝烈承武、吴之璋章玉仝閲」。半葉十二行，行三十字，白口，四周單邊。版心下刻「深柳堂」。前有康熙二十三年二月過於飛序，姜文燦《凡例》。《凡例》云：「是書起自己未之春，成於癸亥之冬。……于是坊友童仲旭諸人堅索付梓。」知是書由書坊童仲旭承刻，時康熙二十三年。卷内鈐「歙萬樓藏書印」朱文長方印，近人金山高燮遺書也。《存目叢書》據以影印。北圖分館、東北師大、山東師大、臺灣大學均有此刻。○清光霽堂刻本八册，南開大學藏。○上海圖書館藏日本安政五年奎暉閣活字印本，三十三册。封面上方横題「安正五戊午仲夏」，書名大題右方署「清姜我英、吴蓀谷彙輯，日本菅野侗校訂，志賀氏藏」。書末有「奎暉閣植字」識語，又有版權頁，題：安政戊午孟春發兑，製本：長谷川和三郎、奎暉閣秀治郎、文會堂佐助。版心下黑口。注文有句讀。首册排印佳，版框密合，似刻板。末册版框有接縫。凡例後有會輔館教授菅野侗附言二則，第二則云：「活板點句讀者鮮矣，今點句以便童蒙。」安政五年當清咸豐八年。北大、遼寧省圖書館亦有此本。

四庫存目標注卷五

滕州　杜澤遜　撰

經部五

禮類

周禮補亡六卷　元邱葵撰　**四八三**

衍聖公孔昭焕家藏本（總目）。○《衍聖公交出書目》：「《周禮冬官補亡》，宋邱葵著，五本。」○《兩淮鹽政李呈送書目》：「《周禮注》六卷，元邱葵，十本。」○《提要》云：「其書世有二本，其一分六卷，題曰《周禮註》。其一即此本，不分卷數，而題曰《周禮冬官補亡》。《經義考》又作《周禮全書》，而註曰一作《周禮補亡》。」○北京大學藏明弘治十四年錢俊民刻本，正文首葉首行題「周禮」，次行題「清源釣磯丘葵吉甫學」，三行題「慈谿晚學錢俊民重刊」。半葉十二行，行二十一字，黑口，四周雙邊。前有弘治十四年辛酉十一月寓山東兖之壽張慈谿晚學錢俊民《重刊周禮全書序》云:「取丘氏所刊全書互相校録而復壽諸梓,使一邑之士皆得受而讀焉。」是刻於山東壽張。又泰定元年甲子十一月丘葵序,自稱時年八十一。《存目叢書》據以影印。按:《提要》引丘葵序,甲子誤爲丙子。〇北京圖書館藏明葛欽刻本,半葉十二行,行二十一字,大黑口,雙魚尾,四周雙邊。正文首行題「周禮」,次行題「清源釣磯丘葵吉甫學」,三行題「古濠葛欽敬之重刻」。前有自序。卷内鈐「葉樹廉印」、「石君」、「樸學齋」、「歸來艸堂」等印記。有葉萬(樹廉)手跋。此帙《鐵琴銅劍樓藏書目録》卷四著録爲「元刊本」。傅增湘《藏園訂補郘亭知見傳本書目》云「爲成、弘間刊本」。河南省圖書館亦有此刻,殘存卷二至卷六。〇明嘉靖中餘干李緝刻本,正文首行上題「周禮」,下題「清源釣磯丘葵吉甫學」,二行題「無錫後學顧可久編次」,三行題「餘干後學李緝重刊」,四行題「餘姚後學張心校正」。半葉十行,行二十三字,白口,四周單邊。前有丘葵自序。北京大學藏此刻爲李盛鐸故物,鈐「古潭州袁卧雪廬收藏」印,《木犀軒藏書書録》著録。上海圖書館藏此刻,《明代版本圖録初編》卷一收録。山東圖書館、安徽圖書館、吉林社科院亦藏此本。南京圖書館此本殘存天官、地官、春官三卷三册,有清丁丙手跋。〇杭州大學藏明刻本,半葉十行,行二十三字,白口,四周單邊。〇湖南師大藏明刻本,半葉九行,行十八字,大黑口,四周雙邊。殘存地官、春官、夏官、秋官四卷。〇餘杭縣圖書館藏明鈔本,殘存天官、春官、冬官三卷。〇齊齊哈爾圖書館藏清鈔本。〇日本靜嘉堂文庫藏清光緒刻本。

周禮集註七卷　明何喬新撰　四八四

兩淮馬裕家藏本(總目)。○《兩淮鹽政李呈送書目》：「《周禮集註》七卷，明何喬新，四本。」○《兩江第一次書目》：「《周禮集注》，明何喬新輯，六本。」○《江西巡撫海第二次呈送書目》：「《周禮集註》六本。」○北京圖書館藏明正德十三年安正堂刻本，半葉十行，行二十字，黑口，四周雙邊。殘存卷六卷七兩册。○上海圖書館藏明嘉靖六年廣昌縣知縣毛益刻本，半葉十行，行二十字，四周雙邊。○中國科學院圖書館藏明嘉靖七年褚選刻本，題「刑部尚書盱江何喬新集註」。半葉九行，行十八字，白口，左右雙邊。前有弘治九年丙辰春三月既望何喬新序。目録後有嘉靖七年孟冬上澣都下後學褚選識語云：「鋟梓廣傳，以竢擇焉。」版心下有刻工：章掖刻、錢世英、張鳳、唐禮、趙其、唐林、顧言、錢英、張寅、顧修、李煥、龔子和、何勉、張電、顧時中、羽卿、張羽卿、劉天惠刻等。《存目叢書》據以影印。南京圖書館、臺灣「中央圖書館」均有此刻。○明刻本，半葉九行，行十八字，白口，四周單邊。故宮博物院、河南新鄉圖書館藏。○北京圖書館分館藏明朱純臣重刻嘉靖七年本。

周禮定本四卷　明舒芬撰　四八五

兩江總督採進本(總目)。○《兩江第一次書目》：「《周禮定本》，明舒芬輯，六本。」○《提要》云：「兹編亦其所著《梓溪内集》之一。」○北京圖書館藏明萬曆四十八年刻《梓溪文鈔》内集本，編爲卷五至卷八。題「明太史氏進賢舒芬國裳甫訂，裔孫舒琛伯獻甫輯，舒瑮季琰甫録，後學臨川吴撝謙汝則甫閱，進賢樊良樞尚默甫校」。半葉九行，行十八字，白口，四周雙邊。前有萬曆二年甲戌六月既望日閩甌寧後學趙秉忠《刻周禮定本序》，嘉靖五年丙戌自序。後有自跋，又萬曆四十八年庚申六月蕭上達《梓溪先生文鈔跋》云：「先是文節公有孫伯獻甫爲郡大夫，鏤其板于閩，未幾爲祖龍索去。今太守公亦文節公之孫，亦以郡大夫鏤板于鄭。」《存目叢書》據以影印。上圖、南圖、津圖等亦藏此刻。

讀禮疑圖六卷　明季本撰　四八六

兩江總督採進本(總目)。〇《兩江第一次書目》：「《讀禮疑圖》，明季本著，六本。」〇《兩淮鹽政李呈送書目》：「《讀禮疑圖》六卷，明季本，四本。」〇《浙江省第七次呈送書目》：「《讀禮疑圖》六卷，明季本著，三本。」〇《浙江採集遺書總録》：「《讀禮疑圖》六卷，刊本。」〇北京大學藏明嘉靖刻本，題「會稽季本編著」，半葉十行，行二十一字，白口，左右雙邊。前有嘉靖二十七年八月既望自序。鈐「潘承弼藏書印」印記。《存目叢書》據以影印。原北平圖書館藏有此刻，爲方功惠碧琳瑯館故物，現存臺北「故宫博物院」，王重民《善本提要》著録。復旦大學、中國社會科學院歷史所亦藏此刻。

考工記述註二卷　明林兆珂撰　四八七

福建巡撫採進本(總目)。〇《福建省呈送第六次書目》：「《考工記述註》。」〇上海圖書館藏明萬曆刻本，正文二卷，另有圖一卷、卷首一卷。題「莆林兆珂孟鳴父纂述」，半葉八行，行二十字，白口，四周單邊。前有萬曆三十一年癸卯八月文豪序。版心刻工：子蟾。《存目叢書》據以影印。天津、福建、湖南等圖書館亦有此刻。按：刻工子蟾姓王氏，清華大學藏林兆珂《多識編》明刻本有刻工王子蟾，即其人也。

周禮訓雋二十卷　明陳深撰　　**四八八**

副都御史黄登賢家藏本（總目）。○《都察院副都御史黄交出書目》：「《周禮訓雋》，明陳深，八本。」○《浙江省第五次鄭大節呈送書目》：「《周禮訓雋》二十卷，明陳深著，四本。」○《浙江採集遺書總録》：「《周禮訓雋》二十卷，刊本。」○浙江圖書館藏明萬曆刻本，半葉九行，行十八字，白口，四周單邊，上欄鐫評。前有萬曆十七年己丑陳深序。版心刻工：王思、沈潤、吴亭、吴良、錢三、佘才、芮泉。餘多殘損。鈐「長興王氏詒莊樓藏」、「王季歡」等印，王修藏書也。前有長興楊弇手跋：「癸亥春南旋，過上海，特往蟫隱廬，屬每新書目出寄京寓。蟫隱廬書目已出十一期，余僅有一至九，不全，亦憾事也。七月，果寄來第十二期。翻繹一過，見可欲者不少，宋本《元包經》尤可貴，價昂不敢問。此書亦余夙所夢想者，價既廉，因并郵資如值寄彼。旬日書來，喜甚。然裝修之費竟需十餘金，末大於本矣。長興楊弇記。」《存目叢書》據是本影印。揚州市圖書館有此刻白紙印本，頗清朗。山東、河南、湖南等圖書館亦藏此刻。○明凌杜若刻朱墨套印本，作《周禮》二十卷，王重民曰：「茲在北京圖書館見一明坊刻《周禮訓雋》，以校此本旁註，知爲摘自《訓雋》者。」（善本提要）北大、上圖、浙圖等多有之。○華東師大、中共中央黨校有明刻本《周禮》十八卷，明陳深注，附杜牧注《考工記》二卷。未知與《訓雋》異同。

周禮因論一卷　明唐樞撰 四八九

浙江汪啟淑家藏本（總目）。○《浙江省第四次汪啟淑家呈送書目》：「《周禮因論》一卷，明唐樞著，一本。」○《浙江採集遺書總録》：「《周禮因論》一卷，刊本，明唐樞撰。」○山西大學藏明嘉靖至萬曆間刻《木鐘臺集》再集本，題「吴興唐樞」，半葉九行，行十八字，白口，四周單邊。前有隆慶六年四月門生陸光宅跋。○清咸豐六年唐氏書院刻《木鐘臺全集》本，北大、浙圖、中國科學院圖書館藏。

周禮發明一卷　明沈珤撰 四九〇

江西巡撫採進本（總目）。

周禮述註六卷　明金瑶撰 四九一

編修鄭際唐家藏本（總目）。○《編修鄭交出書目》：「《周禮述註》五本。」○《浙江省第四次吴玉墀家呈送書目》：「《周禮述注》六卷，明金瑶著，五本。」○《浙江採集遺書總録》：「《周禮述注》六卷，明桂林中衛經歷休寧金瑶撰。」○山東圖書館藏明萬曆七年瑲溪金氏一經堂刻本，題「徽郡金瑶述」。半葉九行，行十九字，白口，四周單邊。前有萬曆七年己卯九月望自序，凡例。自序謂「積十有三載，遂成此書」，又云「僭以是編請正于大方君子」，知即刊於是年。版心刻工：黄鋋刻、黄仲文刊、黄鎦、黄錟、黄鑠刊、仲舒、仲翔、尚汶。《存目叢書》據以影印。王重民《善本提要》著録原北平圖書館藏此刻，封面中間鐫「瑲溪金氏一經堂藏板」小字一行，山東本佚去。河北大學、東北師大、浙江、安徽諸圖書館亦藏此刻。

周禮説十四卷　明徐即登撰　**四九二**

兩淮馬裕家藏本(總目)。○《兩淮鹽政李呈送書目》：「《周禮説》十四卷，明徐即登，六本。」○浙江圖書館藏明萬曆刻本，題「豐城徐即登獻和父著，門人晉江徐縉芳奕開父、豐城熊尚文□□父仝訂，山陰陳國紀、萊陽宋兆祥、南昌劉曰淑、咸陽馬燁如、江都朱紱來、何士傑仝校」。半葉九行，行十八字，白口，左右雙邊。前有自序。版心刻工：吉安刘云刻。卷内鈐「鄭豐穀印」、「鄭毅謀印」、「莆卿」、「安陽張氏藏書」等印記。《存目叢書》據以影印。原北平圖書館藏有此刻，現存臺北「故宫博物院」。日本東京大學東洋文化研究所藏明刻本，未知同異。

批點考工記一卷　明郭正域撰　**四九三**

内閣學士紀昀家藏本(總目)。○明萬曆閔齊伋刻朱墨套印本，半葉八行，行十八字，白口，左右雙邊。版心及正文卷端均題「考工記」。眉批、句讀、夾注均朱色。前有郭正域《批點考工記序》。此閔刻《三經評註》之一。《存目叢書》用上圖藏本影印。嘗見科學院圖書館本，鈐「正陽藏書子孫法守」白文長方印、「吴川敬恕堂陳」朱文方印。此刻傳本尚多。書分上下二篇，當以二卷計之。按：殿本《總目》進呈者作「兵部侍郎紀昀家藏本」。

周禮完解十二卷　明郝敬撰　**四九四**

浙江吴玉墀家藏本(總目)。○《浙江省第四次吴玉墀家呈送書目》：「《周禮完解》十二卷，明郝敬著，六本。」○《浙江採集遺書總録》：「《周禮完解》十二卷，刊本。」○《江蘇省第一次書目》：「《周禮完解》八本。」○《江蘇採輯遺書目録》：「《周禮完解》十二卷，明户科給事中京山郝敬著，刊本。」○湖北省圖書館藏明萬曆四十五年丁巳京山郝氏刻本，《郝氏九經解》之一。題「京山郝敬著，男千秋、千石校刻」，半葉十行，行二十一字，白口，四周單邊。卷尾有「萬曆丁巳季秋京山郝氏刊刻」一行。《存目叢書》據以影印。南圖、復旦亦藏此刻。

四九五　周禮古本訂註六卷　明郭良翰撰

浙江吴玉墀家藏本(總目)。○《浙江省第四次吴玉墀家呈送書目》：「《周禮古本訂註》五卷，明郭良翰著，三本。」○《浙江採集遺書總録》：「《周禮古本訂註》六卷，刊本，明莆田郭良翰撰。」○福建師大藏明萬曆刻本，題「明莆中郭良翰道憲甫輯」，半葉九行，行二十字，白口，四周單邊。前有萬曆四十三年乙卯自序，凡例，目録。刻工：王子鰌。《存目叢書》據以影印。泉州市圖書館亦藏此刻。

四九六　古周禮六卷　明郎兆玉撰

兩淮馬裕家藏本(總目)。○《兩淮鹽政李呈送書目》：「《古周禮》六卷，明郎兆玉，六本。」○天津圖書館藏明天啟郎氏堂策檻刻本，作《註釋古周禮》五卷《考工記》一卷。半葉九行，行二十字，白口，四周單邊。版心下刻「堂策檻」，封面刻「郎完白先生注釋」、「堂策檻藏板」。前有天啟六年丙寅人日武林無類生郎兆玉《注釋古周禮弁言》云：「手披之下，庚命兒子糾譌釐舛，以授剞青。」是付梓於天啟六年。《存目叢書》據以影印。北圖、南圖、浙圖等多處藏有此刻。

考工記通二卷　明徐昭慶撰　四九七

浙江吴玉墀家藏本(總目)。〇《浙江省第四次吴玉墀家呈送書目》:「《考工記通》二卷,明徐昭慶著,二本。」〇《浙江採集遺書總録》:「《考工記通》二卷,刊本,明宣城徐昭慶撰。」〇北京大學藏明萬曆刻《檀弓考工二通》本,題「宣城徐昭慶穆如輯註,梅鼎祚禹金校閲」。半葉九行,行十七字,白口,四周單邊。眉欄鐫評。前有凡例、目録、引用姓氏、圖、集諸家論。鈐「積學齋徐乃昌藏書」、「宜秋館藏書之印」等印記。《存目叢書》據以影印。上圖、南圖、山東大學等亦有此刻。

重訂古周禮六卷　明陳仁錫撰　四九八

兩江總督採進本(總目)。〇《兩江第一次書目》:「《重校古周禮》,明陳仁錫輯,二本。」〇北京大學藏明末刻本,正文首行題「重校古周禮卷之一」。半葉十行,行二十二字,白口,四周單邊。前有陳仁錫《重校古周禮序》云:「爰付諸梓而爲之序。」《凡例》末署「古照堂識」。《存目叢書》據以影印。清華大學、浙圖、廣東中山圖書館亦藏此刻。按:此書内容與郎兆玉《註釋古周禮》略同。

周禮註疏合解十八卷　明張采撰　四九九

兩淮馬裕家藏本(總目)。〇《兩淮鹽政李呈送書目》:「《周禮注疏合解》十八卷,明張采,五本。」〇中山大學藏明末張采刻本,作《周禮註疏》十八卷首一卷,半葉九行,行二十五字,白口,四周單邊。前有張采《周禮合解序》。〇上海圖書館藏明末刻本,正文首行及版心均題「周禮註疏」,卷端次行題「婁東張采受先訂定」。半葉八行,行十八字,白口,四周單邊。前有張采序,又諸家論説四十餘葉。《存目叢書》據以影印。上海辭書出版社、湖南師大、臺灣「中央圖書館」亦藏此刻。

讀周禮略記六卷　明朱朝瑛撰　**五〇〇**

浙江巡撫採進本(總目)。○《浙江省第八次呈送書目》：「《讀周禮略記》，明朱朝瑛著，六本。」○《浙江採集遺書總録》：「《讀三禮略記》六册，寫本，明朱朝瑛撰。」○《兩江第一次書目》：「《讀周禮略記》，明朱朝瑛著，《讀儀禮略記》，明朱朝瑛著，以上二種合一本。」○北京圖書館藏清鈔《七經略記》本，題「朱朝瑛號康流略記」，半葉九行，行二十四字，無格。《存目叢書》據以影印。○浙江圖書館藏清鈔《七經略記》本。

古周禮釋評六卷　明孫攀撰　**五〇一**

河南巡撫採進本(總目)。○《河南省呈送書目》：「《古周禮釋評》，明孫攀著，六本。」○清華大學藏明萬曆三十一年刻本，題「明宣城孫明攀輯著，梅鼎祚校閲」。半葉十行，行二十字，白口，四周單邊。眉上鐫評。前有萬曆二十二年甲午龍圖居士孫攀士龍甫自序。自序後有刻工：尤大盛刊。又舊序，又《刻古周禮釋評凡例》。末有里兒沈有則跋云：「余鄉孫氏士龍先生搜羅百家，因朱氏而會其全，……余讀之竟，躍然喜曰：此余先人志也。遂糾同志者□刻之。」《存目叢書》據以影印。南京圖書館此本有丁丙手跋。科學院、安徽、重慶諸圖書館亦有此刻。

考工記纂註二卷　明程明哲撰　**五〇二**

浙江巡撫採進本(總目)。○《浙江省第四次汪啟淑家呈送書目》：「《考工記纂注》二卷，明程明哲著，一本。」○《浙江採集遺書總録》：「《考工記纂注》二卷，刊本，明歙縣程明哲撰。」○清華大學藏明萬曆刻本，題「歙程明哲如晦校纂」，半葉八行，行二十字，白口，四周單邊。前有萬曆四十一年癸丑六月自序。自序後有刻工：程尚德刻。自序云：「姑撮諸家所以參駁《考工》者授之副墨。」是刊於萬曆四十一年。鈐「江陰劉氏」、「劉復」等印記。《存目叢書》據以影印。北圖、上圖、南圖、臺灣「中央圖書館」等均有此刻。

周禮説略六卷　不著撰人名氏　　五〇三

浙江吴玉墀家藏本（總目）。○《浙江省第四次吴玉墀家呈送書目》：「《周禮説略》六卷一本。」○《浙江採集遺書總録》：「《周禮説略》六卷，瓶花齋寫本，不著撰人。」○上海圖書館藏鈔本六册，題「松陵張嘉玲輯」，半葉十行，行二十六字，無格。卷一天官冢宰起首云：「六官之屬三百六十，今檢其職事適滿三百六十，有一天官冢宰不列三百六十屬，以象天也。如易大衍五十，虚一，此贏一也。」正與《提要》所指責者合，知即其書。按：張嘉玲字佩葱，吴江人，遷居烏鎮，爲張楊園弟子，有《張安孝先生遺稿》一册，乾隆中震澤王氏得其遺稿，清末金蓉鏡命寫工傳鈔一部並跋其後，民國二十六年杭縣葉伯臯嘗持送浙江文獻展覽會展出。詳《浙江文獻展覽會專號》。此《周禮説略》前後無序跋，亦無印記，玄、弘等字均不避諱，蓋民國間傳寫之本。《存目叢書》據以影印。

周禮文物大全無卷數　不著撰人名氏　　五〇四

浙江巡撫採進本（總目）。○《浙江省第十二次呈送書目》：「《周禮文物大全》一本。」○《浙江採集遺書總録》：「《周禮文物大全》一册，刊本，不著撰人姓名。取六官禮器繪圖繫説，計六十八圖。」○《提要》云：「其版爲藍朱二色。……疑坊肆書賈於盧氏《五經圖》中摘其《周禮》諸圖，而稍稍竄亂之，别爲一書，以傳其欺耳。」

周禮訂釋古本無卷數　國朝王芝藻撰 　**五〇五**

江蘇巡撫採進本(總目)。○《江蘇省第一次書目》：「《周禮訂釋》二本。」○《江蘇採輯遺書目録》：「《周禮訂釋》五卷，清溧水王芝藻著，抄本。」

高註周禮二十二卷　國朝高愈撰 　**五〇六**

兩江總督採進本(總目)。○《兩江第一次書目》：「《高注周禮》，無錫高愈著，抄本，八本。」○北京圖書館分館藏清鈔本，作《周禮集解》，存卷一至二十三。題：「梁谿高愈紫超氏原稿，鴛湖華泉天沐氏增訂。」卷首有闕文，太宰以下全。卷二十三至「朝大夫」止，以下闕。半葉十行，行二十四字，無格。有眉批。《存目叢書》據以影印。

周禮惜陰録六卷　國朝徐世沐撰 　**五〇七**

兩江總督採進本(總目)。○《兩江第一次書目》：「《周禮惜陰録》，江陰徐世沐著，抄本，五本。」○上海圖書館藏鈔本六卷五册，卷端題「江陰後學徐世沐撮訂」或「江陰後學徐世沐青麓爾瀚撮訂」。半葉十行，行二十三字至二十四字不等，無格。卷五末有著者識語。卷内鈐「小李山房」、「粹芬閣」印記。《存目叢書》據以影印。

周官辨非一卷　國朝萬斯大撰　**五〇八**

浙江巡撫採進本(總目)。○《浙江省第一次書目》:「《周官辨非》一卷,國朝萬斯大著,一本。」○《浙江採集遺書總録》:「《周官辨非》二卷,刊本,國朝鄞縣萬斯大撰。」○天津圖書館藏清乾隆二十四至二十六年辨志堂刻《萬充宗先生經學五書》本,題「四明萬斯大充宗學」。半葉十一行,行二十一字,黑口,左右雙邊。前有同學李鄴嗣杲堂序。《存目叢書》據以影印。北圖、上圖、南圖等多藏此刻。○清道光十三年吴江沈氏世楷堂刻《昭代叢書》戊集續編本。○《增訂四庫簡明目録標注》邵章續録:「清鈔本。」

周禮問二卷　國朝毛奇齡撰　**五〇九**

浙江巡撫採進本(總目)。○清康熙書留草堂刻《西河合集》本。《存目叢書》用首都圖書館藏本影印。

周禮節訓六卷　國朝黄叔琳撰　**五一〇**

編修勵守謙家藏本(總目)。○《編修勵第一次至六次交出書目》:「《周禮節訓》三本。」○清雍正十年古音堂刻本,北圖分館、上圖、科學院圖書館、華東師大藏。○復旦大學藏清乾隆三十一年姚培謙修訂重刻本,題「北平黄崑圃先生原本,雲間姚培謙鱸香重訂,同里王永祺恒齋參閲」。半葉九行,行十九字,白口,左右雙邊。前有乾隆三十一年姚培謙序,謂是書嘗授舍親張子今涪昆仲付刊,培謙亦與校訂,但初學未易及此,爰節採上均姜氏輯義與先生旨義相發明者,句疏而字解之,存諸家塾，聊徇子弟誦習之便。是此本頗經培謙增補。卷内鈐「吴興劉氏嘉業堂藏書印」、「劉承幹字貞一號翰怡」、「沈非熊印」、「韻齋長壽」等印。寫刻甚精。《存目叢書》據以影印。上圖、清華大學、中山大學等亦藏此本。○同治七年重刻本，南開大學藏。○光緒十二年掃葉山房刻本，上圖藏。○光緒二十五年舊學山房刻姚培謙修訂本，上圖藏。○光緒三十四年兩儀堂重刻本，殘存卷一至三，上圖藏。○河南省圖書館藏清鈔本。

周官析疑三十六卷考工記析義四卷　國朝方苞撰　五一一

安徽巡撫採進本（總目）。○《安徽省呈送書目》：「《周官析疑》七本。」○《江蘇省第一次書目》：「《周官析疑》九本。」○《江蘇採輯遺書目録》：「《周官析疑》四十一卷，清禮部侍郎桐城方苞著。」○北京大學藏清康熙至嘉慶間桐城方氏刻《抗希堂十六種》本，正文首葉題「高安朱可亭、海寧陳秉之、臨桂陳榕門同訂，桐城方苞著」。《考工記析疑》題「桐城方苞望溪解，受業王兆符、程崟、黄世成參訂」。半葉九行，行十九字，白口，左右雙邊。有雍正十年朱軾序，陳世倌序。卷内鈐「宜興任氏天春園所有圖書」朱文長印，任振采故物也。《存目叢書》據以影印。北圖、上圖、南圖等亦有此刻。

按：書名《考工記析疑》《總目》「疑」作「義」，與原書不合，恐誤。

周官辨一卷　國朝方苞撰　五一二

安徽巡撫採進本（總目）。○《安徽省呈送書目》：「《周官辨》一本。」○《提要》云：「已録入所著《望溪文集》中，此其初出别行之本也。」○上海圖書館藏雍正三年刻本一册。○北京大學藏清康熙至嘉慶間桐城方氏刻《抗希堂十六種》本，目録題「桐城方苞望溪著，混同顧琮用方訂」，半葉九行，行十九字，白口，左右雙邊。前有乾隆七年三月顧琮序云：「龔君孝水曾刻《周官辨》于河北，劉君月三刻《喪禮或問》於浙東，以授其生徒，二君子没，流傳者蓋希。……故重校而録之。」蓋即重刻於乾隆七年。又自序，雍正三年龔纓序。《存目叢書》據以影印。北圖、上圖、南圖等亦藏此刻。○清乾隆中方觀承刻《方望溪先生經説四種》本，北圖、上圖、江西省圖書館藏。○四川省圖書館藏清咸豐貴州刻本一册。○乾隆十一年程崟刻《望溪集》本，北圖等藏。○影印《文淵閣四庫全書》别集類《望溪集》本。○咸豐元年戴鈞衡刻《望溪先生文集》本。《四部叢刊》影印戴鈞衡刻《方望溪先生全集》本。集本均作《周官辨僞》。

周禮集傳六卷　國朝李文炤撰　**五一三**

湖南巡撫採進本（總目）。○《湖南省呈送書目》：「《周禮集傳》四本。」○北京大學藏清康熙四爲堂刻本，題「李文炤著」，半葉九行，行十七字，下黑口，四周單邊。封面刻「四爲堂藏板」。前有彭其位詩三十韻，康熙五十八年陳來揖序，陸紹琦序，弟芳華弁言，康熙五十五年自序，次《綱領》一卷。卷六末有「四爲堂藏板」五字。《存目叢書》據以影印。按：此本「真」字缺末筆，疑雍正初年刊。上圖有此刻。北師大、川大藏清四爲堂刻《李氏成書》本亦即此刻。

周官翼疏三十卷　國朝沈淑撰　**五一四**

山西巡撫採進本（總目）。○《山西省呈送書目》：「《周官翼疏》三十卷。」

周禮會要六卷　國朝王文清撰　**五一五**

侍講劉亨地家藏本(總目)。

周禮質疑五卷　國朝劉青芝撰　**五一六**

河南巡撫採進本(總目)。○《河南省呈送書目》:「《周禮質疑》,本朝劉青芝著,二本。」○清華大學藏清乾隆二十年至二十一年劉氏家刻本,《劉氏傳家集》之一。題「襄城劉青芝芳草箸」,半葉十一行,行二十一字,黑口,左右雙邊。前有乾隆二十一年丙子四月三日劉曾輝跋云:「《周禮質疑》五卷乃暮年所手著也,去歲庀工受梓,未及半而遽捐館舍。……今輝謀于伯父、叔父,慂慫告竣,以仰副先王父未竟之志。」又乾隆二十年五月自序,時年八十一。鈐有「龍山憩廬藏書之章」印記。《存目叢書》據以影印。北圖、上圖、河南省圖書館均有此刻。

周禮輯義十二卷　國朝姜兆錫撰　**五一七**

浙江巡撫採進本(總目)。○《浙江省第十次呈送書目》:「《周禮輯義》十二卷,國朝姜兆錫著,六本。」○《浙江採集遺書總録》:「《周禮輯義》十二卷,刊本,國朝姜兆錫撰。」○《江蘇採輯遺書目録》:「《九經補註》八十七卷,清丹陽舉人姜兆錫注,刊本。」其子目有《周禮輯義》十二卷。○北京大學藏清雍正九年寅清樓刻本,《九經補注》之一。正文首行題「周禮卷之一」,下題「姜兆錫輯義」。半葉十行,行二十五字,白口,四周單邊。版心下刻「寅清樓」。封面刻「雍正九年鐫」、「本衙藏板」,又識語:「本編近加增訂,恐仍有疏漏,懇有道正示爲禱。」前有康熙五十七年王掞序,五十七年十月張大受序，五十八年王澍序，五十八年十二月二十六日儲大文序，目録。目録後有姜兆錫識語，又本末考三則，附論十一則。鈐「方功惠藏書印」印記。《存目叢書》據以影印。北圖、上圖、南圖等亦藏此刻。○中國科學院圖書館藏清鈔本，存六卷六册。

周禮拾義無卷數　國朝李大濬撰　　五一八

浙江巡撫採進本（總目）。○《浙江省第七次呈送書目》：「《周禮拾義》，國朝李大濬輯，十本。」○《浙江採集遺書總録》：「《周禮拾義》十册，寫本，國朝安溪李大濬撰。」

周禮三註粹鈔二卷　國朝高宸撰　　五一九

福建巡撫採進本（總目）。○《福建省呈送第五次書目》：「《周禮三註粹鈔》二本。」○按：臺灣「中央圖書館」有明萬曆十八年余泗泉刻《周禮三註粹鈔》不分卷二册，不著撰人名氏，半葉十一行，行二十八字，白口，四周雙邊，卷尾有「旹萬曆庚寅仲春月萃慶堂余泗泉梓行」雙行蓮龕牌子。《提要》謂三家之註「不標名氏，直以己意融貫成文」，與是本合。又謂「卷首自序一篇，亦泛論治法、道法，無一字及著書之旨」，此本卷前《鐫周禮三註粹鈔序》起首云「知有聖人之治法，當知有聖人之道法，離道於法，非深於《周禮》者也」，全篇論此，不及「三註」爲誰氏，更不及「粹鈔」之命意，亦與《提要》所稱密合，知即一書無疑。唯館臣所見之本題清高宸撰，未知其由來也。又按：臺灣「中央圖書館」此本實《六經三註粹鈔》之零種，浙圖有《六經三註粹鈔》全帙，即萬曆十八年余泗泉萃慶堂刻本，第一種《易經三註粹抄》題「晉江和齋許順義時制甫註抄」，知輯者實爲明許順義。

附録

周禮井田譜二十卷　宋夏休撰　**五二〇**

永樂大典本（總目）。

周禮沿革傳四卷　明魏校撰　**五二一**

安徽巡撫採進本（總目）。○北京大學藏明嘉靖太原王道行刻《莊渠先生遺書》本，編爲卷三至卷六。題「兵備副使太原王道行梓，門人歸有光校」。半葉十行，行二十一字，白口，左右雙邊。《存目叢書》據以影印。上海圖書館亦有此刻。

右周禮之屬

釋宫一卷　舊本題宋朱子撰　**五二二**

通行本（總目）。○《兩淮鹽政李續呈送書目》：「《釋宫》一卷，題宋朱熹，一本。」○《提要》云：「原載《晦菴大全集》中，此其别行之本。」○《晦菴先生文集》一百卷《目録》二卷，北圖有宋刻本全帙。《晦菴先生朱文公文集》一百卷《續集》十一卷《别集》十卷，明嘉靖十一年張大輪、胡岳、潘潢等福州刻本，北圖有兩部。《四部叢刊》即據此刻影印，流佈較廣。

儀禮節解十七卷　明郝敬撰　**五二三**

浙江汪啟淑家藏本（總目）。○《浙江省第四次汪啟淑家呈送書目》：「《儀禮節解》十七卷，明郝敬著，八本。」○《浙江採集遺書總録》：「《儀禮節解》十七卷，刊本，明郝敬撰。」○湖北省圖書館藏明萬曆四十五年丁巳京山郝氏刻本，《郝氏九經解》之一。題「京山郝敬著，男千秋、千石校刻」。半葉十行，行二十一字，白口，四周單邊。卷尾有「萬曆丁巳孟夏京山郝氏刊刻」一行。卷内鈐「真州吳氏有福讀書堂藏書」印。《存目叢書》據以影印。南圖、復旦亦藏此刻。

五二四 禮經集註十七卷　明張鳳翔撰

山東巡撫採進本（總目）。○陝西省圖書館藏清順治七年刻本，作《儀禮經集註》十七卷。

五二五 讀儀禮略記十七卷　明朱朝瑛撰

兩江總督採進本（總目）。○《兩江第一次書目》：「《讀儀禮略記》，明朱朝英著，五本。」○《浙江省第八次呈送書目》：「《讀儀禮略記》，明朱朝瑛著，六本。」○《浙江採集遺書總録》：「《讀三禮略記》六册，寫本，明朱朝瑛撰。」○北京圖書館藏清鈔《七經略記》本，題「朱朝瑛號康流略記」，半葉九行，行二十四字，無格。無序跋。《存目叢書》據以影印。○浙江圖書館藏清鈔《七經略記》本。○北京圖書館分館藏清鈔本，殘存卷九至卷十七共一册，有緑批。

五二六 儀禮惜陰録八卷　國朝徐世沐撰

兩江總督採進本（總目）。○《兩江第一次書目》：「《儀禮惜陰録》，江陰徐世沐著，抄本，四本。」

五二七 喪禮吾説篇十卷　國朝毛奇齡撰

浙江巡撫採進本（總目）。○清康熙書留草堂刻《西河合集》本，傳本較多，《存目叢書》據清華大學藏本影印。

儀禮訓義十七卷　不著撰人名氏　**五二八**

庶吉士蔡廷舉家藏本(總目)。

儀禮釋例一卷　國朝江永撰　**五二九**

安徽巡撫採進本(總目)。○《提要》云：「是書標曰釋例，實止釋服一類，寥寥數頁，蓋未成之書。」○清道光二十四年金山錢氏刻《守山閣叢書》本，末有錢熙祚跋，謂此書「《四庫全書》著之存目，而文淵閣本附《儀禮釋宫增注》之後」。《存目叢書》據北大藏本影印。《守山閣叢書》又有光緒十五年上海鴻文書局影印本，民國十一年上海博古齋影印本。○清光緒十四年南菁書院刻《皇清經解續編》本。○清光緒十五年上海蜚英館石印《皇清經解續編》本。○民國二十五年商務印書館《叢書集成初編》據《守山閣叢書》本排印本，卷前誤著爲《文選樓叢書》。

儀禮易讀十七卷　國朝馬駉撰　**五三〇**

浙江巡撫採進本(總目)。○《浙江省第十二次呈送書目》：「《儀禮易讀》十七卷，國朝馬駉輯，四本。」○《浙江採集遺書總録》閏集：「《儀禮易讀》十七卷，刊本，國朝貢生山陰馬駉撰。」○清華大學藏清乾隆二十年山陰縣學刻本，題「山陰馬駉德淳輯，同學詹國瑞輯五、金尚濂友蓮參校」。半葉九行，行二十字，白口，左右雙邊。上欄鐫評，約半葉十八行，行十五字。版心下刻「悦六齋藏板」。封面刻「乾隆乙亥年冬鐫」、「山陰縣學藏板」。前有乾隆二十年乙亥雷鋐序云：「山陰令萬君任剞剛費之半，而廣文李君更薈萃以蕆其事。」又乾隆十九年齊召南序，又乾隆二十年山陰知縣萬以敦序云：「余之刻是書也，復捐貲以成之，凡五閱月而竣。」又乾隆二十年彭元瑋序，乾隆二十年李志魯序。《存目叢書》據以影印。上圖、浙圖、臺灣大學等均有此刻。

附録

五服集證六卷　明徐駿撰　**五三一**

浙江吴玉墀家藏本（總目）。○《浙江省第四次吴玉墀家呈送書目》：「《五服集證》六卷，明徐駿著，一本。」○《浙江採集遺書總録》：「《五服集證》六卷，曝書亭寫本，明常熟徐駿撰。」○《提要》云：「是書成於正統戊午。」又云：「考序末有大明歲次壬申進德書堂新刊字，則此本猶屬舊刻。」

讀禮問一卷　國朝吴肅公撰　**五三二**

浙江巡撫採進本（總目）。○清康熙三十九年刻《昭代叢書》乙集本，題「宣城吴肅公晴巖著，同里沈泌方鄴校」。前有張潮題辭，後有張潮跋。《存目叢書》用清華大學藏本影印。浙圖、復旦等均有此刻。○清道光十三年吴江沈氏世楷堂刻《昭代叢書》乙集本。○清光緒十七年湘西李氏鞠園刻《讀禮叢鈔》本，北圖、上圖、南圖等藏。

服制圖考八卷　國朝朱建子撰　**五三三**

江西巡撫採進本（總目）。○《江西巡撫海第四次呈送書目》：「《服制圖考》一套四本。」○南京圖書館藏清鈔本,正文首行題「喪服制考」,次題「秀水後學朱建子辰始氏輯,長男丕武謹校」。半葉八行,行二十三字,無格。前有康熙四十八年元宵後一日秀水朱建子辰始氏自序。《目録》分上下二卷,正文八卷。前有丁丙跋,已收入《善本書室藏書志》。卷内鈐「丁氏八千卷樓藏書記」、「四庫坿存」、「八千卷樓」、「善本書室」、「書庫裒殘生」、「泉唐丁氏竹舟申松生丙辛酉以後所得」等印記。鈔寫甚精。《存目叢書》據以影印。

讀禮紀略六卷附婚禮廣義一卷　國朝朱董祥撰　**五三四**

浙江巡撫採進本(總目)。○《浙江省第十次呈送書目》:「《讀禮紀略》六卷,國朝朱董祥著,二本。」○《浙江採集遺書總録》:「《讀禮紀略》六卷附《婚禮廣義》一卷,刊本,國朝吴縣朱董祥撰。」

右儀禮之屬

批點檀弓二卷　舊本題宋謝枋得撰　**五三五**

兵部侍郎紀昀家藏本(總目)。○四川省圖書館藏明萬曆閔齊伋刻朱墨套印本,《三經評注》之一。分上下二卷,正文首題「檀弓」。半葉八行,行十八字,白口,左右雙邊。眉上評語及行間圈點批註用朱色印。前有閔齊伋序云:「皇明萬曆丙辰秋九月剞劂告成,彫鏤既極人工,爲之一笑。」卷尾有「萬曆丙辰秋吴興後學閔齊伋遇五父識」一行。是萬曆四十四年九月刊成。卷内鈐「半園藏書」印。《存目叢書》據以影印。北大、南圖、遼圖等多有此刻。○清光緒八年京都豫章别業刻《謝疊山先生評註四種合刻》本,題「謝疊山先生批點檀弓」。北圖分館、上圖、南圖等藏。○清光緒二十二年桂垣書局重刻本，北圖分館藏。

五三六　月令七十二候集解一卷　舊本題元吴澄撰

通行本（總目）。○清道光十一年六安晁氏木活字印《學海類編》本，《存目叢書》據北圖藏本影印。○民國九年商務印書館影印晁氏木活字《學海類編》本。○清光緒巴陵方氏碧琳瑯館廣東刻《碧琳瑯館叢書》本。○民國二十四年南海黄氏據舊版彙印《芋園叢書》本。北大、清華、廣東中山圖書館等藏。○民國二十五年商務印書館《叢書集成初編》據《學海類編》本排印本。

五三七　檀弓叢訓二卷　明楊慎撰

浙江汪啟淑家藏本（總目）。○《浙江省第四次汪啟淑家呈送書目》："《檀弓叢訓》二卷，明楊慎著，一本。"○《浙江採集遺書總録》："《檀弓叢訓》二卷，寫本。"○南京圖書館藏明嘉靖十五年姚安府刻本，正文首行上題「檀弓叢訓卷上」，下題「附謝疊山批點」，下夾注「批見注後，點見文傍」。半葉八行，行二十四字，大黑口，四周雙邊。前有嘉靖十五年丙申張含序。正文末有「嘉靖丙申夏六月姚安府刊送安寧州書院」一行。後有楊慎叙録。《存目叢書》據以影印。按：《中國古籍善本書目》誤爲嘉靖三十五年刻。臺灣「中央圖書館」有此刻，張含序及刊書識語爲人割去。○明嘉靖三十五年謝東山刻《檀孟批點》本，半葉八行，行二十字，白口，四周雙邊。杭州市圖書館、陝西富平縣莊里中學藏。○明嘉靖程拱宸刻《檀孟批點》本，半葉八行，行二十四字，白口，四周單邊，有刻工。中國科學院圖書館藏。○明萬曆三十五年刻《合刻檀孟》本，半葉十行，行二十字，白口，四周單邊。中共中央黨校藏。○明趙標刻《檀孟批點》本,半葉八行,行十八字,白口,四周雙邊,有刻工。浙江圖書館、甘肅圖書館、湖南師大、山西臨猗圖書館藏。○明末溪香書屋刻《合刻周秦經書十種》本,作《檀弓記》二卷,題「宋信州謝枋得疊山評點,明新都楊慎用修附註,錢塘盧之頤自觀校正」。半葉九行,行二十字,白口,四周單邊。上海、湖北、四川、河南、浙江大學諸圖書館藏。○明萬曆二十八年刻本,作《檀弓》二卷,半葉十行,行二十字,小字雙行四十字,四周單邊。河北大學藏。○明崇禎十六年刻本,作《檀弓》二卷,半葉十行,行二十字,白口,單邊。上圖藏。○清乾隆中綿州李氏萬卷樓刻嘉慶十四年李鼎元重校印《函海》第十一函本。道光五年李朝夔補刊印《函海》第十一函本。○清光緒七年至八年廣漢鍾登甲樂道齋刻《函海》第十四函本。○民國二十八年商務印書館據乾隆刻嘉道修補《函海》本排印,收入《叢書集成初編》。○按:檀孟合刻諸本多題《檀弓》上下篇,宋謝枋得批點,明楊慎注。

就正録禮記會要六卷　明宗周撰　**五三八**

浙江巡撫採進本(總目)。○《浙江省第十一次呈送書目》:「《禮記會要》六卷,明宗周著,二本。」○《浙江採集遺書總録》閏集:「《禮記會要》六卷,刊本,明廣陵宗周撰。」○《兩淮鹽政李續呈送書目》:「《禮記會要》六卷,明宗周,二本。」

禮記明音二卷　明王覺撰　**五三九**

浙江巡撫採進本(總目)。○《浙江省第七次呈送書目》:「《禮記明音》二卷,明王覺輯,十六本。」

〇《浙江採集遺書總録》：「《禮記明音》二卷，刊本，明江陰王覺撰。」〇天一閣文管所藏明刻本，題「江陰遺民王覺編輯」。半葉八行，行十七字，白口，左右雙邊。字體版式均倣宋板。鈐「馮華渚讀書記」、「大梅山館珍藏」、「碧梧翠竹山房」、「學士樓」、「能靜居」、「孫星衍印」、「伯淵家藏」等印記。《存目叢書》據以影印。

五四〇　禮記集説辨疑一卷　明戴冠撰

浙江鮑士恭家藏本（總目）。〇《浙江省第四次鮑士恭呈送書目》：「《禮記集説辨疑》一卷，明戴冠著，一本。」〇《浙江採集遺書總録》：「《禮記集説辨疑》一卷，刊本。」〇《兩淮鹽政李續呈送書目》：「《濯纓亭筆記》、《辨疑》，明戴冠，三本。」〇明嘉靖二十六年華察刻《濯纓亭筆記》附刻本，題「長洲戴冠章甫」，半葉九行，行十八字，白口，左右雙邊。《存目叢書》據中國科學院圖書館藏本影印。復旦大學、南京圖書館亦有此刻。

五四一　禮記集註三十卷　明徐師曾撰

江蘇巡撫採進本（總目）。〇《江蘇省第二次書目》：「《禮記集註》十本。」〇《江蘇採輯遺書目録》：「《禮記集注》三十卷，明吴江徐師曾著，刊本。」〇上海圖書館藏明萬曆三年宋儀望刻本，正文首行題「禮記卷之一」，次行題「大明吴江徐師曾伯魯集註」。半葉九行，行十七字，白口，左右雙邊。眉上鐫評。前有萬曆三年乙亥宋儀望序，序後列名：「欽差總理糧儲提督軍務兼巡撫應天等府地方都察院右副都御史永豐宋𡢃刊，直隸蘇州府同知南海周裔登、劉介齡、吴江縣知縣南城王一言同閲，縣丞寧番周治爾、興寧張家喻督刊，儒學教諭星子吴希尹、訓導武平石美中、南城羅汝貞、南京工部虞衡清吏司主事同邑葉可成校正。」又隆慶六年自序。鈐「泰和蕭敷政蒲邨氏珍藏書籍之章」印記。《存目叢書》據以影印。北圖、福建師大、延邊大學等亦有此刻。〇明萬曆三年刻清初徐釴修補閑存堂印本，清華大學等藏。

禮記日録三十卷　明黄乾行撰　　五四二

浙江巡撫採進本(總目)。〇《浙江省第六次呈送書目》：「《禮記日録》三十卷，明黄乾行著，十本。」〇《浙江採集遺書總録》：「《禮記日録》三十卷，刊本。」〇《兩江第一次書目》：「《禮記日録》，明黄乾行著，十二本。」〇《福建省呈送第三次書目》：「《禮記日録》三十卷，十四本。」〇東北師大藏明嘉靖三十四年鍾一元刻本，題「閩福寧玉巖黄乾行著」。半葉十一行，行二十五字，白口，四周雙邊。前有宋朱熹奏劄，宋楊復《儀禮圖序》，明嘉靖十七年六月望日黄乾行《禮記日録編成初稿引》，二十六年孟秋黄乾行《禮記日録引》，次圖解一卷。書末有鄭鏊跋，殘存末半葉。版心刻工：葉六、葉九、詹六、熊一刊、蔡賢、王五、吴四、余五、虞妳貞、朱四、王海。卷内鈐「璜川吴氏收藏圖書」印記。《存目叢書》據以影印。顧廷龍《四庫存目》批注：「嘉靖乙卯秀水鍾一元序，嘉靖戊戌初稿自序，又丁未自序識于華舉靜室。十二册，百元，文友。」北京大學本十册，王重民《善本提要》記之，亦有嘉靖三十四年鍾一元序。東北師大本佚去。蘇州圖書館亦有此刻。〇浙江大學藏清初鈔本，十四卷，又圖解一卷。

禮記輯覽八卷　明徐養相撰　**五四三**

兩淮鹽政採進本(總目)。○《兩淮鹽政李呈送書目》：「《禮記輯覽》八卷，明徐養相，八本。」○中國科學院圖書館藏明隆慶五年刻本，題「睢陽徐養相述」，半葉十一行，行二十字，上黑口，四周雙邊。前有隆慶五年辛未夏近恒山人徐養相《刻禮記輯覽序》云：「諸士子相與請曰：是經素乏正傳，諸家説且浩繁不一，先生既有所得，盍遂梓之。……余不敢私，因取諸説之條暢貫通者集爲是帙，與諸士子共之。」知付梓於隆慶五年。又萬曆十一年温陵吴主恕序，則係後加。《存目叢書》據以影印。臺灣「中央圖書館」藏此刻，鈐「翰林院印」滿漢文大官印，蓋即進呈原本。

禮記要旨補十卷　舊本題戈九疇撰　聞人德行增補　**五四四**

兩江總督採進本(總目)。○《兩江第一次書目》：「《禮記要旨補》，舊題明戈九疇撰，明聞人德行注，十本。」○湖北省圖書館藏明萬曆四年杭州書林後塈吴山刻本，正文首行題「杭郡新刊禮記要旨」，三行至五行題：「吴門進士兩泉戈九疇著，餘姚後學日樓邵東昇校，杭州書林後塈吴山梓。」半葉十二行，行二十五字，白口，四周單邊。前有戈九疇序，末云「時萬曆三年九月刊」。末有萬曆四年六月望日邵陛後序，謂邵東昇付坊間吴氏梓焉。刻印俱佳。《存目叢書》據以影印。

禮記中説三十六卷　明馬時敏撰　**五四五**

内府藏本(總目)。○《武英殿第一次書目》：「《禮記中説》十二本。」○清華大學藏明萬曆十一年侯于趙刻本，題「陳留貢士馬時敏著，門下弟丙午舉人馬時泰、邑庠廩生馬時和、男甲戌進士馬翰如、庠生馬翼如校閲，姪庠生馬煇如、馬禬如同校」。半葉十行，行二十二字，白口，四周雙邊。前有萬曆十一年癸未秋七月山西布政使司右參政錢塘嚴用和《刻禮記中説序》，欽差提督雁門等關兼巡撫山西地方都察院右副都御史大梁侯于趙《刻禮記中説序》，隆慶二年馬時敏引。據嚴、侯兩序知萬曆十一年侯于趙刻於山西。末有馬時泰《刻禮記中説後序》，殘佚末葉。《存目叢書》據以影印。山西祁縣圖書館亦有此刻。

禮記新義三十卷　明湯三才撰　**五四六**

江西巡撫採進本(總目)。○《江西巡撫海續購書目》：「《禮記新義》四本。」○《兩淮鹽政李續呈送書目》：「《禮記新義》三十卷，明湯三才，四本。」○北京大學圖書館藏明刻本，題「父中立湯三才命意，男平子湯道衡撰述」。半葉九行，行二十字，白口，四周雙邊。前有湯道衡序云「刻成志之」，是湯道衡所刊。鈐「内府藏書」等印記。《存目叢書》據以影印。

禮記疑問十二卷　明姚舜牧撰　**五四七**

浙江巡撫採進本(總目)。○《浙江省第三次書目》：「《禮記疑問》十二卷，明姚舜牧著，六本。」○《浙江採集遺書總録》：「《禮記疑問》十二卷，刊本。」○臺灣「中央圖書館」藏明萬曆四十六年原刻本，正文首行題「重訂禮記疑問卷之一」，次行題「烏程後學承菴姚舜牧著」。半葉十行，行二十字，白口，四周單邊。前有萬曆四十六年戊午自序，末署「烏程後學姚舜牧書於六經堂中」。○南京圖書館藏明萬曆四十六年六經堂刻清順治三年姚淳起修補印本，《五經疑問》之一，封面刻「六經堂藏板」，正文末有「丙申仲冬男淳起校補」一行。鈐「嘉惠堂藏閱書」印記。《存目叢書》據以影印。復旦大學亦藏此刻，臺灣「中央圖書館」有此刻單本。

檀弓輯註二卷　明陳與郊撰　**五四八**

浙江巡撫採進本（總目）。〇《浙江省第十次呈送書目》：「《檀弓輯注》二卷，明陳與郊輯，二本。」〇《浙江採集遺書總録》：「《檀弓輯註》二卷，刊本，明太常少卿海寧陳與郊撰。」〇北京大學藏明萬曆三十二年刻本，與《考工記輯注》合刻。題「浙汜陳與郊輯」。半葉十行，行二十字，白口，左右雙邊。前有萬曆二十二年甲午序，次諸家姓氏，姓氏後有「萬曆甲辰春刻」小篆一行。版心刻工：吴郡金純甫書，尤錫土刊。鈐「娱園藏書」、「聽桐軒印」等印記。《存目叢書》據以影印。上圖、浙圖、吉林大學等亦有是刻。

檀弓述註二卷　明林兆珂撰　**五四九**

浙江巡撫採進本（總目）。〇《浙江省第八次呈送書目》：「《檀弓述註》二卷，明林兆珂著，二本。」〇《浙江採集遺書總録》：「《檀弓述註》二卷，刊本。」〇《福建省呈送第六次書目》：「《檀弓述註》。」〇北京師大藏明萬曆刻本，題「莆林兆珂孟鳴父纂述」，半葉八行，行二十字，白口，四周單邊。上下欄外均鐫評。前有萬曆三十五年丁未五月郭喬泰序，凡例。版心刻工：王子蟾。郭序云：「無何，即摭《小戴·檀弓》演繹之，殺青未落，人人竦踴，越兹養日，工乃告成。」是刻於萬曆三十五年也。《存目叢書》據以影印。福建省圖書館收藏此刻兩部，其一部鈐「水西林氏珍藏」、「雲青」、

「觀海」、「曾在李鹿山處」、「李作楳」、「向穊守之」、「中函之章」、「不薄今人厚古人」、「詩房珍藏印記」諸印。

禮記通解二十二卷　明郝敬撰　**五五〇**

浙江汪啟淑家藏本(總目)。○《浙江省第四次汪啟淑家呈送書目》:「《禮記通解》二十二卷,明郝敬著,十二本。」○《浙江採集遺書總録》:「《禮記通解》二十二卷,刊本,明郝敬撰。」○湖北省圖書館藏明萬曆四十四年京山郝氏刻本,《郝氏九經解》之一。題「京山郝敬著,男千秋、千石校刻」。卷末有「時萬曆丙辰季冬京山郝氏刊刻」一行。《存目叢書》據以影印。南圖、復旦大學亦有是刻。

禮記新裁三十六卷　明童維巖撰　**五五一**

浙江巡撫採進本(總目)。○《浙江省第六次呈送書目》:「《禮記新裁》三十六卷,明童維巖、童維坤同著,六本。」○《浙江採集遺書總録》:「《禮記新裁》三十六卷,刊本,明錢唐童維岩、童維坤同撰。」○中國科學院圖書館藏明刻本,題:「錢江童維巖古傭父輯著,西陵俞灝殷書父重訂,同盟朱東觀全古父參較,門人樊時英瑞明、丁汝驤叔潛、陳大錫五叙、沈捷子遜參閲,兄童維坤參寥父、童維嶽申甫父訂正,侄士誠徵一、士選翰之、煥然俊之仝較,侄孫世達天範、桂蓴子含、彭年福先、筠五玉、堯年景陶參較。」半葉十一行,行二十四字,白口,四周單邊。封面書名「禮記會解新裁」,各卷無總名。前有朱東觀《重訂禮記新裁序》。卷内「校」字作「較」,是啟禎間刻本。《存目叢書》據以影印。南圖亦藏此刻。○《四庫簡明目録標注》載「舊鈔本」,書名同上。

檀弓原二卷　明姚應仁撰　五五二

浙江吴玉墀家藏本(總目)。○《浙江省第四次吴玉墀家呈送書目》:「《檀弓原》二卷,明姚應仁著,二本。」○《浙江採集遺書總録》:「《檀弓原》二卷,刊本。」○上海圖書館藏明天啟刻本,題「新都姚應仁安之輯,友弟潘之淇爾瞻訂,門人吴懷古今生閲」。半葉九行,行二十字,白口,四周單邊,眉上鐫評。前有天啟六年丙寅秋姚應仁序。鈐「王培孫紀念物」印記。《存目叢書》據以影印。安徽博物館亦有是刻。

禮記説義集訂二十四卷　明楊梧撰　五五三

浙江吴玉墀家藏本(總目)。○《浙江省第四次吴玉墀家呈送書目》:「《禮記説義》二十四卷,明楊梧著,十二本。」○《浙江採集遺書總録》:「《禮記説義》二十四卷,刊本,明同知涇陽楊梧撰,其從子三開刻於吴下。」○北京圖書館藏清康熙十四年楊昌齡等刻本,正文首行題「禮記説義纂訂卷之一」,次行至六行題「陝西涇陽楊梧鳳閣著,兄楠龍楝定,姪昌齡三開、紹齡七來、男延齡九如、孫惺慧益較」。半葉十一行,行二十二字,白口,左右雙邊。鈐「四明盧氏抱經樓藏書印」、「延古堂李氏珍藏」等印。《存目叢書》據以影印。清華、上圖、湖北省圖書館等亦有是刻。

禮記纂注三十卷　明湯道衡撰　五五四

浙江汪啟淑家藏本(總目)。○北京大學藏明刻本,與湯氏《禮記新義》三十卷合函,題「宋陳澔集説,明徐師曾集註,湯道衡纂輯」。半葉九行,行十八字,小字雙行同,白口,四周雙邊。下欄鐫評。

前有李維楨序。鈐「内府藏書」、「知之堂」、「嘉賓字孔昭」等印記。《存目叢書》據以影印。○明末刻本，作《禮記》三十卷，湯道衡纂註，半葉九行，行二十字，小字雙行十九字，白口，左右雙邊。華東師大、開封圖書館藏。○清康熙刻本，作《禮記》三十卷，湯道衡纂註。北京文物局藏。

禮記手書十卷　明陳鴻恩撰　**五五五**

副都御史黄登賢家藏本（總目）。○《都察院副都御史黄交出書目》：「《禮記手説》，明陳鴻恩，十本。」○南京圖書館藏明崇禎四年唐振吾廣慶堂刻本，作《禮記手説》十二卷，殘存卷一至卷十。題「黄岡無補陳鴻恩著，男琮公瑩、公珩、珣、珏、珪、公瑾，孫乾清、乾健、乾確、乾惕習，繡谷後學了元陳玉誥訂、培甫唐必登梓」。半葉十行，行二十六字，白口，四周單邊。版心或刻「廣慶堂藏板」五字。前有崇禎四年冬日自序云「付之剞劂」。封面刻「廣慶堂唐振吾梓」。《存目叢書》據以影印。○按：《提要》「書成於崇禎癸未」，癸未當是辛未之誤。又書名「手書」當依原書及黄登賢進呈目作「手説」。

檀弓通二卷　明徐昭慶撰　**五五六**

浙江吴玉墀家藏本（總目）。○《浙江省第四次吴玉墀家呈送書目》：「《檀弓通》二卷，明徐昭慶著，二本。」○《浙江採集遺書總録》：「《檀弓通》二卷，一作《檀弓記通》，刊本，明宣城徐昭慶撰。」○北京大學藏明萬曆刻《檀弓通考工通合刻》本，題「宣城徐昭慶穆如輯註，梅鼎祚禹金校閲」。半葉九行，行十七字，白口，四周單邊。眉上鐫評。前有萬曆三十八年臘月八日梅鼎祚《檀弓考工二通序》，引用先儒姓氏，凡例。鈐「孤鴻和尚」、「保三圖書翰墨之印」等印記。《存目叢書》據以影印。上海、山東、南京諸圖書館亦有是刻。

禮記意評四卷　明朱泰貞撰　**五五七**

浙江巡撫採進本（總目）。○《浙江省第六次呈送書目》：「《禮記意評》四卷，明朱泰貞著，四本。」○《浙江採集遺書總録》：「《禮記意評》四卷，刊本，明監察御史海鹽朱泰禎撰。」○《兩江第二次書目》：「《禮記意評》，明朱泰禎著，四本。」○南京圖書館藏明天啟五年楊師孔刻本，題「東海道子朱泰禎著，閩障門人連鎔較正。」半葉十行，行二十二字，白口，四周單邊。前有辛酉秋前二日門人連鎔引，天啟五年乙丑小春之吉欽差提督雲南等處學政布政司右參議兼按察司僉事吉州楊師孔序。楊序云「謀付剞劂，以廣多士」。《存目叢書》據以影印。○南京圖書館藏明天啟五年諸允修等刻本，半葉十行，行二十字，白口，左右雙邊。按：《總目》「朱泰禎」誤作「朱泰貞」，《浙江六次目》亦誤。

説禮約十七卷　明許兆金撰　**五五八**

安徽巡撫採進本（總目）。○《安徽省呈送書目》：「《説禮約》四本。」○浙江圖書館藏明天啟七年郎九齡等刻本，題「於越許兆金丙仲父譔定，信州門人黃啟蒙較閱」。半葉十行，行二十三字，白口，四周單邊。前有天啟七年丁卯春中劉廷佐序，天啟七年暮春之吉陳良佑序，天啟七年范有韜序。次參閱姓氏，列師友門人數十人，末列：「弋陽清軍郎九齡、督糧謝廷璋、贊政金棟、署學教葉景先,司訓董籥、吳淑、鄉紳李調鼎、范有韜、黃榜、黃中焜同梓。梓人:萬登。」《存目叢書》據以影印。按:是書内容優劣姑不論,其爲弋陽官紳所梓則甚明,《提要》指爲「坊刻」,殊未確也。

禮記敬業八卷　明楊鼎熙撰　五五九

江蘇周厚堉家藏本(總目)。○《江蘇省第一次書目》:「《禮記敬業》四本。」○《江蘇採輯遺書目録》:「《禮記敬業》八卷。」○北京大學藏明崇禎刻本,題「京山楊鼎熙緝菴父習」,半葉十行,行二十字,白口,左右雙邊。前有張履端序,庚午春日晉中友人朱之俊序。之俊天啟二年進士,則庚午爲崇禎三年。《存目叢書》據以影印。吉林大學、臺灣「中央圖書館」亦有是刻。

讀禮記略記四十九卷　明朱朝瑛撰　五六〇

浙江巡撫採進本(總目)。○《浙江省第八次呈送書目》:「《讀禮記略記》,明朱朝瑛著,六本。」○《浙江採集遺書總録》:「《讀三禮略記》六册,寫本,明朱朝瑛撰。」○《兩江第一次書目》:「《讀禮記略記》,明朱朝瑛著,五本。」○北京圖書館藏清鈔《七經略記》本,題「浙水朱朝瑛康流氏學」。半葉十行,行二十四字,無格。《存目叢書》據以影印。○浙江圖書館藏清鈔《七經略記》本。○北京圖書館藏清鈔本,存:曾子問、文王世子、禮運、禮器、郊特牲、内則、玉藻、明堂位、喪服小記、大傳、少儀、學記、樂記、雜記上、雜記下、喪大記、祭法、祭儀、祭統,共十九卷三册。半葉九行,行二十四字,無格。

檀弓評二卷　明牛斗星撰　五六一

江蘇巡撫採進本(總目)。○《江蘇省第一次書目》:「《謝茅評檀弓記》一本。」○《江蘇採輯遺書目録》：「《謝茅評檀弓》二卷，明牛斗星著，刊本。」〇上海圖書館藏明末刻本，作《檀弓》二卷，一册。封面刻「謝疊山茅鹿門評點」，正文題「武林牛斗星閲」。半葉九行，行二十字，白口，左右雙邊。前有舒曰敬序云：「先生丁人倫之變，大節耿然，有死無二忠之盛也。」似清初明遺民口氣，蓋明亡後所刻。《存目叢書》據以影印。

禮記提綱集解四卷　國朝邱元復撰 五六二

山東巡撫採進本（總目）。〇《山東省第二次呈送書目》：「《禮記集解》四本。」

禮記疏略四十七卷　國朝張沐撰 五六三

河南巡撫採進本（總目）。〇《河南省呈送書目》：「《禮記疏略》，本朝張沐著，十本。」〇清華大學藏清康熙四十年敦臨堂刻本，《五經四書疏略》之一。封面刻「康熙四十年鐫」、「上蔡張仲誠著」、「敦臨堂藏板」。正文題「登封馮五典分註」。半葉十行，行二十字，白口，四周雙邊。前有康熙四十年辛巳十月一日自序。《存目叢書》據以影印。山西大學亦有是刻。中國科學院圖書館藏清康熙刻《張仲誠遺書》本亦即是刻。

禮記惜陰録八卷　國朝徐世沐撰 五六四

兩江總督採進本（總目）。〇《兩江第一次書目》：「《禮記惜陰録》，江陰徐世沐著，抄本，四本。」

禮記偶箋三卷　國朝萬斯大撰 五六五

浙江巡撫採進本（總目）。〇《浙江省第一次書目》：「《禮記偶箋》三卷，國朝萬斯大著，一本。」

○《浙江採集遺書總録》：「《禮記偶箋》三卷，刊本，國朝萬斯大輯。」○湖北省圖書館藏清乾隆二十四年萬福刻《萬充宗先生經學五書》本，題「四明萬斯大充宗學」。半葉十一行，行二十一字，黑口，左右雙邊。前有壬戌三月陸嘉淑序。末有「子經、孫承天、承式較刻」識語，又有牌記：「乾隆己卯歲，孫福重校刻」篆文二行。《存目叢書》據以影印。上圖、南圖等亦有是刻。上圖又有單本一册，清徐時棟校跋。○清道光十年長白榮氏刻本，《得月簃叢書》次刻之一，北圖、津圖、南圖等藏。○清光緒十四年王先謙南菁書院刻《皇清經解續編》本。○光緒十五年上海蜚英館石印《皇清經解續編》本。○民國二十五年商務印書館《叢書集成初編》據《得月簃叢書》本排印本。

曾子問講録四卷　國朝毛奇齡撰　**五六六**

浙江巡撫採進本（總目）。○清康熙書留草堂刻《西河合集》本，《存目叢書》據清華藏本影印。○民國九年渭南嚴式誨孝義家塾成都刻《曾子四種》本，北師大、清華、復旦、遼寧省圖書館等藏。

禮記詳説無卷數　國朝冉覲祖撰　**五六七**

河南巡撫採進本（總目）。○《河南省呈送書目》：「《五經詳説》五部，本朝冉覲祖著，共一百七十九本。」○清光緒七年大梁書局刻《五經詳説》本，分一百七十八卷。《存目叢書》用復旦大學藏本影印。上海、山東、河南、江西諸圖書館亦藏是刻。

禮記章義十卷　國朝姜兆錫撰　**五六八**

浙江巡撫採進本（總目）。○《浙江省第十次呈送書目》：「《禮記章義》十卷，國朝姜兆錫著，五本。」○《浙江採集遺書總録》：「《九經補註》八十七卷，清丹陽舉人姜兆錫註，刊本。」內有《禮記章義》十卷。○北京大學藏雍正十年刻本，正文首行題「禮記」，下題「姜兆錫章義」。半葉十行，行二十五字，白口，四周單邊。版心刻「寅清樓」。封面刻「雍正十年鐫」、「本衙藏板」，又識語：「拙刻檢點恐有未盡，懇有道政示踈誤，俯成聞過則喜之義。」前有康熙五十二年九月張大受序，康熙五十八年己亥王澍序，序論六則，目録後有姜兆錫識語。此姜氏《九經補註》之一，《存目叢書》據以影印。北圖、上圖、南圖等亦存此刻。天津圖書館有單本，存卷一至六，清潘德輿批。

校補禮記纂言三十六卷　元吴澄原本　國朝朱軾重訂　**五六九**

江西巡撫採進本（總目）。○《江西巡撫海第二次呈送書目》：「《禮記纂言》十四本。」○清康熙至乾隆間刻《朱文端公藏書》本，正文首行上題「禮記纂言」，下題「臨川吴文正公纂」，次行題「後學朱軾重校」。半葉九行，行二十一字，白口，四周單邊。封面刻「本衙藏板」。前有雍正五年丁未壯月李衛序。蓋刻於雍正五年。《存目叢書》據科學院圖書館藏本影印。北圖、上圖等多有此刻。○清光緒二十三年朱衡等重刻《朱文端公藏書》本。

戴記緒言四卷　國朝陸奎勳撰　**五七〇**

浙江巡撫採進本（總目）。○《浙江省第一次書目》：「《戴禮緒言》四卷，國朝陸奎勳著，一本。」○《浙江採集遺書總録》：「《戴禮緒言》四卷，刊本。」○《山東巡撫第二次呈進書目》：「《戴禮緒言》一本。」○《江西巡撫六次續採書目》：「《陸堂易學》、《戴禮緒言》、《今文尚書説》，以上三種共六本。」○《都察院副都御史黄交出書目》：「《戴禮緒言》，本朝陸奎勳著，二本。」○上海圖書館藏清康熙五十三至五十四年刻《陸堂經學叢書》本，題「平湖陸奎勳坡星述，崑山門人徐傳毓子山校」。半葉十一行，行二十三字，白口，左右雙邊。前有金鉷序。《存目叢書》據以影印。上海圖書館又有康熙五十年小瀛山閣刻本兩部，當是初印單本。○按：《總目》書名「戴禮」誤作「戴記」，當據原刻本及諸進呈目訂正。

禮記類編三十卷　國朝沈元滄編　五七一

浙江巡撫採進本(總目)。○《浙江省第十次呈送書目》：「《禮記類編》十卷，國朝沈元滄著，十二本。」○《浙江採集遺書總録》：「《禮記類編》三十卷，刊本，國朝知縣仁和沈元滄輯，子廉使廷芳校刊。」○《安徽省呈送書目》：「《禮記類編》四本。」○湖北省圖書館藏乾隆刻本，題「漢北海鄭氏註，唐吴郡陸德明音義，後學仁和沈元滄輯」。半葉十行，行二十三字，白口，左右雙邊。前有乾隆二十三年人日山陽年侍生周龍官序，康熙二十八年七月望日自序，《參訂姓氏》列查慎行、萬經及叔弟姪輩凡二十七人。周序謂「未竣而没，椒園臬使懼是書之終湮也，先刊其已成者行於世」。元滄子廷芳，字椒園。是乾隆二十三年沈廷芳刻本也。《存目叢書》據以影印。

學禮闕疑八卷　國朝劉青蓮撰　五七二

河南巡撫採進本(總目)。○《河南省呈送書目》：「《學禮闕疑》，本朝劉青漣著，四本。」按：漣字當作蓮。○清華大學藏乾隆二十年序刻《劉氏傳家集》本，題「襄城劉青蓮華嶽纂，同懷弟青芝芳草訂」。半葉十行，行二十一字，黑口，左右雙邊。卷八末有乾隆五年庚申七月二十五日弟青芝識語，謂青蓮僅成七卷而卒，第八卷爲青芝足成之，乾隆五年庚申付梓。後又有「會稽門人章文然編」一行。蓋刻成於乾隆五年，至二十年彙印入傳家集。《存目叢書》據以影印。

檀弓論文二卷　國朝孫濩孫撰　五七三

兩江總督採進本（總目）。○《兩江第一次書目》：「《檀弓論文》，高郵孫濩孫訂，二本。」○《江西巡撫海續購書目》：「《公穀評註》、《檀弓論文》共四本。」○北京圖書館分館藏康熙六十年天心閣刻本，題「高郵孫濩孫遂人評訂，泗州林中耕讓庵參閱」。半葉八行，行十八字，白口，左右雙邊。前有康熙六十一年五月望日毘陵錢氏序，凡例，凡例後有康熙六十年冬月泗濵受業門人林居人識語云：「因請之家大人而付開雕氏。」蓋付梓於康熙六十年冬，次年刊成。寫刻頗工。封面刻「天心閣藏板」。《存目叢書》據以影印。科學院圖書館、上海圖書館、揚州圖書館等亦藏此刻。○清光緒七年武進莊氏刻本，上海圖書館、山東大學等藏。○上海圖書館藏鈔本二册。

禮記章句十卷　國朝任啟運撰　五七四

江蘇巡撫採進本（總目）。○《江蘇省第一次書目》：「《禮記章句》十六本。」○《江蘇採輯遺書目録》：「《禮記章句》十卷，清宗人府府丞荆溪任啟運著，抄本。」○上海圖書館藏清乾隆三十八年耿毓孝刻本，正文首行上題「禮記卷一之二」，下題「子朱子章句，任啟運附註」。半葉九行，行二十二字,白口,四周雙邊。前有康熙五十七年任啟運自叙,類例,目録。卷一卷二卷三卷五卷七卷八卷九末均有「乾隆歲次癸巳,門下晚學耿毓孝校鐫」識語。《存目叢書》據以影印。清華大學、北圖分館、山西大學均藏此刻,封面刻「禮記類纂」、「清芬堂藏板」。故諸家著録或作《禮記類纂》,清芬堂刻本。其刻書年代或誤爲康熙刻,則以忽視耿毓孝識語所致。○清光緒二十一年江西蔭堂重刻清芬堂本,北圖分館、四川圖書館、科學院圖書館等藏。○民國二十年刻《任氏遺書》本,上海、湖北、四川等圖書館藏。

禮記彙編八卷　國朝王心敬撰　五七五

浙江吴玉墀家藏本(總目)。○《浙江省第四次吴玉墀家呈送書目》:「《禮記彙編》八卷,國朝王心敬著,六本。」○《浙江採集遺書總録》:「《禮記彙編》八卷,刊本。」○《陝西省呈送書目》:「《禮記彙編》。」○中國科學院圖書館藏清乾隆三年刻本,正文首行題「豐川禮記彙編卷一」,下注「上編」。次題「豐川王心敬爾緝手編,男功、勷、劢謹録,後學平遠潘淳元亮、平湖陸綸懷雅同校」。半葉十行,行二十一字,白口,四周雙邊。版心上刻「禮記彙編」。封面大題「豐川禮記彙編」,左刻「乾隆戊午歲梓」、「潯衙藏板」。前有自序。自序後有嘉慶十三年小春朔臨泉後學孫希元手跋。卷前鈐「光熙所藏」印。《存目叢書》據以影印。復旦大學藏此刻,畦駿先生寄示書影,有「劉承幹字貞一號翰怡」白文方印。山西大學亦有是刻。

夏小正解一卷　國朝徐世溥撰　五七六

江西巡撫採進本（總目）。○《江西巡撫海第二次呈送書目》：「《夏小正解》一本。」○《提要》云：「是編總題曰《榆墩集選》，蓋其集中之一卷也。」○吉林大學藏清康熙刻《榆墩集》本。○清華大學藏清嘉慶刻《榆墩集》本，劉薔女史函告。○清光緒新建陶福履輯刻《豫章叢書》本，附陶福履《徐本夏小正舉異》二葉。《存目叢書》用北大藏本影印。○民國二十五年商務印書館《叢書集成初編》據《豫章叢書》本排印本。

夏小正註一卷　國朝黄叔琳撰　五七七

編修勵守謙家藏本（總目）。○北京圖書館藏清乾隆十年黄氏養素堂刻本，作《夏小正傳註》一卷。半葉九行，行十八字，白口，左右雙邊，版心下刻「養素堂」。上海圖書館、中國科學院圖書館均有此刻。○四川省圖書館藏清乾隆刻本，正文首行題「夏小正」，次題「漢戴德撰，宋金履祥註，濟陽張爾岐稷若輯定，北平黄叔琳崑圃增訂」。半葉九行，行二十字，下黑口，四周雙邊。前有乾隆十年黄叔琳序，張爾岐序。卷末有「學山園張氏校定正本」雙行識語。《存目叢書》據以影印。上海圖書館、中國科學院圖書館藏學山園刻本亦即是刻。○《販書偶記》、《藏園訂補郘亭書目》均著録清乾隆間愛蓮書屋刻本，未知與前本異同。○《販書偶記續編》著録「《夏小正集注》二卷，清北平黄叔琳撰，嘉慶間程氏刊」，未知是否此書。○上海圖書館藏清光緒十四年鎮江文成堂殷氏刻本，作《夏小正》一卷一册。

大戴禮删翼四卷　國朝姜兆錫撰　**五七八**

江蘇巡撫採進本(總目)。○《江蘇省第一次書目》：「《大戴禮删翼》二本」。○《江蘇採輯遺書目録》：「《大戴禮删翼》四卷。」

夏小正詁一卷　國朝諸錦撰　**五七九**

浙江巡撫採進本(總目)。○《浙江省第一次書目》：「《夏小正詁》一卷，國朝諸錦著，一本。」○《浙江採集遺書總録》：「《夏小正詁》一卷，刊本，國朝諸錦撰。」○《江西巡撫海續購書目》：「《毛詩説》、《饗禮補》、《夏小正詁》以上三種共四本。」○北京圖書館藏稿本，題「秀水諸錦襄七詁」。半葉十行，無格。前有乾隆十六年諸錦自序。卷内鈐「祖述孔孟憲章程朱」、「鄘燕緒攷藏經籍印」、「燕緒」、「曾在周叔弢處」等印記。《存目叢書》據以影印。○北京圖書館藏清乾隆諸氏絳跗閣刻《諸草廬經説》本，作《夏小正集解》一卷，半葉十行，行二十一字，白口，四周雙邊。○上海圖書館藏清乾隆春暉堂刻《經説》本，作《夏小正集解》一卷。○清道光十年長洲顧氏刻《賜硯堂叢書新編》甲集本。○清道光十三年吴江沈氏世楷堂刻《昭代叢書》丙集本。○清光緒十五年常熟鮑氏刻本，《後知不足齋叢書》第五函之一。

右禮記之屬

禮經奥旨一卷　舊本題宋鄭樵撰　**五八〇**

編修程晉芳家藏本(總目)。○《提要》云：「考其文即《六經奥論》之一卷也。《六經奥論》本危邦輔託之鄭樵，此更僞中作僞，摘其一卷别立書名以炫世。曹溶漫收之《學海類編》中，失考甚矣。」○清道光十一年六安晁氏木活字印《學海類編》本。民國九年商務印書館影印晁氏木活字《學海類編》本。《存目叢書》復據影印。○清光緒巴陵方氏廣東刻《碧琳琅館叢書》本。○民國二十四年南海黄氏據舊版彙印《芋園叢書》本，北大、北師大、清華、河南、廣東中山諸圖書館藏。○民國二十五年商務印書館《叢書集成初編》據《學海類編》排印本。○《增訂四庫簡目標注》邵章續録：「鈔本。」

三禮考一卷　舊本題宋真德秀撰　**五八一**

内府藏本(總目)。《提要》云：「諸家書目不著録，惟曹溶《學海類編》載之。」○清道光十一年六安晁氏木活字印《學海類編》本。民國九年商務印書館影印晁氏木活字《學海類編》本。《存目叢書》復據影印。○清道光咸豐間宜黄黄氏刊《遜敏堂叢書》本。○民國二十五年商務印書館《叢書集成初編》據《學海類編》排印本。

三禮考注六十四卷　舊本題元吴澄撰　**五八二**

兩淮馬裕家藏本(總目)。○《兩淮商人馬裕家呈送書目》：「《三禮考註》六十四卷，元吴澄，十本。」○《江蘇省第一次書目》：「《三禮考註》十本。」○《浙江省第四次吴玉墀家呈送書目》：「《三禮考註》六十四卷，元吴澄著，二十本。」○《浙江採集遺書總録》：「《三禮考注》六十四卷，刊本。」○《江蘇採輯遺書目録》：「《三禮考注》六十四卷。」○《安徽省呈送書目》：「《三禮考注》二十本。」○《江西巡撫海第二次呈送書目》：「《三禮考註》十四本。」○北京師大藏明成化九年謝士元刻本，題「元翰林學士臨川吴澄幼清撰，翰林修撰吉豐羅倫校正，建昌知府長樂謝士元重校刊行」。半葉十一行，行二十四字，黑口，四周雙邊。前有成化九年羅倫序，成化九年謝士元序。《存目叢書》據以影印。北圖、上圖、浙圖等亦有是刻。○原北平圖書館藏明嘉靖七年詹氏進賢堂刻本，作《新刊三禮考註》四十八卷。題「元翰林學士臨川吴澄考定，翰林修撰吉豐羅倫校正」。半葉十一行，行二十四字。目録後有牌記：「龍飛戊子歲孟夏月詹氏進賢堂刊。」卷十六後有牌記：「嘉靖七年孟夏清江書堂重刊。」卷三十八後有牌記：「嘉靖戊子孟夏之吉書林清江書堂重刊。」有成化九年羅倫序，楊士奇跋，夏時正後序。（參王重民《善本提要》）按：此本現存臺北「故宫博物院」。○中山大學藏明末吴伯禧、吴可大等刻本，作《吴文正公三禮考注》，半葉十行，行二十二字，白口，四周單邊。此吴氏後裔據成化本重刊者，清曾釗面城樓故物，凡十六册。○明萬曆三十八年董應舉刻本，十卷，半葉十行，行二十字，白口，左右雙邊。北大、上圖、南圖、浙圖等藏。○清乾隆間裔孫越華等刻本，北圖分館、上圖藏。○北圖分館藏鈔本八册。

二禮經傳測六十八卷　明湛若水撰　五八三

原任工部侍郎李友棠家藏本（總目）。○《總裁李交出書目》：「《二禮經傳測》十本。」○《江蘇省第一次書目》：「《二禮經傳測》十本。」○《江蘇採輯遺書目録》：「《二禮經傳測》六十八卷。」○《浙江省第四次吴玉墀家呈送書目》：「《二禮經傳測》六十八卷，明湛若水著，十本。」○《浙江採集遺書總録》：「《二禮經傳測》六十八卷，刊本。」○天津圖書館藏明刻本，題「甘泉湛若水集訓並測」。半葉十行，行二十字，白口，四周雙邊。前有嘉靖四年四月朔南京國子祭酒湛若水序云：「編次既成，章爲之測，藏之家塾。」似即當時自刻。次《纂義》五葉，諸儒名氏，目録。卷内鈐「淡泉」、「大司寇章」、「凝雲深處，清暇奇觀」、「海瀕逸民平泉鄭履準凝雲樓書畫之印」等印記。按：前二印爲鄭曉印，後二印爲其子鄭履準印。鄭曉字窒甫號淡泉，嘉靖二年進士，歷官兵部尚書、刑部尚書，嘉靖四十五年九月卒。則此本當即嘉靖間原刊印本。藏印爲鑒别版本佐證，此其例也。《存目叢書》據以影印。北圖、北大亦藏此刻。

廟制考議無卷數　明季本撰　　五八四

浙江巡撫採進本(總目)。○《浙江省第四次汪啟淑家呈送書目》：「《廟制考議》不分卷，明季本著，四本。」○《浙江採集遺書總録》：「《廟制考義》四册，刊本。」○原北平圖書館藏明嘉靖刻本，不分卷，四册。正文首行題「廟制考義」，次行題「會稽彭山季本撰」。半葉十行，行二十字，白口，左右雙邊。前有嘉靖二十五年八月既望東浙龍溪王畿汝中甫序。正文實止一卷，附圖一卷，凡七十七圖。鈐「家在昭明臺下」、「丙中氏」等印記。此本現存臺北「故宫博物院」。《存目叢書》據膠片影印。按：書名「考義」，《總目》及浙江、汪啟淑目均誤作「議」。

三禮纂註四十九卷　明貢汝成撰　**五八五**

兩淮馬裕家藏本（總目）。○《兩淮商人馬裕家呈送書目》：「《三禮纂註》四十九卷，明貢汝成，二十八本。」○《浙江省第四次汪啟淑家呈送書目》：「《三禮纂注》四十九卷，明貢汝成著，二十八本。」○《浙江採集遺書總録》：「《三禮纂註》四十九卷，刊本。」○北京大學藏明萬曆三年陳俊刻本，題「翰林院待詔貢汝成玉甫著」。半葉八行，行十八字，白口，左右雙邊。前有萬曆三年八月朔旦宋儀望序云：「宣守南海陳俊雅志好古，願亟刊布之。」末有萬曆三年知寧國府事陳俊後序云：「俊敬受而讎次，命之梓人。」是刊於宣城。版心刻工：宛陵尤廷弼刊、余廷、刘士、黄鉉、金刊。《存目叢書》據以影印。南圖、浙圖、臺灣「中央圖書館」亦有是刻。

三禮編繹二十六卷　明鄧元錫撰　**五八六**

兩淮鹽政採進本（總目）。○《兩淮鹽政李呈送書目》：「《三禮編繹》二十六卷，明鄧元錫，二十四本。」○《江蘇省第一次書目》：「《三禮編繹》十二本。」○《江蘇採輯遺書目録》：「《三禮編繹》。」○《浙江省第六次呈送書目》：「《三禮編繹》二十六卷，明鄧元錫著，十二本。」○《浙江採集遺書總録》：「《三禮編繹》二十五卷，刊本。」○明萬曆三十五年左宗郢浙中刻《五經繹》本，四卷。上海圖書館、中國科學院圖書館、臺灣「中央圖書館」藏。○明萬曆刻《經繹》本，四卷，北京大學藏。○清順治十四年鄧宗渭刻《五經繹》本，四卷，臺灣「中央圖書館」藏。按：《五經繹》版本考訂詳見五經總義類。○北京大學藏明萬曆三十三年史繼辰、饒星曜等刻本，題「盱後學鄧元錫著」。半葉十行，行二十一字，白口，四周雙邊。前有萬曆三十三年乙巳首春提督浙江學校布政使司左參議兼按察司僉事進賢饒星曜《刻三禮編繹序》。次《校刻三禮編繹姓氏》：「浙江布政司左布政使平陵史繼辰、右布政使新安范淶、浙江按察司按察使斟鄩劉庚、浙江布政司右參政古皖汪道亨、浙江按察司副使盱江王一言、副使廬陵蕭椿、浙江布政司右參議兼僉事鍾陵饒星曜、浙江按察司僉事滏陽常守信校刻。武林胡胤嘉、卓爾康同校。」又萬曆初元七月鄧元錫序。據饒序，知爲諸公捐貲刊行。《存目叢書》據以影印。南京圖書館、臺灣「中央圖書館」、四川大學等亦藏此刻。

二禮集解十二卷　明李黼撰　五八七

浙江巡撫採進本（總目）。○《浙江省第七次呈送書目》：「《二禮集解》十二卷，明李黼著，十二本。」○《浙江採集遺書總録》：「《二禮集解》十二卷，刊本。」○北京大學藏明嘉靖十六年常州府刻本，題「錫山後學李黼著」。半葉九行，行十八字，白口，四周雙邊。前有嘉靖七年十一月自序。卷尾有「嘉靖十六年常州府刊行」一行。版心刻工：王文、王迎之、王兵、胡宗、何恩、大節、黎旭、王立、王正、王益、范楷、范相、陸敖、陸孜、夏晋、王楠、陳瑞、陳奎、葉弟、下伏、何文、朱彬、王智、中夫、何表、周仁、胡江、王夫、胡体、王習、丘江、王方、何元、胡太、六孜等。卷内鈐「木犀軒藏書」、「麐嘉館印」等印記，李盛鐸故物也。《存目叢書》據以影印。南京圖書館、臺灣「中央圖書館」、無錫市圖書館亦藏此刻。

禮經類編三十卷　明李經綸撰　五八八

江西巡撫採進本（總目）。○《江西巡撫海第一次呈送書目》：「《禮經類編》十二本。」○北京圖書館分館藏清鈔本，題「南豐李經綸著」。半葉九行，行二十四字，無格。版心上題「禮經類編卷之幾」，下題「南豐李寅清著」。前有目録，目録後有嘉靖二十年辛丑八月朔旦李經綸序。卷内鈐「延古堂李氏珍藏」印。眉上浮籤甚多。《存目叢書》據以影印。○王重民《善本提要》著録美國國會圖書館藏鈔本，十册。半葉十行，行二十二字。卷内有「王懿榮印」、「翰林承奉」等印記。澤遜按：「承奉」當作「供奉」。

三禮合纂二十八卷　國朝張怡撰　**五八九**

江蘇巡撫採進本(總目)。○《江蘇省第一次書目》：「《三禮合纂》十二本。」○《江蘇採輯遺書目録》：「《三禮合纂》，清上元張怡著，抄本。」

讀禮竊註一卷　國朝孫自務撰　**五九〇**

山東巡撫採進本(總目)。○《山東巡撫第二次呈進書目》：「《讀禮竊註》一本。」

稽禮辨論一卷　國朝劉凝撰　**五九一**

江西巡撫採進本(總目)。○《江西巡撫六次續採書目》：「《稽禮辨論》一本。」

昏禮辨正一卷　國朝毛奇齡撰　**五九二**

浙江巡撫採進本(總目)。○清康熙書留草堂刻《西河合集》本。《存目叢書》據清華大學藏本影印。○清嘉慶中南匯吴氏聽彝堂刻《藝海珠塵》匏集本。○民國二十八年商務印書館《叢書集成初編》據《藝海珠塵》本排印本。

廟制折衷三卷　國朝毛奇齡撰　**五九三**

浙江巡撫採進本(總目)。○清康熙書留草堂刻《西河合集》本。《存目叢書》據清華大學藏本影印。

大小宗通繹一卷　國朝毛奇齡撰　**五九四**

浙江巡撫採進本(總目)。○清康熙書留草堂刻《西河合集》本。《存目叢書》據清華大學藏本影印。○清嘉慶間南匯吴氏聽彝堂刻《藝海珠塵》匏集本。○清光緒十四年王先謙南菁書院刻《皇清經解續編》本。○光緒十五年上海蜚英館石印《皇清經解續編》本。○民國二十八年上海商務印書館《叢書集成初編》據《藝海珠塵》本排印本。

學校問一卷　國朝毛奇齡撰　**五九五**

浙江巡撫採進本(總目)。○清康熙書留草堂刻《西河合集》本。《存目叢書》據清華大學藏本影印。○清嘉慶中南匯吴氏聽彝堂刻《藝海珠塵》木集本。○民國二十八年商務印書館《叢書集成初編》據《藝海珠塵》本排印本。

明堂問一卷　國朝毛奇齡撰　**五九六**

浙江巡撫採進本(總目)。○清康熙書留草堂刻《西河合集》本。《存目叢書》用清華大學藏本影印。○清乾隆五十九年石門馬氏大酉山房刻《龍威祕書》八集《西河經義存醇》本。○民國二十六年商務印書館《叢書集成初編》據《龍威祕書》本排印本。

郊社考辨一卷　國朝李塨撰　**五九七**

直隸總督採進本(總目)。○北京大學藏稿本,半葉九行,行字不等,無行格。前有李塨小序。全書行書,多圈點勾改。末有樊培新手書題記「民國二十六年蘆溝橋變起一月後武强樊培新敬讀於北平天游室」小字二行。《存目叢書》據以影印。○民國十二年四存學會排印《顔李叢書》本。

三禮約編十九卷　國朝汪基撰　**五九八**

江蘇巡撫採進本(總目)。○《江蘇省第二次書目》:「《三禮約編》六本。」○《江蘇採輯遺書目録》:「《三禮約編》十九卷,清莘田汪基著,刊本。」○濟南市圖書館藏清康熙至雍正間刻本,正文卷一題「莘田汪基警齋鈔譔,雲灣江永脊齋校纂,柳門陳士謙牧山參訂」。半葉九行,行十八字,白口,四周單邊。眉欄鐫評,版心下間刻「敬堂」二字。前有雍正十一年癸丑二月丙子蓉麓江永總序,乾隆三年戊午中春既望奚源序,乾隆三年戊午孟秋程恂序,參校姓氏。《周禮約編》前有康熙四十九年張秉亮序,康熙五十九年自序。《儀禮約編》前有康熙五十八年自序,汪雲驤序。《禮記約編》前有鮑國叙,例言,雍正十年自序。按:江永序云「今幸得是編觀成」,《禮記約編》例言謂「視前刻二禮爲詳」,知三禮陸續付梓,自康熙末至雍正十一年先後刊成。又據程序「倉卒未克承命,久之乃爲書數語」句,知乾隆二序乃後加者。原定乾隆刻本,恐未確。《存目叢書》據以影印。○北京圖書館分館藏清道光二十三年崇順堂刻善成堂印本,八册。○上海圖書館藏清光緒刻本,六册。○上海圖書館藏清光緒三十二年陝西學務公所鉛印本,《周禮約編》六卷、《儀禮約編》二卷、《禮記約編》

五卷、《禮器圖説》一卷，共十四卷十册。

三禮會通二卷　國朝張必剛撰　**五九九**

安徽巡撫採進本（總目）。○《安徽省呈送書目》：「《三禮會通》一本。」○《提要》云：「凡《典制考》一卷、《郊社辨》一卷。」○民國九年排印《張氏經學三種》本（皖人書録）。

右三禮總義之屬

禮樂合編三十卷　明黄廣撰　**六〇〇**

兩淮馬裕家藏本（總目）。○清華大學藏明崇禎六年玉磬齋刻本，題「錫山日齋黄廣無蛀父纂述，未齋華琪芳芳侯父參閲」。半葉九行，行二十字，白口，四周單邊。版心刻「玉磬齋」三字。前有馬世奇序，崇禎六年周廷鑨序，石確序，鄭鄤序，王秉鑑序，崇禎六年華琪芳序，崇禎六年張溥序，崇禎六年吴履中序，崇禎六年弟襄序，崇禎六年黄廣跋，又小牋，凡例。《存目叢書》據以影印。北圖、南圖、臺灣「中央圖書館」等亦有此刻。

禮學彙編七十卷　國朝應撝謙撰　**六〇一**

浙江巡撫採進本（總目）。《浙江省第十次呈送書目》：「《禮學彙編》，國朝應撝謙著，十本。」○《浙江採集遺書總録》：「《禮學會編》六十四卷附《小戴禮編餘》一册，稿本，國朝應撝謙撰。」○上海圖書館藏清鈔本，六十四卷。○南京圖書館藏清丁氏八千卷樓鈔本，六十四卷，題「後學應撝謙蟄次」。半葉十行，行二十字，白口，四周單邊。前有自序。卷内鈐「八千卷樓藏書印」、「錢唐丁氏藏書」、「曾經八千卷樓所得」、「四庫坿存」等印記。《存目叢書》據以影印。按：殿本《總目》書名「禮學」誤爲「禮樂」。《浙江總録》書名「彙編」誤爲「會編」。

儀禮節要二十卷　國朝朱軾撰　**六〇二**

江西巡撫採進本(總目)。〇《江西巡撫第二次呈送書目》：「《儀禮節略》十六本。」〇清華大學藏清康熙五十八年高安朱氏刻本，作《儀禮節略》二十卷。半葉九行，行二十一字，白口，四周單邊。前有康熙五十七年十二月楚黄黄利通序，五十八年十二月吴隆元序，五十八年仲夏朱軾序，凡例，目録。卷十八至二十爲圖。圖前有康熙五十八年受業王葉滋序，據此序知圖三卷乃朱軾命王葉滋作。朱軾自序云：「爰增訂家刻，益以士相見、鄉飲酒禮共二十卷，刊而布之。」是康熙五十八年自刻本。《存目叢書》據以影印。世傳清康熙至乾隆刻彙印《朱文端公藏書》本亦即此刻，唯此本清朗，刷印在前。〇清光緒二十三年朱衡等重刻《朱文端公藏書》本，作《儀禮節略》。

禮樂通考三十卷　國朝胡掄撰　**六〇三**

浙江巡撫採進本(總目)。〇《浙江省第六次呈送書目》：「《禮樂通考》三十卷，國朝胡掄輯，十本。」〇《浙江採集遺書總録》：「《禮樂通考》三十卷，刊本。」〇清華大學圖書館藏清乾隆藜照軒刻本，題「武進胡掄輯」。半葉十行，行二十二字，白口，四周單邊。版心下刻「藜照軒」，封面刻「藜照軒藏板」。前有乾隆四十年自序。《存目叢書》據以影印。北京圖書館分館亦藏是刻。

儀禮經傳内編二十三卷外編五卷　國朝姜兆錫撰　**六〇四**

江蘇巡撫採進本(總目)。〇《浙江省第十次呈送書目》:「《儀禮經傳》,國朝姜兆錫著,十本。」〇《浙江採集遺書總録》:「《儀禮經傳内編》二十三卷《外編》四卷,刊本。」〇北京大學藏清乾隆元年寅清樓刻本,作《儀禮經傳註疏參義内篇》二十三卷《外篇》五卷,姜氏《九經補注》之一。題「姜兆錫註疏參義」,半葉十行,行二十五字,白口,四周單邊。版心下刻「寅清樓」。封面刻「乾隆元年鐫」、「本衙藏板」。前有雍正十一年癸丑七月既望王步青序,十三年孟夏朔姜兆錫序。《存目叢書》據以影印。上圖、南圖等亦藏此刻。

重刊朱子儀禮經傳通解六十九卷　國朝梁萬方撰　**六〇五**

大學士于敏中家藏本(總目)。〇《江蘇省第一次書目》:「《朱子儀禮經傳通解》四十本。」〇《江蘇採輯遺書目録》:「《朱子儀禮經傳通釋》六十九卷,清東雍梁開宗著,刊本。」〇北京圖書館分館藏清乾隆十八年金陵刻本,正文首行題「朱子儀禮經傳通解」,次題「東雍梁萬方廣庵甫考訂,男開宗啟後甫參訂,金陵翁荃止園甫、古絳李世牧武安甫校正」。半葉十行,行二十五字,白口,左右雙邊。前有舊序若干,次乾隆十五年海寧陳世倌《重刊朱子儀禮經傳通解序》,乾隆十五年雷鋐序,乾隆三年梁開宗《重刊朱子儀禮經傳通解序》,乾隆十八年梁思熾序。次參閲姓氏,重刊凡例。梁思熾序云:「今刊已告竣,家大人命列共事此書者,前後百餘人,歷數十年,其功蓋亦匪細云。」是刊成於乾隆十八年。雷序云:「歲庚午裕厚攜其稿適金陵,將授諸梓。」是刻於金陵。卷内鈐「南陵徐氏仁山珍藏」、「學部圖書之印」等印記。《存目叢書》據以影印。山西大學亦有是刻。○北京圖書館分館藏舊鈔本。

右通禮之屬

鄭氏家儀無卷數　元鄭泳撰　六〇六

浙江巡撫採進本(總目)。○《浙江省第三次書目》：「《鄭氏家儀》一卷，元鄭泳著，二本。」○《浙江採集遺書總録》：「《鄭氏家儀》一卷，刊本，元浦江鄭泳撰。」○上海圖書館藏清刻本，半葉九行，行二十字，白口，四周單邊。書名《義門鄭氏家儀》，前有歐陽玄序，八世孫鄭泳序，十三世孫鄭宗岱《刻鄭氏家儀序》。書内「玄孫」作「元孫」，當是清刻本。卷内鈐「理卿珍藏」印，有眉批。《存目叢書》據以影印。○民國十三年永康胡氏夢選廔刻《續金華叢書》本，作《義門鄭氏家儀》。

家禮儀節八卷　明邱濬撰　六〇七

少詹事陸費墀家藏本(總目)。○臺灣「中央圖書館」藏明弘治三年順德知縣吴廷舉刻嘉靖十八年修補本，題「後學丘濬輯」。半葉八行，行十六字，白口，四周雙邊。前有成化十年丘濬序，後有弘治三年提督學校僉廣東提刑按察司事門人淮南韋斌序，弘治三年吴廷舉《重刊家禮儀節後序》，嘉靖十八年己亥左承裕《重修家禮儀節後序》。鈐「吴興劉氏嘉業堂藏書印」等印記。按：《嘉業堂藏書志》繆荃孫解題定此帙爲「嘉靖己亥廣東刊本」。又是書全名《文公家禮儀節》，下同。○浙江圖書館藏明正德十二年應天府刻本，半葉八行，行十六字，白口，左右雙邊。○北京大學藏明正德十三年常州府刻本,題「後學丘濬輯」。半葉八行,行十六字,黑口,四周雙邊。前有丘濬序。後有「正德戊寅孟秋吉日直隸常州府重刊」一行。卷内鈐「李莊仲圖書記」、「小西山房」、「李莊仲讀書記」、「雲山一葉閣李氏藏書」、「吴朝楝寶藏」、「長生安樂徐傳經之印」、「繼振」、「又雲祕笈」、「愛不釋手」、「蓮公」、「又雲齋」、「宏農楊氏世家」、「又雲齋所藏古槧本」、「木齋讀過」、「木犀軒藏書」等印記。卷首又鈐楊繼振長方宋體字大印,印文多至二百五十二字,特録之:「予席先世之澤,有田可耕,有書可讀,自少及長,嗜之彌篤。積歲所得,益以青緗舊蓄,插架充棟,無慮數十萬卷,暇日静念,差足自豪。顧書難聚而易散,即偶聚於所好,越一二傳,其不散佚殆盡者亦鮮矣。昔趙文敏有云:『聚書藏書,良非易事,善觀書者,澄神端慮,淨几焚香,勿卷腦,勿折角,勿以爪侵字,勿以唾揭幅,勿以作枕,勿以夾刺。』予謂吴興數語,愛惜臻至,可云篤矣,而未能推而計之于其終,請更衍曰:『勿以鬻錢,勿以借人,勿以貽不肖子孫。』星鳳堂主人楊繼振手識並以告後之得是書而能愛而守之者。予藏書數十萬卷,率皆卷□□整,標識分明,未敢輕事丹黄,造劫楮素。至簡首卷尾,鈐朱纍纍,則獨至之癖,不減墨林,竊用自喜,究之于書,不爲無補。」末有楊某手跋,又徐某致楊繼振手札一通。《存目叢書》據以影印。中國人民大學、臺灣「中央圖書館」亦藏是刻。○明刻本,半葉八行,行十六字,黑口,四周雙邊。復旦大學、華東師大、甘肅省圖書館各藏一帙。按:此本或定爲正德十二年太平府刻本。○臺灣「中央圖書館」藏明萬曆三十六年常州府推官錢時刻本,題「後學丘濬輯,楊廷筠訂,錢時刊」。半葉八行,行十六字,細黑口,四周雙邊。前有丘濬序,周孔教序,萬曆三十六年楊廷筠序，方大鎮序，萬曆三十六年常州府推官錢時序。目録後列校者名氏周孔教等十三人。卷尾有「常州府儒士邵承范書」九字。版心有刻工：胡皋、方仕、范倫等。北圖、南圖、復旦等多有之。○北京大學藏明萬曆四十年刻本，半葉八行，行十六字，細黑口，四周雙邊，有刻工。○北京圖書館藏明萬曆四十六年何士晉刻本，半葉八行，行十六字，細黑口，四周雙邊。南開大學亦藏一帙。○北京圖書館藏明刻本，半葉八行，行十六字，黑口，四周雙邊。○上海圖書館藏明刻本，半葉八行，行十六字，細黑口，四周雙邊，無魚尾。約刻於萬曆間。○湖南圖書館藏明刻本，半葉八行，行十六字，大黑口，四周雙邊。○江西圖書館藏明刻本，半葉九行，行十七字，大黑口，四周雙邊。○西北大學藏明刻本，半葉九行，行二十字，白口，四周單邊。○復旦大學藏明末刻本。楊慎校定。半葉九行，行十八字，白口，左右雙邊。王重民《善本提要》著録美國國會圖書館藏明末啟禎間刻本，題「宋新安朱熹編，明成都楊慎輯」，有丘濬序，嘉靖九年楊慎序。當是同刻。○上海圖書館藏明鈔本，缺卷四卷五兩卷。○中國科學院圖書館藏明朝鮮刻本，四册。○北京圖書館分館藏清嘉慶六年寶寧堂刻本，四册。○日本萬治二年(清順治十六年)大和田九衛門刻本，作《家禮》八卷，浙江、遼寧兩圖書館藏。

禮問二卷　明呂柟撰　六〇八

浙江巡撫採進本(總目)。○《浙江省第五次鄭大節呈送書目》：「《禮問》二卷，明呂柟著，二本。」○《浙江採集遺書總録》：「《禮問》二卷，刊本，明呂柟撰。」○北京圖書館藏明嘉靖三十二年謝少南刻《涇野先生五經説》本，作《涇野先生禮問》二卷，半葉十行，行二十字，白口，四周雙邊。《存目叢書》據以影印。天一閣文管所亦有此刻。〇上海圖書館藏明鈔《涇野先生五經説》本。〇清咸豐八年宏道書院刻《吕涇野經説》本，《惜陰軒叢書》續編之一。〇清光緒二十二年長沙刻《惜陰軒叢書》本。〇民國二十五年商務印書館據初刻《惜陰軒叢書》本排印，收入《叢書集成初編》。

別本家禮儀節八卷　舊本題明楊愼編　**六〇九**

少詹事陸費墀家藏本（總目）。〇《提要》云：「是編前有愼序，詞極鄙陋。核其書，即邱濬之本，改題愼名。」〇美國國會圖書館藏明天啟崇禎間刻本，作《文公家禮儀節》八卷，題「宋新安朱熹編，明成都楊愼輯」，半葉九行，行十八字，有丘濬序，楊愼序。（參王重民《善本提要》）此本當即館臣所稱改題楊愼之本。復旦大學藏明末刻本，當是一刻。

四禮初稿四卷　明宋纁撰　**六一〇**

江蘇巡撫採進本（總目）。〇《江蘇採輯遺書目録》：「《四禮初稿》四卷，明商邱宋纁著。」〇《中國科學院圖書館中文古籍善本書目》著録明萬曆刻本，二册。〇上海圖書館藏清康熙四十年商邱宋氏刻本，與《朱子家禮》、《四禮約言》合刻。題「商丘宋纁栗菴輯」，半葉八行，行十八字，白口，四周單邊。卷末有「吴縣沈翰較字」一行。前有萬曆元年癸酉自序。卷内玄字缺末筆，曆字不避諱。《存目叢書》據以影印。〇山東大學藏清雍正十一年陳弘謀刻本四卷附録二卷共二册，半葉八行，行十八字，白口，四周單邊。卷端刻「商丘宋纁栗菴輯，桂林陳弘謀榕門重刊」一行，前有雍正十一年癸丑冬十二月陳弘謀《重刊四禮序》云:「今年春承乏滇藩……因鋟梓以行。」弘字缺末筆,當是乾隆初刷印。(參沙嘉孫《陳弘謀滇刻叢書》)○乾隆二十五年潮陽鄭之僑輯刻《鄭氏叢刻》本,華東師大、重慶市圖藏。○科圖有清刻本。沈津《書城挹翠録》著録芝加哥大學藏清初刻本。濟南市圖有清刻本。均未知異同。

鄉射禮儀節無卷數　明林烈撰　**六一一**

浙江巡撫採進本(總目)。○《浙江省第六次呈送書目》:「《鄉射禮儀節》不分卷,明林烈撰,一本。」○《浙江採集遺書總録》:「《鄉射禮儀節》一册,刊本,明林烈撰。」○山東省圖書館藏明萬曆十七年陳夢斗等刻本,一卷。半葉十行,行二十字,白口,四周雙邊。前有萬曆十八年庚寅孟春鄒廷望《重刻射禮序》謂邑博士我弦陳君、默庵羅君、懷新梅君,憾其流布不廣,願重刻而傳之,爰相與訂定,付諸梓人。又劉應龍序,萬曆十八年仲冬張大孝序。又林烈《高陽射圃記》,記後有萬曆十七年陳經翰跋謂「仲子欲梓是記,適余道此,遂爲書之」,仲子謂林烈仲子林培。正文後有新化縣儒學署教諭陳夢斗《重刻射禮後序》。末有「督刻吏陳楚高」一行。蓋新化縣儒學刻本也。鈐「山東省立圖書館點收海源閣書籍之章」印記。《存目叢書》據以影印。

四禮疑五卷　明吕坤撰　**六一二**

江蘇巡撫採進本(總目)。○《江蘇省第一次書目》:「《四禮疑》二本。」○《江蘇採輯遺書目録》:「《四禮疑》五卷,明刑部侍郎寧陵吕坤著,刊本。」○《河南省呈送書目》:「《四禮疑》、《四禮翼》二種，明吕坤著，二本。」○北京大學藏明萬曆刻清代遞修彙印《吕新吾全集》本，題「寧陵吕坤叔簡甫著，男知畏校、知恩刊」。半葉八行，行二十字，白口，四周雙邊。前有萬曆四十二年正月望日吕坤自序。鈐「鳴玉之印」、「鐳鳳子」、「木犀軒藏書」、「麐嘉館印」等印記。《存目叢書》據以影印。北圖、上圖等多有此本。余有零本一部二册，版心刻工漫漶，僅餘任、張。

四禮翼四卷　明吕坤撰　　**六一三**

浙江巡撫採進本（總目）。○《浙江省第八次呈送書目》：「《四禮翼》，明吕坤著，一本。」○《浙江採集遺書總録》：「《四禮翼》一册，刊本。」○《江蘇省第一次書目》：「《四禮翼》二本。」○《江蘇採輯遺書目録》：「《四禮翼》二册，刊本。」○《河南省呈送書目》：「《四禮疑》、《四禮翼》二種，明吕坤著，二本。」○《江西巡撫海第二次呈送書目》：「《四禮翼》一本。」○《都察院副都御史黄交出書目》：「《吕氏四禮翼》二本。」○北京大學藏明萬曆刻清代遞修彙印《吕新吾全集》本，半葉八行，行二十字，白口，四周雙邊。前有萬曆元年八月望日吕坤自序。鈐「劉鳴玉印」、「鳴玉之印」、「木犀軒藏書」等印記。《存目叢書》據以影印。北圖、上圖等多藏之。余有零本一部二册。○清康熙至乾隆間刻《朱文端公藏書》本，朱軾評點。○山東大學藏清陳弘謀雲南刻本，半葉九行，行二十一字，白口，四周單邊。題「明吕叔簡先生著，後學朱軾評點」。有康熙五十八年朱軾序，又陳弘謀序云：「余來滇中，較刊《四禮》之後，復梓此本。」卷末刻「桂林後學陳弘謀重刊」一行。卷内弘字缺末筆。是雍正末乾隆初弘謀任雲南布政使時所刊。○清光緒二十三年朱衡等重刻《朱文端公藏書》本。

○清乾隆二十五年潮陽鄭之僑輯刻《鄭氏叢刻》本。華東師大、重慶圖書館藏。○清乾隆三十年思補堂刻本，上圖藏。○清嘉慶十二年刻本，上圖藏。○清嘉慶二十四年華亭張氏書三味樓刻《書三味樓叢書》本，作《吕仲子先生四禮翼》。上圖、吉林大學藏。○清道光十五年朝邑劉際清等刻《青照堂叢書》本。○清同治二年王禹疇刻本，北圖分館藏。余亦藏一部，前有牌子「品蓮書屋藏板，連平顔培瑚題」二行。末有同治二年王禹疇刻書跋。眉上鐫評，當即朱軾評點。○清光緒八年刻本，《津河廣仁堂所刻書》之一，上海、甘肅、中國科學院諸圖書館藏。○清光緒九年山東省垣湖廣會館刻本，一九九四年中國書店讀者服務部見。○光緒十三年高賡恩刻本，北圖分館藏。○光緒十四年固始張氏刻本，上圖藏。○光緒二十一年桂垣書局刻本，科學院圖書館藏。○光緒二十一年湖北官書處刻本，上圖藏。○光緒二十三年昆明何廷俊刻本，中國書店讀者服務部見。○光緒二十五年柏經正堂刻本，《西京清麓叢書》之一。

四禮輯一卷　明馬從聘撰　　六一四

兩淮馬裕家藏本（總目）。

明四禮集説八卷　明韓承祚撰　　六一五

兩江總督採進本（總目）。○《兩江第二次書目》：「《四禮集説》，明韓存祚輯，抄本，四本。」

四禮約言四卷　明吕維祺撰　　六一六

江西巡撫採進本（總目）。○《江蘇採輯遺書目録》：「《四禮約言》，明新安吕維祺著。」○上海圖書館藏清康熙四十年商邱宋氏刻本，與《朱子家禮》、《四禮初稿》合刊，題「新安吕維祺豫石著」。半葉八行，行十八字，白口，四周單邊。前有天啟四年甲子自序，寫刻，題《四禮約言原序》。卷末有「吴縣沈翰較字」六字。《存目叢書》據以影印。中國科學院圖書館有清刻本，與《四禮初稿》合刊，疑是一版。○北京圖書館分館藏清鈔本。

讀禮偶見二卷　國朝許三禮撰　**六一七**

江蘇周厚堉家藏本（總目）。○《江蘇省第一次書目》：「《讀禮偶見》一本。」○《江蘇採輯遺書目録》：「《讀禮偶見》二卷，清相州許三禮著。」○北京圖書館藏清康熙刻本，題「夏峰孫鍾元先生鑒定，相州許三禮典三著，上谷魏一鼇蓮陸校」。半葉九行，行二十五字，白口，四周單邊。前有康熙十二年仲夏既望九十叟孫奇逢序。首葉鈐「翰林院印」滿漢文大官印，書衣前面有「乾隆三十八年□月□□□家藏讀禮偶見□□計書□本」長方木記，僅填書名，餘空未填。後封面鈐「江蘇巡撫採購備選書籍」木記，知即江蘇巡撫呈本。卷内又鈐「雲間第八峯周氏藏書」、「孫壯藏書印」等印記。《存目叢書》據以影印。中國科學院圖書館亦有此刻一部。

學記五卷　國朝李塨撰　**六一八**

直隸總督採進本（總目）。○中國人民大學藏清康熙刻本，作《學禮》五卷，《顔李叢書》之一。○清光緒五年定州王氏謙德堂刻《畿輔叢書》本。《存目叢書》據北大藏本影印。書名同上。○民國十二年四存學會排印《顔李叢書》本。○民國二十五年商務印書館《叢書集成初編》據《畿輔叢書》本排印本。

六一九　家禮辨定十卷　國朝王復禮撰

浙江巡撫採進本(總目)。○《浙江省第四次吴玉墀家呈送書目》:「《家禮辨定》十卷,國朝王復禮著,四本。」○《浙江採集遺書總録》:「《家禮辨定》十卷,瓶花齋寫本,國朝錢唐王復禮輯。」○南京圖書館藏清康熙四十七年刻本。○湖北圖書館藏清光緒二年九思堂刻本,題「錢塘王復禮艸堂譔述」,半葉十行,行二十字,白口,左右雙邊。前有康熙四十七年戊子仲夏蔡方炳序,康熙四十一年王復禮序,四十六年又序,次《家禮或問》十則,目録,《家禮辨定題詞書札》五通。封面刻「光緒丙子」、「九思堂」。《存目叢書》據以影印。

六二〇　四禮寧檢編無卷數　國朝王心敬撰

浙江巡撫採進本(總目)。○《浙江省第十一次呈送書目》:「《四禮寧檢編》,國朝王心敬輯,一本。」○《浙江採集遺書總録》閏集:「《四禮寧檢編》一册,刊本,國朝鄠縣王心敬撰。」○民國二十四年陝西通志館排印《豐川雜著》本,一卷,《關中叢書》第三集之一。《存目叢書》用清華藏本影印。

六二一　昏禮通考二十四卷　國朝曹庭棟撰

浙江巡撫採進本(總目)。○《浙江省第一次書目》:「《昏禮通考》二十四卷,國朝曹庭棟輯,八本。」○《浙江採集遺書總録》:「《婚禮通考》二十四卷,刊本,國朝曹庭棟輯。」○《兩江第一次書目》:「《婚禮通考》,慈谿曹庭棟輯,抄本,八本。」○浙江圖書館藏乾隆刻本,題「嘉善曹庭棟輯」。

半葉十行，行二十字，白口，左右雙邊。前有乾隆十九年中春之月既望曹庭棟《例説》。正文二十四卷，又卷首一卷。鈐「墨澥廔珍藏書畫鈐記」印。印本甚佳。《存目叢書》據以影印。浙圖另有一帙，亦佳。清華大學、中國科學院圖書館亦有此刻。

齊家寶要二卷　國朝張文嘉撰　　**六二二**

江蘇周厚堉家藏本（總目）。〇《江蘇省第一次書目》：「《齊家寶要》二本。」〇《江蘇採輯遺書目録》：「《齊家寶要》二卷，清杭州張文嘉著。」〇北京圖書館分館藏清康熙刻本，正文首行題「重定齊家寶要卷上」，次行題「武林後學張文嘉仲嘉甫編輯」，三行題「男張廷瑞子玉較閲」。半葉九行，行二十字，白口，四周雙邊。前有張右民《重定齊家寶要序》云：「癸丑秋，此書亦被融風火爇。仲嘉又折衷同人，積累日月，斟酌損益，務求其情理之至當而無弊者，勉力重梓，復加較讎。」又康熙甲辰劉天植序。甲辰爲康熙三年，癸丑爲康熙十二年。此本當刻於康熙十二年秋冬間。《存目叢書》據以影印。〇南京圖書館藏清乾隆重刻本。東北師大藏清刻本，未知與前二本異同。〇日本寶永七年（清康熙四十九年）井上忠兵衛林化正五郎刻本，作《重定齊家寶要》，北大、華東師大藏。

右雜禮書之屬

四庫存目標注卷六

滕州　杜澤遜　撰

經部六

春秋類

左傳節文十五卷　舊本題宋歐陽修編　六二三

兵部侍郎紀昀家藏本（總目）。○《提要》云：「明萬曆中刊版也。」又云：「前有慶歷五年修自序，序中稱胡安國《春秋傳》及真德秀《文章正宗》，是不足與辨矣。」○胡玉縉《補正》云：「案《明史藝文志》載汪道昆《春秋左傳節文》十五卷，丁氏《藏書志》有明李事道《左概》六卷，云凡例稱章法、句法、字法佳者，仍汪南明《節文》標出。是此本即汪氏所編。」○按：明汪道昆《春秋左傳節文》十五卷，萬曆刻本，半葉九行，行十八字，白口，左右雙邊。前有明萬曆五年汪道昆序。

北大、人大、津圖、福建師大、故宫等有藏。内容與《提要》全合，「叙事」、「議論」、「能品」、「章法」之類標題刊於書眉。與館臣所見顯係一書。館臣所見萬曆刻本卷前慶曆五年歐陽修序，當是書估改「萬曆五年」爲「慶曆五年」，又改「汪道昆」爲「歐陽修」，以充宋本。不知序中所稱胡安國、真德秀出生皆遠在慶曆五年後，庸劣書商類皆如是。《存目叢書》用福建師大藏本影印，佚去自序，疑亦爲人抽出者。安徽博物館藏另一明刻本，半葉九行，行二十字，白口，四周雙邊。是書又有明周光鎬注本，作《春秋左傳節文註略》十五卷，故宫、科學院圖書館、山東博物館均藏有萬曆十二年刻本。

春秋道統二卷　不著撰人名氏　六二四

兩江總督採進本（總目）。○《兩江第二次書目》：「《春秋道統》，抄本，八本。」○《提要》云：「僅分上下二卷，而鈔本細字乃八巨册。不著撰人名氏，惟冠以乾道八年晉江傅伯成序，稱爲元祐間《春秋》博士劉絢質夫所作。」館臣已考定爲僞書。

左氏君子例一卷詩如例一卷詩補疑一卷　宋李石撰　六二五

内府藏本（總目）。○《浙江省第四次吴玉墀家呈送書目》：「《方舟左氏諸例》四卷一本。」○《浙江採集遺書總録》：「《方舟左氏諸例》四卷，瓶花齋寫本，宋李石撰。」○《提要》云：「舊載《方舟集》中，石門人劉伯熊合爲一編，題曰《左氏諸例》，實非石之舊名。今仍各標本目。其文則與《方舟易學》仍歸諸《方舟集》中，不更録焉。」○李石《方舟集》二十四卷收入《四庫全書》别集類。

春秋通論二卷　舊本題曰宋人撰 六二六

兩江總督採進本(總目)。〇《兩江第一次書目》:「《春秋通義》,宋人,失名,抄本。《春秋通論》,宋人,失名,抄本。以上二種合一本。」

春秋握奇圖一卷　金利鑾孫撰 六二七

永樂大典本(總目)。

春秋左傳句解三十五卷　元朱申撰 六二八

兩淮馬裕家藏本(總目)。〇《兩淮商人馬裕家呈送書目》:「《春秋左傳句解》三十五卷,元朱申,四本。」〇《浙江採集遺書總録》:「《春秋左傳詳節句解》三十五卷,一名節解,天一閣藏刊本,宋朱申輯。」〇北京大學藏元刻本,作《增修訂正音點春秋左傳詳節句解》,存卷三至卷二十八、卷三十二至卷三十五。半葉十四行,行二十五字,小字雙行同,細黑口,左右雙邊,雙魚尾。左欄外上方刻某公幾年。宋諱間有缺筆。鈐「郢麓艸堂」、「朱氏家藏」、「安」、「如京」、「子文」等印。李盛鐸故物,《木犀軒藏書書録》著録爲「宋刊本」,北京大學定爲「宋元間刻本」,《中國古籍善本書目徵求意見稿》著録爲「宋刻元修本」,《中國古籍善本書目》著録爲「元刻本」。〇北京圖書館藏明初刻本,作《音點春秋左傳詳節句解》,半葉十一行,行二十一字,或十二行,行二十二三字不等,小字雙行同,黑口,左右雙邊。〇上海師大藏明刻本,書名同上,半葉十二行,行二十三字,細黑口,四周單邊。卷二十九至卷三十五配明嘉靖刻本。〇上海圖書館藏明刻本,書名同上,題「魯齋朱申周翰注釋,進齋劉端仁壽卿校正」。半葉十二行，行二十三字，白口，四周單邊。前有正德八年二月既望王鏊序，末有某氏跋僅存首葉。《存目叢書》據以影印。○明萬曆十年顧梧芳刻本，作《春秋左傳詳節句解》，半葉十行，行二十一字，白口，四周單邊，單魚尾。北京大學、上海圖書館藏。○明萬曆十三年周曰校刻本，書名同上，半葉十行，行二十一字，白口，四周單邊。安徽圖書館藏。南京圖書館亦藏此本，清丁丙跋。○明刻本，書名同上，半葉九行，行二十一字，白口，四周雙邊。南京圖書館、安徽博物館藏。○明末刻本，作《重訂批點春秋左傳狐白句解》，宋朱申撰，明孫鑛批點。半葉十一行，行二十一字。河南圖書館藏。○哈佛燕京圖書館藏明崇禎尊古堂刻本，作《重訂批點春秋左傳詳節句解》。（沈津《書志》）○臺灣「中央圖書館」藏朝鮮舊刻本，作《春秋左傳詳節句解》，題「宋朱申注釋，明孫鑛批點，顧梧芳較正，鍾惺重訂」。半葉十二行，行二十一字，白口，左右雙邊。前有明正德八年王鏊序。（詳該館《善本書志初稿》）北圖分館有高麗刻本，當是同版。○遼寧圖書館藏日本明治十六年刻本，作《音點春秋左傳詳節句解校本》三十五卷。○四川省圖書館藏瀘州宏道堂刻本，作《春秋全經左傳句解》八卷，八册，宋朱申注釋，明孫鑛批點。

春秋經疑問對二卷　元黃復祖撰　**六二九**

永樂大典本（總目）。

春秋合題著説三卷　元楊維楨撰　**六三〇**

永樂大典本（總目）。

春秋透天關四卷　舊本題晏兼善撰

六三一

永樂大典本(總目)。○《提要》云：「不著時代，據其兼及合題，是元人也。」○臺灣「中央圖書館」藏元刻本，作《春秋透天關》十二卷，存十一卷，缺哀公一卷。題「宋省魁南安軍山長晏兼善撰」。半葉十四行，行二十三字，細黑口，左右雙邊。卷内鈐「擇是居」、「張鈞衡印」、「石銘收藏」、「吴興張氏適園收藏圖書」、「莚圃收藏」、「大司寇兼御史中丞藍氏私印」、「藍氏白玉翁」、「北泉草亭」等印記。(詳該館《善本書志初稿》)按：山東即墨人藍田，字玉甫，號北泉，嘉靖二年進士，著有《北泉文集》五卷、《北泉草堂詩集》二卷等傳世，末二印當即藍田印鑒。其父章，成化二十年進士，嘗官刑部侍郎、陝西巡撫兼右僉都御史，「大司寇兼御史中丞藍氏私印」當是藍章印鑒。

春秋四傳三十八卷　不知何人所編

六三二

内府藏本(總目)。○《武英殿第二次書目》：「《春秋四傳》十六本。」○《提要》云：「此本驗其版式，猶爲元槧，蓋當時鄉塾讀本也。」○明嘉靖間巡按福建監察御史開州吉澄校刻本，附綱領、提要、列國東坡圖説、春秋二十國年表、諸國興廢説各一卷，半葉九行，行十七字，小字雙行同，白口，左右雙邊。版心有刻工：唐麟、張憲、黄周賢等八十餘人。又有寫工：龔士廉、劉大本、楊文顯。有牌記：「巡按福建監察御史吉澄校刊。」中國歷史博物館、首都圖書館、江西圖書館等藏。○明嘉靖吉澄刻樊獻科重修本，有牌記：「巡按福建監察御史開州吉澄校刊，縉雲樊獻科重訂。」上海圖書館、山東圖書館、廣東社科院等藏。天津圖書館本有佚名過録清何焯批校。○明嘉靖吉澄刻樊獻科、楊一鶚遞修本，卷前《諸國興廢説》末有牌記：「巡按福建監察御史開州吉澄校刊，縉雲樊獻科重訂。」卷末有識語「福建建寧府知府曲梁楊一鶚重刊」一行。北圖、北大、東北師大、山東圖書館、温州圖書館藏。○北京大學圖書館藏明刻本，附綱領等同吉澄本，行款版式亦同，無牌記。版心刻工：唐林、陳約、柯仁義、唐鳳、張仁、刘叶、夏文、張電、袁宏刊、張便、顧時中、夏錫、夏文錫、林志、林智、顧連、張敖、張贊、倪成、何勉、何一金。均明嘉靖後期至萬曆初年蘇州地區刻工。《存目叢書》據以影印，誤爲吉澄刻本。人大、上圖、津圖、東北師大等亦有此刻。○臺灣「中央圖書館」藏明嘉靖建寧府書坊刻本，附綱領等同前。半葉九行，行十七字，大黑口，四周雙邊。卷前有嘉靖十一年建寧府牒文。版心刻工：李福、華福、蔡順、余本立、余員、余宗、江元通、范元福、吴長明等八九十人（詳該館《善本書志初稿》）。北京師大、上圖、浙圖等亦有是刻。按：是本刻工與嘉靖十一年福建刻《朱文公集》刻工多同，又有嘉靖十一年建寧府牒文，知即當時所刊。○臺灣「中央圖書館」藏明刻本，附綱領等同上，半葉九行，行十七字，白口，四周雙邊。版心刻工：李朝信、丘本高、李文舉、李時心、楊于、尤良才等近五十人。嘉業堂故物（詳該館《善本書志初稿》）。○臺灣「中央圖書館」藏明刻本，附綱領等同前。半葉九行，行十七字，白口，左右雙邊。版心刻工：黄洛、曾崇、葉青、張兵、周在、陳自等六十餘人。卷二十七第三十葉版心有寫工「吴應龍書」（詳該館《善本書志初稿》）。按：此本刻工有葉尾郎、陸旺、葉再興、葉孟武等與吉澄刻本同，又寫工吴應龍見吉澄刻樊獻科重修本。疑係翻刻吉澄刊樊獻科重修本，寫工刻工偶有照翻者。○明刻本，附綱領等同前。

半葉九行，行十七字，白口，左右雙邊。上圖、復旦、浙圖、津圖等藏。○明杜蕁刻本，附綱領等同前。明岑用賓校正。半葉九行，行十七字，白口，左右雙邊，有刻工。山西、浙江、安徽、福建、武漢大學諸圖書館藏。○明陳允升刻本，附綱領等同前。半葉九行，行十七字，白口，左右雙邊。中山大學藏。○明汪應魁貽經堂刻本，附綱領等同前，半葉九行，行十八字，白口，四周雙邊。北京師大、故宫、湖南師大、安徽圖書館、河南圖書館藏。○明崇禎四年孫爆刻本，附綱領等同前。半葉九行，行十八字，白口，四周雙邊。安徽大學、無錫市圖書館藏。○明末刻本，附綱領等同前。半葉九行，行十八字，左右雙邊。南通圖書館藏。○明刻本，無附，半葉九行，行十八字，白口，左右雙邊。清姚元之批校。浙江圖書館藏。○明崇禎刻本，題「景陵鍾惺伯敬父評，武林鍾天墀九瞻、鄧名揚左名、鍾越異度輯註」。半葉八行，行二十四字，白口，四周單邊。清華大學、重慶圖書館、臺灣「中央圖書館」等藏。

麟經指南一卷　不著撰人名氏　**六三三**

永樂大典本（總目）。○《提要》云：「前有自序，署曰退修菴題。」又云：「蓋元末鄉塾之陋本也。」

春秋圖說無卷數　不著撰人名氏　**六三四**

浙江吴玉墀家藏本（總目）。○《浙江省第四次吴玉墀家呈送書目》：「《春秋圖説》一本。」○《浙江採集遺書總録》：「《春秋圖説》一册，曝書亭寫本，不著撰人姓氏。」○《提要》云：「卷首題曰『春秋筆削發微』，考楊甲《六經圖》中有《春秋筆削發微圖》，以此本互勘，一一相合。蓋掇取甲書《春秋》一卷，而攙以雜説，僞立此名。卷首有『竹垞』二字朱文印，蓋朱彝尊所藏。而《經義考》不著此名，是必後覺其贋託，棄之不録，而所棄之本又爲吴氏所收耳。」○山東省圖書館藏清鈔本，半葉十一行，行字不等，無格。卷尾有「繡谷亭續藏書」、「劉氏伯子」二印，卷首有「劉鸞翔印」、「仙舟」二印。此本内容與提要一一相符，但未見「竹垞」印，首葉亦無「翰林院印」，蓋吴氏留存副本也。《存目叢書》據以影印。

春秋提要四卷　明饒秉鑑撰　六三五

江西巡撫採進本(總目)。○《江西巡撫海第一次呈送書目》：「《春秋提要》二本。」

左觿一卷　明邵寶撰　六三六

通行本(總目)。○北京大學藏明崇禎四年曹荃編刻《邵文莊公經史全書》本，題「邑後學曹荃編刻，冢玄孫澄較正」，半葉十行，行二十字，白口，四周單邊。前有壬午夏仲自序。《存目叢書》據以影印。故宫博物院、安徽博物館、寧夏圖書館、青海圖書館藏。

春秋經世一卷　明魏校撰　六三七

安徽巡撫採進本(總目)。○北京大學藏明嘉靖王道行刻《莊渠先生遺書》本，編爲第七卷，正文首行題「莊渠先生遺書春秋經世卷之七」，次行題「兵備副使太原王道行梓，門人歸有光校」。半葉十行，行二十一字，白口，左右雙邊。有「曾在李鹿山處」、「曾在施紹和處」等印記。《存目叢書》據以影印。○重慶市圖書館藏明鈔本。

春秋説志五卷　明吕柟撰　**六三八**

浙江吴玉墀家藏本(總目)。○《浙江省第四次吴玉墀家呈送書目》:「《春秋説志》五卷,明吕柟著,一本。」○《浙江採集遺書總録》:「《春秋説志》五卷,刊本,明吕柟撰。」○北京圖書館藏明嘉靖三十二年謝少南刻《涇野先生五經説》本,首行題「涇野先生春秋説志」,半葉十行,行二十字,白口,四周雙邊。無序跋。《存目叢書》據以影印。○上海圖書館藏明鈔《涇野先生五經説》本。○清咸豐八年刻《吕涇野經説》本,《惜陰軒叢書》續編之一。○清光緒二十二年長沙刻《惜陰軒叢書》續編本。○民國二十六年商務印書館《叢書集成初編》據初刻《惜陰軒叢書》本排印本。

春秋集要十二卷　明鍾芳撰　**六三九**

浙江巡撫採進本(總目)。○《浙江省第六次呈送書目》:「《春秋集要》十二卷,明鍾芳著,二本。」○《浙江採集遺書總録》:「《春秋集要》十二卷,刊本,明户部侍郎鍾芳撰。」

春秋私考三十六卷　明季本撰　**六四〇**

浙江汪啟淑家藏本(總目)。○《浙江省第四次汪啟淑家呈送書目》:「《春秋私考》三十六卷,明季本著,十二本。」○《浙江採集遺書總録》:「《春秋私考》三十六卷,刊本,明季本撰。」○《山東巡撫第二次呈進書目》:「《春秋私考》十二本。」○天津圖書館藏明嘉靖刻本,題「會稽季本考義」,半葉十行,行二十一字,白口,左右雙邊。前有嘉靖二十九年庚戌九月既望唐順之序,嘉靖二十四年自序,後有嘉靖三十六年丁巳中夏午日王交後序。鈐「際唐之印」印記。《存目叢書》據以影印。上圖、遼圖、川圖等亦有此刻。○按：季本又有《春秋地考》一卷,《山東巡撫第二次呈進書目》、《浙江省第四次汪啟淑家呈送書目》均有之。臺灣「中央圖書館」藏舊鈔本一卷,半葉九行,行十八字,無格。首葉鈐「翰林院印」滿漢文大官印,即當時進呈本也。唯《總目》不載,余以二書相校,知《地考》係摘取《私考》有關地理者而成,則館臣棄而不録,良有以也。又遼圖藏清初鈔本,北圖藏清鈔本。

春秋世學三十二卷　明豐坊撰　六四一

兩淮鹽政採進本(總目)。○《兩淮鹽政李呈送書目》：「《春秋世學》三十二卷,明豐坊,二十本。」○《浙江省第四次吴玉墀家呈送書目》：「《春秋世學》三十二卷,明豐坊輯,十本。」○《浙江採集遺書總録》：「《春秋世學》三十二卷,寫本。」○《編修勵第一次至六次交出書目》：「《春秋世學》三十本。」○湖北圖書館藏明鈔本,三十三卷,無序跋,題宋豐稷相之案斷,十五世孫道生擇義。半葉九行,注雙行,白口,藍格,四周雙邊。鈐「表章經史之寶」大方印。卷九第一葉、第二葉、第四十至四十七葉、卷十第三十四至四十二葉、卷十六第四十五葉版心均有「鄞豐氏萬卷樓」六字,蓋當時謄清稿本也。《存目叢書》據以影印。○臺北「故宫博物院」藏紅格鈔本,三十二卷十六册。○天一閣文物管理所藏明藍格鈔本,存卷一至卷二十七,十三册,鈐「天一閣」、「四明范氏圖書記」等印記。

左氏春秋鐫二卷　明陸粲撰　六四二

浙江巡撫採進本(總目)。○《浙江續購書》：「《左氏春秋鐫》一本。」○《浙江採集遺書總録》閏集：「《左氏春秋鐫》二卷，刊本。」○《兩江第一次書目》：「《左氏春秋鐫》，明陸粲著，二本。」○雲南大學藏明嘉靖二十七年盧氏少谷草堂刻本，半葉八行，行十六字，白口，左右雙邊。○中國科學院圖書館藏明嘉靖四十二年陸延枝刻本，與《春秋胡氏傳辨疑》二卷合刊。半葉八行，行十六字，白口，左右雙邊。前有陸粲自序。後有嘉靖九年庚寅冬陸粲跋云：「二三子者既校而刻之矣，書其後以志吾愧。」則初刻於嘉靖九年。跋後有題名：「平越衛學門生劉祥、金鳳、劉奇、楊世雍、戴濬、徐柯等同校刻。嘉靖癸亥男延枝重刻於花橋水閣。」知是本爲嘉靖四十二年癸亥其子陸延枝花橋水閣重刻者，寫刻頗工。《存目叢書》據以影印。江西圖書館亦藏是刻。

春秋讀意一卷　明唐樞撰　**六四三**

浙江汪啟淑家藏本（總目）。○《浙江省第四次汪啟淑家呈送書目》：「《春秋讀意》一卷，明唐樞著，一本。」○《浙江採集遺書總録》：「《春秋讀意》一卷，刊本，明唐樞撰。門人潘季馴校刊。」○山西大學藏明嘉靖至萬曆間刻《木鐘臺集》再集本，題「歸安唐樞」，半葉九行，行十八字，白口，四周單邊。前有隆慶四年庚午季夏門人潘季馴序。《存目叢書》子部《木鐘臺集》即據此本影印。中國科學院圖書館、上海圖書館等亦有此刻。○清咸豐六年唐氏書院刻《木鐘臺全集》本，中國科學院圖書館、北京大學、浙江圖書館藏。

春秋録疑十六卷　明趙恒撰　**六四四**

浙江范懋柱家天一閣藏本（總目）。○《浙江省第五次范懋柱家呈送書目》：「《春秋録疑》十六卷，明趙恒著，五本。」〇《浙江採集遺書總録》：「《春秋録疑初稿》十二卷，天一閣寫本，明姚安知府晉江趙恒撰。」〇首都圖書館藏明鈔本，存卷一隱公元年至十一年。〇北京圖書館藏清鈔本，題「賜進士姚安知府晉江趙恒著，賜進士兵部觀政長男趙日新、丙子科文魁中男趙日崇仝輯，賜進士同年玉吾林一材校」。半葉十一行，行二十五字，無格。前有門人況叔祺《重刻春秋録疑序》，後有萬曆六年休陽後學生邵誠《重刻春秋録疑跋》云：「敬請而梓之，用廣先生之傳。」版心記刻工：黄鋌刊、黄鑽刻、新安黄鋌刊。則是本從萬曆六年休陽邵誠刻本出，原本刻工爲歙縣虬村諸黄。卷内鈐「雪苑宋氏蘭揮藏書記」、「宋筠」、「蘭揮」、「緜松菴」、「禮培私印」、「掃塵齋積書記」、「湘鄉王氏祕籍孤本」諸印記。宋筠康熙四十八年進士，則是本傳鈔猶在清初。《存目叢書》據以影印。

春秋國華十七卷　明嚴訥撰　　**六四五**

兩淮馬裕家藏本(總目)。〇《兩淮商人馬裕家呈送書目》：「《春秋國華》十七卷，明嚴訥，十本。」〇《兩江第一次書目》：「《春秋國華》，明嚴訥著，八本。」〇中山大學藏明萬曆三年嚴氏家塾活字印本，題「太子太保吏部尚書武英殿大學士吴郡嚴訥輯」。半葉九行，行二十字，白口，四周單邊。前有萬曆三年孟春吉旦南京工部右侍郎門人徐栻序，甥陳瓚序，末有男治跋。徐序云：「先生是編手授翼子治、澄，珍習有年，乃其纘□□念，欲推廣家傳而公之後學，□□諸梓，謂栻以經術録門墻，屬爲之叙。」陳序云：「梓成，遂屬瓚弁諸首。」男治跋云：「家塾中偶有活字板，乃印裝成帙。」據此三序知爲萬曆三年嚴氏家塾活字印本。又活字印本亦可統謂之梓，此其例也。《存目叢書》據以影印。上圖、臺灣「中央圖書館」亦藏是本。臺灣「中央圖書館」藏本首葉鈐「翰林院印」滿漢文大官印，爲進呈四庫館之本，又鈐「丹徒嚴氏藏書」印。蔡琳堂先生寄示書影。

春秋四傳私考十三卷　明徐浦撰　　**六四六**

兩淮鹽政採進本（總目）。○《兩淮鹽政李續呈送書目》：「《春秋四傳私考》十三卷，明徐浦，二本。」○臺灣「中央圖書館」藏影鈔明萬曆五年丁丑浦城徐氏家刊本，十三卷二册，題「浦城徐浦著」，半葉九行，行十九字，無格。前有萬曆五年丁丑姜寶序，萬曆七年己卯林爊序。後有萬曆五年丁丑十月男繼芳跋云：「芳不肖，無能讀父書，謹壽之梓以貽來世。」跋後有「孫縣學生薦鶚梓」一行。卷内鈐「翰林院印」滿漢文大官印。書衣有「乾隆三十八年七月□淮鹽政李質穎送到徐浦春秋四傳私考壹部計書貳本」長方進書木記，殘去一字，當是「兩」字。此即館臣所見兩淮呈本也。戊寅五月朔觀於臺北。按：清嘉慶十六年浦城祖氏留香室重刻本卷末嘉慶十五年秋祖之望跋云：「萬曆丁丑其子繼芳曾以活字板印行，而顛倒舛誤，至有不可句讀者。因屬東巖太守以四傳原文互相檢校，重付梓人。」然則萬曆五年浦城徐繼芳印行者係活字本，非刻本也。當時活字排版亦得泛稱壽梓，故繼芳跋有「謹壽之梓」語。○天津圖書館藏清嘉慶十六年浦城祖氏留香室刻本，合爲二卷，《浦城遺書》之一。題「明徐浦撰，後學祖昌泰較刊」。半葉十行，行二十三字，白口，四周雙邊。版心下刻「留香室開雕」。封面刻「大清嘉慶十有六年」、「浦城祖氏留香室刊」。前有姜寶序，目録。後有嘉慶十五年庚午秋祖之望跋。《存目叢書》據以影印。北圖、上圖、南圖等均有是刻。

左傳注解辨誤二卷　明傅遜撰　**六四七**

江蘇巡撫採進本（總目）。○《江蘇省第一次書目》：「《左傳註解辨誤》二本。」○《江蘇採輯遺書目録》：「《左傳杜註辨誤》二卷，明建昌教諭婁縣傅遜著。」○清華大學藏明萬曆十一年日殖齋刻本，題「吴郡後學傅遜著」，半葉八行，行十八字，白口，左右雙邊。版心刻「日殖齋梓」。前有萬曆十一年癸未春自序。與《春秋左傳屬事》二十卷《古字奇字音釋》一卷《古器圖》一卷合印。《存目叢書》據以影印。北京大學、人民大學、上海圖書館等亦藏此刻。又有萬曆十七年重修本，湖南圖書館、北京圖書館藏。又有萬曆二十六年重修本，湖北圖書館、福建師大、蘇州圖書館藏。按：臺灣「中央圖書館」有單行本，作《春秋左傳註解辨誤》二卷《補遺》一卷《古字奇字音釋》一卷《古器圖》一卷，共五册。首册封面前半葉大字題「春秋左傳註解辨誤」，其下小字雙行「附補遺、古器圖、古字奇字音釋」；封面後半葉有牌記「萬曆癸未年春傅氏日殖齋梓」。知此種之刻在萬曆十一年春。而《春秋左傳屬事》二十卷則成於萬曆十三年，丁丙《善本書室藏書志》著録云「前後有萬曆十三年遜自序兩篇」可證也。世傳各本以彙印者居多，《中國古籍善本書目》遂以彙印本入録，而統謂之「萬曆十三年日殖齋刻本」，未確也。又《四庫提要》謂「前有《古字奇字音釋》一卷，乃《左傳屬事》之附録，裝緝者誤置此書中」，據臺灣「中央圖書館」藏本封面所題，顯係《春秋左傳註解辨誤》之附録，《提要》誤也。○臺灣「中央圖書館」藏日本延享三年覆刻明萬曆日殖齋刻本，作《春秋左傳註解辨誤》二卷《補疑》一卷《古器圖》一卷，半葉八行，行十八字，白口，左右雙邊。版心下刻「日殖齋梓」。刻工名：中江久四郎、太田庄右衛門、前川六左衛門等。卷末刻「延享丙寅正月」及日本書坊名、刊刻人名(詳該館《善本書志初稿》)。上圖、遼圖、臺灣「中央研究院」史語所亦有此本。延享三年當清朝乾隆十一年。○日本寬政五年大陂書林重刻日殖齋本,同上。華東師大、大連圖書館藏。時當清乾隆五十八年。○日本寬政六年尚絅館刻本,篇卷同上。北大、遼圖、川圖藏。

六四八　左氏討一卷左氏論一卷　明馮時可撰

江蘇巡撫採進本(總目)。○《江蘇省第二次書目》:「《元敏天池集》三本。」○《江蘇採輯遺書目録》:「《元敏天池集》五卷,明吴郡馮時可著。抄本。」○《四庫提要·左氏釋》云:「此書舊與《左氏討》、《左氏論》合爲一書,總標曰《元敏天池集》。意當時編入集内,故鈔本尚襲舊題。」○北京圖書館藏明萬曆刻《馮元成雜著九種》本,《左氏討》一卷、《左氏論》二卷,題「馮時可元敏著」,半葉九行,行十八字,白口,四周單邊。版心刻工:吴門馬凌雲刻、雲間孫訥刻、何文甫刻。《存目叢書》據以影印。臺灣「中央圖書館」藏明萬曆刻《馮元敏集》内有此二種,當是一版。按:《左氏論》分上下二卷,進呈本及傳世萬曆本均如是,《總目》誤爲一卷。

六四九　春秋翼附二十卷　明黄正憲撰

浙江汪啟淑家藏本(總目)。○《浙江省第四次汪啟淑家呈送書目》:「《春秋翼附》二十卷,明黄正憲著,八本。」○《浙江採集遺書總録》:「《春秋翼附》二十卷,刊本。」○《都察院副都御史黄交出書目》:「《春秋翼附》,明黄正憲著,十本。」○北京大學藏明刻本,題「明嘉禾後學廣寓居士黄正憲著，男承鼎編次」。半葉十行，行十九字，白口，左右雙邊。前有賀燦然序，伯兄正色序，凡例，目録。卷尾有「檇李胡元貢書，金陵楊應元刻」二行。卷内鈐「佐伯文庫」、「方功惠藏書印」等印記。《存目叢書》據以影印。按：黄正色序云：「余與季皆六旬餘，暮年兄弟，種種繫懷，因勸付之剞劂，與《易象管窺》先公諸海内。」賀燦然序云：「初刻《易象管窺》成，屬余序諸簡端。兹復以《春秋翼附》問序。」則此書之刻在《易象管窺》後不久，故刻工均有楊應元。《易象管窺》前有《管窺膚見》稱「是編始於乙未，成於壬寅」，黄正色萬曆五年進士，此壬寅乃萬曆三十年。則《春秋翼附》之刻當在萬曆三十年後不久。南京圖書館亦有此刻。〇東北師大藏清乾隆五年刻本（東北師大目）。

六五〇　春秋諸傳辨疑四卷　明朱睦㮮撰

浙江范懋柱家天一閣藏本（總目）。〇《浙江省第五次范懋柱家呈送書目》：「《春秋諸傳辨疑》四卷，明宗室睦㮮著，三本。」〇《浙江省第四次汪啟淑家呈送書目》：「《春秋諸傳辨疑》四卷，明朱睦㮮著，二本。」〇《浙江採集遺書總録》：「《春秋諸傳辨疑》四卷，寫本。」〇《江蘇省第一次書目》：「《春秋諸傳辨疑》一本。」〇北京大學藏清鈔本，題「後學汴上睦㮮著」，半葉十行，行二十字。前有萬曆三年二月朔日朱睦㮮自序。卷内鈐「宋氏蘭揮藏書善本」、「宋筠」等印。《存目叢書》據以影印。〇北京圖書館分館藏清鈔本。

六五一　春秋以俟録一卷　明瞿九思撰

兩淮馬裕家藏本（總目）。〇《兩淮商人馬裕家呈送書目》：「《春秋以俟録》三卷，明瞿九思，一本。」

春秋疑問十二卷　明姚舜牧撰　**六五二**

浙江巡撫採進本（總目）。○《浙江省第三次書目》：「《春秋疑問》十二卷，明姚舜牧著，六本。」○《浙江採集遺書總録》：「《春秋疑問》十二卷，刊本。」○南京圖書館藏明萬曆六經堂刻《五經疑問》本，正文首行題「春秋疑問卷之一」，次行題「烏程後學承菴姚舜牧著」。半葉十行，行二十字，白口，四周單邊。前有萬曆三十一年癸卯七月自序。卷尾有「丙申仲冬曾孫男淳起校補」一行。丙申爲順治十三年，則此本爲萬曆刻清順治十三年姚淳起修補本。鈐「嘉惠堂藏閲書」、「松生印」、「善本書室」、「八千卷樓」等印記。《存目叢書》據以影印。復旦大學亦有此刻。上海圖書館有單本。

春秋匡解六卷　明鄒德溥撰　**六五三**

浙江巡撫採進本（總目）。○《浙江省第十一次呈送書目》：「《春秋匡解》六卷，明鄒德溥著，十六本。」○《浙江採集遺書總録》閏集：「《春秋匡解》六卷，刊本。」○上海圖書館藏明藍格鈔本，不分卷，半葉十行，行二十四字，前有鄒德溥序。卷内鈐「長興王氏詒莊樓藏」、「詒莊樓」、「王修之印」等印記。《存目叢書》據以影印。

春秋直解十五卷　明郝敬撰　**六五四**

浙江汪啟淑家藏本（總目）。○《浙江省第四次汪啟淑家呈送書目》：「《春秋直解》十五卷，明郝敬著，三本。」○《浙江採集遺書總録》：「《春秋直解》十五卷，刊本，明郝敬撰。」○明萬曆四十四年京山郝氏家刻本《郝氏九經解》之一，半葉十行，行二十一字，白口，四周單邊。前有《讀春秋》一卷數十條。南圖、復旦、湖北省圖書館藏。中國科學院圖書館有單本，正文首葉次行「男千秋千石校刻」七字僅存「男千秋」三字。卷尾「萬曆丙辰仲夏京山郝氏刊刻」識語亦被裁去。《存目叢書》據以影印。〇上海師大藏鈔本《郝氏九經解》本。〇天津師大藏鈔本四册。

讀左漫筆一卷　明陳懿典撰　**六五五**

編修程晉芳家藏本（總目）。〇清道光十一年六安晁氏木活字印《學海類編》本，《存目叢書》用北圖藏本影印。上圖、南圖等亦有此本。〇民國九年商務印書館影印晁氏木活字《學海類編》本。〇清道光二十八年黄秩模排印本，《遜敏堂叢書》之一。〇民國二十六年商務印書館《叢書集成初編》據《學海類編》本排印本。

春秋闡義十二卷　明曹學佺撰　**六五六**

浙江汪啟淑家藏本（總目）。〇《浙江省第四次汪啟淑家呈送書目》：「《春秋闡義》十二卷，明曹學佺著，六本。」〇《浙江採集遺書總録》：「《春秋闡義》十二卷，刊本。」

麟經統一篇十二卷　明張杞撰　**六五七**

浙江巡撫採進本（總目）。〇《浙江省第十一次呈送書目》：「《麟經統一編》十二卷，明張杞著，十本。」〇《浙江採集遺書總録》閏集：「《麟經統一編》十二卷，刊本。」〇北京圖書館藏明萬曆三十三年自刻本，正文首行題：「新刻麟經統一編卷之一。」次行至四行題：「西吴張杞成夫甫著，男趙烷、晉烷、郇烷、雍烷、姪時化、時俊、魏烷、酆烷仝校。」半葉九行，行二十一字，白口，四周單邊。前有萬曆三十三年乙巳張杞《新刻麟經統一小引》，沈演序，温體仁序，三十三年沈士茂序，條例。《存目叢書》據以影印。按：書名「編」字《總目》誤作「篇」。

春秋麟寶六十三卷　明余敷中撰　六五八

浙江汪啟淑家藏本（總目）。〇《浙江省第四次汪啟淑家呈送書目》：「《春秋麟寶》六十三卷，明余敷中著，十本。」〇《浙江採集遺書總録》：「《春秋麟寶》六十三卷，刊本，明姑蔑余敷中撰。」〇北京大學藏明萬曆刻本，正文首行題「麟寶」，次題「余敷中輯」。半葉十行，行二十字，白口，四周雙邊。眉上鐫音。前有萬曆三十四年乙卯自序。正文六十三卷，又有卷之首一卷。《存目叢書》據以影印。北圖、西北大學亦有是刻。〇《提要》云：「敷中，不知何許人。」按：《浙江總録》云「姑蔑余敷中」，《左傳》哀公十三年：「六月丙子越子伐吴，……彌庸見姑蔑之旗。」杜注：「姑蔑，越地，今東陽太末縣。」檢宋慈抱《兩浙著述考》：「《春秋麟寶》六十三卷，明衢縣余敷中撰。敷中，字定陽，以鄉薦秉鐸淳安，《鄭志》有傳。」此所謂《鄭志》指民國鄭永禧修《衢縣志》。考明代無衢縣，衢縣即漢太末縣，明代爲西安縣，民國改西安縣爲衢縣。然則，余敷中當爲明衢州府西安縣人。

春秋續義發微十二卷　明鄭良弼撰　六五九

兩淮馬裕家藏本（總目）。〇《兩淮商人馬裕家呈送書目》：「《春秋續義發微》十二卷，明鄭良弼，二本。」〇清華大學藏明鈔本七卷，正文首行題「春秋續義纂要發微卷之一」。半葉九行，行二十四字。前有萬曆十四年七月顧雲程《刻春秋續義或問序》云：「書林吴氏請梓以廣其傳。」又萬曆十四年夏江鐸序云：「乃因書林吴氏請。」又萬曆四年徐廷綬序，萬曆五年顧汝紳序，萬曆六年劉汝昭引，隆慶四年自序，凡例，助校姓氏。則此鈔本從萬曆十四年書林吴氏刻本出。首葉鈐「翰林院印」滿漢文大官印，蓋當時進呈四庫館原本。又鈐「尊餘堂印」、「趙汝師藏書印」等印記。《存目叢書》據以影印。按：傅增湘嘗見此帙，載入《藏園群書經眼録》，云「四庫存目爲十二卷，此本似佚去末册」，又謂此係徐梧生藏書。

春秋心印十四卷　明鄭鈢撰　六六〇

兩江總督採進本（總目）。〇《兩江第一次書目》：「《春秋心印》，明鄭鈢著，抄本，十四本。」

春秋左翼四十三卷　明王震撰　六六一

浙江汪啟淑家藏本（總目）。〇《浙江省第四次汪啟淑家呈送書目》：「《左翼》四十三卷，明王震著，十一本。」〇《浙江採集遺書總録》：「《左翼》四十三卷，刊本，明舉人烏程王震撰。」〇山東省圖書館藏明萬曆三十一年刻本，題「烏程後學王震編輯」，半葉九行，行十九字，白口，左右雙邊。眉上刻音義。前有沈濬序，萬曆三十一年焦竑序，王豫《王氏刻春秋左翼跋》。《存目叢書》據以影印。臺灣「中央圖書館」藏此刻本，另有萬曆三十一年王震引，無焦竑序。北大、上圖等亦有是刻。

春秋衡庫三十卷　明馮夢龍撰　六六二

浙江吴玉墀家藏本（總目）。〇《浙江省第四次吴玉墀家呈送書目》：「《春秋衡庫》三十卷，明馮夢龍輯，八本。」〇《浙江採集遺書總録》：「《春秋衡庫》三十卷，刊本。」〇《兩江第一次書目》：「《春秋衡庫》，明馮夢龍輯，四本。」○《武英殿第一次書目》：「《春秋衡庫》八本。」○北京大學藏明天啟五年刻本，題「馮夢龍輯，張我城参」。半葉十行，行二十字，白口，四周單邊。前有天啟五年九月李長庚序。封面有閶門葉昆池刻書識語凡五行一百二十三字，謂《衡庫》當與《指月》相輔而行，嘉惠海内，豈惟本坊之賜。正文前有附録三卷，正文後有《備録》一卷。《存目叢書》據以影印。南圖、浙圖、臺灣「中央圖書館」等亦有是刻。天一閣文物管理所本有清應紀奉批注。○哈佛燕京圖書館藏明天啟刻本，作《增定春秋衡庫》，半葉九行，行十八字，白口，四周雙邊。題「馮夢龍輯，余璟参」。注文有增補。（沈津《書志》）

別本春秋大全三十卷　明馮夢龍撰　六六三

内府藏本（總目）。○《武英殿第二次書目》：「《春秋大全》十本。」

春秋四傳通辭十二卷　明陳士芳撰　六六四

浙江巡撫採進本（總目）。○《浙江省第六次呈送書目》：「《春秋四傳通辭》十二卷，明陳士芳著，四本。」○《浙江採集遺書總録》：「《春秋四傳通解》十二卷，刊本，明海寧陳士芳輯。」○湖北圖書館藏明奏星堂刻本，題：「浙汜陳士芳清佩輯」，半葉九行，行二十字，白口，四周單邊。版心刻「奏星堂」三字。前有丁丑孟秋奏星堂主人《發凡》八則，云「余總四傳而輯之」，又云「坊本於十二公各年首重載諸國廢興，殊覺駢指，今總列帙首」，則奏星堂爲陳士芳別號，此本爲丁丑年自刻之本。《存目叢書》據以影印。南京圖書館亦有是刻，丁氏八千卷樓故物。

春秋左傳典略十二卷　明陳許廷撰　六六五

江蘇巡撫採進本（總目）。〇《江蘇省第一次書目》：「《春秋左傳典略》一本。」〇《江蘇採輯遺書目録》：「《左傳典略》不分卷，明鹽官陳許廷著，刊本。」〇浙江圖書館藏明崇禎刻本，題「明浙澥陳許廷著」，半葉九行，行十九字，白口，四周單邊。前有華亭張昂之序，崇禎二年上冬長水譚貞默序，崇禎二年自序。《存目叢書》據以影印。山東圖書館、上海辭書出版社均有是刻。

春秋揆一卷　明黃道周撰　六六六

浙江汪啟淑家藏本（總目）。〇《浙江省第四次汪啟淑家呈送書目》：「《春秋揆》一卷，明黃道周著，一本。」〇《浙江採集遺書總録》：「《春秋揆》一册，刊本，明黃道周撰。」〇南京圖書館藏清鈔本，作《春秋揆略》一卷，題「漳浦黃道周著，門人胡夢鍹較，後學龍溪林廣顯、嘉義林希哲、嘉義林希謙、龍溪林巽中重校刊」。半葉九行，行十八字，無格。末有癸未禊月門人胡夢鍹識語云：「二編刻於庚辰復月，未廣其傳，而《春秋揆》萧中已有刻本，同人欲見者多，因復不能祕」云云。卷首尾及書口均標曰「春秋揆略」。道周卒於順治三年丙戌，此庚辰爲崇禎十三年，癸未爲崇禎十六年。卷内鈐「錢唐丁氏正修堂藏書」、「四庫坿存」等印記。《存目叢書》據以影印。〇東北師大藏清道光五年榕城鼇峰書院刻本，作《春秋揆略》一卷，《石齋先生經義四種》之一。

春秋實録十二卷　明鄧來鸞撰　六六七

浙江吴玉墀家藏本（總目）。〇《浙江省第四次吴玉墀家呈送書目》：「《春秋實録》十二卷，明鄧來鸞著，六本。」○《浙江採集遺書總録》：「《春秋實録》十二卷，刊本。」○北京大學藏明崇禎刻本，題「昭武鄧來鸞繡青父編」，半葉九行，行二十一字，白口，四周單邊。前有崇禎五年仲秋朔二日友人西吴沈演序，鄧來鸞《凡例》。鈐有「進德館印」、「木犀軒藏書」、「李氏玉陔」、「麐嘉館印」等印記。《存目叢書》據以影印。臺灣「中央圖書館」亦藏此刻，首葉鈐「翰林院印」滿漢文大官印，又鈐「竹垞」、「繡谷亭續藏書」、「吴城」、「敦復」等印記，即吴玉墀進呈之本。蔡琳堂先生以書影見示。

春秋纂無卷數　明朱之俊撰　**六六八**

山西巡撫採進本（總目）。○《山西省呈送書目》：「《春秋纂》四卷。」○中國科學院圖書館藏清順治十七年刻本，題「汾陽朱之俊著，秣陵後學周士章參」。半葉八行，行二十一字，白口，四周單邊。前有胡世安序，順治十七年八月周士章序，順治十年朱之俊序。周序云：「歲春，章以讀禮南歸，拜辭，先生惓惓以《春秋纂》公之海内，授資以佐殺青。垂教苦心，於兹可見。」封面刻「瑯環藏珍板」。全書分元、亨、利、貞四集，故山西進呈目作四卷。《存目叢書》據以影印。按：《中國古籍善本書目》著録爲「清順治活字印本」，觀原書上下字間有交叉，當是刻板。蓋順治十七年春周士章携歸金陵付刊者。○山西大學藏清康熙三十七年刻本四集四册。

麟旨定無卷數　明陳于鼎撰　**六六九**

浙江汪啟淑家藏本（總目）。○《浙江省第四次汪啟淑家呈送書目》：「《麟旨定》不分卷，明陳于鼎著，八本。」○《浙江採集遺書總録》：「《麟旨定》八册，刊本。明陽羨陳于鼎著。」○南京圖書館藏明崇禎刻本十二卷,題「陽羨陳于鼎爾新著,古吴張我城德仲參,平陵史順震爾長較」。半葉九行,行二十八字,白口,四周單邊。前有崇禎四年辛未仲春花命日長洲張我城序。次《鑒定參閲名公姓氏》,列李紹賢至張鉌凡九十六人。《存目叢書》據以影印。上海圖書館亦藏此刻。

春秋三書三十二卷　明張溥撰　六七〇

副都御史黄登賢家藏本(總目)。○《都察院副都御史黄交出書目》:「《春秋三書》,明張溥著,八本。」○《江蘇省第一次書目》:「《春秋三書》六本。」○中國科學院圖書館藏明末刻本,題「明婁東張溥西銘父著」,半葉十行,行二十字,白口,左右雙邊。前有徐汧序,張采序,張采《例詞》。目録三十二卷,書實三十一卷。卷内鈐「貴陽趙氏壽華軒藏」、「慰蒼收藏善本」二印,近代趙慰蒼故物也。《存目叢書》據以影印。北圖、南圖、浙圖等均有此刻。○清金閶徐參微刻本十六册(南京大學目)。

春秋説三十卷附録三卷　明王寖大撰　六七一

山東巡撫採進本(總目)。○《山東巡撫呈送第一次書目》:「《春秋説》十本。」○《提要》云:「蓋此本爲寖大孫雲龍所録,未及刊版。」

春秋義三十卷　明顧懋樊撰　六七二

江蘇周厚堉家藏本(總目)。○《江蘇省第一次書目》:「《春秋義》六本。」○《江蘇採輯遺書目録》:「《春秋義》三十卷,明杭州顧懋樊著。」○北京大學藏明崇禎刻《桂林經説》本,作《桂林春秋義》。二截版,下欄爲《桂林春秋義》,題「後學武林顧懋樊霖調甫編著」,半葉九行,行十七字。上欄爲《諸儒春秋解鈎玄》，約半葉十五行，行十七字。白口，四周單邊。前有乙卯張懋謙序，乙卯朱稷序，沈澹思序，江元祚序，崇禎十二年自序。自序後有「男爆祚授梓」五字。次凡例，目録。鈐「方功惠藏書印」、「巴陵方氏藏書印」、「方家書庫」等印記。《存目叢書》據以影印。

六七三　鍾評左傳三十卷　晉杜預集解　明鍾惺評

内府藏本（總目）。○《武英殿第二次書目》：「《鍾評左傳》八本。」○《提要》云：「毛晉汲古閣所刻。」○浙江圖書館藏明崇禎毛晉汲古閣刻《四經六書讀本》本，正文首行題「春秋左傳卷一」，不署撰人。半葉八行，行十七字，白口，左右雙邊，版心下刻「汲古閣」。前有辛未重陽前一日京山楊鼎熙《鍾評左傳序》云「毛子晉董其事」，又辛未七月毛晉《左傳紀略》，知即崇禎四年毛晉汲古閣刻本。次原序，目録。次題名：批評：鍾惺伯敬，景陵人；參訂：王鳴玉等十二人。是本但録杜預注及陸德明釋文，其隨文評點即鍾惺批評，楊序稱「鍾評左傳」，即館臣所據者也。《存目叢書》據以影印。遼寧圖書館亦有是刻。

六七四　春秋左傳評注測義七十卷　明凌稚隆撰

浙江吴玉墀家藏本（總目）。○《浙江省第四次吴玉墀家呈送書目》：「《春秋左傳評註測義》七十卷，明凌稚隆著，二十本。」○《浙江採集遺書總録》：「《春秋左傳評註測義》七十卷，刊本。」○湖北省圖書館藏明萬曆十六年刻本，正文首行題「春秋左傳註評測義卷之一」，次行題「明吴興後學凌稚隆輯著」，半葉十行，行二十字，白口，左右雙邊。前有王世貞序，萬曆十六年沔陽陳文燭序，萬曆十六年正月人日范應期《刻左傳註評測義叙》。又《春秋左傳世系譜》、《春秋左傳名號異稱便覽》、《春秋左傳地名配古籍》、《春秋列國東坡圖説》、《引用書目》、《註評測義姓氏》、《春秋左傳總評》、《讀春秋左傳測言》。測言末署「萬曆丁亥仲冬朔日吴興後學凌稚隆以棟父識於水霞館之枕石所」。版心刻工：陶文、徐禎刻，豫章吉郡郭祖寫，陶昂、徐軒、豫章南邑艾香寫。卷内鈐「桂香小苑」印。《存目叢書》據以影印。北大、復旦、山東省圖書館等亦有此刻。南圖本有清丁丙跋。中國科學院圖書館本有近人金毓黻題記。○按：書名「註評」二字《總目》及進呈目誤倒。○明萬曆刻本，作《春秋左傳評林測義》三十卷，與《春秋經傳集解》合刻，雲南大學、重慶第一師範學校藏。未知與前書異同。

麟傳統宗十三卷　明夏元彬撰　**六七五**

浙江巡撫採進本（總目）。○《浙江省第八次呈送書目》：「《麟傳統宗》十三卷，明夏元彬輯，一本。」○《浙江採集遺書總録》：「《麟傳統宗》十二卷，刊本。」○故宫博物院圖書館藏明崇禎刻本，題「苕清邑夏元彬（原名彪）仲弢父纂定」，半葉九行，行二十二字，白口，四周單邊。前有文震孟序，夏元彬自序，又夏元彬跋。《存目叢書》據以影印。

春秋因是三十卷　明梅之熉撰　**六七六**

浙江巡撫採進本（總目）。○《浙江省第六次呈送書目》：「《春秋因是》三十卷，明梅之熉著，六本。」○《浙江採集遺書總録》：「《春秋因是》三十卷，刊本，明宣城梅之熉撰。」○蘇州市圖書館藏清初金閶孝友堂刻本，題「麻城梅之熉惠連著，甥劉輝聖初較閱，同社王承時象先重訂」。半葉十行，行二十六字，小字雙行同，無直格，四周雙邊。封面刻「春秋單合因是」、「梅惠連先生原本，劉聖初先生重訂」、「金閶孝友堂藏板」，鈐「孝友堂」朱記。前有崇禎十五年除夕西吴唐時序，王鱗標序，順治七年庚寅王承時重訂序，崇禎十五年自序。王承時序云：「與兄平石細加參閲，糢糊脱落一一補完，間有疑義輒趨庭校正之，仍名《因是》，用布同人。」蓋即付梓於順治七年也。《存目叢書》據以影印。

春秋三傳衷考十二卷　明施天遇撰　六七七

浙江巡撫採進本（總目）。○《浙江省第九次呈送書目》：「《春秋三傳衷考》十二卷，明施天遇輯，四本。」○《浙江採集遺書總録》：「《春秋三傳衷考》十二卷，刊本，明長興施達撰。」○北京大學藏明萬曆四十五年刻本，題「吴鄣施天遇輯，門人徐中允校」，半葉十行，行二十字，白口，四周雙邊。前有沈潅序，萬曆三十六年二月望日施達序，四十五年正月施天遇序。天遇序云：「僉謂是功令嚆矢，盍假剞劂傳諸？余逡巡謝弗獲。」目録後有《蘭石閣校刻姓氏》：「施天輝玉涵、施天寵叔承、王世仁以漸、江允貫唯一、施天濟而光、施承緒孺翼、施承軻淑之、徐中允伯翰、吴大佶吉人。」版心刻工：黄鍇刊。《存目叢書》據以影印。

春秋左傳地名録二卷　明劉城撰　六七八

浙江巡撫採進本（總目）。○《浙江省第八次呈送書目》：「《春秋左傳地名録》二卷，明劉城著，一本。」○《浙江採集遺書總録》：「《春秋左傳地名録》二卷，刊本，明諸生貴池劉城撰。」○泰州圖書館藏明崇禎刻本，題「劉城輯」，半葉九行，行約二十一字，白口，四周單邊。前有崇禎六年夏五劉城序，凡例。是本與《春秋外傳國語地名録》一卷《春秋提要》一卷《春秋列國圖説》一卷《春秋左傳異名考》一卷《諸侯興廢》一卷合刻。《存目叢書》據以影印。

春秋五傳平文四十一卷　明張岐然編　**六七九**

内府藏本（總目）。○《武英殿第一次書目》：「《春秋五傳》十六本。」○清華大學藏明崇禎十四年君山堂刻本，正文首行題「春秋四家五傳平文」，次行三行題「明仁和張岐然秀初手輯，錢塘吴漢翃舉遠參閲」。半葉九行，行十九字，白口，四周單邊。版心下刻「君山堂」。封面刻「君山堂梓」。正文前有《春秋五傳綱領》一卷、《春秋諸國興廢説》一卷、《春秋提要》二卷、《春秋筆削發微圖》一卷、《名號歸一圖》二卷、《諸國年表》一卷。前有張岐然序，吴漢翃序，凡例。吴序云：「始於庚辰孟夏，卒於辛巳仲秋，閲月十六而《平文》之書以成，用公世之習讀是經者。」辛巳即崇禎十四年。《存目叢書》據以影印。北大、上圖等亦有是刻。○清乾隆五十一年刻本，作《春秋五傳》十七卷二十册。山東師大藏。

春秋年考一卷　不著撰人名氏　**六八〇**

浙江巡撫採進本（總目）。○《浙江省第四次鮑士恭呈送書目》：「《春秋年考》三本。」○《浙江採集遺書總録》：「《春秋年考》一册，寫本，不著撰人姓氏。」○《提要》云：「後有自跋，稱初成於天啟甲子，重訂於崇禎辛未。自署曰天畸人。有三小印：一曰三峩、一曰仲先、一曰且止菴居。」○遼寧圖書館藏明末鈔本一册，首葉鈐「翰林院印」滿漢文大官印。前有跋，末署「天啟四閱歲甲子短至日天畸人識，崇禎辛未七月望重訂于夷亭懶窩」。後鈐「三峨」、「仲先」、「且止庵居」三小印。與《提要》符合。又鈐「何蒙孫藏書印」、「天香庭院」、「虎頭式」、「曾藏羅叔言處」、「繼祖之印」、「德清堂湯氏收藏印」等印記。《存目叢書》據以影印。按：是本卷前有提要一則，與《總目提要》迥異，疑係當時館臣所擬提要初稿，迻録如次：「春秋年考一卷，浙江鮑士恭家藏本，不著撰人名氏，《明史藝文志》及朱彝尊《經義考》俱未載。是編倣《史記》十二國年表之體而略變其例，如《史記》以魯、齊、晉、秦、楚、宋、衛、陳、蔡、曹、鄭、燕、吴爲序，此則以魯、齊、晉、宋、衛、蔡、鄭、曹、陳、許、楚、秦、吴爲序，删《史記》表中之燕，而增以許，蓋因是書按年編載之事許多而燕少，且以北燕之事《春秋》本不甚載。如魯昭二年北燕伯欵出奔齊，則載於齊景公九年表中。其所載皆本於經，凡某國之事即係于某國表中，非大事則不載。大抵宗《史記》年表、《通志》年譜、《通鑑》目録之例而損益之，綜綱絜要，頗得史家義例。又於會盟征伐之事，如魯隱公元年爲鄭莊二十二年伐衛，注討滑之亂也，春秋伐人始此。皆能得其體要，可爲經學之一助矣。其自序云：既述《春秋君臣世略》，國各爲編，人各爲叙。若綜而絜之，不知事屬何年，人屬何時，於是更作《春秋年考》。按：《春秋君臣世略》亦□傳本，此抄本亦尚有改訂增注之處，或係初録之稿本，尚未刊布也。」此提要有塗乙，想是初稿，其藏家作「浙江鮑士恭家藏本」，與《總目》「浙江巡撫採進本」亦微異，恐是《總目》記載未確。

春秋程傳補二十卷　國朝孫承澤撰　**六八一**

浙江汪啟淑家藏本（總目）。○《浙江省第四次汪啟淑家呈送書目》：「《春秋程傳補》二十卷，國朝孫承澤著，五本。」○《浙江採集遺書總録》：「《春秋程傳補》二十卷，刊本。」○《江蘇省第一次書目》：「《春秋程傳補》三本。」○《江蘇採輯遺書目録》：「《春秋程傳》二十卷，清吏部尚書北平孫承澤著，刊本。」○故宫博物院藏康熙刻本，題「北平孫承澤學」，半葉九行，行十九字，白口，四周單邊。前有康熙九年閏二月自序，後有附録二葉。鈐「黄星海太史圖書記」印。《存目叢書》據以影印。浙圖亦有此刻。

左傳統箋三十五卷　國朝姜希轍撰　**六八二**

浙江汪啟淑家藏本（總目）。○《浙江省第四次汪啟淑家呈送書目》：「《左傳統箋》三十五卷，國朝姜希轍著，十本。」○《浙江採集遺書總録》：「《春秋左傳統箋》三十五卷，刊本，國朝順天府尹會稽姜希轍撰。」○《兩淮鹽政李呈送書目》：「《春秋左傳統箋》三十五卷，國朝姜希轍，十六本。」○中國科學院圖書館藏清康熙十五年刻本，作《左傳統箋》三十五卷，題「會稽姜希轍定庵父集注」，前有康熙十五年丙辰自序，凡例。《存目叢書》據以影印。上圖、西南師大、山東省圖書館均有是刻。○乾隆坊刻本十二册，華東師大藏。

春秋家説三卷　國朝王夫之撰　**六八三**

湖南巡撫採進本（總目）。○《湖南省呈送書目》：「《春秋家説》三本。」○湖南博物館藏清乾隆王嘉愷鈔本。○清道光二十二年新化鄧顯鶴長沙刻《船山遺書》本，分七卷，浙江、河南、湖北、江西、重慶諸圖書館藏。○清同治四年湘鄉曾國荃金陵刻《船山遺書》本，分三卷，卷一分上下，卷三分上中下，實亦七卷。前有牌子：「同治四年湘鄉曾氏栞于金陵節署」，半葉十行，行二十二字，黑口，左右雙邊。《存目叢書》據清華大學藏本影印。○民國二十二年上海太平洋書店排印《船山遺書》本。

春秋傳註三十六卷　國朝嚴啟隆撰　**六八四**

浙江吴玉墀家藏本（總目）。○《浙江省第四次吴玉墀家呈送書目》：「《春秋傳注》三十六卷，明嚴啟隆著，十二本。」○《浙江採集遺書總録》：「《春秋傳註》三十六卷，寫本，明諸生烏程嚴啟隆撰。」○《兩淮商人馬裕家呈送書目》：「《春秋傳註》三十六卷，國朝嚴啟隆，六本。」○北京圖書館藏清康熙四十七年朱彝尊家鈔本，十六册，題「烏程嚴啟隆輯」，半葉九行，行十七字，無格。前有丙申五月五日錢謙益函一通，又丁酉菊月自序。正文前有《提綱》一卷。卷首有朱彝尊手跋：「《春秋傳注》三十六卷，烏程縣學生嚴啟隆爾泰，名在復社，甲申後遁跡，自稱顛軨子，始爲是書，示學徒。以胡氏爲非，而不敢盡攻其謬。錢尚書受之遺之書，勸其改作。此編成，庶幾起膏肓而鍼廢疾矣。康熙戊子二月竹垞老人抄竟，因書其略。」卷内鈐「曾經東山柳蓉邨過眼印」、「吴興劉氏嘉業堂藏書記」等印記。《存目叢書》據以影印。○無錫圖書館藏清鈔本，存卷一至卷八、卷十二至卷三十六，又卷首《提綱》一卷，共三十四卷。

春秋論二卷　國朝嚴穀撰 六八五

江蘇巡撫採進本(總目)。○《江蘇省第二次書目》：「《嚴氏春秋論》二本。」○《江蘇採輯遺書目録》：「《嚴氏春秋論》二卷，明梁溪嚴穀著，抄本。」

春秋正業經傳删本十二卷　國朝金甌撰 六八六

江蘇周厚堉家藏本(總目)。○《江蘇省第一次書目》：「《春秋正業》三本。」○《江蘇採輯遺書目録》：「《春秋正業》，清古虞徐金甌著。」○華東師大藏清康熙三十七年受中堂刻本，兩截版。下欄爲《春秋正業經傳删本》，題「古虞金甌枚臣甫纂定(原注：本姓徐)，同邑朱琦景菴甫、丁有庚遠辰甫參訂」，半葉十二行，行十八字。上欄刻《春秋正業標題講意》，題「太原姜崑麓先生、楚黄張石虹先生、會稽魯敬侯先生仝鑒定，古虞徐金甌枚臣氏輯著，暨陽楊三炯遷木甫、郭本洪巨源甫參訂」。半葉二十行，行十八字。白口，四周單邊。版心下刻「受中堂」，封面刻「春秋正業」、「浙江學院姜張兩大宗師鑒定」、「受中堂祕本」、「本衙藏板」等。前有康熙三十七年四月浙江學政張希良序，三十九年季冬姜櫄序，三十六年春魯德升序，三十六年正月徐金甌序。自序云：「丙子冬稿告竣，妄付諸梓，以公同好。賴衆友捐資，樂觀厥成。」則刻於康熙三十五年冬，至三十六年春刊成。序末署「漫序於西瑶之受中堂」，知受中堂爲著者堂號。《存目叢書》據以影印。

春秋傳議四卷　國朝張爾岐撰 六八七

山東巡撫採進本(總目)。○《山東巡撫呈送第一次書目》：「《春秋傳議》五本。」○天津圖書館藏清鈔本，題「濟陽張爾岐稷若」，半葉十行，無格。原標「春秋傳議第一册」至「春秋傳議第十五册」，似分十五卷。後經圈改合併爲六卷。全書經校改，多批示鈔寫格式，頗似擬刊之原稿。前後無序跋。鈐「有嬀之後」、「怡怡堂珍藏」印記。《存目叢書》據以影印。

學春秋隨筆十卷　國朝萬斯大撰 **六八八**

浙江巡撫採進本（總目）。○《浙江省第一次書目》：「《學春秋隨筆》十卷，國朝萬斯大著，一本。」○《浙江採集遺書總録》：「《學春秋隨筆》十卷，刊本，國朝萬斯大撰。」○《安徽省呈送書目》：「《學春秋隨筆》二本。」○中國科學院圖書館藏清乾隆二十六年萬福刻本，題「四明萬斯大充宗」，前有墓志銘、傳、行狀。目録後有康熙五十六年男經識語。末有書牌：「乾隆辛巳歲孫福重校刻。」《存目叢書》據以影印。此刻又印入《萬充宗先生經學五書》，北圖、津圖、南圖、復旦等有藏。○清道光九年廣東學海堂刻《皇清經解》本。○清光緒十七年上海鴻寶齋石印《皇清經解》本。○清光緒上海點石齋石印《皇清經解》本。

春秋志十五卷　國朝湯秀琦撰 **六八九**

河南巡撫採進本（總目）。○《河南省呈送書目》：「《春秋志》，本朝湯秀琦著，二本。」○《江西六次續採書目》：「《春秋志》八本。」

春秋備要三十卷　國朝翁漢麐撰 **六九〇**

江蘇周厚堉家藏本（總目）。○《江蘇省第一次書目》：「《春秋備要》四本。」○《江蘇採輯遺書目録》：「《春秋備考》三十卷，清海虞翁漢麐著。」

春秋類義折衷十六卷　國朝王芝藻撰 六九一

浙江巡撫採進本(總目)。○《江蘇省第一次書目》：「《春秋類義折衷》四本。」○《江蘇採輯遺書目録》：「《春秋類義折衷》十六卷，清溧川王芝藻著。」

春秋疏略五十卷　國朝張沐撰 六九二

河南巡撫採進本(總目)。○《河南省呈送書目》：「《春秋疏略》，本朝張沐著，十本。」○中國科學院圖書館藏清康熙刻本，題「上蔡張沐起菴著，武進王渭允清參校」。半葉十行，行二十字，白口，四周雙邊。前有康熙三十四年乙亥王渭序，三十二年張沐序。卷五十末有「同服習重校補遺訂誤肥鄉門人馮春暉復元、伯子張燧薪夫、仲子煓柴夫、季子烒傳夫」列名。《存目叢書》據以影印。川大藏清康熙三十五年張氏敦臨堂刻本，清華大學藏清康熙敦臨堂刻《五經四書疏略》本，中國科學院圖書館藏清康熙至乾隆刻《張仲誠遺書》本，均當係同版。

春秋類考十二卷春秋疑義一卷　國朝華學泉撰 六九三

兩淮鹽政採進本(總目)。○《兩淮鹽政李呈送書目》：「《春秋類考》十二卷，國朝華學泉，四本。」○《兩江第一次書目》：「《春秋類考》，無錫華學泉著，四本。」○清嘉慶十九年吴縣吴志忠刻本，僅《春秋疑義》上下二卷，題「梁溪華學泉」，半葉九行，行二十一字，白口，左右雙邊，版心下刻「真意堂」三字。卷末刻「吴縣後學吴志忠校刊」、「江寧周啟友監刻、江錦脩書樣」識語二條。卷首有嘉慶十九年甲戌午月望吴英《刻春秋疑義叙》云：「去年春予於友人家見華霞峰《讀易偶存》六卷、《春秋類考》十二卷、《春秋疑義》二卷，得鈔而藏焉。……忠兒請先爲刻《春秋疑義》。」《存目叢書》用四川圖書館藏本影印，上圖、南圖亦有之。

六九四　春秋輯傳辨疑無卷數　國朝李集鳳撰

直隸總督採進本（總目）。○《直隸省呈送書目》：「《春秋輯傳辨疑》五十二本。」○《提要》云：「此本細字密行，凡五十二巨册，不分卷帙，蓋猶其未編之稿，以紙數計之，當得一百餘卷。」○北京大學藏清鈔本七十二卷，無序跋，題「渝關李集鳳翽升」，半葉十行，行二十三字，無格。鈐「文泉」、「我齋」、「家在清風明月間」、「雙松書屋珍藏」等印記。《存目叢書》據以影印。按：此本編爲七十二卷。其中僖公缺三十一至三十三年。文公缺三至十八年，且所存元年至二年置於成公之後。襄公缺元年至八年。僖公三十年後依次重出莊公二十六至三十二年、閔公元年至二年、僖公元年至八年，凡十卷。此重出十卷偶有注語「换正本寫」云云，知係重鈔之本。然則七十二卷之次序乃後人所編，非原貌也。○清康熙二十七年鈔本一百十六卷首一卷，徐特立批注。湖南圖。

六九五　春秋惜陰録八卷　國朝徐世沐撰

兩江總督採進本（總目）。○《兩江第一次書目》：「《春秋惜陰録》，江陰徐世沐著，抄本，四本。」

六九六　春秋蓄疑十一卷　國朝劉蔭樞撰

陝西巡撫採進本（總目）。○《陝西省呈送書目》：「《春秋蓄疑》。」

春秋集解十二卷附校補春秋集解緒餘一卷春秋提要補疑一卷　國朝應撝謙撰　附淩嘉邵撰　六九七

浙江汪啟淑家藏本(總目)。〇《浙江省第四次汪啟淑家呈送書目》:「《春秋集解》十二卷,國朝應撝謙著,八本。」〇《浙江採集遺書總録》:「《春秋集解》十二卷附《校補緒餘》一卷《提要補遺》一卷,開萬樓寫本,國朝應撝謙撰。」〇北京圖書館藏清鈔本,題「錢塘應撝謙述著,受業淩嘉印較補」,半葉八行,行二十二字,無格,前有應撝謙序。首葉鈐「翰林院印」滿漢文大官印,又鈐「敦復」印。《存目叢書》據以影印。按:吳玉墀兄吳城字敦復,此本似爲吳玉墀呈本。又,淩嘉印《提要》誤爲淩嘉邵。

春秋遵經集説二十六卷　國朝邱鍾仁撰　六九八

兩淮鹽政採進本(總目)。〇《兩淮鹽政李呈送書目》:「《春秋遵經集説》二十六卷,國朝邱鐘仁,十六本。」

春秋條貫篇十一卷　國朝毛奇齡撰　六九九

浙江巡撫採進本(總目)。〇清康熙書留草堂刻《西河合集》本,《存目叢書》用清華大學藏本影印。

春秋大義無卷數　國朝張希良撰　七〇〇

湖北巡撫採進本(總目)。〇《湖北巡撫呈送第三次書目》:「《春秋大義》四本。」

春秋参義十二卷　國朝姜兆錫撰　七〇一

浙江巡撫採進本(總目)。〇《浙江省第十次呈送書目》:「《春秋參義》十二卷,國朝姜兆錫著,四本。」〇《浙江採集遺書總録》:「《春秋參義》十二卷,刊本。」〇《江蘇省第一次書目》:「《九經補註》三十六本。」○《江蘇採輯遺書目録》：「《九經補註》八十七卷，清丹陽舉人姜兆錫註，刊本。」子目有《春秋胡傳參義》十二卷。○中國科學院圖書館藏清雍正元年寅清樓刻本，作《春秋胡傳參義》，姜氏《九經補注》之一。正文首行題「春秋卷之一，胡傳原本，姜兆錫參義」。半葉十行，行二十五字，白口，四周單邊。版心下刻「寅清樓」。封面刻「雍正元年鐫」、「本衙藏板」，又刻小字識語：「兹編遵朱參胡，刻竣，伏讀欽定傳説序文，幸不背違，内有數條，擬遵奉更加參定。」卷内鈐「浣心藏書」印。《存目叢書》據以影印。北圖、上圖、南圖等亦有此本。

春秋事義慎考十四卷　國朝姜兆錫撰　**七〇二**

江蘇巡撫採進本（總目）。○《江蘇省第一次書目》：「《春秋事義慎考》四本。」○《江蘇採輯遺書目録》：「《春秋事義慎考》十四卷，清丹陽姜兆錫著。」○《浙江省第六次呈送書目》：「《春秋事義慎考》十四卷，國朝姜兆錫輯，三本。」○《浙江採集遺書總録》：「《春秋事義慎考》十四卷，刊本。」○南京圖書館藏清乾隆姜氏寅清樓刻本，題「姜兆錫著，男允重、姪孫京校」，半葉十行，行二十五字，白口，四周單邊，版心下刻「寅清樓」三字。目録後有自識，末署「乾隆八年庚申夏四月姜兆錫謹題於白鶴溪北之書齋」。卷内鈐「王金銛印」、「湛盧藏書」、「嘉惠堂藏閲書」、「四庫坿存」、「光緒庚辰嘉惠堂所得」等印記。《存目叢書》據以影印。北京圖書館分館、山西大學亦藏此刻。

公穀彙義十二卷　國朝姜兆錫撰　**七〇三**

浙江巡撫採進本（總目）。○《浙江省第十次呈送書目》：「《公穀彙義》十二卷，國朝姜兆錫著，十本。」○《浙江採集遺書總録》：「《公穀彙義》十二卷，刊本。」○《江蘇採輯遺書目録》：「《九經補注》八十七卷，清丹陽舉人姜兆錫註，刊本。」子目有《三傳彙義》十二卷，當即此書。「三」疑「二」之誤。○中國科學院圖書館藏清乾隆五年寅清樓刻本，作《春秋公羊穀梁諸傳彙義》，姜氏《九經補注》之一。題「姜兆錫彙義」，半葉十行，行二十五字，白口，四周單邊，版心下刻「寅清樓」。封面刻「乾隆五年鐫」、「本衙藏板」。前有乾隆五年自序，序後有四行小字識語：「《春秋參義》外彙參諸傳，志在剔釐經藴。外有《事義慎考》十四卷，通發比事屬辭之義，嗣刻呈正。」卷内鈐「涴心藏書」印。《存目叢書》據以影印。北圖、上圖、南圖等亦有此刻。

春秋義疏無卷數　國朝蔣家駒撰　七〇四

檢討蕭芝家藏本(總目)。○《翰林院檢討蕭交出書目》：「《春秋義疏》一本。」

春秋指掌三十卷前事一卷後事一卷　國朝儲欣、蔣景祁同撰　七〇五

内府藏本(總目)。○《武英殿第二次書目》：「《春秋指掌》五本。」○《江蘇省第一次書目》：「《春秋指掌》六本。」○《江蘇採輯遺書目録》：「《春秋指掌》三十二卷，清宜興舉人儲欣撰。」○北京大學藏清康熙天藜閣刻本，題「宜興儲欣同人、蔣景祁京少撰輯，武進楊大鶴芝田參閲」，半葉十行，行二十三字，黑口，左右雙邊，下欄外鐫評。前有康熙二十七年正月成克鞏序，二十七年仲冬月張希良序，發凡、總目。正文三十卷，前有卷前二卷，後有卷附二卷。各卷末有「天藜閣鐫」四字。李盛鐸故物。《存目叢書》據以影印。南圖、復旦、上圖、史語所均藏此刻。○上圖藏乾隆五十四年天藜閣刻本(徐匯目)。

七〇六　春秋詳説無卷數　國朝冉覲祖撰

河南巡撫採進本(總目)。○《河南省呈送書目》:「《五經詳説》五部,本朝冉覲祖著,共一百七十九本。」○清光緒七年大梁書局刻《五經詳説》本,五十六卷,前有牌記:「光緒辛巳大梁書局校栞。」《存目叢書》用復旦大學藏本影印。山東、河南、江西等圖書館亦藏此刻。

七〇七　宋元春秋解提要無卷數　國朝黄叔琳撰

左副都御史黄登賢家藏本(總目)。○《都察院副都御史黄交出書目》:「《宋元春秋解提要》七本。」○《提要》云:「卷首有自注脱落未寫者四十二條,書中亦多空白,蓋與其《宋元易解提要》均未竟之稿也。」按:黄登賢爲黄叔琳之子,所獻多叔琳遺書。

七〇八　或菴評春秋三傳無卷數　國朝王源撰

江西巡撫採進本(總目)。○《提要》云:「是書本名《文章練要》,分六宗百家。六宗以《左傳》爲首,百家以《公羊傳》、《穀梁傳》爲首。」○北京師大藏清居業堂刻本,正文首行題「文章練要卷之一」,次行至五行題「大興王源評訂,潁州甯世簪、桐城戴名世全閱,歙縣程城參正」。半葉九行,行二十二字,白口,左右雙邊。寫刻極精。封面刻「王或菴先生評訂」、「左傳」、「居業堂藏板」,又識語云:「《文章練要》先生所訂,有六宗,有百家,此六宗之首,下《孟子》、《莊子》、《楚辭》、《戰國策》、《史記》暨百家嗣出。」正文凡十卷,皆《左傳》。前有程城序云:「茲刻之後,行將與同志盡刊六宗并百家之全。」按：此歙縣程城所刻，時在康熙五十五年前，詳見下文。厦門市圖書館藏清雍正刻《文章練要左傳評》十卷，當係同版，清吕世宜評點。○乾隆九年刻本，作《左傳文章練要》十卷，六册。山東師大藏。○民國六年重慶啟渝印刷公司排印本，作《左傳評》十卷，三册。川圖藏。○民國十三年北平四存學校排印本，作《左傳評》十卷，北京師大、四川圖書館藏。○大連圖書館藏康熙五十五年刻本，爲《公羊傳》、《穀梁傳》二種。卷端分別題「公羊傳」、「穀梁傳」，次題「大興王源崑繩評訂，漣水程茂蕁江參正」。半葉八行，行十八字，白口，左右雙邊。寫刻工緻，一如《左傳》，唯行款不同。前有康熙五十五年丙申九月程茂序云：「或菴先生所評《文章練要》，《左傳》爲六宗之首，《公》、《穀》爲百家之首。……先生《左傳》余叔風衣既已刊行，今茂復刊此本。」又謂僅成此三傳而王源卒。然則《公羊》、《穀梁》爲康熙五十五年程茂刻，《左傳》則先由程城刻梓。《公羊》卷上之末有刻工：王子奇鐫。清華大學藏康熙刻王源評《穀梁傳》一卷，當係此刻單本。○北京圖書館分館藏鈔本，僅《公羊傳》、《穀梁傳》二種。○《存目叢書》用北京師大康熙刻《左傳》、大連圖書館康熙刻《公羊傳》、《穀梁傳》影印。

春秋鈔十卷　國朝朱軾撰　　**七〇九**

江西巡撫採進本（總目）。○《江西巡撫海第二次呈送書目》：「《春秋鈔》四本。」○中國科學院圖書館藏清乾隆元年刻本，《朱文端公藏書》之一。題「高安朱氏可亭氏輯，長白鶚彌達質夫氏校」，半葉八行，行二十字，白口，四周雙邊。封面刻「乾隆元年」、「本衙藏板」。《存目叢書》據以影印。北圖、上圖、南圖等均有此刻。○清光緒二十三年朱衡等重刻《朱文端公藏書》本，北圖、復旦、南圖等藏。

春秋比事目録四卷　國朝方苞撰　　**七一〇**

江蘇巡撫採進本(總目)。○《江蘇省第一次書目》：「《春秋比事目録》二本。」○《江蘇採輯遺書目録》：「《春秋比事目録》四卷。」○北京師大藏清乾隆抗希堂刻本，《抗希堂十六種》之一。前有總目，題「望溪先生論次，王兆符、程崟編録」。半葉九行，行十九字，白口，四周雙邊。卷首冠乾隆九年十二月顧琮序。封面刻「顧用方、朱可亭、魏慎齋同訂」、「抗希堂藏板」。《存目叢書》據以影印。北圖、上圖、津圖等均藏此刻。○上海圖書館藏光緒刻本。

春秋三傳纂凡表四卷　國朝盧軒撰　　**七一一**

兩淮馬裕家藏本(總目)。○《兩淮商人馬裕家呈送書目》：「《春秋三傳纂凡表》四卷，國朝盧軒，一本。」

左傳拾遺二卷　國朝朱元英撰　　**七一二**

直隸總督採進本(總目)。○《直隸省呈送書目》：「《左傳拾遺》四本。」○中國科學院圖書館藏清康熙刻本，題「吴郡朱元英晦甫著」，半葉九行，行二十字，白口，四周雙邊。前有康熙四十三年自序。《存目叢書》據以影印。南圖、北大亦藏此刻。○上海圖書館藏清道光刻本一册，一名《春雨堂集》。○清咸豐四年錢培名輯刻《小萬卷樓叢書》本，作《左傳博議拾遺》。○光緒四年金山錢氏重刻《小萬卷樓叢書》本。○據《小萬卷樓叢書》本鈔本，南圖藏。○民國三年至五年排印《金陵叢書》本。

春秋説十二卷　國朝田嘉穀撰　七一三

山西巡撫採進本(總目)。○《山西省呈送書目》:「《春秋説》。」

春秋義十五卷　國朝孫嘉淦撰　七一四

山西巡撫採進本(總目)。○《山西省呈送書目》:「《春秋義》十五卷。」○中國科學院圖書館藏清雍正三年刻本,題「合河孫嘉淦錫公著,海陵俞肅爲光編訂,受業關中王仁民子庶、白門何夢篆耕遲仝校」,半葉九行,行二十四字,白口,左右雙邊。寫刻甚精。前有雍正三年自序。鈐「武昌柯逢時收藏圖記」。《存目叢書》據以影印。北京圖書館分館、山西省圖書館亦藏是刻。按:《提要》據楊方達《春秋義補註》凡例謂嘉淦「後自覺其失,旋燬其版」。是書傳世無多,蓋以是也。

春秋集傳十卷　國朝李文炤撰　七一五

湖南巡撫採進本(總目)。○《湖南省呈送書目》:「《春秋集傳》四本。」○北京師大藏清四爲堂刻本,《李氏成書》之一,封面刻「四爲堂藏板」,正文題「湘川李文炤編輯」,半葉九行,行十八字,白口,四周單邊,眉上鐫評。前有乾隆十三年黄明懿序,十一年九月受業子壻柳煌小引,弟芳華序,周正贈言,雍正丁未自序。柳煌小引云:「爰解素囊請工剞劂。」則爲乾隆十一年柳煌刻本。正文前有《春秋綱領》一卷。《存目叢書》據以影印。四川大學亦藏此刻。

左傳杜註補義一卷　國朝蘇本潔撰　七一六

山西巡撫採進本(總目)。○《山西省呈送書目》:「《左傳杜註補義》。」

左傳姓名考四卷　國朝高士奇撰　七一七

江蘇巡撫採進本（總目）。○《江蘇省第一次書目》：「《左傳姓名考》一本。」○《江蘇採輯遺書目録》：「《左傳姓名考》四卷，清詹事府少詹事錢唐高士奇著，刊本。」○《浙江省第二次書目》：「《春秋左傳姓名同異考》四卷，國朝高士奇著，一本。」○《浙江採集遺書總録》：「《左傳姓名同異考》四卷，刊本。」○上海圖書館藏清康熙自刻本，作《春秋左傳姓名同異考》四卷，題「錢塘高士奇澹人輯註」，半葉九行，行十九字，黑口，四周單邊。鈐「結一廬藏書印」印記。此本附康熙高氏清吟堂刻《春秋地名考略》十四卷後。《存目叢書》據以影印。北圖分館、浙圖、南圖等亦藏此刻。

春秋測微十三卷　國朝朱奇齡撰　七一八

浙江巡撫採進本（總目）。○《浙江省第十次呈送書目》：「《春秋測微》，國朝朱奇齡著，四本。」○《浙江採集遺書總録》：「《春秋測微》四册，寫本，國朝海寧朱奇齡撰。」○北京圖書館分館藏清鈔本，題「東海樵叟朱奇齡述」。半葉九行，行二十四字，無格。是本八册，不標卷數，實分九卷。後四卷依次於書口標卷四、卷五、卷六、卷七，但卷四以前實有五卷。前有道光二十年庚子林鐘月既望皖松後學田浚序云：「海昌朱樵叟先生著有《春秋測微》十三卷，……先生是書初上祕府，世間未有刊本，學者無由得見。今先生裔孫半塘刺史來宰六合，將附其書於剞劂氏，遂得先生手録本而讀之，竊幸見先生親筆之書，……爰不揣固陋，謹述大凡於簡端。」又楊大堉跋云：「吾師朱半塘先生以其曾祖樵叟老人所著《春秋測微》十二卷屬堉校正譌脱，將付之攻木氏。」各卷末有「後學楊大堉校」六字。《存目叢書》據以影印。

七一九　春秋三傳同異考一卷　國朝吳陳琬（琰）撰

浙江巡撫採進本（總目）。○清康熙三十九年刻《昭代叢書》乙集本，作《春秋三傳異同考》，題「錢塘吳陳琰寶崖著，古黟黃元治自先校」，半葉九行，行二十字，白口，四周單邊。前有張潮題辭，後有張潮跋。《存目叢書》用清華大學藏本影印。○清道光十三年吳江沈氏世楷堂刻《昭代叢書》乙集本。○清嘉慶南匯吳氏聽彝堂刻《藝海珠塵》金集本，書名同《昭代叢書》。○貴州省博物館藏清鄭珍鈔本。按：各本書名「同異」作「異同」，《總目》誤倒。

七二〇　春秋左傳事類年表一卷　國朝顧宗瑋撰

浙江鮑士恭家藏本（總目）。○《浙江省第四次鮑士恭呈送書目》：「《春秋左傳事類年表》，清顧宗瑋輯，一本。」○《浙江採集遺書總録》：「《春秋左傳事類年表》一册，寫本，松江顧宗瑋輯。」○上海圖書館藏稿本，不分卷，前有凡例，次正文，約二百六十餘紙。鈐「遺安堂」等印。《存目叢書》據以影印。

七二一　左繡三十卷　國朝馮李驊、陸浩同編

通行本（總目）。○清康熙五十九年馮氏華川書屋刻本，二截版。下欄《春秋經傳集解》，題「晉杜預元凱原本，唐陸元朗德明音釋，宋林堯叟唐翁附註，後學馮李驊天閑增訂」，半葉八行，行二十字，小字雙行同，行間有夾評。上欄《左繡》，題「錢塘馮李驊天閑、定海陸浩大瀛評輯，同學錢塘范允斌右文、仁和沈乃文襄武、同懷杭州陸偲巽皐參評，男馮張孫近潢、馮翼孫念詒、馮亢孫思蔭、男陸麟書素文校輯」，半葉十六行，行十五字。白口，四周單邊。版心偶刻「華川書屋」四字。前有康熙五十九年孟冬朱軾序，目録，次杜氏原序，華川馮李驊《刻左例言》，馮李驊《讀左卮言》、《春秋列國時事圖説》、《春秋三變説》、《列國盛衰説》、《魯十二公説》、《周十四王説》爲卷首。卷首末有馮張孫識語，謂從家君《左貫》中摘録數則。又陸浩跋。余藏一部，《存目叢書》據以影印。○清嘉慶七年重刻華川書屋本，山西大學藏。○上海圖書館藏清道光十二年重刻華川書屋本。○日本嘉永七年刻本，遼圖、中山大學藏。○日本安政二年刻本，上圖、吉林省圖藏。○上海圖書館藏清同治九年玉軸樓刻本。○光緒六年掃葉山房刻本，山東師大藏。○光緒十二年重刻華川書屋本，四川圖書館藏。○光緒十年重刻華川書屋本，濟南市圖書館藏。○光緒十四年文瑞樓刻本，復旦大學藏。○上洋江左書林重刻華川書屋本，山東大學藏。又有大文堂、敬書堂、緑蔭堂、常州日新書莊、文發堂、寶章書屋、重慶善成堂、書業堂、崇文書局、桂垣書局等刻本甚多，不俱録。

春秋剩義二卷　國朝應麟撰　七二二

江西巡撫採進本（總目）。○《江西巡撫海續購書目》：「《易經碎言》、《詩經旁參》、《春秋剩義》，以上三種共四本。」○北京大學藏乾隆十六年宜黄應氏刻《屏山草堂稿》本，題「宜黄應麟囿呈著，男文笏、孫肇魁、自程編輯」，半葉九行，行二十字，黑口，左右雙邊。前有自序。《存目叢書》據以影印。北京師大、武漢大學、江西圖書館亦藏此刻。

春秋義存録十二卷　國朝陸奎勳撰　**七二三**

浙江巡撫採進本(總目)。○《浙江省第一次書目》:「《春秋義存録》十二卷,國朝陸奎勳著,四本。」○《浙江採集遺書總録》:「《春秋義存録》十二卷,刊本。」○上海圖書館藏清康熙刻本,題「平湖後學陸奎勳輯,吴縣門人吕願玉校」,半葉十一行,行二十四字,白口,左右雙邊。前有康熙五十四年乙未自序。《存目叢書》據以影印。上圖此刻有三部,《陸堂經學叢書》本亦係同版。○同治十二年陝西刻本六册,華東師大藏。

春秋筆削微旨二十六卷　國朝劉紹攽撰　**七二四**

陝西巡撫採進本(總目)。○《陝西省呈送書目》:「《春秋筆削微旨》。」○東北師大藏清乾隆劉氏傳經堂刻本,卷二以下各卷題「三原劉紹攽集註」,半葉十行,行二十字,白口,四周雙邊。前有乾隆十九年六月自序。封面刻「劉傳經堂藏板」六字。《存目叢書》據以影印。北圖分館、清華大學、中共中央黨校等亦藏此刻。○清同治十二年刻本,《西京清麓叢書》外編之一。北大、北師大、上圖、甘肅省圖等藏。

春秋通論五卷　國朝劉紹攽撰　**七二五**

陝西巡撫採進本(總目)。○《陝西省呈送書目》:「《春秋通論》。」○清華大學藏清乾隆刻本,卷一起首有乾隆十九年小序。半葉十行,行二十字,白口,四周雙邊。《存目叢書》據以影印。北大、川圖等亦藏此刻。○清同治十二年刻本,《西京清麓叢書》外編之一。北大、北師大、上圖、甘肅省圖等藏。○按:各本六卷,疑《總目》作五卷誤。

七二六

空山堂春秋傳十二卷　國朝牛運震撰

通行本（總目）。○清嘉慶二十三年空山堂刻《空山堂全集》本，題「滋陽牛運震學」，半葉九行，行二十二字，白口，四周雙邊。版心下刻「空山堂」。前有嘉慶六年七月朔日張壽序。卷尾有「蘭陵門人張魯文校刊」一行。《存目叢書》用復旦大學藏本影印。北大、南圖等多有是刻。

七二七

春秋管見無卷數　國朝魏樞撰

奉天府尹採進本（總目）。○《奉天送到書目》：「《春秋管見》，魏樞著，四本。」

七二八

春秋義補註十二卷　國朝楊方達撰

江蘇巡撫採進本（總目）。○《江蘇省第一次書目》：「《春秋義補註》五本。」○《江蘇採輯遺書目録》：「《春秋義補註》十二卷，清協辦大學士大興孫嘉淦原著，楊方達删補。」○上海圖書館藏清乾隆復初堂刻本，《楊符蒼七種》之一。題「合河孫先生稿，後學武進楊方達增註」，半葉十行，行二十字，黑口，左右雙邊。各卷末題「男友涑、廷淙挍字」。前有雍正三年孫嘉淦原序，乾隆二十一年顧棟高《春秋義補註序》，乾隆十九年七月楊方達序、《梗概》，又卷首《總論》一卷。《梗概》末云「爰刊而藏之家塾」，蓋付梓於乾隆十九年。《存目叢書》據以影印。此本寫刻工緻。南大、臺灣史語所亦有是刻。

七二九

春秋原經二卷　國朝王心敬撰

副都御史黄登賢家藏本（總目）。○《都察院副都御史黄交出書目》：「《春秋原經》，本朝王心敬，二本。」○《兩江第一次書目》：「《春秋原經》，豐川王心敬輯，八本。」○《江蘇採輯遺書目録》：

「《春秋原經》四卷，清豐州王心敬著，刊本。」○《陝西省呈送書目》：「《豐川春秋原經》。」○《浙江省第四次汪啟淑家呈送書目》：「《豐川春秋原經》四卷，國朝王心敬著，二本。」○《浙江採集遺書總録》：「《豐川春秋原經》四十卷，刊本，國朝王心敬撰。」按：《提要》云「分爲四篇」，檢殿本《總目》作「四卷」，則此浙本作「二卷」疑因「二本」而誤。又《浙江總録》作「四十卷」，當衍「十」字。○山西大學藏清乾隆二年刻本十六卷十册。

春秋深十九卷　國朝許伯政撰　七三〇

湖北巡撫採進本（總目）。○《湖南省呈送書目》：「《春秋深》十九本。」○上海圖書館藏稿本二十二卷首二卷，與《易深》合函。題「巴陵許伯政惠棠著」。《存目叢書補編》據以影印。

春秋集古傳註二十六卷或問六卷　國朝郜坦撰　七三一

兩江總督採進本（總目）。○光緒二年淮南書局刻本，卷一至三末題「丹徒莊忠域校」，卷四至二十六末題「江都郭夔校」。有光緒元年曾孫郜雲鵠序云：「力薄不能任剞劂，同治辛未謀於都轉方子箴同年，慨任是舉，用敢付梓。工既竣，附識數語。」方子箴即兩淮鹽運使方濬頤，同治八年倡設淮南書局於揚州。此本即濬頤付淮南書局梓行者。有「光緒二年淮南書局刊成」牌記。流傳尚多。《存目叢書》用山東師大藏本影印。

春秋義解十二卷　國朝劉夢鵬撰　七三二

湖北巡撫採進本（總目）。○《湖北巡撫呈送第三次書目》：「《春秋義解》十一本。」

讀左補義五十卷　國朝姜炳璋撰　**七三三**

浙江巡撫採進本(總目)。○《浙江省第七次呈送書目》:「《讀左補義》五十卷,國朝姜炳璋輯,五本。」○《浙江採集遺書總録》:「《讀左補義》五十卷,刊本,國朝知縣象山姜炳璋撰。」○上海圖書館藏清乾隆三十八年刻本,題「四明姜炳璋輯,受業毛昇增修,男埭、埴校」。半葉十一行,行二十三字,白口,左右雙邊。前有張嗣益序,乾隆三十三年姜炳璋序,乾隆二十九年彭啟豐序,毛昇《刻讀左補義例言》,參閱姓氏,目録,《綱領》上下二卷。《例言》云:「後學諸同志遂佽助開雕,至癸巳而竣事。」知刊成於乾隆三十八年。又卷五十末有「壬寅歲重校正」一行,蓋乾隆四十七年又加校正。封面刻「右文堂發兑」、「同文堂藏板」。《存目叢書》據以影印。南京圖書館藏原刊本,人民大學藏乾隆三十八年三多堂刻本,當是同版。○道光蘇州多文堂刻本。川圖藏。○光緒二十七年重刻本,中國科學院圖書館、延邊大學藏。又有蔚文堂、浙甯汲綆齋、善成堂、文華堂等本,不俱録。

春秋經傳類求十二卷　國朝孫從添、過臨汾同編　**七三四**

兩江總督採進本(總目)。○《兩江第一次書目》:「《春秋經傳類求》,蘇州孫從添、長洲過臨汾同編,十二本。」○中國科學院圖書館藏清乾隆二十四年歙縣吴禧祖舊名堂刻本,題:「常熟孫從添石芝、長洲過臨汾東岡纂輯,歙縣吴禧祖惺夫校定。」半葉十二行,行三十二字(上空二字不計),白口,左右雙邊。前有乾隆二十四年王南珍序、二十二年陳撰序、二十四年沈德潛序,自述,目録。沈序云:「惺夫更授梓以行世。」封面刻「舊名堂藏板」。《存目叢書》據以影印。北圖分館、上圖、南圖等亦藏此刻。

春秋一得一卷　國朝閻循觀撰 七三五

編修周永年家藏本(總目)。○北京師大藏清乾隆三十八年樹滋堂刻《西澗草堂全集》本,題「昌樂閻循觀懷庭」,半葉十行,行二十二字,白口,左右雙邊。寫刻頗工。封面刻「乾隆癸巳年鐫」、「樹滋堂藏板」。《存目叢書》據以影印。北大、上圖、南圖等亦藏此刻。

左傳評三卷　國朝李文淵撰 七三六

山東巡撫採進本(總目)。○山東師大藏清乾隆四十年李文藻潮陽刻本,前有錢大昕序,末有乾隆四十年李文藻跋。跋云:「甲午冬錢公以少詹事督廣東學政,相見于羊城,即索觀此書,且爲之序。予乃釐爲三卷,命之《左傳評》,以付梓。」《存目叢書》據以影印。北圖分館、南圖、川圖均藏此刻。周永年輯印《岱園叢書》本亦即此刻。

春秋日食質疑一卷　國朝吴守一撰 七三七

編修程晉芳家藏本(總目)。○清嘉慶十三年昭文張海鵬刻本,《借月山房彙鈔》之一,題「古歙吴守一萬元考」,末有「嘉慶戊辰春三月昭文張海鵬校梓」小字二行。中國科學院圖書館、浙江圖書館藏。民國九年上海博古齋影印張海鵬刻《借月山房彙鈔》本。《存目叢書》亦用此本影印。○清道光金山錢氏據《借月山房彙鈔》版重印本,收入《指海》第九集。民國二十四年上海大東書局影印錢氏《指海》本。○道光三年上海陳氏據《借月山房彙鈔》版重編印《澤古齋重鈔》本,北圖、南圖、河南圖書館、科學院圖書館藏。○道光十一年六安晁氏木活字印《學海類編》本，北圖、上圖、南圖等藏。民國九年商務印書館影印晁氏木活字《學海類編》本。○清道光十三年吴江沈氏世楷堂刻《昭代叢書》丙集本。○民國二十五年商務印書館據《學海類編》本排印本，《叢書集成初編》之一。

七三八　春秋不傳十二卷　國朝湯啟祚撰

江蘇巡撫採進本（總目）。○《江蘇省第二次書目》：「《春秋不傳》四本。」○《江蘇採輯遺書目録》：「《春秋不傳》十二卷，清寶應諸生湯啟祚著，抄本。」○中國科學院圖書館藏清嘉慶二十四年刻本，題「寶應湯啟祚著」，半葉十行，行二十五字，白口，左右雙邊。前有乾隆三十六年辛卯六月既望王鳴盛序，康熙六年王巖序，康熙五年張瑚序。卷十二末有「五世姪孫籲校栞」一行。後有嘉慶二十四年己卯仲春之月四世孫士瀛跋云：「兹敬齋姪出其家藏《不傳》一書，雒誦之餘，如獲異寶。……爰悉心讎校，勉力付梓。」是嘉慶二十四年湯士瀛、湯籲刻本。《存目叢書》據以影印。上圖、南圖、南大均藏嘉慶二十四年循陔堂刻本，當係同版，科學院本佚去封面，故無堂號。《北京人文科學研究所藏書簡目》著録爲「乾隆三十六年刊本」，誤。

七三九　春秋集解讀本十二卷　國朝吴應申撰

安徽巡撫採進本（總目）。

七四〇

春秋三傳事實廣證無卷數　不著撰人名氏

兩江總督採進本(總目)。○《兩江第一次書目》:「《春秋三傳事實廣證》,抄本,十二本。」○上海圖書館藏清鈔本不分卷,無序跋,不題撰人,半葉十行,行二十字,白口,左右雙邊。鈐「聖雲愛日之居」白文印。《存目叢書》據以影印。

四庫存目標注卷七

滕州　杜澤遜　撰

經部七

孝經類

孝經句解一卷　元朱申撰　**七四一**

内府藏本（總目）。○《兩江第一次書目》：「《孝經句解》，元朱申著」，與范祖禹《孝經注解》等三種合一本。○北京圖書館藏明萬曆刻《孝經叢書》本，作《文公所定古文孝經註》一卷，半葉九行，行十八字，白口，四周單邊。○明萬曆十三年仁和朱鴻刻本，作《古文孝經》一卷，與《孝經今文直解》合刻。行款同前本。有朱鴻跋，謂所本爲張天永藏宋版（臺灣「中央圖書館」《善本書志初稿》）。○南京圖書館藏明内府鈔《孝經總函》寅集本，作《文公所定古文孝經》一卷。按：此《孝經總函》係丁氏八千卷樓故物,丁丙《善本書室藏書志》著録云:「白紙朱絲,端楷寫成。面用藍綈,尚爲明代之遺。」○上海圖書館藏明鈔《孝經總函》寅集本。○北京圖書館藏明鈔《孝經總類》本,書名同前二本,朱絲欄。○明崇禎刻《孝經大全》寅集本,作《朱文公定古文孝經》一卷,半葉八行,行十八字,白口,四周單邊。北大、上圖、東北師大、中山大學藏。○清康熙十九年通志堂刻《通志堂經解》本,作《晦菴先生所定古文孝經句解》一卷,題「後學朱申周翰注」。版心刻工:卬闓、卬德、鄧子珍、鄧漢、陳章、甘簡、卬臣、卬漢。按:卬漢即鄧漢,卬乃鄧之俗字。《存目叢書》用首都圖書館藏本影印。○清同治十二年粵東書局刻《通志堂經解》本。

孝經正誤一卷附録一卷　明潘府撰　**七四二**

兩江總督採進本(總目)。○《兩江第一次書目》:「《孝經正誤》,明潘府著,二本。」○《提要》云:「附録《曾子孝實》一卷。」

孝經宗旨一卷　明羅汝芳撰　**七四三**

通行本(總目)。○明刻《亦政堂鐫陳眉公普祕笈》本,半葉九行,行十八字,白口,四周單邊。末有萬曆十八年庚寅中春門人楊起元識語。《存目叢書》用北圖藏本影印。科學院圖書館、復旦大學等亦藏此刻。○北京圖書館藏明崇禎四年程一礎閒拙齋刻《孝經古註》本,半葉八行,行十七字,白口,四周單邊。○民國十一年上海文明書局石印《寶顏堂祕笈》本。○民國二十八年商務印書館據《陳眉公普祕笈》本排印,《叢書集成初編》之一。

七四四　孝經疑問一卷　明姚舜牧撰

浙江巡撫採進本（總目）。○《浙江省第三次書目》：「《孝經疑問》一卷，明姚舜牧著，一本。」○《浙江採集遺書總録》：「《孝經疑問》一卷，刊本，明姚舜牧撰。」○上海圖書館藏明來恩堂刻清乾隆二十年重修印本，正文首行題「孝經疑問」，次行題「烏程後學承菴姚舜牧著」，半葉十行，行二十字，白口，四周單邊。卷尾有「丙申仲冬曾孫男淳起校補」一行，與明萬曆刻清順治姚淳起重修本《五經疑問》同。前有姚舜牧序，首行上題「來恩堂」三字，其下邊欄斷去，似原有文字被剷去。序次行題「承菴姚舜牧著」，三行題「男祚端、祚碩、祚敦、祚重、祚馴校」，四行題「孝經疑問序」。序末似原有題署被剷去。序版心刻「姚承菴文集卷之二」，正文版心則刻「孝經疑問」。封面刻「乾隆壬午重修」、「六經堂藏版」。卷內鈐「樸學齋藏書印」。《存目叢書》據以影印。按：此當即萬曆間原刻，順治十三年姚淳起重修，乾隆二十年又修版刷印，其行款版式全同《五經疑問》，字體亦相近。臺灣「中央圖書館」藏明萬曆四十六年刻清順治十三年姚淳起重修本《重訂禮記疑問》附有《孝經疑問》一卷，版式行款同，卷末亦有「丙申仲冬曾孫男淳起校補」一行。蓋爲順治十三年姚淳起修補印本。鈐有「吴興劉氏嘉業堂藏書印」。○清光緒九年歸安姚氏刻《咫進齋叢書》第一集本。

七四五　孝經集講一卷　原本題熊兆集講

浙江范懋柱家天一閣藏本（總目）。○《浙江省第五次范懋柱家呈送書目》：「《孝經集講》一卷，明熊兆著，一本。」○《浙江採集遺書總録》：「《孝經集講》一册，天一閣寫本，明泰州熊兆撰。」○《提要》云：「原本首題直隸揚州府泰州端本社學教讀後學草茅臣熊兆集講。又有直隸揚州府巡按直隸監察御史再呈看過收受字，蓋鄉曲陋儒投獻干進之書也。」〇北京圖書館藏清鈔本，作《古文孝經朱子訂定刊誤集講》一卷，前有翁同書手跋：「此燕山李氏舊藏本，後轉入朱竹君學士苿苍唫舫，丙午歲購得學士遺書十餘種，此其一也。道光戊申夏五月常熟翁同書識于京邸吉金樂石之齋。」下鈐「庚子翰林」白文小印。此書正文首行題「古文孝經朱子訂定刊誤」，次行題「海陵晚學草茅臣熊兆集講」。半葉七行，行十一字，小字雙行二十字，無格。鈐有「廣德堂吕氏珍藏書畫印」、「燕山吕氏」等印記。《存目叢書》據以影印。按：著者熊兆，《提要》未言其朝代，浙江進呈目著録爲明人，《北京圖書館古籍善本書目》、《中國古籍善本書目》、《江蘇藝文志·揚州卷》均著録爲清人。考《提要》云「原本首題直隸揚州府泰州端本社學教讀後學草茅臣熊兆集講」，南直隸爲明朝建制，是爲明人無疑。

孝經註義一卷　國朝魏裔介撰　七四六

直隸總督採進本(總目)。

孝經集解一卷　國朝蔣永修撰　七四七

江蘇巡撫採進本(總目)。〇《江蘇省第一次書目》：「《孝經小學集解》二本。」〇《江蘇採輯遺書目録》：「《孝經小學集解》七卷，清户科給事中宜興蔣永脩著，刊本。」〇《提要》云：「乃其官給事中督學湖廣時所作，本與《小學》合刊，名曰《孝經小學集解大全》，……今分爲二書，各存其目焉。」又子部儒家類《小學集解》條《提要》云：「提督湖廣學政時與《孝經》合刊。」按：蔣永修康熙十六年任湖廣督學，二十一年卒，是書即刊於康熙十六年至二十一年間。

讀孝經四卷　國朝應是撰　七四八

江西巡撫採進本(總目)。〇中國科學院圖書館藏清乾隆十七年刻本四卷四册，題「宜黃應是敬齋集著」。正文前有《年譜》一卷，題「後學鄧瑛、熊璠、洪允中、歐陽易、吴如江纂次」。卷首有乾隆十七年孟冬陳象樞序，雍正七年己酉男麒、麟《編次附記》。《存目叢書》據以影印。山西大學亦藏是刻。

孝經類解十八卷　國朝吴之騄撰　七四九

安徽巡撫採進本(總目)。〇《安徽省呈送書目》：「《孝經類解》二本。」〇中國科學院圖書館藏清康熙三十二年寶翰樓刻本，卷一首行題「孝經卷之一」，下題「吴之騄類解」，半葉九行，行二十五字，黑口，左右雙邊。前有康熙三十二年自序云：「勉成是書，以貽家塾。」封面刻「孝經類解」、「喻義齋藏本」、「寶翰樓梓行」，又鈐「沈氏山樓藏書記」、「析疑賞奇」二印。《存目叢書》據以影印。浙圖、南圖亦藏此刻。

孝經正文一卷内傳一卷外傳三卷　國朝李之素撰　七五〇

湖北巡撫採進本(總目)。〇《湖北巡撫呈送第二次書目》：「《孝經内外傳》四本。」〇中國科學院圖書館藏清康熙六十年寶田山莊刻本，正文一卷，内傳一卷，外傳四卷。正文題「楚黃李之素定庵述」，内外傳題「楚黃李之素定庵編輯」。半葉九行，行二十一字，白口，四周雙邊。版心下刻「寶田山莊」四字。封面刻「瑞露軒藏板」。前有康熙五十四年五月鄒士璁序，五十九年九月江西學政王思訓序，六十年夏馮詠序，五十九年仲冬俞鴻圖序，吴雯炯跋，五十九年初夏王御政跋，十五年自序。末有五十九年長男焕跋。跋云：「所賴南康民淳訟簡，政事之暇，得與梓人商権梨棗，歷今五載告竣。」則是本爲康熙五十九年李焕南康官署刻本。寶田山莊，據李焕跋爲其父之素授徒之所。馮詠序云：「梓成而請序者，其令子石臺也。」知康熙六十年序爲刻成後所加。諸家著録爲康熙六十年寶田山莊刻本，未確。《存目叢書》據以影印。北圖分館、浙圖亦藏此刻。

孝經詳説二卷　國朝冉覲祖撰　**七五一**

河南巡撫採進本（總目）。○《河南省呈送書目》：「《孝經詳説》，本朝冉覲祖著，二本。」○清光緒七年大梁書局刻本，《五經詳説》附録之一，分六卷，有牌記「光緒辛巳大梁書局校栞」。前有乾隆三十八年濟南胡世藻序，康熙十四年自序。《存目叢書》用復旦大學藏本影印。山東、河南、江西等圖書館亦有此刻。

孝經一卷　國朝朱軾註　**七五二**

江西巡撫採進本（總目）。○《江西巡撫海第二次呈送書目》：「《孝經注》一本。」○康熙五十九年自刻本，《朱文端公藏書》之一，題「朱軾學」，半葉十行，行二十字，白口，四周單邊。封面刻「孝經」、「附三本管窺」、「本衙藏板」。正文首行書名下注「草廬校定古今文」。前有康熙五十九年季春梁份序云：「兩浙中丞可亭朱公有《孝經》之刻，取吴草廬定本而爲之廣其注。」又五十九年首夏朱軾序。是《孝經》及《孝經三本管窺》均刊成於康熙五十九年。《存目叢書》用科學院圖書館藏本影印。〇清光緒二十三年朱衡等重刻《朱文端公藏書》本。

七五三 孝經三本管窺一卷 國朝吴隆元撰

江西巡撫採進本(總目)。〇清康熙五十九年朱軾刻本,附朱軾注《孝經》後,《朱文端公藏書》之一。題「歸安吴隆元學」,半葉十行,行二十字,白口,四周單邊。末有吴隆元識語。《存目叢書》據科學院圖書館藏本影印。按:刊刻年代參前條。〇清光緒二十三年朱衡等重刻《朱文端公藏書》本。

七五四 孝經集解一卷 國朝張星徽撰

福建巡撫採進本(總目)。〇《福建省呈送第六次書目》:「《孝經集解》。」

七五五 孝經章句一卷 國朝任啟運撰

江蘇巡撫採進本(總目)。〇《江蘇省第一次書目》:「《孝經章句》一本。」〇《江蘇採輯遺書目録》:「《孝經章句》一册,清宗人府府丞荆溪任啟運著,刊本。」〇清道光十六年安陽知縣福山王德瑛刻本,《今古文孝經彙刻》之一。題「宜興任啟運」,前有小序,末有「道光十六年四月河南安陽縣知縣福山王德瑛刊」識語一行,又「日省齋藏版」五字。《存目叢書》用科學院圖書館藏本影印。上圖、復旦、華東師大、吉林大學亦藏此刻。

七五六 孝經通義一卷 國朝華玉淳撰

兩江總督採進本(總目)。〇《兩江第一次書目》:「《孝經通義》,無錫華玉淳著,一本。」

孝經本義一卷　國朝姜兆錫撰　**七五七**

浙江巡撫採進本(總目)。○《浙江省第十次呈送書目》:「《孝經本義》一卷,國朝姜兆錫著,一本。」○《浙江採集遺書總録》:「《孝經本義》一卷,刊本,國朝姜兆錫撰。」○《江蘇採輯遺書目録》:「《九經補注》八十七卷,清丹陽舉人姜兆錫注,刊本。」子目有《孝經本義》一卷。○清雍正十年姜氏寅清樓刻本,《九經補注》之一。題「姜兆錫本義」,半葉十行,行二十五字,白口,四周單邊。版心刻「寅清樓」。前有康熙五十九年自序。《存目叢書》用浙江圖書館藏本影印。復旦、南圖、北大等亦藏此刻。

孝經通釋十卷　國朝曹庭棟撰　**七五八**

浙江巡撫採進本(總目)。○《浙江省第一次書目》:「《孝經通釋》十卷《總論》一卷,國朝曹庭棟著,一本。」○《浙江採集遺書總録》:「《孝經通釋》十卷,刊本。」○中國人民大學藏清乾隆二十一年刻本,題「嘉善曹廷棟學」,半葉九行,行十七字,白口,左右雙邊。前有乾隆二十一年曹庭棟《例説》。鈐「趙烈文讀書記」、「天津劉氏研理樓藏」、「劉明陽字靜遠」等印。《存目叢書》據以影印。上圖、南圖、華東師大等亦藏此刻。

四庫存目標注卷八

滕州　杜澤遜　撰

經部八

五經總義類

七五九　五經圖六卷　不著撰人名氏

河南巡撫採進本(總目)。○《河南省呈送書目》:「《五經圖》,不著撰人,本朝常定遠重刻,一本。」○《兩江第一次書目》:「《五經圖》六本。」○《安徽省呈送書目》:「《五經圖》六本。」○《浙江採集遺書總録》:「《五經圖》十二卷,刊本,明侍郎廬江盧謙輯。」○《提要》云:「雍正癸卯襄城常定遠得明章達原本重刻。達序稱是本得自盧侍御,盧又得之信州鉛山,爲鵞湖石刻本。」○浙江圖書館藏明萬曆四十二年章達刻本,包括《易》、《書》、《詩》、《春秋》、《禮記》、《周禮》六種,各分上下,實有十二卷。《易圖》目録末題：「奉訓大夫無爲州知州仍管廬江縣事楚人章達、巡撫直隸真順廣大四府兼管關務綜核將領監察御史邑人盧謙仝編輯，儒學教諭淮南成克勳、訓導楚人鄧福裕、中都張雲程仝校閱，生員丁自強、徐敏標分校。」各經圖分校不同，餘同。前有萬曆四十二年甲寅季秋月章達《五經圖序》云：「亟命工刻石，樹之學宫。已又念摹搨之難，不及行遠，更損爲卷帙，屬所知程敬敷刻於金陵，請雲杜李本寧先生文冠其首，所言圖之端委最爲宏麗。」則是本萬曆四十二年章達刻於金陵。鈐「王修之印」、「王季歡」、「匋温」等印記。《存目叢書》據以影印。據章序原有李維楨序，此本佚去。陝西師大藏此刻本有之。吉林大學亦藏此刻。○中國科學院圖書館藏明天啟四年章達刻本。○北京大學藏明梁承祖刻本。○清雍正元年致用常刻本，河南省圖書館、中山大學藏。疑即《提要》所稱雍正癸卯襄城常定遠得明章達原本重刻者。

群經辨疑録三卷　明周洪謨撰　七六〇

浙江吴玉墀家藏本（總目）。○《浙江省第四次吴玉墀家呈送書目》：「《疑辨録》三卷，明周洪謨著，三本。」○《浙江採集遺書總録》：「《群經疑辨録》三卷，寫本，明禮部尚書長寧周洪謨撰。」○北京圖書館藏明嘉靖刻本，正文首行題「疑辯録」，次行題「禮部尚書周洪謨撰」。半葉十行，行二十一字，黑口，四周雙邊。前有成化十六年五月十五日自序。鈐「青易州」、「潤千」、「何焯之印」、「直夫」等印。《存目叢書》據以影印。上圖、南通市圖、廣東社科院亦有此刻。按：《北京圖書館古籍善本書目》著録爲明成化刻本，蓋別本有嘉靖十三年序，北圖本佚去。兹從《中國古籍善本書目》。○

北京宣武區藏清吴氏繡谷亭鈔本，清翁同書題識。〇清道光十年寶仁堂刻《璜川吴氏經學叢書》本。按：書名各本作「疑辯録」，《總目》作「辨疑録」、進呈目作「疑辨録」，均未確。

七六一 石渠意見四卷拾遺二卷補闕二卷　明王恕撰

兩淮鹽政採進本（總目）。〇《兩淮鹽政李呈送書目》：「《石渠意見》四卷《拾遺》二卷《補缺》二卷，明王恕，一本。」〇吉林省圖書館藏明正德刻本，依次爲《玩易意見》二卷《石渠意見》四卷《石渠意見拾遺》二卷《石渠意見拾遺補缺》二卷。其中《玩易意見》入易類存目。《石渠意見》半葉九行，行十七字，黑口，四周雙邊。餘三種均半葉九行，行二十字，黑口，四周雙邊。似非一時所刻。《玩易意見》前有正德元年正月自序。《石渠意見》前有己未季秋自序，己未當爲弘治十二年。《補缺》僅存卷一，前有弘治十六年癸亥二月自序。《存目叢書》據以影印。湖南社科院、甘肅天水圖書館均有足本。上圖、南圖、天津師大有殘本。中央圖書館本亦無《補缺》卷二，劉承幹故物。〇南京圖書館藏清鈔本，無《玩易意見》，餘全。丁丙《善本書室藏書志》著録，云有「汪魚亭藏閲書」印。〇清道光二十六年宏道書院刻《惜陰軒叢書》第一函本。〇清光緒二十二年長沙刻《惜陰軒叢書》第一函本。〇民國二十五年商務印書館據《惜陰軒叢書》本排印本，《叢書集成初編》之一。

七六二 五經心義無卷數　明王崇慶撰

浙江巡撫採進本（總目）。〇《浙江省第六次呈送書目》：「《五經心義》不分卷，明王崇慶著，二本。」〇《浙江採集遺書總録》：「《五經心義》五卷，刊本，明端溪王崇慶撰。」

七六三　十三經解詁五十六卷　明陳深撰

兩淮鹽政採進本（總目）。○《兩淮鹽政李呈送書目》：「《十三經解詁》五十卷，明陳深，二十四本。」○浙江圖書館藏明萬曆刻本，六十四卷，半葉九行，行十八字，白口，四周單邊，上欄鐫評。前有萬曆二十九年辛丑冬日丁元薦序，又自序。版心下記字數及刻工，刻工有：張山、施見、徐武、陶敬、陳元、陶思、陶魯，又馬、刘、元、芮、許、王等單字。《存目叢書》據以影印。故宫亦藏此刻。

七六四　説經劄記八卷　明蔡汝楠撰

浙江巡撫採進本（總目）。○《浙江續購書》：「《説經劄記》五本。」○《浙江採集遺書總録》：「《説經劄記》八卷，刊本，明衡州府知府德清蔡汝楠撰。」○《安徽省呈送書目》：「《説經劄記》四本。」○浙江圖書館藏明天啟三年蔡武刻本，作十卷，内容同。題「德清蔡汝楠子木父著，孫男武重梓」。正文首行下又有「原板留衡湘書院」小字一行。半葉九行，行二十字，白口，左右雙邊。前有臧炅如《重刻説經劄記叙》，嘉靖二十九年劉宧序，嘉靖二十九年自序，天啟三年蔡武跋，嘉靖二十九年楊儲後序。武跋謂「癸亥始得《劄記》原本於臧氏外兄家，亟付之剞劂」。據臧序，原刻於衡，此係重刻。鈐「玉函山房藏書」朱文方印、「長興王氏詒莊樓藏」白文方印。《存目叢書》據以影印。東北師大亦藏此刻。○山東平陰縣圖書館藏明鈔本。○北京圖書館藏明鈔本，存卷二至卷八。半葉十行，行二十一字，藍格，白口，四周雙邊。

五經異文十一卷　明陳士元撰　七六五

浙江巡撫採進本(總目)。○《浙江省第四次汪啟淑家呈送書目》:「《五經異文》十一卷,明陳士元著,三本。」○《浙江採集遺書總録》:「《五經異文》十一卷,刊本,明陳士元撰。」○《浙江省第一次書目》:「《五經異文》三本。」○《江蘇採輯遺書目録》:「《五經異文》十一卷,明欒州知州應城陳士元著,刊本。」○北京大學藏明萬曆刻《歸雲別集》本,正文首行上題「五經異文卷之一」,下題「歸雲別集六十四」,次行題「應城陳士元輯」。半葉九行,行二十字,白口,四周單邊。前有陳士元自序。《存目叢書》據以影印。山東大學、杭州大學、四川大學亦藏此刻。○清道光十三年應城吴毓梅刻《歸雲別集》本,北大、上圖、南圖等藏。

五經繹十五卷　明鄧元錫撰　七六六

江西巡撫採進本(總目)。○《江西巡撫海第一次呈送書目》:「《五經繹》九本。」○《兩淮鹽政李呈送書目》:「《五經繹》十五卷,明鄧元錫,二十四本。」○《浙江省第四次汪啟淑家呈送書目》:「《五經繹》十五卷,明鄧元錫著,六本。」○中國科學院圖書館藏明萬曆刻本,半葉九行,行十九字,白口,四周單邊。《易經繹》卷端題「明徵士盱江鄧元錫著,門人同郡左宗郢編,後學楚黄曹光德、金川聶心湯校」。鈐「柯逢時印」、「柯氏珍玩」等印。《存目叢書》據以影印。按:此萬曆三十五年左宗郢錢塘刻本,臺灣「中央圖書館」藏一帙,有萬曆三十五年焦竑序,萬曆五年自序。焦序云:「先生門人左君宗郢視鹺越中,閔學者空語無事實,而冀以經學振之,檄錢塘板行其書,而屬余爲序。」科學院本佚去此序。上圖亦藏是刻。○北京大學藏明萬曆鄧氏刻本,作《經繹》十五卷,半葉十行,行二十一字,白口,單魚尾,四周單邊。有萬曆五年自序,末題「廬陵劉岱琛手謹書」。方功惠舊藏。書根原題「七經繹」。○《山西大學綫裝書目》著録「明萬曆三十二年重刻本十七册」,書名作《鄧潛谷五經繹》。未見。○臺灣「中央圖書館」藏明崇禎間重刻本,題「盱後學鄧元錫著」,行款版式同前本。有萬曆三十五年焦竑序,熊人霖重刻序,崇禎二年鄧澄序,自序。卷五末有「萬曆甲辰春不肖孫恭刊」、「邑人黄浹書」識語。版心有刻工:毓加、林桂、黄志宇等。按:熊序云:「後左君刻書五十年,則丁酉歲也,鄧先生指胤應琚克新厥梓。」序後有「六世孫宗渭重刊」。丁酉爲順治十四年。依熊序,此乃順治十四年鄧宗渭重刻本。言崇禎間重刻本恐未確。

經書音釋二卷　明馮保撰　七六七

浙江汪啟淑家藏本(總目)。○《浙江省第四次汪啟淑家呈送書目》:「《經書音釋》二卷,明馮保著,二本。」○清華大學藏明隆慶五年刻本,半葉八行,黑口,四周雙邊。前有隆慶五年六月既望翰林院掌院事淮陰丁士美序云:「客有持書一帙示余者,曰此雙林公所著經書小學音釋疑難字義也,……今將梓以傳也,敢請序之。」卷末有隆慶五年辛未夏馮保跋云:「定名曰《經書音釋》,分爲二帙,用鋟諸梓。」卷内鈐「劉復所藏」、「江陰劉氏」、「劉復」、「半農藏書」等印記。《存目叢書》據以影印。故宫亦藏此刻。

孫月峰評經十六卷　明孫鑛撰　七六八

江蘇周厚堉家藏本(總目)。○《江蘇省第一次書目》:「《孫評詩書禮三經》四本。」○《江蘇採輯遺書目録》:「《詩書禮三經評》十六卷,明南京兵部尚書孫鑛著。」○《提要》云:「《詩經》四卷《書經》六卷《禮記》六卷。」○福建省圖書館藏明天益山刻《孫月峰先生批評書經》六卷,正文首行書名下有「天益山藏板」小字一行。次行至三行題「句章馮元仲次牧參定,錢玄錫天孫、馮旹山稟較」,半葉八行,行十八字,白口,四周單邊。前有馮元仲序。又列較讐名姓陳繼儒等十七人。上圖亦藏此刻,清劉熙載批點。又重慶市圖書館亦藏是刻。○蘇州市圖書館藏明天益山刻本《孫月峰先生批評禮記》六卷,正文首行下亦題「天益山藏板」,次行至三行題「慈溪馮元仲次牧參,馮旹山稟較」,半葉九行,行二十一字,白口,四周單邊。前有天益山石户農馮元仲次牧序,較讐姓名。吉林社科院、重慶圖書館各藏一帙。○北京師大藏明天益山刻《孫月峰先生批評詩經》四卷,正文首行下題「天益山藏板」,次行至三行題「慈溪馮元仲次牧參,馮旹山稟挍」,半葉九行,行二十一字,白口,四周單邊。前有馮元仲序,較讐名氏,萬曆三十年壬寅孫鑛小序。鈐「安樂窠」印。復旦大學亦藏一部。○《存目叢書》用福建、蘇州、北師大藏本影印。按:馮元仲自署「天益山石户農」,知三書均馮元仲刻。《書經》行款與《禮記》、《詩經》不同,蓋非一時所刻。「校」字作「較」或「挍」,避明熹宗朱由校諱,知均刻於明末啟禎間。

七經圖七卷　明吴繼仕編　七六九

副都御史黄登賢家藏本(總目)。○《都察院副都御史黄交出書目》:「《易圖》一本、《詩圖》一本、

《書圖》一本、《春秋圖》一本、《禮記圖》一本、《儀禮圖》二本、《周禮圖》一本，以上七種共七卷，俱明吴繼仕校刻。」○《安徽省呈送書目》：「《七經圖》八本。」○《武英殿第二次書目》：「《七經圖》八本。」○東北師大藏明萬曆四十三年新安吴繼仕熙春樓刻本，《大易象數鈎深圖》、《尚書軌範撮要圖》、《毛詩正變指南圖》、《周禮文物大全圖》、《禮記制度示掌圖》、《春秋筆削發微圖》均題「明新安吴繼仕考校」。《儀禮會通圖》題「明新安吴繼仕編纂」，有萬曆四十三年乙卯五月吴繼仕《儀禮圖序》、目録，目録末題「太學生男吴懷忠、邑庠生男懷愷、懷恭、懷懋、懷惲仝校。新安吴氏熙春樓藏板」。全書前有萬曆四十三年乙卯焦竑《七經圖序》云：「新安吴君繼仕，少即志於用世，博聞好古，學無不通，而經術尤邃。見宋刻《六經圖》而奇之，手自摹畫考校，授之梓人，與好學者共焉。又念《儀禮》爲朱子所定，其徒楊復篇爲之圖，并加編纂，合爲《七經圖》以傳。」鈐有「豐華堂書庫寶藏印」，清末錢塘楊文瑩家故物。南圖、浙圖等亦有此本。上圖本存《毛詩》、《周禮》、《儀禮》，鈐「四明盧氏抱經樓藏書印」、「黄裳容氏珍藏圖籍」等印。《存目叢書》先借印上圖藏本，所缺四種又用東北師大藏本配補。○按：《提要》云「刊於萬曆己卯」，己卯乃乙卯之訛。

九經考異十二卷附九經逸語一卷　明周應賓撰　七七〇

兩淮馬裕家藏本（總目）。○《兩淮商人馬裕家呈送書目》：「《九經考異》四本。」○《江蘇採輯遺書目録》：「《九經考異》十二卷，明禮部尚書四明周應賓著，刊本。」○《浙江省第四次鮑士恭呈送書目》：「《九經考異》十二卷，明周應賓著，三本。」○《浙江採集遺書總録》：「《九經考異》三册，刊本，明禮部尚書鄞縣周應賓撰。」○北京大學藏明萬曆刻本，半葉九行，行十九字，白口，四周雙邊。《九經逸語》一卷在前。《考異》前有萬曆三十六年周應賓《九經考異題辭》。《存目叢書》據以影印。臺灣「中央圖書館」有是刻一帙，劉承幹嘉業堂故物。原北平圖書館有一帙，曹棟亭藏書，現存臺北故宫。北京圖書館另有一部，缺《逸語》。

談經九卷　明郝敬撰　**七七一**

江蘇巡撫採進本（總目）。○《江蘇省第一次書目》：「《山草堂集》二本。」○《江蘇採輯遺書目録》：「《山草堂集》九卷，明江陰知縣京山郝敬著，刊本。」○北京圖書館藏明萬曆崇禎間郝洪範刻《山草堂集》内編本，正文首行上題「山草堂集第一」，下題「内編」，次行題「談經卷之一」，三行題「京山郝敬學，男洪範輯，門人田必成、彭大翮校」。半葉九行，行十八字，白口，四周單邊。前有李維楨序，天啟四年端午郝敬題辭。版心刻工：戴盛甫刊。《存目叢書》據以影印。科學院圖書館亦藏此刻，川圖有此刻單本。○民國二十三年潛江甘氏崇雅堂刻本，有附録一卷，《崇雅堂叢書初編》之一。

六經三註粹鈔無卷數　明許順義撰　**七七二**

浙江巡撫採進本（總目）。○《浙江省第六次呈送書目》：「《六經三注粹抄》不分卷，明許順義著，六本。」○《浙江採集遺書總録》：「《六經三注粹抄》六册，刊本，明晉江許順義輯。」○浙江圖書館藏明萬曆十八年萃慶堂余泗泉刻本六卷，第一種《易經三註粹抄》首葉次行題「晉江和齋許順義時制甫註抄」,三行題「建陽泗泉余彰德以成甫繡梓」。半葉十一行,行二十八字,白口,四周雙邊。《周禮》末有牌記:「旹萬曆庚寅仲春月,萃慶堂余泗泉梓行。」《存目叢書》據以影印。北圖分館有明刻本,存《書》、《春秋》、《禮記》、《周禮》四種,疑即是刻。復旦有此本,缺《易》。臺灣「中央圖書館」僅有《周禮三註粹鈔》,卷尾牌記同,知爲余泗泉刻本零種。○按:《提要》云許順義字如齋。今據原書所題,知當作和齋。

五經纂註五卷　舊本題竟陵鍾惺纂註　**七七三**

江蘇周厚堉家藏本(總目)。○《江蘇省第一次書目》:「《五經纂註》五本。」○《江蘇採輯遺書目録》:「《五經纂註》十五卷,舊題明儀制司郎中竟陵鍾惺著。」

峚陽草堂説書七卷　明鄭鄤撰　**七七四**

浙江巡撫採進本(總目)。○《浙江省第六次呈送書目》:「《峚陽草堂集》三十六卷、大學中庸論語孟子説及詩書九論論世五種,明鄭鄤著,九本。」○《浙江採集遺書總録》:「《峚陽草堂集》三十六卷附《説書》七卷,刊本,明庶吉士武進鄭鄤撰。」

拙存堂經質二卷　明冒起宗撰　**七七五**

兩江總督採進本(總目)。○《兩江第一次書目》:「《存拙堂經質》,如皋冒起宗著,抄本,二本。」

五經讀五卷　明陳際泰撰　**七七六**

浙江巡撫採進本(總目)。○《浙江省第七次呈送書目》:「《五經讀》,明陳際泰著,五本。」○《浙江採集遺書總録》：「《五經讀》五卷五册，刊本，明陳際泰撰。」〇《江蘇省第一次書目》：「《五經讀》四本。」〇《江蘇採輯遺書目録》：「《五經讀》五卷四册，明行人司行人臨川陳際泰著，刊本。」〇湖北圖書館藏明崇禎六年刻本，題「臨川陳際泰大士父著」，半葉九行，行十八字，白口，左右雙邊。前有崇禎六年癸酉五月羅萬藻序云「遂歡然泚筆，序而行之」。卷内鈐「廣東肇陽羅道關防」等印記。《存目叢書》據以影印。南圖、北圖分館均藏此刻。〇清華藏乾隆仁和黄氏刻《文藻四種》本。〇山東大學藏鈔本，半葉九行，行十八字，無格。鈐「忘憂艸堂藏書印」、「曾在張祝三處」二印。

五經圭約無卷數　明蔣鳴玉撰　**七七七**

浙江巡撫採進本（總目）。〇《浙江省第十二次呈送書目》：「《五經圭約》，國朝蔣鳴玉著，十二本。」〇《浙江採集遺書總録》閏集：「《五經圭約》十二册，刊本，國朝按察使僉事金壇蔣鳴玉撰，子超所輯。」〇《都察院副都御史黄交出書目》：「《易經圭約》，本朝蔣鳴玉輯，三本。」〇《提要》云：「康熙九年其子編修超校正付梓。」

經髓七卷　明陳世濬撰　**七七八**

兩淮鹽政採進本（總目）。〇《兩淮商人馬裕家呈送書目》：「《經髓》七卷，明陳世濬，二本。」〇《提要》云：「書成於崇禎己卯。前有自序，稱題於九龍學署。」

墨菴經學無卷數　國朝沈起撰　**七七九**

浙江巡撫採進本（總目）。〇《浙江省第十一次呈送書目》：「《墨菴經學》一卷《學園詩文集》一卷

《續編》一卷，明沈起著，一本。」按：此條《涵芬樓祕笈》本作：「《學園集經學》一卷《詩文》六卷《續編》一卷，明沈起著，一本。」〇《浙江採集遺書總録》：「《學園集經學》一册《詩文》六卷《續編》一册，刊本，明嘉興沈起撰。」〇按：沈起《學園集》六卷《續編》一卷已入别集類存目，所據亦浙江巡撫採進本，則此《學園集經學》一册當即《墨菴經學》也。

五經翼二十卷　國朝孫承澤撰　七八〇

原任工部侍郎李友棠家藏本（總目）。〇《總裁李交出書目》：「《五經翼》八本。」〇《江蘇省第一次書目》：「《五經翼》七本。」〇《江蘇採輯遺書目録》：「《五經翼》二十卷，清吏部侍郎順天孫承澤著，刊本。」〇《浙江省第十二次呈送書目》：「《五經翼》二十卷，國朝孫承澤輯，十本。」〇《浙江採集遺書總録》：「《五經翼》二十卷，刊本，國朝侍郎北平孫承澤輯。」〇中國科學院圖書館藏清康熙二年刻本，題「北平孫氏家塾本」，半葉八行，行十八字，白口，左右雙邊。前有康熙二年仲夏嚴沆序，目録題「北平孫承澤遴輯，同里王崇簡、禹航嚴沆訂正」。封面刻「古秋堂藏板」。卷尾有「癸卯著於西山水源頭草亭，時退翁年七十有一」識語，又孫承澤自叙云：「禹航嚴子顥亭省母南還，别余退谷，因託而梓之。」《存目叢書》據以影印。故宫、南圖、上圖、臺灣史語所均有是刻。按：「古秋堂」爲嚴沆堂號，此即《提要》所稱餘杭嚴沆刻本。所謂「北平孫氏家塾本」即是書據孫氏家塾本刊板之義，非謂孫氏家塾所刻也。《中國古籍善本書目》著録爲「康熙二年自刻本」，臺灣史語所《善本書目》著録爲「康熙二年北平孫氏家塾刊本」，皆未確。又孫承澤自叙頗存明朱睦㮮萬卷堂及承澤研山齋藏書遺事，特録存之，以補葉氏《藏書紀事詩》之闕：「曩時海内藏書家稱汴中西亭王孫。余宦汴時，西亭已殁。與其孫永之善，因得盡窺其遺籍，約十餘萬卷，尤重經學，中多祕本，世所鮮見。余雖困頓簿書，日借其經學一類課兒輩抄録之，携歸京師。壬午河決，王孫之書盡沉洪流中，賴余家猶存其十一。至甲申之變，余家玉鳧堂積書七萬餘卷，一時星散，無復片紙存者。是歲秋冬，僵卧城東魚藻池上，書賈荷書來售，多余家故本，印識宛然，泫焉欲涕。又中祕故藏，狼藉於市，間質衣物收之。」

稽古訂譌無卷數　國朝龔廷歷撰　**七八一**

江蘇巡撫採進本（總目）。○《江蘇採輯遺書目録》：「《稽古訂訛》三卷，清武進龔廷歷著，抄本。」

五經辨譌五卷　國朝吕治平撰　**七八二**

浙江巡撫採進本（總目）。○《浙江省第六次呈送書目》：「《五經辨譌》五卷，國朝吕治平著，二本。」○《浙江採集遺書總録》：「《五經辨誤》五卷，刊本，國朝台州府訓導海寧吕治平撰。」

勉庵説經十卷　國朝齊祖望撰　**七八三**

直隸總督採進本（總目）。○《直隸省呈送書目》：「《齊祖望説經》十本。」○《提要》云：「《讀易辨疑》三卷、《尚書一得録》一卷、《詩序參朱》一卷、《説禮正誤》三卷、《春秋四傳偶筆》一卷、《續筆》一卷。」

七經同異考三十四卷　國朝周象明撰　**七八四**

江蘇巡撫採進本（總目）。○《江蘇省第一次書目》：「《七經同異》二十本。」○《江蘇採輯遺書目録》：「《六經同異録》三十四卷，清太倉周象明著，刊本。」

經説一卷　國朝冉覲祖撰　七八五

副都御史黄登賢家藏本(總目)。○《都察院副都御史黄交出書目》：「《冉永光經説》一本。」○《提要》云：「似乎偶鈔成册，以質正於人，非勒爲定本者也。」

此木軒經説彙編六卷　國朝焦袁熹撰　七八六

江蘇巡撫採進本(總目)。○《江蘇省第二次書目》：「《此木軒經説彙編》四本。」○《江蘇採輯遺書目録》：「《此木軒經説彙編》六卷附《讀朱子語類》一册，清金山舉人焦袁熹著，抄本。」

六經圖十六卷　國朝江爲龍等編　七八七

通行本(總目)。○《浙江省第十次呈送書目》：「《朱子六經圖》十六卷，國朝江爲龍等輯，四本。」○《浙江採集遺書總録》：「《朱子六經圖》十六卷，刊本，國朝知縣桐城江爲龍輯。」○《武英殿第一次書目》：「《朱子六經四書圖》四本。」○《提要》云：「末附以《四書圖》。」○南京大學藏清康熙刻本，作《朱子六經圖》十六卷，十二册。題「桐城江爲龍硯崖手定，錢源啟敦一、葉涵雲長山、桐城王佐乾樞同校，姪自崇掌衡、男自崞鴻來、自嶁書來編次」。白口，四周雙邊。前有康熙四十八年江爲龍序，四十八年正月葉涵雲序。《存目叢書》據以影印。

重編五經圖十二卷　國朝盧雲英編　七八八

浙江汪啟淑家藏本(總目)。○《浙江省第四次汪啟淑家呈送書目》：「《五經圖》十二卷，明盧謙原著，盧雲英增補，六本。」○《兩淮鹽政李呈送書目》：「《重編五經圖》十二卷，國朝盧雲英，六本。」○遼寧圖書館藏清雍正二年盧雲英刻本，正文首行題「五經圖卷一」，次行題「河東楊恢基復莽訂正，武林沈之漣碧泉、中山尹正鼎燮公挍閱，皋城汪岱五宗、王皜又暠編録，潛川盧雲英夏子、男辰告秪襄重梓」。封面題「五經圖」。前有雍正二年仲冬月長至日知江南直隸六安州事河東楊恢基《重刻五經圖序》云：「盧陽盧君自其先大父以進士起家，宦成高隱，嘗摹《五經圖》石本爲傳之梨棗，欲使人易購也，其用意已善。今盧君又以原書闊大，爲更其式，藻繪加工，縹緗益富，刊布於世，繼成先業。」又云：「是書之刻，余於公餘稍加訂正，屬王生皜董其事，再踰寒暑，觀厥成焉。」次王皜《重刻五經圖凡例》云：「皜不揣弇陋，承命維謹。量格布局，依次編録，兼任繪事，付之剞劂，期月竣工。」又云糾正舊圖錯誤五百餘條。則是本爲王皜重編繪，盧雲英重刊。《提要》著録爲「盧雲英編」未確。《凡例》後有刻工：金陵譚韜、端紀刻。寫刻極精。書稱《五經圖》，實有《易》、《書》、《詩》、《春秋》、《周禮》、《禮記》六種。乾隆初王皜自刻《六經圖定本》當以此爲藍本。卷内鈐「濟南王氏之通齋收藏圖記」、「東郡楊氏海源閣藏」等印記。《存目叢書》據以影印。北圖、上圖、川圖、南京大學、人民大學均藏是刻。

冬餘經説十二卷　國朝邵向榮撰　　**七八九**

編修邵晉涵家藏本（總目）。○《提要》云：「其書則猶未完之稿，其子孫以簡端標識雜鈔而成也。」

○按：向榮爲邵晉涵祖父，此蓋邵晉涵所輯稿本進呈四庫館者，時晉涵在館，故是書提要頗周詳，且評價稍高，蓋出晉涵手筆。

三傳三禮字疑六卷附春秋大全字疑一卷禮記大全字疑一卷　國朝吴浩撰 七九〇

江蘇巡撫採進本(總目)。○《江蘇省第一次書目》:「《三禮字疑》一本、《三傳字疑》一本。」○《江蘇採輯遺書目録》:「《三禮字疑》二册,清吴浩著,抄本。」又:「《三傳字疑》一册,清吴浩著,抄本。」

經史辨疑一卷　國朝朱董祥撰 七九一

兩江總督採進本(總目)。○《兩江第一次書目》:「《經史辨疑》,明朱董祥著,一本。」

經玩二十卷　國朝沈淑編 七九二

山西巡撫採進本(總目)。○《山西省呈送書目》:「《經玩》二十卷。」○清雍正七年常熟沈氏孝德堂刻本,題「常熟沈淑著」,半葉九行,行十六字,白口,左右雙邊。封面刻「孝德堂藏板」。前有己酉六月沈淑題辭,次列校者名氏:「同學孫泮思洛、潘元疇莘士、顧謙載齡同校,外生姚承烈纘西、平江後學顧學海、吴門再姪元輅重校,姪樅、男栻、槷校字。」末有雍正乙巳秋八月沈淑跋,跋後有「吴門湯士超鐫」一行。乙巳爲雍正三年,己酉爲雍正七年,當即刻於雍正七年。《存目叢書》據清華大學藏本影印。按:《中國叢書綜録》著録爲雍正三年刊本,不確。北圖、上圖、南圖等亦藏是刻。○清光緒八年常熟鮑氏刻本,作《沈氏經學六種》、《後知不足齋叢書》之一。○臺灣「中央圖書館」藏清鈔本,半葉十行,行二十字,鈐「盛清宗室盛昱伯羲之印」等印記。

三經附義六卷　國朝李重華撰 七九三

浙江巡撫採進本(總目)。○《浙江省第七次呈送書目》:「《三經附義》,國朝李重華著,四本。」

〇《浙江採集遺書總録》：「《三經附義》六卷四册，刊本，國朝翰林院編修吴江李重華撰。」〇《江蘇省第一次書目》：「《三經附義》四本。」〇《江蘇採輯遺書目録》：「《三經附義》六卷。」〇《提要》云：「凡《易經》二卷、《書經》二卷、《詩經》二卷。」〇湖北省圖書館藏清乾隆二十八年萬葉堂刻本，存《書經附義》二卷，題「吴江李重華實君著」，半葉十行，行二十一字，白口，左右雙邊。寫刻頗精。《存目叢書》據以影印。〇《易傳附義》二卷，《詩傳附義》二卷，乾隆二十七年刻本，上圖。《書傳附義》二卷，乾隆萬葉堂刻本，吉林社科院。

松源經説四卷　國朝孫之騄撰　七九四

浙江吴玉墀家藏本（總目）。〇《浙江省第四次吴玉墀家呈送書目》：「《松源經説》四卷，國朝孫之騄著，四本。」〇《浙江採集遺書總録》：「《松源經説》四卷，刊本，國朝慶元縣教諭仁和孫之騄撰。」〇《江蘇省第一次書目》：「《松源經説》四本。」〇《江蘇採輯遺書目録》：「《松源經説》四卷，清慶元教諭仁和孫之騄著，刊本。」〇清乾隆三十一年春草園刻本，津圖、中山大學、華中師大藏（中國古籍善本書目）。按：津圖此本目録題「慶元縣儒學教諭孫之騄著」，正文題「仁和孫之騄晴川著」。半葉十行，行二十字，黑口，左右雙邊。封面鈐「晴川氏」、「就有道而正焉」二印。是本寫刻極精，無序跋。《存目叢書》據以影印。卷内玄、炫均缺末筆，曆字不避。「晴川氏」當是孫之騄印記。然則是猶雍正間仁和孫氏自刻初印之本。又見科學院圖書館本一帙八册，前增乾隆壬午小春仁和隱拙齋學人沈廷芳序，内云：「投老歸江鄉，端居多暇，將仿朱竹垞太史《經義考》之例，搜羅經籍，擬成

《續考》。老友趙意林徵君助余編輯，以晴川孫先生《松源經説》見示。」又云：「亟囑意林以廣其傳焉。」壬午爲乾隆二十七年，《北京人文科學研究所藏書簡目》著録此本爲「乾隆二十七年刊本」即據此序。但此序作匠體字，與正文端楷寫刻者迥然不同，當是仁和趙信(字意林)據孫之騄原版增刻沈廷芳序刷印者。春草園爲趙信家園名，《中國古籍善本書目》著録乾隆三十一年春草園刻本，亦仁和趙氏刷印者。上圖、杭州大學等亦藏此本。○南京圖書館藏清鈔本四册，鈐「仁和孫氏壽松堂藏書」、「賜書堂孫氏藏」印記。

心園説二卷　國朝郭兆奎撰　**七九五**

浙江巡撫採進本(總目)。○《浙江省第十次呈送書目》：「《心園説》二卷，國朝郭兆奎著，一本。」○《浙江採集遺書總録》：「《心園説》二卷，刊本。」

六經圖六卷　國朝王皜撰　**七九六**

江蘇巡撫採進本(總目)。○《江蘇省第一次書目》：「《六經圖》六本。」○《江蘇採輯遺書目録》：「《六經圖》六册，清六安布衣王皜編，刊本。」○北京圖書館藏清乾隆五年向山堂刻本，半葉十行，行二十字，白口，四周單邊。封面刻「六經圖定本」、「向山堂校刻」。前有乾隆五年夏五古咎繇城南廌莊王皜序，謂友人醵金刻之，先成《易》、《書》、《詩》三經，餘則新都楊次銘續刻。又乾隆五年高淑曾序，乾隆五年歙浦楊廷樽跋。楊跋云：「先生復手書入版，付良工開雕，楮墨俱極精好。」今觀是本，良非過譽。鈐「七葉山房珍藏書畫之印」、「理齋曹秉章印」、「玉研堂」、「南陵徐氏孝餘珍藏書畫之印」等印記。《存目叢書》據以影印。上圖、山東省圖等亦藏此刻。按：雍正二年盧雲英刻《五經圖》（實有六經）即王皜手摹上版者，此《六經圖定本》當據盧刻修訂重刊。

十三經字辨無卷數　國朝陳鶴齡撰　**七九七**

兩江總督採進本（總目）。○《兩江第二次書目》：「《十三經字辨》，通州陳鶴齡輯，四本。」○《提要》云：「刻於乾隆乙酉。」○中國科學院圖書館藏清道光十年刻本八卷，正文首行題「四書五經字辨」，次題「南通州陳鶴齡瑤賓輯，南城張桂卿南磐重校，山穆坐胡氏重刻」。半葉七行，白口，四周單邊。封面刻「十三經字辨」、「道光庚寅秋鐫」、「豫章安定草堂藏板」。前有道光十年庚寅秋張桂卿序云：「至雍正十二年再刻，經今百餘年，覆本流傳亦少，因商求此本，重加校訂，梓以公諸世。」蓋張桂卿出貲付胡氏山穆坐刊版者。《存目叢書》據以影印。中央民族大學亦藏是刻。

古學偶編一卷　舊本題潛山張絅撰　**七九八**

安徽巡撫採進本（總目）。○《安徽省呈送書目》：「《古學偶編》一本。」○民國九年劉延鳳編排印《張氏經學三種》本（皖人書録）。

九經圖無卷數　國朝楊魁植編　**七九九**

福建巡撫採進本（總目）。○《福建省呈送第一次書目》：「《九經圖》十本。」○南京圖書館藏清乾隆三十七年信芳書房刻本，《易經圖》題「長泰楊魁植輝斗原輯，男文源澤汪增訂，姪孫王璋如卿、孫士端方卿、士基柔卿、士達用卿、士任伊卿、士華灼卿校」。半葉八行，行二十四字，白口，四周雙邊。

版心下刻「信芳書房」。封面刻「乾隆壬辰年春鐫」、「閩漳長泰楊魁植輝斗氏編輯」、「翕園藏板」。前有乾隆三十七年壬辰羅鶴齡序，三十七年陳夢得序，陳士誠序，劉希周序，三十一年莊明呈序，男文源刻書識語。識語後有刻工：「晉水施必明攬刻。」《存目叢書》據以影印。上圖有此刻，缺《三傳圖》。山東大學藏此刻同治十年印本，全書十册，行款版式及内封面均同南圖本。外封書籤刻「九經啚説」，下刻雙行：「同治十年仲春，元姪孫鳳來拜題。」

説書偶筆四卷　國朝丁愷曾撰　八〇〇

山東巡撫採進本(總目)。○《山東巡撫第二次呈進書目》：「《説書偶筆》二本。」○民國二十四年青島趙永厚堂排印《望奎樓遺稿》本，題「日照丁愷曾萼亭父著」，末有乾隆三十五年男延髙跋。《存目叢書》用上海圖書館藏本影印。北圖、南圖、山東省圖等亦藏此本。

經解五卷經義雜著一卷　國朝黄文澍撰　八〇一

浙江巡撫採進本(總目)。○《提要》云：「每卷首題曰《桃穀山房稿》，而側注其下曰《石畦集經解》、《石畦集經義雜著》。蓋《桃穀山房稿》者，其集之總名。《石畦集》者，其稿中之一種。《經解》諸書又其集中之子部也。」○《浙江省第十次呈送書目》：「《石畦集》八卷，國朝黄文澍著，四本。」○《浙江採集遺書總録》：「《石畦集》八卷，刊本，國朝新豐黄文澍撰。」○《江西巡撫海第二次呈送書目》：「《石畦集》四本。」○日本京都大學人文科學研究所村本文庫藏清康熙六十年序墨耕堂刻《石畦集》本，作《石畦集經解》五卷《經文雜著》二卷，即《桃穀山房稿》(見《京都大學人文所漢籍目録》)。

八〇二 **經學淵源録三十卷　國朝黄琳撰**

按：此書《總目》未收，今據《四庫全書附存目録》補。考《紀元彙考》提要云：「琳有《經學淵源録》，已著録。」知《總目》原有此書。

四庫存目標注卷九

滕州　杜澤遜　撰

經部九

四書類

八〇三　蘇評孟子二卷　舊本題宋蘇洵評

兵部侍郎紀昀家藏本(總目)。○明嘉靖元年朱得之刻本,作《孟子》七卷,半葉八行,行二十字,白口,四周單邊,有刻工。安徽省圖書館藏。○明嘉靖三十五年謝東山刻《檀孟批點》本,半葉八行,行二十字,白口,四周雙邊。杭州市圖書館、陝西富平縣莊里中學藏。○明嘉靖三十五年程拱宸刻《檀孟批點》本,作《批點孟子書》二卷,半葉八行,行二十字,白口,四周單邊。中國科學院圖書館藏。○明萬曆三十五年刻《合刻檀孟》本,半葉十行,行二十字,白口,四周單邊。中共中央黨校藏。

○明萬曆四十一年程開祐刻本,作《蘇老泉批點孟子》,半葉六行,行二十字,小字數不等,白口,四周單邊。天津師大、厦門大學、貴州省圖、浙江平湖圖藏。○明趙標刻《檀孟批點》本,一卷,半葉八行,行十八字,白口,四周雙邊。浙圖、湖南師大、甘肅省圖、山西臨猗縣圖藏。○明崇禎刻本,半葉十行,行二十字,行間夾注,白口,四周單邊。中國科學院圖書館藏。○明紀五常刻本,作《批點孟子書》二卷,半葉八行,行二十字,白口,四周單邊,有刻工。山東圖書館藏。○明刻本,半葉八行,行十八字,白口,左右雙邊,行間刻評。湖南圖書館藏。○明溪香書屋刻《合刻周秦經書十種》本,半葉九行,行二十字,白口,四周單邊。北圖、南圖藏。○明萬曆閔齊伋刻三色套印《三經評注》本,半葉八行,行十八字,白口,左右雙邊。北大、人民大學、南圖等藏。○濟南市圖書館藏清康熙三十三年載詠樓刻硃墨本,題「載詠樓重鐫硃批孟子」,次題:「眉山蘇洵老泉氏原本,西湖沈李龍雲將氏較閲。」半葉九行,行二十字,白口,四周單邊。眉上鐫評。版心下刻「慎詒堂藏板」。前有嘉靖元年朱得之序,康熙三十三年沈心友《重鐫蘇評孟子序》。《存目叢書》據以影印。按:此即《提要》所稱康熙三十三年杭州沈氏刻本。殿本《提要》云「杭州沈李雲所校」,浙本《提要》云「杭州沈季雲所校」。考原書題「西湖沈李龍雲將氏校閲」,知其人姓沈,名李龍,字雲將。《提要》誤。○清嘉慶元年慎詒堂刻朱墨套印本,作《載詠樓重鐫硃批孟子》三卷四册。山西大學藏。

孟子解二卷　舊本題宋尹焞撰　八〇四

浙江吴玉墀家藏本(總目)。○《浙江省第四次吴玉墀家呈送書目》:「《孟子解》十四卷,舊題宋尹焞著,一本。」〇《浙江採集遺書總録》:「《孟子解》十四卷,瓶花齋寫本,宋侍講河南尹焞撰。」〇西安市文管會藏清鈔本二卷,半葉十行,行二十字,無格。無序跋。首葉鈐「翰林院印」滿漢文大官印。又鈐「吴城」、「敦復」、「繡谷亭續藏書」等印記。即吴玉墀進呈原本。《存目叢書》據以影印。

孟子發題一卷　宋施德操撰　**八〇五**

江蘇巡撫採進本(總目)。〇《江蘇採輯遺書目録》:「《孟子發題》一卷,刊本。」附張九成《横浦先生文集》後。〇北京圖書館藏宋刻本,附《横浦先生文集》後,作《施先生孟子發題》一卷,半葉十行,行十八字,白口,左右雙邊。末有里人郎曄跋。鈐「乾隆御覽之寶」、「天禄琳琅」、「崑山徐氏鑒藏」、「傳是樓」等印。《存目叢書》據以影印。〇明萬曆四十二年吴惟明刻《横浦先生文集》附刻本,書名同前本,半葉十行,行二十字,白口,左右雙邊。北大、清華、上圖等藏。民國十四年張元濟影印吴惟明刻《横浦先生文集》附本。〇明萬曆四十三年方士騏刻《重刊横浦先生文集》附刻本,書名同前本,行款版式亦同前。北圖、北大、北師大、南圖、臺灣史語所藏。張元濟云此係覆刻吴惟明本。

或問小註三十六卷　舊本題朱子撰　**八〇六**

安徽巡撫採進本(總目)。〇《安徽省呈送書目》:「《朱子或問小註》十二本。」〇《提要》云:「康熙壬午始有陳彝則家刻本,稱明徐方廣所增註。越二十年壬寅,鄭任鑰又爲重刻,而附以己說,并作後序。」〇中國科學院圖書館藏清康熙六十一年刻本,作《朱子四書或問小註》三十六卷,題「侯官鄭任鑰魚門校訂,受業宛陵湯友信景范參校」,半葉十一行,行二十二字,白口,左右雙邊。封面刻

「康熙壬寅年鐫」、「本衙藏板」。前有康熙六十一年壬寅三月初一鄭任鑰序云：「余自膺簡命視學江南，江南人文淵藪，思欲黜華崇實，進士子以讀書窮理之功，因取是書重加校訂，付剞劂氏。」《存目叢書》據以影印。中山大學亦藏是刻。

四書問目無卷數　舊本題朱元晦講授　劉爚、劉炳述記　八〇七

浙江吴玉墀家藏本(總目)。○《浙江省第四次吴玉墀家呈送書目》：「《四書問目》不分卷，舊題宋劉爚、劉炳同著，四本。」○《浙江採集遺書總録》：「《四書問目》四册，瓶花齋寫本，宋兵部侍郎朝請大夫建陽劉炳著，九世孫豐城尉文重輯。」

朱子四書語類五十二卷　國朝周在延編　八〇八

江西巡撫採進本(總目)。○《提要》云：「其書乃於《朱子語類》中專取四書諸卷刊行。」○首都圖書館藏清康熙十七年金陵大業堂刻本，題「金陵後學周在延重校」。半葉十二行，行二十五字，白口，左右雙邊。前有康熙十七年戊午六月朔日大梁後學周在延《重刊朱子四書語類序》云：「因取家藏舊本重加校梓，先成《四書》五十二卷。」封面刻「金陵大業堂梓」。序首葉及正文首葉鈐「學部圖書之印」滿漢文大官印，又鈐「南陵徐氏仁山珍藏」白文長印。《存目叢書》據以影印。北京師大、安徽圖書館亦藏是刻。

論語孟子考異二卷　舊本題宋王應麟撰　八〇九

浙江巡撫採進本(總目)。○《浙江省第二次書目》：「《論孟考異》二卷，宋王應麟著，一本。」○《浙

江採集遺書總録》：「《論語考異》一卷，寫本，宋禮部尚書鄞縣王應麟撰。」又：「《孟子考異》一卷，寫本，宋王應麟撰。」○《兩淮鹽政李續呈送書目》：「《論孟考異》二卷，宋王應麟，一本。」○清華大學藏清吴門德馨堂刻《四書大全》本，《論語考異》一卷附《論語集註大全》後，《孟子考異》一卷附《孟子集註大全》後。鈐「常惺惺齋藏書」、「瑞鱣之印」等印記。上圖、江西省圖亦藏是刻。○山東大學藏清康熙嘉會堂刻《三魚堂四書集註大全》本，半葉八行，行二十三字，黑口，左右雙邊。上圖、北圖分館亦藏此刻。見《存目叢書》影印山東大學藏本《三魚堂四書集註大全》末。

中庸合註一卷　不著撰人名氏　　**八一〇**

浙江汪啟淑家藏本（總目）。○《浙江省第四次汪啟淑家呈送書目》：「《中庸合注定本》一卷，元吴澄著，一本。」○《浙江採集遺書總録》：「《中庸合注定本》一册，開萬樓寫本，元翰林學士臨川吴澄輯。」○北京圖書館藏清卧月樓鈔本，正文首行題「中庸合注定本」，半葉九行，行二十一字，小字半葉十八行，行十九字（每行上空字不計），無直格，黑口，四周單邊，版心上印「卧月樓」三字。前有吴澄《中庸總説》，鈐「大興朱氏竹君藏書之印」印記。卷尾有翁同書手跋：「朱竹君先生藏書最富，其家不能守，散落殆盡。余先後收得十餘種，此其一也。此書爲科舉文之用，蓋不足珍，携來黔中以示莫郘亭孝廉。郘亭爲余跋其後。郘亭博觀强頌，與鄭子尹齊名，嘗刊宋石憝《中庸集解》三卷。咸豐二年歲在壬子七月十七日常熟翁同書記。」後鈐「翁白子」、「常熟翁生生於鬱洲長游京師」、「蠹魚活計」三印。又莫友芝手跋：「右《中庸合注》一卷，未詳撰人。其所引宋元諸家説，至於史氏伯璿，其十五、六兩章且引及《大全》。考史氏《四書管窺》成於元末，行於明初，《四書大全》出永樂中，則撰者明永樂以後人矣。其稱補注、稱愚案者，所自立説。大旨爲書義而作，故於章中虛實分際、篇中脈胳往來，言之頗詳，而他無所發明，僅以供科舉文之用而已。其篇首《總論》應置卷中書題之後，而冒艸廬之名以爲序，誠如《四庫提要》所云書賈作僞，蓋猶非著書人本然也。此舊寫本，督學祖庚翁公所收，朱竹君氏舊弆，付舍弟庭芝持示，因書其後。咸豐壬子六月獨山莫友芝。」下鈐「友芝私印」朱文小印。又翁同書手跋：「同治元年壬戌九月重裝，距邵亭作跋時又閲十寒暑矣，展卷憮然。同書再記。」鈐「翁同書印」印記。（戊寅八月廿三日觀於北圖）。〇上海圖書館藏清鈔本，十九章以前佚去。半葉九行，行二十一字，無格。末有咸豐壬子六月獨山莫友芝手跋，跋末鈐「景山艸堂」朱文印。此跋即北圖本跋文之初稿，勾乙塗改數處，北圖本悉已改過。然則上圖此本係莫氏從翁氏本過録者，跋文初作於過録本上，改定後復寫於翁氏原本。設非目驗，幾疑上圖本跋文爲後人迻録者矣。《存目叢書》據上圖此本影印，後見北圖足本，追悔莫及。

重訂四書輯釋二十卷　元倪士毅撰　八一一

浙江巡撫採進本（總目）。〇《浙江省第八次呈送書目》：「《四書輯釋》三十六卷，元倪士毅輯，二十本。」〇《浙江採集遺書總録》：「《四書輯釋》三十六卷，元刊本，元休寧倪士毅輯。」〇《提要》云：「此本改題曰重訂輯釋章圖通義大成，首行列士毅之名，次列新安東山趙汸同訂，次列鄱陽克升朱公遷約旨，次列新安林隱程復心章圖、莆田王元善通考，次列鄱陽王逢訂定通義。」〇上海圖書館藏元刻本，作《四書輯釋》三十六卷，元倪士毅撰，存《論語》卷十一至二十。半葉十三行，行二十一字，細黑口，四周雙邊。○蓬萊慕湘藏書樓藏元至正二年日新書堂刻本，作《四書輯釋大成》，存《大學》、《中庸》共二册，題「後學新安倪士毅輯釋」。《大學》半葉十三行，行二十二字，大黑口，四周雙邊，雙黑魚尾。凡例末有雙行牌記：「至正壬午夏五日新書堂刊行。」皮紙初印。末有林佶朱筆跋：「康熙庚寅端陽，余有齊魯之行，過夏鎮，謁明惠先生仙署，出此元板佳刻，世所罕見，當爲古書中之最善。漫記喜尔。侯官林佶題。」下鈐「林」「佶」連珠印。卷内又鈐「詒晉齋」、「仲墒」、「竹軒」、「任邱邊葆恕印川氏藏書」等印。書衣有邊廷掄題籤。○日本文化九年（清嘉慶十七年）覆刻元至正二年日新書堂刻本，作《四書輯釋大成》三十六卷，題「後學新安倪士毅輯釋」。半葉十三行，行二十一字。章句低一格，行二十四字。注文雙行低一格，行字同章句。黑口，四周雙邊。有至元三年自序。《凡例》後有牌子：「至正壬午夏五日新書堂刊行。」卷末有牌記：「文化九年刊。」（參臺灣「中央圖書館」《善本書志初稿》）北大、上圖、美國國會圖書館等亦有是刻。○北京圖書館藏明初刻本，作《四書輯釋》四十三卷，題「朱子章句，後學新安倪士毅輯釋，新安林隱程復心章圖，莆田貢士王元善通考」。半葉十三行，行二十一字，黑口，四周雙邊。鈐「毘陵周廷吹氏裝潢印識」、「陳其難圖書記」、「東郡楊紹和彦合珍藏」、「協卿讀過」、「楊紹和審定」、「宋存書室」等印記。《楹書隅録》著録爲元本。《存目叢書》據以影印。○上海圖書館藏明正統五年詹氏進德堂刻本，作《重訂四書輯釋》四十五卷。《大學》題「後學新安倪士毅輯釋，後學新安趙汸訂正，番易後學王逢通義，新安後學金德玹校正」。《中庸》題「朱子章句，新安道川倪士毅重訂輯釋，新安東山趙汸同訂，鄱陽克升朱公遷約説，新安林隱程復心章圖，後學鄱陽王逢訂正通義」。《論》、《孟》又於王逢前增「莆田後學王元善通考」。半葉十二行，行二十三字，黑口，四周雙邊。《讀中庸法》後有牌子：「正統庚申詹氏進德堂新刊。」卷首有至正丙戌汪克寬序，正統十年新安蘇大□序，凡例，引用姓氏。又《新刊重訂輯釋通義源流本末》，題「松塢門人京兆劉用章輯」，所收爲倪士毅與書坊劉錦文往來書札及諸家舊序。次爲正統二年丁巳劉用章識語大方牌子，凡十九行三百餘字，末云「詹氏壽梓廣傳，用是校對，嘉與四方同志之士共之者」，即爲是刻作。按：據《提要》所述卷首題名，此本近之。○臺灣「中央圖書館」藏明刻本，作《重訂四書輯釋章圖通義大成》四十卷，半葉十二行，行二十字，章句低一格二十三字，小注同章句，黑口，四周雙邊。有劉用章《源流本末》，蓋正統以後重刻進德堂本，而變其行款。○日本寬文十一年（清康熙十年）田中文内刻本，作《四書章圖大成》四十五卷，倪士毅輯釋、朱公遷約説、程復心章圖、王元善通考、王逢通義，實亦從明正統以後刻本出。遼寧圖書館藏。

四書通義二十卷　明劉剡撰　八一二

江西巡撫採進本（總目）。○《江西巡撫海第一次呈送書目》：「《四書通義》六本。」○《提要》云：「剡字用章，休寧人。是書因倪士毅《四書輯釋》重爲訂正，更益以金履祥疏義、指義、朱公遷通旨、約説、程復心章圖、史伯璿管窺、王元善通考及當時諸儒著述，改題此名。」○按：上海圖書館藏明正統五年詹氏進德堂刻本《重訂四書輯釋》四十五卷，題：倪士毅輯釋、趙汸同訂、朱公遷約説、程復心章圖、王元善通考、王逢訂正通義。前有《新刊重訂輯釋通義源流本末》，題「松塢門人京兆劉用章輯」，劉用章即劉剡。《本末》後有劉用章正統二年識語大方牌子，內云：「惜乎先族叔祖錦文先生刻其至元丁丑初稿以行於世，倪先生以書翰十數往來，言其刊之遽速以爲憾。宣德甲寅，書林詹宗睿敬遣人往新安，休陽儒士金仁本同於黟士汪士濂家請得倪先生至正丁亥重訂，又用工十年善本以歸。又得番陽松塢王先生參録，仁山金先生、白雲許先生、番易朱先生及程氏章圖、王氏通考、史氏管窺等，編而會通之，坦然明備。」此與《提要》合，當即其書。臺灣「中央圖書館」藏明刻本及日本寬文十一年刻本亦係同種。前條《重訂四書輯釋》提要云「卷首有士毅與書賈劉叔簡書」，所據實即劉剡輯《源流本末》。然則，此前後兩書皆劉剡重訂本《四書輯釋》，實一書而異名而已。劉剡稱是本爲「新刊重訂輯釋通義」，意即「新刊重訂四書輯釋通義」，「輯釋」爲倪士毅原作，「通義」即集諸家考説「編而會通之」。前條就倪士毅而言，故稱《重訂四書輯釋》。此條就劉剡而言，故稱《四書通義》。蓋進呈之本題名歧異，撰提要者又非一人，統編者但據提要初稿筆削潤色，未嘗細核原書，故致一書而兩見也。史評類之《群史品藻》與《漢唐通鑑品藻》，類書類之《四六叢珠彙選》與總集類之《四六叢珠彙選》，皆屬此類。

大學指歸二卷附考異一卷　明魏校撰　八一三

安徽巡撫採進本（總目）。〇北京大學藏明嘉靖太原王道行刻《莊渠先生遺書》本，《大學古文》卷端題「莊渠先生遺書大學指歸卷之一，兵備副使太原王道行梓」。《大學指歸》卷端題「莊渠先生遺書大學指歸卷之二,兵備副使太原王道行梓,門人歸有光校」。後附《大學考異》。半葉七行,行十五字,白口,左右雙邊。《指歸》前有嘉靖二十二年正月南充王廷序。卷内鈐「曾在李鹿山處」等印記。《存目叢書》據以影印。

大學管窺一卷　明廖紀撰　八一四

衍聖公孔昭煥家藏本(總目)。○《衍聖公交出書目》:「《大學管窺》一本。」○江西大學藏明刻《學庸管窺》本,半葉十行,行十八字,黑口,四周雙邊。首《古本大學》,次《明道先生改本大學》,次《伊川先生改本大學》,次《晦庵先生改本大學》,次弘治十年丁巳周木識語,次嘉靖五年孟秋趙璜《大學管窺序》,次嘉靖五年六月廖紀《大學小序》,次《大學管窺》正文,末有嘉靖五年八月馬理《大學管窺後序》。《存目叢書》據以影印。按:此嘉靖五年至六年刻本,詳下條。

中庸管窺一卷　明廖紀撰　八一五

衍聖公孔昭煥家藏本(總目)。○《衍聖公交出書目》:「《中庸管窺》一本。」○江西大學藏明刻《學庸管窺》本,半葉十行,行十八字,黑口,四周雙邊。前有嘉靖五年丙戌六月廖紀《中庸序》,後有嘉靖五年八月李浙序,六年三月孔聞韶《學庸管窺序》。李浙序云:「亟請於先生,將壽諸梓。」則刊刻於嘉靖五年至六年間。《存目叢書》據以影印。

大學千慮一卷　明穆孔暉撰　八一六

副都御史黄登賢家藏本(總目)。○《都察院副都御史黄交出書目》:「《大學千慮》,明穆孔暉著,一本。」○北京大學藏明嘉靖刻本，半葉九行，行十七字，白口，四周雙邊。前有引云：「謹輯以付梓，與同志者共之。」後有嘉靖十八年五月穆孔暉跋。李盛鐸舊藏。《存目叢書》據以影印。○北京師大藏明朱延禧刻本一册。

大學稽中傳三卷　明李經綸撰　**八一七**

江西巡撫採進本（總目）。○《浙江省第四次汪啟淑家呈送書目》：「《大學稽中傳》一卷，明李經綸著，一本。」○《浙江採集遺書總録》：「《大學稽中傳》一卷，刊本，明諸生南豐李經綸撰。」○北京大學藏清光緒十八年南豐謝鏞刻本，前有嘉靖丁酉自序，次總目，題「南豐李經綸大經著，謝文洊約齋定，新城後學涂登于岸、陳道紹洙重訂，南豐後學吴棨祖、儲粲編校」。半葉九行，行二十三字，白口，四周單邊。書前有牌記：「程山裔孫昌賢彙稿，光緒壬辰冬月次男鏞重刊」。《存目叢書》據以影印。按：此《謝程山全書》之一，上圖、江西省圖等有藏。

四書講義無卷數　明鄭曉撰　**八一八**

浙江汪啟淑家藏本（總目）。○《浙江省第四次汪啟淑家呈送書目》：「《四書講義》六卷，明鄭曉著，七本。」○《浙江採集遺書總録》：「《四書講義》六卷，刊本，明鄭曉撰。」○《提要》云：「萬曆己酉其孫心材始刊之。」

大學註一卷　明蔡悉撰　**八一九**

御史蕭際韶家藏本（總目）。

八二〇

四書人物考四十卷補考八卷　明薛應旂撰

通行本（總目）。○《武英殿第二次書目》：「《四書人物備考》十六本。」○北京圖書館藏明嘉靖刻本，作《四書人物考》四十卷，題「明武進薛應旂仲常采輯」，半葉十行，行二十字，白口，四周單邊。前有嘉靖三十六年丁巳八月既望自序。寫工刻工：無錫江南隽書，何昇、俞汝廷刻。《存目叢書》據以影印。按：臺灣「中央圖書館」藏此刻本，自序外又有嘉靖三十七年戊午秋八月朔旦南京禮部右侍郎莆田礪峯康人和《刻四書人物考敘》，嘉靖三十七年三月既望南京江西道監察御史休寧何其賢序，莆田翁桂朝芬後序。何序云：「其必傳無疑矣，余故語其門人刻焉，因爲之序。」是嘉靖三十七年刻於金陵。北圖本佚去各序，故僅定爲嘉靖刻，而不知其年月。上圖、吉林省圖等亦藏此刻。○安徽圖書館藏明萬曆七年聚慶堂徐龍池刻本，作八卷。○清華大學藏明刻本，作《校正註釋四書人物考》八集四十卷，題「武進薛應旂仲常采輯，邵武朱焯維盛註釋，蜀金堂張吾瑾鶴洲重訂」。半葉九行，行二十字，白口，四周雙邊。白棉紙。是本以金、石、絲、竹、匏、土、革、木分集。金集爲紀三卷，餘爲傳三十七卷。○明刻本，作《四書七十二朝人物考》四十卷，明薛應旂輯，半葉十行，行二十字，白口，四周單邊。廣東中山圖書館、安徽圖書館、中共中央黨校藏。○明萬曆書林葉近山刻本，作《新刻七十二朝四書人物考註釋》四十卷，明薛應旂輯，朱焯注，半葉十行，行二十字，白口，四周雙邊或四周單邊。蘇州圖書館、揚州師院藏。○明萬曆三十六年書林舒承溪刻本，明薛應旂輯，焦竑註，半葉十一行，行二十二字，白口，四周單邊。上圖、山東圖、浙圖等藏。○明天啟七年刻本，作《四書人物考訂補》四十卷，題「武進薛應旂采輯，邵武朱焯註釋，錢塘許胥臣訂補」，半葉十行，行二十字，白口，四周單邊。有薛應旂、吴國倫序，天啟七年李之藻序。浙圖、南大、美國國會圖書館等藏。○明萬曆三十七年福建書林余應虬刻本，作《新鍥評林旁訓薛鄭二先生家藏酉陽揆古人物奇編》十八卷，題「明太史方山薛應旂纂輯，如蓮鄭以偉註評，新會元存梅施鳳來校正，閩書林陟瞻余應虬梓行」。半葉九行，行二十二字。卷末有牌記：「萬曆己酉秋月南京原板刊行」，謂所據底本爲南京刻本也。美國國會圖書館藏。王重民《善本提要》著録，云「即薛應旂《四書人物考》原文，蓋就朱焯註釋而損益之」。○明天啟元年南京刻本，作《新鍥評林旁訓薛湯二先生家藏酉陽揆古人物奇編》十八卷首一卷，明薛應旂輯，朱焯註釋，湯賓尹評，半葉九行，行二十二字，白口，四周單邊，無直格。清華大學藏。○山東大學藏明崇禎十年刻本，作《石渠閣刪註四書人物考》四十卷附《四書雜考》六卷。各卷題「武進薛應旂仲常輯，閩朱焯維盛註釋，玄孫寀諧孟訂補」，卷七以下或增「後學蔣方馨紗凝較」。《雜考》題「武進薛寀諧孟父輯」。半葉九行，行十九字，白口，四周單邊。有崇禎十年何如寵序，爲薛寀作。又寀序，謂「狗賈人之求」。○明末刻本，作《陳明卿先生訂正四書人物備考》四十卷，明薛應旂輯，朱焯注；《補考》八卷，明薛寀輯。半葉九行，行十九字，白口，四周單邊。安徽、湖南兩圖書館藏。○中山大學藏清康熙五十四年吴郡緑蔭堂刻本，書名卷數行款同前。封面刻「吴郡緑蔭堂梓」并鈐康熙乙未新鐫增補名物諸考長方朱印。廣西壯族自治區圖書館亦藏此刻。○山東大學藏乾隆五年世業堂刻本，作《新訂四書人物備考》十二卷，題：陳仁錫增定，弟義錫重校，唐光夔評閱，陳鋭參訂。封面題「薛方山先生原本」。

日進直講五卷　明高拱撰　八二一

河南巡撫採進本（總目）。○《河南省呈送書目》：「《日進直講》，明高拱著，五本。」○北京圖書館藏明萬曆馬之駿等刻《高文襄公集》本，作《大學直講》一卷《中庸直講》一卷《論語直講》三卷，半葉十行，行二十字，白口，左右雙邊。河南圖書館亦藏此刻。《高文襄公集》已入別集類存目，《存目叢書》已用北圖藏本影印。○山東博物館藏明萬曆刻《高文襄公集》本。○清康熙二十八年高有聞籠春堂刻本，《高文襄公全集》之一，題「新鄭高拱著，曾孫有聞重刊」。半葉九行，行十八字，白口，四周雙邊。封面刻「康熙己巳重刻」、「遵依原本」、「籠春堂藏板」。中國科學院圖書館、復旦、南圖等藏。清華有乾隆十六年來孫高玉生補刻《全集》本。

大學新編五卷　明劉元卿撰　八二二

江西巡撫採進本（總目）。○《江西巡撫海第一次呈送書目》：「《大學新編》四本。」○北京大學藏清咸豐二年劉氏家塾重刻本，封面刻「咸豐二年重刊」、「板藏家塾」，前有萬曆乙未安福劉元卿自序。《存目叢書》據以影印。

孟義訂測七卷　明管志道編　八二三

浙江吴玉墀家藏本（總目）。○《浙江省第四次吴玉墀家呈送書目》：「《孟義訂測》七卷，明管志道輯，七本。」○《浙江採集遺書總録》：「《孟義訂測》七卷，刊本。」○上海圖書館藏明萬曆三十六年王之義、管士珍刻本，與《石經大學測義》等合刻，正文首行題「孟子卷之一，管志道訂釋并測義」，半葉九行，行十八字，白口，四周雙邊。前有丁未十二月乙亥自序，戊申七月二十八日不肖孤管珍刻書識語。卷五末有清甘暘谷手記：「光緒庚寅歲冬甘暘谷覽。」卷六末又手記：「甘暘谷覽畢。」《存目叢書》據以影印。華東師大亦藏是刻。

四書疑問十一卷　明姚舜牧撰　　　　八二四

浙江巡撫採進本（總目）。○《浙江省第三次書目》：「《四書疑問》十一卷，明姚舜牧著，六本。」○《浙江採集遺書總録》：「《四書疑問》十二卷，刊本。」○北京大學藏明萬曆烏程姚氏六經堂刻本，十一卷，正文首行題「重訂四書疑問卷之一」，次行題「烏程後學承菴姚舜牧著」。半葉十行，行二十字，白口，四周單邊。前有萬曆十九年辛卯自序，四十五年丁巳重訂自序。封面刻「六經堂藏板」。卷内鈐「鄞徐時棟柳泉氏甲子以來所得書畫藏在城西艸堂及水北閣中」、「柳泉書畫」等印記。萬曆十九年自序後有清徐時棟手跋：「《四書疑問》十一卷，原作六本，因分本未妥，重分作五本，同治九年十二月二十二日城西草堂徐氏收藏，明年重訂此書。前序似欲恨諸家支離，而偶閱一二條，殆不過爲時文之學者。至後序述夢見夫子且雕一私印曰夢受孔子心印，則怪妄極矣。封面四字作八分，並非刻板，或是藏家補寫。然其上居然有此六字印一方，豈復有癡人爲雕此夢印耶？豈此本爲姚氏家藏本耶？不然萬無既刻全書而獨寫封面之理。此疑將向誰問之？十年六月十九夕時棟記于城西草堂。」下鈐「柳泉」朱文小印。《存目叢書》據以影印。北京故宫、臺灣「中央圖書館」亦藏是刻。

八二五 經籍異同三卷 明陳禹謨撰

兩淮馬裕家藏本(總目)。○《兩淮商人馬裕家呈送書目》:「《經籍異同》三卷《引經釋》五卷,明陳禹謨,六本。」○《浙江省第四次汪啟淑家呈送書目》:「《經籍異同》三卷,明陳禹謨著,一本。」○《浙江採集遺書總録》:「《經籍異同》三卷,刊本,明海虞陳禹謨撰。」○上海圖書館藏明萬曆刻本,正文首葉題「明後學海虞陳禹謨錫玄甫輯,同邑門生朱尚忠□□甫校」。半葉十一行,行二十二字,白口,左右雙邊,眉上鐫評。前有丁酉孟夏自叙云:「余所述《經言枝指》業鋟諸梓者凡五種矣,探之篋笥,更有一焉,曰《經籍異同》。」丁酉爲萬曆二十五年,則《經言枝指》五種刻於萬曆二十五年孟夏以前。此《經籍異同》三卷當即刻於萬曆二十五年。首葉鈐「翰林院印」滿漢文大官印,乃進呈四庫原本。又鈐「王氏信芳閣藏書印」、「沈氏粹芬閣所得善本書」、「研易樓藏書印」、「秀水王相」等印記。卷端有四庫纂修官姚鼐所擬提要稿一則:「《經籍異同》、《引經釋》,謹按:明陳禹謨字錫元著。《經籍異同》三卷,載群經所引異文。《引經釋》五卷,載諸家之異解。所引之書甚狹,既非博洽,又載及《石經大學》,此豐坊僞撰之書,乃據以説經,未足云有識矣。其書應不必抄。纂修姚鼐。」下鈐「存目」印記。此稿右側有某氏行書批語:「分二部,另作提要。」謂《經籍異同》、《引經釋》分兩條著録,各撰提要。此稿後又有「張閱」、「李閱」二籤,均出館臣手。核以《四庫全書總目》,此條提要果已重寫,且文字迥異,唯「《石經大學》本豐坊僞撰,據爲定論,尤失考矣」語尚本姚鼒此稿。其《引經釋》實《經言枝指》五種之一，故未單獨著録。《存目叢書》據上圖此本影印。○臺北「中央研究院」史語所藏舊鈔本一册。北京人文科學研究所舊藏。

經言枝指一百卷　明陳禹謨撰　**八二六**

浙江巡撫採進本（總目）。○《江蘇省第一次書目》：「《經言枝指》二十本。」○《江蘇採輯遺書目録》：「《經言枝指》一百卷，明副使常熟陳禹謨著。」○《浙江省第八次呈送書目》：「《經言枝指》一百卷，明陳禹謨輯，十八本。」○《浙江採集遺書總録》：「《經言枝指》一百卷，刊本。」○中國科學院圖書館藏明萬曆刻本，凡《漢詁篹》十九卷、《談經菀》四十卷、《引經釋》五卷、《人物概》十五卷、《名物考》二十卷，共九十九卷。《漢詁篹》題「漢北海鄭玄康成注，唐衡水孔穎達仲達疏，明海虞陳禹謨錫玄篹，同邑門人馮復京嗣宗校」。半葉十一行，行二十二字，白口，左右雙邊。眉上鐫評。前有支可大、劉鳳、屠隆序，江盈科引，王穉登、黄汝亨、何三畏、瞿汝稷、陳禹謨序，均無年月。考禹謨《經籍異同》萬曆二十五年孟夏自序云「《經言枝指》業鋟諸梓者凡五種矣」，則刻成在萬曆二十五年孟夏前。《存目叢書》據以影印。上圖亦藏此刻。又東北師大本僅存前兩種。

別本四書名物考二十四卷　明陳禹謨撰　**八二七**

内府藏本（總目）。○《武英殿第二次書目》：「《四書名物考》五本。」《提要》云：「已載《經言枝指》中，此則錢受益、牛斗星所補訂也。」○清華大學藏明末牛斗星刻本，正文卷端題「四書名物考」，次題「海虞陳禹謨錫玄輯，虎林錢受益謙之、牛斗星杓司補」。半葉九行，行二十字，白口，四周單邊。前有錢受益序，馮復京序，凡例。錢序云：「余友牛杓司有《四書名物考》之刻。」知爲牛斗星刊。《存目叢書》據以影印。北大、上圖、南圖等多藏此本。

八二八　孟子説解十四卷　明郝敬撰

浙江汪啟淑家藏本（總目）。○《浙江省第四次汪啟淑家呈送書目》：「《孟子説解》十四卷，明郝敬著，六本。」○《浙江採集遺書總録》：「《孟子説解》十四卷，刊本，明郝敬撰。」○明萬曆四十七年京山郝氏家刻本，題「郝敬解」，半葉十行，行二十一字，下黑口，四周單邊。版心下刻篇名。卷尾有「時萬曆己未孟夏京山郝氏家刻」識語一行。《存目叢書》用浙圖藏本影印。南圖、復旦、臺灣「中央圖書館」亦藏此刻。

八二九　論語義府二十卷　明王肎堂撰

浙江巡撫採進本（總目）。○《浙江省第八次呈送書目》：「《論語義府》二十卷，明王肯堂輯，十本。」○《浙江採集遺書總録》：「《論語義府》二十卷，刊本，明參政王肯堂撰。」○中共中央黨校藏明刻本，題「金壇王肯堂輯，門人同邑王綱振校」，半葉十行，行二十字，白口，四周單邊。無序跋。《存目叢書》據以影印。華東師大亦藏此刻。○中國科學院圖書館藏清康熙三年刻本十册。

八三〇　中庸點綴一卷　明方時化撰

江蘇周厚堉家藏本（總目）。

元晏齋困思鈔三卷　明孫慎行撰　八三一

浙江巡撫採進本（總目）。○《浙江省第八次呈送書目》：「《元晏齋困思抄》三卷，明孫慎行著，一本。」○《浙江採集遺書總録》：「《元晏齋困思鈔》三卷，刊本，明尚書武進孫慎行撰。」○《提要》云：「是書乃其自萬曆庚戌至甲寅積年鈔存。」○湖北圖書館藏明萬曆刻本，題「晉陵孫慎行著」，半葉九行，行二十一字，白口，四周單邊。前有葉向高題辭，萬曆四十二年甲寅禮部祠祭司林宰等序。又目録，卷一注「庚戌」，卷二注「辛亥」，卷三注「壬子辛丑甲寅」。與《提要》合。後有《玄晏齋詩》三卷，半葉九行，行二十字，白口，四周雙邊。前有萬曆四十二年甲寅禮部主客司郎中潘潤民等序，云「一日請先生所著詩，將付剞劂，余儕幸卒業」。蓋二種均刻於萬曆四十二年甲寅。《存目叢書》據以影印。清華大學藏萬曆刻本，與《玄晏齋文鈔》二卷《玄晏齋詩》三卷合函，當是同版。○王重民《善本提要》著録原北平圖書館藏明萬曆間刻本三卷，又《中庸慎獨義》一卷，共三册。題「晉陵孫慎行著」，半葉十行，行二十二字。卷一卷二已經編定葉數，卷三之卷葉數目太半作墨丁。篇題下所注年月，自萬曆甲寅至崇禎辛未。有葉向高序，萬曆四十二年林宰序，鄭鄤序。以年月起訖與《提要》未合，王氏謂「《提要》所稱萬曆庚戌至甲寅者，疑失之詳檢」。按：此本現存臺北「故宫」，行款與湖北本不同，年代恰與湖北本相接，則係續編三卷無疑。《提要》不誤。蓋萬曆末至崇禎間陸續刊版者，故卷葉有編定有未編定。北京大學藏明崇禎刻《玄晏齋集》五種内有《玄晏齋困思鈔》一卷，半葉十行，行二十二字，白口，四周雙邊。行款與北平本同，當是同版，唯僅一卷耳。又按：

書名「玄晏齋困思鈔」，《總目》「玄」改「元」，避康熙帝諱。

大學中庸讀二卷　明姚應仁撰　八三二

浙江汪啟淑家藏本（總目）。○《浙江省第四次汪啟淑家呈送書目》：「《大學中庸讀》二卷，明姚應仁著，二本。」○《浙江採集遺書總録》：「《大學中庸讀》二册，刊本，明姚應仁撰。」

四書湖南講九卷　明葛寅亮撰　八三三

浙江巡撫採進本（總目）。○《浙江省第七次呈送書目》：「《四書湖南講》，明葛寅亮著，十六本。」○《浙江採集遺書總録》：「《四書湖南講》十册，刊本，明錢塘葛寅亮撰。」○湖北圖書館藏明崇禎刻本，半葉十行，行二十五字，白口，四周單邊。《論語湖南講》題「錢塘葛寅亮講，仁和柴世埏録測，錢塘施惟中録演，錢塘徐時泰録商」。《孟子湖南講》題「錢塘葛寅亮講，縉雲鄭孕唐録測，江都姚思孝録商」。前有崇禎四年辛未門人鄭尚友序。《存目叢書》據以影印。科學院圖書館、陝西省圖書館、浙江圖書館亦藏是刻。

四書會解十卷　明毛尚忠撰　八三四

浙江巡撫採進本（總目）。○《浙江省第十次呈送書目》：「《四書會解》十卷，明毛尚忠著，十本。」○《浙江採集遺書總録》：「《四書合講》十卷，刊本，明棗强知縣嘉善毛尚忠輯。」

四書正學淵源十卷　明章一陽編　八三五

副都御史黄登賢家藏本（總目）。○《都察院副都御史黄交出書目》：「《正學淵源》，明章一陽輯，十本。」○《浙江省第八次呈送書目》：「《正學淵源録》十卷，明章一陽輯，十本。」○《浙江採集遺書總録》：「《正學淵源録》十卷，刊本，明漳浦訓導金華章一陽撰。」○南京圖書館藏清康熙三十三年趙泰甡刻本，正文題「金華四先生四書正學淵源」，次題「同邑後學章一陽原訂，膠西後學趙泰甡輯梓」。半葉九行，行二十字，白口，左右雙邊。前有康熙三十五年仲春周清原《重刻四書正學淵源序》云：「彙梓是編，能大有功于四先生也。」又三十三年趙泰甡《重刻四書淵源序》云：「第原板銷毀，苦無兼本，爰重加輯梓，以付剞劂，自秋徂冬，越三月告竣。」又云：「若參訂校讐，則余癸酉浙闈所得士洎滋蘭書院諸生咸與其勞，並列名於後。」又蕭復陽序，萬曆三十二年甲辰章一陽序，康熙三十四年金其相序。卷内鈐「魏唐金氏隅園珍藏」、「真州吳氏有福讀書堂藏書」等印記。《存目叢書》據以影印。廣西師大藏本僅存五卷。

八三六　大學古今通考十二卷　明劉斯源編

浙江巡撫採進本（總目）。○《浙江省第六次呈送書目》：「《大學古今正本通考》十二卷，十本。」

按：涵芬樓本《進呈書目》如此。吴慰祖據《總目》增「明劉斯源編」五字。○《浙江採集遺書總録》：「《大學古今本通考》十二卷，刊本，明臨潁劉斯原撰。」○臺灣「中央圖書館」藏明萬曆刻本，正文首行題「大學通考卷之一」，次行題「後學臨潁劉斯原編輯」。半葉十一行，行二十一字，白口，四周雙邊。版心上題「大學古今本通考」，各册封面籤題同。末有萬曆三十六年戊申唐士元跋。卷内鈐「青巖洞藏書印」、「申祐慶長壽康永福昌宜子孫」、「文淵閣大學士章」、「仁圃藏書」、「弅山文獻」、「子孫寶之」、「吳興劉氏嘉業堂藏書印」、「承幹鈐記」、「劉翰怡印」、「劉承幹字貞一號翰怡」等印記。〇按：著者劉斯原，《總目》誤作劉斯源。吳慰祖校訂《四庫採進書目》沿其誤。

四書測六卷　明萬尚烈撰　**八三七**

內府藏本(總目)。〇《武英殿第二次書目》：「《四書測》四本。」

四書説叢十七卷　明沈守正撰　**八三八**

浙江汪啟淑家藏本(總目)。〇《浙江省第四次汪啟淑家呈送書目》：「《四書説叢》十七卷，明沈守正著，四本。」〇《浙江採集遺書總録》：「《四書説叢》十七卷，刊本，明沈守正撰。」〇浙江圖書館藏明萬曆四十三年刻本，題「虎林沈守正無回甫輯」，半葉十行，行二十字，白口，四周單邊。前有萬曆四十三年乙卯首春望日沈守正《刻四書説叢序》，次四十三年仲春《凡例》六則。鈐「墨澥廔珍藏書畫鈐記」朱文方印。《存目叢書》據以影印。上圖、安徽博物館亦藏此刻。〇南京圖書館藏明天啟七年章炫然、沈尤含刻本，作《重訂四書説叢》，半葉十行，行二十字，白口，四周單邊。清丁丙跋。陝西省圖書館、山西大學亦藏此本。

四書説約無卷數　明鹿善繼撰　**八三九**

直隸總督採進本(總目)。〇《直隸省呈送書目》：「《四書説約》四本。」〇山東師大藏明末刻本，題「范陽鹿善繼伯順甫著，男化麟仁卿甫、胥宋從龍雲卿甫訂」。半葉八行，行二十字，白口，左右雙邊。前有自序。版心下有寫工：「金陵曹君平書」。卷内鈐「黄氏伯昭珍藏書畫印」、「黄氏世䀹」、

「齊魯大學圖書館藏書」等印記。○山東大學藏清道光二十八年刻本，題「范陽鹿善繼伯順甫著，男化鱗仁卿甫、胥宋從龍雲卿甫訂」，他卷校訂者爲門人。半葉八行，行二十字，白口，左右雙邊。前有鹿善繼引，順治十二年孫奇逢序，道光二十四年賀長齡《重刻四書說約序》。又門人姓氏凡一百四十二人。封面刻「道光戊申年重刻」、「六世孫丕宗謹校」。卷末有「貴陽戴光遠自堂書」一行。鈐「趙氏模鬯閣收藏圖籍書畫印」、「孝陸」、「渠丘曹愚盦氏藏書」印。《存目叢書》據科圖藏此本影印。○民國十年吳興劉承幹刻本，《留餘草堂叢書》之一。按：各本均三十三卷。

四書酌言三十一卷　明寇慎撰　**八四〇**

陝西巡撫採進本（總目）。○《陝西省呈送書目》：「《四書酌言》。」○東北師大藏清道光二十三年濟峰活字印本，正文首行題「晚照山居參定四書酌言大學卷之一」，次題：陳宏謀鑒定，寇慎參訂，門人東吴呂一經氏、東吴顧𠭃武疑人氏校正，男瑞徵、泰徵，孫錫祉、錫祺、錫祚、錫礽、錫祐、錫禖、錫祠、錫祏、錫禕、錫祦、錫𥘶、錫䄙仝校。半葉九行，行二十二字，白口，四周雙邊。前有張寶樹序，序後有「旹道光歲在昭陽單閼嘉平月上浣付梓」識語。又楊增思序。封面有「濟峯藏板」四字。昭陽單閼爲道光二十三年。此本凡《大學》一卷、《中庸》二卷、《論語》二卷、《孟子》三卷，共八卷。《存目叢書》據以影印。

四書考二十八卷四書考異一卷　明陳仁錫撰　**八四一**

江蘇周厚堉家藏本（總目）。○《江蘇省第一次書目》：「《四書考異》十六本。」○《江蘇採輯遺書目録》：「《四書考異》三十八卷，明國子監祭酒長洲陳仁錫著。」○上海圖書館藏明崇禎七年自刻本，卷一首葉題「太史芝臺陳仁錫增定,弟和卿義錫、中卿禮錫、成卿智錫參訂」。半葉九行,行十九字,白口,四周單邊。前有崇禎七年甲戌自序云:「此余所忻忻焉不願藏之名山,亟而付之梨也。」卷内鈐「慈谿畊餘樓藏」印記。《存目叢書》據以影印。北大、浙圖、川大等亦藏此刻。○明末刻本,作《四書備考》二十八卷《考異》一卷,天一閣文管所、日本靜嘉堂藏。

四書通義三十八卷　明魯論撰　**八四二**

江西巡撫採進本(總目)。○《江西巡撫海第一次呈送書目》:「《四書通義》六本。」○江西省圖書館藏清乾隆二十八年刻本,題「黎水後學魯論孔壁甫著」,半葉九行,行二十四字,白口,四周雙邊。前有乾隆二十八年冬至月望日黄祐寧序云:「今鼎梅之刻是書,固所以彰先業,而爲功於學術夫豈少哉。」封面刻:「五世孫鼎梅重梓。」卷内鈐「江西汪石琴藏手收書籍」楷字大長方印。是本《大學》一卷、《中庸》一卷、《論語》二十卷、《孟子》七卷,共二十九卷,與《總目》三十八卷不合。

三經見聖編一百八十卷　明譚貞默撰　**八四三**

江蘇巡撫採進本(總目)。○《江蘇省第一次書目》:「《三經見聖編》七十二本。」○《江蘇採輯遺書目録》:「《三經見聖編》一百八十卷,明工部員外郎嘉興譚貞默著。」○北京圖書館分館藏民國二十六年嘉興譚氏緑格鈔本一册,《行篋叢書》之一,題「嘉興譚貞默梁生著,裔孫新嘉志賢甫輯」,注云:「見清平湖陸清獻公隴其《四書講義困勉録》。」版心下有「嘉興譚新嘉編」六字。是本二卷,爲譚新嘉從陸隴其《四書講義困勉録》輯出者。末有譚新嘉手跋:「此書《經義考》作《四書見聖編》

一百卷,《四庫存目》作《三經見聖編》一百八十卷。余髫齡時曾聞族高祖雲波公言清道咸間吴門潘氏尚有藏本,自洪楊兵燹後未聞有見過者也。余於光緒中修家譜時獲見《埽庵詩存》附刻《見聖編》,自以畢生精力盡於此書。去年編梓先世遺書總目,始知日本《内閣文庫圖書第二部漢籍目録》有《三經見聖編》一百八十卷卷首四卷,順治二年刊,七十二册。雖卷帙浩繁,目前無從措手,異時倘從海外録副,得謀續刻,遂列嗣出續目。旋於陸隴其所著《正續四書講義困勉録》中輯獲所引《見聖編》七十餘條,釐爲二卷,名曰《輯存》,不過存什一於阡陌耳。且公之書雖以章句爲原則,然與程朱牴牾處不少,故《四庫》稱其可謂敢爲異説者矣。此七十餘條爲清獻公欽心,必其不牴牾於程朱可無疑也。若以全書而論,尤非公精心獨到處耳。中華民國二十六年春分前五日裔孫新嘉志賢甫敬跋。」○日本内閣文庫藏清順治二年刻本一百八十卷首四卷七十二册(詳前本譚跋)。

八四四　四書經學考十卷補疑一卷續考六卷　明徐邦佐撰　陳鵬霄續

江蘇周厚堉家藏本(總目)。○《江蘇省第一次書目》:「《四書經學考》二本、《續四書經學考》二本。」○《江蘇採輯遺書目録》:「《四書經學考》十一卷,明錢唐徐邦佐著。《續四書經學考》六卷,明山陰陳鵬霄著。」○北京大學藏明崇禎刻本,《四書經學考》十卷《補遺》一卷(標「卷十之二」)《續四書經學考》六卷。《四書經學考》題「錢唐徐邦佐孟超父采輯,同社汪一麟彦徵父、張奇齡天生父參閲,汪逢吉修仲父校正」,半葉九行,行二十字,白口,四周單邊,前有崇禎元年武林趙林翹序云:「剞劂告成,書此以志奇文共賞之意。」又崇禎元年自序。《續四書經學考》題「山陰陳鵬霄天羽父采輯，同社徐邦佐孟超父、沈逢新駿聲父參閲，杜若芳蘭父參訂」，前有崇禎七年祁熊佳序。蓋崇禎元年先刻前編，崇禎七年又刻續考，彙印成帙。鈐「巴陵方氏珍藏」、「方功惠藏書印」、「巴陵方氏藏書印」等印記。《存目叢書》據以影印。北圖藏此刻本，無《補疑》，有清祁理孫題款。南圖、浙圖等藏此刻本，無《續四書經學考》。○《販書偶記續編》著録：「《四書經學考》十卷《補遺》一卷《大學備考》一卷，明桂林謝濟世原本，明徐邦佐采輯，金壇王罕皆增輯，嘉慶甲子三槐堂刊。」

四書讀十卷　明陳際泰撰　**八四五**

江西巡撫採進本（總目）。○《江西巡撫海第一次呈送書目》：「《四書讀》八本。」○上海圖書館藏清乾隆二十八年太乙山房重刻本四册。○清華大學藏清乾隆仁和黄氏刻《文藻四種》本，題「臨川陳大士先生著，後學仁和黄暹春渠重訂，受業錢塘夏枝芳汝蕃校讎」。半葉九行，行二十字，白口，左右雙邊。眉上鐫評。前有乾隆三年江寧徐渭英舊序，黄暹刻書弁言。弁言云「暹既得大士先生《五經讀》梓以行世矣，同學之士謂暹能公所好。近復於敝簏中得先生《四書讀》，……梓之與《五經讀》並行」。封面有三益主人識語四行，末謂「爰梓之以公同好」。凡《大學》一卷、《中庸》一卷、《論語》二卷、《孟子》二卷，共六卷。《存目叢書》據以影印。

四書則無卷數　明桑拱陽撰　**八四六**

山西巡撫採進本（總目）。○《山西省呈送書目》：「《四書則》。」○北京大學藏明崇禎松風書院刻本，題「河汾桑拱陽纂著，門人柴週嶽、秦與郊、李燦、席戴登、段文彬、李扶翰仝較録」。半葉十一行，行二十六字，白口，四周雙邊。前有河汾松風道人桑拱陽崇禎十四年辛巳序云「旋授諸梓」，又崇禎十三年庚辰李綮登序。封面刻「松風書院藏板」六字。知爲崇禎十四年自刻本。《存目叢書》據以影印。清華大學、山西大學亦藏是刻。

八四七　四書集説二十八卷　明徐養元、趙漁同撰

直隸總督採進本（總目）。○《直隸省呈送書目》：「《四書集説》十二本。」○清華大學藏清康熙四年留畊堂周殿一刻本，作《白菊齋訂四書本義集説》二十六卷，題：「堯山徐養元長善甫手輯，男徐鎮子重甫、徐靖子寧甫較閲」。半葉十二行，行二十七字，白口，四周雙邊。版心下刻「留畊堂藏板」。封面刻：「字依洪武正韻」、「堯山徐長善先生手輯」、「纂訂四書本義集説」、「留畊堂周殿一藏版」，鈐「留畊堂」白文印。前有康熙五年董國祥序，四年魏裔訥序。魏序云：「吾師不憚捃摭，抄輯刊布。」正文前有《四書字畫辨疑》一卷、《疑字辨總録》一卷。《辨疑》後有「康熙戊申仲冬月新安俞廷棟吉雲甫重校」一行，戊申爲康熙七年，蓋刊成後又經重校也。《存目叢書》據以影印。山西大學藏「順治刻本」二十八卷十二册，當係同版而佚封面及序跋。

八四八　圖書衍五卷　明喬中和撰

直隸總督採進本（總目）。○《直隸省呈送書目》：「《圖書衍》二本。」○《江蘇省第一次書目》：「《圖書衍》一本。」○《江蘇採輯遺書目録》：「《圖書衍》五卷，明太原通判内邱喬中和著。」○明崇禎刻《濟新堂集》本，北圖、津圖、南圖等藏。○清光緒五年刻《西廓草堂合刊》本，首都圖書館、科學院圖書館、北大藏。《存目叢書》據首圖藏本影印。

四書大全辨三十八卷附録六卷　明張自烈撰　八四九

江蘇周厚堉家藏本(總目)。○《江蘇省第一次書目》:「《四書大全辨》二十本。」○《江蘇採輯遺書目録》:「《四書大全辨》,明宜春張自烈著。」○河南新鄉圖書館藏明崇禎十三年石嘯居刻本,正文首行題「四書大全辯大學章句卷之一」,次題「明張自烈張自熙定」。半葉九行,行十七字,白口,四周單邊。封面刻「張爾公先生手授」、「四書大全辯」、「石嘯居梓行」。卷首有崇禎十二年九月楊廷樞等《公請刊行四書大全辯第一揭》及周衮咨禮部文,陳名夏《上撫臺方仁植先生書》,崇禎十二年十二月二十八日《袁州府行宜春縣原牌》,崇禎十三年正月陳名夏等《公請具題刊行四書大全辯第二揭》,《抄刻應天府告示》。應天府告示在崇禎十三年六月,内云:「據書坊人何慎、王茂等連名呈前事開稱《四書大全》國朝頒行日久,邇來坊刻,或纂或删,舛訛兹甚。幸各省直名公精加訂正音釋爲《四書大全辯》,益以《蒙引》、《存疑》、《淺説》等書,本坊自備資本刊刻,與後先坊刻不同。崇禎十二年蒙南京國子監周咨部,十三年正月蒙提督江西學政侯、江西按院徐批准刊布。」次《石嘯居書目》列二十九種,内有《四書大全辯》,下注「國子監咨禮部刊行,即出」。又《四書大全》序、姓氏等。又崇禎十三年姜曰廣、周鑣、十二年吴應箕、劉城、方以智、十三年沈壽民、十二年陳名夏各序,十三年張自烈序。則是本爲江西袁州府宜春縣書坊石嘯居刊刻,以《四書大全》爲流行之書,易被翻刻,因託國子監周衮行咨禮部,并報請江西學政、按察使批准。又以是書主要行銷南京,故特抄刻應天府告示。凡此皆中國版權史上之有趣史料。《存目叢書》據以影印。陝西澄城縣寺前中學亦藏一帙。○清順治刻本六十二卷附録六卷，日本靜嘉堂文庫藏。河南省圖書館本存五十三卷，濟南市圖書館本存二十四卷。按：書名「辯」字《總目》及進呈目均作「辨」，當依原書改。

八五〇　學庸切己録二卷　明謝文洊撰

江西巡撫採進本（總目）。○道光三十年劉煜等捐刻《謝程山先生全書》本，山東省圖、江西省圖、人民大學等藏。○清光緒十八年謝鏞刻《謝程山全書》本，前有書牌：「程山裔孫昌賢彙稿，光緒壬辰冬月次男鏞重刊。」次壬辰徐乾學序，干建邦序。次《總目》題「南豐謝文洊約齋著，孫脩擴、元孫鳴謙、本量、鳴盛、鳴篁原本，易堂、髻山諸友評定，儀封張伯行孝先較，受業門人參訂，同郡後學饒拱辰、吴熙、吴榮祖、儲粲重校，昆孫鏞重刊」。《存目叢書》據北大藏本影印。上圖、江西省圖等亦有是刻。○民國十四年吴興劉承幹刻《留餘草堂叢書》本，僅《中庸切己録》一卷。

八五一　麗奇軒四書講義無卷數　國朝紀克揚撰

編修勵守謙家藏本（總目）。○《編修勵交出書目》：「《麗奇軒四書講義》四本。」

八五二　四書翊註四十二卷　國朝刁包撰

直隸總督採進本（總目）。○《直隸省呈送書目》：「《四書翌註》十八本。」○清華大學藏清道光至同治間刁懷瑾刻《用六居士所著書》本，題「前賢刁包蒙吉輯，男再濂、孫繼祖、承祖、顯祖、興祖、曾孫録、鎔、鎧、鈞、錀、鑑、銓仝校，平湖陸隴其稼書鑒定，後學黃越際飛校訂」。半葉八行，行二十一字,白口,左右雙邊。封面刻「道光丁未重鐫」、「伊祁惇德堂藏板」、「八世孫懷瑾謹合衆重梓」等。八世孫等十字字體不同,顯係後加。前有雍正五年黄越序,乾隆四年周毓崙序,咸豐六年丙辰四月覃懷後學高倬《重刻四書翊註序》,又綱領、緣起、傳、校閲姓氏、卷目。高倬序云:「咸豐甲寅予在京師,師人自祁持《翊註》二帙,並先生文孫自牧刁君之書來,曰:此書之刻幸告蕆矣,始也就工於楚南,而訛謬尚多,復鳩京師之工於祁而校補之,可印行矣。」按:據周毓崙序,是書雍正四年至五年刁承祖刻於南京,乾隆三年始由周毓崙校定行世。此本弘、寧等字不避諱,所列校訂者僅及承祖兄弟子侄輩,版面往往漫漶,唯咸豐序清朗且字體版式迥殊,疑猶雍正乾隆間舊版,道光咸豐時刁懷瑾等修補彙印爲全集者。《存目叢書》據以影印。北師大、復旦、南圖等亦藏是本。

聖學心傳無卷數　國朝薛鳳祚編　**八五三**

山東巡撫採進本(總目)。○《山東巡撫第二次呈進書目》:「《聖學心傳》十四本。」○《提要》云:彙輯鹿善繼《四書説約》、孫奇逢《四書近指》共爲一編。

四書大全纂要無卷數　國朝魏裔介撰　**八五四**

直隸總督採進本(總目)。○《直隸省呈送書目》:「《四書纂要》五本。」○康熙二十四年魏氏刻本六十四卷(《中國叢書綜録補編》)。

四書惜陰録二十一卷　國朝徐世沐撰　**八五五**

兩江總督採進本(總目)。○《兩江第一次書目》:「《四書惜陰録》,江陰徐世沐著,抄本,六本。」

三魚堂四書大全四十卷　國朝陸隴其編　八五六

通行本（總目）。○山東大學藏康熙嘉會堂刻本，作《三魚堂四書集註大全》，凡《大學大全》二卷、《中庸大全》三卷、《論語大全》二十卷、《孟子大全》十四卷，附王應麟《論語考異》一卷、《孟子考異》一卷，共四十一卷。封面刻「平湖陸稼書先生點定」、「嘉會堂藏版」、「寶翰樓梓行」。半葉八行，行二十三字，黑口，左右雙邊。前有永樂十三年御序，序末有「長洲後學倪熹光仿内府録本謹書」小字一行。次永樂時《凡例》及《進書表》，表後有「長洲後學倪鰲士仿内府録本謹書」小字一行。次康熙三十七年仇兆鰲序，康熙二十年自序，自序後有門人席永恂、侯銓、王前席刻書識語。次康熙三十七年戊寅席永恂序云：「既詳加較定，捐貲授梓。」又王前席序云：「與秉衡及伯氏漢翼重加校訂，授諸書林。」據此知王前席爲席永恂之弟，姓席，不知何以署「王前席」也。卷内鈐「鶯湖吴氏漱芳齋藏書畫之記」、「吴氏二滴」、「鶯湖外史」等印。《存目叢書》據以影印。上圖、南圖等亦藏是刻。○上海圖書館藏清四庫館鈔本四十卷。

續困勉録六卷　國朝陸隴其撰　八五七

江蘇周厚堉家藏本（總目）。○《江蘇省第一次書目》：「《續困勉録》四本。」○《江蘇採輯遺書目録》：「《續困勉録》十四卷。」○《兩江第一次書目》：「《正續困勉録》十四本。」○《浙江省第七次呈送書目》：「《四書講義困勉録》十四卷《續録》六卷，國朝陸隴其輯。」○《浙江採集遺書總録》：「《四書困勉録》十四卷《續録》六卷，刊本。」○上海圖書館藏康熙三十九年嘉會堂刻本，附《四書講義困勉録》三十七卷之後。封面題「四書講義續困勉録」。正文首題「大學講義續困勉録」，次題「當湖陸隴其稼書纂輯,叔祖陸公鏐蒿菴編次,受業席永恂漢翼、王前席漢廷參閲,男宸徵直方、姪禮徵用中、寬徵觀上、外孫李文洽立誠、李文瀚南皐仝較訂」。半葉十二行,行二十二字,黑口,左右雙邊。封面刻「嘉會堂藏板」。其《困勉録》末有子壻曹宗柱跋,子壻李鉉跋,男宸徵跋,丁丑孟冬從子禮徵跋。宸徵跋云「先子侍御公之見背也已八年矣」,又云「先子兩書未刊,藉諸君子成其志」。考隴其卒於康熙三十一年十二月二十六日,則是本刊成在三十九年冬。曹跋稱「席子漢翼、漢廷」,陸禮徵跋稱「席君漢翼、漢廷」,知王前席確姓席,字漢廷,爲席永恂之弟,其署「王前席」,未知由來。南圖、臺大等亦有此刻。○乾隆四年嘉會堂重刻本,附《四書講義困勉録》後,北圖分館、北大、南圖等藏。

四書初學易知解十卷　國朝邵嗣堯撰　**八五八**

内府藏本(總目)。○《武英殿第一次書目》:「《四書初學易知解》九本。」○康熙三十三年刻本。日本内閣文庫、尊經閣文庫。

四書述十九卷　國朝陳詵撰　**八五九**

浙江巡撫採進本(總目)。○《浙江省第七次呈送書目》:「《四書述》,國朝陳詵著,六本。」○《浙江採集遺書總録》:「《四書述》五册,刊本,國朝陳詵撰。」○《兩江第二次書目》:「《四書述》,海寧陳詵輯,八本。」○中國人民大學藏清康熙海寧陳氏信學齋刻本十九卷八册,半葉十二行,行二十二字,白口,左右雙邊。版心刻「信學齋」。封面刻「清遠堂梓行」。前無序,後有缺葉。《存目叢書》據以影印。故宫、華東師大亦藏是刻。

四書鈔十八卷　國朝祕丕笈撰　八六〇

直隸總督採進本（總目）。○《直隸省呈送書目》：「《四書鈔》十六本。」

四書貫一解十二卷　國朝閔嗣同撰　八六一

編修閔惇大家藏本（總目）。

四書索解四卷　國朝毛奇齡撰　八六二

浙江巡撫採進本（總目）。○清康熙書留草堂刻《西河合集》本，《存目叢書》據清華藏本影印。○清嘉慶南匯吴氏聽彝堂刻《藝海珠塵》匏集本。○民國二十六年商務印書館據《藝海珠塵》本排印本，《叢書集成初編》之一。

大學知本圖説一卷　國朝毛奇齡撰　八六三

浙江巡撫採進本（總目）。○清康熙書留草堂刻《西河合集》本。《存目叢書》據清華藏本影印。

大學問一卷　國朝毛奇齡撰　八六四

浙江巡撫採進本（總目）。○清康熙書留草堂刻《西河合集》本。《存目叢書》據清華藏本影印。

逸講箋三卷　國朝毛奇齡撰　八六五

浙江巡撫採進本（總目）。○清康熙書留草堂刻《西河合集》本。《存目叢書》據清華藏本影印。

中庸説五卷　國朝毛奇齡論　門人章大來等編　八六六

浙江巡撫採進本（總目）。○清康熙書留草堂刻《西河合集》本。《存目叢書》據清華藏本影印。

聖門釋非録五卷　國朝陸邦烈編　**八六七**

浙江巡撫採進本（總目）。〇清康熙書留草堂刻《西河合集》本。《存目叢書》據清華藏本影印。

〇《提要》云：「取奇齡經説所載諸論裒合成帙，而附以奇齡門人子姪諸説。」

論語傳註二卷大學傳註一卷中庸傳註一卷傳註問一卷　國朝李塨撰　**八六八**

直隸總督採進本（總目）。〇中國人民大學藏清康熙雍正間刻《顔李叢書》本，半葉十一行，行二十四字，白口，左右雙邊。《論語》、《大學》、《中庸》均題「蠡吾李塨稿」，《傳註問》題「蠡吾李塨剛主稿」。《論語傳註》前有康熙五十七年李塨序，凡例。《傳註問》前有康熙六十一年張業題辭。餘二種無序跋。《傳註問》分四卷。《存目叢書》據以影印。〇民國十二年四存學會排印《顔李叢書》本。

四書反身録六卷續補一卷　國朝李容撰　**八六九**

浙江巡撫採進本（總目）。〇《浙江省第七次呈送書目》：「《四書反身録》四本。」〇《浙江採集遺書總録》：「《四書反身録》四册，刊本。」〇《陝西省呈送書目》：「《四書反身録》。」〇《江西巡撫海續購書目》：「《四書反身録》四本。」〇清康熙二十五年陝西督學許孫荃思硯齋刻本。〇清康熙三十一年肇慶知府李彦瑁重刻思硯齋本。《四書反身録》題「二曲先生口授，鄠縣門人王心敬録，富平李因篤子德甫、淝水許孫荃四山甫仝校」。《四書反身續録》題「二曲先生口授，鄠縣門人王心敬録，韓城門人賈綿芳、程伊藻參訂，蒲城門人張正校梓」。封面刻「康熙二十五年新編」、「思硯齋梓行」。前有康熙二十五年許孫荃序云「余割俸授梓」。又二十五年許三禮序，李足發引，馬棫士弁言，王心敬識語，劉青霞序。又康熙三十一年壬申初夏肇慶府知府關中李彥琄《重梓四書反身録序》云：「督學許公深契其有裨於名教，捐俸梓行，遍布於黌宮。……余莅肇慶，自佐郡以至遷守，將及十載。……幸藉是録，梓而廣之。」知是本爲李彥琄重刻於肇慶府署者，其版式一仍思硯齋陝西刻本之舊，故諸家著録或誤爲康熙二十五年思硯齋原刊也。《存目叢書》據天津圖書館藏此本影印。人民大學、復旦大學亦藏是刻。○康熙三十二年衣紹堂刻本，江蘇師院藏。○嘉慶二十二年蕭山湯氏刻本。上圖。○道光十一年浙江書局刻本。復旦、北圖分館、北師大、上圖等藏。○咸豐元年小嫏嬛山館重刻本。復旦。○同治五年隴右牛樹梅刻《李二曲先生全集》本。上圖、浙圖等藏。○光緒三年石陽彭家麟刻《李二曲先生全集》本。北圖、上圖等藏。○光緒元年求寡過齋刻本。上圖。○光緒四年江蘇刻本。川圖。○光緒十一年四川鹺務官舍刻本。川圖、上圖、揚州市圖等藏。○光緒十三年山東萊州刻本。川圖。○光緒二十九年刻本。復旦。○光緒杭州書局刻本。上圖。○宣統元年四川國學研究會刻本。川圖。○民國十二年掃葉山房石印本。上圖、川圖。○按：著者李顒，《總目》改作「李容」，避嘉慶帝諱。

辟雍講義一卷大學講義一卷中庸講義一卷　國朝楊名時撰　八七〇

兩江總督採進本（總目）。○《兩江第二次書目》：「《辟雍講義》，江陰楊名時著，抄本，四本。」○北京大學藏清乾隆五十九年江陰葉廷甲水心草堂刻《楊氏全書》本，凡《太學講義》一卷《大學講義》一卷《中庸講義》一卷，依次爲《楊氏全書》第十第十一第十二。《太學講義》即《辟雍講義》。每卷末有

「江陰縣學生員葉廷甲校刻」一行。《太學講義》前有乾隆四十年子應詢跋。《學庸講義》前有乾隆二十四年李因培序。《中庸講義》前有張迪跋、盧文弨跋。《存目叢書》據以影印。北圖、上圖等亦藏此刻。〇宣統元年南菁高等學堂刻《楊氏全書》本。東北師大藏。

雜説無卷數　國朝焦袁熹撰　**八七一**

江蘇巡撫採進本(總目)。〇《江蘇省第二次書目》：「《雜説》四本。」〇《江蘇採輯遺書目録》：「《雜説》，清金山舉人焦袁熹著。」

考定石經大學經傳解一卷　國朝邱嘉穗撰　**八七二**

户部尚書王際華家藏本(總目)。〇光緒八年漢陽邱氏刻《東山草堂全集》本。中央民族大學、科學院圖書館、首都圖書館、湖北圖書館藏。

中庸本旨二卷　國朝朱謹撰　**八七三**

江蘇巡撫採進本(總目)。〇《江蘇省第一次書目》：「《中庸本旨》二本。」〇《江蘇採輯遺書目録》：「《中庸本旨》二卷，清崐山朱謹著，抄本。」

大學本文一卷大學古本一卷中庸本文一卷　國朝王澍撰　**八七四**

通行本(總目)。〇清華大學藏清乾隆二年刻《積書巖六種》本，題「金壇王澍」。上下二截版，下欄正文，上欄鐫評。前有乾隆二年正月二日王澍《大學中庸本義自序》云：「合此三種統名曰本義，……曩在京師，新建友人裘魯青見而是之，及令歸安，遂爲余板以行世，而書其大旨如上。」則是本爲乾隆二年歸安縣令裘魯青所刊。《存目叢書》據以影印。北京圖書館、首都圖書館、安徽圖書館亦藏此刻。

大學困學録一卷中庸困學録一卷　國朝王澍撰　**八七五**

浙江巡撫採進本(總目)。○《浙江省第十次呈送書目》：「《大學困學録》一本、《中庸困學録》，國朝王澍著，二本。」○《浙江採集遺書總録》：「《大學中庸困學録》二册，刊本，國朝王澍撰。」○清華大學藏清乾隆二年刻《積書巖六種》本，二種均題「直奉大夫吏部員外郎前户科掌印給事中翰林院編修王澍著」。半葉十四行，行二十五字。鈐「潤州蔣氏藏書」印。《存目叢書》據以影印。北京、首都、安徽諸圖書館亦藏此刻。○《大連圖書館古籍善本書目》：「《中庸困學録》一卷，清王澍撰，清雍正七年刻本。」

成均講義無卷數　國朝孫嘉淦撰　**八七六**

江西巡撫採進本(總目)。

五華纂訂四書大全十四卷　國朝孫見龍撰　**八七七**

洗馬劉權之家藏本(總目)。○上海圖書館藏清乾隆十三年五華書院刻本，題「廣寧張允隨時齋鑒定，烏程孫見龍潛村纂輯，高密宫爾勸岳武參訂」。半葉九行，行二十五字，白口，四周雙邊。版心下刻「書院藏本」。封面刻「五華纂訂四書大全」、「書院藏板」。前有乾隆十三年宫爾勸序，十三年張允隨序，十三年佟佳圖爾炳阿序，十三年孫見龍序，先儒姓氏，附刊門人姓氏，凡例。諸序多言刻書事。《存目叢書》據以影印。

四書纂言無卷數　國朝王士陵撰　八七八

兵部侍郎紀昀家藏本(總目)。

大學偶言一卷　國朝張文黻撰　八七九

浙江巡撫採進本(總目)。○《浙江採集遺書總録》閏集:「《大學偶言》一册,刊本,國朝知州蕭山張文黻撰。」○中國科學院圖書館藏乾隆十七年二銘軒刻本,題「蕭山張文黻(字風林又樹聲)稿,三原劉紹攽九畹、武進許元基約齋仝訂」,半葉十行,行二十字,白口,四周雙邊。前有乾隆九年劉紹攽序云:「因手爲校讐,亟請付梓。」封面刻「乾隆壬申年鐫」、「二銘軒藏板」。壬申爲乾隆十七年。《存目叢書》據以影印。南京圖書館有此刻,丁氏八千卷樓故物。

成均課講學庸無卷數　國朝崔紀撰　八八〇

江蘇巡撫採進本(總目)。○《江蘇省第一次書目》:「《成均課講學庸》一本。」○《江蘇採輯遺書目録》:「《成均課講學庸》二册,清國子監祭酒崔紀著,刊本。」○《山西省呈送書目》:「《課講學庸》。」○北圖分館藏清雍正刻本,《成均課講大學》一册、《成均課講中庸》一册,半葉九行,行二十四字,白口,四周雙邊。前有雍正十三年閏四月崔紀自序。與《讀孟子劄記》、《論語温知録》合函。《存目叢書》據以影印。南圖、山西大學亦藏是刻。

讀孟子劄記無卷數　國朝崔紀撰　八八一

江蘇巡撫採進本(總目)。○《江蘇省第一次書目》:「《讀孟子劄記》一本。」○《江蘇採輯遺書目録》：「《讀孟子劄記》二册，清國子監祭酒崔紀著，刊本。」○北圖分館藏清乾隆刻本一册，半葉九行，行二十四字，白口，四周雙邊。前有乾隆五年正月崔紀識語。《存目叢書》據以影印。南圖、上圖、山西大學、北師大等亦藏此刻。○民國排印《山右叢書初編》本。

論語温知録二卷　國朝崔紀撰　**八八二**

山西巡撫採進本（總目）。○《山西省呈送書目》：「《論語温知録》。」○北圖分館藏清乾隆刻本二册不分卷，有乾隆五年正月崔紀序。《存目叢書》據以影印。上圖、南圖、山西大學、湖北省圖亦藏是刻。按：以上四書彙印本，北圖分館本名《四書温講雜集》，南圖本稱《崔紀所著書》，山西大學本稱《崔中丞著書五種》，蓋雍正末乾隆初先後付梓者。

四書参註無卷數　國朝王植撰　**八八三**

直隸總督採進本（總目）。○《直隸省呈送書目》：「《四書参註》二本。」○清乾隆深澤王氏自刻本，題「深澤王植顓思輯録」，半葉九行，行二十字，白口，四周雙邊。書凡二册，《論語》、《大學》葉碼相連，共七十三葉。《中庸》、《孟子》葉碼相連，共七十六葉。可視爲二卷。有自序。北圖分館本白紙清朗，刷印在前，封面刻「崇德堂藏板」。科學院圖書館本刷印在後，封面刻「崇雅堂藏板」。皆王氏堂號。《提要》云：「所採多近時王廷諍、崔紀、傅泰諸人之説。」考崔紀《論語温知録》、《讀孟子劄記》均乾隆五年成書，知王植此書亦乾隆時刊刻。《存目叢書》據科學院圖書館藏本影印。科學院此本卷端有《本堂書目》載王植著述十三種，皆雍正乾隆間王氏崇雅堂刻本，足資考證。

菜根堂劄記十二卷　國朝夏力恕撰　八八四

檢討蕭芝家藏本（總目）。○湖北省圖書館藏清乾隆三十一年鳳臺書院刊本，凡《論語》六卷、《孟子》三卷、《大學》二卷、《中庸》二卷，題「孝昌夏力恕著」。半葉十行，行二十四字，上黑口，四周雙邊。版心下刻「菜根堂」。封面刻「乾隆乙酉孟秋新刊」、「鳳臺書院藏板」。前有乾隆十七年壬申自序。末有受業諸門人識語云：「先生生於康熙庚午正月十七日亥刻，卒於乾隆甲戌十一月十四日戌刻。」又云：「丙戌春夏間次君黄因白山諸生之請倉忙授梓。不可得善抄者，又校字尤難，竟以稿本上版。」據此知夏力恕生於康熙二十九年正月十七日，卒於乾隆十九年十一月十四日，享年六十五。可補《歷代人物年里碑傳綜表》之遺。又是本付梓實在乾隆三十一年丙戌春夏間，封面記作「乾隆乙酉孟秋新刊」，乙酉當作丙戌，蓋春夏之間付刊，至孟秋刻成也。封面與刻書序跋所記刻書年月不符，此是一例。《存目叢書》據以影印。美國普林斯頓大學葛思德東方圖書館亦藏是刻。二館均據封面著録版本，未確。

中庸解一卷　國朝任大任撰　八八五

江蘇巡撫採進本（總目）。○《江蘇省第二次書目》：「《中庸解》一本。」○《江蘇採輯遺書目録》：「《中庸解》一册，明吴江諸生任大任著，刊本。」○《販書偶記續編》著録「康熙壬申刊」本。○清刻本，任鈞衡（大任）撰。國圖。

四書録疑三十九卷　國朝陳綽撰　八八六

福建巡撫採進本（總目）。

八八七　**四書本義匯參四十五卷　國朝王步青撰**

贊善韋謙恒家藏本（總目）。○江西省圖書館藏清乾隆十年敦復堂刻本，凡《大學》三卷首一卷、《中庸》六卷首一卷、《論語》二十卷首一卷、《孟子》十四卷首一卷，計正文四十三卷首四卷。題「金壇後學王步青輯，子士鼇編，孫維甸尚畬、乃甸爾畯校」。半葉九行，行二十三字，白口，四周單邊。版心下刻「敦復堂課本」。封面刻「敦復堂藏板」、「文會堂發兑」，又鈐文會堂識語印、「江蘇學院頒行」印。前有乾隆十年王步青序云：「書既成，客有見之者，遂請授諸梓。」《存目叢書》據以影印。北圖分館、上圖、山東大學等亦藏是刻。○嘉慶十八年書業堂刻本。山東大學藏。○日本天保十一年（清道光二十年）翻刻清敦復堂刻本。中山大學、日本靜嘉堂藏。○道光四川重刻本（川圖目）。○道光江蘇敦復堂刻本，兩部（川圖目）。○光緒五年上海江左書林刻本，二十四册。上圖藏。○光緒十二年刻本。南開藏。○光緒十五年上海廣百宋齋鉛字排印本。上圖、江西省圖、東海大學藏。○光緒十五年上海積山書局石印本。上圖、南圖藏。○光緒二十六年上海焕文書局石印本。人民大學。○光緒二十八年上海書局石印本。北圖分館、南大藏。○光緒三十一年上海廣益書局石印本。上圖藏。○清步月樓刻本，三十二册。青島圖書館藏。○掃葉山房翻刻敦復堂本，二十册。揚州圖書館藏。

八八八　**鼇峯講義四卷　國朝潘思榘撰**

兩浙總督採進本（總目）。○《兩江第一次書目》：「《鼇峯講義》，武進潘思榘輯，二本。」○《江蘇採輯遺書目録》：「《鼇峯講義》四卷，清福建巡撫陽湖潘思榘著，刊本。」○《提要》云：「此其官福建巡撫時與諸生講《大學》、《中庸》之語，諸生編而刊之者也。」按：潘思榘乾隆十二年至十七年任福建巡撫，此書即刻於其間。又按：「兩浙總督採進本」殿本《總目》作「兩江總督採進本」，是。

論語説二卷　國朝桑調元撰　**八八九**

浙江巡撫採進本(總目)。○《浙江省第八次呈送書目》：「《論語説》二卷，國朝桑調元著，一本。」○《浙江採集遺書總録》：「《論語説》二卷，寫本，國朝工部主事錢塘桑調元撰。」

四書約旨十九卷　國朝任啟運撰　**八九〇**

禮部尚書德保家藏本(總目)。○北圖分館藏清乾隆三十六年清芬堂刻本，八册。題「荆溪任啟運鈞臺著，男翔樵柯校」，半葉十行，行二十四字，白口，四周雙邊。前有乾隆五年庚申任啟運序，末有雍正七年己酉冬十一月任啟運識語。封面刻「乾隆歲次辛卯新刻」、「清芬堂藏板」。《存目叢書》據以影印。○光緒九年任氏一本堂家塾重刻本。北圖分館、人民大學、復旦大學等藏。○光緒二十年浙江官書局重刻任氏本。北圖分館、南圖、上圖等藏。○民國二十年刻《任氏遺書》本。上圖、川圖、湖北省圖等藏。

翼藝典略十卷　國朝蕭正發撰　**八九一**

江西巡撫採進本(總目)。○遼寧省圖書館藏清乾隆四年蕭肇鴻、蕭弘謙等刻聚奎堂印本。正文題「廬陵蕭正發次方甫纂訂，男維箕穉弓氏、維第及宣氏編輯，孫肇鴻氏刊修，廖陽弘謙哀良氏校閲」。

半葉九行，行二十二字，白口，左右雙邊。前有乾隆四年劉吴龍序云：「今孫等與同宗裒良氏校讐命刊。」封面刻「第七次進呈原本」、「採入四庫全書」、「聚奎堂藏板」、「翻印必究」等，字體與正文迥異，顯係聚奎堂刷印時所加。《存目叢書》據以影印。按：封面有「第七次進呈原本」字，知此刻爲江西巡撫第七次進呈書之一，檢《四庫採進書目》僅載江西第一次至六次進呈書目，其第七次進呈書目蓋已亡佚。

讀大學中庸日録二卷　國朝康呂賜撰 **八九二**

陝西巡撫採進本（總目）。

江漢書院講義十卷　國朝王功述其父心敬之論 **八九三**

陝西巡撫採進本（總目）。〇《陝西省呈送書目》：「《江漢書院講義》。」〇康熙五十五年刻本（與《豐川全集正編》合刊）。《東大東洋》、《故宮普》。

四書説註卮詞十卷　國朝胡在角撰 **八九四**

直隸總督採進本（總目）。〇《直隸省呈送書目》：「《四書説註》十本。」

四書順義解十九卷　國朝劉琴撰 **八九五**

御史戈岱家藏本（總目）。〇東北師大藏清乾隆三十一年劉伯壎花縣官署刻本，題「任邱劉琴松雪著，弟梅用和參，男炳殿虎、煥申文、煜宣文、孫伯壎睦堂梓行」。半葉九行，行二十二字，白口，左右雙邊。封面刻「本衙藏板」。前有乾隆三十一年十月既望德保序云：「今先生文孫出宰花縣，梓而行之，繩其祖武也。」又三十一年陳弘謀序。《存目叢書》據以影印。上圖亦藏是刻。○臺灣「中央圖書館」藏清稿本五册不分卷，半葉十行，行二十四字。各册簽題「劉松雪先生四書順義解底藁」。卷内浮簽多條，又朱筆圈點。鈐「劉琴之印」、「桂巖松雪」等印記(詳該館《善本書志初稿》)。

四書就正録十九卷　國朝陳鋐撰　八九六

江蘇巡撫採進本(總目)。○《江蘇省第二次書目》：「《四書就正録》八本。」○《江蘇採輯遺書目録》：「《四書就正録》不分卷，抄本。」

四書晰疑無卷數　國朝陳鋐撰　八九七

江蘇巡撫採進本(總目)。○《江蘇省第二次書目》：「《四書晰疑》二本。」○《江蘇採輯遺書目録》：「《四書晰疑》不分卷，清鎮洋陳鋐著，抄本。」○南京圖書館藏清乾隆六年尚志堂刻本，分三卷。題「婁東陳鋐宏猷著」，半葉九行，行二十字，白口，左右雙邊。前有乾隆五年金鴻序，乾隆六年自序，例言。自序稱「爰付之梓」，末署「書於尚志堂」。《存目叢書》據以影印。上圖亦藏是刻。

虹舟講義二十卷　國朝李祖惠撰　八九八

浙江巡撫採進本(總目)。○《浙江省第十次呈送書目》：「《虹舟講義》二十卷，國朝李祖惠著，四本。」○《浙江採集遺書總録》：「《虹舟講義》二十卷，刊本。」○南京圖書館藏清乾隆二十二年水西書屋刻本，正文首題「虹舟四書講義」，次題「吴興李祖惠(本姓沈)屺望氏著，同學諸子校字」。半葉十行，行二十二字，白口，四周單邊。寫刻本。封面刻「乾隆丁丑春鐫」、「歸愚沈大宗伯鑒定」、「沈虹舟四書講義」、「水西書屋藏板」。前有乾隆二十二年丁丑沈德潛序，二十五年浙江學政李因培序。沈序云：「是編五六年前曾出以示余，余題爲《四書通義》。今刻仍名《講義》。」李序云：「成進士，歸家爲山長姚江，姚江之弟子從而梓之。」則是本刻於餘姚姚江書院。鈐「敦復堂珍賞」印。《存目叢書》據以影印。上圖亦藏是刻。

四書句讀釋義十九卷　國朝范凝鼎撰　八九九

山西巡撫採進本（總目）。〇《山西省呈送書目》：「《四書句讀釋疑》十九卷。」按：疑字當作義。〇中國人民大學藏清乾隆十八年述善堂刻本，殘存卷十二至十八《孟子》、卷十九《中庸》共八卷十册。卷端題「四書句讀釋義」，次題「古楊師岡范凝鼎手録，門人箕陽劉光晉謹鐫」。半葉九行，行二十二字，白口，左右雙邊。版心下刻「述善堂藏板」。考《販書偶記續編》著録是書乾隆十八年癸酉箕陽述古堂刊本，《四庫提要》亦云「是編成於乾隆癸酉」，則人民大學此本即乾隆十八年述善堂刻本，惜佚去前十一卷《論語》、《大學》二種。《存目叢書》據以影印。山西大學藏足本十九卷二十一册，知之已晚，不及影印。

四書講義尊聞録二十卷　國朝戴鋐撰　九〇〇

江蘇巡撫採進本（總目）。〇《江蘇省第一次書目》：「《四書尊聞録》二十本。」〇《江蘇採輯遺書目録》：「《四書尊聞録》二十卷，清長洲戴鋐著，刊本。」〇清雍正六年懷新堂刻本，題「長洲戴鋐景亭手輯，同學諸子參訂」。半葉九行，行二十四字，白口，左右雙邊。版心刻「懷新堂」。封面刻「雍正戊申歲鐫」、「懷新堂藏板」。人民大學、清華大學、科學院圖書館藏。《存目叢書》據清華藏本影印。

四書窮鈔十六卷　國朝王國瑚撰　九〇一

山西巡撫採進本(總目)。〇《山西省呈送書目》:「《四書窮抄》十六卷。」〇華東師大藏清順治八年刻本,正文首題「四書窮抄六補定本卷之一」,次題「古郇王國瑚夏器甫著」。半葉十行,行二十七字,白口,四周單邊。前有郭九有《四書窮抄初刻序》,翁正春《四書窮抄三補序》,施鳳來《四書窮抄四補序》,順治八年荆可棟《王氏世家四書定本序》,順治八年荆光國《窮抄定本凡例》,男巖楨《刻窮抄六補定本紀事》。《凡例》云:「此集初刻于郇城,再刻三刻皆于沃邑,四刻五刻皆于絳郡。」又云:「茲刻行,則遠近私淑,百世見聞,猶夫子諄諄耳提之也。」《存目叢書》據以影印。山西大學藏清順治大業堂周氏刻本十六卷十六册,當係同版。

古本大學解二卷　國朝劉醇驥撰　九〇二

湖北巡撫採進本(總目)。〇《湖北巡撫呈送第三次書目》:「《古本大學解》一本。」

雜說八卷　不著撰人名氏　九〇三

江蘇巡撫採進本(總目)。〇《提要》云:「不著撰人名氏,亦無序跋,相其紙墨圈點,不過數十年中物,殆近人作也。」

四庫存目標注卷十

滕州　杜澤遜　撰

經部十

樂類

九〇四　雅樂發微八卷　明張敔撰

兩淮馬裕家藏本（總目）。〇《提要》云：「後又作《雅義》三卷附之。」〇原北平圖書館藏明嘉靖十七年丹陽孫沐刻本，作《雅樂發微》八卷《雅義》三卷附録一卷，四册。半葉十二行，行二十字。有自序，進書表，嘉靖十七年費寀序，嘉靖十七年孫沐後序。鈐「長白斆槎氏堇齋昌齡圖書印」、「德福壽安甯署齋周氏珍藏」等印記。此本現存臺北「故宫」。王重民《善本提要》、《中央圖書館善本書目》著録。臺灣中研院史語所亦藏一部六册，係北京人文科學研究所舊藏者。廣東中山圖書館一部僅存正文八卷，前後無序跋、進表、題辭、凡例等。半葉十二行，行二十字，白口，左右雙邊。當是同版。《存目叢書》據以影印。○吉林大學藏清鈔本三册。王同策先生函告：首二册爲正文八卷，第三册爲《雅義》不分卷及附録六葉，内容與《提要》合。半葉十行。前有自序、進書表、凡例、嘉靖十七年戊戌六月費寀題辭、目録。首册書衣有「乾隆三十八年四月兩淮鹽政李質潁送到□□□藏雅樂發微壹部計書貳本」長方木記，其中三字模糊，疑即「馬裕家」三字。首葉鈐「翰林院印」滿漢文大官印。封面粘浮簽，墨書「雅樂發微」四字，并鈐「總辦處閱定，擬存目」、「臣昀臣錫熊恭閱」印記。即進呈四庫館原本也。卷内又鈐「采雲别業」印記。

九〇五　大樂律吕元聲六卷附律吕考註四卷　明李文利撰

兩淮鹽政採進本(總目)。○《兩淮鹽政李呈送書目》：「《大樂律吕元聲》六卷附《律吕考註》四卷，明李文利，一本。」○《江蘇省第一次書目》：「《大樂律吕元聲》二本。」○《江蘇採輯遺書目録》：「《大樂律吕元聲》六卷，明思南府教授莆田李文利著。」又：「《律吕考注》四卷。」○《安徽省呈送書目》：「《律吕元聲》二本。」○浙江圖書館藏明嘉靖十四年浙江布政司刻本，題「莆田兩山李文利著，梅東李元校補，郴陽三峯范輅校正」。半葉十行，行二十一字，白口，四周雙邊。前有嘉靖三年十一月巡按四川監察御史范永鑾《進大樂律吕元聲書》，嘉靖三年正月范輅引，弘治十四年李元序，嘉靖三年楊濂《論元聲書》。范輅引云：「癸未歲師姪孫景昕來訪於饒，知其得家學也，迺命三子永官與景昕相與校正之，敬壽于梓。」《考註》末有「嘉靖十四年仲春吉刊于浙江布政司」小字識語。

蓋據嘉靖二年至三年范輅饒州刻本重刊者。《存目叢書》據以影印。臺灣「中央圖書館」、史語所、美國國會圖書館等亦藏是刻。○南京圖書館藏明刻本，半葉十行，行二十一字，白口，四周單邊。李元序、范輅引、范永鑾進書表同前。有「會稽鈕氏世學樓圖籍」印。丁氏八千卷樓舊藏，詳《善本書室藏書志》卷四。○北京圖書館藏明刻本，存《大樂律呂考註》卷三卷四，半葉十行，行二十一字，白口，四周雙邊。○北京大學藏清樸學齋鈔本。○臺灣「中央研究院」史語所藏舊鈔本，鄧邦述手書題記。○南京圖書館藏舊鈔本二册。

九〇六　六樂説無卷數　明劉績撰

江蘇巡撫採進本（總目）。○《江蘇省第一次書目》：「《六樂説》、《三禮圖》三本。」○《江蘇採輯遺書目録》：「《六樂説》一册，明蘆泉劉績著。」

九〇七　古樂經傳三卷　明湛若水撰

兩淮鹽政採進本（總目）。○《兩淮鹽政李呈送書目》：「《古樂經傳》二卷，明湛若水，二本。」○《浙江省第七次呈送書目》：「《古樂經傳全書》三卷，明湛若水著，二本。」○《浙江採集遺書總録》：「《古樂經傳全書》二卷，刊本，明湛若水輯。」○北京圖書館藏明嘉靖三十四年祝廷滂刻本，作《古樂經傳全書》二卷，半葉九行，行二十字，白口，四周單邊。前有蔣信序，王崇慶序，嘉靖二十七年湛若水序。後有嘉靖三十四年乙卯九月門人吕懷《刻古樂經傳全書後語》。又附録一葉。卷首鈐「翰林院印」滿漢文大官印。又鈐「曾在秦嬰闇處」、「嬰闇秦氏藏書」、「秦更年印」、「秦曼青」等印記。《存目叢書》據以影印。

樂律纂要一卷　明季本撰　九〇八

兩淮馬裕家藏本(總目)。〇《兩淮商人馬裕家呈送書目》：「《樂律纂要》一卷，明季本，一本。」〇《江蘇省第一次書目》：「《樂律纂要》一本。」〇《江蘇採輯遺書目録》：「《樂律纂要》一卷。」〇《浙江省第四次鮑士恭呈送書目》：「《樂律纂要》、《律吕别書》，明季本著，一本。」〇《浙江採集遺書總録》：「《樂律纂要》一卷《律吕别書》一卷，刊本，明季本撰。」〇浙江圖書館藏明嘉靖十八年宋楫善化縣學刻本，題「會稽季本纂，南充王廷校」。半葉十行，行二十字，白口，左右雙邊。前有嘉靖十八年己亥九月朔王廷序，十八年八月晦自序。後有十八年秋熊宇跋。跋後有「長沙府善化縣學教諭門人錢塘宋楫重校刊」小字二行。《存目叢書》據以影印。南圖亦藏是刻，丁氏八千卷樓故物，《善本書室藏書志》著録。〇北京大學藏清鈔本，李盛鐸舊藏。〇北圖藏舊鈔本(中國古代音樂書目)。

蔡氏律同二卷　明蔡宗兖撰　九〇九

浙江吴玉墀家藏本(總目)。〇《浙江省第四次吴玉墀家呈送書目》：「《蔡氏律同》二卷，明蔡宗兖著，一本。」〇《浙江採集遺書總録》：「《蔡氏律同》二卷，寫本，明興化縣教諭蔡宗兖撰。」

樂律舉要一卷　明韓邦奇撰　九一〇

編修程晉芳家藏本(總目)。〇《提要》云：「此書爲曹溶《學海類篇》所載，校核其文，乃從邦奇《苑洛志樂》中摘録十餘條，爲立此名也。」〇清道光十一年六安晁氏木活字印《學海類編》本。民國九年商務印書館影印晁氏木活字《學海類編》本。《存目叢書》復據影印。○民國二十六年商務印書館據《學海類編》本排印，收入《叢書集成初編》。

樂經元義八卷　明劉濂撰　**九一一**

直隸總督採進本（總目）。○《直隸省呈送書目》：「《樂經元義》三本。」○《浙江省第一次書目》：「《樂經元義》八卷，明劉濂著，四本。」○《浙江採集遺書總録》：「《樂經元義》八卷，刊本，明御史南宮劉濂撰。」○天津圖書館藏明嘉靖刻本，題「南宮微山劉濂著」，半葉十行，行二十一字，白口，四周單邊。前有嘉靖二十九年六月自序。《存目叢書》據以影印。南圖藏有是刻，八千卷樓故物，《善本書室藏書志》著録。原北平圖書館藏是刻，現存臺北「故宫」，王重民《善本提要》著録。北圖、浙圖、臺灣中研院史語所等亦藏此刻。

樂典三十六卷　明黄佐撰　**九一二**

副都御史黄登賢家藏本（總目）。○《都察院副都御史黄交出書目》：「《樂典》，明黄佐撰，八本。」○《江蘇省第一次書目》：「《樂典》八本。」○《江蘇採輯遺書目録》：「《樂典》三十六卷，明黄佐著。」○《兩淮鹽政李呈送書目》：「《樂典》三十六卷，明黄佐，八本。」○《浙江省第四次孫仰曾家呈送書目》：「《樂典》三十六卷，明黄佐著，六本。」○《浙江採集遺書總録》：「《樂典》三十六卷，刊本，明贈禮部右侍郎香山黄佐撰。」○《廣東省呈送書目》：「《樂典》八本。」○南京圖書館藏明嘉靖二十六年孫學古刻本，半葉十行，行二十字，白口，四周單邊。○北京大學藏明嘉靖三十六年盧寧刻本，半葉十行，行二十字，白口，四周單邊。首嘉靖二十三年甲辰黄佐序，次嘉靖三十六年丁巳七月門人盧寧《重刊樂典序》云：「於是讎其舊文，付之梓匠。」次《目録》，題「後學黄佐才伯甫著」。次嘉靖二十三年門人全賜識語，二十六年門人孫學古識語。卷端鈐「宛平王氏家藏」、「慕齋鑒定」等印記，清初王熙家故物也。《存目叢書》據以影印。上圖、廣東中山圖、中山大學、音樂所亦藏是刻。○清康熙二十一年黄逵卿刻本，科學院圖書館、復旦大學、臺灣大學、雲南大學藏。

琴瑟譜三卷　明汪浩然撰　　**九一三**

浙江巡撫採進本(總目)。○《浙江省第六次呈送書目》：「《琴瑟譜》三卷，明汪浩然著，一本。」○《浙江採集遺書總録》：「《琴瑟譜》三卷，刊本，明瓊州生員汪浩然撰。」

八音摘要二卷　明汪浩然撰　　**九一四**

兩淮鹽政採進本(總目)。○《兩淮鹽政李續呈送書目》：「《八音摘要》二卷，明汪浩然，一本。」

律吕新書分註圖纂十三卷　明許珍撰　　**九一五**

安徽巡撫採進本(總目)。○《安徽省呈送書目》：「《律吕新書分註圖算》六本。」○中國藝術研究院音樂研究所藏鈔本十三卷首一卷六册，卷一題「天長許珍時聘父編輯，元孫昂繕繹」。半葉九行，行二十六字，無格。前有葉良佩序，嘉靖二十年辛丑孟冬台州府太平縣學教諭鳳陽天長許珍序。又目録，引用姓氏。卷内玄、弘、曆等字均不避清諱，唯卷一題署「玄孫」作「元孫」，蓋民國間從清鈔本傳録者。○按：書名「纂」字，殿本《總目》作「算」。按：原書作「筭」，同算，浙本《總目》作「纂」

字疑誤。又按:《提要》據葉良佩序「掌教吾庠」語推知許珍「乃太平學官」。今此本自序明署「台州府太平縣學教諭」,蓋館臣所見本佚去自序也。《存目叢書》據以影印。

簫韶考逸二卷　明呂懷撰 **九一六**

浙江巡撫採進本(總目)。○《浙江省第十次呈送書目》:「《簫韶考逸》,明呂懷著,一本。」○《浙江採集遺書總録》:「《簫韶考逸》一册,刊本,明永豐呂懷撰。」

律呂古義三卷　明呂懷撰 **九一七**

兩淮鹽政採進本(總目)。○《兩淮商人馬裕家呈送書目》:「《律呂古義》三卷,明呂懷,一本。」○《兩淮鹽政李呈送書目》:「《律呂古義》三卷,明呂懷,二本。」○《浙江省第四次汪啟淑家呈送書目》:「《律呂古義》三卷,明呂懷著,二本。」○《浙江採集遺書總録》:「《律呂古義》三卷,刊本,明南太僕寺少卿永豐呂懷撰。」○上海圖書館藏明嘉靖刻本,題「永豐呂懷著,門人俞廷翀、劉光漢編輯,門人劉悌、葉獻芝斧正,門人鄭煜、葉茂芝校録」。半葉九行,行十八字,白口,左右雙邊。前有嘉靖二十九年二月之望門人義烏王宗聖《刻律呂古義附言》云:「嘉靖戊申冬巾石先生嘗授余心統之説。……明年冬,先生門人俞生廷翀輩謀鋟諸梓,屬余爲序。」又嘉靖二十八年仲冬呂懷《總叙》,又圖七幅。則是本爲嘉靖二十八年冬門人俞廷翀等付梓。鈐有「平原陸氏壽椿堂藏書印」、「陸紹良印」、「寅恭」、「廷燦之印」、「幔亭」、「王培孫紀念物」等印記。《存目叢書》據以影印。音樂研究所有是刻殘本。○明刻本,行款版式同前本,但不同刻。北圖、上圖藏。《北京圖書館古籍善本書目》、《中國古籍善本書目徵求意見稿》均著録爲「明嘉靖二十九年俞廷玠刻本」，當是據王宗聖序斷定。○浙江圖書館藏明刻本，半葉九行，行十八字，白口，四周單邊。《中國古籍善本書目徵求意見稿》著録爲「嘉靖三十一年刻本」。

律吕分解二卷律吕發明二卷　明孫應鼇撰　九一八

浙江巡撫採進本(總目)。○《浙江省第十一次呈送書目》：「《律吕分解》，明孫應鰲著，四本。」○《浙江採集遺書總録》：「《律吕分解發明》四卷，刊本，明尚書如臯孫應鰲撰。」○《兩江第二次書目》：「《律吕分解》、《律吕發明》，明孫應鼇輯，四本。」

舞志十二卷　明張敉撰　九一九

浙江鮑士恭家藏本(總目)。○《浙江省第四次鮑士恭呈送書目》：「《舞志》十二卷，明張敉著，一本。」○《浙江採集遺書總録》：「《舞志》十二卷，寫本，明長洲張敉撰。」○《提要》云：「敉，初名獻翼。」

李氏樂書十九卷　明李文察撰　九二〇

山東巡撫採進本(總目)。○《兩淮鹽政李呈送書目》：「《樂書六種》十九卷，明李文察，十四本。」○《山東巡撫呈送第一次書目》：「《四聖圖解》二本、《樂記補説》二本、《律吕新書補註》一本、《典樂要論》一本、《古樂筌蹄》四本、《青宫樂調》一本。」○臺灣「中央圖書館」藏明嘉靖間李氏清稿本，僅《古樂筌蹄》九卷四册、《皇明青宫樂調》三卷一册，題「太常寺典簿臣李文察謹撰」。半葉九行，行二十字，紅格，紅口，四周雙邊。《古樂筌蹄》前有嘉靖二十四年奏疏，二十四年自序。《皇明青宫樂調》有嘉靖二十四年自序。（參該館《善本書志初稿》）○福建圖書館藏明嘉靖刻本，半葉九行，行二十字，黑口，四周雙邊。《四聖圖解》前有嘉靖十七年五月《前進書表》、《前進禮部覆題》、《四聖圖解并四圖用説序》、《前後進呈樂書張數總目》、《樂書板數總目》。據張數、板數總目，又有周采《樂書總序》及《前進奏疏》，此本佚去。王重民《善本提要》著録原北平圖書館本有之。據張數、板數總目，可確定六種樂書次序如下：《四聖圖解》二卷、《樂記補説》二卷、《律吕新書補注》一卷、《興樂要論》三卷、《古樂筌蹄》九卷、《皇明青宫樂調》三卷，共二十卷。《四庫提要》、《中國古籍善本書目》及王重民《善本提要》著録六種次序均未確。又《提要》「興樂」誤爲「典樂」，《樂記補説》二卷誤爲一卷。此本各書均有自序，唯《古樂筌蹄》、《皇明青宫樂調》著明年代爲嘉靖二十四年。鈐有「大通樓藏書印」、「龔少文收藏書畫印」等印記。《存目叢書》據以影印。原北平圖書館本總名作《太常李樓雲樂書》，現存臺北「故宫」。○臺灣「中央圖書館」藏明嘉靖間李氏清稿本，唯《律吕新書補注》一卷一册，半葉十行，行二十字。題「臣李文察謹撰」。前有自序。鈐「毛氏汲古閣藏書印」、「鄭澤民」等印記（參該館《善本書志初稿》）。○上海圖書館藏明藍格鈔本，缺《古樂筌蹄》、《四聖圖解》。○北京大學藏明鈔本，僅《古樂筌蹄》九卷，有自序。紅格，綿紙。○浙江圖書館藏清怡素堂鈔本，僅《青宫樂調》三卷。

雅樂考二十卷　明韋煥撰　九二一

兩淮鹽政採進本（總目）。○《兩淮鹽政李續呈送書目》：「《雅樂考》二十卷，明韋煥，六本。」○《浙江省第五次范懋柱家呈送書目》：「《雅樂考》二十卷，明韋焕著，四本。」〇《浙江採集遺書總録》：「《雅樂考》二十卷，天一閣寫本。」〇臺灣「中央圖書館」藏明藍格鈔本，八册，半葉十一行，行二十一至二十五字不等，四周雙邊。卷一卷二係後人鈔配。書末題「海虞尚友韋焕編集，不肖男繼和考註」。鈐「四明盧氏抱經樓藏書印」、「孟龍私印」、「文杏館」、「劉承幹字貞一號翰怡」、「吴興劉氏嘉業堂藏書印」等印記(參該館《善本書志初稿》)。按：繆荃孫謂是本卷一後有題語二行，署名毛扆，而韋焕上冠以「宋」字，斧季鄉人，不容不知，其爲僞作無疑(見《嘉業堂藏書志》)。〇臺灣「中央圖書館」藏舊鈔本，半葉八行，行二十二字。題「福建興化府僊遊縣儒學教諭韋焕編集，不肖男繼和補註」。二十卷後又有《雅樂考後集》一卷，題「海虞趙琦美續」。是本首葉鈐「翰林院印」滿漢文大官印，書衣有「乾隆三十八年七月兩淮鹽政李質頴送到韋焕雅樂考壹部計書陸本」長方木記。即館臣據以存目原本。唯《提要》不及韋繼和補注及趙琦美《後集》一卷，殊覺粗疏。

律呂正聲六十卷　明王邦直撰　九二二

内府藏本(總目)。〇《武英殿第一次書目》：「《律呂正聲》十二本。」〇《兩淮鹽政李呈送書目》：「《律呂正聲》六十卷，明王邦直，十二本。」〇《浙江省第四次汪啟淑家呈送書目》：「《律呂正聲》六十卷，明王邦直著，二十四本。」〇《浙江採集遺書總録》：「《律呂正聲》六十卷，刊本。」〇《山東巡撫呈送第一次書目》：「《律呂正聲》十二本。」〇北京大學藏明萬曆三十六年黄作孚刻本，題「明即墨王邦直子魚甫著，明即墨黄作孚汝從甫校」。半葉十行，行二十字，白口，四周單邊。前有萬曆十四年丙戌四月十八日王邦直《律呂總叙》，三十六年戊申正月朔李維楨序。李序云：「丞里中人少司馬黄公開府朔方，收其遺草鋟之梓。」《存目叢書》據以影印。山東、浙江、遼寧、甘肅諸圖書館亦藏是刻。山東藏本卷一至四配清王寀廷鈔本，有王寀廷跋。

律呂正論四卷　明朱載堉撰 九二三

浙江巡撫採進本（總目）。○《山東巡撫呈送第一次書目》：「《律呂正論》五本。」○北京師大藏明萬曆刻本，題「後學朱載堉著」。半葉八行，行十七字，白口，四周單邊。前有萬曆三十八年朱載堉《古今律曆考叙》，又朱載堉《律呂正論自序》。《存目叢書》據以影印。音樂所亦藏是刻。按：存目所據爲浙撫進呈鈔本，詳下條。

律呂質疑辨惑無卷數　舊本題曰句曲山人伯勤甫撰 九二四

浙江巡撫採進本（總目）。○《提要》云：「今鈔本附於《律呂正論》之後，而以王所用《律呂正論序》冠於卷端，則二書一時傳寫，裝潢者誤移也。」據此可知存目所據爲浙江進呈鈔本。○北京師大藏明萬曆刻本，題「句曲山人伯勤甫著，友人寘吾王所用暨懷宇蔣崇德同閲序」。半葉八行，行十七字，白口，四周單邊。此本附《律呂正論》後，字體不同，似非一時所刻。《存目叢書》據以影印。音樂所、臺灣中研院史語所亦有此刻。

樂經以俟録無卷數　明瞿九思撰 九二五

兩江總督採進本（總目）。○《兩江第一次書目》：「《樂經以俟録》，明瞿九思著，七本。」○上海圖書館藏明萬曆三十五年史學遷刻本，十六卷，題「明後學江漢瞿九思著，明後學平陽史學遷刻，明後學澶淵董漢儒校」。半葉九行，行二十字，白口，四周雙邊。前有萬曆三十五年九月史學遷序。鈐「餘姚謝氏永耀樓藏書」、「拜經樓吴氏藏書」等印。《存目叢書》據以影印。中山大學藏是刻不分卷四册，有缺葉，鈐「蕭夢松印」、「静君」等印。

律吕解註二卷　明鄧文憲撰　**九二六**

浙江汪啟淑家藏本（總目）。〇《浙江省第四次汪啟淑家呈送書目》：「《律吕解注》二卷，明鄧文憲著，三本。」〇《浙江採集遺書總録》：「《律吕解注》二卷，刊本，明教諭新會鄧文憲撰。」〇北京圖書館藏明嘉靖二年詹璥、丘璦等刻本，題「晉江教諭古岡鄧文憲解註」，半葉九行，行十六字，黑口，四周雙邊。前有嘉靖二年秋孟之吉史于光序云：「註成，門生詹璥、丘璦、蔡性、黄鰲輩梓之，梓成歸予序之。」又嘉靖二年秋孟之吉自序。後有嘉靖二年王宣跋。鈐「合肥李氏藏書」、「省心閣珍藏」、「沈仲濤印」、「研易樓」、「沈氏研易樓所得善本書」等印記。《存目叢書》據以影印。〇中國藝術研究院音樂研究所藏明嘉靖十八年曹逵刻本，半葉九行，行十六字，黑口，四周雙邊。〇浙江圖書館藏明刻本，存卷上。〇美國國會圖書館藏明嘉靖刻本，題「後學新會鄧文憲解註」，半葉九行，行十六字。有史于光序、自序、王宣跋。（見王重民《善本提要》）

樂經集註二卷　明張鳳翔撰　**九二七**

山東巡撫採進本（總目）。〇故宫博物院藏明末刻本，題「堂邑張鳳翔著」，半葉九行，行十八字，白口，四周單邊。前有錢謙益、王鐸、張鳳翔三序。《存目叢書》據以影印。音樂所亦藏是刻。○中國藝術研究院音樂所藏清初刻本，半葉八行，行十四字，白口，四周單邊，有刻工。上圖有清刻本一册，未知異同。

大樂嘉成一卷　明袁應兆撰　**九二八**

浙江巡撫採進本（總目）。○《浙江採集遺書總録》：「《大樂嘉成》一册，刊本，明休寧教諭建業袁應兆撰。」○故宫博物院藏明崇禎六年王佐刻本，題「建業後學袁應兆編輯，當湖後學毛湛、西蜀後學劉紃較閲，婺源後學潘中孚參攷」。半葉九行，行二十字，白口，四周雙邊。前有陸錫明序，崇禎六年癸酉休寧知縣王佐序，袁應兆序。卷末有王佐詩一首。《存目叢書》據以影印。

古樂義十二卷　明邵儲撰　**九二九**

湖南巡撫採進本（總目）。○《湖南省呈送書目》：「《古樂義》八本。」○北京圖書館藏清鈔本，十册，半葉九行，行二十二字，紅格，白口，四周雙邊。前有南海何予方引。《存目叢書》據以影印。

大成樂律一卷　國朝孔貞瑄撰　**九三〇**

山東巡撫採進本（總目）。○《山東巡撫第二次呈進書目》：「《大成樂律》一本。」○北京大學藏清康熙刻本，作《大成樂律全書》一卷，題「孔貞瑄歷洲纂」。半葉十一行，行二十二字，白口，左右雙邊。前有宫夢仁原序，康熙五十二年癸巳清和中浣姪尚先《重訂大成樂律序》云：「吾叔歷洲官濟南博士時，以學使定山宫先生命董修樂，樂成奏於廟，一時稱盛，遂纘輯成書，刊布四方。及任大姚，復興樂教，稱制臺范大司馬旨。壬辰夏余視學三晉，叔攜其新訂一編授余。……余於聲音之道固未深考，然於斯編服其學之博而心之虚，庶幾有合於先聖自衛返魯然後樂正雅頌得所之微意也夫，爰付之梓。」末署「書於晉陽之德造堂」。則是本爲康熙五十二年山西學政孔尚先刻於太原官署者。又有宋義立原序。卷内鈐「麐嘉館印」，李盛鐸故物也。《存目叢書》據以影印。辛德勇先生藏有是刻。山東圖書館藏清刻本一册，亦係同版。

律吕新書衍義一卷　國朝吕夏音撰　**九三一**

浙江巡撫採進本（總目）。○《浙江省第三次書目》：「《律吕新書衍義圖説》一本。」○《浙江採集遺書總録》：「《律吕新書衍義圖説》一册，刊本，國朝知縣新昌吕夏音撰。」

律吕圖説九卷　國朝王建常撰　**九三二**

陝西巡撫採進本（總目）。○清華大學藏清乾隆三十九年朝坂集義堂刻本，題「渭埜王建常編次，潛邨王宏撰較訂」。半葉九行，行二十一字，白口，左右雙邊。版心下刻「集義堂」三字。前有乾隆三十九年劉甡序云：「先君子即欲付諸剞劂，以圖永久。……無禄先君子即世，不肖甡乃意承厥考，壽諸棗梨。」又王建常序。封面刻「乾隆甲午季夏刊」、「朝坂集義堂藏板」。《存目叢書》據以影印。

按：是書凡九篇，分上下二卷。《總目》作九卷，不妥。南京大學、復旦大學亦藏是刻。○湖北圖書館藏清鈔《藝苑叢鈔》本，二卷。

鍾律陳數一卷　國朝顧陳垿撰　**九三三**

兩江總督採進本(總目)。○《兩江第二次書目》:《鍾律陳數》,太倉顧陳垿輯。與《八矢注字》合一本。○《江蘇採輯遺書目録》:「《八矢註字圖説》一卷《鍾律陳數》一卷,清太倉顧陳垿著,刊本。」○清乾隆刻本,與《抱桐軒文集》三卷《八矢注字圖説》一卷合刻,復旦大學藏(江蘇藝文志)。○清道光十年長洲顧氏刻《賜硯堂叢書》丁集本,題「太倉顧陳垿玉停述,長洲顧沅湘舟校」,版心下刻「賜硯堂叢書」,無序跋。《存目叢書》據以影印。○清道光間刻《玉亭閑書》本,音樂所藏。○味菜廬聚珍本,科學院圖書館藏。

樂經内編二十卷　國朝張宣猷撰　**九三四**

江蘇巡撫採進本(總目)。○《江蘇省第一次書目》:「《樂經内編》四本。」○《江蘇採輯遺書目録》:「《樂書内編》二十卷,清常州張宣猷著。」○《武英殿第一次書目》:「《樂經内編》四本。」○《浙江省第八次呈送書目》:「《樂書内編》二十卷,國朝張宣猷著,六本。」○上海圖書館藏康熙刻本,作《樂書内編》二十卷,題「瀋陽范覲公、汾陽于北溟兩先生鑒定,毘陵張宣猷旻生氏、臨臯鄭先慶肯厓氏纂集,延陵吴本立菽園氏、蘭陵岳鰲圖珊亭氏參訂」。半葉八行,行二十字,白口,四周雙邊。前有順治九年陽月之吉祖重光序,順治八年壯月張宣猷序。《存目叢書》據以影印。按:是本無康熙標識,唯卷内玄字缺末筆,知係康熙刻本。《中國古籍善本書目》著録康熙十九年刻本,當即同版。又科學院圖書館、日本靜嘉堂均藏康熙刻本,華東師大藏順治八年刻本,亦當係同版。考是書順治九年祖重光序云：「擬爲付梓，而叨陞三楚，不遑啟居。」是當時尚未付梓也。

律呂新書註三卷　國朝周模撰　**九三五**

河南巡撫採進本(總目)。○《河南省呈送書目》：「《宋蔡元定律呂新書》，本朝周模註，二本。」○蘇州圖書館藏清雍正刻本，題「儀封後學周模註」，半葉九行，行二十四字。前有朱熹原序，雍正二年周模序。分上下二卷，書名同存目。鈐「嘉會堂嵇氏珍藏」印。《存目叢書》據以影印。音樂所藏清刻本，疑亦此刻。

賡和録二卷　國朝何夢瑶撰　**九三六**

廣東巡撫採進本(總目)。○《廣東省呈送書目》：「《賡和録》二本。」○清道光三十年南海伍氏粵雅堂刻本，《嶺南遺書》之一，題「南海何夢瑶報之撰」，前有牌記：「道光三十年春二月南海伍氏開雕」。版心刻「粵雅堂校刊」。前有乾隆二十七年壬午福增格序，自序。民國二十五年商務印書館據以影印，收入《叢書集成初編》。《存目叢書》亦據以影印。

易律通解八卷　國朝沈光邦撰　**九三七**

浙江巡撫採進本(總目)。○《浙江省第三次書目》：「《易律通解》八卷，國朝沈光邦著，四本。」○《浙江採集遺書總録》：「《易律通解》八卷，寫本，國朝中書臨海沈光邦撰。」○故宮博物院藏清鈔本四卷，首嘉慶三年宜春知縣黄河清撰《沈光邦傳》，次嘉慶十年扶風知縣宋世犖《易律通解跋》。次卷一目録，題「内閣中書沈光邦著，裔孫元朗仲羲、元霖維哲仝録」。半葉十一行，行二十二字，無格。《存目叢書》據以影印。○民國間黄岩縣九峯圖書館藏鈔稿本四卷四册，無序跋（參《浙江省文獻展覽會專號》）。○民國間三台民衆教育館藏鈔稿本，作《易律神解》四卷四册，首有宋世犖序（同上）。○北京師大藏清沈琛鈔本，作《易律神解》不分卷，八册。

樂律古義二卷　國朝童能靈撰　九三八

福建巡撫採進本（總目）。○北京圖書館藏清乾隆冠豸山刻本，題「連城童能靈龍儔著」，半葉十行，行二十二字，白口，四周單邊。封面刻「冠豸山藏板」。前有乾隆四年己未端午自序。《存目叢書》據以影印。○福建省圖書館藏清光緒連城童氏木活字排印《冠豸山堂全集》本。○福建師大藏鈔本。

大樂元音七卷　國朝潘士權撰　九三九

山東巡撫採進本（總目）。○《山東巡撫第二次呈進書目》：「《大樂元音》五本。」○山東省圖書館藏清乾隆十年中和堂刻本，題「楚南潘士權龍菴甫著，次男亦煒克明氏、門人孫若瀓渭川氏校録」。半葉九行，行二十三字，白口，四周雙邊。封面刻「乾隆拾年新鐫」、「中和堂藏板」。前有乾隆十年孫嘉淦序兩篇，十年自序，十一年佘棟序。《存目叢書》據以影印。北大藏乾隆十年刻同治十三年補刻《潘龍菴全書》本，當即中和堂版修補重印者。

律呂新書箋義二卷附八音考略一卷　國朝羅登選撰　九四〇

湖南巡撫採進本（總目）。○《湖南省呈送書目》：「《律呂新書箋義》附《八音考略》三本。」○北京圖書館藏清乾隆刻本，作《律吕新書》二卷《八音考略》一卷，題「衡山羅登選箋義」。半葉九行，行二十字，下黑口，四周單邊。前有乾隆二十年七月羅登選序，又朱熹原序。書末有「長沙張允執鐫」小字一行，當是刻工。《存目叢書》據以影印。音樂所藏清敦本堂刻本，未知異同。

律吕圖説一卷　國朝張紫芝撰 **九四一**

江蘇巡撫採進本（總目）。○《江蘇省第一次書目》：「《律吕圖説》二本。」○《江蘇採輯遺書目録》：「《律吕圖識》不分卷，清仁和貢生張紫芝著。」

音律節略考一卷　國朝潘繼善撰 **九四二**

兩江總督採進本（總目）。

黄鍾通韻二卷　國朝都四德撰 **九四三**

翰林院筆帖式都保家藏本（總目）。○北京圖書館藏清乾隆刻本，題「長白都四德乾文氏纂述，男寶璐玉集校」。半葉九行，行二十字，白口，四周雙邊。正文二卷後附有《琴圖補疑》一卷。前有乾隆九年甲子自序。書末有「時乾隆癸酉歲秋九月吉日秋莊都四德乾文氏補著，同志德馨蘭谷氏、羅多和立禮氏公較」識語，癸酉爲乾隆十八年，當即刻於是年。首葉鈐「翰林院印」滿漢文大官印。封面有「乾隆三十八年四月翰林院筆帖式都保交出家藏黄鍾通韻壹部計書貳本」長方木記，即存目所據原本也。又鈐「孫壯藏書印」印記。《存目叢書》據以影印。上圖、大連圖亦藏是刻。北大藏乾隆文會堂刻本、音樂所藏清三餘堂刻本，未知異同。○清丁顯輯鈔《韻學叢書》本，復旦藏。

樂原無卷數　舊本題囂囂子撰　**九四四**

江蘇巡撫採進本(總目)。○《江蘇省第二次書目》:「《囂囂子樂原》一本。」○《江蘇採輯遺書目録》:「《囂囂子樂原》一册,缺名著,刊本。」○《提要》云:「相其紙色版式,蓋近時人也。」○北京圖書館分館藏清桂花書屋刻本,首行題「瞁瞁子樂原」,次行題「受業　　較字」,空二格,未刻較者名氏。半葉九行,行十八字,白口,四周單邊。版心下刻「桂花書屋」。寫刻工緻,計七十三葉。《存目叢書》據以影印。

律呂纂要二卷　不著撰人名氏　**九四五**

内府藏本(總目)。○《武英殿第一次書目》:「《律呂纂要》一本。」○《提要》云:「似乎近人節録《欽定律呂正義》以便記誦者也。」○故宫博物院藏稿本,無撰人。半葉八行,行二十四字,白口,四周雙邊,無直格。分上下篇。下篇篇題下注云:「上篇諸段所説皆所以發明樂音之高下,此篇則專爲發明樂音之長短而言。」即《提要》「上篇則發明高下之節,下篇則發明長短之度」所本,知即存目之書無疑。《存目叢書》據以影印。○北圖分館藏稿本,未知與前本關係如何。○故宫博物院藏清康熙内府鈔本。○北圖分館藏鈔本。

四庫存目標注卷十一

滕州　杜澤遜　撰

經部十一

小學類

九四六　爾雅補註六卷　國朝姜兆錫撰

江蘇巡撫採進本（總目）。〇《江蘇省第一次書目》：「《九經補註》三十六本。」〇《江蘇採輯遺書目録》：「《九經補註》八十七卷，清丹陽舉人姜兆錫註，刊本。」其子目有《爾雅參義》六卷。〇《浙江省第十次呈送書目》：「《爾雅參義》六卷，國朝姜兆錫著，一本。」〇《浙江採集遺書總録》：「《爾雅參義》六卷，刊本。」〇中國科學院圖書館藏清雍正十年寅清樓刻本，《九經補註》之一，作《爾雅註疏參義》六卷，題「姜兆錫註疏參義」。半葉十行，行二十五字，白口，四周單邊。版心下刻「寅清樓」。封面刻「雍正十年鐫」、「翻刻千里必究」、「本衙藏板」。前有雍正三年鄂爾泰序,次序論三則,次目録,目録後有雍正十一年孟秋姜兆錫自識。蓋刊成在雍正十一年秋。鈐「浣心藏書」印。《存目叢書》據以影印。北圖分館、上圖、南圖等亦藏是刻。

小爾雅一卷　無撰人名氏　九四七

通行本(總目)。○《提要》云:「今所傳本則《孔叢子》第十一篇鈔出别行者也。」○北圖藏明正德嘉靖間顧氏夷白齋刻《顧氏文房小説》本,題「孔鮒著,宋咸註」。半葉十行,行十八字,白口,左右雙邊。左欄外上方有耳記:「陽山顧氏文房」。卷尾有識語:「夷白齋宋本重雕。」《存目叢書》據以影印。上圖亦藏是刻。上圖又有是刻單本,清錢孫保手跋。○民國二十八年商務印書館據《顧氏文房小説》本排印,收入《叢書集成初編》。○明吴琯刻《古今逸史》本,北圖、南圖、浙圖等藏。民國二十六年商務印書館影印吴琯刻《古今逸史》本。○明萬曆胡文焕文會堂刻《格致叢書》本,作《新刻小爾雅》一卷,北圖、中科院圖書館等藏。○明天啟六年郎氏堂策檻刻《五雅》本,北圖、上圖、南圖、浙圖等藏。○清嘉慶九年重刻《五雅》本,華東師大藏。○明刻明吴永輯《續百川學海》本,北圖、遼圖、浙圖等藏。○明武林何允中刻《廣漢魏叢書》本,北圖、上圖、川圖等藏。南圖藏是刻單本,清盧文弨校,清丁丙跋,《善本書室藏書志》著録。南圖又藏是刻單本,佚名校,清丁丙跋。○清嘉慶中刻《廣漢魏叢書》本,上圖、浙圖、北京師大等藏。○明刻清順治三年宛委山堂印《説郛》本,北圖、上圖、遼圖等藏。一九八八年上海古籍出版社影印宛委山堂本《説郛》,收入《説郛三種》。○

乾隆五十六年金谿王氏刻《增訂漢魏叢書》本。○光緒二年紅杏山房刻民國四年盧樹柟修補印《增訂漢魏叢書》本。○光緒六年三餘堂刻《增訂漢魏叢書》本。○宣統三年上海大通書局石印《增訂漢魏叢書》本。○乾隆五十九年石門馬氏大酉山房刻《龍威祕書》本。○清同治七年序刻《藝苑捃華》本。○清管庭芬輯鈔《一瓻筆存》本，天津圖書館藏。○民國二十六年上海中央書店排印《漢魏小説採珍》本。

崔氏小爾雅一卷　舊本題明崔銑撰　**九四八**

户部尚書王際華家藏本（總目）。○明嘉靖袁氏嘉趣堂刻《金聲玉振集》本，題「崔銑著」，半葉十行，行十八字，白口，左右雙邊。末有嘉靖二十九年十月十日袁褧刻書識語。《存目叢書》據以影印。

《提要》云：「實即《孔叢子》中之《小爾雅》。」

彙雅二十卷續編二十八卷　明張萱撰　**九四九**

兩淮馬裕家藏本（總目）。○《浙江省第十二次呈送書目》：「《彙雅後編》二十八卷，明張萱輯，十本。」○《浙江採集遺書總録》：「《彙雅後編》二十八卷，刊本，明張萱輯。」○北京圖書館藏明萬曆刻本，作《彙雅前集》二十卷《後編》二十八卷，題「明古循張萱編，端溪區大相訂」。半葉九行，行十八字，白口，四周單邊。前集卷十三末有「萬曆乙巳夏五月梓於金臺之清真館」一行。前有萬曆三十四年丙午夏五友人泰和郭子章序，三十六年戊申徐時進《刻張孟奇彙雅前編序》，沈朝焕序，三十三年乙巳至日張萱題辭。目録後有三十四年丙午元日張萱識語云：「此訓詁之學也，私之巾笥，以示兒輩。區太史用孺、沈司馬伯含讀而賞之,遂捐俸授梓,以公同好。……蓋十踰月乃獲竣工。」知前編刻於萬曆三十三年,至年底刊成,出資者區大相、沈朝焕。各序寫刻工緻,版心記刻工:張茂初刻、浙越王時玏鐫、武林宋云鴻、金陵十大有。徐序寫刻最精,末有「長洲陳元素書」六字。後編行款同,無序跋,且有墨釘,當刻於《前集》之後。《存目叢書》據以影印。廣東中山圖書館、臺灣「中央圖書館」皆藏是刻前集。北圖又藏前集,殘存卷一、卷二、卷五至卷七、卷十至卷十五,共十一卷。

方言據二卷　明魏濬撰　**九五〇**

福建巡撫採進本(總目)。〇《福建省呈送第六次書目》:「《方言據》。」〇清道光十一年六安晁氏木活字印《學海類編》本,作《方言據》二卷《續録》一卷,題「明岳元聲輯」,前有乙卯仲冬日湛盧山中人小引。民國九年商務印書館影印晁氏木活字《學海類編》本。《存目叢書》復據影印。

方言類聚四卷　明陳與郊撰　**九五一**

浙江巡撫採進本(總目)。〇《浙江省第十次呈送書目》:「《方言類聚》四卷,明陳與郊輯,一本。」〇《浙江採集遺書總録》:「《方言類聚》四卷,刊本,明陳與郊編。」〇中國科學院圖書館藏明刻本,作《輶軒使者絶代語釋别國方言類聚》四卷,題「漢揚雄紀,晉郭璞解,明陳與郊類」。半葉十行,行二十字,白口,左右雙邊。總目及版心均題「方言類聚」。《存目叢書》據以影印。《中國古籍善本書目》著録上圖藏萬曆刻本,書名、行款版式均同,當是同版。

越語肎綮録一卷　國朝毛奇齡撰　九五二

浙江巡撫採進本（總目）。〇清康熙書留草堂刻《西河合集》本。《存目叢書》據清華大學藏本影印。

連文釋義一卷　國朝王言撰　九五三

通行本（總目）。〇清康熙三十九年刻《昭代叢書》乙集本，題「西泠王言慎旃纂，平江蔡方炳九霞校」。《存目叢書》用清華大學藏本影印。〇道光十三年吴江沈氏世楷堂刻《昭代叢書》乙集本。〇清管庭芬輯鈔《一瓻筆存》本，天津圖書館藏。〇清鈔《藝苑叢鈔》本，湖北圖書館藏。〇日本文久二年（清同治元年）水原氏刻本，華東師大藏。

右訓詁之屬

別本干禄字書二卷　唐顔元孫撰　九五四

直隸總督採進本（總目）。〇《提要》云：「此本乃栢鄉魏裔介所刊。」〇湖北省圖書館藏清康熙五年刻本，二卷，内容與《提要》合。〇南京圖書館藏清乾隆六年朱振祖鈔本，正文首題「干禄字書」，半葉八行，行十字，小字雙行，行二十字。書衣周承悳隸書題籖「干禄字書」，並題記：「朱香溪先生手寫苻山堂本並考證俞十字，舊藏陳氏向山閣，今歸張氏金鑑堂。甲寅孟冬周承悳題。」下鈐「悳」小印。卷内首爲某氏録《兩浙輶軒録》朱振祖小傳，謂「字繩武，號香溪，秀水人，彝尊曾孫」。次乾隆六年朱振祖手跋：「曩在京師楊梅竹斜街骨董鋪内見有舊搨顔魯公《干禄字樣》碑帖一册，愛不忍釋，惜忩忩南歸，未及購之。後留心兩三載，遍覓此碑不得。今年夏余於古藤精舍避暑，偶從友人處借抄符山堂刻本，稍慰饑渴之思。此書經上谷陳祺公、崑山顧寧人、關中李天生、淮陰張力臣四先生考正，已成完書，但上層辨誤不無疏處，余不揣淺陋，就所聓見，略綴一二考證。非敢自附於四先生之後，或亦學者質疑辨難之意也夫。時乾隆辛酉七月十一日香谿謹識。」後鈐「振祖」、「恭父」二小印。次康熙五年秋八月既望潁川陳上年《重刻干禄字書序》，崇禎十三年庚辰濟南張延登小引。卷前有題名：「正字：上谷陳祺公上年、吴郡顧寧人炎武、關中李天生因篤、淮陰張力臣弨。」卷内鈐「海寧陳氏向山閣圖書」、「陳鱣疏記」、「朱振祖」、「恭父」印記。《存目叢書》據以影印。按：是本眉上有考證，有標「炎武按」者，有不標姓名者。其不標姓名者，《提要》云「不知出於誰手，或即裔介所加歟」。又是書石刻本不標韻目，此本據《廣韻》加之，《提要》亦未言何人所加。今考湖北圖書館是本，崇禎十三年濟南張延登小引云「爰刻之以教幼孫」，又云「義意稍訂於上層，示不敢專。轉韻處，序云朱點其上，今特明書其韻，則予所僭加」。則眉上考證之不標姓名者爲張延登崇禎十三年刻書時所加，韻目亦張延登所增。又康熙五年陳上年《重刻干禄字書序》云：「偶顧寧人先生過雁門，出笥中《干禄字書》一册，同學李天生覽而善之，勸予亟授之梓。」又云：「邊郡苦無善工，淮陰張子力臣，好古之士，因屬寧人郵書成之。」知康熙五年淮陰張弨重刊之，符山堂即張弨室名。眉上標「炎武按」者，即顧炎武所增考證。乾隆六年朱振祖又據符山堂本鈔録一部，即湖北所藏此本也。振祖又有考辨，書於眉上，以「振祖案」别之。至魏裔介刻本，未見流傳，唯眉上既有顧炎武案語，知係重刻符山堂本。其眉上考證及標明韻目，均不出裔介手。館臣所見之本蓋佚去崇禎十三年張延登小引，故不知考證及韻目之所由來，甚且疑爲魏裔介所加也。

說文解字五音韻譜十卷　宋李燾撰　九五五

通行本（總目）。○臺灣「故宮博物院」藏宋刻元明遞修本，十二卷十二册。正文首行題「重刊說文解字五音韻譜卷一」，次行題「上平聲一」。半葉七行。注文雙行，行約二十一字。篆文大字，每字佔三格。白口，單黑魚尾，左右雙邊。版心上方或下方記大小字數，下記刻工：彭云、云、文、王、公、召、工、吉、古、尨、恧、元、木、立、榮、益等。宋諱「慎」字避注「御名」。原版漫漶，間有補刻。李燾淳熙時知遂寧府，編纂此書，是本凡孝宗諱皆雙行注「御名」，且刻工又見於宋光宗時刻本《武經七書》中，光宗繼孝宗後柄理朝政，則此書殆爲孝宗時成書後之初刻（參臺灣「故宫」《宋版書特展目録》）。按：張允亮《故宫善本書目·天禄琳琅外書目》著録宋刻元明補本，當即此帙。○臺灣「中央圖書館」藏宋淳熙間刻元明遞修本，存卷十二，一册。宋諱避敬、恒、慎，版式行款及刻工同前本，知是一刻。○傅增湘《藏園訂補郘亭書目》著録「宋刊明修本，七行十二三字，大字約佔小字六，白口，左右雙闌，版心下記刊工人名，是宋末翻蜀中刊本，于右任藏」。○甘肅省圖書館藏明刻本，書名卷數及行款版式同宋本，版心下有刻工。《中國古籍善本書目》徵求意見稿著録爲「宋刻元明遞修本」，定本改爲「明刻本」。○浙江圖書館藏明弘治十四年車玉刻本，十二卷，正文首行題「重刊許氏說文解字五音韻譜」，半葉七行，楷書大字十四字，小字雙行二十字，黑口，四周雙邊。末有弘治十四年辛酉車玉《重修許氏說文後跋》云：「惟益國殿下雅崇儒術，篤信古道，嘗閔《說文》之湮没，懼字義之不明,弘治己未秋八月遂命臣玉補修重録,以成是書。……越三年始得成帙,尋蒙命工重繡諸梓,以廣其傳。」則是本爲弘治十四年益藩刻本,董其事者車玉也。卷内鈐「欒川手校」印。《存目叢書》據以影印。上圖、北師大、山東圖書館、濟南博物館均藏是刻。考《明史·諸王世表》:「益端王祐檳,憲宗庶六子,成化二十三年封,弘治八年就藩建昌府,嘉靖十八年薨。」知是本爲益王朱祐檳出資刻於建昌者。◯明嘉靖七年郭雨山刻本,書名卷數同前,半葉七行,行字不等,白口,四周雙邊。上圖、南圖藏。◯明嘉靖十一年孫甫刻本,作《許氏説文解字五音韻譜》十二卷,半葉七行,行十四字,小字雙行二十字,大黑口,四周雙邊。北圖、吉林省圖、福建省圖、重慶市圖藏。◯上海圖書館藏明刻本,書名卷數同前本,半葉七行,行十四字,白口,四周單邊。殘存卷三至十二。◯明萬曆二十六年陳大科刻本,作《説文解字》十二卷,即《説文解字五音韻譜》,半葉七行,行十四字,小字雙行二十字,黑口,四周雙邊。許慎序後有陳大科註云:「按舊本凡遇慎字皆不書,止註曰御名。」又萬曆二十六年陳大科刻書序云:「頃乃得粤兩生共斯業,朱生完擅工大小篆,爲日討其點畫,文無害。劉生克平博極群書,爲雜治其異同,發明其創意,得二篇。久之,舊本半朱墨其上矣,因重刻于白狼書社。」是此本刻於粤。陳大科序後即《説文異同》、《諸家創意》,大科與劉克平同輯者。北京圖書館藏此刻,有清江聲録惠士奇、惠棟批校,又朱邦衡題識。北大、上圖、浙圖等多處亦藏此本。◯明萬曆四十七年張經世等刻本,作《重刊許氏説文解字五音韻譜》十二卷,半葉七行,小字雙行二十字,白口,四周雙邊。有萬曆四十七年張經世序,序後題「保定府知府李廷檳、同知胡宗潁、通判潘堯琚、洪應科、李价、推官范紹序仝校輯」。又有嘉靖七年劉節書後，係爲郭雨山刻本作，蓋此本據郭雨山本重刻。山東圖書館、湖北圖書館、美國國會圖書館藏。○山東大學藏明天啟七年世裕堂刻本，書名卷數同前本，半葉七行，行十四字，小字雙行二十字，白口，左右雙邊。前有舊序及雍熙三年牒文，牒文後有「天啟七年世裕堂重梓」一行。書衣有丁山篆文題籤，又丁山手跋：「此天啟間世裕堂翻宋本也，魯魚亥豕觸〔目〕皆是，以刻本論，當屏下棨。然自汲古閣、平津館相繼棨行始一終亥本，李氏《五音均譜》學者遂鮮道及，元明之際鮮不以李書即許君原箸也。客歲之春，路出金陵，偶於書肆見此破爛本，以今漸難得也，購之。暨來羊城，付賈人裝修一過，差易省覽矣，因從而識之。一九二八年三月易説齋主人。」下鈐「丁山氏朩」小印。卷内又鈐「曾在丁山處」印。北圖、上圖、復旦等亦藏是本。南圖本清惠棟校，殘存卷一至十。○明刻黑口大字本，正文首行題「重刊許氏説文解字五音韻譜卷一」，次行題「上平聲一」。半葉七行，行十四字，小字雙行二十字，上下大黑口，雙黑魚尾上下相對，四周雙邊。宋諱愼字注「御名」。前有許愼序、進書表、雍熙三年牒文。鈐「王時敏」、「時敏」、「煙客」、「曾協均印」、「吟芬館珍藏」、「盱江曾氏珍藏」、「羅氏嘉文私印」、「庚虹」等印，沈仲濤研易樓舊藏，現歸臺北「故宫」，《沈氏研易樓善本圖録》著録，云「今書避孝宗御名，知此帙乃覆宋版也」。按：臺北「故宫」藏宋本，白口，左右雙邊、單魚尾，均與此異。又以二本書影相校，篆法亦不同，如「熊」字右上角篆法迥異，字體風格宋本古拙，此本趨於秀逸。釋文字體亦異，宋本方正粗重，此本則趨於端麗雋秀。可知乃據宋本重寫上板者，非覆刊也。此黑口七行大字本，傳世尚多，北大、上圖、南圖、浙圖等皆有藏。其間或轉相翻刻，字體版式行款悉同，難於一一區分。臺灣「中央圖書館」《善本書志初稿》著録一部明刊黑口大字本，鈐「汲古主人」、「毛氏子晉」、「揚州阮氏琅嬛僊館藏書印」等印記，又鈐「宋本」朱文橢圓印。又著録一部，鈐「隆慶壬申夏提學副使邵晒理書籍關防」、「皖南張師亮筱漁氏校書於篤素堂」、「寐叟」、「乙盦檢書記」等印，有沈曾植朱校及兩跋，其書根題「宋本説文解字」。可知以此本爲宋本或覆宋本者不乏其例。〇明刻白口本，書名卷數同前本，唯版框高廣均較宋本及大字黑口本小約四公分。半葉七行，小字雙行二十字，白口，單魚尾，左右雙邊。有許慎序、徐鉉進書表、雍熙三年牒文。鈐「張芹伯」、「江東老芝」、「芝人過眼」等印。臺灣「中央圖書館」《善本書志初稿》著録爲「明覆宋刊本」。按：此本開版較宋本小，當非覆刻。此白口本流傳亦頗廣，北圖、上圖、浙圖等均有藏。〇日本寬文十年（清康熙九年）刻本，作《重刊許氏説文解字五音韻譜》十二卷，遼寧圖書館藏。〇按：各本均十二卷，《總目》作十卷，恐脱「二」字。

續千文一卷　宋侍其良器撰　九五六

通行本（總目）。〇《提要》云：「其孫訔刻石浯溪，後有乾道乙酉鄉貢進士謝褒跋。」〇湖北省圖書館藏明崇禎茅氏浣花居刻《芝園祕録初刻》本。〇北京圖書館藏清鈔本一册，半葉七行，行十五字，白口，左右雙邊。有紹興八千戊午葛勝仲序，後有乾道元年乙酉謝褒跋。《鐵琴銅劍樓藏書目録》著録鈔本當即此帙。〇南京圖書館藏清鈔本，題「左朝散大夫知池州軍州事賜紫金魚袋侍其良器撰」。半葉五行，行八字，白口，四周單邊。有謝褒後序，無葛勝仲序。鈐「善本書室」等印。《善本書室藏書志》著録。《存目叢書》據以影印。○臺灣「中央圖書館」藏精鈔本，作《續千字文》一卷，題署同前本，有謝褒跋，無葛勝仲序。半葉五行，行八字。鈐「藝風堂」、「江陰繆荃孫鑑藏書籍金石印」、「古書流通處」等印記。《藝風藏書記》著録。當即繆氏刻本之底本。○清光緒二十七年繆荃孫刻本，《雲自在龕叢書》之一。○北圖分館藏清鈔本。○按：侍其良器，《提要》云「里貫未詳」，瞿、丁、繆三家藏書志均已考出，繆氏尤詳。

四聲篇海十五卷　金韓孝彦撰　　九五七

通行本（總目）。○《提要》云：「其書成於明昌、承安間，迨泰和戊辰，孝彦之子道昭改併爲四百四十四部，韓道昇爲之序。」又云：「道昭又因《廣韻》改其編次爲《五音集韻》十五卷。明成化丁亥僧文儒等校刊二書，合稱《篇韻類聚》。」按：《五音集韻》已著録。○金崇慶間刻元修本，正文首題「泰和五音新改併類聚四聲篇」，次題「滹陽松水昌黎郡韓孝彦、次男韓道昭改併重編」。半葉十三行，注雙行，行約三十八字，白口或黑口，左右雙邊。臺北「故宫」有全帙十五卷十册。北圖藏兩殘本，其一存卷一至十，黑口。其一存卷一至四，白口或黑口。原北平圖書館藏金刻本存卷十至十二兩册，現存臺北「故宫」，鈐「晉府書畫之印」印記。臺北「中央圖書館」藏殘本存卷一至三，其《善本書志初稿》謂版心白口，下記刻工：賈小一、洨川賈小一、小賈、徐二、古亳徐二、小任、馮一等，前有泰和八年韓道昇序，序後有「五音改併增添明頭號樣」、「十黏號頌」、「五音檢篇入册頌」，葉第四首行題「兄曰道晧、弟曰道昉、男曰德恩、姪曰德惠同詳定」,次行至三行題「趙州荆璞同編,荆現、荆琪、荆珍、荆璩同開板。荆瑞、長男荆國器重開板印行,寧昌李昺書」。卷一序目尾題後有「昌黎門人洨川扶風郡竇慶進重校正」。鈐「晉府書畫之印」、「敬德堂圖書印」。澤遜按:據荆氏開版題名,是書先由荆現、荆琪、荆珍、荆璩刻版,繼由荆瑞及其子荆國器重刻。傳世金刻均經元代修版,當是荆瑞、荆國器重刻者。其黑口、白口相間,蓋以修補版所致。○元至元二十六年張用、張仁刻本,正文首行題「至元重刊五音篇」,次行題「昌黎郡韓孝彦、次男韓道昭改併」。半葉十三行,注雙行,行約三十八字,白口,四周雙邊。前有韓道昇序,第四葉首行題「兄曰道晧、弟曰道昉、男曰德恩、姪曰□□」,次行題「荆璞同編」,三行題「□□張用、男曰張仁重開版印行」,四行題「添補篇海少闕字數石志良」。卷一尾題後題「新集背篇列部之字補添印行」、「已丑重編雜部」。已丑爲至元二十六年,蓋即是年添補重刊者。鈐「吴興張氏適園收藏圖書」、「張鈞衡印」、「菦圃收藏」等印。臺灣「中央圖書館」藏。參該館《善本書志初稿》。臺北「故宫」另藏一帙。○明成化七年金臺大隆福寺釋文儒集資刻本,正文首題「大明成化丁亥重刊改併五音類聚四聲篇」,次題「滹陽松水昌黎郡韓孝彦、次男韓道昭改併重編」,半葉十行,小字雙行,行約三十二字,大黑口,四周雙邊。前有成化七年萬安《重刊考訂五音篇韻總序》,係爲《成化庚寅重刊改併五音集韻》及此書所作總序,故合稱「五音篇韻」。萬安序後有列名:「金臺大隆福寺首座文儒勸緣重訂,觀音寺後學沙門思遠校勘考訂,大隆福寺前堂首座文通重詳考訂,後學思寧檢對、思容檢對、思宜謄録、思宣、江右沙門福興書稿,文思院副使雷祥書真」。又韓道昇序。萬序云：「自成化丁亥上元日爲始，至辛卯午日方克就緒。適司設太監賈安、房懋來禮寺，覩茲成書，欣然捐貲繡梓。」則是本及《五音集韻》皆成化七年辛卯太監賈安、房懋捐貲刊刻。或據卷端「成化丁亥重刊」、「成化庚寅重刊」定二種爲成化三年刻、成化六年刻，均未確。北京大學藏本鈐「鄞馬裕藻藏書」印，《存目叢書》據以影印。人民大學、山東大學、上海師大、臺灣「中央圖書館」等均藏此刻。雲南圖書館藏是刻有清趙藩題識。清華、復旦等藏是刻正德重修本。○天津圖書館藏明刻本，卷端書名同前，半葉十行，小字雙行，行三十一字三十二字不等，黑口，左右雙邊，或四周單邊，或四周雙邊。或作嘉靖二十六年修補成化七年版，似近之。○吉林大學藏明成化十年内府刻本，作《改併五音類聚四聲篇》，半葉十三行，行十八字，小字雙行，行三十六字，黑口，四周雙邊。余爲山東大學古籍所購得此刻一册，係卷四至六，首葉右上方鈐「文淵閣印」。○湖北圖書館藏明刻本，行款版式及書名同前本。○明正德十年至十一年金臺衍法寺釋覺恒集資刻本，正文卷端題「大明正德乙亥重刊改併五音類聚四聲篇」，次題「滹陽松水昌黎郡韓孝彦、次男韓道昭改併重編」。半葉十行，注文雙行，行約三十二字，黑口，三魚尾，四周雙邊。前有正德十五年滕霄《重刊改併五音類聚四聲篇海集韻序》云：「《篇海集韻》故刊於成化之初，而歲久字多漫滅。今僧録左善世大慧寺干淨持行高嚴，尤邃於梵學，乃囑其徒衍法寺覺恒募緣重鋟諸梓，而真空實校正之，併以《貫珠集》諸門法及安西劉士明所著《切韻指南》一卷刻焉。於時司禮太監張公雄實振貲倡施，而一時貴人達官景從爭先。正德乙亥告成。」序後列名：「金臺衍法寺沙門覺恒勸緣重刊，大慈仁寺後學沙門真空校勘考訂，欽依説戒宗師大慧寺子喜檢對，衍法寺普光壽山謄録，白馬寺沙門覺寧書真，國子生王士彦、趙恕書真。」所附釋真空《篇韻貫珠集》末題「大明正德丙子年九月重陽日大慧寺釋子覺恒重刊完」。蓋正德十年司禮太監張雄等捐資付梓，十一年九月刊成。北圖、上圖、浙圖等均藏是刻。又有嘉靖三十八年釋本贊重修本，有本贊《嘉靖己未修補五音篇韻字板序説》，版心下魚尾下記「本贊重刊」者即補刻之葉。北大、上圖、臺灣「中央圖書館」等有藏。又有萬曆四年遞修本，山西省圖藏。○明萬曆三年至十七年崇德圓通菴釋如彩刻本，正文各卷卷端或題「大明萬曆乙亥重刊改併五音類聚四聲篇」，或題「大明己丑重刊改併五音類聚四聲篇」，半葉十行，小字雙行，行三十二字，黑口，四周雙邊。版心下有助刊者，如「虎跑寺沙門妙祲刊」、「古杭荒墩菴比丘真窋刊」、「比丘廣賢助刊一塊」等。北大、上圖、復旦、武漢大學等藏。又有重修本，版心白口，中科院圖書館、上圖、復旦、重慶市圖書館等藏，南圖藏本有清丁丙跋。○明萬曆二十三年晉安芝山開元寺釋如巖等集資刻本，正文卷端題「大明萬曆己丑重刊改併五音類聚四聲篇」，半葉十行，注文雙行，行三十二字，白口，四周雙邊。前有萬曆二十三年徐熥序云：「沙門如巖……與支提寺僧鎮燦者，發大誓願，期鍥此書，流傳震旦，普濟群品。抄題募化，偏干十方，積之八年，始克竣事。」序後列名：「晉安芝山開元寺比丘如巖、鎮燦、鎮西讎閲，鎮定、性燈檢對，支提山比丘大遷主緣，麻沙江甫録。」又有徐象梅序，正德十五年滕霄序，韓道昇序。北大、北師大、山東大學、臺灣「中央圖書館」等藏。○明崇禎二年至十年金陵圓覺菴釋新仁刻本，作《大明萬曆己丑重刊改併五音類聚四聲篇》，半葉十行，注文雙行，行三十二字，白口，四周單邊。浙圖、首都師大、陝西師大等藏。

六書游源十二卷　元楊桓撰 **九五八**

江蘇巡撫採進本（總目）。○《江蘇省第一次書目》：「《六書溯源》三本。」○《江蘇採輯遺書目録》：「《六書溯原》十三卷，元國子監司業兗州楊桓著，刊本。」○中國人民大學藏元至大元年浙江行省儒學刻元明遞修本，作《六書統游原》十三卷，題「奉直大夫國子司業楊弨集」。半葉八行，行十字，細黑口，雙魚尾，左右雙邊。刻工：楊石山、方景明、徐文益刊、何信、滕卿、平山、林茂等。《存目叢書》據以影印。北圖、北師大、東北師大、重慶圖書館、臺北「中央圖書館」均藏此刻。各本多與《六書統》合印，但《六書統》半葉八行，行十四字，行款不同。○復旦大學藏清鈔本，作《六書統溯原》十三卷。

增修復古編四卷　舊本題吴均撰 **九五九**

浙江汪啟淑家藏本（總目）。○《浙江省第四次汪啟淑家呈送書目》：「《增修復古編》二卷，元吴均著，二本。」○《浙江採集遺書總録》：「《增修復古編》二册，刊本，元吴均撰。」○北京圖書館藏明初刻本，題「吴興張有謙中編輯，後學吴均仲平增補」，半葉七行，黑口，四周雙邊。前有凡例。卷内鈐「汪啟淑印」、「秀峯」、「吴惟寅印」、「涵芬樓」、「涵芬樓藏」、「海鹽張元濟經收」等印記。《存目叢書》據以影印。北圖又藏一帙，繆荃孫跋，當即《藝風藏書再續記》著録者。傅增湘藏一帙，見《藏園群書經眼録》。○原北平圖書館藏明鈔本，題「吴興張有謙中編輯，後學吴均仲平增補」，半葉七行，注雙行，行二十八字。分上下二卷。卷上又分三子卷，卷下又分二子卷，共爲五卷。鈐「世濟美堂項氏圖籍」、「錫山龍亭華氏珍藏」、「吴兔牀書籍印」、「梁溪蔡氏」、「馥」等印記。有吴騫跋（參王重民《善本提要》）。按：此本現存臺北「故宮」。《拜經樓藏書題跋記》著録，云爲汲古閣舊藏，有汲古閣印，又錢馥校粘簽於上。

蒙古譯語一卷　不著撰人名氏　九六〇

永樂大典本（總目）。○上海圖書館藏抄本一册，未知即此書否。

華夷譯語一卷　明火源潔奉敕撰　九六一

永樂大典本（總目）。○中國人民大學藏清鈔本一册，首葉鈐「翰林院印」，前有洪武二十二年十月十五日劉三吾序，内容與《提要》合，當即從《大典》輯本傳鈔者。鈐「江陰劉氏」、「劉復所藏」等印。《存目叢書》據以影印。按：此翰林院印印色淺暗，邊長十點九厘米，較真印邊長十點三五厘米爲大，顯係僞印。二〇〇五年三月底劉薔女史函告。○原北平圖書館藏明洪武二十二年内府刻本，殘存一册，半葉八行，行字不等，黑口，四周雙邊。版心刻工：曹文遲、朱彦名、周文名、徐孟賢、施均宅、施均寶、翁子□、趙炳、趙丙等。此本現存臺北「故宮」。王重民《善本提要》著録，謂《涵芬樓祕笈》第四集影印明經廠刻本二册，行款與此本相同，但筆劃不盡相同，影印本書口較狹，不記刻工，「絶非用同一書版所刷印」。《中國版刻圖録》據北平本膠片入録。○民國七年商務印書館影印明經廠刻本二冊，《涵芬樓祕笈》之一，行款版式同前本。○臺北「故宮」藏明洪武間內府刻本四冊不分卷。○上海圖書館藏明刻本不分卷，半葉八行，行十八字，大黑口。○美國國會圖書館藏影鈔明經廠刻本一冊（王重民《善本提要》）。○北京圖書館藏明鈔本十冊不分卷，藍格藍口四周雙邊。分天文、地理、時令、花木、鳥獸、宮室、器用、衣服、飲食、珍寶、人物、人事、聲色、數目、身體、方隅、通用十七門。華夷語詞對照，漢字注音。鈐「尊孟閣」等印記。○天一閣文物保管所藏明刻本，存九卷：暹羅館中、高昌館中下、西番館中下、百夷館中下、女真館中下。○明鈔《國朝典故》本，一卷，上圖、陝西省圖藏。○明鈔《國朝典故》本，北圖藏兩部，其一部清李文田校。○臺灣「中央圖書館」藏清李文田鈔本，係從《國朝典故》鈔出者，李文田手批。○北京大學藏明萬曆間鄧士龍江西刻《國朝典故》本。○北京大學出版社排印《國朝典故》本。○復旦大學藏明鈔本不分卷，附《高昌館來文》一卷《譯文備覽》一卷。○北京圖書館藏明刻本，殘存二卷：西天館一、韃靼館下。黑口，四周雙邊。西天館卷端無大題，版心題「西天館」。韃靼館卷端題「華夷譯語」，下注「韃靼館下續增」，版心題「韃靼館下」。鈐「子剛經眼」印。○美國國會圖書館藏明末刻本六冊，計《西番譯語》一百又三葉、《暹羅譯語》三十三葉。王重民謂「此爲司禮監刻本」（詳《善本提要》）。○南京圖書館藏清立雪廬鈔本十卷。

篇海類編二十卷　舊本題明宋濂撰　屠隆訂正　　**九六二**

江蘇周厚堉家藏本（總目）。○《江蘇省第一次書目》：「《篇海類編》八本。」○北京大學藏明刻本，題「東越宋濂景廉詮次，屠隆長卿訂正」。半葉九行，白口，四周單邊。前有屠隆序，序後有刻工：

「吴門翩氏章欽。」次凡例,次附録。附録條目後有「長洲張嘉和起禎父纂輯,同邑金日升茂生父鑒定」兩行。《存目叢書》據以影印。人民大學、福建省圖、重慶市圖等亦藏是刻。〇日本寬文九年(清康熙八年)覆刻明本,行款版式同前本,屠隆序後有「吴門翩氏章欽」,即明版刻工題名。卷末有牌記「寬文九己酉年雪月吉日刊之」二行。又有虞淳熙、陳繼儒序,北大明刻本無,蓋偶佚之。上圖、南圖、臺北「中央圖書館」、美國國會圖書館藏。

童蒙習句一卷　明趙撝謙撰　**九六三**

通行本(總目)。《提要》云:「此書爲明人所未見,亦僅存之本矣。」

從古正文五卷　明黄諫撰　**九六四**

禮部尚書曹秀先家藏本(總目)。〇《總裁曹交出書目》:「《從古正文》四本。」〇遼寧省圖書館藏明嘉靖十五年李宗樞石疊山房刻本,半葉七行,白口,左右雙邊。版心下刻「石疊山房」四字。正文五卷附《字原釋義》一卷。鈐「錢爾復印」、「繼祖所藏善本」等印記。《存目叢書》據以影印。遼圖另藏一帙,清吴騫手跋,見《拜經樓藏書題跋記》卷一。皆無序跋。北圖亦藏此刻。按:書名「從」字原書作「从」。〇《讀書敏求記》著録此書一卷,云「焦弱侯藏茹真生手録本」。吴騫云茹真生係李士龍别號。

六書精藴六卷音釋一卷　明魏校撰　徐官音釋　**九六五**

兩淮馬裕家藏本(總目)。〇《兩淮商人馬裕家呈送書目》:「《六書精藴》六卷,明魏校,六本。」〇《江蘇省第一次書目》:「《六書精藴》十二本。」〇《江蘇採輯遺書目録》:「《六書精藴》六卷,明崑山魏子才，刊本。」○《安徽省呈送書目》：「《六書精藴》十二本。」○北京圖書館藏明嘉靖十九年魏希明刻本，半葉五行，黑口，左右雙邊。前有自叙，末有嘉靖十九年十二月甲子陸鰲後叙，十九年八月朔從子太學生魏希明跋。希明跋云：「希明因請于家君，刻版家塾。」卷六末題名：「光禄勳掾從弟魏庠刻版家塾，門人吴下徐官寫并音釋，從孫太學生魏大順挍正。」後附《六書精藴音釋舉要》一卷，題「門人徐官」。後有徐官識語，據此可知眉上音釋出徐官手。《存目叢書》據以影印。上圖、浙圖等亦藏是刻。南圖本清丁丙跋，《善本書室藏書志》著録。○臺灣「中央圖書館」藏明閩中重刻本，行款版式同前本。前有《重刻六書精藴叙》云：「顧簡帙重大，唯吴下一板，而天下學者不易得見。今再刻於閩中，庶幾傳者漸廣焉。」此叙佚去第三葉，故不知重刻者名氏及重刻年代。○日本享保十二年（清雍正六年）沙門勢陽潭龍刻本，上圖、湖北省圖、川大藏。

九六六　集古隷韻五卷　明方仕撰

兩淮馬裕家藏本（總目）。○《兩淮商人馬裕家呈送書目》：「《集古隷韻》五卷，明方仕，五本。」○《提要》云：「摹刻拙謬，多失本形。前有嘉靖丙戌市舶太監賴恩序，蓋仕爲恩題射廳榜，恩因爲損貲刻之。」

九六七　石鼓文音釋三卷附録一卷　明楊慎撰

浙江范懋柱家天一閣藏本（總目）。○《浙江省第五次范懋柱家呈送書目》：「《石鼓文》一卷《音釋》一卷《今文》一卷《附録》一卷，明楊慎輯，一本。」○《浙江採集遺書總録》：「《石鼓文》一卷《音釋》一卷《今文》一卷，刊本。」○湖南圖書館藏明正德十六年刻本，石鼓文正文半葉三行，行四字。音釋半葉十行，行十八字。白口，左右雙邊。前有某氏《石鼓文叙録》，正德十六年辛巳七月楊慎序，十六年八月徐縉跋。徐跋云：「冀刻以傳，間以示縉。」前有民國二十三年葉啟勳長跋，後有民國二十七年戊寅冬十一月葉啟勳又一長跋。卷内鈐「善化賀瑗學蘧珍藏之印」、「拾經樓丁卯以後所得」、「拾經主人」、「定侯審定」、「葉啟勳」、「葉啟發東明審定善本」、「中吳葉啟蕃啟勳啟發兄弟珍藏書籍」、「石林後裔」等印記。《存目叢書》據以影印。社科院考古所亦藏是刻。○原北平圖書館藏明嘉靖十七年滇中重刻本，半葉十行，行十八字。有嘉靖七年嚴時泰跋，嘉靖十七年洪珠跋。洪跋云：「永昌板敚敷，且斁刻亦陋，因復刻之。」鈐「延古堂李氏珍藏」、「積學齋徐乃昌藏書」、「積餘祕笈識者寶之」等印記（詳王重民《善本提要》）。此本現存臺北「故宫」。○清乾隆綿州李氏萬卷樓刻嘉慶十四年李鼎元重校印《函海》第十六函本。道光五年李朝夔補刻重印《函海》本。○光緒七年至八年廣漢鍾登甲樂道齋刻《函海》第十五函本。○民國二十五年商務印書館據乾隆刻道光補刻《函海》本影印，收入《叢書集成初編》。

六書索隱五卷　明楊慎撰　**九六八**

江蘇巡撫採進本（總目）。○《江蘇省第一次書目》：「《六書索隱》四本。」○《江蘇採輯遺書目録》：「《六書索隱》不分卷，明翰林院修撰新都楊慎著，刊本。」○《武英殿第一次書目》：「《六書索隱》二本。」○中國人民大學圖書館藏明嘉靖刻本，題「新都楊慎著」。半葉四行，行六字，小字十二行，行十八字，黑口，四周雙邊。前有明嘉靖二十九年楊慎序。各卷有缺葉。《存目叢書》據以影印。河南、四川兩圖書館藏有此刻。○中科院圖書館藏明建業許天敍等刻本，半葉四行，注文半葉十二行，白口，四周單邊。○上海圖書館藏清鈔本，葉德輝手跋。○北圖分館藏清鈔本二册。

經子難字二卷　明楊慎撰 **九六九**

浙江吴玉墀家藏本（總目）。○《浙江省第四次吴玉墀家呈送書目》：「《經子難子》二卷，明楊慎著，一本。」按：「難子」當作「難字」。○《浙江採集遺書總録》：「《經子難字》二卷，寫本，明翰林院修撰楊慎撰。」○四川圖書館藏明刻《楊升庵雜著十一種》本，題「成都楊慎訂釋，孫宗吾編輯，後學王尚修校閲」。半葉九行，行二十一字，白口，四周單邊。前有萬曆三十二年甲辰閏九月王尚修序。《存目叢書》據以影印。臺灣「中央圖書館」藏明萬曆三十二年刻本，行款版式及序文同，當是一刻。○臺灣「中央圖書館」又藏明山陰祁氏淡生堂藍格鈔本，附《群書麗句》一卷，共二册。半葉十行，行二十一字，白口，四周單邊。版心下方印「淡生堂抄本」字樣。卷端題名同前本。前有萬曆三十二年王尚修序。鈐「張凱印」、「淮陽張氏宗素堂藏書」、「張凱私印」、「次柳所藏祕本」、「二樹書畫之印」、「莚圃收藏」等印記（詳該館《善本書志初稿》）。○《持静齋藏書紀要》著録「舊鈔本」。

石鼓文正誤二卷　明陶滋撰 **九七〇**

兩淮馬裕家藏本（總目）。○《兩淮商人馬裕家呈送書目》：「《石鼓文正誤》二卷，明陶滋，一本。」

○北京大學藏明嘉靖十二年錢貢刻本四卷,半葉九行,行二十字,白口,左右雙邊。前有正德十三年秋九月望古絳陶滋序,後有嘉靖十二年癸巳錢貢《書刻石鼓正誤後》,正德十五年三月七日陶滋後序。鈐「枕碧樓藏書記」朱文隨形印。《存目叢書》據以影印。北圖、上圖、南圖、臺北「中央圖書館」等亦藏是刻。

金石遺文五卷　明豐道生撰　**九七一**

兩淮鹽政採進本(總目)。○《兩淮鹽政李呈送書目》:「《金石遺文》五卷,明豐道生,五本。」○《提要》云:「此本又傳寫失真。」○湖南圖書館藏清鈔本,題「四明豐道生存禮彙輯,吳趨文彭壽承校正」。半葉八行,白口,四周雙邊。版心下印「松雪齋」三字。《存目叢書》據以影印。按:此本前有某氏迻録《提要》一則,與現行《四庫提要》不同,當是館臣所擬提要初稿,全録如次:「《金石遺文》五卷,兩淮鹽政李質穎採進本。明豐道生撰,道生字存禮,四明人。是書彙集金石遺文,以韻區爲五卷。按《説文》所載古文最爲近正,後世之好爲奇字者皆贋古耳。道生所輯之字率不著其所出,大抵不外於《博古圖》、《鐘鼎款識》、《考古圖》諸書,未足信也。」疑此本從兩淮呈本鈔出,提要亦原附卷尾者。

同文備考八卷附聲韻會通韻要粗釋二卷　明王應電撰　**九七二**

浙江范懋柱家天一閣藏本(總目)。○《浙江省第五次范懋柱家呈送書目》:「《同文備考》八卷,附《聲韻會通》、《韻要粗釋》二卷,明王應電著,十二本。」○《浙江採集遺書總録》:「《同文備考》九卷附《聲韻會通》一卷、《韻要粗釋》一卷，刊本。」〇北京大學藏明嘉靖三十六年王宗沐刻本，半葉七行，白口，四周單邊。全書三函二十四册。卷首上中下三册，計序文、凡例、《書法指要》、《六義貫珠》、《布字原病》、《翻楷舉要》一册，《字聲定母》一册，《經傳正譌》一册。《同文備考》正文八卷十六册。附録二種五册，計《聲韻會通》三册、《韻要粗釋》二册。白棉紙，印本清朗，末册十餘葉霉污。卷首序文計有嘉靖十八年王應電序、二十年友人毛希秉序、三十六年羅洪先序、三十六年朱柔嘉《明齋先生注述後序》、三十六年王應電《書古文篆書後》。又《聲韻會通》前有嘉靖十九年周士淹序。朱序云：「會江右文宗敬所王公刻《同文備考》成，其他諸書必有好而傳之者。」王宗沐，字新甫，號敬所，知即宗沐所刊。毛、周二序均有刻書之議，蓋未果也。鈐「叟溪聶氏玄石文房之印」印記。上海圖書館亦藏此刻，僅存正文八卷及《韻要粗釋》四卷，其餘卷首三卷及《聲韻會通》均佚去。鈐「王培孫紀念物」印。《存目叢書》先借上圖藏本，見其闕佚，又借北大藏本補足，影印行世。中科院圖書館、臺北中研院史語所亦藏此刻。山東圖書館有此刻萬曆三十年重修本。〇中山大學藏明藍格鈔本，存卷三至卷八。半葉七行，四周單邊，白棉紙。有拓菴題識。鈐「拓菴」、「剡川寬印」、「龔樵豐藏書印」、「亦政堂」、「姚氏祕笈之印」等印記（《中山大學圖書館古籍善本書目》）。〇中國科學院圖書館藏明鈔本，存卷一至卷七，又卷首，共六册。

古俗字略七卷　明陳士元撰　**九七三**

兩江總督採進本（總目）。〇《提要》云：「是編標題之下題曰《歸雲別集》，與所著《周易》同，蓋亦其《別集》之一種也。」○北大圖書館藏明萬曆刻《歸雲別集》本，正文首行上題「古俗字略卷之一」，下題「歸雲別集十九」，次行題「應城陳士元輯」。半葉七行，白口，四周單邊。前有自序、凡例。《存目叢書》據以影印。北京大學、山東大學、杭州大學、四川大學均有此刻。○清道光十三年應城吳毓梅刻《歸雲別集》本，北圖分館、上圖、南圖等多處藏。

字考啟蒙十六卷　明周宇撰　九七四

浙江巡撫採進本(總目)。○《浙江續購書》：「《字學啟蒙》六本。」○《浙江採集遺書總録》：「《字考啟蒙》十六卷，刊本，明關中周宇撰。」○遼寧圖書館藏明萬曆十三年關中周氏家塾刻本，題「關中周宇子大甫編」，半葉十行，行二十一字，白口，四周單邊。版心記刻工：沈連、行登、趙行登、趙應瑞、沈思恭、胥智、蘇養性、沈思敬、蘇周、沈敬雷、趙瑞蘇、沈敬袁、行登恩。末有姪申識語云：「四考本我叔氏養痾適志者，然反覆訂正，蓋自庚辰歷乙酉，凡六閱歲，五易稿，始克就緒。……申手録議梓，更慮模印輕重，閒尚不免斷文涴墨，毫髮少爽，即申由移易，淆亂失真。若更積久，又當何如。玆不重一難乎。尚望同志字學君子省覽之下，時正辨之。姪申識。」各卷末或題名：「猶子申校書，升謄稾，門人許權、猶子在吾、三俊同校，不肖男傳誦梓于家塾。」乙酉爲萬曆十三年，當即刻於是年。《中國古籍善本書目》著録爲萬曆十一年刻本，未知何據。卷内鈐「璜川吳氏收藏圖書」、「大興朱氏竹君藏書之印」、「李實」、「如石」等印記。《存目叢書》據以影印。北圖、科學院圖書館、山東圖書館、臺灣「中央圖書館」等亦藏是刻。

六書賦音義三卷　明張士佩撰　**九七五**

兩江總督採進本(總目)。○《兩江第二次書目》:「《六書賦》,明張士佩輯,十本。」○《浙江省第四次孫仰曾家呈送書目》:「《六書賦》一卷《音義》二十卷,明張士佩著,八本。」○《浙江採集遺書總録》:「《六書賦》一卷《音義》二十卷,刊本,明侍郎韓城張士佩撰。」○《武英殿第一次書目》:「《六書賦音義》八本。」○《武英殿第二次書目》:「《六書賦音義》八本。」○清華大學藏明萬曆三十年刻本二十卷,半葉八行,白口,四周雙邊。前有萬曆三十一年癸卯沈鯉序,三十三年乙巳韓城知縣蘇進序,三十年十月朔張士佩自序,三十年十月朔張士奎小引。小引云:「余奉讎校之役,既竣厥事,僭引簡端。」卷十九末有「序及音義字三十六萬六千餘字,擇藩司吏吉禎書」一行。《存目叢書》據以影印。北大、上圖、浙圖等亦藏此刻。南圖本清丁丙跋,《善本書室藏書志》著録。○明天啟三年馮嘉會刻本二十卷,半葉八行,白口,四周雙邊。北圖、上海辭書出版社、南京師大、重慶市圖藏。○民國六年廣倉學宭石印本,上圖、復旦、山東大學藏。按:各本二十卷,《總目》作三卷,誤。

古器銘釋十卷　明卞蓘撰　**九七六**

浙江巡撫採進本(總目)。○《浙江省第六次呈送書目》:「《古器銘釋》十卷,明卞蓘輯,三本。」○《浙江採集遺書總録》:「《古器銘釋》十卷,刊本,明揚州卞蓘撰。」

字義總略四卷　明顧充撰　**九七七**

浙江巡撫採進本(總目)。○《浙江省第六次呈送書目》:「《字義總略》四卷,明顧充著,四本。」○

《浙江採集遺書總録》:「《字義總略》四卷,刊本,明上虞顧充撰。」○南開大學藏明萬曆十七年刻本,題「東浙上虞顧充編輯,西粤宣化蔣行可同輯,東浙蕭山來三聘參校」。半葉五行,白口,左右雙邊。前有萬曆十七年己丑吴宗熹序,十七年十月王命爵序。鈐「郝福田印」、「學然後知不足」等印記。《存目叢書》據以影印。○臺灣「中央圖書館」藏明萬曆三十六年古虞顧氏重刻本,題「古虞仲達顧充采輯,齊安逐甫王同謙參閲,庠弟季和顧兑校正,武狀元姪顧景元仝校,國子生男顧其安仝閲」。半葉六行,白口,四周單邊。前有王命爵序,吴宗熹序。後有萬曆三十六年戊申六月穀旦迴瀾顧充小序云:「及有通惠河道之役,門人陳其功爲我鏤《字義》板。後奉差南還,僚友不欲余携板以歸,乃留都水。掛冠村居,無所事事,又不忍自棄前功,略加考索,親録付梓。」然則,是書萬曆十七年先由門人陳其功鏤板於北京,板藏工部都水司,時顧充奉命修治通惠河道,即南開大學藏本。此本則係告老還鄉後刻於家鄉浙江上虞者,時萬曆三十六年。鈐有「承幹鈐記」、「劉翰怡印」等印記。上圖亦藏是刻。○清康熙四十二年顧芳宗興麟堂刻本,半葉八行,上黑口,四周雙邊。上圖、山西師大、臺大藏。

問奇集一卷　明張位撰　九七八

兩江總督採進本(總目)。○《浙江省第四次汪啟淑家呈送書目》:「《問奇集》一卷,明張位著,二本。」○《浙江採集遺書總録》:「《問奇集》一册,刊本,明大學士南昌張位輯。」○明萬曆十八年刻本二卷,半葉八行,行十八字,白口,四周單邊,版心下鐫刻工。福建省圖書館、天一閣文管所藏。

○臺灣「中央圖書館」藏明萬曆二十五年清源刻《閒雲館別編》本，一卷分上下篇。前有萬曆戊寅(六年)自序，後有萬曆庚寅(十八年)朱廷益舊序。半葉九行，行十八字，白口，左右雙邊。○明刻《寶顔堂彙祕笈》本，半葉八行，行十八字，白口，四周單邊。《存目叢書》據科學院圖書館藏本影印。○明刻本，半葉九行，行二十字，白口，四周單邊。中山大學、中科院圖書館藏。○清康熙五年祝季良刻三十四年詠春堂印本，中科院圖書館藏。○臺灣「中央圖書館」藏清雲翰樓黄格鈔本，分上下二卷，題「鳩茲後光極也父重訂」，前有崇禎六年薛寀序，崇禎六年後光極《重刻問奇集小引》，萬曆十一年張位自叙。半葉七行，行十八字，白口，四周雙邊。版心印「雲翰樓」三字。據薛寀、後光極序引，崇禎六年後光極嘗重刻於金陵。此本蓋即從金陵本鈔出。○北京大學藏清鈔本二卷四册，作《洪陽張先生問奇集》。李盛鐸舊藏。

九七九　大明同文集五十卷　明田藝蘅撰

浙江巡撫採進本(總目)。○《浙江省第七次呈送書目》：「《明同文集》五十卷，明田藝蘅著，十本。」○《浙江採集遺書總録》：「《大明同文集》五十卷，刊本。」○北京大學藏明萬曆十年汪以成刻本，作《大明同文集舉要》五十卷，題「錢塘田藝蘅輯，婺源汪以成校」。半葉五行，白口，四周雙邊。前有萬曆十年立夏日龍德孚序云：「汪生以成亟拜而傳之。」目録後有休寧吴夢生識語，卷末有萬曆十年余養元書後。《存目叢書》據以影印。臺灣「中央圖書館」藏是刻又有黄岡劉賢序，萬曆十年莆田黄衮叙，汪四如以成後序。吉林大學、無錫市圖書館亦藏是刻。

正韻彙編四卷　明周嘉楝撰　九八〇

浙江巡撫採進本（總目）。○《都察院副都御史黄交出書目》：「《正韻彙編》，明周家楝，四本。」○《武英殿第一次書目》：「《正韻彙編》四本。」○北京大學藏明萬曆刻本，作《洪武正韻彙編》四卷，題「楚黄隆之甫周家楝輯，淮南方之甫吴光義、郢都世其甫朱光祚校」。半葉九行，白口，四周雙邊。前有萬曆三十年壬寅自序，何湛之序，凡例。末有朱光祚跋。鈐「石泉」、「滴滄閲讀」及范琦印一方。《存目叢書》據以影印。浙圖、重慶市圖、華東師大等亦藏此刻。○按：周家楝《總目》誤作周嘉楝。

六書指南二卷　明李登撰　九八一

浙江巡撫採進本（總目）。○《浙江省第四次汪啟淑家呈送書目》：「《六書指南》二卷，明李登著，一本。」○《浙江採集遺書總録》：「《六書指南》二卷，刊本，明上元李登撰。」

摭古遺文二卷補遺一卷　明李登撰　九八二

浙江巡撫採進本（總目）。○《都察院副都御史黄交出書目》：「《摭古遺文》，明李登，二本。」○北京師大藏明萬曆二十二年姚履旋等刻本，作《摭古遺文》二卷《再增摭古遺文》一卷，再增爲姚履旋撰。半葉八行，白口，四周單邊。前有萬曆二十二年李登序云：「姚允吉氏素翫不置，至是復偕王崑石氏鋟之梓，允吉又補余所未備，以公諸同好。」《存目叢書》據以影印。上圖、南圖等亦藏是刻。浙圖藏本有清王星伯、吕瑞跋。○臺灣「中央圖書科學院圖書館藏兩部，其一有清李荆璞題記。

館」藏明萬曆三十一年海陵李思謙重刻本，題「秣陵如真老人李登士龍甫重輯，門人同里姚履旋允吉甫重校，海陵李思謙鳴卿甫重梓」。行款版式同前本。前有萬曆三十一年姚履旋叙云：「鳴卿欣然信之，遂共校而壽之梓。」卷内鈐「曾在朱石樵處」、「鐵琴銅劍樓」等印（參該館《善本書志初稿》、《善本序跋集録》）。上圖、南圖、浙圖等亦藏是刻。〇臺灣「中央圖書館」藏舊鈔本，半葉八行，前有萬曆三十一年自叙。

九八三　諸書字考二卷　明林茂槐撰

江蘇周厚堉家藏本（總目）。〇《江蘇省第一次書目》：「《諸書字考》二本。」〇福建省圖書館藏明萬曆三十二年刻本，正文卷端題「諸書字考略」，次題「閩中林茂槐穉虚甫輯，友人周官允仁甫、吴需伯孚甫校」。半葉六行，白口，四周單邊。前有萬曆三十二年建寧府推官嵇汝沐序云：「迺爲刻之，以歸穉虚氏。」版心刻工：黄光刻、余滔、吴伯高刊、吴榮、刘安、鄧石、鄧大、吴云、吴世高。《存目叢書》據以影印。

九八四　五侯鯖字海二十卷　題曰湯海若訂正

安徽巡撫採進本（總目）。〇《安徽省呈送書目》：「《五侯鯖字海》五本。」〇湖北圖書館藏明刻本，正文首行題「精鐫海若湯先生校訂音釋五侯鯖字海」，不題撰人。目録首行題「精刻海若湯先生校訂五侯鯖字海」，次行題「潭陽蕭鳴盛校」。半葉十行，白口，四周單邊。前有陳繼儒序，又卷首一卷、《四書五經難字》一卷。《存目叢書》據以影印。北圖、上圖等亦有是刻。山東大學藏明蕭騰鴻刻本，正文首行題「精刻海若湯先生校訂音釋五侯鯖字海一卷」，次行題「臨川海若湯顯祖校釋」，三行題「潭陽慶雲蕭騰鴻繡梓」。余以兩本相校，知係同版，唯山東大學藏本正文首葉改刻耳。《中國古籍善本書目》誤爲二刻，當糾正。

字學指南十卷　明朱光家撰　**九八五**

浙江巡撫採進本(總目)。○《浙江省第六次呈送書目》：「《字學指南》十卷，明朱應奎著，四本。」按：「朱應奎」吳慰祖改爲「朱光家」。○《浙江採集遺書總録》：「《字學指南》十卷，刊本，明廣漢朱應奎輯。」○上海圖書館藏明萬曆刻本，題「上海後學謙甫朱光家輯註，社友洪洲王圻、自齋陸從平校正」。半葉八行，白口，左右雙邊。前有萬曆二十九年辛丑十一月朔門人王學詩序，張仲謙序，二十九年十月既望朱光家序，二十九年十月朔王圻跋。王跋稱：「設有探奇好古之士取付之梓氏，行之當世，豈惟海内群蒙藉以開闢啟鑰，即倉沮史李諸君子，亦賴先生爲忠臣矣。」是萬曆二十九年十月間尚無出資付梓者，或定爲萬曆二十九年刻本，恐不確。

字學訂譌二卷　明李當泰撰　**九八六**

浙江巡撫採進本(總目)。○《浙江省第六次呈送書目》：「《字學訂譌》二卷，明李當泰輯，二本。」○《浙江採集遺書總録》：「《字學訂譌》二卷，刊本，明李當泰編。」

合并字學集篇集韻二十三卷　明徐孝編　**九八七**

内府藏本(總目)。○《武英殿第二次書目》：「《合併字學》七本。」○西北師大藏明萬曆三十四年張元善刻本，總名《合併字學篇韻便覽》，包括《合併字學集篇》十卷附《拾遺》一卷、《合併字學集韻》十卷附《重訂司馬温公等韻圖經》一卷。半葉九行，白口，左右雙邊。題「特進榮禄大夫柱國惠安伯永城張元善校刊，布衣居士金臺徐孝合併」。《集篇》前有沈一貫《刻合併字學篇韻便覽序》，萬曆三十六年蕭大亨《合併字學篇韻便覽序》，三十四年馬應龍序。又《重修合併篇韻姓氏》，列總校重刊張元善，同校張慶臻等，合併篇韻徐孝，裁訂喬木榮等，校勘林之茂等，注釋汪躍龍等，評論音切楊振元等，檢閱張宜夏等，謄録彭應奎，鋟刻彭仁等，督工王之楝等。末有萬曆三十五年孟春某氏跋云：「彙爲一帙，積有歲年而書始就梓，……予深嘉張公之能復古，因爲之跋其簡末。」《集韻》前有萬曆三十四年沈鯉序，三十四年張元善序。各序均爲全書作。刻工：「江西彭仁刊」，在沈鯉序首葉版心，即卷前《姓氏》中所列者。知刊工亦得與編校人並列也。《存目叢書》據以影印。江西省圖書館亦藏此刻，不全。原北平圖書館本缺《集篇》，現存臺北「故宫」。

字考二卷　明夏宏撰　**九八八**

浙江汪啟淑家藏本(總目)。○《浙江省第四次汪啟淑家呈送書目》：「《字考》二卷，明夏宏著，二本。」○《浙江採集遺書總録》：「《字考》二卷，刊本，明海陽夏宏撰。」

類纂古文字考五卷　明都俞撰　**九八九**

安徽巡撫採進本(總目)。○《安徽省呈送書目》：「《古文字考》五本。」○《浙江省第四次汪啟淑家呈送書目》：「《類纂古文字考》五卷，明都俞著，五本。」○《浙江採集遺書總録》：「《類纂古文字考》五卷，刊本，明都俞撰。」〇華東師大藏明萬曆二十四年刻本，題「武林後學都俞彙次」，半葉八行，白口，四周單邊。版心下記寫工：「武林仁和郁文瑞書。」前有萬曆二十四年丙申人日之吉賜進士出身吏部稽勳司員外郎前禮部主客司員外錢塘虞淳熙敘云：「遂加校讐，付諸剞劂。」末有萬曆二十四年都俞跋。《存目叢書》據以影印。

六書正義十二卷　明吴元滿撰　九九〇

江蘇巡撫採進本（總目）。〇《江蘇採輯遺書目録》：「《六書正義》十二卷，明新安吴元滿著，刊本。」〇浙江圖書館藏明萬曆三十三年吴時薪、吴養春捐貲刻本，題「新安吴元滿編集」。半葉七行，白口，四周單邊。前有朱謀㙔序，萬曆三十三年乙巳仲秋吴元滿自序。據自序此係吴時薪、吴養春捐貲鋟梓。《存目叢書》據以影印。上圖、安徽省圖、福建省圖等亦藏是刻。〇明寫本，有朱謀㙔序，鈐「東周世家」、「閒於白鶴心」、「漱石枕流」、「葉氏菉竹堂藏書」等印。丁氏八千卷樓藏書，《善本書室藏書志》著録。後歸江南圖書館，《江蘇第一圖書館覆校善本書目》著録，殘存六卷六册。經徐憶農女士查檢，今仍藏南京圖書館，存卷一卷四卷七卷八卷十卷十一，凡六卷。〇北師大藏清鈔本十二册。

六書總要五卷　明吴元滿撰　九九一

江蘇巡撫採進本（總目）。〇《江蘇省第一次書目》：「《六書總要》二本。」〇《江蘇採輯遺書目録》：「《六書總要》五卷，刊本。」〇《浙江省第四次汪啟淑家呈送書目》：「《六書總要》五卷，明吴元滿著，五本。」○《浙江採集遺書總録》：「《六書總要》五卷，刊本。」○中國科學院圖書館藏明萬曆十二年刻本，題「新安吴元滿編集」。小字半葉十四行，行二十五字，白口，四周單邊。前有萬曆十二年自序。版心有刻工：黄鉞。刻印甚佳。《存目叢書》據以影印。北圖、上圖、浙圖等亦藏此刻。山東博物館此本明趙宧光批校。

六書泝原直音二卷　明吴元滿撰　**九九二**

江蘇周厚堉家藏本（總目）。○《江蘇省第一次書目》：「《六書泝原直音》一本。」○《江蘇採輯遺書目録》：「《六書泝源直音》二卷。」○北京圖書館藏明萬曆十四年刻本，題「新安吴元滿編集」，半葉八行，白口，四周單邊。前有萬曆十四年丙戌孟夏歙人吴元滿叙，凡例。後附《分部備考》一卷。叙首葉鈐「翰林院印」滿漢文大官印。書衣鈐「乾隆三十九年正月江蘇巡撫薩載送到周厚堉家藏六書泝原直音壹部計書壹本」長方木記，卷内鈐「雲間第八峯山下周氏藏書」、「雲間第八峯周氏藏書」、「九峯山房書記」、「陳氏珍藏」、「永赤氏」、「永赤」、「孫壯藏書印」等印記。即江蘇婁縣周厚堉進呈四庫館原本。《存目叢書》據以影印。上圖、復旦、安徽博物館亦藏是刻。

諧聲指南一卷　明吴元滿撰　**九九三**

浙江汪啟淑家藏本（總目）。○《浙江省第四次汪啟淑家呈送書目》：「《諧聲指南》一卷，明吴元滿著。」○《浙江採集遺書總録》：「《諧聲指南》一册，刊本。」○中國科學院圖書館藏明萬曆十二年刻《六書總要》附刻本，《存目叢書》據以影印。北圖、上圖、浙圖等亦藏是刻。

說文長箋一百四卷　明趙宧光撰　**九九四**

安徽巡撫採進本(總目)。○《江蘇省第一次書目》:「《說文長箋》三十二本。」○《江蘇採輯遺書目録》:「《說文長箋》一百八十卷,明國子生吴縣趙宧光著。」○《浙江省第四次鮑士恭呈送書目》:「《說文長箋》一百卷,明趙宧光著,二十四本。」○《浙江採集遺書總録》:「《說文長箋》一百卷,刊本,明吴郡趙宧光輯。」○《湖南省呈送書目》:「《說文長箋》三十本。」○首都圖書館藏明崇禎四年趙均小宛堂刻本,題「漢太尉祭酒鄦慎說文,唐斆書郎徐鉉韻譜,明祭酒諸生趙宧光長箋,男趙均書篆字,明大司徒李宗延栞定,郎官鐂應遇效刊」。半葉十行,行二十字,白口,左右雙邊。《卷首》二卷,前有萬曆三十四年自叙,崇禎四年辛未季春朔旦男均《刻說文長箋成敬題》,署「敬題于寒山小宛堂」。《存目叢書》據以影印。北圖、上圖等多藏是刻。按:或定爲崇禎六年刻,係據崇禎六年曹學佺序,曹序但謂「凡夫謝世後,厥嗣靈均懼没父志,殫力鐫之,而問序于余」,未及刊成年月,當是刊成後所加。又或有崇禎四年錢謙益序。首圖此本均無。又有康熙四十三年新安程稱廣陵玉禾堂修版印本,北圖分館、科學院圖書館有藏,或誤爲康熙四十三年廣陵玉禾堂刊本。

六書長箋七卷　明趙宧光撰　**九九五**

安徽巡撫採進本(總目)。○《提要》云:「此書與《說文長箋》合刻。」○首都圖書館藏明崇禎四年趙均小宛堂刻《說文長箋》附刻本,有戊申趙宧光《六書長箋漢義題詞》,正文首行題「說文長箋卷首一」,下題「六書漢義卷之一」,次行題「明祭酒諸生趙宧光直,男均訂閱」。版心刻「六書長箋」。《存目叢書》據以影印。餘參前條。

九九六　集鐘鼎古文韻選五卷　明釋道泰撰

通行本(總目)。○大連圖書館藏明鈔本,題「吴陵釋道泰來峯集」。半葉五行,無格。首葉鈐「翰林院印」滿漢文大官印,當即館臣所見之本。《存目叢書》據以影印。○北京圖書館藏清鈔本二册,題「吴陵釋道泰來峯集」,半葉五行,行字不等,黑格,白口,左右雙邊。鈐有「碧雲居士」、「吴鋐之印」、「顧千里印」、「汪士鐘印」、「楊紹和藏書」、「宋存書室」、「彦合珍玩」、「楊氏海原閣藏」等印記。

九九七　正字通十二卷　舊本或題明張自烈撰　或題國朝廖文英撰　或題自烈文英仝撰

通行本(總目)。○北京大學藏清康熙九年江西南康白鹿洞書院刻本,題「南昌張自烈爾公、連陽廖文英百子仝輯」。半葉八行,白口,四周雙邊。小字雙行,行二十四字。前有康熙九年孟秋朔日中憲大夫知江西南康府理白鹿書院嶺南廖文英序,云「少暇更博探旁稽,出向所闕疑者與多士共討論。性復健忘,遇有所得輒筆記之,閱三年矗成定本」。又云「顧予俸薄,安能遽授剞劂。會坊人鳩貲,就版于白鹿洞,因名曰《正字通》」。又云「若謂余字學之大成,則余又何敢自信」。儼然自作。又康熙二十四年乙丑吴源起序云:「昨歲走粤中,往來信安清海間,尋訪先生(謂文英),溘先朝露,家復寥落,感慨久之。詢及成書,則以多故之餘,久屬他姓,束之高閣,好事者不得過而問也。余竭貲斧以得之,南粤諸名士皆大喜,因言書爲張爾公先生之手筆,先生購其本於衡州,晨夕較定,授梓南康。書未大行,幾遭湮没。」然則書本張自烈撰,廖文英得其本,刻之白鹿書院,自爲序而諱言其由來，攘爲己作，其事甚明。吴源起之父與廖文英有舊，故得其版刷印時，改題張自烈、廖文英仝輯。書依地支分十二卷，每卷析上中下三子卷，實三十六卷，另有卷首一卷。《存目叢書》據以影印。上圖、川圖、北圖分館等亦藏是刻。按：諸家著録又有康熙十年弘文書院刻本，有康熙十年黎元寬序。康熙十一年潭陽成萬材刻本。康熙芥子園重刻本。康熙三畏堂重刻本。恐皆是康熙九年廖文英南康刻版輾轉易主刷印之本。

篆韻五十卷　不著撰人名氏　九九八

江蘇巡撫採進本（總目）。○《提要》云：其書每頁右側印欽賜商河王勉學書樓之記十一篆字，上下與朱絲闌齊。考《明史·諸王表》，衡王祐楎之孫載埁於嘉靖三十五年襲封商河王，萬曆二十五年其長子翊鏝襲封，無子國除。不知爲載埁所鈔、翊鏝所鈔也。蓋藩邸偶録以備檢閲，非著書也。○山東省圖書館藏明嘉靖八年刻本五卷，半葉七行，白口，左右雙邊。前有杜柟《刻古篆分韻序》。《存目叢書》據以影印。○按：《江蘇省第一次書目》著録《古篆分韻》五本，《江蘇採輯遺書目録》著録《古篆分韻》五卷，缺名編，抄本。當即存目所據者。《總目》作五十卷，誤。又按：存目所據爲明商河王勉學書樓寫本，館臣據以推測是書爲王府編録，實則嘉靖八年已有刻本，知非王府所輯。

字韻合璧二十卷　題明鄱東朱孔陽訂正刊行　九九九

内府藏本（總目）。○《武英殿第一次書目》：「《字韻合璧》六本。」○湖南圖書館藏明崇禎金陵瑞雲館張少吾刻本，正文首行題「新刻瑞樟軒訂正字韻合璧卷之一」，次行題「鄱東朱孔陽文明父訂正」，三行題「金陵張鍾福少吾父精録」。二截版。半葉七行，白口，四周雙邊。封面書名「刻瑞樟軒訂正海篇字韻合璧」，中間刻「金陵瑞雲館張少吾梓」。前有崇禎元年顧秉謙序。鈐「衡陽常氏潭印閣藏書之圖記」朱文方印。《存目叢書》據以影印。河南省圖亦有是刻。

廣金石韻府五卷　國朝林尚葵、李根同撰　一〇〇〇

浙江汪啟淑家藏本(總目)。〇《浙江省第四次汪啟淑家呈送書目》：「《廣金石韻府》五卷，國朝林尚揆等輯，五本。」〇《浙江採集遺書總録》：「《廣金石韻府》五卷，刊本，國朝閩中林尚葵、李根同輯。」〇哈佛燕京圖書館藏明崇禎九年蓮菴刻朱墨套印本。〇哈佛燕京圖書館藏明崇禎十三年林樹聲刻朱墨套印本，作《金石韻府》五卷，實亦《廣金石韻府》。(詳沈津撰該館《書志》)〇中國科學院圖書館藏清康熙九年賴古堂刻朱墨套印本，正文五卷，又《字畧》一卷。題「古閩林尚葵朱臣甫廣輯，李根阿靈甫校正」。半葉六行，白口，四周單邊。前有康熙九年周亮工序云：「因與莆陽林朱臣、晉安李雲谷共爲考訂。」則是本爲周亮工與林尚葵、李根重訂。《存目叢書》據以影印。是刻傳本頗多，封面多刻「賴古堂重訂」、「大業堂藏板」，並鈐「賴古堂藏書」大方印。張家口圖書館藏一帙六册，鈐「易水趙永藏書」、「趙永子貞」等印記。〇中國科學院圖書館藏清鈔本，清桂馥題識。〇咸豐七年巴郡董氏理董軒刻本，巴郡張鳳藻增訂，上圖、南圖等藏。〇道光十四年方柄道人鈔本二卷二册，復旦藏。〇光緒十年鈔本四册，山東師大藏。〇日本元文二年(清乾隆二年)生白堂刻本，中國科學院圖書館、南京圖書館、遼寧圖書館藏。〇日本天明六年（清乾隆五十一年）刻本，清華大學藏。

他山字學二卷　國朝錢邦芑撰　一〇〇一

安徽巡撫採進本（總目）。〇《安徽省呈送書目》：「《他山字學》二本。」〇哈爾濱師大藏乾隆三十四年金谷園刻本。内蒙古圖書館藏清刻本，卷上全，卷下存六十葉。卷上題「鎮江錢邦芑開少纂，通州後學陳聖謨訂」。半葉八行，行二十字，白口，左右雙邊。前有康熙八年錢邦芑序。未知與金谷園本異同。《存目叢書》用内蒙古藏本影印。

六書準四卷　國朝馮調鼎撰　一〇〇二

内府藏本（總目）。〇《武英殿第一次書目》：「《六書準》二本。」〇《安徽省呈送書目》：「《六書準》二本。」〇北京師大藏清康熙刻本，題「華亭馮鼎調雪鷗父述，男昶世東臨氏敬校」。半葉七行，白口，四周單邊。前有順治十七年自序，序後有男昶識語云：「辛丑歲先君子彌留時親授斯編，諄諄囑昶梓以問世。……又逾十年，惟恐湮没弗彰，上負先人遺志，特授諸剞劂。」辛丑爲順治十八年，又逾十年則康熙十年，據此可知是本爲康熙十年家刻本。《存目叢書》據以影印。上圖、甘肅圖、華東師大亦藏是刻。按：著者「馮鼎調」，《總目》誤爲「馮調鼎」，當據原書更正。

六書通十卷　國朝閔齊伋撰　一〇〇三

江蘇巡撫採進本（總目）。〇《江蘇省第一次書目》：「《六書通》十本。」〇《江蘇採輯遺書目録》：

《六書通》十册，清海鹽畢宏述著。」○《江西巡撫海續購書目》：「《六書通》五本。」○中國人民大學藏清康熙五十九年刻本，正文卷端題「海鹽畢弘述既明篆訂，苕溪閔章含貞、程昌煒赤文同校」。半葉八行，白口，四周雙邊。前有順治十八年仲冬閔齊伋序，版心稱「原序」。又襄平張涵《徵刻小啟》云：「閔寓五先生曾彙六書，釐爲十卷。」又云：「畢子既明雅擅八分，備精諸體。」又云：「敢望助以朱提，庶幾得垂青簡。」次康熙五十九年程煒序，謂閔齊伋「勞精竭神者五十餘年，輯成書，題曰《六書通》。而先生老死，是書流傳散失，幾付之荒烟，而又六十餘年，煒得之。煒交於畢殿揚先生，先生弟既明先生工文詞，善書，尤精篆籀諸法。余因殿揚先生以《六書通》請正焉。先生……爲之加參考篆訂，閱四載書成，且付之梓人，以傳于後」。則是書爲閔齊伋撰，畢弘述篆訂。又康熙五十九年張涵序，五十九年畢弘述序，凡例，同人姓氏。鈐「雪廬珍藏」、「雪廬居士」、「樊恩照印」、「程固安印」等印記。《存目叢書》據以影印。上圖、川圖、復旦、陝西師大等亦藏是刻。○清乾隆六十年刻本，復旦大學、山東大學、南開大學等藏。○清嘉慶浙江刻本六册，川圖藏。○同治四川綿竹刻本六册，川圖藏。○光緒四年繡谷留耕草堂重刻本，復旦大學、山東大學等藏。○光緒八年重刻本，延邊大學藏。○光緒十九年上海校經山房石印本，上圖、山東師大等藏。○光緒十九年平遠書屋石印本，北師大藏。此與前本未知同否。○光緒二十一年上海鴻寶齋石印本，南京大學藏。○光緒二十二年積山書局石印本，南京大學藏。○民國七年上海鴻文書局石印本，上圖藏。○民國十九年掃葉山房石印本，上圖藏。○民國二十六年掃葉山房石印本，上圖藏。

韻原表一卷　國朝劉凝撰 一〇〇四

兩淮馬裕家藏本（總目）。〇《兩淮商人馬裕家呈送書目》：「《韻原表》一卷，國朝劉凝，一本。」

石鼓文定本二卷　國朝劉凝撰 一〇〇五

兩江總督採進本（總目）。〇《兩江第一次書目》：「《石鼓文定本》，江西劉凝等輯，四本。」〇山東大學藏清康熙刻本，正文首行題「周宣王石鼓文定本」，半葉十行，行二十四字，白口，四周單邊。前有康熙四十四年乙酉冬至後二日李長祚《刻周宣王石鼓文定本叙》云：「乙酉大中丞趙公以予爲廉能吏，改調溆浦。……因先以《石鼓文定本》梓而傳之。」又康熙六年吴甫生序，康熙四年劉凝自序。《凡例》末署「南豐劉凝二至述，同里李長祚天僕訂」。然則是本爲李長祚康熙四十四年刻於湖南溆浦縣衙者。《存目叢書》據以影印。〇上海圖書館藏清鈔本，作《周宣王石鼓文定本》不分卷。

黄公説字無卷數　國朝顧景星撰 一〇〇六

湖北巡撫採進本（總目）。〇《湖北巡撫呈送第二次書目》：「《黄公説字》四十二本。」〇湖北蘄春縣圖書館藏稿本十二卷，殘存子、丑、卯、辰、巳、午、未、申、酉、戌、亥十一卷。〇東北師大藏清康熙至乾隆顧昌、顧三經鈔本，子集首葉題「蘄州顧景星黄公父著，男昌校録」。小字半葉十二行，無格。前有廬陵趙嶷序。《疋部》有識語：「乾隆丁卯年二月初五日書起，己巳十月初十日巳刻校起，孫三經校録。」丁卯爲乾隆十二年，己巳爲十四年。書末有乾隆十四年己巳五月二十日孫三經跋，謂其父培山公于康熙丁卯秋起手謄真，丙戌冬謝世。乾隆丁卯，三經且行年六十，痛其父謄真甫及半，乃朝夕抄録，二年告竣。有正副草本貯之石室，真本質之當代云云。然則是本爲景星之子顧昌、孫顧三經兩代謄鈔真本，始於康熙二十六年，完成於乾隆十四年。凡三千六百七十一葉，卷帙浩繁，殊非易事。《巳集》末有近人識語：「民國七年正月二十八日子時朱采卿校畢。」《存目叢書》據以影印。

讀書正音四卷　國朝吴震方撰　**一〇〇七**

浙江巡撫採進本（總目）。〇《浙江省第十二次呈送書目》：「《讀書正音》四卷，國朝吴震方著，二本。」〇《浙江採集遺書總録》：「《讀書正音》四卷，刊本，國朝御史石門吴震方輯。」〇浙江圖書館藏清康熙四十四年學古堂刻本，有某氏朱筆批校。《存目叢書》據以影印。南圖亦有是刻。〇清乾隆二十四年刻本，北大、東北師大藏。

篆文纂要四卷　國朝陳策撰　**一〇〇八**

浙江汪啟淑家藏本（總目）。〇《浙江省第四次汪啟淑家呈送書目》：「《篆文纂要全宗》五卷，國朝陳策著，四本。」〇《浙江採集遺書總録》：「《篆文纂要全宗》五卷，刊本，國朝西陵陳策輯。」〇首都師大藏清康熙十一年刻本，正文首行題「篆文纂要全宗」，次題「西陵陳策嘉謀父纂輯，門人顧嗣昌振公、男陳潚子鑑、陳濤觀瀾仝閲」。半葉八行，白口，四周雙邊。内封面殘破，有「武林文萃」四字，下缺。前有康熙十一年壬子陳晉序，十一年仲誼正其氏序，十一年陳策《略言》，又《凡例》末署「文萃堂陳策述」。據諸序、凡例及封面殘字，知係康熙十一年武林文萃堂陳策刻本。《存目叢書》據以影印。浙圖亦藏此刻。○中山大學藏清鈔本，殘存上聲二册。半葉八行，無格。書名同前本。

字辨七卷　國朝熊文登撰　一〇〇九

安徽巡撫採進本（總目）。○《安徽省呈送書目》：「《字辨》三本。」○上圖藏清順治刻本，題「南州熊文登于斥父編注，受業弟子羅士毅弘可父較」。半葉六行，白口，四周單邊。前有順治六年己丑八月熊文登序。序後有寫工刻工列名：「鍾陵傅經書，熊文、湯旭刻。」卷内鈐「桐山張筱漁氏手鈔祕笈」、「小峯氏珍藏」、「篤素堂張曉漁校藏圖籍之章」、「王培孫紀念物」等印記。《存目叢書》據以影印。按：《販書偶記續編》著録「順治庚子刊，又名《松風堂字辨》」，疑係同版。《中國古籍善本書目》著録上圖本爲「順治六年刻本」，恐未確。

六書分類十二卷　國朝傅世垚撰　一〇一〇

兩江總督採進本（總目）。○《兩江第二次書目》：「《六書分類》，汝南傅世垚著，十四本。」○《浙江省第四次汪啟淑家呈送書目》：「《六書分類》十二卷，國朝傅世垚輯，八本。」○《浙江採集遺書總録》：「《六書分類》十二卷，刊本，國朝傅世垚輯。」○北京師大藏清康熙周天健聽松閣廣州刻本，題「汝南傅鸞祥淑嵩甫命書，男世垚賓石氏手輯，世磊友石氏參訂。同里周呈兆際美甫鑒定，男天辰撫五氏補校、天健一菴氏授梓」。半葉八行，白口，四周單邊，版心下刻「聽松閣」三字。封面刻「寶仁堂藏板」。前有康熙三十八年孟冬月閻錫爵序，三十八年仲夏李根茂序，三十八年重九日羊和奏序，三十八年七月朱洞序，四十四年乙酉仲春李來章序，三十八年胡簡敬序，二十三年仲冬王隲序，二十三年九月何源濬序，四十年二月周呈兆序，四十四年周天健《梓六書分類序》。後有康熙三十八年賴帝夢跋。周呈兆序云：「歲庚辰，值兒健筮仕羊城，因命竭其橐裝，鏤諸梨版。」知康熙三十九年周天健付梓於羊城，其刊成當在四十四年周天健作刻書序之時。《存目叢書》據以影印。○科學院圖書館藏清乾隆五十四年傳應奎維北圖分館、科學院圖書館、揚州圖書館等亦藏此本。○科學院圖書館藏清乾隆五十四年傳應奎維隅堂重刻聽松閣本，行款同前，版心亦刻「聽松閣」三字。增乾隆五十四年王杰序，五十四年紀昀序，五十四年王昶序，又世垚曾孫傳應奎識語。封面刻「乾隆歲次己酉」、「維隅堂藏板」。川圖、復旦、陝西師大等亦藏此刻。○民國十年上海錦文堂影印乾隆五十四年維隅堂重刻聽松閣本。

說文廣義十二卷　國朝程德洽撰　　　　一〇一一

浙江巡撫採進本（總目）。○《浙江省第七次呈送書目》：「《說文廣義》十二卷，國朝程德洽輯，十二本。」○《浙江採集遺書總録》：「《說文廣義》十二卷，刊本，國朝程德洽輯。」○復旦大學藏清康熙五十一年成裕堂刻本，題「漢許慎說文，後學程德洽纂輯」。半葉九行，白口，左右雙邊。版心下刻「成裕堂」。前有康熙五十一年十二月汪份序，馮暠序，五十一年長至日程德洽序。卷內「胤」字不避諱，是當時所刻。《存目叢書》據以影印。南圖、華東師大等亦藏是刻。

篆字彙十二卷　國朝佟世男編　　　　一〇一二

通行本（總目）。○《武英殿第二次書目》：「《篆字彙》六本。」○上海圖書館藏清康熙多山堂刻本，題「遼陽佟世男偉夫編，桐城胡正宗文江、方正琇揚光仝參」。半葉八行，行十二字，小字雙行，行二十四字，白口，左右雙邊。封面刻「多山堂藏板」。卷首目録版心刻「多山堂」。前有康熙三十年辛未仲春梁佩蘭序。鈐「文度」印。《存目叢書》據以影印。清華、北圖分館、山東師大等亦有是刻。北圖分館又有康熙刻本，錫環堂藏板，未知是否同版。〇民國五年上海掃葉山房石印本，南京大學、人民大學藏。

鐘鼎字源五卷　國朝汪立名編　**一〇一三**

河南巡撫採進本(總目)。〇《河南省呈送書目》：「《鍾鼎字源》，本朝汪立名輯，五本。」〇《江蘇省第一次書目》：「《鍾鼎字源》三本。」〇《江蘇採輯遺書目録》：「《鐘鼎字源》五卷，清錢唐汪立名著。」〇羅琳藏清康熙五十五年汪氏一隅草堂刻本，鈐「積學齋徐乃昌藏書」、「題紅館圖書印」、「南通馮氏景岫樓藏」等印記。白紙清朗。《存目叢書》據以影印。中國社科院考古所藏此刻，清陳介祺跋。人民大學、南開大學等亦藏是刻。〇清光緒二年洞庭秦氏重刻汪氏一隅草堂本，北大、上圖、南圖等藏。〇民國十四年上海掃葉山房石印本，上圖、川圖等藏。

天然窮源字韻九卷　國朝姜日章撰　**一〇一四**

兩江總督採進本(總目)。〇《兩江第一次書目》：「《天然窮源字韻》，如臯姜日章輯，九本。」

六書辨通五卷　國朝楊錫觀撰　**一〇一五**

浙江巡撫採進本(總目)。〇《浙江省第七次呈送書目》：「《六書辨通》五卷，國朝楊錫觀輯，五本。」〇《浙江採集遺書總録》：「《六書辨通》五卷，刊本，國朝金山楊錫觀輯。」〇《江蘇省第一次書目》：「《六書辨通》五本。」○《江蘇採輯遺書目録》：「《六書辨通》五卷附補讀，清錫山楊錫觀著，刊本。」○山東大學藏清乾隆八年嘉禾瑞石軒刻乾隆五十一年馮浩修補印本，附有《辨通補》、《辨通續補》，題「金山楊錫觀述」。封面刻「嘉禾瑞石軒藏板」。前有乾隆八年癸亥黄之雋序。此與楊氏《六書例解》、《六書雜説》、《八分書辨》合印，有乾隆五十一年馮浩《六書例解辨通總引》云：「余近年收其鋟板，稍有訛缺，覓初印本校補。惜乎《篆學三書》僅存一序，原標嗣出，豈竟未訖工耶。」《存目叢書》據上圖此本影印。北大、北師大亦藏是刻。

六書例解一卷附六書雜説一卷八分書辨一卷　國朝楊錫觀撰　一〇一六

浙江巡撫採進本（總目）。○《浙江省第八次呈送書目》：「《六書例解》一卷，國朝楊錫觀輯，一本。」○《浙江採集遺書總録》：「《六書例解》一卷，刊本。」○《江蘇省第一次書目》：「《六書例解》一本。」○《江蘇採輯遺書目録》：「《六書例解》一册。」○上海圖書館藏清雍正蘭祕齋刻乾隆五十一年馮浩修補印本，與《六書辨通》合印。半葉九行，行二十二字，黑口，四周單邊。有雍正十二年甲寅黄之雋《篆學三書叙》，雍正十三年焦袁熹《六書例解叙》。封面刻「蘭祕齋藏板」。《存目叢書》據以影印。山東大學、北大、北師大亦藏是刻。○光緒九年陽湖楊氏刻本，僅《六書例解》一卷，《大亭山館叢書》之一。

五經字學考五卷　國朝成端人撰　一〇一七

山西巡撫採進本（總目）。○《山西省呈送書目》：「《五經字學考》。」

一〇一八　**六經字便無卷數　國朝劉臣敬撰**

江蘇巡撫採進本(總目)。○《江蘇省第二次書目》:「《六經字便》四本。」○《江蘇採輯遺書目録》:「《六經字辨》不分卷,清江陰劉臣敬著,刊本。」○南京圖書館藏清康熙五十三年大樹堂刻本,作《六書字便》,題「江陰劉臣敬恭邵纂」。半葉七行,白口,四周單邊。版心下刻「大樹堂」。前有楊名時序,康熙五十三年甲午耿人龍序,薛元敏序,康熙五十三年自序,凡例。《存目叢書》據以影印。上圖亦藏是刻。

一〇一九　**字學正本五卷　國朝李京撰**

江蘇巡撫採進本(總目)。○《江蘇省第二次書目》:「《字學正本》五本。」○《江蘇採輯遺書目録》:「《字學正本》五卷,清長平李京著,刊本。」○《浙江省第十一次呈送書目》:「《字學正本》五卷,國朝李京輯,五本。」○《浙江採集遺書總録》:「《字學正本》五卷,刊本,國朝長平李京輯。」○中國科學院圖書館藏康熙八年刻本,題「晉長平李京元伯玫輯」。半葉七行,小字雙行,行二十字,白口,四周雙邊。前有康熙八年仲夏高夢説序云:「梓而廣之。」封面刻「本衙藏板」。《存目叢書》據以影印。安徽省圖書館、蘇州市圖書館、臺灣大學亦藏是刻。

一〇二〇　**字學同文四卷　國朝衛執穀撰**

江蘇巡撫採進本(總目)。○《江蘇省第二次書目》:「《字學同文》四本。」○《江蘇採輯遺書目録》:「《字學同文》四卷,清韓城衛執穀著。」

文字審一卷　不著撰人名氏　一〇二一

浙江巡撫採進本(總目)。○《浙江省第十二次呈送書目》：「《文字審》一本。」○《浙江採集遺書總録》：「《文字審》一册，寫本，不著撰人姓名。」○《提要》云：「無序跋，中間頗有塗乙，相其紙墨，蓋近人手稿也。」

右字書之屬

韻經五卷　舊本題梁吴興沈約撰類，宋會稽夏竦集古，明宏農楊慎轉註，江夏郭正域校　一〇二二

安徽巡撫採進本(總目)。○《安徽省呈送書目》：「《韻經》二本。」○《國子監學正汪交出書目》：「《韻經》一本。」○《浙江省第六次呈送書目》：「《韻經》五卷二本。」○《浙江採集遺書總録》：「《韻經》五卷，刊本，明華亭張之象輯，江夏郭正域序而重刊之者。」○北京大學藏明嘉靖十八年長水書院刻本，半葉十行，行十八字，間有小字雙行，白口，單魚尾，左右雙邊。李盛鐸木犀軒舊藏。斜清初錢陸燦批注。王頌蔚《古書經眼録》記載此本云：「錢氏注此書，每字疏出處，蒐采頗富。行旁上，丹黄爛然。卷末有題識二行云：丁卯九月念有七日鐵老又較畢此本，時年七十有六，老人心力所寄，誓不借人抄閲。」張玉範老師函告：卷内鈐有「陸燦之印」、「圓沙」、「陸燦」、「湘靈」、「文字大蟲」、「詩禪」、「鐵牛」、「好夢」、「柴門老樹村」、「調運齋」、「草創大還堂」、「莫年光景，水軒南浦，筆硯精良，人生一樂」、「明經別駕，書經解元，臨濟三十四，彭祖九十七庚」、「彭祖庚同壬癸」、「士礼居藏」、「吴貝墉審定之印」、「蔣鳳藻印」、「秦漢十印齋」、「秦漢十印齋藏」、「香生」、「香生珍

賞」、「吴下蔣郎」等印記。澤遜按：丁卯爲康熙二十六年，鐵牛爲錢陸燦別號。長水書院刻本，北圖、津圖、上海辭書出版社亦有藏。○臺灣「中央圖書館」藏明嘉靖三十年虔州董聰刻本，題「梁特進光禄大夫佐史侍中領太子太傅吴興沈約休文撰類，宋樞密使會稽夏竦子喬集古，泉州通判渤海吴棫才老補叶，大明賜進士及第前翰林院修撰儒林郎弘農楊慎用修轉注，清河張之象月鹿編輯」。半葉十行，行十八字，白口，單魚尾，左右雙邊。前有嘉靖三十一年壬子贛郡黄注《重刻韻經序》云：「董子將刻《韻經》於蕭氏古翰樓，詣予請撰刻叙。」又云：「董子名聰，字謀之，古虔人，自云虔州魯人。」又嘉靖十七年張之象序。後有嘉靖三十年冬至虔州董聰《刻韻經後語》云：「因托古翰樓蕭氏翻梓。」知係嘉靖三十年江西虔州董聰委托蕭氏古翰樓翻刻張之象長水書院本。鈐「吴興劉氏嘉業堂藏書印」、「劉承幹字貞一號翰怡」等印。○上圖藏明萬曆六年李良柱淮陰刻本，題「梁吴興沈約休文撰類，宋會稽夏竦子喬集古，渤海吴棫才老補叶，明弘農楊慎用修轉注，清河張之象月鹿編輯」。半葉十行，行十八字，白口，單魚尾，四周花邊。版心下方記刻工：熊健、蔡武刊等。前有萬曆六年李良柱《刻韻經小序》云：「手自校讐謄刻，擇良工而命之，書成，頗自如意。」末署「萬曆戊寅夏四月望嶺南李良柱書于淮陰分署之鏡林」。卷内鈐「宗𣶏之印」、「一字思岩」、「顧氏敦淳珍藏」、「謏聞齋藏祕籍」、「竹泉」、「漪蘭舊業」、「聽鶯後人」等印記。又鈐顧錫祺大方印：「昔司馬温公藏書甚富，所讀之書終身如新。今人讀書恒隨手拋置，甚非古人遺意也。夫佳書難得易失，消一殘缺，修補甚難。每見一書或有損壞，輒憤惋浩歎不已。數年以來，蒐羅略備，卷帙頗精。伏望觀是書者倍宜珍護，即後之藏是書者，亦當諒愚意之拳拳也。謏聞齋主人記。」《存目叢書》據以影印。上海辭書出版社、臺灣「中央圖書館」亦藏是刻。○明萬曆二十七年郭正域刻本，半葉八行，行十四字，白口，雙邊，有刻工。科學院圖書館、復旦大學、福建省圖書館、襄陽圖書館藏。○清初古燕張純修刻本，作《沈氏韻經》五卷，科學院圖書館、蘇州市圖書館、鄭州大學藏。

書學正韻三十六卷　元楊桓撰　**一〇二三**

安徽巡撫採進本（總目）。○《安徽省呈送書目》：「《書學正韻》四十本。」○《兩淮商人馬裕家呈送書目》：「《書學正韻》三十六卷，元楊桓，三十六本。」○南京圖書館藏元至大間刻元明遞修本，題「奉直大夫國子司業楊桓弜集」。半葉八行，細黑口，左右雙邊。版心上記字數，下記刻工：侃、王寧、胡、木、立、徐仲文、斉、阮、徐文、翁隱之刊、山、茅元吉、丑、荣、徐友益刊、方景明、葉道官、盛元、楊石山、何信、弓華、茂之、犮山、立子、袁、春、章禹、仁甫、陳良甫、素菴、陳敬之、徐子思、徐文德、王堯、君宝、亭山等。卷内鈐「武穆王孫」、「曾經八千卷樓所得」、「光緒辛巳所得」、「錢唐丁氏藏書」、「甘泉書藏」、「丁氏八千卷樓藏書記」、「錢唐丁氏正修堂藏書」、「嘉惠堂藏閱書」、「書庫裒殘生」等印記。《存目叢書》據以影印。天一閣文管所藏有元刻本，存卷九至二十一，又卷一至三配明鈔本。北京市文物局、臺灣「中央圖書館」、美國國會圖書館均藏元刻元明遞修本，書末有「二年八月江浙等處儒學提舉余謙補修」一行，南圖本佚去此行，故丁丙《善本書室藏書志》誤爲明刻本。此元刻元明遞修本刻工與元至大元年江浙行省儒學刻元明遞修本《六書統》二十卷《六書統溯原》十三卷大都相同,知爲先後付梓者。○天一閣文管所藏明鈔本,存卷二十二至二十五共一册。

蒙古字韻二卷　元朱宗文撰　一〇二四

兩淮鹽政採進本(總目)。○《兩淮鹽政李呈送書目》:「《元蒙古字韻》一卷二本。」○《提要》云:「刊本久佚,今所存者惟寫本。」

正韻牋四卷　明楊時偉撰　一〇二五

江西巡撫採進本(總目)。○《江西巡撫六次續採》:「《正韻箋》五本。」○浙江圖書館藏明崇禎四年刻本,正文首行題「洪武正韻」,次題「皇明學士金華宋濂奉勅編定,後學長洲楊時偉補牋」。半葉八行,白口,四周單邊。小字雙行,行二十六字。版心題「正韻牋」。前有宋濂序,天啟六年文寵光序,崇禎四年陳繼儒序,崇禎四年張世偉序,崇禎四年錢謙益序,崇禎四年文震孟序,陳仁錫序,崇禎三年申用懋序,崇禎四年自序。錢序云:「大司馬申公爲序而刻之,去奢持以示余。」卷内鈐「半野」印。《存目叢書》據以影印。北圖、山東省圖、湖北省圖等亦藏是刻。

聲音文字通三十二卷　明趙撝謙撰　一〇二六

浙江范懋柱家天一閣藏本(總目)。○《浙江省第五次范懋柱家呈送書目》:「《聲音文字通》三十二卷,明趙謙著,十六本。」○《浙江採集遺書總録》:「《聲音文字通》三十二卷,天一閣寫本,明瓊山教諭餘姚趙撝謙撰。首有缺頁,從蒙卦起并失第九之第十二卷。」○北京大學藏明鈔本,作《皇極聲音文字通》,存卷一至八、卷十三至十八共十四卷,首葉鈐「翰林院印」滿漢文大官印。其殘缺卷九至十二，正與《浙江總録》所記天一閣寫本同，知即天一閣進呈四庫館原本，唯此本更缺卷十九至三十二，殊爲可惜。○中山大學藏清鈔本，書名同前本，殘存卷三至三十，共十二册。半葉十行，行字不等，無格。每卷鈐「面城樓藏書印」、「順德温君勤所藏金石書畫之印」、「嶺南大學圖書館藏書」等印。卷三十末有曾釗手跋：「右《聲音文字通》十四册，明趙攷古先生撰。考古名謙，字撝謙，餘姚人。《明史》本傳言其門人柴欽與修《永樂大典》，取是書獻於朝。《藝文志》及《千頃堂書目》、《餘姚縣志》並言一百卷，焦氏《國史經籍志》作十二卷，范氏《天一閣書目》三十二卷。考《文淵閣書目》稱此書十二册，文淵閣書即當修《大典》時獻者，以册數推卷數，則三十二卷近是。《國史經籍志》蓋奪『三』字。此本三十卷，則佚末二卷。至所云百卷，或并他書數之，否則誤耳。天一閣本缺弟八弟九弟十弟十一凡四卷，此本猶存。惟弟一弟二卷，釗赴禮部廷試時，家人不善守護，霉於漏痕。及釗自京旋，已不可收拾矣。每一展卷，怊悵久之。道光十二年十月重裝，因識其後。他日當從天一閣借抄完之。」下鈐「曾釗之印」。《存目叢書》用此本影印，卷一卷二用北大藏天一閣進呈鈔本配補，遂償曾氏宿願。惟卷三十一卷三十二兩卷仍聽闕如。

韻學集成十三卷　明章黼撰　一〇二七

浙江鮑士恭家藏本（總目）。○《浙江省第四次鮑士恭呈送書目》：「《韻學集成》十三卷，明章黼著，十三本。」○《浙江採集遺書總録》：「《韻學集成》十三卷，刊本，明嘉定章黼撰。」○《江蘇省第一次書目》：「《韻學集成》十三本。」○《江蘇採輯遺書目録》：「《韻學集成》十三卷，明嘉定章黼著,刊本。」○臺灣「中央圖書館」藏明成化十七年刻本,半葉八行,大黑口,四周雙邊。版心下有刻工: 子、文、王、馬、朱乙、前等。首卷首行題「新編併音連聲韻學集成卷之一」。前有成化十二年桑悦序,卷八末葉有章冕成化十七年刻書序。鈐有「少司寇兼御史中丞藍氏私印」、「藍氏白玉翁」等印(詳該館《善本書志初稿》)。按: 北大亦藏是刻,有劉魁序,成化十七年三月邑人徐博序。劉序略謂: 成化五年章黼卒,臨終以稿屬其子章冕刻梓以傳。越六年,浙江僉憲吴廷玉以行水至嘉定,始命工刻之,宰邑吴克明董其事,《直音篇》七卷將完,吴克明召入内臺,《韻學集成》輟工。又五年庚子孟冬高唐劉魁按崑山,章冕抱書來謁,魁乃令邑庠教諭李長源師生繕寫,藏之學宫。縣丞趙智見之,乃募資召工,明年春刊成。據劉魁此序,知《直音篇》七卷先於成化十一年乙未由嘉定縣令吴克明刊刻。《韻學集成》則至成化十六年冬始由嘉定縣丞趙智募資開雕,十七年春告竣。○成化十七年刻嘉靖二十四年嘉定知縣張重、萬曆九年嘉定知縣高薦遞修本,有嘉靖二十四年張重《補刻韻學集成叙》,叙後又署「萬曆辛巳歲仲秋吉旦賜進士出身知嘉定縣事覃懷高薦重修」。北大、東北師大、福建省圖書館、臺灣「中央圖書館」等藏。○首都圖書館藏明萬曆六年維揚資政左室刻本,正文首題「重刊併音連聲韻學集成」。半葉八行,白口,四周雙邊。前有成化十二年桑悦序,十七年徐博序。又《重刊韻學集成姓氏》:「明嘉定練川章黼輯著,鉅鹿守軒陳世寶重訂,洪洞理軒董光裕、文安蒲汀姜璧、泰和青螺郭子章参閲,義烏紹東虞德燁重刊,慈谿獅峯秦應驄、江陵雲谷樊大通、休寧瑞谷吴子玉同校正。」次有大牌記:「萬曆戊寅孟夏梓於維揚資政左室。」次凡例、總目。版心記刻工：刘卞、刘仁、李仁、徐智、李方、張元、李葵、邹昱、徐林、肖應、肖應元、張遂、余芳、郑元、余海、刘荣、刘鸾、張会、杜文中、余立、高科、曹洪、陳尚志、杜文忠、蕭春、祁如、魏国用、魏國志、王子、刘貴、戴奉、王松、未志、趙文斋、王楝、希林、趙印、凌承、刘直、彭四、彭尊、刘鋭、周明、李淮、刘欽、張惠、付礼、余祥、程謹、胡成、陶清、端礼。卷内鈐「鶴沙宋氏史奉堂珍藏書畫章」、「史奉堂省齋氏」、「京兆季子」、「宋侶之印」等印記。《存目叢書》據以影印。南圖藏是刻，有清丁丙跋。北師大、浙圖、中山大學等亦藏是刻。○臺灣「中央圖書館」藏明萬曆三十四年練川明德書院刻本，正文首行題「重訂併音連聲韻學集成卷之一」。半葉八行，白口，左右雙邊。版心記字數及刻工：楊文、龔魁、山木、尤瑞、栢水、尤禹、王顒子、郭王、王孟四等。有桑悦、徐博、劉魁諸序，又嘉靖三十八年張情序，嘉靖二十四年張重序。總目題「明嘉定章黼道常甫集，匡廬吴道長瘦生甫重訂，後學唐時升叔達甫、宣嘉士元父甫、鄭胤驥閒孟甫校閲」。總目後又題「董工琴川周應時，繕書姑蘇劉時昇，剞劂長洲劉廷憲」。其後又有雙行牌記：「萬曆丙午仲秋校刻練川明德書院」。鈐有「抱經樓」等印（詳該館《善本書志初稿》）。南圖、津圖、清華大學等亦藏是刻。各本多與《直音篇》七卷合函。

韻略易通二卷　明蘭廷秀撰　一〇二八

兩淮馬裕家藏本（總目）。○《兩淮商人馬裕家呈送書目》：「《韻略易通》二卷，明蘭秀，二本。」○華東師大藏明嘉靖三十二年高岐刻本，半葉十行，行十九字，小字雙行同，白口，四周單邊。○雲南省圖書館藏明雲南刻本，半葉八行，行字不等，細黑口，四周雙邊。○雲南省圖書館藏明萬曆三十七年吴允中刻本，題「東魯後學吴允中百含校」。半葉九行，行字不等，白口，上卷二十七葉以前四周單邊，餘則四周雙邊。前有萬曆三十七年己酉吴允中《重刻韻略序》。《存目叢書》據以影印。○北圖分館藏明萬曆間集義堂刻本。（北圖普通目）。○中國科學院圖書館藏明寶旭齋刻本，半葉九行，白口，四周單邊。○明萬曆四十一年高舉刻《古今韻撮》本（參《世界百科名著大辭典》）。按：此書北京市文物局藏。○清康熙四年刻本，臺大、臺灣中研院史語所藏。○錢曾《讀書敏求記》、《述古堂書目》著録鈔本一卷一册。○《雲南叢書》未刻底本，正文二卷附校勘記二卷，雲南省圖藏。○《提要》云「爵里未詳」。按：廷秀名蘭茂，字廷秀，號止庵，明雲南嵩明縣楊林村人，精醫，有《滇南本草》三卷、《醫門擥要》二卷，收入《雲南叢書》。生於洪武三十年，卒於成化十二年。參《中醫圖書聯合目録》、《中醫大辭典·醫史文獻分册》。

韻學大成四卷　明濮陽淶撰　**一〇二九**

江蘇巡撫採進本（總目）。○《江蘇省第一次書目》：「《韻學大成》四本。」○《江蘇採輯遺書目録》：「《韻學大成》四卷，明南昌通判廣德濮陽淶輯，刊本。」○浙江圖書館藏明萬曆二十六年書林鄭雲竹刻本，正文卷端題「元聲韻學大成」，次題「廣德真庵濮陽淶調叶」。半葉九行，白口，四周雙邊。前有萬曆六年戊寅濮陽淶自叙，自叙後有「旹萬曆戊戌歲季冬月之吉書林鄭雲竹重梓」識語。又萬曆二十五年吴同春《刻韻學大成叙》。《存目叢書》據以影印。上圖、安徽博物館亦藏是刻。○

明萬曆刻本，半葉九行，小字雙行，行二十八字，白口，四周雙邊。上圖、復旦藏。

讀易韻考七卷　明張獻翼撰　**一〇三〇**

浙江吴玉墀家藏本（總目）。〇《浙江省第四次吴玉墀家呈送書目》：「《讀易韻考》七卷，明張獻翼著，四本。」〇《浙江採集遺書總録》：「《讀易韻考》六卷，刊本。」〇首都圖書館藏明萬曆刻本七卷，題「長洲張獻翼著」。半葉十行，行二十字，白口，左右雙邊。前有萬曆六年戊寅臘月望皇甫汸序，七年仲夏王世貞序，自序。末有張津跋。寫刻頗精。鈐「汪承禎印」。《存目叢書》據以影印。臺灣「中央圖書館」藏本又有萬曆八年錢有威序。科學院圖書館、天一閣文管所亦藏是刻。

古今韻分註撮要五卷　明甘雨撰、陳士元註　**一〇三一**

江蘇巡撫採進本（總目）。〇《江蘇省第一次書目》：「《古今韻分注撮要》五本。」〇《江蘇採輯遺書目録》：「《古今韻分註》五卷，明吉州甘雨纂，應城陳士元註，刊本。」〇北京大學圖書館藏明萬曆二十二年鎮粤堂刻本，題「應城陳士元編注，括蒼李鋕校正」。半葉九行，白口，四周雙邊。版心下刻「鎮粤堂」。前有萬曆二十二年甲午五月既望總督兩廣軍務前後巡撫都察院右副都御史應虹山人陳蕖《刻古今韻注序》，萬曆十九年陳士元序。卷内鈐「朱檉之印」、「九丹一字淹頌」、「永清朱久玥藏書記」等印記。《存目叢書》據以影印。臺北「故宫」有此刻一帙五册，當即《天禄琳琅書目後編》著録者。〇北京故宫藏明萬曆三十九年吉州刻本，明陳士元注，明朱國珍增補。半葉九行，小字雙行，行二十字，白口，四周單邊。

一〇三二　書文音義便考私編五卷附難字直音一卷　明李登撰

浙江巡撫採進本(總目)。〇《浙江省第六次呈送書目》:「《書文音義便考私編》五卷附《難字直音》一卷,明李登著,四本。」〇《浙江採集遺書總録》:「《書文音義便考》三册附《難字直音》一卷,刊本。」〇故宫博物院藏明萬曆十五年刻本,半葉七行,白口,四周單邊。前有序,署款被剷去。内云:「予友李士龍氏……手録成編,名曰《書文音義便考》,持以示予,且命之序。」又云:「士龍將繡梓,以廣其傳。」《私編》末有陳邦泰刻《古今等韻字學正譌》告白。《存目叢書》據以影印。按:《提要》云「此書刻於萬曆丁亥,前有姚汝循、焦竑、王兆雲序,并登自序及例論」,知故宫此本已有殘缺。

一〇三三　併音連聲字學集要四卷　不著撰人名氏

浙江巡撫採進本(總目)。〇《浙江省第六次呈送書目》:「《併音連聲字學集要》四卷,缺名著,明毛曾刪定,四本。」〇《浙江採集遺書總録》:「《併音連聲字學集要》四卷,刊本,明越州毛曾輯。」〇原北平圖書館藏明萬曆二年刻本,正文卷端題「宛陵後學周恪校正,越人賓山毛曾刪集,莆陽後學林大黼仝校」。半葉八行,白口,左右雙邊。注雙行,行二十四字。前有萬曆二年二月既望會稽鎖四山人陶承學序云:「曩在南臺,按行吴中,得《韻學》一編,愛其四聲貫穿,類總相屬,下有注釋,多本《説文》,不詳撰者名氏。……及守新安,嘗延致同邑儒者毛君曾處師席,與之涉獵理皷,採摭藝林,揚搉異同,芟繁剔冗。蓋自嘉靖丙辰迄辛酉,始獲成編。……又數年承乏京兆,溯川楊公偶見是編，愛而欲録之。司理少峯周君因請刊布。……乃授周君校而梓之。」然則此本係毛曾依舊本删輯，應天府推官周恪萬曆二年刻於南京。陶承學所得《韻學》一編，疑即章黼《併音連聲韻學集成》十三卷。是本末有周恪後序，僅存首葉。卷内鈐「學部圖書之印」滿漢文大官印，又鈐「京師圖書館藏書記」朱文長方印。書存臺北「故宫」，《存目叢書》據南京圖書館膠卷影印。北圖、北京故宫、浙圖、安徽博物館、大連圖書館均藏是刻。○明天啟五年刻本，半葉八行，白口，四周單邊。上圖、中山大學藏。按：《中國古籍善本書目》著録以上兩本，均作「明陶承學撰」，不妥。

交泰韻一卷　明吕坤撰　　**一〇三四**

左都御史張若淮家藏本（總目）。○《總裁李交出書目》：「《交泰韻》一本。」○《江蘇省第一次書目》：「《交泰韻》二本。」○《河南省呈送書目》：「《交泰韻》，明吕坤著，一本。」○福建省圖書館藏明萬曆刻本，題「寧陵吕坤」。半葉八行，行二十字，白口，四周單邊。前有萬曆三十一年癸卯中元日吕坤自序。書凡二卷：《交泰韻凡例》一卷、《交泰韻總目》一卷。版心下有刻工：程國禎、單守信。鈐有「大通樓藏書印」、「龔少文收藏書畫印」等印記。《存目叢書》據以影印。○明萬曆刻清修版彙印《吕新吾全集》本，北圖、北大、人民大學、上圖等藏。余藏一部二册，版心刻工程國禎等已漫漶不清，版多斷裂，當係後印《全集》之零種。吕坤序後有校梓列名一葉：「門人李學古、張庚、李學敬、楊遇春、李汝香、王應登、王之保、展大器、吴中玉、符希孔、解三戒、徐元化、徐鳴珂、吴之奇、徐名世、楊本植、吴夢斗、吴三策、胡士元、馬鳴鸞、黄士元、喬偉、翟文炳、胡長祚、喬警韋、許凌雯、吴樂堯、李祚遠、郭鍾奇、□□□同校。男吕知畏、吕知思同梓。」○明末胡正言十竹齋刻本二卷，半葉八行，行十八字，小字雙行同，白口，四周單邊。南京圖書館藏。

音聲紀元六卷　明吴繼仕撰　**一〇三五**

通行本(總目)。○《浙江採集遺書總録》：「《音聲紀元》六卷，刊本，明徽州吴繼仕撰。」○臺灣「中央圖書館」藏明萬曆三十九年徽郡吴氏熙春樓刻本，題「徽郡蒼舒吴繼仕公信甫編著」。半葉十行，行二十字，白口，四周單邊。封面刻「萬曆辛亥九月梓」、「熙春樓藏板」。前有萬曆三十九年辛亥詹國衡序，吴繼仕自序。卷内鈐「新安吴氏書畫之印」、「竹垞藏本」、「吴騫之印」、「登府之章」等印記(詳該館《善本書志初稿》)。北圖此刻有萬曆三十九年冬焦竑序，無詹序，無内封面。《存目叢書》用北圖藏本影印。東北師大亦藏是刻，有焦序、自序。○臺灣「中央圖書館」藏明萬曆間重刻本，題「舟山吴繼仕公信甫著，姪孫吴祚長孺甫訂」。半葉十行，行二十字，白口，左右雙邊。有焦竑序、自序(詳《善本書志初稿》)。

字學元元十卷　明袁子讓撰　**一〇三六**

内府藏本(總目)。○《武英殿第一次書目》：「《字學元元》四本。」○臺灣「中央圖書館」藏明萬曆二十五年原刻本，正文首題「五先堂字學元元卷之一」，次題「郴後學袁子讓去惔父著，男伯瓛、伯璿録」。半葉十三行，行二十一字，白口，四周雙邊。前有南岳山長曾鳳儀序，萬曆二十五年丁酉孟秋朔日汪楫序，校訂姓氏，目録，萬曆二十四年自序。後有萬曆二十五年九月自跋，二十四年冬袁子訓《字學元元説貎》。汪序云：「今年廣其傳，付諸梓，梓成視予。」鈐「陳之達印」、「錢奇武印」、「遠略」、「字曰定遠」、「劉承幹字貞一號翰怡」等印記（詳該館《善本序跋集録》、《善本書志初稿》）。西北師大藏萬曆刻本有殘缺，當係同版。○上海辭書出版社藏明萬曆二十九年刻本，書名同前本，半葉十三行，行二十一字，白口，四周雙邊。○甘肅圖書館藏明萬曆三十一年刻本，書名同前本。半葉十三行，行十九字，白口，四周雙邊。題「郴後學袁子讓仔肩父著，男伯瓛、仲璿録」。前有范醇敬《刻字學元元引》，曾鳳儀序。後有袁子謙跋，袁子訓跋。版心刻工：李尚進、勳、廷、馮、瑞、銮、月、第。《存目叢書》據以影印。故宫、上圖亦藏是刻。○内蒙古大學藏清鈔本。○臺灣中研院史語所藏烏絲欄鈔本。○北京大學藏一九四七年燕京大學據趙氏藏鈔本傳鈔本。書名均作《五先堂字學元元》。

一〇三七　韻表無卷數　明葉秉敬撰

浙江鮑士恭家藏本（總目）。○《浙江省第六次呈送書目》：「《韻表》三十卷，明葉秉敬著，十六本。」○《浙江採集遺書總録》：「《韻表》三十卷，刊本，明西安葉秉敬撰。」○故宫博物院藏明萬曆三十三年自刻本三十卷，題：「三衢葉秉敬敬君父著」。半葉九行，行二十字，白口，四周單邊。前有萬曆三十三年葉秉敬《刻韻表序》，又凡例、法門等。《存目叢書》據以影印。北大亦藏此刻。○臺灣師大藏鈔本。

一〇三八　音韻日月燈七十卷　明吕維祺撰

河南巡撫採進本（總目）。○中國科學院圖書館藏明崇禎六年吕維祺志清堂刻本六十四卷，包括：

《韻母》五卷、《同文鐸》三十卷首四卷、《韻鑰》二十五卷。題「明新安豫石吕維祺著，泰石吕維祜詮」。半葉八行，行十二字，小字雙行，行二十四字，白口，四周單邊。前有吉州門人楊文驄龍友氏刻書識語，封面又有刻書識語。又崇禎六年吕維祺自序，崇禎七年弟吕維祜序，畢懋康序，崇禎七年鄭鄤序，崇禎六年楊文聰序。《存目叢書》據以影印。是書多有流傳。王重民謂北大本封面題「志清堂藏板，龍友居士較梓」(《善本提要》)。志清堂爲吕維祜堂號，龍友居士爲楊文驄别號。臺灣「中央圖書館」本封面亦有楊文驄識語及「志清堂藏板」字樣，又有訂正、編纂、輯次、較閲名氏凡六十五人。蓋僚友捐刻而以板歸吕氏者。據諸序，此本刻於南京。臺灣「中央圖書館」一本封面又有崇禎七年甲戌陽月識語云「刻成復加重訂，始爲定本」，並有「重訂定本」字様及「維祜之印」印記。是崇禎七年重訂刷印者。按：是書正文六十卷，《總目》誤爲七十卷。其中《韻鑰》二十五卷，《提要》誤爲三十五卷。

律古詞曲賦叶韻十二卷　明程元初撰　　**一〇三九**

江蘇周厚堉家藏本(總目)。○《江蘇省第一次書目》：「《律古叶韻》一本。」○《江蘇採輯遺書目録》：「《律古韻》，明程元初著。」○清華大學藏明崇禎五年刻本，正文首題「律古詞曲賦叶韻統卷之一」，次題「新安程元初全之編輯，西吴茅元儀止生註考」。半葉八行，行二十字，白口，四周單邊。前有崇禎五年壬申仲秋望前二日程俠序。鈐有「明善堂覽書畫印記」、「安樂堂藏書記」等印記。《存目叢書》據以影印。

一〇四〇 韻譜本義十卷　明茅溱撰

江蘇巡撫採進本（總目）。○《江蘇省第一次書目》：「《韻譜本義》五本。」○《江蘇採輯遺書目録》：「《韻譜本義》十卷，明丹徒茅榛輯，刊本。」○《浙江省第四次汪啟淑家呈送書目》：「《韻補本義》十卷，明茅溱輯，五本。」○《浙江採集遺書總録》：「《韻補本義》十卷，刊本，明丹徒茅溱輯。」○北京師大藏明萬曆三十二年自刻本，作《韻譜本義》十卷，題「丹徒茅溱平仲甫輯，休寧范科斗文甫校」。半葉八行，白口，四周單邊。前有萬曆三十二年孟冬南京工部尚書范崙序，三十二年九月既望茅溱序，三十二年九月孟秋范科序。《存目叢書》據以影印。上圖、南圖、浙圖等多處藏。北圖本有鄭振鐸跋。按：《江蘇目録》「溱」誤「榛」。浙江目「譜」誤「補」。

一〇四一 韻總持三卷　明朱簡撰

浙江汪啟淑家藏本（總目）。○《浙江省第四次汪啟淑家呈送書目》：「《韻總持》三卷，明朱簡著，三本。」○《浙江採集遺書總録》：「《韻總持》三册，開萬樓寫本，明休寧朱簡輯。」

一〇四二 韻會小補三十卷　明方日升撰

江蘇巡撫採進本（總目）。○《江蘇省第一次書目》：「《韻會小補》十本。」○《江蘇採輯遺書目録》：「《韻會小補》三十卷，清永嘉方日升著。」○《浙江省第四次汪啟淑家呈送書目》：「《韻會小補》三十卷，明方日升著，十六本。」○《浙江採集遺書總録》：「《韻會小補》三十卷，刊本。」○《武英殿第一次書目》：「《韻會小補》十六本。」○北京大學藏明萬曆三十四年周士顯建陽刻本，作《古今韻會小補》三十卷。半葉八行,行十二字,白口,四周單邊。前有袁昌祚序,王光藴題辭,萬曆三十四年丙午上元日周士顯引,二十四年李維楨序,三十二年李維楨再叙。《凡例》題「永嘉方日升子謙編輯,雲杜李維楨本寧校正」。周士顯引云:「爲梓於建陽。」卷三十末有「書林余彰德、余象斗同刻」小字識語。卷内鈐「緑竹山房藏圖書記」、「木犀軒藏書」等印記。《存目叢書》據以影印。上圖、山東圖等亦藏此刻。又有重修本,上圖、浙圖、北師大等藏。○日本正保五年(清順治五年)邨上平樂寺刻本,書名同前本。遼圖藏。

一〇四三　篇韻貫珠集一卷　明釋真空撰

兩淮馬裕家藏本(總目)。○《兩淮商人馬裕家呈送書目》:「《篇韻貫珠集》一卷,明釋真空,一本。」○《江蘇省第一次書目》:「《貫珠集》二本。」○《江蘇採輯遺書目録》:「《貫珠集》不分卷,明釋性德編,刊本。」○北京大學藏明弘治十一年刻本,題「京都大慈仁寺後學沙門清泉真空編」。半葉十行,大黑口,四周雙邊。前有弘治十一年劉聰《新刊篇韻貫珠集序》。鈐「鄞馬裕藻藏書」朱文長印。《存目叢書》據以影印。人民大學、山東大學、臺灣「中央圖書館」亦藏是刻。各本均作《新編篇韻貫珠集》一卷,附《改併五音類聚四聲篇》後。○臺灣「中央圖書館」藏明正德十一年金臺衍法寺釋覺恒募刻本,作《新編篇韻貫珠集》一卷,題署同前。半葉十行,黑口,四周雙邊。末有「大明正德丙子年九月重陽日大慧寺釋子覺恒重刊完」識語。附《改併五音類聚四聲篇海》後。北圖、北大、上圖等亦藏此刻。○明萬曆三年至十七年崇德圓通菴釋如彩刻《重刊改併五音類聚四聲篇》附刻本，作《新編篇韻貫珠集》一卷，半葉十行，小字雙行，行三十二字，黑口，四周雙邊。科學院圖書館、上圖、南圖等藏。○明萬曆二十三年晉安芝山開元寺釋如巖等集資刻《重刊改併五音類聚四聲篇》附刻本，半葉十行，注文雙行，行三十二字，白口，四周雙邊。書名卷數及署名同前。北大、北師大、山東大學、臺灣「中央圖書館」等藏。○明崇禎二年至十年金陵圓覺菴釋新仁刻《重刊改併五音類聚四聲篇》附刻本，半葉十行，注雙行，行三十二字，白口，四周單邊。書名卷數同前。浙圖、首都師大、陝西師大等藏。

一〇四四　西儒耳目資無卷數　明金尼閣撰

兩江總督採進本（總目）。○《兩江第一次書目》：「《西儒耳目資》，明西洋金尼閣撰，十本。」○明天啟六年王徵、張問達刻本，題「泰西金尼閣撰述，晉絳韓雲詮訂，秦涇王徵校梓」。半葉十二行，行二十字，白口，四周雙邊。封面刻「天啓丙寅孟春望日了一道人良甫梓行」。前有關中涇邑後學張緟芳《刻西儒耳目資序》云：「因再三請之家君，捐貲亟刻以傳，刻成，敬識之若此。」後有「敬一子」、「張緟芳印」二木記。又天啟五年韓雲序，天啟丙寅歲春月之吉關中涇陽良甫王徵序。又天啟六年丙寅夏五月癸亥日谷口病夫張問達《刻西儒耳目資序》云：「爰命兒輩校而梓之。」次《西儒耳目資釋疑》一卷，《釋疑》末王徵附白云：「是書也，創作之者四表金先生，贊成之者豫石呂銓部、景伯韓孝廉，子建衛文學，而冢宰誠宇張先生與其季子敬一則所爲捐貲刻傳之者。余小子徵，特周旋終其役耳。至于一字一音，一點一畫，細加校讐而毫不致有差遺者，則金先生之門人鼎卿陳子之功爲最。書作于乙丑年夏月，于丙寅年春月告竣。」次天啟六年孟春望日金尼閣自序。《譯引首譜》末又有牌記，内刻識語，末署「景風館藏板」，左欄外又刻「武林李衙藏板，翻刻必究」、「嚴少萱發行」。各卷末題「温陵陳寶璜檢兑」。《列邊正譜》末又有「咸林李從謙書，霸陵李燦然刊」二行。北圖、北大、臺灣「中央圖書館」、臺灣中研院史語所、美國國會圖書館各藏一帙。民國二十二年北平圖書館、北京大學據北圖本影印五百部，末有劉復跋。一九五七年北京文字改革出版社復據影印本影印，收入《拼音文字史料叢書》。《存目叢書》又據一九五七年本影印。○上海圖書館藏鈔本。○按：館臣所見係殘本。

元韻譜五十四卷　明喬中和撰　　**一〇四五**

浙江巡撫採進本（總目）。○《浙江省第六次呈送書目》：「《元韻譜》五十四卷，明喬中和著，二十本。」○《浙江採集遺書總録》：「《元韻譜》五十四卷，刊本，明内邱喬中和輯。」○《武英殿第二次書目》：「《元韻譜》十二本。」○北圖分館藏清康熙三十年梅墅石渠閣刻本五十四卷、卷首一卷。封面及正文卷一首行均題「元韻譜」。卷首目録首行題「石渠閣新鐫元韻譜」，次題「鄗邑魏裔介貞庵訂，華陽蔣先庚震青、蓬鵲崔數仞玄洲、東陽朱士錦赤州、舜水陳德士栢年仝較」，又次題「中丘喬中和還一纂，子鉢文衣、鋏陸離、孫澥、溯、澍正字」。卷首正文題「中丘還一喬中和纂，鄗邑貞菴魏裔介訂，内丘玄洲崔數仞補，男鉢文衣、南和楊繼芳仲延、句曲蔣先庚震青仝較」。半葉七行，黑口，四周雙邊。封面刻「梅墅石渠閣梓」。前有萬曆三十八年崔數仞序，次順治十一年甲午黃雲師序，次康熙三十年辛未冬至前二日句曲後學蔣先庚序，次萬曆三十九年十二月自序。蔣序云：「書之行藏有數，顯晦有時。始作於萬曆庚戌，傳於令嗣文衣。至順治壬寅文衣遊白門，余得是書而快讀之，珍祕三十餘年，不欲爲人見。至今康熙庚午春，栢年陳子、赤州朱子，咸遊於先生之門，諷誦是書，不啻寶玉，遂勉力同梓，至今辛未冬始獲成書。」末署「書於石渠閣」。即此可知是書雖作於萬曆三十八年，至清康熙二十九年始由蔣先庚、陳德士、朱士錦合力付梓於南京，翌年刊成。《存目叢書》據以影印。○明崇禎刻《躋新堂集》本一卷，北圖、津圖、南圖等藏。○清光緒五年刻《西郭草堂合刊》本一卷。

一〇四六　皇極圖韻一卷　明陳藎謨撰

江西巡撫採進本(總目)。○河南省圖書館藏明崇禎五年石經草堂刻本，題「檇李後學陳藎謨獻可著」，半葉十行，行二十四字，白口，四周單邊。前有崇禎五年自序，云「家君命梓」，當即刻於是年。卷末有牌記：「石經艸堂藏板。」《存目叢書》據以影印。

一〇四七　元音統韻二十八卷　明陳藎謨撰，門人胡邵瑛增修，其後六卷爲字彙補，則國朝吳任臣所撰

浙江巡撫採進本(總目)。○《浙江省第六次呈送書目》：「《元音統韻》二十八卷，明陳藎謨著，胡邵瑛增修，二十八本。」○《浙江採集遺書總録》：「《元音統韻》二十八卷，刊本，明嘉興陳藎謨撰。」○《江蘇省第一次書目》：「《元音統韻》十五本。」○《江蘇採輯遺書目録》：「《元音統韻》二十八卷，明檇李陳藎謨撰，附《字彙補》，清吳任臣著，刊本。」○山東省圖書館藏清康熙五十三年范廷瑚刻本，題「嘉興陳藎謨獻可甫定，三韓後學范廷瑚君重甫梓，西泠後學薛泓漪亭甫較，羅峯後學蘇眉若山甫較」。半葉九行，行二十字，白口，左右雙邊。版心下刻「慎思堂」三字。前有康熙四十七年戊子閏月朔潘應賓序云：「在粵之士大夫思表章絶學，謀付剞劂。」又康熙五十三年甲午范廷瑚序云：「陳先生壽臻大耋，未及梓就而殁。幸有同里門人胡含一，深得其傳。……惜胡先生亦年逾中壽，久客粵中，思繼成功，因時事多阻，齎志而殁。先生與余知交，卒之日將其傳稿盡付與余，……因付剞劂行世。」可知四十七年之刻未果，至五十三年始由范廷瑚刊成。其卷二十三至二十八爲《字彙補》，題「仁和吴任臣志伊甫輯」，下題梓較人同前。卷内鈐「山東省立圖書館點收海源閣書籍之章」印記。《存目叢書》據以影印。上圖、福建省圖、北師大亦藏是刻。

青郊雜著一卷文韻考衷六聲會編十二卷　明桑紹良撰　**一〇四八**

湖南巡撫採進本（總目）。〇北京大學藏明萬曆桑學夔刻本，題「東郡青郊逸史桑紹良遂叔著，武進縣知縣姪孫桑學夔校刊」。半葉九行，行二十一字，白口，四周單邊。《青郊雜箸》版心下刻「从玫山房」，《文韻考衷六聲會編》版心下刻「青郊書院从玫山房」。前有萬曆九年桑紹良《聲韻雜箸引》，後有萬曆九年男桑正衍《抄文韻考衷六聲會編跋後》。是本寫刻頗工。《存目叢書》據以影印。上圖亦藏是刻。

古叶讀五卷　明龔黄撰　**一〇四九**

通行本（總目）。〇《兩淮商人馬裕家呈送書目》：「《古叶讀》五卷，明龔黄，五本。」

詩韻辯略二卷　明楊貞一撰　　一〇五〇

編修汪如藻家藏本（總目）。○《國子監學正汪交出書目》：「《詩音辨》一本。」○北京圖書館藏明萬曆四十七年凌一心刻本，正文首題「詩音辯略」，次題「新都楊貞一孟公著，門人凌一心蓋臣校」。半葉九行，行十九字，白口，左右雙邊。前有萬曆四十七年己未仲春既望門人凌一心《刻詩音辯略叙》云：「竊從披繙録出，且付剞劂以傳。」次楊貞一《示兒字略題辭》。刻工：黄儀之刻。《存目叢書》據以影印○按：「詩音」《總目》誤爲「詩韻」。

重訂馬氏等音外集一卷内集一卷　　一〇五一

江蘇巡撫採進本（總目）。○《江蘇省第一次書目》：「《等音》二本。」○《江蘇採輯遺書目録》：「《等音》，清□□安梅建訂，刊本。」○《提要》云：「此本爲康熙戊子宣城梅建所刊。内自稱槃什馬氏自援。建序惟稱得自霑益州明經張聖功，亦不知自援何許人。」○北京大學藏清康熙四十七年思補堂刻本，題「習安梅建啖熊氏較正」，半葉九行，行二十字，白口，左右雙邊。前有康熙四十七年清明前三日梅建《等音序》，據此序知爲梅建刊。卷内鈐「益志堂藏書」印。《存目叢書》據以影印。上海圖書館亦藏是刻。○清光緒間丁顯輯鈔《韻學叢書》本，復旦藏。○按：梅建爲雲南普定人。元代置習安州，屬普定路，在普定之西。梅氏自署習安，用古地名也。《四庫提要》誤爲宣城，《皖人書録》因之。吴慰祖校訂《江蘇採輯遺書目録》又誤爲新安。皆當訂正。

古韻通八卷　國朝柴紹炳撰　**一〇五二**

兩淮馬裕家藏本（總目）。○《兩淮商人馬裕家呈送書目》：「《古韻通》八卷，國朝柴紹炳，八本。」○浙江圖書館藏清康熙七年刻本，題「仁和柴紹炳虎臣撰，男世堂胥山、世臺北溟仝校」。半葉八行，行十六字，白口，左右雙邊。前有毛先舒序，自序，門人陸繁弨後序，戊申冬十月柴紹炳《凡例》。《存目叢書》據以影印。北大、湖南省圖、蘇州市圖等亦藏是刻。○雍正六年重刊本（華東師大目）。○乾隆四十一年刻本，科學院圖書館、南圖、東北師大等藏。○福建省圖書館藏清道光十年鈔本，鈐「大通樓藏書印」、「龔少文收藏書畫印」印記。○福建省圖書館藏舊鈔本，鈐「曾在周卧雲處」印記。○清光緒間丁顯輯鈔《韻學叢書》本，僅節選一卷。復旦大學藏。各本均名《柴氏古韻通》。

古韻叶音六卷　國朝楊慶撰　**一〇五三**

陝西巡撫採進本（總目）。○《陝西省呈送書目》：「《古韻叶音》。」

佐同録五卷　國朝楊慶撰　**一〇五四**

陝西巡撫採進本（總目）。○《陝西省呈送書目》：「《佐同録》附《處蒙訓》。」○《總目》云：「是編據其自序當有四集，共百餘卷。此本題曰《潛齋更删補釋佐同録類要集》。」

聲韻叢説一卷韻問一卷　國朝毛先舒撰　**一〇五五**

浙江巡撫採進本（總目）。○清康熙刻《昭代叢書》本，《韻問》題「錢塘毛先舒穉黄著，吴陵黄泰來交三校」。《聲韻叢説》題「錢塘毛先舒穉黄著」。前後分別有張潮題辭、跋。《存目叢書》用清華藏本影印。○清道光十三年吴江沈氏世楷堂刻《昭代叢書》乙集本。○清道光十一年六安晁氏木活字印《學海類編》本，僅《聲韻叢説》。民國九年商務印書館影印晁氏木活字《學海類編》本。

韻學通指一卷　國朝毛先舒撰　**一○五六**

浙江汪汝瑮家藏本（總目）。○《浙江省第四次吴玉墀家呈送書目》：「《韻學通指》，國朝毛先舒著，一本。」○《浙江採集遺書總録》：「《韻學通指》一册，刊本，國朝錢塘毛先舒撰。」○北京圖書館藏清康熙刻《思古堂十四種》本，題「錢塘毛先舒稚黄（一名騤字馳黄）著」。半葉十行，行二十字，白口，左右雙邊。前有陳維崧序。《存目叢書》據以影印。復旦、上圖亦藏此刻。○清光緒間丁顯輯鈔《韻學叢書》本，復旦藏。

韻白一卷　國朝毛先舒撰　**一○五七**

浙江汪汝瑮家藏本（總目）。○北京圖書館藏清康熙刻《思古堂十四種》本，題「錢唐毛先舒稚黄著」。半葉十行，行二十字，白口，左右雙邊。前有自叙。復旦大學亦藏此刻。○清光緒間丁顯輯鈔《韻學叢書》本，復旦藏。

韻統圖説無卷數　國朝耿人龍撰　**一○五八**

兩江總督採進本（總目）。○《兩江第一次書目》：「《韻統圖説》，江陰耿人龍著，二本。」

韻蕞一卷　國朝徐世溥撰　**一○五九**

江蘇巡撫採進本（總目）。○《江西巡撫海續購書目》：「《韻蕞》一本。」

詩韻更定五卷　國朝吴國縉編 一〇六〇

内府藏本(總目)。○《武英殿第二次書目》：「《詩韻更定》六本。」

聲韻源流考無卷數　國朝萬斯同撰 一〇六一

浙江巡撫採進本(總目)。○《浙江省第九次呈送書目》：「《聲韻源流考》，國朝萬斯同輯，二本。」○《浙江採集遺書總録》：「《聲韻源流考》不分卷二册，寫本，國朝萬斯同輯。」

諧聲品字箋無卷數　國朝虞德升撰 一〇六二

内府藏本(總目)。○《武英殿第一次書目》：「《諧聲品字》十二本。」○北京大學藏清康熙陸頎、陸顥刻本五十七卷，題「錢塘虞咸熙興宗氏草創，男德升聞子氏纘著，孫嗣集爾成補註，甥孫陸頎魯詹、陸顥昭明授梓」。半葉八行，小字雙行，行廿四字，白口，四周單邊。前有康熙十五年丙辰黄機序，九年陸宗淵序，二十六年裘充美序，十六年孫在豐序。又仲棅《讀諧聲品字箋》八則，末云：「先生令嗣爾成，博雅君子也，能獨任校讎之責。」又云：「先生有賢甥陸魯詹、昭明兩君，慨爲付梓。」《存目叢書》據以影印。上圖、南圖、科學院圖書館等亦藏此刻。○上海圖書館藏清乾隆展園刻本三十二册不分卷。○南京圖書館藏日本鈔本九册不分卷，鈐「藤田藏書」、「鐵史」、「富岡氏之印」等印記。

類音八卷　國朝潘耒撰 一〇六三

編修汪如藻家藏本(總目)。○《國子監學正汪交出書目》：「《類音》四本。」○《武英殿第一次書目》：「《類音》八本。」○《總裁王交出書目》：「《類音》四本。」○《江蘇省第一次書目》：「《類音》二本。」○《江蘇採輯遺書目録》：「《類音》八卷，清翰林院檢討吴江潘耒著。」○北京圖書館藏清康熙吴江潘氏遂初堂刻本，目録題「吴江潘耒撰本」。半葉十一行，行二十二字，白口，左右雙邊。無序跋。版心記刻工：中山、坤生、吴志、九如、君直、天祥、仁九、天一、之山、順甫、亮臣。卷内鈐「鄧氏所藏」、「桐蔭館」、「紹卿所得」等印記。《存目叢書》據以影印。上圖、津圖、湖北省圖等多藏是刻，寫刻工緻。按：諸家著録或作康熙五十一年刊，或作雍正三年刊，或作康熙刊，或作雍正刊。檢北圖本「禛」字不避諱，「胤」字缺末筆避雍正帝諱。蓋康熙末刊版，至雍正初挖改諱字，偶有未盡，故有避有不避。諸家藏本多未寓目，不敢臆斷，書此備考。上圖又有嘉慶二十一年吴江孫上珍補刻本。○光緒丁顯輯鈔《韻學叢書》本一卷，復旦藏。

韻學要指十一卷　國朝毛奇齡撰　**一〇六四**

浙江巡撫採進本（總目）。○清康熙書留草堂刻《西河合集》本，前有康熙三十年辛未李天馥序。《存目叢書》用清華大學藏本影印。○清乾隆五十九年石門馬氏大酉山房刻《龍威祕書》八集《西河經義存醇》本，一卷。○清光緒間丁顯輯鈔《韻學叢書》本，一卷，復旦藏。

韻雅五卷　國朝施何牧撰　**一〇六五**

兩淮馬裕家藏本（總目）。○上海圖書館藏清康熙刻本，題「古吴施何牧纂輯」。半葉八行，白口，四周雙邊。前有自序、條例、目次、古通。末有《雜論》、《識餘》。卷内鈐「桐山張氏藏書」、「張謹夫圖書印」、「子子孫孫永寶用」、「夢雲石山房珍藏書籍」、「篤素堂張曉漁校藏圖籍之章」、「王培孫紀念物」等印記。是桐城張英舊藏，後歸王培孫，復捐上海歷史文獻圖書館者。《存目叢書》據以影印。

上圖另藏兩部，北圖亦有是刻。

古音正義一卷　國朝熊士伯撰　一〇六六

江西巡撫採進本(總目)。○《提要》云：「是書成於康熙丙子，又重訂於戊寅。版心、書首皆題卷一，似乎尚有别卷。而核其目録，已首尾完具，且附録三篇亦在焉，則刊版誤也。」○臺灣師大藏清康熙三十七年戊寅尚友堂刻本。

等切元聲十卷　國朝熊士伯撰　一〇六七

江西巡撫採進本(總目)。○《江西巡撫海第三次呈送書目》：「《等切元聲》七本。」○清華大學藏清康熙尚友堂刻本，題「南昌熊士伯西牧氏述，弟士倬漢昭氏訂，男元文、振濬、振澄、澍、增彭廷謨夏賡，甥劉起發武揚，門人湯爔耆章、劉青麓方中、宋士宗司秩仝校」。半葉十行，行二十四字，白口，左右雙邊。前有康熙四十五年湯爔序，四十二年自序。封面刻「尚友堂藏板」。自序後有校訂姓氏，似後來增刻，其中「弘」字缺末筆，蓋乾隆時重修刷印本。《存目叢書》據以影印。北師大、湖北省圖書館均有是刻。○中國人民大學藏清鈔本二册，不分卷。又題《韻書原始》。半葉九行，行二十一字，無格。卷内「玄」、「曆」均避諱。有乾隆二十二年華亭沈大成題記，知爲乾隆間所鈔。鈐「丁福保印」等印記。《人大善目》。

古今韻表新編五卷　國朝仇廷模撰　一〇六八

兩淮鹽政採進本（總目）。〇《浙江省第四次汪啟淑家呈送書目》：「《韻表新編》五卷，國朝仇廷模輯，二本。」〇《浙江採集遺書總録》：「《韻表新編》二册，刊本，國朝鄞縣仇廷楺輯。」〇中國科學院圖書館藏清乾隆刻本，題「古堇仇廷模季亭氏手次」。半葉十行，行二十四字，白口，左右雙邊。前有雍正五年仲秋日顏元珏序。卷内弘、弦缺末筆，避乾隆帝諱，知係乾隆刻本。鈐「吴省欽印」印記。《存目叢書》據以影印。《販書偶記續編》著録乾隆三年拾餘廬刻本，浙圖、北圖分館亦有乾隆拾餘廬刻本，當係同版。

八矢注字圖説一卷　國朝顧陳垿撰　一〇六九

兩江總督採進本（總目）。〇《兩江第二次書目》：「《八矢注字》，太倉顧陳垿輯，《鍾律陳數》，太倉顧陳垿輯，以上二種合一本。」〇復旦大學藏清乾隆刻本，與《抱桐軒文集》三卷合刻。（江蘇藝文志）〇北京大學藏清道光十三年太倉東陵氏刻《婁東雜著》本，題「顧陳垿玉停著，後學邵廷烈子顯校」。前爲《八矢注字説》一卷，後爲《八矢注字圖》一卷。《存目叢書》據以影印。上圖、南圖等多藏是刻。〇蘇州圖書館藏清道光踵息書屋陳炳文刻本，半葉八行，行二十字，左右雙邊。〇清光緒十八年刻本，南開大學、東北師大藏。〇清味菜廬聚珍本，科學院圖書館、湖南圖書館、東北師大、南圖藏。

聲韻圖譜無卷數　國朝錢人麟撰　一〇七〇

浙江巡撫採進本（總目）。〇《浙江省第十一次呈送書目》：「《聲韻圖譜》一卷，國朝錢人麟著，一本。」○《浙江採集遺書總録》閏集：「《聲韻圖譜》一卷，刊本，國朝武進錢人麟撰。」

類字本意無卷數　國朝莫宏勳撰　一〇七一

浙江巡撫採進本(總目)。○《浙江省第十二次呈送書目》：「《類字本意》，國朝莫宏勳著，四本。」○《浙江採集遺書總録》：「《類字本意》四册，寫本，國朝錢塘莫宏勳撰。」○《提要》云：「前有康熙庚子自序。」

韻學臆説一卷　國朝王植撰　一〇七二

直隸總督採進本(總目)。○《直隸省呈送書目》：「《韻學臆説》一本。」○科學院圖書館藏清雍正八年刻本，附《韻學》後。半葉十行，行二十五字，白口，四周單邊。前有王植序。卷尾鈐「黄彭年印」、「子壽」二印。《存目叢書》據以影印。湖南圖書館、吉林大學、臺灣中研院史語所亦藏是刻。

韻學五卷　國朝王植撰　一〇七三

直隸總督採進本(總目)。○《直隸省呈送書目》：「《韻學》六本。」○科學院圖書館藏清雍正八年刻本，半葉十行，行二十五字，白口，四周單邊。前有雍正八年四月王植序。鈐「黄彭年印」、「子壽」二印。《存目叢書》據以影印。按：此係乾隆七年崇德堂印本，故卷内弘、泓字均缺末筆。武漢大學、保定圖書館、北圖分館等亦藏雍正八年刻本。○上海圖書館藏清宣統二年排印本。

五方元音二卷　國朝樊騰鳳撰　一〇七四

浙江巡撫採進本(總目)。○《浙江省第十一次呈送書目》：「《五方元音》二卷，國朝樊騰鳳著，二本。」○《浙江採集遺書總録》：「《五方元音》二卷，刊本，國朝樊騰鳳撰。」○上海圖書館藏清康熙四十九年刻本，題「堯山凌虛樊騰鳳原本，廣寧年希堯允恭增補」。半葉九行，白口，左右雙邊。前有康熙四十九年冬年希堯序云：「予獨惜是書之湮没不彰，不得與《字彙》並傳，因於公務之餘重加删定，付之梓人。」卷内炫、弦等字缺末筆，弘字不缺。封面刻「同文堂藏版」。《存目叢書》據以影印。福建師大藏康熙刻本當是同版。○清雍正五年刻本，年希堯增補。《北京人文科學研究所藏書簡目》、《京都大學人文科學研究所漢籍目録》著録。○人民大學藏清道光二十年庚子敬文堂刻本。○四川圖書館藏清道光二十三年成都宏道堂重刻廣寧年氏康熙刻本。○上海圖書館藏清同治五年上洋文玉堂刻本。○上海圖書館藏同治五年五雲樓刻本。○四川圖書館藏同治重慶善成堂重刻廣寧年氏雍正刻本。○北圖分館藏光緒七年寶文堂北京刻本。○南京大學藏清光緒八年上海掃葉山房刻本。○上海圖書館藏光緒九年刻本。○日本京都大學人文所藏光緒十年京都寶書堂刻本。○日本東京大學東洋所藏光緒十年文興堂刻本。○北圖分館藏光緒十三年兩儀堂刻本，鄭振鐸故物。○北圖分館藏光緒十七年天津煮字山房刻本。○南開大學藏光緒二十五年三義堂刻本。○濟南市圖書館藏光緒二十五年藝德堂刻本。○北圖分館藏光緒三十二年北京文成堂刻本。○濟南市圖書館藏清蔚文書局刻本。○北圖分館藏光緒章福記書局上海石印本。又藏宣統二年天津文賢書局石印本，民國四年上海鑄記書局石印本，民國上海自强書局石印本，民國上海錦章書局石印本，民國北京石印發行所石印本，民國北京文成堂石印本等。以上各刻本、石印本均年希堯增補。○北圖分館藏光緒四年三盛堂刻本，作《剔弊廣增分韻五方元音》二卷首一卷，樊騰鳳撰，趙培梓重編。○北圖分館藏光緒北京文成堂刻本，書名編者同前。○北圖分館藏清善成堂刻本。又藏民國會文堂新記書局石印本，民國上海錦章書局石印本，民國上海廣益書局石印本等。均趙培梓重編本。○北圖分館藏民國六年北京石印本，作《滿漢合璧五方元音》一册，樊騰鳳撰，海山譯。

詩經叶音辨譌八卷　國朝劉維謙撰　一〇七五

通行本(總目)。○《江蘇省第一次書目》：「《詩經叶音辨譌》四本。」○《江蘇採輯遺書目録》：「《詩經協音辨譌》八卷，清松江諸生劉維謙著，刊本。」○《浙江省第四次汪啟淑家呈送書目》：「《詩經叶音辨譌》八卷，國朝劉維謙著，四本。」○《浙江採集遺書總録》：「《詩經叶音辨譌》八卷，刊本，國朝諸生吳江劉維謙撰。」○中央民族大學藏清乾隆三年壽峰書屋刻本，題「雲間劉維謙讓宗編次，門人張卿雲慶初、張景星恩仲同校」。半葉八行，行十九字，白口，四周單邊。版心下刻「壽峰書屋」。封面刻「乾隆戊午秋鐫」、「壽峰書屋藏板」。前有郭嗣齡序，自序，黄之雋序，顧成天序，張棠序。末有門生跋。寫刻頗精。《存目叢書》據以影印。南圖、復旦、中山大學等亦藏是刻。○民國十五年上海朱氏十不齋刻本，上圖、吉林大學、東北師大等藏。揚州圖書館有硃印本。

詩傳叶音考三卷　國朝吴起元撰　一〇七六

江蘇巡撫採進本(總目)。○《江蘇省第一次書目》：「《詩傳叶韻考》一本。」○《江蘇採輯遺書目録》：「《詩傳協韻考》三卷，清震澤吴起元著。」按：江蘇目均作「韻」，疑《總目》作「音」誤。

四聲切韻表一卷　國朝江永撰　一〇七七

兵部侍郎紀昀家藏本(總目)。○《侍讀紀交出書目》：「《四聲切韻》一本。」○乾隆中益都李文藻廣東刻本，周永年彙印《貸園叢書初集》之一。○北京圖書館分館藏乾隆五十三年慶雲堂刻本，末有乾隆五十三年同郡江龍跋稱得鈔本，繕寫成帙，鄭生德仁請而栞之。《存目叢書》據以影印。上圖藏此刻本，清汪曰楨手校。川圖亦藏是刻。○咸豐元年沔陽陸建瀛木犀香館刻《江氏韻書三種》本，附有《校正》。北圖分館、南圖等藏。○咸豐二年南海伍崇曜粤雅堂刻本，《粤雅堂叢書》之一。○清同治七年陳鏞鈔本三卷首一卷末一卷，清汪曰禎校。北京大學藏。○光緒三年烏程汪氏刻本三卷首一卷末一卷，汪曰禎補正，《荔牆叢刻》之一。○光緒二年潯陽李氏刻本，李盛鐸故物，現藏北大。○宣統二年清麓精舍刻本，《西京清麓叢書》外編之一。○民國七年休寧趙世忠成都刻本，附有趙世忠校勘記。四川圖書館藏。○民國十二年渭南嚴式誨成都刻本，附清夏燮《校正》一卷，《音韻學叢書》之一。○民國十九年北平富晉書社影印乾隆五十三年慶雲堂刻本。○民國二十二年上海大東書局影印烏程汪氏光緒三年刻汪曰禎補正本。○民國二十三年《安徽叢書》第三期影印咸豐元年刻《江氏韻書三種》本，附清夏燮《校正》一卷。○民國二十五年商務印書館影印乾隆中李文藻刻本，《叢書集成初編》之一。

本韻一得二十卷　國朝龍爲霖撰　一〇七八

浙江巡撫採進本(總目)。○《浙江省第十次呈送書目》：「《本韻一得》二十卷，國朝龍爲霖著，八本。」○《浙江採集遺書總録》：「《本韻一得》二十卷，刊本，國朝知府巴郡龍爲霖撰。」○《工部候補員外郎馮交出書目》：「《本韻一得》，本朝龍爲霖，十本。」○北圖分館藏清乾隆十六年蔭松堂刻本，題「巴郡龍爲霖雨蒼撰，受業陳廷閶、佘見龍仝校」。半葉八行，白口，四周雙邊。《存目叢書》據以影印。山東大學、四川大學亦藏是刻。

音韻源流五十卷 國朝潘咸撰 一〇七九

河南巡撫採進本(總目)。○《河南省呈送書目》：「《音韻源流》，本朝潘咸著，二本。」○上海圖書館藏清鈔本三卷首一卷，題「處士州潘咸著」，半葉八行，無格。書名作《音韻原流》。卷首又分二子卷，卷一又分三十六子卷，卷二又分十一子卷，卷三又分十子卷，共得正文五十七卷卷首二卷。《存目叢書》據以影印。

韻岐五卷 國朝江昱撰 一〇八〇

編修程晉芳家藏本(總目)。○清乾隆二十五年湘東署齋刻本，北圖分館、上圖、南圖、臺師大等藏。○北圖分館藏光緒七年覆刻乾隆二十五年寫刻本，題「廣陵江昱賓谷綴輯」。半葉九行，細黑口，左右雙邊。有曠敏本序，段永孝序，自序，乾隆二十五年季弟恂跋。前有牌記：「光緒七年仲冬重栞」。鈐「教育部藏書印」。《存目叢書》據以影印。○科學院圖書館藏鈔本。○按：各本書名作「韻歧」，《總目》誤作「韻岐」。

音韻清濁鑑三卷　國朝王祚禎撰　一〇八一

江蘇巡撫採進本（總目）。〇《江蘇省第一次書目》：「《音韻清濁鑑》二本。」〇《江蘇採輯遺書目録》：「《音韻清濁鑑》三卷，清析津王祚禎著，刊本。」〇人民大學藏清康熙六十年析津王氏善樂堂刻本，正文首題「善樂堂音韻清濁鑑」，次題「析津王祚禎楚珍氏輯，西湖姚椿子華氏校」。版心刻「善樂堂」。封面刻「善樂堂藏板」。正文三卷，前有《凡例》、《玉鑰匙門法》、《三十六母清濁七音五行五方四等管轄之圖》各一卷。《凡例》前有康熙六十年馬元塏序，五十七年姚椿序，六十年自序。自序云：「書既成，聊付剞劂。」《韻圖》後有康熙六十年藍畹序。書衣有民國二十一年劉半農題簽。卷内鈐「李氏藏書」、「江陰劉氏」等印記。浙圖、科學院圖書館、日本京都大學人文所亦藏此刻。《存目叢書》初借科學院藏本，彼館漏照正文三卷，且以遷館原書封存。無已迺改用人民大學藏本補照正文三卷，影印行世。〇華東師大藏鈔本四册。〇臺灣師大藏鈔本。

聲音發源圖解一卷　國朝潘遂先撰　一〇八二

江蘇巡撫採進本（總目）。〇《江蘇省第二次書目》：「《聲音發源圖解》一本。」〇《江蘇採輯遺書目録》：「《聲音發源圖解》一册，清句容潘遂先著，抄本。」〇《提要》云：「遂先草創，其子命世續成之。」

右韻書之屬